Hanns J. Prem
Ursula Dyckerhoff

DAS ALTE MEXIKO

Geschichte und Kultur
der Völker Mesoamerikas

Mit Beiträgen von Thomas Förster
Wolfgang Haberland, Ulrich Köhler
Wilhelm Lauer, Arthur G. Miller
Miguel León-Portilla, Berthold Riese
Werner Rockstroh, Anton Schnell
Mary Elizabeth Smith, Bodo Spranz
und Hasso von Winning

C. Bertelsmann

Dank

Der Verlag möchte seinen ganz besonderen Dank all jenen zum Ausdruck bringen, die wesentlich zum Zustandekommen dieses Werkes beigetragen haben:
den Altertümerverwaltungen in El Salvador, Guatemala, Honduras und Mexiko, die den Photographen die in ihrer Obhut stehenden Denkmäler und Kunstwerke zugänglich gemacht und den Autoren Rat und Unterstützung gewährt haben;
den Leitern der altamerikanischen Sammlungen für die Bereitstellung von Bildmaterial und Reproduktionserlaubnis;
Herrn Eberhard Thiem, ohne dessen reichen Fundus an Bildmaterial dieses Werk nicht möglich gewesen wäre.

Der Band enthält 430 Farbabbildungen und
24 graphische Darstellungen

Frontispiz: Sonnengott. Aztekische Statue aus vulkanischem Tuff, Höhe 30 cm. Basel Museum für Völkerkunde
Vorsatz: Stuckhieroglyphe von der rückwärtigen Innenwand des Tempels XVIII in Palenque. Palenque, Museum
Umschlag Vorderseite: Maske aus Teotihuacán. Serpentin mit Türkis- und Muschelmosaik, Höhe 21 cm. Mexiko, Museo Nacional
Umschlag Rückseite: Detail der polychromen Bemalung einer Mayavase. Spät-Klassikum. Privatsammlung

Idee, Konzeption und Redaktion: topic GmbH, München-Karlsfeld
Buchgestaltung und Produktion: Wolfgang Mudrak, München
Ausführung des Layouts: Hubert K. Hepfinger, Freising
Graphische Darstellungen: Ruprecht Günther (23, 30, 202, 216 o, 404/405), Mohammad Daud Rafiqpoor, Bonn (18, 19),
Prof. Dr. Berthold Riese, Berlin (166), Annegrete Vogrin mit Manfred Derler, Günter Glatz und Hasso Hohmann (91, 102, 136/137, 142, 162, 184, 186, 216 u, 288, 290, 300, 308)
Übersetzung aus dem Spanischen und Amerikanischen:
Dr. Hildegard Matthäi, Harthausen

© 1986 C. Bertelsmann Verlag GmbH, München/ 5 4 3 2 1
Satz: Fotosatz-Service GmbH, München
Reproduktionen: Brennerstudio, München
Papier: Cartiere del Garda, Riva
Druck + Bindung: Mohndruck Graphische Betriebe GmbH, Gütersloh
Printed in Germany · ISBN 3-570-01043-0

Vorwort

Obwohl die Kulturen des Alten Mexiko schon vor mehr als viereinhalb Jahrhunderten in den Gesichtskreis des Europäers getreten sind und obwohl die spanischen Eroberer vielfach mit dem gesamten wissenschaftlichen Instrumentarium ihrer Zeit daran gingen, diese Kulturen zu erforschen – das Alte Mexiko blieb in weiten Bereichen unbekannt. Die Kenntnisse waren für lange Zeit auf jene Kulturen beschränkt, die im Augenblick der Conquista, der Eroberung durch die Spanier, existierten und von denen die Europäer Beschreibungen in Wort und Bild geben konnten. Auf der anderen Seite hatten nur die Angehörigen dieser Kulturen die Chance, in der europäischen Schrift, die sie von den Eroberern schnell und begierig lernten, ihre eigenen Erzählungen und ihr Wissen aufzuzeichnen und damit zu bewahren.

Ganz anders verhält es sich mit den früheren Kulturen, die bereits zu Ende gegangen waren, bevor die Europäer ihren Fuß auf den amerikanischen Kontinent setzten. Von ihnen ist vielleicht gelegentlich in mythisch gefärbten Schilderungen ihrer Nachfahren die Rede, zumeist aber konnten sie erst durch die moderne Archäologie wieder zum Leben erweckt werden. Zu einem Leben, dessen Bild naturgemäß nur mit weit weniger scharfen Strichen nachzuzeichnen ist und das an Farbigkeit, an Reichtum der Einzelheiten deutlich hinter dem der späteren bis zur Conquista bestehenden Kulturen zurückbleibt. Jede Beschäftigung mit den alten Kulturen Mexikos oder, mit größerer wissenschaftlicher Präzision gesagt, Mesoamerikas ist deshalb durch einen eigenartigen Bruch geprägt: auf der einen Seite die durch indianische und europäische Augenzeugenberichte und Erzählungen miterlebbare Spätzeit, auf der anderen die nur aus den Befunden archäologischer Forschungen zu rekonstruierende Zeit davor.

Geschichte im üblichen, auf Personen und Daten, auf klar erkennbare Ereignisse und Abläufe, auf Handlungsmotive und Hintergründe ausgerichteten Verständnis läßt sich lediglich für die letzten ein, zwei oder bestenfalls drei Jahrhunderte vor der Ankunft der Europäer schreiben. Alles frühere historische Geschehen ist in den Berichten verschwommen und undeutlich geschildert und nur schwer, wenn überhaupt, exakt zu fassen. Bei noch weiter zurückliegenden Zeiten muß anstelle einer individualisierenden Geschichte die Rekonstruktion kultureller Zustände, deren zeitlicher Aufeinanderfolge und Bedingtheit treten. Für solche Schlüsse ist die Forschung auf die dem Boden entrissenen Befunde angewiesen. Daß sich in diesen viele Aspekte des gesellschaftlichen Lebens und das überlieferte Wissen der Menschen nicht oder nicht erkennbar niedergeschlagen haben, liegt in ihrer Natur.

Aber auch in anderen Bereichen bedarf die Interpretation der Funde zusätzlicher Anhaltspunkte, die nur aus anderen, besser bekannten Kulturen, vornehmlich der späteren Zeit, gewonnen werden können. Von den uns näher liegenden Kulturen in die Vergangenheit zurückschreitend, deutet somit die archäologische Forschung ihre Indizien, indem sie sich vom Bekannteren zum Unbekannten forttastet. Auch wenn es reizvoll wäre, diesen Weg in der Darstellung nachzuvollziehen, wurde hier doch ein dem tatsächlichen Geschehensablauf entsprechender Aufbau vorgezogen. Um so mehr muß man sich jedoch vor Augen halten, daß vieles, was über die älteren Kulturen gesagt wird, in diese aus jüngeren hineinprojiziert ist, ohne daß sich heute immer schon entscheiden ließe, ob zu Recht oder zu Unrecht.

Der geschilderten Situation der Erkenntnismöglichkeiten über das Alte Mexiko trägt der Aufbau dieses Bandes Rechnung. In einleitenden Kapiteln wird der Kulturraum Mesoamerika definiert und werden die natürlichen Bedingungen von Landschaft, Klima und Flora aufgezeigt, die für die Entwicklung der Kulturen des Alten Mexiko gleichzeitig Voraussetzung und Herausforderung waren, ihnen aber auch Grenzen setzten. Beginnend mit den frühesten Entwicklungen, in denen die allmähliche Kultivierung der Nutzpflanzen überhaupt erst jene Bevölkerungsdichte ermöglichte, ohne die keine höhere Kultur denkbar ist, wird dann in einer großen Übersicht das Werden, Erblühen und Welken, das Auf und Ab, der Wechsel der indianischen Kulturen verfolgt, von den frühesten Ausprägungen des typisch mesoamerikanischen kulturellen Bildes über beinahe drei Jahrtausende bis zum abrupten Ende des Alten Mexiko in der Eroberung durch die Spanier. Hier sind es die großen Linien der Entwicklung, ihre Brennpunkte und deren Ausstrahlungen sowie die wechselseitigen Beeinflussungen, die wir nachzuzeichnen versucht haben.

Einige dieser Kulturen haben die Welt des Alten Mexiko besonders geprägt. Sie sind zu Recht immer wieder als kennzeichnend aufgefaßt worden: Die Olmeken, die als erste den Weg zur Hochkultur beschritten; Teotihuacán, die frühe Metropole mit ihrer ganz Mesoamerika erfassenden Ausstrahlung; die Maya des Klassikums, die in vielen Bereichen die höchste Vervollkommnung mesoamerikanischer Kulturen erzielten; die Mixteken, deren autochthone Geschichtsquellen Einblicke zulassen, die uns ansonsten verwehrt sind; schließlich die Azteken, die in kaum hundert Jahren ein halb Mesoamerika umfassendes Reich errichteten und dennoch dem Häuflein europäischer Eroberer keinen erfolgreichen Widerstand entgegenzusetzen vermochten. Sie stehen für jeweils ein Kapitel im Mittelpunkt unserer Aufmerksamkeit. Die eingehende Betrachtung ihrer Kulturen gewährt zugleich aus verschiedenen Blickwinkeln einen tieferen Einblick in das Alte Mexiko schlechthin.

Bei aller Verschiedenheit, bei aller Individualität der zahlreichen mesoamerikanischen Kulturen besticht uns die im Grundsätzlichen wie in vielen Einzelheiten erkennbare Gleichgerichtetheit, die ihre Verwandtschaft und ihre gemeinsamen Grundlagen erkennen läßt. Diese Gemeinsamkeiten werden ebenso wie ihre individuellen Abwandlungen bei einzelnen Kulturen in den Kapiteln »Religion«, »Architektur«, »Malerei und Plastik«, »Handwerk und Techniken« sowie »Schrift, Kalender, Wissenschaft« dargestellt. Auch hier war es das Bestreben, das bei aller unübersehbaren Eigenständigkeit und Vielfalt die Kulturen des Alten Mexiko Verbindende aufzuspüren und hervorzuheben.

Mesoamerika stand nicht isoliert auf der schmalen mittelamerikanischen Landbrücke, die seit Jahrtausenden Durchzugsgebiet zahlloser Völker gewesen ist. Nach dem Norden wie nach dem Süden strahlten die mesoamerikanischen Kulturen weithin aus und schufen eine charakteristische Einflußzone. Sie läßt erkennen, was den Nachbarn am Alten Mexiko besonders attraktiv und interessant erschien, was zum Import, zur Übernahme und Nachahmung verlockte.

Jede Darstellung eines so komplexen kulturellen Raumes, wie es das Alte Mexiko gewesen ist, kann nie anders als unvollständig, ungleichgewichtig und beispielsbezogen sein. Autoren und Herausgeber haben dies jedoch nicht als Nachteil, sondern als Chance empfunden: Angesichts der Vielzahl mesoamerikanischer Kulturen und ihrer Einzelheiten sollte nicht das Alte Mexiko schlechthin übersehen werden. Deshalb konnte es nicht das Ziel sein, eine gleichmäßig alles erfassende und damit notgedrungen verflachende Darstellung zu bieten, vielmehr galt es Schwerpunkte zu setzen, um ein möglichst tiefes Eindringen in diese versunkenen Kulturen zu ermöglichen. Statt eines Anhäufens von Forschungsbefunden wird ein organisches Bild der vergangenen Kulturen vermittelt, soweit dies ohne verzerrende Konzessionen, die auf Kosten der wissenschaftlichen Präzision gegangen wären, überhaupt möglich ist. Dieser bewußt etwas puristische Gesichtspunkt veranlaßte uns unter anderem – was dem Leser vielleicht als erstes auffallen wird –, auf die Abbildung bestimmter übermäßig wiederaufgebauter Bauwerke zu verzichten, weil wir die vorgenommene Rekonstruktion für zu weitgehend, nicht gesichert oder gar falsch halten.

Das Bild, das hier aus dem Mosaik der Beiträge von vierzehn Spezialisten zusammengesetzt wurde, kann nicht völlig widerspruchsfrei sein. Jeder der Autoren vertritt den heutigen Stand seiner Erkenntnis – auf die Gefahr hin, morgen widerlegt zu werden, aber zugleich mit der Chance, durch wohlfundierte neue Ideen noch unbegangene Wege geöffnet zu haben. Diesem Wagnis neuer Ideen wird der Leser an nicht wenigen Stellen dieses Bandes begegnen. Literaturhinweise geben ihm Gelegenheit, über das hier Niedergeschriebene hinaus weiter vorzudringen.

Das Bild des Alten Mexiko bliebe farblos ohne die Illustrationen, die über vierhundert Photographien, die seine Landschaften, Denkmäler und Kunstwerke anschaulich vergegenwärtigen. Den Photographen, den Fachkollegen und den Museen, die Bildmaterial bereitwillig zur Verfügung gestellt haben, danken wir sehr.

Unser Ziel, dieses Buch in der vorliegenden Form zu schreiben, wäre nicht zu erreichen gewesen ohne die Mitwirkung jener Fachkollegen, die in Beiträgen über ihre Spezialgebiete mitgeholfen haben, dieser Idee nahezukommen. Dankbar erkennen die Autoren und die Herausgeber die Quellen an, aus denen sie geschöpft haben: die Arbeit unzähliger Wissenschaftler, beginnend mit den Forscher-Missionaren der Eroberungszeit bis zu unseren Fachkollegen der Gegenwart. Auf den Ergebnissen ihrer Studien aufbauend, ohne sie im einzelnen immer nennen zu können, haben wir versucht, unser Bild vom Alten Mexiko zu zeichnen. Dankbar sei auch die Hilfe und Unterstützung erwähnt, die viele Freunde und Kollegen uns in allen Stadien der Entstehung dieses Buches zuteil werden ließen. Daß die Faszination des Alten Mexiko, der wir alle uns während der Arbeit an diesem Buch wieder besonders bewußt wurden, auch unsere Leser erfahren werden, ist unsere zuversichtliche Hoffnung.

Göttingen, im Juli 1986

Ursula Dyckerhoff
Hanns J. Prem

Inhaltsverzeichnis

Der Vulkan San Pedro (2995 m) am See Atitlán in Guatemala

Musikanten mit Doppelflöten und Kürbisrasseln, Colima

Fragment eines Tellers mit dem Gesicht des Gottes Xipe Totec

Kolossalhaupt aus San Lorenzo

Die Sonnenpyramide von Teotihuacán

Kopf eines Mayaherrschers, Stele in Palenque

Mixtekische Bilderhandschrift. Wien, Museum für Völkerkunde

Götterfigur aus einem Opferdepot des Templo Mayor

Totenköpfe am Tzompantli in Chichen Itzá

Tempel der Jaguare am Großen Ballspielplatz in Chichen Itzá

Krieger aus dem Schlachtgemälde von Cacaxtla

Mixtekischer Brustschmuck. Mexiko, Museo Nacional

Stein mit Mayaglyphen aus Yaxchilán. Privatsammlung

Pueblo Bonito im Chaco Canyon

Steindekor eines Hofes der »Gruppe der Säulen« in Mitla

Der Naturraum

Das Relief

DIE FRÜHEN HOCHKULTUREN der Erde haben sich in natürlichen Gunsträumen entwickelt, in denen Klima, Gestein, Boden und Reliefgestaltung sowie die Ausstattung mit Flora und Fauna in einer geeigneten Kombination die Gewähr für eine Höherentwicklung der materiellen Kultur boten. Mesoamerika ist in vielen seiner Teillandschaften ein solcher Gunstraum.

Das Relief

Die außerordentliche Vielfalt der Oberflächenformen Mesoamerikas gründet auf der komplexen geologischen Geschichte. Sie schuf eine Untergliederung in differenzierte Raumeinheiten. Gebirgsfaltung, Bruchbildung und Heraushebung des Gebirgskörpers haben zusammen mit einem intensiven Vulkanismus und den abtragenden Kräften das Relief geformt. Die Sierra Madre Oriental ist größtenteils aus Kalken der Jura- und Kreideformation aufgebaut. Sie bildet markante Bergketten und fällt steil zum karibischen Küstenvorland ab. Die Sierra Madre Occidental hingegen, bestehend aus vulkanischen Decken der Tertiärzeit, hat ein mehr plateauförmiges Aussehen mit flach lagernden Schichten, die pultförmig zum Binnenland hin einfallen, bricht jedoch nach Westen jäh ab und ist zerschnitten durch tiefe cañonartige Täler. Vor dem Isthmus von Tehuantepec vereinigen sich beide Randkordilleren zur Sierra Madre del Sur, die aus kristallinem Gestein des Erdaltertums aufgebaut wird.

Der Isthmus, die 200 Kilometer breite schmalste Stelle der mesoamerikanischen Landbrücke, ragt nur bis zu 250 Meter über den Meeresspiegel auf. Jenseits des Isthmus setzen die Bergketten der Sierra Madre de Chiapas ein, der älteste und in seiner geologischen Struktur komplexeste Teil ganz Mesoamerikas. Die Oberflächenformen sind hier charakterisiert durch Serien ostwestlich gerichteter Bergketten mit dazwischen eingeschalteten Depressionen. Einige Ketten sind aus Kalk-, andere aus Sandsteinen aufgebaut, zwischen denen die Entwässerungssysteme in Form von tief eingeschnittenen Tälern eingegraben sind. Die Ketten ziehen in das nördliche Zentralamerika hinein und enden an der karibischen Küste Yukatans oder im nördlichen Bergland von Honduras.

Am Nordende Mesoamerikas, im Bereich der Mesa Central, zieht die Sierra Neovolcánica in westöstlicher Richtung an einer riesigen Querverwerfung entlang, deren vulkanische Ablagerungen ein zentrales Hochplateau zwischen den beiden Randgebirgen schufen. Dieses ist seinerseits in kleinere und größere Beckenlandschaften gegliedert, deren Talböden teilweise tischeben sind. Die Physiognomie der Landschaft wird durch formschöne Vulkankegel, calderaartige Einbruchsbecken, vulkanotektonische Senken und viele seenerfüllte Becken geprägt. Insbesondere die jungvulkanischen basischen Förderprodukte liefern die Grundlage für fruchtbare Böden. Man zählt im Bereich der Mesa Central mehr als zweihundert erloschene und zum Teil noch heute tätige Vulkane. Der jüngste von ihnen ist der im Jahre 1943 entstandene Parícutin in Michoacán. Der Raum der Sierra Neovolcánica und ihr südliches Vorland werden immer wieder von Erdbeben heimgesucht. Die Zone stärkster seismischer Aktivität liegt an der pazifischen Küste. Sie gehört zur mobilen Randzone des Pazifiks im Bereich des über 6000 Meter tiefen Mexikograbens.

Das zentralmexikanische Hochland fällt gegen Süden an einer Bruchstufe steil zur Balsassenke, dem Gran Valle del Sur, ab. Das heiße und trockene Becken mit seinem stark gegliederten, flachgründigen Relief wird vom Flußsystem des Río Balsas entwässert.

Auch am Südende Mesoamerikas liegt eine vulkanologisch wie seismisch aktive Zone. Sie sitzt dort einem geolo-

Popocatépetl, der »Rauchende Berg«. Der 5432 m hohe Vulkan mit einem Krater von annähernd 800 m Durchmesser ist noch nicht erloschen. Seit der letzten Ausbruchsserie in den Jahren 1919 bis 1927 hat der Gipfel seine jetzige Form. Nur die Nordflanke ist gegenwärtig noch vergletschert.

gischen Graben auf, beginnt im südlichen Mexiko und reicht durch Guatemala, Nicaragua und Costa Rica hindurch bis ins westliche Panama. Auch dort beginnt der Vulkanismus bereits im Spättertiär und hält bis heute an. In diesem Südabschnitt waren noch 31 Vulkane in historischer Zeit aktiv, 23 sind es noch seit Beginn des 19. Jahrhunderts bis heute. Die höchsten Vulkane erreichen in Guatemala über 4000 Meter (Tacaná 4030 Meter, Tajumulco 4400 Meter), in El Salvador und Nicaragua zwischen 2000 und 3500 Meter. Die Landschaften sind gekennzeichnet durch konisch geformte Aschenkegel, Schlackenwälle, Staukuppen und Lavafelder, die häufig plateauförmige Oberflächen bilden. Bimsaschen überdecken auf weite Strecken die Senken. Die Wasserläufe sind kurz und streben im allgemeinen dem Pazifik zu.

Eine Sonderstellung nimmt die Halbinsel Yukatan ein. Sie ist ein aus flach lagernden Kalken aufgebautes Tafelland, das seit dem Beginn des Tertiärs langsam aus dem Meer aufgetaucht ist. Der Formenschatz zeigt eine gürtelförmige Abfolge geomorphologisch in sich einheitlicher Gebiete von der Küste zum Inneren und nach Süden. Den äußeren Saum bildet im Westen und Norden eine Ausgleichsküste mit Strandwällen, Nehrungen, Lagunen und Dünenzügen. Landeinwärts schließt sich eine flache, ausdruckslose Ebene an, die bis auf etwa 35 Meter ansteigt, bis sie schließlich an einer Stufe, die 150 Meter über dem Meer liegt, endet. Dieser höher gelegene Teil der Fläche hat ein

bewegtes Kleinrelief. Durch Trockentäler herausmodellierte Flachkuppen, länglich gestreckte Rücken, Dolinenfelder und eingeschaltete Ebenheiten kennzeichnen den Formenschatz. Ein abrupter Anstieg führt schließlich auf eine höhere Fläche, die generell sanft nach Süden ansteigt und schließlich über 200 Meter erreicht. Hier bestimmt ein unruhiger Formenschatz das Bild. Zahllose Kuppen schließen sich zu einer »Cockpit«-Landschaft zusammen, die aber immer wieder von Ebenheiten in unterschiedlichem Niveau durchbrochen wird. Mit Annäherung an das Bergland von Guatemala schließt sich eine Kegelkarstlandschaft an, die in Guatemala in Höhen bis 2000 Meter hinaufreicht und in den Altos de Cuchumatanes kulminiert.

Das Klima

Mesoamerika liegt in der äußeren Tropenzone. Aufgrund der intensiven Reliefgestaltung ist das Klima durch markante Kontraste gekennzeichnet. Thermisch hat es nicht nur Anteil an den heißen und warmen Tropen der Tiefländer, sondern auch an den kühlen und kalten Tropen der Bergländer und Hochgebirge. Als Gebiet innerhalb der Tropen empfängt Mesoamerika hohe Strahlungsmengen. Die jährlichen Niederschläge differieren zwischen Werten von 300 Millimeter in trockenen Talungen und 5000 Millimeter an regenexponierten Hängen. Der Jahresablauf des Klimas ist – wie in allen Tropenländern – eher durch Re-

gen- und Trockenzeiten geprägt als durch kalte und warme Jahresabschnitte, denn die Temperaturen des kältesten und wärmsten Monats differieren nur um wenige Grade.

Klimastufen

Da die Temperaturwerte mit der Höhe abnehmen, kann man heiße und warme Niederungsklimate den kühlen und kalten Höhenklimaten gegenüberstellen. Danach lassen sich fünf »Temperaturhöhenstufen« unterscheiden: Die *tierra caliente* (heißes Land) reicht bis etwa 800 Meter Höhe über den Meeresspiegel hinauf und wird durch Jahresmittel zwischen 28 und 24°C bei geringen jahreszeitlichen Schwankungen gekennzeichnet. Dieser Gürtel ist entlang der Küstenebene (einschließlich Yukatans) verbreitet. Es ist das Gebiet der tropisch-megathermen Pflanzenwelt aller Feuchtigkeitsgrade. Leitkulturpflanzen sind Kakao, Vanille, Papaya und Ananas.

Die *tierra templada* (gemäßigtes Land) erstreckt sich in Höhenregionen von 800 bis 1800 Metern über dem Meeresspiegel. Die Mitteltemperaturen liegen hier zwischen 24 und 18°C. Das Pflanzenkleid besteht aus tropischen Bergwäldern aller Feuchtigkeitsstufen. Leitkulturpflanzen sind Zuckerrohr, Kaffee, Aguacate, Tabak sowie zahlreiche subtropische Agrumen.

Die *tierra fría* (kühles Land) liegt in der Höhenregion zwischen 1800 und 3200 Metern innerhalb der Temperaturstufe zwischen 18 und 10°C. Die Vegetationsformen sind der Nebel- und Höhenwald in der feuchten Region und Eichen-Kiefern-Mischwälder in den trockenen Regionen in mehreren Varianten – je nach Länge der Regenzeit. Auch hier bleiben die jahreszeitlichen Wärmeschwankungen bescheiden, doch treten in der kühleren Trockenzeit Fröste auf. Die täglichen Wärmeschwankungen sind beträchtlich. In diesen Höhen ist die Sonnenstrahlung ein wichtiger ökologischer Klimafaktor. Sie wird auch dann als warm empfunden, wenn die Lufttemperaturen nur niedrige Werte erreichen. Fröste treten daher im gesamten Mesoamerika erst bei 1800 bis 1900 Metern über dem Meeresspiegel auf. Die Leitkulturpflanzen dieser Höhenstufe sind der Mais und die Pulqueagave, die wichtigste Getränkepflanze. In dieser Höhenstufe lagen wichtige Kulturzentren. Hier fanden die Kulturpflanzen und Haustiere des altweltlichen Mittelgürtels zuerst in größerem Ausmaß Eingang.

Die *tierra helada* (kaltes Land) umfaßt die Höhenregionen von 3200 bis 4100 Meter (Waldgrenze). Die Durchschnitts-

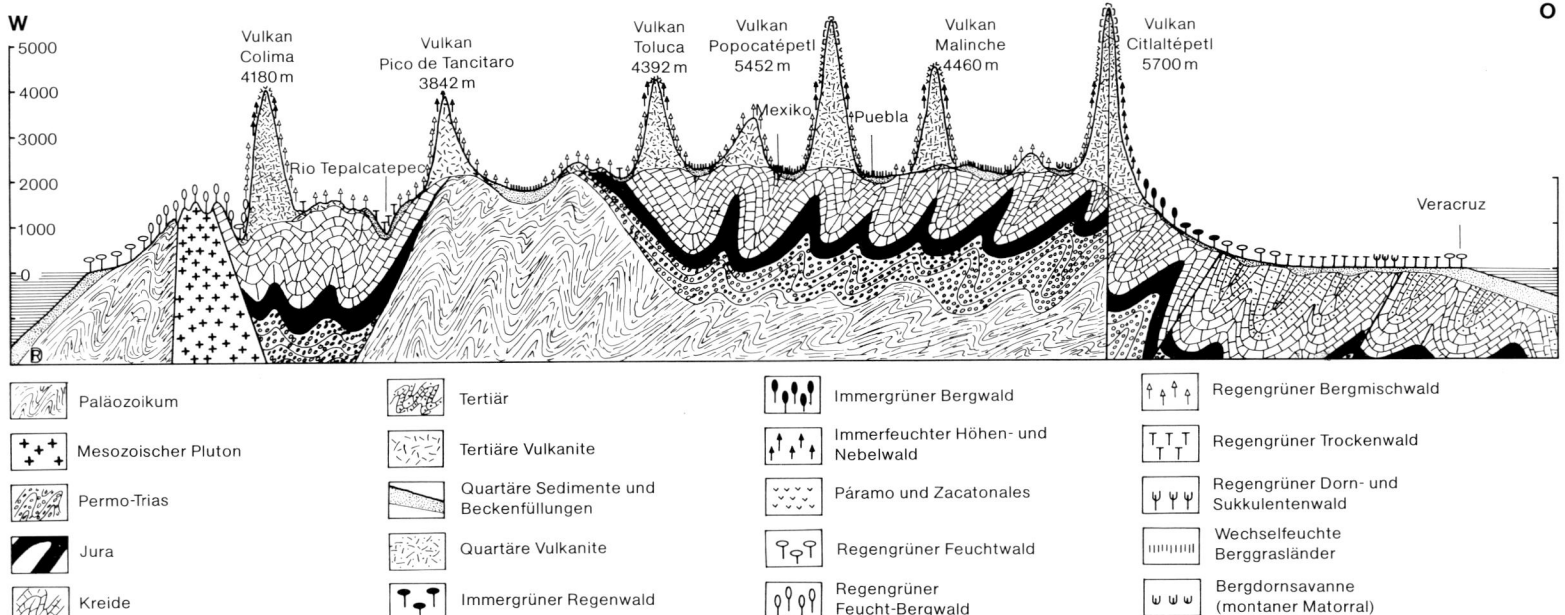

Paläozoikum	Tertiär	Immergrüner Bergwald	Regengrüner Bergmischwald
Mesozoischer Pluton	Tertiäre Vulkanite	Immerfeuchter Höhen- und Nebelwald	Regengrüner Trockenwald
Permo-Trias	Quartäre Sedimente und Beckenfüllungen	Páramo und Zacatonales	Regengrüner Dorn- und Sukkulentenwald
Jura	Quartäre Vulkanite	Regengrüner Feuchtwald	Wechselfeuchte Berggrasländer
Kreide	Immergrüner Regenwald	Regengrüner Feucht-Bergwald	Bergdornsavanne (montaner Matorral)

temperaturen erreichen zwischen 10 und 5°C. Dieser Bereich hat an 120 bis zirka 220 Tagen Nachtfrost, besonders in der etwas kühleren winterlichen Trockenzeit. Feuchtere Kiefern-, Eichen- und Tannenwälder bilden die natürliche Vegetation. Leitkulturpflanzen sind Kartoffeln und Gerste. Die Waldgrenze, gebildet durch eine Kieferart, limitiert diese Stufe nach oben.

Die *tierra nevada* (Schnee- und Eiszone) ist die Höhenregion der Gletscher und ihrer Vorfelder. Oberhalb der Waldgrenze (4100 Meter) leitet ein natürliches Höhengrasland bei etwa 5000 Metern in die ewige Schneeregion der höchsten Berge über.

Regen- und Trockenzeiten

Der Vegetationsrhythmus der Pflanzen und das agrarische Jahr werden von Regen- und Trockenzeiten bestimmt. Mit Ausnahme wüstenhafter Landstriche kommen in Mesoamerika Landschaften aller Feuchtigkeitsgrade vor. Aufgrund des Witterungsgeschehens, das insbesondere durch die nordöstliche Passatströmung diktiert wird, rechnet Mesoamerika zu den äußeren Tropen. Die Regen resultieren im allgemeinen aus sommerlichen Passatstörungen in Verbindung mit dem täglichen Erwärmungseffekt (Zenitalregen). Da der sich der allgemeinen Richtung des Passats entgegenstellende Gebirgsabfall nach Osten sich häufig als auslösender Faktor für Niederschlagsbildung erweist, hat seine östliche Abdachung auch die höchsten Niederschlagsmengen. Deren Verteilung ist maßgeblich vom Relief bestimmt. Die höchsten Niederschläge (bis zu 5000 Millimeter) fallen an der Nordabdachung des guatemaltekischen Gebirges gegen Yukatan. Längere regenärmere Perioden treten dort nur in den Monaten März bis Mai auf. Auf der Westseite der östlichen Kordillerenzüge, in den Landschaften der Mesas und Becken, betragen die Niederschläge meist weniger als 1000 Millimeter. Lediglich einzelne Gipfelregionen der Bergzüge sowie die höch-

sten Erhebungen der Westkordillere verzeichnen Mengen zwischen 1000 und 2500 Millimetern. Die Kernlandschaften Mesoamerikas sind daher wechselfeucht mit einer durchschnittlichen Regenzeitdauer von etwa sechs bis sieben Monaten im Süden und vier bis fünf Monaten im Norden. Tief in den Gebirgskörper eingesenkte Binnenbecken und Tallandschaften (Balsasniederung in Mexiko und Motaguatal in Guatemala) empfangen weniger als 500 Millimeter Niederschlag jährlich.

Während der Trockenmonate zwischen November und April fallen kaum Niederschläge. Die Regenzeit beginnt im April/Mai mit einer Übergangsphase von mehreren Wochen und endet auf der Westseite Mesoamerikas durchweg im Oktober. Die größten Mengen fallen im Juni und besonders im September, wenn monsunartige, von Südwesten aus den äquatorialen Tropen herangeführte Luftmassen einströmen. Am Niederschlagsgeschehen sind häufig im Küstenbereich beider Abdachungen Wirbelstürme (Hurrikane) beteiligt.

In der winterlichen Trockenzeit dringen polare Kaltluftmassen (Nortes), vom nordamerikanischen Kontinent kommend, in die Karibik und greifen noch tief in den Naturhaushalt Mittelamerikas ein. Sie verursachen eine starke Abkühlung an den nördlich und nordöstlich gerichteten Hängen und ihren Küstenvorländern mit Temperatursprüngen bis zu 10°C. Da die mittlere Frostgrenze, die sonst bei etwa 1800 Meter Meereshöhe liegt, um mehrere hundert Meter absinkt, sind die Schäden in den Beständen der frostfreien tropischen Anbaukulturen zum Teil beträchtlich. Die Kaltlufteinbrüche sind häufig mit Starkregenwetter verbunden. Daher haben viele Küstenlandschaften der Ostabdachung in der Zeit zwischen November und Januar erst ihre eigentliche Regenzeit. Auf der Leeseite fallen die stürmischen Nordwinde von den Gebirgskämmen in die Binnensenken und Küstenebenen hinab. Sie erreichen als boraartige oder föhnige Winde zum Teil Sturmstärke, die Schäden in den Pflanzungen verursachen.

Links: Geologischer Bau und Pflanzenkleid entlang der großen Verwerfungslinie, die das mexikanische Hochland durchzieht. Die Schichten des Erdmittelalters sind gefaltet und in große Blöcke zerlegt. Magma aus dem Erdinneren formte viele Vulkane, die mineralreiche Förderprodukte lieferten.

Rechts: Zwei verschiedene Naturräume bildeten den Lebensraum der Maya. Die Kalktafel Yukatans bot in den wasserreichen Senken mit fruchtbaren Böden eine vorzügliche Lebensgrundlage. Die Hochlandmaya nutzten die Gunst vulkanischer und kalkreicher Böden.

Folgende Doppelseite: Regenwälder bei der Mayastadt Tikal.

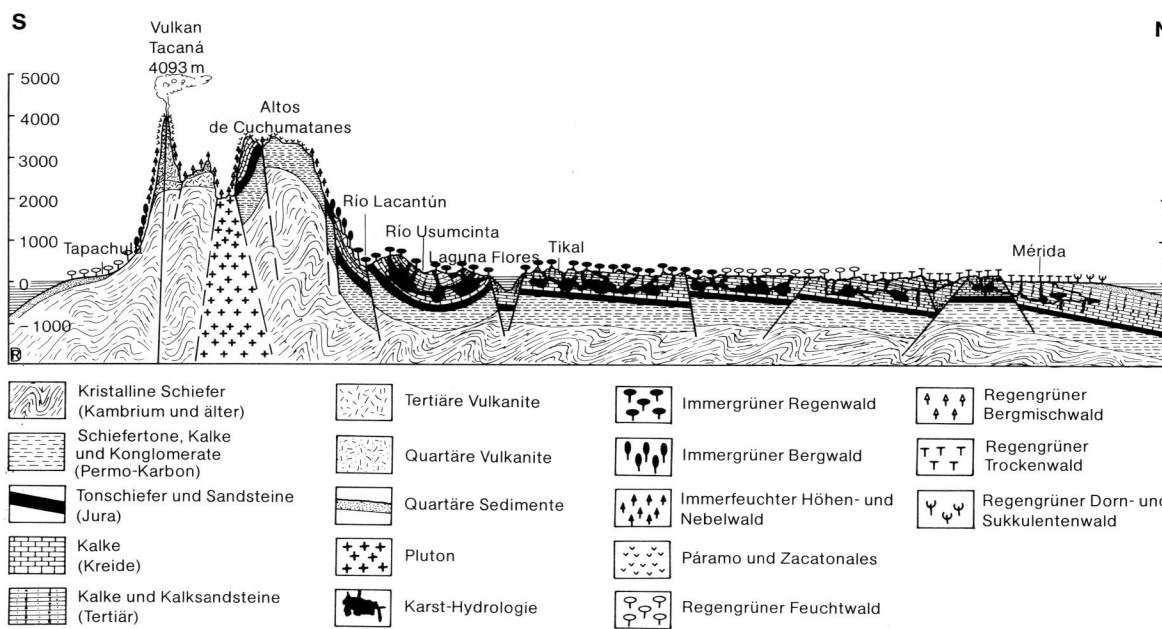

Kristalline Schiefer (Kambrium und älter)
Schiefertone, Kalke und Konglomerate (Permo-Karbon)
Tonschiefer und Sandsteine (Jura)
Kalke (Kreide)
Kalke und Kalksandsteine (Tertiär)

Tertiäre Vulkanite
Quartäre Vulkanite
Quartäre Sedimente
Pluton
Karst-Hydrologie

Immergrüner Regenwald
Immergrüner Bergwald
Immerfeuchter Höhen- und Nebelwald
Páramo und Zacatonales
Regengrüner Feuchtwald

Regengrüner Bergmischwald
Regengrüner Trockenwald
Regengrüner Dorn- und Sukkulentenwald

Bezeichnend für die Trockenräume sind gewaltige Staubstürme, die zum Teil durch das Berg-Tal-Windsystem gefördert werden. Sie tragen den gelbbraunen Staub in einer zirka hundert Meter dicken Schicht über weite Strecken der Hochflächen und führen zu einer beträchtlichen Umlagerung lockerer Bodenmassen.

Das Pflanzenkleid

Das Pflanzenkleid Mesoamerikas spiegelt die Mannigfaltigkeit des Klimas wider. Für die räumliche Anordnung der Vegetationsformationen sind die Temperaturverhältnisse mit ihren Höhenstufen ebenso bedeutsam wie die jahreszeitliche Verteilung und die Menge der Niederschläge. Mesoamerika ist zugleich ein Überschneidungsgebiet mehrerer Florenreiche. In der warmen Klimastufe gehört die Mehrzahl der Pflanzensippen dem neuweltlichen Warmtropenareal an (neotropisches Florenreich), während die der Bergländer zum größten Teil im Zuge der jüngeren Erdgeschichte aus dem borealen Raum Nordamerikas (holarktisches Florenreich) eingewandert oder gar südhemisphärisch-subantarktischer Herkunft sind (antarktisches Florenreich).

Da der Mensch seit zirka 20000 Jahren in Mesoamerika lebt, können jedoch nur wenige Vegetationseinheiten als völlig unberührt gelten. Holzeinschlag, Brandrodungsfeldbau, Ackerbau und Weidewirtschaft haben die natürliche Vegetation in unterschiedlicher Intensität degradiert.

Humide Vegetationsformationen

An der karibischen Abdachung gibt es noch Reste immergrüner Regenwälder als Ausdruck vollhumiden Klimas. Sie zeichnen sich durch großen Artenreichtum, typischen Stockwerkbau, reichhaltigen Epiphytenbewuchs und dichtes Lianengewirr aus. Die Regenwälder Mesoamerikas ziehen sich als geschlossenes Band an der Ostab-

dachung des Kordillerenzuges der gesamten Landbrücke entlang und haben ihre größte Verbreitung im südlichen Yukatan, im Petén, in Tabasco und den nordöstlich exponierten Höhenzügen von Chiapas und der Alta Verapaz. Die natürlichen Bestände waren reich an Mahagoni (Swietenia) und spanischer Zeder (Cedrela). In die Bestände sind reichlich Palmvarietäten eingemischt, ein Kennzeichen hoher Niederschläge, deren Mengen im Petén bis zu 5000 Millimeter betragen. Viele Vertreter der Pflanzenfamilie der Moraceen wurden seit alters wegen ihrer Früchte geschätzt, so zum Beispiel der Chicozapote (Manilkara zapota), der Ramón (Brosimum alicastrum) oder diverse Anona-Arten. Begehrtes Schlagholz war in der Kolonialzeit das eisenharte Campecheholz (Haematoxylum campechianum).

In den halbimmergrünen tropischen Niederungswäldern gedeiht Ceiba pentandra, der Kapokbaum, der bei den Maya als kosmisches Symbol galt. Die Regenwälder der *tierra caliente* sind in vielen Teilen der Rodung anheimgefallen. Weichholzarten, wie zum Beispiel der Ameisenbaum (Cecropia), dominieren in den Sekundärbeständen. Die Regenwälder des Tieflandes gehen unter Veränderung der Artenzusammensetzung ab 800 bis 1000 Meter Höhe in einen Regenbergwald über, in dessen oberer Baumschicht bereits boreale, aus dem holarktischen Florenreich eingewanderte Laubholzgattungen dominieren. Immergrüne Eichen, Hainbuchen, Buchen, Linden und der Amberbaum (Liquidambar) haben sich dem tropischen Bergwaldklima angepaßt. Lediglich im niedrigen Stockwerk gedeihen noch tropisch-montane, frostempfindliche Gattungen. Sie stammen teilweise aus dem südhemisphärisch tropisch-montanen Florenareal, wie zum Beispiel Weinmannia pinnata und Podocarpus. In der Höhenstufe sehr hoher Niederschläge um 1500 Meter kommen baumförmig wachsende Farne vor; überdies gedeihen zahlreiche epiphytische Bromelien und Orchideen sowie Moose, Farne und Flechten.

In der feuchten Stufe der *tierra fría* ab 1800 Meter, wo auch häufig Fröste einfallen (kalte Tropen), werden die Hochwaldbestände fast ausschließlich von feuchten Nadel-Laubholz-Mischwäldern gebildet, in denen zunächst noch immergrüne Eichen, dann aber mehrere Kiefernarten und eine Tanne (Abies religiosa) eine beherrschende Rolle spielen. In den nebelreichen, durch hohe Luftfeuchtigkeit gekennzeichneten Gebieten treten Nebelnadelwälder mit Pinus patula als Charakterbaum auf, dicht besetzt mit Moosen, Farnen und Flechten und reichem Epiphytenbewuchs von Bromelien, Orchideen, Bärlapp und baumsitzenden Kakteen.

Um 4000 Meter bildet eine einzige Kiefer, Pinus hartwegii, die Waldgrenze. In den Höhengrasländern oberhalb gedeihen Büschelgräser und hochandine Kräuter. Auch die Höhen- und Nebelwälder fallen immer stärker den Rodungen zum Opfer.

Wechselfeuchte und trockene Vegetationsformationen

Pazifische Abhänge, Binnensenken und Hochländer Mesoamerikas tragen laubwerfende Vegetationseinheiten. Wo die Niederschläge geringer werden und die Dauer der Trockenzeit zunimmt, treten an die Stelle der immergrünen Regenwälder regengrüne Feucht- und Trockenwälder. Die feuchtere Variante erstreckt sich entlang der Westküste von der Südgrenze Mesoamerikas in Costa Rica bis an den Isthmus von Tehuantepec. Nordwärts treten die trockene Variante und überdies Dornbuscheinheiten mit Kakteen auf, sowohl im Küstenbereich als auch in den Binnensenken. Mehr noch als die immergrünen Regenwälder sind die laubwerfenden Einheiten seit Jahrtausenden durch die menschliche Einflußnahme in Sekundärformationen umgewandelt. Sie treten häufig nur noch als Baumsavannen in Erscheinung.

Lebensformen und Lebensrhythmus der verschiedenen Pflanzenformationen werden im Jahresverlauf durch die Länge der Trockenzeit bestimmt. Während der feuchten Zeit überraschen die regengrünen Feuchtwälder durch sattes Grün und relativ üppige Dichte. In der drei- bis fünfmonatigen Trockenzeit verliert der Wald sein Laub. In den offenen Savannen treten die breit ausladenden Carretobäume (Pithecolobium saman) und der Conacastebaum (Enterolobium cyclocarpum) hervor. Auch Ceiba pentranda ist Charakterbaum dieser Wälder. Unter den Nutzpflanzen gedeihen in der feuchteren Variante des Waldes der niedrigwüchsige Kakaobaum (Teobroma cacao) sowie Varianten des Avocado (Persea americana) und der Zapotebaum (Diospyros).

In der Formation der regengrünen Trockenwälder, die in Landschaften mit einer fünf bis sieben Monate währenden Trockenzeit wachsen, treten dann fiederblättrige Leguminosenbäume in sehr großer Zahl auf. Viele von ihnen sind bereits bedornt als Adaptation an die länger werdende Trockenzeit.

Dornsträucher und wasserspeichernde Pflanzentypen (Sukkulenten) kennzeichnen die trockenen Savannenformationen. Sie gedeihen in allen Landschaften, die nur eine kurze Regenzeit von drei bis vier Monaten aufweisen. Es sind meist offene Flächen mit Grasfluren, niedrigem Buschwald und einzelnen Baumgruppen. Kandelaber- und Säulenkakteen, Opuntien, Agaven und Dornsträucher verleihen dieser Formation ihr Gepräge. Sie kommt in Nordyukatan, im Hinterland von Veracruz sowie in den Binnenlandschaften des Río Balsas und den weiteren tief eingeschnittenen Trockentälern der Bergländer vor.

Im Bereich der *tierra templada*, der Höhenstufe zwischen 800 und 1800 Metern, werden die regengrünen Landschaften durch Kiefern-Eichen-Mischwälder gekennzeichnet. Sie sind weit verbreitet auf der Mesa Central, aber auch in den Bergländern von Oaxaca und Chiapas. Die trockeneren Talungen der gleichen Höhenstufe jedoch tragen im Bereich der Mesa Central sogenannte Matorrales. Diese werden charakterisiert durch niedrige Baumbestände von drei bis fünf Meter Höhe, in die fiederblättrige Leguminosen der Gattungen Acacia und Mimosa und größere Bestände von Kakteen der Gattungen Lamairocereus und Neobuxbaumia eingemischt sind. Auf etwas höher gelegenen Flächen der Mesa Central bestimmen die exotisch aussehenden Schopflilien der Gattungen Yucca, Dasylirion und Beaucarnea zusammen mit Agaven und Opuntien die Flora.

Eine eigene Formation bildet in der Stufe der *tierra fría* in der nördlichen Mesa Central der eßbare Früchte tragende Mesquitebaum Prosopis juliflora.

Die Binnentäler des südlichen Mesoamerika charakterisiert ein auffallender Savannentyp, Morrales oder Chaparrales genannt. Sie gedeihen auf schlecht drainierten, tonigen Böden und besitzen eine charakteristische Vegetation von Curatella americana (Chaparro), Byrsonima crassifolia (Nance) und Psidium guayaba (Guava). Die Kalebassenbäume Crescentia cujete und Crescentia alata liefern Flaschenkürbisse, die als Trinkgefäße benutzt werden. Guayaba und Nance tragen vitaminhaltige Früchte.

Die Lebensräume der mesoamerikanischen Hochkulturen

Zwei Naturraumtypen boten günstigen Lebensraum für die Menschheitsentwicklung in Mesoamerika: strahlungsreiche, kühltropische, wechselfeuchte Hochbecken in den zentralen Bergländern und warmtropische, unterschiedlich feuchte Tiefländer in den Küstenniederungen der karibischen und pazifischen Abdachung.

Mesa Central (Zentrales Hochland)

Die herausragende Gunstlandschaft ist die Mesa Central im Bereich der Sierra Neovolcánica des mittleren Mexiko. Sie besteht aus mehreren Hochebenen und Hochsenken,

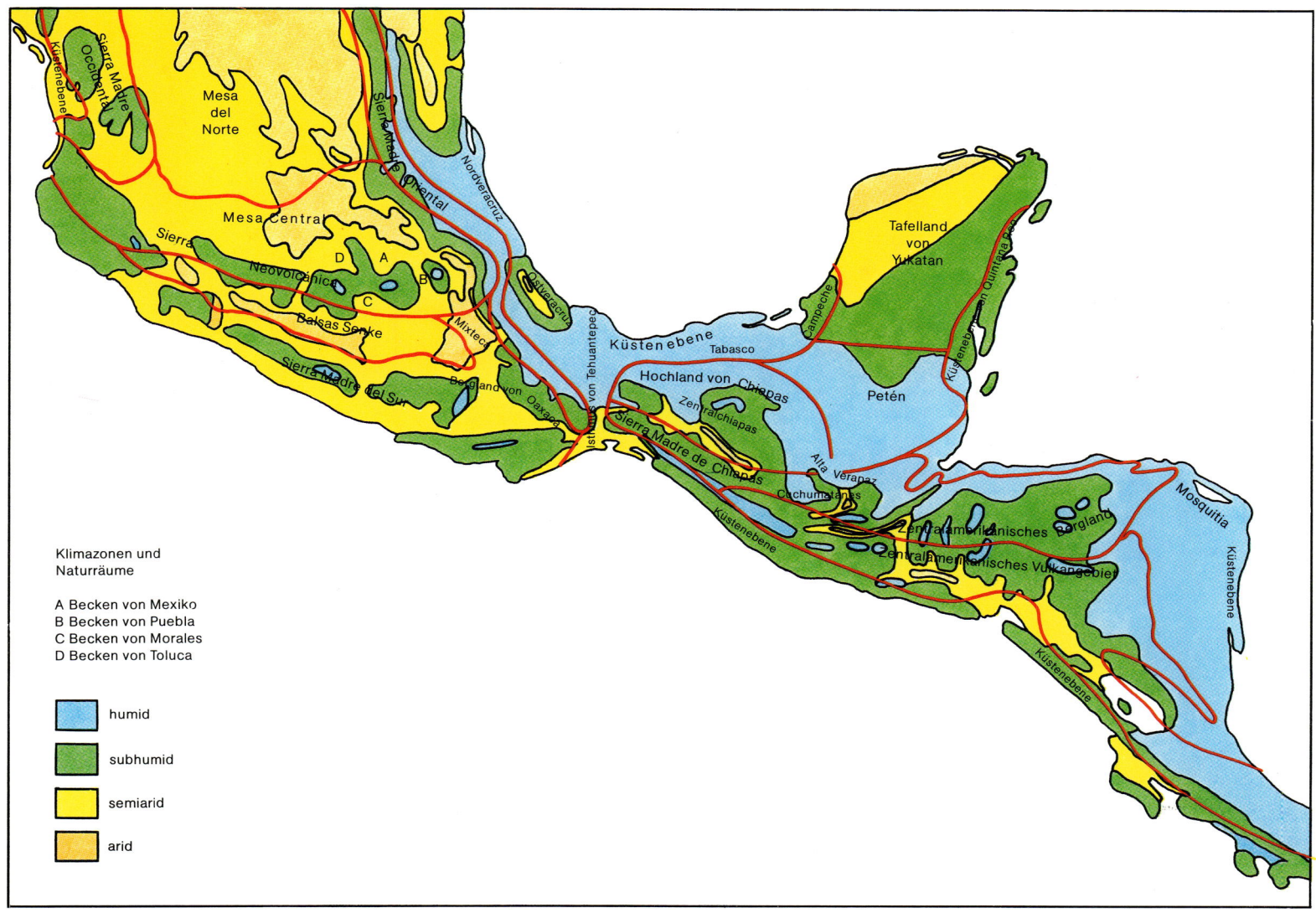

Klimazonen und
Naturräume

A Becken von Mexiko
B Becken von Puebla
C Becken von Morales
D Becken von Toluca

humid

subhumid

semiarid

arid

die sich alle im Höhenintervall zwischen 2000 und 3000 Metern über dem Meeresspiegel anordnen. Die jungen vulkanischen, meist basischen Auswurfmassen und Durchragungen des Kalkgesteins der Sierra Madre Oriental und der Sierra Madre Occidental verwitterten zu fruchtbaren Böden. Selbst an Hängen fördert die Erosion immer wieder frische mineralische Stoffe an die Oberfläche. Die einzelnen Becken sind durch niedrige Pässe zwischen den großen Vulkanmassiven fast von allen Richtungen her leicht zugänglich. Die westlichen Teilbereiche der Mesa Central werden durch den Río Lerma nach Westen hin zum Pazifik entwässert, die östlichen dagegen durch den Río Pánuco in die Karibische See und teilweise auch nach Süden über den Río Balsas, der dann westwärts dem Pazifik zustrebt. Kleinere Trockengebiete der Meseta haben keinen Abfluß zum Meer.

Die Kiefern-Eichen-Mischwälder gedeihen in den zentralen Becken in lockeren, an den Flanken der Gebirge in dichteren Beständen. Unter den letztgenannten finden sich die langnadeligen Arten Pinus montezumae und Pinus pseudostrobus. In den trockenen Bereichen werfen die Eichen ihr Laub. Sie werden hier begleitet von mehr kurznadeligen Kiefernarten wie Pinus rudis und Pinus cembroides. In Höhen von 2700 bis etwa 3300 Metern mischen

sich die Tanne Abies religiosa sowie die Erle Alnus firmifolia in die Bestände ein. Die tieferliegenden Becken im Regenschatten der Ostkordillere tragen trockene Eichen-Busch-Vegetation, durchmischt mit vielen zum Teil nützlichen xeromorphen Pflanzen wie Mesquite, verschiedenen Arten von Akazien und Schopflilien, begleitet von Opuntien, Agaven und Wildgräsern.

Die natürlichen Bedingungen der Klimagunst, des Vulkanismus, der Kalkverwitterung und ein günstiger Wasserhaushalt der Hochlandseen und ihres Umfeldes erlaubten dem frühen Menschen reichhaltige Jagd auf Kleintiere und ein Sammeln von Früchten wie Kaktusfeigen, Mesquitekörner, Yucca- und Koniferensamen. Ebenso begünstigten die tropischen Strahlungsbedingungen, die gemäßigten Temperaturen der mittleren Höhen und die regelmäßig auftretende halbjährige Regenzeit den Jahresrhythmus der Kulturpflanzen und ihre Nutzung. Der Übergang zur Züchtung einzelner Pflanzen und zum Anbau des Maises und seiner Begleitkulturen Bohnen, Kürbis, Chili und Amarant im Brandrodungsfeldbau mit Feldwechsel und zu einer Seßhaftwerdung mit Daueranbau erfolgte daher zum jeweils frühestmöglichen Zeitpunkt der Kulturentwicklung, die schließlich in mehreren Formen der Bewässerungswirtschaft kulminierte.

Bergland und Becken von Oaxaca

Der Berglandbereich um das alte Kulturzentrum Oaxaca besteht aus einem mächtigen Gebirgskörper, aufgebaut aus älteren, kristallinen Gesteinen, aber überdeckt von jüngeren Kalken und Sandsteinen. Mehrere Beckenlandschaften, unter ihnen das ausgedehnte Becken um Oaxaca selbst, tragen eine fruchtbare Bodenauflage. Der zentrale Lebensraum liegt in der *tierra templada* zwischen 1000 und 2000 Metern über dem Meeresspiegel. Er wird von laubwerfenden Trockenwäldern bestanden, die an eine fünf- bis siebenmonatige Trockenzeit angepaßt sind.

Die ebeneren Becken waren die Anziehungspunkte einer frühen Besiedlung und das Zentrum der Hochkulturen der Zapoteken und Mixteken. Die natürlichen Bedingungen gestatteten den alten Völkern eine mäßige Tragfähigkeit durch Ausübung des Milpasystems, der Maiskultivierung im Brandrodungsbau mit Feldwechsel. Bewässerungssysteme entwickelten sich in der Hochkulturepoche.

Bergländer des nördlichen Zentralamerika

Der Berglandkomplex zwischen Chiapas und Nicaragua ist in viele kleine Subregionen untergliedert. Die zentralen Landschaften dieses Raumes erstrecken sich entlang der jungvulkanischen Zone, die das zentrale Bergland gegen den Pazifik hin abgrenzt, in den Kalkstein-Plateaulandschaften des nördlichen Chiapas, in den Altos de Cuchumatanes und im Kegelkarstgebiet der Alta Verapaz. Die vulkanischen Ablagerungen und die Verwitterungsprodukte des Kalkes zeichnen sich durch hohe Fruchtbarkeit aus. Seenbecken, die sich im Zusammenhang mit dem jungen Vulkanismus gebildet hatten, boten durch ihre reiche Flora und Fauna den Frühbesiedlern wichtige Ernährungsgrundlagen. Die zentralen Landschaften liegen vorwiegend in der Höhenstufe der *tierra fría* oberhalb von 2000 Metern und haben gleichfalls eine günstige Verteilung von Regen- und Trockenzeiten sowie frische Temperaturen bei hoher Sonnenstrahlung. Die natürliche Waldvegetation besteht auch hier aus einem Kiefern-Eichen-

Mischwald von semihumidem Charakter und positiver Jahreswasserbilanz. Die tief eingeschnittenen Täler haben zuweilen einen sehr trockenen Talgrund mit einer Dornbuschvegetation von Mimosen, Akazien und Kakteen. An luvseitigen Hängen tritt oberhalb von 3000 Metern dichter Nebelwald auf.

Eine frühe Seßhaftwerdung war in diesem Hochland möglich aufgrund ergiebiger Böden. Das Milpasystem in Feldwechselwirtschaft sowie Daueranbau auf kleinparzellierten Fluren garantierten hohe agrare Tragfähigkeit.

Tiefländer

Die warmtropischen Tiefländer der *tierra caliente*, die sich an der karibischen und pazifischen Küste entlangziehen, nehmen insbesondere an der karibischen Ostküste einen breiten Raum ein. Tieflandebenen, Hügelvorländer und niedrige Bergzüge verursachen kleinräumige, individuelle Landschaftseinheiten mit einer reichen Palette feuchter und trockener Klimate. Allen Teilen gemeinsam sind jedoch die hohen mittleren Temperaturen im Jahresverlauf bei völliger Frostfreiheit, während die unterschiedliche Länge der Regen- und Trockenzeiten das physiognomische Bild der Teillandschaften verändert, so daß die gesamte Skala zwischen immergrünem Regenwald und trockenem Dornbusch angetroffen wird.

Es gehört zu den immer noch rätselhaften Tatsachen, daß der Bereich der immerfeuchten Regenwaldlandschaften in Tabasco und auf der Halbinsel Yukatan einst der Mayakultur als Lebensraum diente. Während über die Architektur, das Kunstschaffen, die wissenschaftlichen Leistungen und religiösen Vorstellungen dieses Volkes bereits bedeutende Kenntnisse vorliegen, weiß man nur wenig über die natürlichen Faktoren, die hier Voraussetzungen für eine schnelle Entwicklung und schließlich auch für den plötzlichen Untergang darboten.

Der Raum der klassischen Maya gehört zu den feuchtesten Gesamtmittelamerikas. Nur im Februar/März ist eine kurze Trockenperiode mit verminderten Niederschlägen eingeschaltet. Zahlreiche Urwaldströme werden von den

Linke Seite, außen: Rodungen in der Kiefernwaldstufe am Fuße des Vulkans Toluca in 3000 m Höhe.

Linke Seite, innen: Trockenvegetation im Tehuacán-Tal mit Schopfblattbäumen und Agaven.

Oben: Trockensavanne im Hinterland von Veracruz. Die laubwerfenden Bäume tragen epiphytische, immergrüne Kakteen.

Oben rechts: Marschenvegetation in den Küstenlagunen von Yukatan.

hohen Niederschlagsmengen gespeist und münden in den Golf von Mexiko. Die Flüsse Usumacinta und Grijalva haben Schwemmlandmaterial in die Küstenebene transportiert und weite Terrassen und mächtige Deltas aufgebaut, die seit alters einer größeren Bevölkerung nutzbaren Lebensraum boten. Die Kalktafel von Yukatan ist verkarstet und besitzt daher – abgesehen von kleineren oberirdischen Bachläufen – kein Gewässernetz außer dem des Río Hondo an der südlichen Ostküste.

Der Fischreichtum und die Menge der amphibischen Fauna waren im Bereich des Regenwaldes attraktive Anziehungspunkte für die schweifende Bevölkerung. Offenbar hat es auch zu jener Zeit ein kalkreiches Regenwaldmilieu mit fruchtbaren Lehmböden und alluvialen Schwemmländern sowie küstennahen Marschenböden gegeben, die als günstige Voraussetzungen einer frühen Kulturblüte gelten können. Vielen der kleinräumigen Depressionen im verkarsteten Kalkrelief eignen dunkelbraune fruchtbare Böden. Sie waren in der Hauptsache Grundlage für die Entwicklung der lokalen klassischen Mayazentren. Früchte der Waldbäume, Reptilien und eine reiche Vogelwelt an den Wasserstellen boten Nahrung. Offene Savannenflächen mitten im Wald erlaubten neben der Brandrodungswirtschaft einen Daueranbau von Mais, der mit Hilfe einer Drainagemelioration, die mehrfache Ernten im Jahr erbrachte, entwickelt werden konnte.

Da der Karstwasserspiegel jedoch ein empfindliches edaphisches System darstellt, bei dem eine Trockenperiode oder ein plötzliches Ereignis im unterirdischen Höhlensystem die gesamten Wasserverhältnisse in einem größeren Raum abrupt ändern kann, zwangen womöglich Vorgänge dieser Art in kürzerer Zeit zur Aufgabe von Siedlungsplätzen.

Klimawandel und Kulturentwicklung

Durch die Absenkung des Meeresspiegels während der letzten Eiszeit gelangte der Mensch über die Beringstraße in den nordamerikanischen Kontinent. Über zeitweise eisfreie Gebiete zwischen den vergletscherten Rocky Mountains und dem polaren Inlandeis konnten zwischen 70000 und 40000 v. Chr. erste Einwanderungsgruppen in die Neue Welt vordringen. Für Mesoamerika ist die Anwesenheit des Menschen durch zwei Radiocarbondaten von 22000 (Tlapacoya) und 19750 (Valsequillo) bezeugt. Auf dem mexikanischen Hochland gab es während der Eiszeit zwar keine Inlandeisflächen, doch reichte die Vergletscherung der hohen Vulkane fast bis auf die Hochebenen hinunter. Moränenablagerungen hat man bis in eine Höhe von 2500 Metern über dem Meeresspiegel gefunden. Die Temperaturen waren im Mittel um zirka 7°C gegenüber heute abgesunken. Die Grenze des ewigen Schnees lag bei 3800, die Waldgrenze bei 2700 Metern. Mit dem Rückzug der Gletscher kam es zur Ausbildung von Süßwasserseen auf der Mesa Central. Hochflächen, die über 2200 Meter liegen, waren von einförmigen Kiefernwäldern bestanden, in die einzelne Fichten und Tannen sowie reichlich Büschelgrasunterwuchs eingeschaltet waren.

Daß um 7600 v. Chr. noch ein kaltzeitliches Klima herrschte, beweisen datierte Schichten im Becken von Mexiko, in denen eine vollständige kaltzeitliche Fauna nachgewiesen ist, vergesellschaftet mit Artefakten und dem Skelett des Tepexpan-Menschen.

Ab 6500 v. Chr. ereignete sich in weniger als tausend Jahren ein abrupter Umschwung des Klimas, der die Temperatur um zirka 7°C ansteigen ließ. Das Spätglazial ging in das Postglazial (Holozän) über. Diese Warmphase zwischen 5000 und 3000 v. Chr., das postglaziale Klimaoptimum, hatte eine Mitteltemperatur, die noch 2°C höher lag als heute. Sie war zudem sehr niederschlagsreich und durch intensive Bodenbildung gekennzeichnet. Die Schneegrenze stieg auf 5200, die Waldgrenze auf 4300 Meter an, so daß die Hochflächen von einem Eichen-Kiefern-Mischwald mit vielen an gemäßigtes Klima angepaßten Laubbäumen überzogen wurden. Nur die Vulkane Popocatépetl, Ixtaccihuatl und der Pico de Orizaba trugen noch ganz schwache Schneekappen. Die eiszeitliche Fauna starb aus. Der Mensch mußte sich von der ursprünglichen Ernährungsbasis, der Jagd auf Großtiere, lösen. Er jagte nunmehr kleine Wildtiere, sammelte Früchte, Samen, Nüsse und Knollen, die die reiche Flora des Hochlandes spendete. Hochlandseen und Bäche vermehrten die Nahrungsgrundlage durch Fische und Mollusken.

Gegen Ende der Warmphase, im Protoneolithikum, wurde der Mensch, bisher nomadisierender Wildbeuter, auch zum Züchter einzelner Pflanzen, die er allmählich als seßhafter Ackerbauer anbaute. Die Nahrung bestand jedoch weiterhin zum großen Teil aus seiner Jagdbeute: Kaninchen, Wasser- und Zugvögel, Schildkröten und Weißschwanzhirsche. Um 5000 v. Chr. wurden im Tal von Tehuacán bereits Bäume kultiviert, zum Beispiel der Avocadobaum (Persea americana), ebenso Chilipfeffer (Capsicum annuum), eine Kürbisart (Cucurbita mixta) und die samenliefernde Fuchsschwanzart Amarant (Amaranthus sp.). Auch der Mais, der zum Grundnahrungsmittel aller mesoamerikanischen Hochkulturen werden sollte, wandelte sich in dieser Zeit vom Sammelprodukt zur gezüchteten Pflanze. In den noch wärmeren Tiefländern wurden andere Kürbisarten, die Bohne und Baumfrüchte, zum Beispiel vom Zapote- und Kakaobaum, kultiviert.

Der Übergang zum Ackerbau während des Klimaoptimums zwischen 5000 und 3000 v. Chr. vollzog sich in einer ökologischen Umwelt, die gekennzeichnet war durch fruchtbare vulkanische Ascheböden, Lehmböden aus Kalkgestein, eine größere Verbreitung von Seen und zahlreiche Quellaustritte in den Beckenlandschaften sowie ein Klima mit klarer jahreszeitlicher Periodizität zwischen Regen- und Trockenzeit. Dies gilt weitgehend für die Hochländer Mesoamerikas, während den Tiefländern, insbesondere im Bereich von Tabasco und im Petén, ein feuchtes, regenreiches Klima mit weitverbreiteter Seenbildung in Kalklandschaften eignete.

Am Ende seines Optimums wurde das Klima im Hochlandgebiet trockener und wieder um zirka 4°C kälter, so daß die mittleren Temperaturwerte etwa 2-3°C unter den heutigen lagen. Es vollzog sich erneut ein Vegetationswandel mit einer auffälligen Verarmung der Flora im Bereich der mexikanischen Meseta. Feste Siedlungsplätze sind für die Zeit um 2000 v. Chr. bezeugt. Der Maisanbau wurde im Milpasystem mit dem Grabstock betrieben. Um die Seen der Talsohlen entwickelten sich zwischen 500 v. Chr. und 200 n. Chr. Ansätze einer Bewässerungswirtschaft mit Daueranbau. Jüngere Studien im Rahmen des deutsch-mexikanischen Forschungsprojektes Puebla-Tlaxcala haben erwiesen, daß mit dem Kühlerwerden des Klimas spätestens im ersten vorchristlichen Jahrtausend auch die festen Siedlungsplätze stetig zunahmen. Zugleich führte die intensive Rodung zur stärkeren Bodenerosion an den Hängen.

In der klassischen Epoche zwischen 200 und 800 n. Chr. herrschte auf dem Hochland ein relativ gleichmäßiges Klima, das trockener und wärmer als in den Jahrhunderten vorher war. Es fand Bodenbildung statt, verbunden mit einer Siedlungskonzentration und einer Verfeinerung und Verbesserung des Anbaues. Die künstliche Bewässerung, die bereits in der präklassischen Zeit auf dem mexikanischen Hochland in einfachen Formen ausgeübt wurde, wurde vervollkommnet. Der Bau von Kanälen und Anbau auf Terrassen, zum Beispiel in Form der Chinampas – unserer Flußmarschenbebauung ähnlich –, zeugen von einem hohen Stand der Landeskultur. Siedlungsagglomerationen führten zu stadtähnlichen Siedlungsstrukturen mit Arbeitsteilung zwischen städtischen und ländlichen Funktionen. Überschüsse aus der Landwirtschaft erlaubten einen regen Warenaustausch mit den Völkern der karibischen Küstenniederungen. Von dort wurden Rohstoffe wie Granit, Schiefer, Serpentin, Jade, aber auch tropische Hölzer, Faserstoffe und Meeresmuscheln importiert.

Die Epoche zwischen 800 und 1200 n. Chr. erlebte ein erneutes schwaches Klimaoptimum mit einem Temperaturanstieg um zirka 1-2°C (postklassisches Klimaoptimum). Der allgemeine Klimacharakter wurde feuchter. Dies führte zu Höchstständen der Seen und einer raschen Siedlungsausweitung an den Hängen der umgebenden Bergländer. Eine bemerkenswerte Klimavariabilität aber, die sich in einem raschen Wechsel von trockenen und feuchten, kühleren und wärmeren Jahren äußerte, unterstützte eine hohe Mobilität der Völkerstämme auf der Mesa Central. Der verstärkte Siedlungsausbau, der mit einer Zunahme der Bevölkerung einherging, war, wie nachgewiesen werden konnte, mit einer auffallenden Bodenerosion an den Hängen und einer Bodenakkumulation in den Becken verbunden. Die Vegetation der Hochländer Mexikos bestand in dieser Zeit aus einem offenen Kiefern-Eichen-Mischwald, der auch heute noch diese Räume kennzeichnet, wobei vor allem die Eiche und andere Laubbäume größtenteils der Rodung zum Opfer fielen.

Nach 1200 n. Chr. trat erneut eine schwache Abkühlung des Klimas ein, die bis weit in die Kolonialzeit anhielt. Sie führte im Bereich der hohen Vulkane der Mesa Central zu einer Wüstungsphase von Flur und Siedlung an der Höhengrenze der Anbaumöglichkeit, während in den Beckenlandschaften eine Konzentration der Siedlungen unter weiterer Intensivierung des Anbaues erfolgte.

Gegenwärtig unterliegen die kühltropischen Höhenlandschaften Mesoamerikas einem schleichenden Prozeß schwacher Desertifikation, die weniger durch einen meßbaren Klimawandel verursacht wird als vielmehr durch eine Überbeanspruchung der Landschaften durch den Menschen.

Die Naturlandschaften in den Hochlandgebieten Mexikos waren einem ständigen Wandlungsprozeß ausgesetzt. Klima, Boden und Erosionsphasen sowie Siedlungs- und Kulturentwicklung stehen in einem engen Zusammenhang. Seit seiner Seßhaftwerdung tritt der Mensch selbst verstärkt als Gestalter der Erdoberfläche auf und wird damit Verursacher starker räumlicher Veränderungen. Das Bild von Wald und offenem Land hat sich seitdem gründlich gewandelt. So sind die tiefen Erosionseinschnitte (Barrancas) in den Vulkangebieten Mesoamerikas Landschaftsformen, die man vornehmlich dem Werk des Menschen zuschreiben muß. Dieser hat das landschaftliche Gleichgewicht tiefgreifend verändert, indem er eine enorme Umschichtung der Bodenoberfläche in Gang setzte. Seine Eingriffe in den Landschaftshaushalt während der letzten 3000 Jahre waren sicher genauso wirkungsvoll wie das Naturgeschehen selbst in den vorausgegangenen 30000 Jahren.

Der geschilderte Prozeß tritt im zweiten Hochkulturgebiet Mesoamerikas, dem Tiefland von Yukatan, weniger deutlich in Erscheinung. Für diesen immerfeuchten Raum ist ein klimatischer Wandel bisher noch nicht eindeutig erwiesen. Man kann zwar annehmen, daß auch hier während der Eiszeit ein etwas kühleres Klima herrschte, doch war es bisher kaum möglich, ein anderes ökologisches Milieu als heute für die klassische Zeit der Maya nachzuweisen. Im verkarsteten Kalkgebiet scheint der Mensch jedoch gleichfalls auf kleinem Raum Verursacher einer Umgestaltung gewesen zu sein. Kalklandschaften besitzen nämlich ein außerordentlich sensibles und labiles hydrographisches Netz, da Kalk in Wasser gelöst werden kann und in großen unterirdischen Höhlungen ein eigenes Gewässernetz pulsiert. Da dieses nicht nur vom Regenwasser abhängig ist, sondern auch vom Werden und Vergehen der

Hohlräume im Gestein, kann durch die unterirdische Verkarstung das Wassersystem sehr plötzlich verändert werden. Möglicherweise reagierte der Raum aber auch auf die geringsten Klimaschwankungen intensiver, als das in anderen Gesteinslandschaften der Fall ist.

Unter den Grundbedingungen, die im gesamten Raum Mesoamerikas die Entwicklung zur Hochkultur favorisierten, spielt die Ausstattung des Naturraumes eine beträchtliche Rolle. Dies gilt besonders für die Anfangsentwicklung, in der die Auslesewirkung der klimatischen Bedingungen naturgemäß stärker war als unter den Lebensumständen einer bestehenden Hochkultur. Man wird kaum umhin können festzustellen, daß ganze Völker samt ihrer Kultur an bestimmte Klimaräume der Erde angepaßt sind, indem der Mensch als Einzelwesen, Gruppe oder Volk die klimatische Gunst seines Lebensraumes der Entfaltung seiner materiellen Kultur dienstbar machen konnte. Thermische wie hygrische Verhältnisse steuern in Verbindung mit der Bodengestalt und der Ausstattung mit Flora und Fauna die Entwicklung einer Kulturlandschaft. Klimarhythmus und Bodenstruktur geben hierfür den Rahmen ab. Der Mensch aber hat die Probleme, die die Natur ihm vorgibt, selbst zu lösen mit seiner Phantasie, seinem Willen und seiner gestaltenden Aktivität. Das Entwicklungsdrama der Menschheit schreibt der Mensch allein. Kulturumbrüche, wie sie in Mesoamerika im Laufe der Geschichte vorgekommen sind, offenbaren immer auch Fehlnutzungen des Raumes im Wechselspiel von Naturraumgegebenheiten, Bevölkerungsentwicklung und Kulturstand des Menschen.

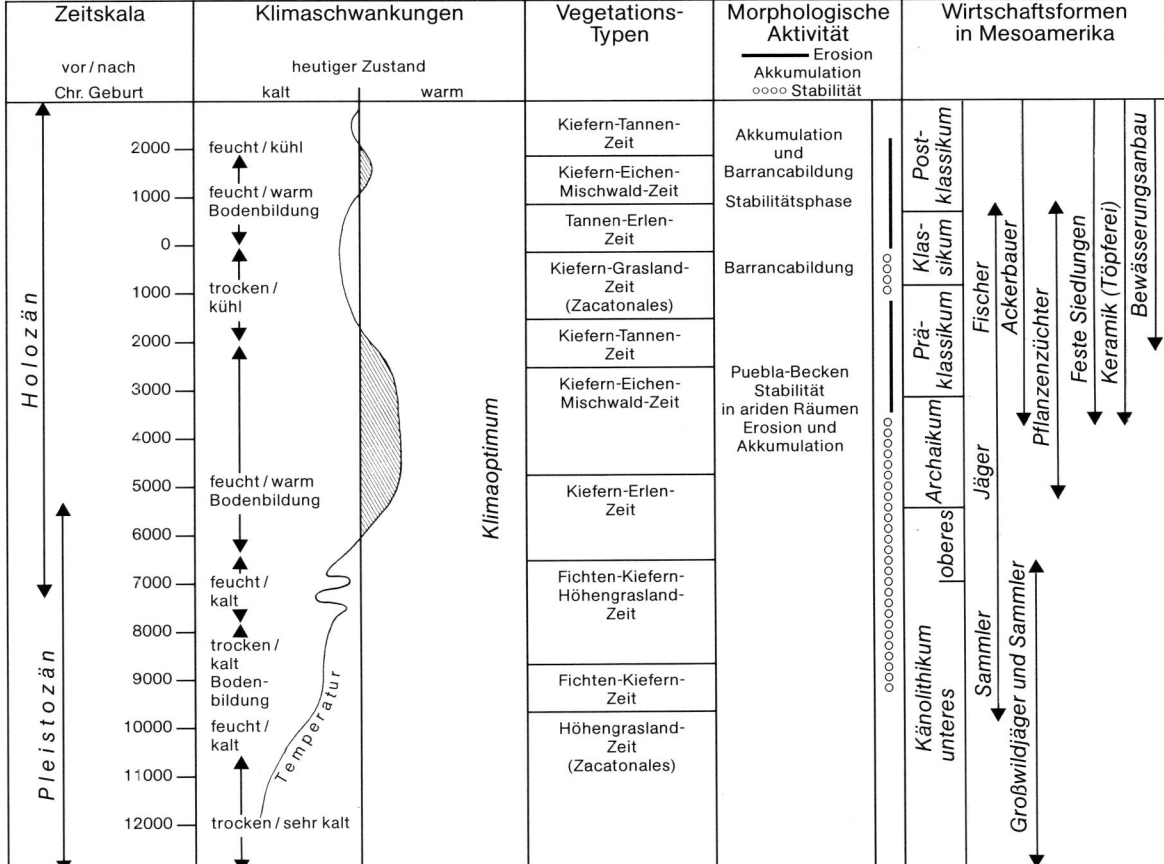

Die Kulturepochen Mexikos im Spiegel des Klimaablaufes seit der letzten Eiszeit auf dem mexikanischen Hochland. Die klimatische Warmphase, die vor etwa 10000 Jahren einsetzte, beeinflußte und veränderte die Umwelt des Menschen. Er wurde vom Jäger zum Sammler und schließlich zum Züchter von Feldfrüchten, als seßhafter Siedler zugleich zum Gestalter seines Lebensraumes.

Der Kulturraum

UNTER DEM ALTEN MEXIKO wird in diesem Band ein Kulturraum verstanden, der nicht mit dem jetzigen Mexiko gleichzusetzen ist, sondern den in präkolumbischer Zeit auf der mittelamerikanischen Landbrücke geschichtlich gewachsenen Hochkulturbereich umfaßt, für den der wissenschaftliche Begriff Mesoamerika eingeführt wurde. Die Unbrauchbarkeit moderner Staatsgrenzen zur Festlegung von Gebieten, die durch die in ihnen lebenden Kulturen definiert sind, veranlaßte 1943 den Völkerkundler Paul Kirchhoff, diesen Begriff zu prägen. Im Verständnis von Kirchhoff, das noch immer Gültigkeit hat, umfaßt Mesoamerika die Gebiete der eigentlichen mexikanischen Kulturen und die Mayakultur. Die Nordgrenze dieses Raumes folgt an der Golfküste ungefähr dem Río Pánuco, an der Pazifikküste dem Río Sinaloa, im Hochland streckenweise dem Río Lerma und dem Río Moctezuma, während die Südostgrenze von der Mündung des Río Motagua in den Golf von Honduras zum Nicaraguasee und zum Golf von Nicoya verläuft. Diese Abgrenzung schließt allerdings im Südosten Gebiete ein, in die erst sehr spät Gruppen aus Mesoamerika eingewandert sind, wie die Nicarao und die Chorotega. Deshalb ist es zweckmäßiger, die Grenze etwas enger zu ziehen und sie, wie 1959 von Wolfgang Haberland vorgeschlagen, mit der Ostgrenze der Mayakultur gleichzusetzen, die durch den Río Ulua und den Río Jiboa markiert werden kann. Damit umfaßt Mesoamerika die südliche Hälfte Mexikos, die Territorien der Staaten Belize und Guatemala sowie den Westen von Honduras und El Salvador. Die Grenzen Mesoamerikas waren nicht starr, besonders die Nordgrenze unterlag im Laufe der Zeit Schwankungen durch das Vordringen schweifender Wildbeuter aus den Steppengebieten nach Süden. Bei allen Gemeinsamkeiten läßt sich der von mehreren unterschiedlichen Kulturen geprägte westliche Teil Mesoamerikas von dem der verhältnismäßig einheitlichen Mayakulturen im Osten unterscheiden. Die Grenze zwischen beiden verläuft östlich des Isthmus' von Tehuantepec von der südlichen Golfküste zur pazifischen Küste etwa entlang einer Linie Villahermosa (Tabasco) – Tuxtla Gutierrez (Chiapas).

Sowohl im materiellen Inventar als auch im gesellschaftlichen und geistig-religiösen Bereich besitzen die Völker Mesoamerikas zahlreiche grundlegende Gemeinsamkeiten. Alle diese Aspekte manifestieren sich direkt oder indirekt in der wohl eindrucksvollsten Hinterlassenschaft der mesoamerikanischen Kulturen, ihren großartigen Zeremonialzentren. Pyramidenstümpfe, die als Unterbauten für Tempel dienten, sind dafür ebenso typisch wie die Plätze für das kultische Ballspiel und die als Stelen und Altäre bezeichneten Steinmonumente. Eine streng hierarchisch gegliederte Gesellschaft, deren wirtschaftliche Grundlage in erster Linie ein hochproduktiver Maisanbau war, begegnet uns bei allen mesoamerikanischen Völkern. Gemeinsam sind ihnen auch die Grundzüge ihres Weltbildes und ihrer Religion mit einer Vielzahl von Gottheiten, deren Funktion uns allerdings nicht immer eindeutig erscheint. Übereinstimmungen zeichnen sich auch in der Technik der Zeitrechnung, in der Astronomie, der Mantik und zahlreichen weiteren Bereichen ab. Eine voll oder partiell ausgebildete Schrift und eine schriftliche Tradierung geschichtlicher Ereignisse gehören ebenfalls zu den geistigen Errungenschaften Mesoamerikas.

Die Erforschung

Über die Geschichte Mesoamerikas sind wir recht gut orientiert. Das Geschichtsbewußtsein einiger Völker dieses Raumes reicht bis in das neunte nachchristliche Jahrhundert zurück, wobei sich die Anfänge freilich meist in mythischem Dunkel verlieren.

Die aztekische Büste eines Mannes mit knapp anliegenden Haaren verkörpert den Mann des Volkes und zugleich den harten, unbeugsamen Kämpfer für die Verherrlichung der Götter und den Ruhm seines Volkes. Höhe 31 cm.　　　　　　　　　　　　*Mexiko, Museo Nacional*

Über hundert Jahre archäologischer Forschung haben dazu beigetragen, auch die Vorgänge früherer Zeiten zu erhellen. Richtete sich das Interesse zunächst verständlicherweise auf die Untersuchung der großartigen baulichen Hinterlassenschaft der späteren mesoamerikanischen Kulturen, so drängte sich doch bald auch die Frage nach ihren Ursprüngen auf. Bereits lange bevor man ihr ernsthaft nachging, kannte man aus meist zufälligen Funden Artefakte, vor allem kleine Tonfiguren, die sich kaum mit den Funden in den großen Ruinenplätzen in Verbindung bringen ließen. Ihrer archaisch erscheinenden Formen wegen schrieb man ihnen ein unbestimmt hohes Alter zu. In den zwanziger Jahren begann dann eine planmäßige Erforschung der frühen Kulturen, die man damals die archaischen nannte. Für sie stellte der Nordamerikaner George C. Vaillant ein erstes chronologisches Gerüst sowie eine Typologie der Tonfiguren auf.

Bei allen Erfolgen der archäologischen und ethnohistorischen Forschung bleiben allerdings noch manche Fragen ungelöst. Unbekannt hinsichtlich ihrer ethnischen Zugehörigkeit und ihrer Sprachen sind (und bleiben wohl auch) die Träger der frühen Kulturen. Wir wissen ja nicht einmal, wer die gewaltige Stadtanlage Teotihuacán erbaut hat und welche Sprache ihre Bewohner gesprochen haben.

Die Besiedlung

Die bislang ältesten Spuren der Anwesenheit des Menschen in Mesoamerika finden sich in Zentralmexiko. Funde von Mammutresten zusammen mit Steinwerkzeugen sowie vereinzelte Funde bestimmter Geschoßspitzen (fluted points), die für die paläoindianische Phase in Nordamerika

charakteristisch sind, bezeugen das Auftreten früher Jäger gegen Ende der letzten Eiszeit. Nach der heute gültigen Auffassung sind die ersten Einwanderer von Asien über eine während der Eiszeit bestehende Landbrücke im Bereich der Beringstraße nach Amerika gekommen. Es waren spät-altsteinzeitliche Jäger, die in Verfolgung des Wildes einen neuen Kontinent erreichten, ohne sich dessen bewußt zu sein. Noch läßt sich nicht genau festlegen, wann die Ankunft des Menschen in Amerika stattfand. In den vier Eiszeiten, die insgesamt etwa eine Million Jahre dauerten, waren, wie in der Alten Welt, große Teile der nördlichen Landmassen mit Eis bedeckt. Während der Höhepunkte dieser Kaltzeiten, die in Nordamerika Nebraska-, Kansas-, Illinois- und Wisconsin-Vereisung genannt werden, lag der Meeresspiegel etwa hundert Meter niedriger als heute, weil in den Eisfeldern gewaltige Wassermengen gebunden waren. Dadurch lag die flache Beringstraße trocken und bildete eine nicht vergletscherte Landbrücke zwischen Asien und Amerika. Das war zuletzt zwischen 24000 und 8000 v. Chr. der Fall.

Für die Besiedlung Amerikas kommt wahrscheinlich nur die letzte, die Wisconsin-Eiszeit, in Frage. Damals bedeckten zwei gewaltige Eisschilde das nördliche Nordamerika, der laurentische Eisschild im Osten und der Kordilleren-Eisschild im Westen. Sie verhinderten das Weiterwandern des Menschen nach Süden aber nicht völlig, denn in den wärmeren Phasen der Eiszeit bestand ein eisfreier Korridor entlang des Ostrandes des kanadischen Felsengebirges. Nur im letzten Maximum der Wisconsin-Vereisung schloß sich dieser Korridor, und eine zusammenhängende Eismasse sperrte zwischen 18000 und 8000 v. Chr. den Weg von Alaska nach Süden. Funde von menschlichen

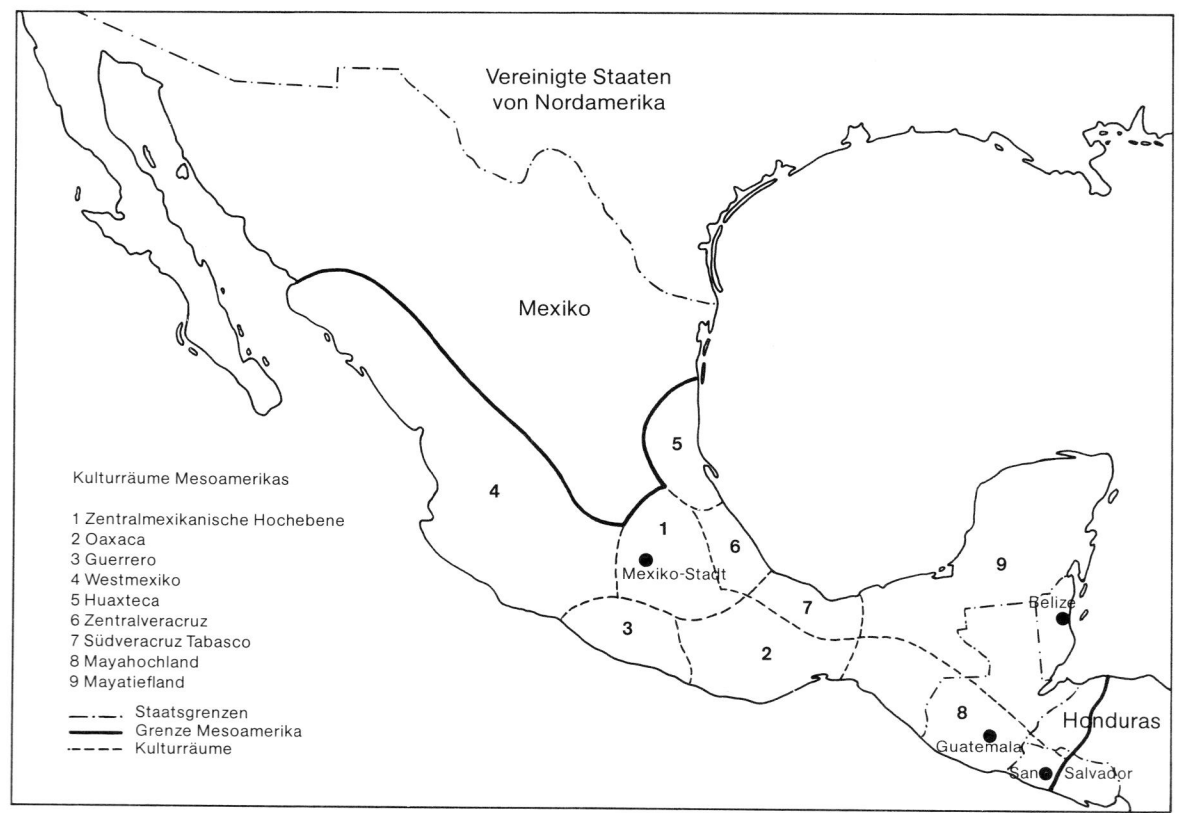

Kulturräume Mesoamerikas

1 Zentralmexikanische Hochebene
2 Oaxaca
3 Guerrero
4 Westmexiko
5 Huaxteca
6 Zentralveracruz
7 Südveracruz Tabasco
8 Mayahochland
9 Mayatiefland

–··–··–   Staatsgrenzen
─────   Grenze Mesoamerika
– – – –   Kulturräume

Links: Kulturräume Mesoamerikas

Rechts: In der üppigen Vegetation der Golfküste entfalteten sich blühende Kulturen. Der im frühen Klassikum entstandene Tonkopf aus dem zentralen Veracruz, ursprünglich Teil einer Vollfigur, bezeugt deren Eigenständigkeit. Augen, Mundpartie und Ohrschmuck zeigen noch Reste der schwarzen Bemalung mit Erdpech, das aus den Asphaltsümpfen der Golfregion gewonnen wurde. Höhe 23 cm. Villahermosa, Museo de Tabasco

Folgende Doppelseite: Unzählige Köpfchen von Tonfigurinen, die wohl als Grabbeigaben oder Fruchtbarkeitssymbole dienten, kamen bei Ausgrabungen, bei Bauarbeiten oder unter den Pflügen der Bauern ans Tageslicht. Diese cavesitas *zeigen die ganze Bandbreite der Erscheinungsformen der Menschen und Kulturen des Alten Mexiko.   Privatsammlung*

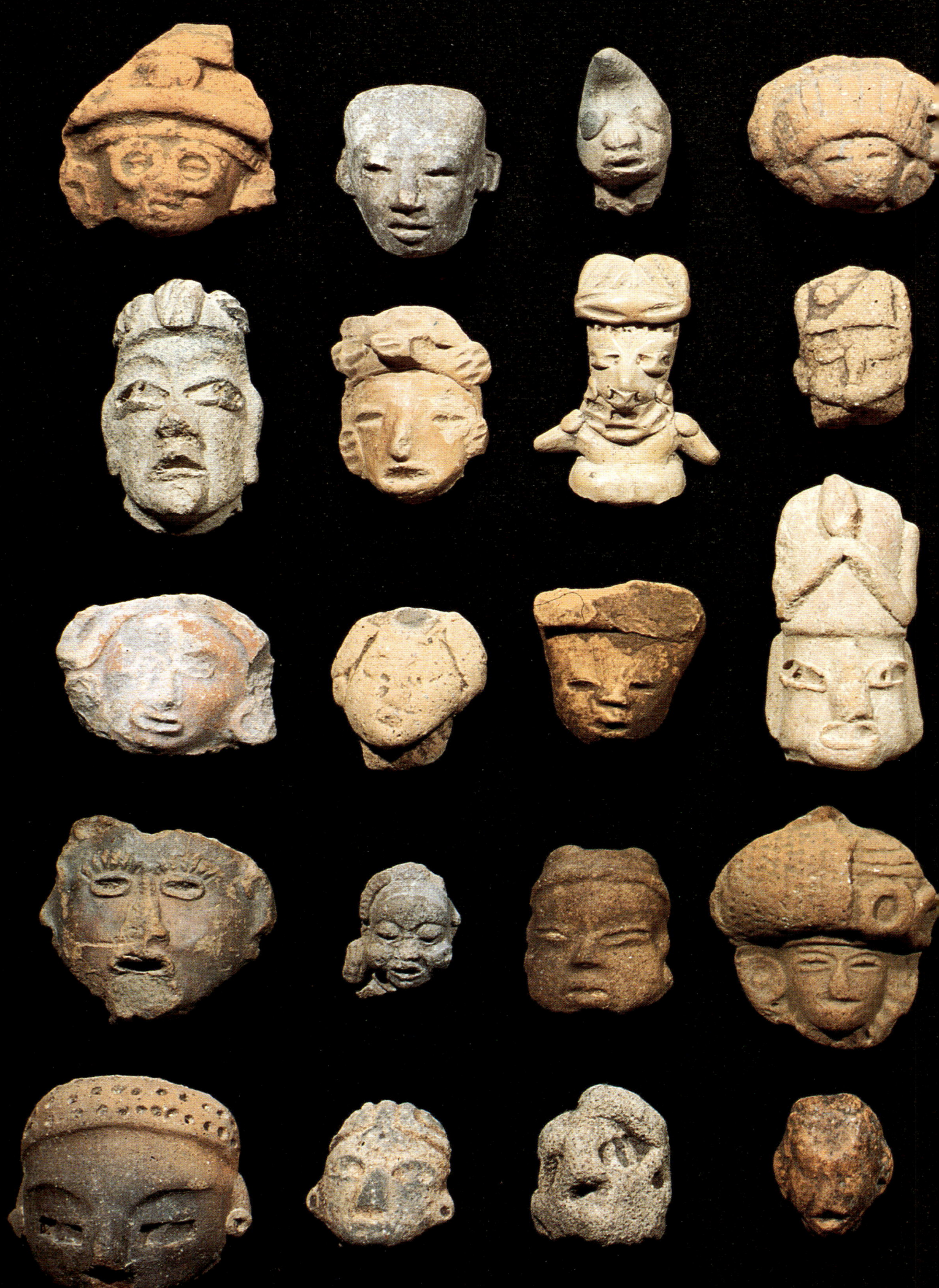

Skeletteilen im südlicheren, damals eisfreien Teil Nordamerikas, die auf rund 15 000 bis 22 000 v. Chr. datiert werden, müssen deshalb von Menschen stammen, die vor der Schließung des Korridors eingewandert sind. Auf ein Auftreten des Menschen in Alaska zu weit früherer Zeit, vermutlich während des ersten Maximums der Wisconsin-Eiszeit um 70 000 v. Chr., weisen Gegenstände hin, die vermutlich von Menschen bearbeitet wurden. Hierüber ist das letzte Wort aber noch nicht gesprochen.

Mit dem Ende der Eiszeit stieg der Meeresspiegel wieder an und trennte Amerika von der Alten Welt. In jahrtausendelanger Isolation entwickelten sich dann die indianischen Kulturen mit ihren Höhepunkten in Mesoamerika und im zentralen Andenraum. In den verschiedenen Regionen Mesoamerikas verlief die Entwicklung vom Wildbeuterstadium über Seßhaftigkeit mit Anbau und weiter zur Hochkultur im allgemeinen parallel. Ob sowohl in Mesoamerika wie im Andengebiet auch außeramerikanische Anstöße zur Herausbildung der Hochkulturen beitrugen, ist eine noch nicht endgültig entschiedene Frage, der sich neben anderen die Tübinger Indo-Mexikanistik unter Thomas S. Barthel angenommen hat. Hier geht man davon aus, daß weltanschauliches Gedankengut aus dem indischen Kulturbereich in Mesoamerika Eingang gefunden hat – nicht als Folge von Einwanderungen, sondern eher als »missionarische« Tätigkeit einzelner. Diese und ähnliche Vermutungen über altweltliche Einflüsse beruhen auf Indizien, deren Beweiskraft jedoch umstritten ist.

Kulturen und Sprachen

Daß es innerhalb der mesoamerikanischen Kulturen auch beträchtliche Unterschiede gibt, wurde bereits erwähnt. Die Ursachen dafür liegen sowohl in den verschiedenartigen Landschafts- und Klimabedingungen als auch in den ethnischen Besonderheiten der Bewohner. Danach läßt sich Mesoamerika in eine Reihe spezifischer Kulturräume aufteilen, die das Ergebnis mehrfacher Einwanderungen, Bevölkerungsverschiebungen und Anpassungen sind. Diese Kulturräume können nur bedingt mit Sprachgebieten gleichgesetzt werden.

Die Verteilung der Sprachen innerhalb Mesoamerikas ergibt ein kompliziertes Muster. Quellen und Sprachvergleiche lassen allerdings nur eine Darstellung der Verhältnisse während der Zeit unmittelbar vor der spanischen Eroberung zu. Deutlich ist jedoch, daß Mesoamerika trotz seiner kulturellen Eigenständigkeit linguistisch gesehen in enger Beziehung zum nördlichen Amerika stand. Die linguistische Verwandtschaft liegt entweder auf der Ebene der Sprachfamilie (entsprechend der indoeuropäischen) oder auf den noch höheren Ebenen der Groß- und Makrogruppen.

Nur mit verstreuten Ausläufern reicht die Großgruppe der Hokasprachen nach Mesoamerika hinein. Zu ihr gehören das Chontal in Oaxaca, das Tlapanekische im südlichen Guerrero und die mit ihnen eng verwandten Sprachen der Subtiaba in Nicaragua und der Jicaque in Honduras. Der Kulturraum Westmexiko und die zentralmexikanischen Hochebenen wurden zum größten Teil von Angehörigen der uto-aztekischen Sprachfamilie bewohnt, die sich vom Gebiet des US-amerikanischen Bundesstaates Utah im Norden bis zu den Nicarao in Nicaragua erstreckte. Der prominenteste Vertreter ist Nahuatl, die Sprache der Azteken im Hochtal von Mexiko, die auch in südlich angrenzenden Gebieten gesprochen wurde. Südwestlich (Guerrero) und östlich (mittleres und südliches Veracruz) schlossen sich Dialektvarianten an. Das dem Aztekischen verwandte Pipil trat in Enklaven im Mayagebiet (Guatemala und El Salvador) auf. Andere, unter der Bezeichnung »aztecoid« zusammengefaßte Sprachen überwogen in Westmexiko und den nördlich angrenzenden Gebieten, die nicht ständig zu Mesoamerika gehörten.

In Westmexiko (Michoacán) lag das große, geschlossene Siedlungsgebiet der Tarasken, für deren Sprache bisher noch keine Verwandtschaftsbeziehung gefunden wurde.

Im nördlichen Zentralmexiko lebten die Otomí in einem mehr oder weniger geschlossenen Siedlungsgebiet sowie in verschiedenen Enklaven. Zusammen mit den Sprachen der Mazahua, Matlatzinca und anderen, die im Tal von Toluca und seinem Umkreis gesprochen wurden, sowie im Norden angrenzenden Sprachen wildbeuterischer Nomaden bildet das Otomí die nördliche Abteilung (Otopame) der Otomangue-Großgruppe, die insgesamt acht Sprachfamilien umfaßt. Die südlichste (Chorotega) mit dem Chiapanekisch-Mangue schloß Bevölkerungsgruppen im Grenzbereich Mesoamerikas (El Salvador bis Costa Rica) ein. In Südmexiko gehören unter anderem die mixtekischen und zapotekischen Sprachen in Oaxaca zu den Otomanguesprachen. Für sie ist charakteristisch, daß die unterschiedlichen Tonhöhen der Vokale bedeutungsunterscheidende Funktion haben.

Die Mayasprachen bildeten ein geschlossenes Sprachgebiet, das im wesentlichen mit dem östlichen Mesoamerika übereinstimmt. Zu ihnen gehört außerdem die Sprache der im nördlichen Veracruz siedelnden Huaxteken, die sich in früher Zeit abgetrennt hatten. Einige lange Zeit als isoliert angesehene Sprachen werden heute mit den Mayasprachen zur Makro-Mayagruppe zusammengefaßt. Es sind dies das Totonakische (mit dem Tepehua) im mittleren Veracruz und die Mixe-Zoque-Sprachen im Umkreis des Isthmus' von Tehuantepec.

Mesoamerika ist also kein so geschlossener Kulturraum, wie es die Bezeichnung vielleicht vermuten läßt. Es umfaßt vielmehr eine Vielzahl ethnisch differenzierter Kulturen, deren durch Umwelt, wechselseitige Kontakte und Aufnahmebereitschaft sehr ähnlich verlaufende Entwicklung seine Abgrenzung bestimmt hat.

Die Maya im tropischen Tiefland entwickelten ein eigenes Schönheitsideal: künstlich deformierter Schädel mit fliehender Stirn, mandelförmige Augen, hängende Unterlippe und ein zurücktretendes Kinn. Stuckplastik aus Palenque, Höhe 29 cm. Mexiko, Museo Nacional

Die Geschichte der mesoamerikanischen Kulturen

DAS BILD, das sich den ersten Menschen bot, die nach unseren gegenwärtigen Kenntnissen spätestens um 22000 v. Chr. Mesoamerika betraten, hatte wenig mit jenem zu tun, was wir heute kennen. Schon das Klima war anders, denn damals herrschte die (vierte) Wisconsin-Eiszeit, die im Norden gerade am Ende eines wärmeren Interstadials (Farmdale) zu einer Kälteperiode und damit zu einem neuen Gletschervorstoß (Woodfordian advance) ansetzte. Natürlich gab es in Mesoamerika dank der südlichen Lage keine Inlandeisflächen. Die Temperaturen waren aber kühler, und die Vegetationsgrenzen lagen gegenüber heute um mehr als 1000 Meter tiefer. Die damalige Fauna bestand aus einer Mischung eiszeitlicher Tierarten und nördlicher moderner Formen. Zu den erstgenannten Tieren gehörten unter anderem Mammute, Riesengürteltiere, Riesenerdfaultiere, Altpferde, Kameloide, Altbisons und Gabelantilopen, zu den letzteren Biber und Schwarzbären.

Auch die Küsten Mesoamerikas boten in ihren Umrissen ein anderes Bild. Durch die Bindung großer Wassermengen in den Eismassen des Nordens hatte sich der Meeresspiegel weltweit um mehr als 100 Meter abgesenkt, waren große Teile des Kontinentalsockels trockengefallen. Das traf in Mesoamerika besonders für die Ufer des Golfes von Mexiko zu, wo zum Beispiel die Halbinsel Yukatan sich weit nach Westen und Norden ausdehnte. Sie war damals fast doppelt so groß wie heute. Geringer blieben die Landgewinne an der pazifischen Seite, an der der Schelf ziemlich steil in größere Tiefen abfällt.

Noch ein weiterer Faktor hat das Bild der mesoamerikanischen Landschaft während der letzten 25000 Jahre verändert: Der hier sehr aktive Vulkanismus hat teilweise die Landoberfläche radikal umgestaltet, sei es durch das Ent-

Priester, die eine Aschenkiste tragen. Es handelt sich vielleicht um die Darstellung einer Zeremonie bei den Feiern am Ende eines 52-Jahres-Zyklus'. Die 65,5 cm großen Tonfiguren wurden in der Nekropole von El Zapotal gefunden.   *Jalapa, Museo de Antropología*

stehen neuer Vulkane wie in historischer Zeit des Jorullo (1759) und des Paricutín (1943) in Michoacán sowie des Izalco (1770) in El Salvador, sei es durch große Aschenausbrüche. Diese haben zum Beispiel weite Teile des zentralen und westlichen El Salvador überdeckt. So kommt es, daß am Rande der Hauptstadt San Salvador nur tausend Jahre alte archäologische Funde von bis zu zehn Meter dicken Aschenschichten überlagert sind. Für das Hochtal von Mexiko konnten bisher vier größere Aschenausbrüche während der Zeit menschlicher Anwesenheit nachgewiesen werden, nämlich um 21000 v. Chr., um 12500 v. Chr., um 10500 v. Chr. und um 3500 v. Chr. Wahrscheinlich ist damals in weiten Gebieten der Pflanzenwuchs erstickt, hat das Tierleben großen Schaden genommen und wurden die Menschen zum Auswandern gezwungen, eine Tatsache, die nicht nur für die kulturelle Entwicklung Zentralmexikos von Bedeutung gewesen sein dürfte.

Die Zeit der Jäger und Sammler

Die großen Aschenablagerungen haben unsere Kenntnisse der frühen Archäologie Mesoamerikas stark beeinflußt. Da Hinterlassenschaften der ersten Bewohner oft unter vielen Metern steriler Asche begraben sind, ist ihre Auffindung fast ganz vom Zufall abhängig. Nur dort, wo tiefe Bacheinschnitte oder moderne Erdarbeiten tiefere Kulturschichten freilegen, kann man sie in den aschenüberlagerten Gebieten auffinden, denn niemand würde auf gut Glück viele Meter durch fundleere Schichten graben, in der vagen Hoffnung, etwas zu finden. So verwundert es nicht, daß es kaum größere wissenschaftlich untersuchte Fundplätze aus der Frühzeit in Mesoamerika gibt.

Eine Ausnahme ist Tlapacoya am Rande der ehemaligen Seen im Hochtal von Mexiko. Angeregt durch Funde, die bei Straßenbauarbeiten gemacht worden waren, haben mexikanische Archäologen hier zwischen 1965 und 1973 umfangreiche Ausgrabungen vorgenommen. In den ältesten Schichten wurden zahlreiche klingenartige Abschläge aus dem örtlich anstehenden Andesit geborgen. Sie dienten wahrscheinlich zum Schneiden. Daneben fanden sich in einer von Bruchsteinen eingegrenzten Feuerstelle zwei kleine Abschläge aus Obsidian, der aus einer anderen Gegend stammt. Diese Feuerstelle ist 22000 v. Chr. ± 4000 Jahre datiert, eine andere in der Nähe 19750 v. Chr. ± 500 Jahre. Man hat zwar in Tlapacoya außerdem noch mehrere Geräte aus Chalzedon und Obsidian gefunden, doch sind ihre Datierungen recht unsicher. Immerhin glauben die Ausgräber, daß ein Rundschaber aus Chalzedon etwa 22000 Jahre alt ist.

Vergleichbare Funde sind in Mesoamerika selten und meist stark umstritten. Zu nennen sind hier die Funde im Valsequillo (Puebla), besonders Hueyatlaco und Caulapán, die ein ähnliches Radiocarbondatum (19900 v. Chr.) haben sollen, sowie die teilweise bereits im vergangenen Jahrhundert gemachten Funde von Tequixquiac am Rande des Hochtals von Mexiko. Zu ihnen gehört die berühmte »Skulptur von Tequixquiac«. Der aus dem Wirbel eines Kameloiden geschnitzte Tierkopf ist das älteste Kunstwerk, das wir bisher aus Amerika kennen.

Es ist unwahrscheinlich, daß diese Funde die ersten Menschen repräsentieren, die in Mesoamerika gelebt haben, besonders wenn sich die Datierungen weiter südlich gelegener Funde bestätigen sollten. Sicher dürfte jedoch sein, daß die ersten Bewohner, wie in ganz Amerika, noch sehr undifferenzierte Geräte und Verhaltensmuster hatten, aus denen sie, den jeweiligen Gegebenheiten entsprechend, eine spezialisierte »Kultur« entwickelten.

Eine solche Gruppe existierte ab etwa 10000 v. Chr. im Südwesten der USA und in den anschließenden High Plains. Sie erwarb einen Teil ihrer Nahrung durch die Jagd auf eiszeitliche Großsäuger, besonders auf Mammut und Altbison. Dafür hatte sie spezielle Geräte und wahrscheinlich auch spezielle Techniken entwickelt. Unter den Geräten waren Speere mit steinernen Spitzen besonders wichtig. Sie weisen eine feine Randretusche und Kanäle auf, die, von der Basis her in der Längsrichtung der Spitze auf einer oder beiden Seiten laufend, die Mitte verdünnen und so die Schäftung in einem Schlitz erleichtern. Damit die Spitze beim Aufprall den Schaft nicht aufspaltet, waren die Basis und die unteren Seitenteile stumpf geschliffen. Die ältesten Speerspitzen dieser Art in Nordamerika werden als Clovis-Spitzen bezeichnet, spätere, die sich nur in der Form unterscheiden, als Folsom-Spitzen.

Während Folsom-Spitzen bisher in Mesoamerika nicht gefunden wurden, gibt es eine größere Anzahl von Clovis- oder clovisähnlichen Spitzen. Es handelt sich jedoch, mit einer möglichen Ausnahme, um Oberflächenfunde, das heißt, sie sind nicht im originalen Fundzusammenhang, sondern einzeln, fast immer an der Oberfläche oder in Bachbetten und entsprechenden Lagen entdeckt worden. Besonders häufig sind diese Spitzen, wie fast zu erwarten, in Nordmexiko, das damals kulturell zum nordamerikanischen Südwesten gehörte. Sie kommen jedoch auch in Tlaxcala, in Belize und dem Hochland von Guatemala vor sowie außerhalb Mesoamerikas in Costa Rica und Panama. Das einzige ausgegrabene Bruchstück einer clovisähnlichen Speerspitze aus Basalt stammt aus Los Tapiales (Depto. Totonicapán, Guatemala). Zusammen mit ihm wurden weitere Geräte aus Obsidian, Chalzedon und Basalt gefunden. Die Datierung des wahrscheinlich temporären Jagdlagers dürfte bei 8000 v. Chr. liegen.

Auch Plätze, an denen Mammute erlegt und geschlachtet wurden, haben sich in Mesoamerika gefunden, zum Beispiel im Hochtal von Mexiko bei Santa Isabel Iztapán. Die dortigen Speerspitzen ähneln teilweise späteren Spitzen der nördlichen Plains, der sogenannten Plano-Serie, teilweise sind sie lorbeerblattförmig und gehören damit zu einem Typ, der in Amerika weit verbreitet war. Daß frühe Speerspitzen fehlen, mag daran liegen, daß Mammute hier rund 2000 Jahre später (um 7500 v. Chr.) erlegt wurden als im Südwesten der USA, das heißt zu einer Zeit, als die kannelierten Spitzen nicht mehr üblich waren.

Änderung der Nahrungsbasis und Anfänge des Pflanzenbaues

Wie bereits gesagt, deckten die frühen Jäger des Südwestens nur einen Teil ihrer Nahrung durch die Großwildjagd, obwohl sie – und andere frühe Gruppen in Amerika – immer wieder als Großwildjäger apostrophiert werden. Die Masse der Nahrung beschafften sie jedoch durch Jagd auf Kleinwild und das Sammeln von Früchten, Samen, Nüssen und Knollen, an Meeresufern, Seen und großen Flüssen auch durch Molluskensammeln und Fischfang. Daß dies zutrifft, zeigen die Ausgrabungen im Tal von Tehuacán (Puebla), die zwischen 1961 und 1964 von der Robert S. Peabody Foundation (Andover, Maine) unter Leitung von Richard S. MacNeish durchgeführt wurden. Hier konnte in trockenen Höhlen und offenen Siedlungsplätzen eine Serie erstellt werden, die von etwa 9000 v. Chr. bis zur spanischen Eroberung reicht. Sie wird im folgenden bis zum ersten Auftreten einer Keramik beschrieben, ohne daß damit behauptet werden soll, daß die Entwicklung überall in Mesoamerika gleich oder ähnlich verlief.

Die älteste Phase der Tehuacán-Serie, die Ajuereado-Phase, wird zwischen 9000 und 6500 v. Chr. datiert. Die Zahl der Funde ist relativ gering, solche aus nichtvergänglichem Material sind selten. Wichtig ist, daß hier, neben zwei anderen Typen, wieder lorbeerblattförmige Speerspitzen aus Feuerstein (Lerma Points) auftreten. Wer aber glaubt, daß zumindest in den unteren Schichten der Ajuereado-Phase, die noch in die Eiszeit fallen, Knochen von Mammut oder Altbison gefunden wurden, der irrt. An größeren eiszeitlichen Tieren lassen sich nur Altpferd und Antilope (Antilocapra americana) nachweisen, die zusammen weniger als zehn Prozent des Knochenmaterials ausmachen. Die Masse der Jagdbeute bestand in dieser Zeit

aus einem großen (eiszeitlichen?) Kaninchen, zu dem noch andere Kleintiere, einige Vögel und eine größere Anzahl von Schildkröten kamen. Während der zweiten Hälfte der Phase, das heißt nach dem Ende der Eiszeit, waren Weißschwanzhirsche (vierzig Prozent) und (moderne) Kaninchen (dreißig Prozent) die bevorzugten Jagdtiere. Weitere Nahrung wurde durch Sammeln von Pflanzenteilen beschafft, von denen sich allerdings nur wenig erhalten hat. Intensiv gesammelt wurde augenscheinlich bereits eine Borstenhirseart (Setaria macrostachya). Ein zylindrischer Stößel aus Basalt und kugelige Mörser mit verengter Öffnung (Tecomate) könnten zu ihrer Verarbeitung gedient haben. Weitere Steingeräte waren einfache Klingen, Messer und Schaber. Insgesamt bietet die Ajuereado-Phase das typische Inventar einer kleinen, nicht seßhaften Gruppe von Jägern und Sammlern der ausgehenden Eiszeit, die zeitweise die Höhlen des Tehuacán-Tales als Aufenthaltsort benutzten.

Weitaus besser sind wir über die folgende, zwischen 6500 und 4800 v. Chr. datierte El-Riego-Phase unterrichtet. Man nimmt an, daß mehrere wahrscheinlich miteinander verwandte Familien damals während des Frühlings und der Regenzeit (Mitte Mai bis Mitte September) zusammen in größeren offenen Lagern lebten. Diese dienten als Ausgangspunkt zum Sammeln pflanzlicher Nahrung und zur (gemeinsamen?) Jagd. In der Trockenzeit lebten dagegen die Familien getrennt in Höhlen und kleinen Lagern, von denen aus gejagt wurde: der Beginn eines saisonbedingten Umherziehens, wie es für das »archaische« Leben in Amerika typisch war.

Weißschwanzhirsche (vierzig Prozent der Jagdbeute) und Nabelschweine wurden mit dem Speer gejagt, Kaninchen (vierzig Prozent) und andere Kleintiere dagegen mit Netzen, Schlingen und Fallen gefangen, Schildkröten mit der Hand gegriffen. Fischfang in den Flüssen betrieb man mit Netzen, denn Angelhaken fehlen. Nach Schätzung von

Links: Um 8000 v. Chr. könnten die Felsmalereien der Cueva de Espirito Santo in El Salvador entstanden sein. Die in rötlicher Farbe auf den vulkanischen Tuff aufgetragene Gestalt zeichnet sich durch ihren Naturalismus aus. Andere Malereien stellen abstraktere Menschen- und Tierfiguren, Hände, Geräte und geometrische Gebilde dar.

Oben: Der aus dem Wirbel eines eiszeitlichen Kameloiden geschnitzte, 20 cm breite Tierkopf, der um 1870 in Tequixquiac gefunden wurde, gilt als das älteste Kunstwerk nicht nur Mexikos, sondern ganz Amerikas. Die Datierung ist umstritten, doch dürfte er um oder vor 10000 v. Chr. entstanden sein. Mexiko, Museo Nacional

MacNeish lieferte die Jagd noch mehr als fünfzig Prozent der Nahrung. Das scheint zweifelhaft, denn Pflanzenteile erhalten sich weitaus schlechter als Knochen, so daß ein falscher Eindruck entsteht. Ein unzutreffendes Bild über die Zusammensetzung des Sammelgutes kommt oft auch dadurch zustande, daß sich die verschiedenen Pflanzenteile unterschiedlich erhalten, zum Beispiel Samen und Kerne besser als Wurzeln oder Blätter. Das kann allerdings durch die Untersuchung menschlicher Koprolithen, so diese vorhanden sind, teilweise korrigiert werden.

Für die El-Riego-Phase zeigen Abfallreste, vergessene Vorräte und menschliche Ausscheidungen, daß Borstenhirse und andere Wildgrasarten die Basis der Ernährung bildeten. Wichtig waren auch die Samen und die stärkehaltigen Wurzeln des Pochotebaumes (Ceiba parvifolia), Samen und Schoten des Mesquitebaumes (Prosopis juliflora), Blätter der Agave, die man geröstet aß, und verschiedene Kaktusfrüchte, zum Beispiel Opuntien.

Man glaubt, daß in der El-Riego-Phase die ersten Pflanzen im Tal von Tehuacán angebaut wurden, nämlich Avocado (Persea americana) und Chilipfeffer (Capsicum annuum), auf die eine Kürbisart (Cucurbita mixta) und Amarant (Amaranthus sp.), eine Samen liefernde Fuchsschwanzart, folgten. Der Mais dieser Zeit wird von einer Gruppe von Botanikern als Wildmais (Zea mays) bezeichnet, während eine andere Gruppe, die an die Existenz eines (ausgestorbenen) Wildmaises nicht glaubt und als

Stammform Teosinte (Zea mexicana) annimmt, ihn schon als Kulturpflanze ansieht. Er war allerdings nicht mit dem späteren Mais vergleichbar: An dem nur etwa 2,5 Zentimeter langen Kolben saßen meist acht Reihen mit sechs bis neun kleinen braunen Kernen, die noch von Deckblättern umgeben waren. Hieraus entwickelten die frühen Mexikaner den heutigen Mais. Sie können nach den Worten eines amerikanischen Botanikers »für sich in Anspruch nehmen, die größten morphologischen Veränderungen an einer Kulturpflanze vollbracht zu haben und eine Anpassung an größere geographische Unterschiede als bei jeder anderen Hauptanbaupflanze«.

Daß die Bewohner des Tales von Tehuacán die ersten Züchter dieser Pflanzen waren oder gar die »Erfinder« des Bodenbaues in diesem Teil Amerikas, ist unwahrscheinlich. Man wird jedoch kaum herausfinden, wo jede Pflanzenart zuerst angebaut worden ist, denn dazu sind die archäologischen Voraussetzungen zu schwierig.

In der materiellen Kultur der El-Riego-Phase ist die Zunahme von geschliffenen Geräten aus Stein bemerkenswert, darunter Stößel und Mörser verschiedener Formen sowie einfache Mahlsteine. Auch Ahlen aus Knochen lassen sich nun nachweisen, ferner Netze, Schlingen und Fallen aus Pflanzenfasern und Holz. Große schalenartige oder halbkugelige Körbe wurden in Spiralwulsttechnik hergestellt, Matten und Decken geflochten. Diese gehörten wie die Masse der Körbe zu zwei Mehrfachbestattungen, die auf einen Glauben an das Leben nach dem Tode hindeuten.

Das Leben während der Coxcatlán-Phase (4800-3500 v. Chr.) unterschied sich nur in einem Punkt wesentlich von der vorhergehenden Zeit, nämlich dem Anbau zahlreicher neuer Pflanzen, die vermutlich von anderen Gruppen übernommen wurden: Moschuskürbis (Cucurbita moschata), Zapotes (Diospyros sicaria, Casimiroa edulis), Flaschenkürbis (Lagenaria sicaria) und wahrscheinlich auch die Gartenbohne (Phaseolus vulgaris). Sie dürften den damaligen Menschen ermöglicht haben, länger als vorher in den großen Regenzeitsiedlungen zu bleiben. Eine Dauersiedlung war allerdings noch nicht möglich. In der materiellen Kultur lassen sich nun Speerschleudern sicher nachweisen, ferner treten erstmalig Metaten und Manos sowie Grabstöcke auf.

Zwei neue Bohnensorten, die Teparybohne (Phaseolus acutifolius) und die Schwertbohne (Carnavalia sp.), sowie der Gartenkürbis (Cucurbita pepo) kamen in der Abejas-Phase (3500-2300 v. Chr.) zu den Anbaupflanzen im Tehuacán-Tal hinzu. Andere Sorten, vor allem der Mais, wurden im Ertrag verbessert. Dies ermöglichte Dauersiedlungen in Dörfern aus fünf bis zehn Grubenhäusern. Weitere wichtige Neuerungen waren die Herstellung langer parallelseitiger Klingen aus Obsidian, wie sie bis zur Eroberungszeit für Mesoamerika typisch blieben, und das Kochen über dem Feuer. Dazu benutzte man Steingefäße, und zwar kugelige Tecomates mit enger Öffnung sowie halbkugelige oder flachbodige Schalen. Sie wurden zu Vorbildern der in der folgenden Purrón-Phase auftretenden Keramik.

Die Phasen der Tehuacán-Abfolge zeigen deutlich, daß es sich um ein Kontinuum handelt, um die gleiche Menschengruppe, deren Lebensweise sich durch viele Generationen hindurch veränderte, so unmerklich wahrscheinlich, daß der einzelne es gar nicht wahrnahm. Wohl lassen sich Einflüsse von außen vermuten – die Kulturpflanzen zum Beispiel dürften an anderen Orten zuerst angebaut worden sein –, jedoch fehlen alle Hinweise auf jene oft behaupteten Wanderbewegungen, die »Kultur« von einem Punkt zum anderen gebracht haben sollen. Ideen dürften gewandert sein, aber – normalerweise – nicht die Menschen. Man sollte daher auch immer im Blick behalten, daß die sogenannten Phasen hier und anderswo meist künstliche Abschnitte einer fortlaufenden Entwicklung sind, die dem Vergleich der Funde durch den Archäologen dienen, nicht aber – von Ausnahmen abgesehen – scharfe kulturgeschichtliche Einschnitte darstellen.

Nordmexiko

Neben der Serie des Tehuacán-Tales gibt es in Mesoamerika noch vier weitere mit sonst vergänglichem Material aus der archaischen Periode, der Zeit zwischen dem Ende der Eiszeit um 9000-7000 v. Chr. und dem ersten Auftreten der Keramik um 3000-2500 v. Chr. Zwei davon, jene der Sierra de Tamaulipas und des südwestlichen Tamaulipas, liegen an der Grenze beziehungsweise schon jenseits der Grenze unseres Raumes. Ihr Gehalt tendiert denn auch bis etwa 1500 v. Chr. mehr zum benachbarten Texas als nach Mesoamerika. Trotzdem kann man hier eine ähnliche, wenn auch langsamere Entwicklung wie im zentralmexikanischen Tehuacán-Tal feststellen. Die Lerma-Phase der Sierra de Tamaulipas zum Beispiel, die etwa 8000-7000 v. Chr. datiert wird, weist wie die Ajuereado-Phase von Tehuacán die lorbeerblattförmigen Lerma-Spitzen auf. Erwähnenswert ist, daß im südwestlichen Tamaulipas der Gartenkürbis (Cucurbita pepo) möglicherweise schon während der Infernillo-Phase (7000-5000 v. Chr.), sicher aber während der folgenden Ocampo-Phase (5000-3000 v. Chr.) angepflanzt wurde, das heißt früher als im Tehuacán-Tal. Die Gartenbohne (Phaseolus vulgaris) hat etwa das gleiche Alter (Ocampo-Phase) wie in Puebla; Mais erschien dagegen in Tamaulipas erst später, nämlich in der La-Perra-Phase (3000-2200 v. Chr.), wahrscheinlich weil das Züchtungszentrum weiter von hier als vom Tehuacán-Tal entfernt war.

Oaxaca

Eine wichtige Serie wurde in mehreren Höhlen in der Nähe von Mitla (Oaxaca) durch Kent V. Flannery und seine Mitarbeiter ergraben. Sie ist leider, wie viele interessante

Serien und Funde, bisher nur unzulänglich veröffentlicht
worden. Die in der Guilá-Naquiz-Höhle und der Cueva
Blanca erstellten Serien begannen augenscheinlich um
9000 v. Chr. An dem erstgenannten Fundort sollen die untersten Schichten zahlreiche Eicheln und Piñonnüsse sowie andere Pflanzenreste enthalten. Ob es sich um Nahrungsmittel handelte, ist nicht berichtet. Die Steingeräte
dieser Schichten sollen nur wenige Gemeinsamkeiten mit
jenen des Tehuacán-Tales aufweisen, also einer anderen
Tradition angehören. Wenn sich die Annahme bestätigt,
daß es sich bei dem Kürbissamen aus der Schicht D von
Guilá Naquiz (8750–7840 v. Chr.) um Samen des Garten-
kürbisses (Cucurbita pepo) handelt, so wäre dies der bisher älteste Kulturpflanzenrest in Mesoamerika und einer
der ältesten Nachweise für den Pflanzenbau in der ganzen
Welt. Daß der Gartenkürbis hier frühzeitig angebaut wurde, scheinen Funde aus den Schichten C (um 7200 v. Chr.)
und B (um 6900–6000 v. Chr.) zu beweisen. Aus der letztgenannten Schicht sollen auch Reste von Gartenbohnen
stammen. Mais könnte gleichfalls in dieser Zeit bereits angebaut worden sein, doch ist diese auf Pollenanalyse beruhende Annahme noch sehr unsicher.

Zentralmexiko

Eine etwas andere Nahrungsbasis benutzten die Menschen, die zwischen 5500 und 3500 v. Chr. (Playa-Phase)
im Hochtal von Mexiko am Rande des Chalcosees lebten.
Sie siedelten dort an dem Zohapilco genannten Ort der
Tlapacoyazone auf Aschenböden, die von den großen
Vulkanausbrüchen zwischen 12500 und 10500 v. Chr.
herrührten, Aschenfällen, die wahrscheinlich die früheren
Bewohner vertrieben hatten. Wohl wurden Samen, unter
anderem von Teosinte (Zea mexicana), Chenopodium und
Amarant gesammelt, vielleicht wurden diese Pflanzen sogar schon angebaut; die Hauptnahrung scheint jedoch der
See geliefert zu haben, vor allem Fische, Schildkröten und
Wasservögel, besonders Zugvögel, die zwischen November und Mai aus dem Norden nach Mexiko kamen. Zu den
für Geräte verwendeten Rohmaterialien gehören Obsidian und Basalt, die beide aus größeren Entfernungen
hierher transportiert, wahrscheinlich eingehandelt werden mußten. Die Playa-Phase endete durch neue starke
Aschenfälle, die die Bewohner vertrieben und die Besiedlung für einige Zeit unmöglich machten.
Erst tausend Jahre später, um 2500 v. Chr., ließen sich hier
wieder Menschen nieder. Die bis etwa 2000 v. Chr. dauernde Zohapilco-Phase besaß einen entwickelten Pflanzenbau mit Mais, Kürbis und Chayote (Sechium edule). Die
Möglichkeiten des Sees wurden weiter intensiv genutzt.
Man wohnte wahrscheinlich in runden Hütten mit Fundamenten aus Feldsteinen. Neu unter den Geräten dieser
Zeit sind parallelseitige Klingen aus Obsidian. Eine sehr
einfache, etwa fünf Zentimeter große Figur aus gebranntem Ton stellt vielleicht eine Schwangere dar. Wenn die

*Oben und unten: Vor der Cueva de
Espirito Santo bei Corinto in El
Salvador wurden 1977 einfache
Steingeräte gefunden, die vor
8000 v. Chr. zu datieren sein dürften.*

*Ganz oben: Die Cueva de
Coxcatlán gehört zu jenen Fundstätten im Tal von Tehuacán, mit
deren Hilfe die Kulturfolge in Zentralmexiko erstellt werden konnte.*

Oben: Mais, Bohnen und Chili wachsen zusammen auf dem kleinen Feld eines indianischen Bauern im Delta des Río Jaibal in Guatemala. Diese sicherlich seit der Frühzeit angewandte Anbaumethode nutzt den geringen Boden optimal aus und verhindert gleichzeitig Erosion und Auslaugung.

Unten: Schnitt durch ein präklassisches Maisfeld, das bei einem Ausbruch des Vulkans Popocatépetl mit Bims überdeckt wurde; in etwa 3200 m Höhe westlich von Nealti-

cán (Puebla). Auch eine neuerliche Bestellung, erkennbar an den dunklen Kuppen, wurde durch einen diesmal weit stärkeren Ausbruch verschüttet. Derartige Funde lassen das Aussehen der frühen Maisfelder erschließen, die breite Pflanzenabstände und Reihen gewölbter Furchen aufwiesen.

Rechte Seite: Bauerngehöft in Oaxaca. Maisspeicher dieser Art werden wohl seit vielen Jahrhunderten gebaut. Richtig gelagert, halten sich die Kolben monatelang.

Datierung zutrifft, ist dies die älteste Tonfigur, die bisher in Mesoamerika gefunden wurde.

Die übrigen Serien, Fundgruppen und Einzelfunde der archaischen Zeit in Mesoamerika bestehen nur aus Steingeräten, gelegentlich ergänzt durch Knochen und/oder Muscheln. Sie sind viel schwerer zu interpretieren, denn man kann zum Beispiel einem Stößel oder Mörser nicht ansehen, ob sie zur Verarbeitung von gesammelten oder geernteten Samen benutzt wurden – wenn überhaupt zur Nahrungsbereitung. Man bestimmt solche Kulturen daher meist, indem man ihre Steingeräte mit jenen besser bekannter beziehungsweise ausgestatteter Serien vergleicht, eine Methode, die zumindest recht fraglich ist und zu Fehleinschätzungen führen kann. Die stratigraphischen Abfolgen aus dem San Nicolás Rock Shelter in Querétaro (ab 7000 v. Chr.?) und der Tecolote-Höhle in Hidalgo sollen zum Beispiel eine Entwicklung wie im Tehuacán-Tal widerspiegeln, die des Santa Marta Rock Shelter in Chiapas (ab 6500 v. Chr.) dagegen jene in Oaxaca.

Östliches Mesoamerika

An der Küste von Belize haben in jüngerer Zeit Richard S. MacNeish und einige Mitarbeiter aus mehr als 200 Fundplätzen, von denen jedoch meist nur die an der Oberfläche liegenden Geräte bekannt sind, mit Hilfe der Seriation eine Abfolge von sechs Komplexen für die archaische Periode erstellt, die natürlich noch sehr vage und entsprechend umstritten ist. Der (früheste) Lowe-ha-Komplex, der durch Vergleiche (es gibt keine ^{14}C-Daten) zwischen 9000 und 7500 v. Chr. datiert wird, besitzt noch der paläoindianischen Tradition zugeschriebene Speerspitzen mit nordamerikanischen (Plainview) und südamerikanischen (Fishtail) Formen. Sie und andere Geräte kommen zusammen mit Resten von Altpferden auch in der Loltún-Höhle in Yukatan vor. Nach Ansicht von MacNeish waren es kleine Gruppen von Jägern und Sammlern, die damals in Lagern auf sandigen Höhen in einer Savannenlandschaft lebten.

In den folgenden Komplexen entwickelte sich wieder ein saisonbedingtes Umherziehen, bei dem Fischfangstationen an der Küste und den Flüssen eine große Rolle zukam. Wann hier der Pflanzenbau in Erscheinung trat, ist unsicher, wahrscheinlich erst während des Progreso-Komplexes (3000-2000 v. Chr.). Daß die Nähe des Meeres die Entwicklung einer Kultur beeinflußt, eine spezifische Wirtschaftsform hervorruft, zeigen auch andere meeresnahe Fundkomplexe in Mesoamerika, etwa an der pazifischen Küste die Chantuto-Phase (3000-2000 v. Chr.) in Chiapas, die Ostiones-Phase (2950-2450 v. Chr.) von Puerto Marqués (Guerrero) und der Matanchén-Komplex (vor 1760 v. Chr.) von San Blas (Nayarit), an der Golfküste die Palo-Hueco-Phase (3100-2600 v. Chr.) von Santa Luisa (Veracruz). Alle diese Phasen und Komplexe, die in den letzten Abschnitt der archaischen Periode gehören,

zeichnen sich durch größere Mengen an Molluskenschalen aus, die augenscheinlich an der Küste von Belize fehlen, sowie durch eine intensive Ausnutzung der sonstigen Möglichkeiten des Lagunen- und Mangrovenbereiches. Ob daneben auch Pflanzenbau betrieben wurde, läßt sich aus Mangel an pflanzlichen Resten nicht feststellen, denn die Reibsteine, Reibplatten und Mörser geben nur zu erkennen, daß auch Pflanzennahrung verwendet wurde.

Datierungsprobleme

Ein Problem der amerikanischen Archäologie besteht darin, daß es heute zwei unterschiedliche Serien von ¹⁴C- oder Radiocarbondaten gibt. Ursprünglich hatte man angenommen, daß die Halbwertzeit des radioaktiven Kohlenstoffes (¹⁴C) 5568 ± 30 Jahre beträgt und daß der Prozentsatz dieses Isotops im Verhältnis zu den beiden anderen Kohlenstoffisotopen immer gleich war. Mitte der sechziger Jahre hat man jedoch die Halbwertzeit auf 5730 ± 40 Jahre festgelegt und herausgefunden, daß die Prozentsätze schwankten. Mit Hilfe datierter Baumringe der Borstenkiefer (Pinus aristata) hat man eine bis etwa 3500 v. Chr. und – in Teilstücken – darüber hinausreichende Kurve (MASCA-Kurve) erarbeitet, durch die man glaubt, die wirklich absoluten Zeiten ermitteln zu können. Die mit Hilfe der MASCA-Kurve verbesserten Daten unterscheiden sich von den nicht korrigierten ¹⁴C-Daten oft er-

heblich. So entspricht einem ¹⁴C-Datum von 2300 v. Chr., ein korrigiertes Datum von etwa 3000 v. Chr., eine Differenz, die in vielen Beziehungen wichtig sein kann.
Alle Daten in diesem Buch, die jünger sind als 3000 v. Chr., sind nach der MASCA-Kurve verbessert. Daß sich aufgrund der Divergenzen Überschneidungen mit den Daten der archaischen Perioden ergeben, die auf unkorrigierten ¹⁴C-Daten beruhen, ist unvermeidlich.

Die erste Keramik

Der Übergang von der archaischen Periode zur frühformativen Periode, auch Initial Period oder Anfangsperiode genannt, die zwischen 3000 und 1700 v. Chr. (unkorrigiert: 2440-1400) datiert wird, ist durch das Auftreten von Keramik gekennzeichnet, scheint also einen großen Umbruch anzudeuten. In Wirklichkeit dürfte dies kaum der Fall gewesen sein, denn viele frühe Tongefäße hatten die gleichen Formen wie die vorher benutzten Steingefäße. Es dürfte wenig Unterschied gemacht haben, aus welchem Material die Kochgefäße bestanden. Nur die zum Kochen benötigte Zeit wird sich geändert haben, nicht aber die ganze Lebensweise, wie die Zäsur zwischen zwei »Perioden« suggeriert. Da jedoch gebrannter Ton wie Stein ein unvergängliches Material ist, das noch dazu in Form, Farbe, Verzierung und anderem eine viel größere Variationsbreite anbietet und damit eine »feinere« Einteilung der archäologischen Abfolgen erlaubt, wurde und wird hier von den Archäologen ein Einschnitt vorgenommen, der sich nur durch den Hang zur Systematisierung, nicht aber kulturhistorisch rechtfertigen läßt.

Zentralmexiko

In der Tehuacán-Serie taucht die Keramik in der zwischen 3000 und 1800 v. Chr. (unkorrigiert: 2300-1500) angesetzten Purrón-Phase auf. Sie ist die am schlechtesten definierte Phase der Abfolge und beruht nur auf zwei »Komponenten« eines einzigen Fundplatzes. Die wenigen ¹⁴C-Daten legen eine Datierung um 2500 v. Chr. (unkorrigiert: 1900) nahe. Das würde bedeuten, daß eine Lücke von rund tausend Jahren zur vorhergehenden Abejas-Phase besteht, mit der die Purrón-Phase viele Gemeinsamkeiten hat. Der einzige Unterschied von Belang ist das Auftreten der Keramik, deren Formen jedoch die der Abejas-Steingefäße sind: Tecomates sowie halbkugelige oder flachbodige Schalen. Dazu kommen noch Ollas, kugelige Gefäße mit einem verengten kurzen oder langen Hals, die für alle mesoamerikanischen Kulturen typischen Wassergefäße. Die unverzierten Keramiken zeigen zahlreiche Farbschattierungen von Schwarz über Rot und Braun bis Gelblichweiß – ein Hinweis darauf, daß man das Brennen noch nicht gut kontrollieren konnte. Daß man technisch noch am Anfang stand, zeigt auch die sehr grobe, fast kiesartige und schlecht verteilte Magerung. Man hat den Eindruck, daß hier eine nicht ganz verstandene oder beherrschte Technologie übernommen wurde, mit der man die ursprünglichen Steingefäße nachgestaltete.

Die Ajalpán-Phase, die die Keramiktradition fortsetzt, gehört mit ihren Daten zwischen 1800 und 1100 v. Chr. (unkorrigiert: 1500-900) zum größten Teil bereits in das Früh-Präklassikum. Einfache Bemalung der Tongefäße und primitive weibliche Tonfiguren sind bemerkenswert, ferner das erste sichere Auftreten von Baumwolle und Gartenkürbis (Cucurbita pepo) im Tal von Tehuacán.

Sehr ähnlich der Purrón-Keramik, vor allem in Magerung, Formen und dem Fehlen der Verzierungen, soll die bisher kaum veröffentlichte Pox-Keramik von Puerto Mar-

qués an der Küste von Guerrero sein, die um 3000 v. Chr. (unkorrigiert: 2300) datiert wird. Ob hier Zusammenhänge existieren, ist noch ungeklärt.

Die einzige Keramik der Zohapilco-Phase (3250-2500 v. Chr., unkorrigiert: 2500-2000) im Hochtal von Mexiko war die schon erwähnte Tonfigur. Die nachfolgende Nevada-Phase fällt schon in die beginnende olmekische Zeit. Die in der Umgebung der Cuicuilco-Pyramide gefundene Tlalpán-Keramik, sandgemagert, mit einfacher roter Bemusterung auf beigem Grund, wird um 2300 v. Chr. datiert (unkorrigiert: 1870), was aber noch umstritten ist.

Yukatan

Während im westlichen Mesoamerika bis 1800 v. Chr. nur bescheidene Anfänge der Keramik zu verzeichnen sind und auch die sonstige Entwicklung zu stagnieren scheint, kann man im östlichen Teil große Veränderungen feststellen. Besonders im nördlichen Belize macht sich nun die Entwicklung bemerkbar, die man mit Fug und Recht als den Beginn der Mayakultur bezeichnen kann. Ihr bedeutendster bisher entdeckter Ort ist Cuello, dessen Swasey-Phase durch sieben ¹⁴C-Daten zwischen 2500 und 1700 v. Chr. (unkorrigiert: 1950-1400) belegt ist. Das älteste Gebäude in Cuello datiert zwischen 2150 und 1900 v. Chr. (unkorrigiert: 1750-1550). Von dem wahrscheinlich runden Bau aus vergänglichem Material haben sich nur Pfostenlöcher erhalten, die in eine wenige Zentimeter hohe, mit (Lehm-?)Mörtel überzogene runde Erdplattform von sechs Metern Durchmesser eingetieft waren. Während einer zweiten Bauphase, datiert 1900-1700 v. Chr. (unkorrigiert: 1550-1400), wurde bereits ein mit einem Estrich versehener Zentralplatz angelegt, das heißt das für mesoamerikanische Siedlungen typische Anlagemuster benutzt. Eine an der Westseite gelegene hohe Plattform aus Erde und Abfall war ebenfalls mit Mörtel überzogen. Sie besaß einen ovalen Grundriß, mit einer Längsachse von sieben Metern, und trug ein (wahrscheinlich ovales) Gebäude aus vergänglichem Material.

Nahrungsgrundlage war der Pflanzenbau, unter anderem von Mais und Knollenfrüchten. Daneben wurden Hirsche

Links: Metate und Mano aus Teotihuacán. Reibstein und Handwalze zum Zermahlen von Mais stellen die wichtigste Gerätschaft zur Nahrungsbereitung im indianischen Amerika dar. Das Material ist üblicherweise vulkanisches Gestein. Mexiko, Museo Nacional

Rechts: Hinter einem trogartigen Reibstein kniende Frau, die mit der Handwalze Maisteig zu Fladen formt. Flache Tonfigur aus Michoacán-Colima, Höhe 13,8 cm. Berlin, Museum für Völkerkunde

Mais, die für die mesoamerikanischen Hochkulturen grundlegende Anbaupflanze, ist das Getreide mit dem höchsten Ertragspotential. Aussaat und Ernte waren durch rituelle Vorschriften streng geregelt. Die Körner werden seit jeher durch ungelöschten Kalk und Wasser zum Quellen gebracht, wodurch sie so weich werden, daß sie sich auf der Metate gut zermahlen lassen. Der Maisbrei kann dann zu Speisen weiterverarbeitet werden, besonders zum Grundnahrungsmittel Tortilla, dem Maisfladen, der aus hauchdünnem Maisbrei gebacken wird.

und Gürteltiere gejagt, Schildkröten und Süßwasserfische gefangen sowie Mollusken gesammelt. Hunde waren vorhanden und dienten auch zur Ernährung. Die meisten Steingeräte fertigte man aus Kieselschiefer, den man aus verschiedenen relativ nahen Vorkommen heranschaffte. Bemerkenswert sind zahlreiche geschlagene – nicht geschliffene – Axtklingen, die sicherlich für die Waldrodung benötigt wurden. Obsidian kam in der Swasey-Phase nicht vor. Der quarzhaltige Sandstein, aus dem die Manos und trogförmigen Metaten bestehen, entstammt einem Vorkommen in den Maya Mountains, 150 Kilometer Luftlinie von Cuello entfernt. Er deutet auf Handel und weitgespannte Kontakte hin.

Die Bedeutung der Swasey-Phase liegt, neben den Architekturmerkmalen, in ihrer Keramik, der ältesten bisher im Mayagebiet. Deren Anfänge gehen bis 2500 v. Chr. (unkorrigiert: 2000) zurück. Technisch ist sie jener von Purrón und Pox weit überlegen. Die meisten Gefäße sind einfarbig rot, einige weisen auch einpolierte Muster und sehr einfache zweifarbige Bemalung auf. Unter den Formen sind neben flachbodigen Schalen und Tellern flaschenförmige Gefäße mit rundem Boden, teilweise auch mit Standfuß, bemerkenswert. Außer im nördlichen Belize wurden solche Tongefäße auch in Yukatan (Maní Cenote) gefunden.

Durch die Formen und die Art der Verzierung deutlich von Swasey unterschieden ist die Barra-Keramik von der pazifischen Küste im Grenzbereich von Guatemala und Chiapas. Hier herrschen gedrungene Tecomates vor, die an Kürbisse, ihre möglichen Vorbilder, erinnern. Flachbodige Gefäße und Schalen sind weitere Formen. Die Verzierungen bestehen aus Einstichen, Dellen und Ritzungen, die in seltenen Fällen auch zonenweise kombiniert wurden. Einige wenige rote Linien auf hellerem Grund zeigen den Beginn einer Zweifarbigkeit an. Die bisher gefundenen Barra-Siedlungen waren an der Küste gelegene Behausungen einfacher Fischer und Bauern. Auf die Verarbeitung von Maniok deuten vielleicht kleine Obsidiansplitter hin, die »Zähne« von Reibebrettern gewesen sein können. Unsicher ist die Datierung von Barra, die zwischen 2000 und 1600 v. Chr. (unkorrigiert: 1600-1300) schwankt, wahrscheinlich aber kurz vor 1700 v. Chr. liegen dürfte.

Herkunft und Ausbreitung der Keramik

Gemeinsam ist Barra und Swasey, daß beide voll entwickelt und scheinbar unvermittelt auftreten. Das hat natürlich zu der Annahme geführt, daß die keramische Technik, wenn nicht gar die Hersteller der Tongefäße, von außerhalb nach Mesoamerika gekommen wären. Als Herkunft wird vor allem Ecuador genannt, dessen früheste Keramik, die San-Pedro- oder Loma-Alta-Keramik, um 3900 v. Chr. (unkorrigiert: 3100) beginnt. Parallelen, besonders zu Barra, meint man in den Phasen Valdivia VII und VIII (2100-1850 v. Chr., unkorrigiert: 1700-1500) zu sehen,

obwohl hier die wichtigsten Barra-Formen, wie die Tecomates, fehlen oder selten sind. Doch dürfte die Wahrscheinlichkeit größer sein, daß man im östlichen Mesoamerika noch ältere Keramiken findet, die sich als Vorläufer von Barra und Swasey erweisen. Ob diese eine gemeinsame Wurzel hatten, ist noch völlig offen. Insgesamt scheint es aber so, daß die Keramik auch in Mesoamerika selbständig erfunden wurde, vielleicht sogar mehrfach.

Mit dem Beginn der früh-präklassischen Periode, die auch Früher Horizont genannt wird, das heißt mit dem Beginn der olmekischen Kultur und der (späteren) Ausbreitung ihres Einflusses scheinen sich um 1700 v. Chr. (unkorrigiert: 1400) Keramik, Feldbau, Seßhaftigkeit, Dörfer, kurz: eine Zivilisation, schlagartig in Mesoamerika ausgebreitet zu haben. Im Petén, in Belize und Yukatan tritt die aus Swasey entwickelte Xe-Keramik an vielen Orten auf; Ocós-Keramik, die von Barra abstammt, und die ihr verwandte Cotorra-Keramik beherrschen die pazifische Küste von Guatemala und Chiapas, kommen aber auch im Hochland beider Gebiete vor, etwa im oberen Grijalva-Tal. Sie haben anscheinend nachhaltig die Ojochí-Keramik beeinflußt, die an der Golfküste in San Lorenzo auftritt. Dieses spätere olmekische Zentrum wurde in dieser Zeit erstmalig besiedelt. Tongefäße erscheinen nun auch in Oaxaca (Tierras Largas), auf dem Isthmus von Tehuantepec (Lagunita), in Chontalpa in Tabasco (Molina) und im Hochtal von Mexiko (Nevada-Phase) sowie in Colima (Capacha). Alle diese Keramiken zeigen eine Fülle verschiedener Formen, Verzierungsarten und Stile, die sich bisher nur teilweise miteinander in Verbindung bringen lassen.

Nach dem gegenwärtigen Forschungsstand muß das Auftreten der olmekischen Kultur wie eine kulturelle Explosion erscheinen. Dieser Eindruck entspricht jedoch kaum der Wirklichkeit, sondern ist eher die Folge der noch immer fragmentarischen Kenntnisse. Neue Forschungen können das hier Geschriebene vielleicht schon in kurzer Zeit veralten lassen.

Mesoamerikanische Kulturen – Wachsen und Vergehen

Die Kulturen Mesoamerikas, das als kultureller Raum mit dem Einsetzen der olmekischen Kultur faßbar wird, sind gekennzeichnet durch einen steten Wechsel von Zeiten des Aufblühens und Zerfallens, von Abschnitten großer Einheitlichkeit und solchen mit besonders deutlichem Hervortreten der Unterschiede zwischen den zahlreichen landschaftlich und kulturell abgrenzbaren Regionen.

Drei große Phasen einheitlicher kultureller Ausprägung, die in Form stilistischer Ähnlichkeiten deutlich sichtbar werden und die der Archäologe oft als Horizonte bezeichnet, treten besonders markant in Erscheinung: der olmekische Horizont im Präklassikum, der Horizont von Teotihuacán im Klassikum und, von etwas anderer Art, der spät-postklassische Horizont. Horizonte manifestieren

sich als Etappen gehäufter und ausschlaggebender Entwicklungsschritte, die sich schnell im größten Teil des Kulturraumes durchsetzen. Sie sind wohl ebenso Resultat gleichgerichteter Entwicklungen auf der gemeinsamen kulturellen Basis wie Ergebnis der Verbreitung durch wechselseitige Kontakte. Kontakte brauchen keineswegs immer als politische Abhängigkeit von einem bestimmten Ausstrahlungszentrum angesehen zu werden, denn in dem seit frühester Zeit nachweisbaren weitreichenden Netz von Handelsverbindungen wurden neben Gütern gleichwertig auch Ideen transportiert, und selbst der kleinräumigste Austausch summiert sich leicht zu flächendeckender Kommunikation. Um so bemerkenswerter ist es, daß die Zeiträume großer Einheitlichkeit immer wieder von Epochen abgelöst werden, in denen die Verbindungen zwischen den Regionen stark eingeschränkt waren.

Unser Überblick über die Kulturen des Alten Mexiko wird sich an dem so kennzeichnenden Wechsel von übergreifenden Horizonten und von Zeitabschnitten, in denen die regionalen Varianten und Eigenheiten dominierten, orientieren. Besonders bei letzteren kann Vollständigkeit nicht einmal angestrebt werden. Zu zahlreich sind die Abwandlungen des gemeinsamen Themas, zu unsicher oft die Einzelheiten und zu ungenau die Zeitstellungen. Hier wird eine beispielhafte Darstellung das Wesentliche und bei aller Verschiedenheit Gemeinsame oder jedenfalls Parallele hervorzuheben, das Gesicherte oder zumindest Vertretbare vorzuziehen haben.

Eine Darstellung des Alten Mexiko darf aber nicht in der Schilderung des von den Archäologen Vorgefundenen und des von den Historikern den Berichten Entnommenen verharren. Zu leicht könnte die unleugbar große Fremdartigkeit der amerikanischen Kulturen zu einer vordergründi-

Links außen: Kakaobaum mit Früchten. Der Gattungsname »Theobrama« bedeutet »Speise der Götter«, der Artname »cacao« leitet sich vom aztekischen cochoatl *ab. Das von den Indianern aus Kakao bereitete Getränk wurde mit Chilipfeffer und Vanille gewürzt. Kakaobohnen dienten außerdem als Zahlungsmittel. Cortés brachte die ersten nach Europa.*

Mitte: 35 verschiedene Arten von Chilipfeffer (Capsicum) wurden im Alten Mexiko bereits angebaut. Die etwa 2 cm langen Schoten zerrieb man auf flachen Tellern mit geriffeltem Boden.

Oben: Aztekische Reibschale für Chilipfefferschoten. Durchmesser 19 cm. Mexiko, Museo Diego Rivera

gen Revue der Exotik führen. Vielmehr haben wir uns dem Unvertrauten mit den Fragen »warum« und »warum so« zu nähern. Auch wenn wir sie oft nur eher tastend beantworten können, wird uns die Suche nach den Antworten zu einem besseren Verständnis des Alten Mexiko führen.

Der erste Schritt

Wichtigste Bedingung der hochkulturlichen Entwicklung in Mesoamerika war die Seßhaftigkeit, die sich allmählich in der zweiten Hälfte des Archaikums durchzusetzen begann. Voraussetzung für sie war, daß an einem Ort, im Umkreis einer Siedlung, die Nahrung für ihre Bevölkerung während des ganzen Jahres gewonnen werden konnte. An besonders begünstigten Standorten, vor allem an Meeresküsten, mag dies auch ohne Anbau von Kulturpflanzen möglich gewesen sein; in der Regel erforderte die Lebensweise der Jäger und Sammler aber das ständige Umherziehen zu Plätzen, an denen im jahreszeitlichen Wechsel Wildpflanzen und Tiere eine günstige Ernte und Jagd versprachen. Und auch wenn zu manchen Zeiten des Jahres Nahrung im Überfluß vorhanden war – der zu ihrer Nutzung unvermeidliche häufige Wohnplatzwechsel ließ das Anlegen nennenswerter Vorräte nicht zu. So setzten die kargen Monate vor allem am Ende der Trockenzeit, wenn die Nahrung immer spärlicher und schütterer anzutreffen war, der Dichte der Bevölkerung enge Grenzen. Beides, die durch die Ernährungsweise erzwungene umherstreifende Lebensweise und die geringe Bevölkerungsdichte, ließ sich mit dem, was wir als Kennzeichen einer frühen Hochkultur ansehen, nicht vereinbaren: Siedlungen unterschiedlicher Größen- und Rangordnung, Zentren mit politischer und religiöser Bedeutung, feste »öffentliche« Bauten verschiedenartiger Zweckbestimmung, Kunstwerke und Gruppen innerhalb der Bevölkerung, die sich auf andere Tätigkeiten als den unmittelbaren Nahrungserwerb spezialisiert hatten – all das wurde erst möglich, als der Anbau gezüchteter Pflanzen eine dichte seßhafte Bevölkerung erlaubte.

Daß das eben knapp Angedeutete zu den Auswirkungen des Anbaues und der Züchtung von Kulturpflanzen gehört, daran kann kein Zweifel aufkommen. Das eigentliche Problem liegt woanders: Weshalb kam es überhaupt zum Pflanzenbau? Selten zeigt uns eine Fragestellung im Bereich der Archäologie die Unzulänglichkeit unseres Wissens und unserer Erkenntnismöglichkeit deutlicher: Können wir überhaupt davon ausgehen, daß die Pflanzenzüchtung und der Anbau mit einem langfristigen Ziel vor Augen erfolgten? Ist es denn denkbar, daß jene Menschen des mesoamerikanischen Archaikums, die zaghaft mit dem Anbau von Pflanzen zu experimentieren begannen, voraussehen konnten, welche Möglichkeiten sich aus ihren Versuchen für ihre Nachfahren in Jahrhunderten und Jahrtausenden ergeben würden? Möglichkeiten, die völlig außerhalb ihres eigenen Erfahrungshorizontes liegen mußten.

Die vielfach vertretene Hypothese, daß ein Bevölkerungswachstum die Menschen in Zugzwang zum Pflanzenbau gebracht hätte, unterstellt unsere Kenntnis des weiteren Verlaufes auch den damals Lebenden. Aber muß man sich eine Bevölkerung von Jägern und Sammlern nicht immer nahe der Versorgungskapazität ihres Nutzungsraumes vorstellen, immer in der Gefahr, daß in einem ungünstigen Jahr der allgegenwärtige Hunger einen Teil nicht überleben ließ? Heißt das nicht, daß die Ernährungslage ein dauerndes Anwachsen der Bevölkerung über die auch in ungünstigen Jahren gesicherte Versorgungskapazität einfach nicht erlaubte? Kann es dann überhaupt den andauernden Bevölkerungsdruck gegeben haben, der Auslöser der hier diskutierten Entwicklung gewesen sein soll?

Und selbst wenn das Anwachsen einer Bevölkerung bis knapp an die kritische Versorgungsgrenze das Bewußtsein erzeugte, daß etwas geschehen müsse: wie konnten die Menschen das geeignete Mittel im Pflanzenbau sehen, der ihnen noch unbekannt war? Die ersten Experimente müssen doch ins Unbekannte hinein erfolgt sein – sozusagen echte, zweckfreie Grundlagenforschung. Und die Wirkung auf die Versorgungslage zeichnete sich erst Jahrhunderte danach ab: wenn der Prozentsatz der angebauten Nahrung ganz allmählich anstieg...

Man kann die Erklärung aber auch in unwillkürlicher pfleglicher Behandlung und unbewußt damit verbundener züchterischer Selektion sehen: Die Abfallhaufen der Wohnplätze, auf denen immer wieder Samen der gesammelten Pflanzen und besonders ihrer bevorzugten Varianten landeten, mögen als unbeabsichtigte Saatbeete gewirkt haben. Zunächst unmerklich, wurden diese Pflanzen dadurch zunehmend auf bestimmte Plätze konzentriert und kamen natürlicherweise zur Kreuzung. Ein Prozeß setzte ein, der vermutlich lange Zeit ablief, bis er dem Menschen bewußt wurde und dieser erkannte, daß und wie er in ihn zum eigenen Nutzen eingreifen konnte. Der menschlichen Begünstigung des anfangs unbeabsichtigten Vorganges wird wohl keine züchterische Absicht zugrunde gelegen haben, sondern nur der Wunsch, die

Metl ist eine Stachelagave, die in der Sprache der Insel Hispaniola *maguey* genannt wird. Aus diesem *metl* machte man sehr viele Sachen... Wenn der *metl* ausgewachsen und sein Stock groß ist, schneidet man das Herz mit fünf oder sechs Blättern heraus, die dort ganz zart sind. Das ergibt ein Loch von der Größe eines guten Kruges, und diese Höhlung gräbt man später weiter, bis sie so groß wie eine gute Schüssel geworden und das Herz aufgebraucht ist. Bis dahin dauert es etwa zwei Monate, je nach Stärke der Pflanze, und jeden Tag schöpft man aus jener Schüssel eine Flüssigkeit, die fermentiert. Die frisch geschöpfte Flüssigkeit ist wie Honigwasser. Läßt man sie in Becken vergären wie Wein, unter Zugabe von Wurzeln, die die Indianer *ocpatli* nennen, entsteht »Weinmedizin«; der »Wein« wird so stark, daß, wer neun oder zehn Tassen trinkt, stark betrunken wird... Aus den Stachelblättern des *maguey* zieht man Fäden, um zu nähen, außerdem machen sie Kordeln, Seile und alles, was man sonst aus Hanf macht. Sie machen daraus Kleidung und Schuhwerk... Sie machen auch *alpargatas* wie die aus Andalusien. Sie machen Stoffe und Umhänge aus der Agave. Die Dornen dienen als Pfriem, denn sie sind spitz und stark; sie können Nägel ersetzen... Bei Sachen, die man falten oder drehen will, taugen sie nichts, da sie springen. Aber der Dorn kann sich auch zusammen mit seinem Faden ablösen, dann dient er als Faden und Nadel zugleich. Die Stachelblätter selbst taugen

Pflanzenbestände zu verdichten, um dadurch die tägliche Sammelarbeit zu erleichtern.

Daß die Konzentrierung der Pflanzenbestände und die Auswahl von Varianten schon Züchtung bedeutete, wird erst uns heute klar. Beides zusammen vergrößerte die natürliche Versorgungskapazität eines Gebietes und ließ mit ihrer Steigerung einen Spielraum für Bevölkerungswachstum. Aus der Beobachtung eines zunächst unwillkürlichen Vorganges mag schließlich seine bewußte Intensivierung erwachsen sein, ein zielgerichteter Einsatz zur Verbesserung der Nahrungsversorgung.

Es erscheint überzeugender, sich dieses Bild von der Entstehung des Pflanzenbaues (nicht nur in Mesoamerika) zu machen – der tatsächliche Ablauf freilich wird unbeweisbar bleiben.

Daß Anbau, so viel steht außer Zweifel, auch Abhängigkeit von diesem und durch die unvermeidliche Tendenz zur Monokultur auch größere Anfälligkeit gegenüber Mißernten aller Ursachen bedeutete, wird damals kaum erkannt worden sein, war aber vielleicht Ursache mancher »unerklärlicher« kultureller Katastrophen. Pflanzenbau war jedenfalls eine Errungenschaft mit Janusgesicht: Ihre Vorteile wurden teuer erkauft.

Aus dem Gesagten ergibt sich auch, daß die Frage müßig ist, wo der erste Pflanzenbau, wo die langwierige Kultivierung der Pflanzen in Mesoamerika erfolgte. Es war sicherlich eine gleichgerichtete Entwicklung, die zugleich in verschiedenen Gebieten ablief und wechselseitiger Beeinflussung unterlag. Die Fundorte früher Anbaupflanzen in den Höhlen trockener Regionen wie des Tehuacán-Tales und von Tamaulipas sind deshalb auch nicht mit den Entstehungsgebieten gleichzusetzen, sondern boten nur besonders gute Erhaltungsbedingungen.

Das charakteristische Anbauverfahren Mesoamerikas (das auch in anderen Gebieten der Erde angewandt wird) ist der Brandrodungsfeldbau. Er bringt hohe Erträge, er-

für viele Sachen... in der Küche und beim Handwerk... Schneidet man die Agave nicht für Wein ein, sondern läßt sie wachsen, treibt sie einen Stamm dick wie ein Männerbein, der zwei bis drei Armspannen hoch wächst und Blüten und Früchte trägt. Man trocknet die Blütenstämme, und wo Holz fehlt, dienen sie zum Hausbau, denn sie ergeben gute Dachsparren, und die noch grünen Stachelblätter ersetzen Dachziegel... Die trockenen Blätter sind in vielen Gegenden das Brennholz der Armen.
Fray Toribio de Benavente o Motolinía, Memoriales

Darstellungen der Tierwelt nehmen in der mesoamerikanischen Kunst einen hervorragenden Platz ein, während Pflanzendarstellungen seltener sind. Die lebensvollen Bildwerke sind vielfältige Bedeutungsträger, besonders die von Jaguaren und Schlangen.

Linke Seite: Altarartiger Steinblock mit Maisreliefs, aztekisch. Mexiko, Museo Nacional

Rechts oben: Truthahn, Golfküste, Remojadas-Tajín, Höhe 22 cm. Wien, Museum für Völkerkunde

Rechts Mitte: Jaguar mit einer Opferschale im Rücken, aztekisch, Andesit, Höhe 93 cm. Mexiko, Museo Nacional

Rechts: Klapperschlange, aztekisch, Höhe 19,5 cm. Villahermosa, Museo de Tabasco

fordert aber eine große Fläche. Es wird ein bestimmtes Areal Wald gerodet: Die Bäume werden gefällt, das niedrige Buschwerk, die Äste und teilweise auch die geschlagenen Stämme verbrannt, wobei die Asche den Boden düngt. Mit einem Grabstock werden dann kleine Löcher gegraben, in die man Maiskörner, Bohnen und Kürbissamen legt: Die drei wichtigsten Nahrungspflanzen Mesoamerikas wachsen zugleich auf demselben Feld und ergänzen einander. Die ersten ein oder zwei Jahre wird ein guter Ertrag erzielt, im nächsten ist er deutlich geringer, und im darauffolgenden wäre er ungenügend. Deshalb wird das Feld aufgegeben und sieben, zehn oder mehr Jahre sich selbst überlassen, damit es sich wieder erholt. Während dieser Zeit werden andere Felder gerodet, bestellt und wieder aufgelassen. Nach der Wartezeit wird der inzwischen auf der Brache hochgekommene Buschwald wieder gerodet. Da der Boden mit den Pflanzstöcken immer nur punktuell aufgerissen wird, bietet dieses Verfahren im Gegensatz zum Pflugbau kaum Ansatzpunkte für Erosion. Andererseits ist eine Steigerung der Produktion bei größerem Nahrungsmittelbedarf infolge eines Bevölkerungswachstums durch eine Verkürzung des Rotationszyklus' nicht zu erzielen. Hier können nur Intensivierungsmaßnahmen wie Terrassierung, künstliche Bewässerung und Düngung Erfolg bringen, die ab dem Klassikum verstärkt eingesetzt wurden.

Eng mit der Seßhaftigkeit verknüpft war eine Reihe weiterer Neuerungen, so die Einführung der Keramik an der Wende zum Früh-Präklassikum, vor allem aber die Ermöglichung einer Überschußproduktion und damit der Versorgung von Bevölkerungsteilen, die sich auf andere Tätigkeiten spezialisierten. Sie bot die Voraussetzung für die Entwicklung jenes Komplexes von Erscheinungen, den man als Hochkultur bezeichnet.

Der frühe Horizont

Plötzlich und ohne deutlich erkennbare Vorläufer – so hat es zumindest nach dem gegenwärtigen, sicher unvollständigen Forschungsstand den Anschein – tritt in der zweiten Hälfte des zweiten vorchristlichen Jahrtausends, im Früh-Präklassikum, in einer offensichtlich keineswegs begünstigten Region an der südlichen Golfküste die früheste typisch mesoamerikanische Kultur ans Licht, die der Olmeken.

Olmeken – das Volk des Jaguars

Trotz mehrerer Jahrzehnte intensiver Forschung bleiben wesentliche Aspekte der olmekischen Kultur noch im dunkel. Was wir von ihr zu wissen glauben, schließen wir zumeist aus den charakteristischen Darstellungen in Form von Steinmonumenten und Steinreliefs, einiges auch aus der Anlage der religiösen Zentren und aus deren Bauten.

Die Archäologen meinen zu wissen, daß in den Kultzentren der Olmeken im Küstenschwemmland von Tabasco und Südveracruz nur eine kleine Eliteschicht dauernd lebte: die Herrscher und Priester, aber auch die spezialisierten Handwerker und Baumeister. Die Mehrzahl der Bevölkerung, in weitem Umkreis verstreut, vermutlich in kleinen Weilern wohnend, war mit der Nahrungsproduktion beschäftigt. Sie war nicht nur bereit, durch Mehrarbeit die Bewohner der Zentren zu ernähren, sondern auch auf deren Geheiß als Handlanger bei Baumaßnahmen und beim Transport des Rohmaterials für die gewaltigen Monolithen mitzuhelfen.

Was veranlaßte die Menschen auf dem »flachen Land« dazu, neben der Bestellung ihrer Felder und den Gemeinschaftsaufgaben in ihrem heimatlichen Weiler auch noch zusätzliche Arbeit für den zentralen Ort zu leisten? Empfanden sich die einfachen Menschen von ihren politischen und religiösen Führern vielleicht genauso abhängig, wie diese es in der Tat vom Unterhalt und von der Hilfeleistung durch jene waren? Was hatten die Herrscher und Priester als Gegenleistung anzubieten? Die Priester: sie verstanden es vielleicht, das Volk davon zu überzeugen, daß die von ihnen ausgeführten Kulte, die dafür nötigen Bauten und Kunstwerke unerläßlich für den guten Fortbestand der Welt im Großen wie im Kleinen waren. Und die Herrscher: verkörperten sie nicht das Bewußtsein der ethnischen Identität, organisierten sie nicht das tägliche Leben, die Absicherung gegen Fremde und vieles mehr? Diese Fragen stellen heißt, nach der politischen Verfassung dieser Kultur zu forschen.

Ein olmekischer Staat?

Die Streitfrage bei der Interpretation der archäologischen Befunde ist, ob die politische Organisationsform der Olmeken noch als Häuptlingstum oder bereits als Staat anzusprechen sei. Ein Häuptlingstum besitzt der Definition gemäß ein hierarchisches Sozialsystem mit gestuften Vorrechten und Pflichten, das auf eine einzige Person mit höchstem Status, den Häuptling, zuläuft. Die Stellung des Häuptlings gründet auf seiner verwandtschaftlichen Abkunft von jenem Ahnen, mit dem sich die ganze Gruppe verwandt fühlt, und die anderen Mitglieder der Hierarchie werden nach ihrer Verwandtschaft mit dem Häuptling eingeordnet. Auf der wirtschaftlichen Ebene sind eine spezialisierte Güterproduktion und die Notwendigkeit des Handelsaustausches zu verzeichnen.

Eindrucksvolle Zeugnisse olmekischer Monumentalplastik sind die rätselhaften Kolossalhäupter, die Herrscher oder Götter darstellen dürften. Achtzehn dieser viele Tonnen schweren Monolithe sind bekannt. Der Stein stammt aus den Brüchen der Tuxtlavulkane, die über 100 km von den Fundplätzen der Köpfe entfernt sind. Diese wurden alle im Erdreich vergraben gefunden und weisen Spuren von Beschädigungen auf, die ihnen offensichtlich mit Absicht zugefügt wurden. Monument Nr. 1 von San Lorenzo ist 2,75 m hoch und wiegt über 25 Tonnen. Jalapa, Museo de Antropología

»Danzantes«, Tänzer, nennt man die Darstellungen figürlicher Flachreliefs mit schwungvollen Konturen, die in Monte Albán in dem nach ihnen benannten Gebäude verbaut und in der »Galerie der Danzantes« aufgestellt sind (links). Die heute sichtbaren Überreste dieses Gebäudes stammen aus dem späten Klassikum, doch ergab ein Tunnel, den die Archäologen in den massiven Baukörper trieben, daß der erste Bauabschnitt der Plattform und mit ihr die Reliefs in das Präklassikum zu datieren sind.

Die Reliefblöcke sind bis zu 2 m hoch und zeigen durchwegs nackte männliche Gestalten, wobei heute die Meinung herrscht, es handle sich um Getötete. Einige von ihnen zeigen individuelle Züge: Manche tragen Feder- und Kopfschmuck (rechts); auch der außergewöhnliche Typ eines Bärtigen kommt vor (linke Seite, außen).

Besondere Aufmerksamkeit verdienen die häufig beigefügten glyphischen Elemente. Diese einzelnen oder in Blöcken gereihten Glyphen bilden eines der ältesten neuweltlichen Schriftsysteme. Wegen mangelnder Vergleichsobjekte und fehlender Überlieferung sind sie jedoch nicht lesbar. Aus ihrem darstellerischen Kontext und dem Wissen über den Aufbau postklassischer Bilderhandschriften können die Glyphen der Danzantes-Reliefs dennoch grob in die Kategorie der Personen- oder Ortsnamen eingeordnet werden.

Die meisten dieser Merkmale treten auch bei Staaten auf, nur daß diese größer sind und damit auch komplexer organisiert. Verwandtschaft hat die Bedeutung als Leitschnur der politischen Struktur verloren, und die Machtausübung erfolgt im Staat in selbstgesetzten gesetzmäßigen Grenzen; er »legt Art und Umstände der Machtausübung fest und untersagt jede andere Gewaltanwendung, indem er nach Gesetz in Auseinandersetzungen zwischen Einzelpersonen oder Gruppen der Gesellschaft eingreift« (Elman Service). Da diese letzten Kennzeichen archäologisch kaum jemals feststellbar sind, konzentriert sich die Frage auf die Größe der politischen Einheiten und ihrer Handelssysteme. Ersteres sucht man aus der räumlichen Lage der Kultzentren, in denen man auch politische Mittelpunkte sieht, zu erschließen, während sich im archäologischen Fundgut sehr deutlich ein überregionales Handelsnetz mit Marktsystemen abzeichnet: Der hohe Prozentsatz von Obsidian aus dem zentralmexikanischen Hochland, der in olmekischen Fundorten der Küstenzone auftritt, spricht eine eindeutige Sprache. Viele Indizien lassen also vermuten, daß die Olmeken zumindest an der Schwelle des Staates standen.

Die olmekische Peripherie

Je mehr die Erforschung des olmekischen Horizontes fortschreitet, um so deutlicher wird, daß es sich bei dieser Kultur nicht um eine isolierte Entwicklung im Küstenland von Tabasco und Südveracruz handelt, sondern daß sich ihre Äußerungen (vor allem der charakteristische Darstellungsstil zumeist in Steinreliefs) in einem breiten Band finden, das vom Becken von Mexiko über die großen Talregionen des Río Balsas und von Oaxaca, den Isthmus von Tehuantepec und die Pazifikküste entlang bis nach El Salvador reicht. Dieses Band folgt in etwa den erschließbaren Handelsrouten, auf denen nicht nur Objekte, sondern auch Moden und Techniken wanderten. Religiöse Missionierung mag eine Zone gemeinsamer Ideologie geschaffen haben. Für eine militärische Dominanz oder gar ein Reich in irgendeiner Form fehlten jedoch alle Voraussetzungen.

Mit dem Erlahmen der Ausstrahlungskraft der olmekischen Kultur im Spät-Präklassikum begann ein Niedergang in ihrer Kernzone im isthmusnahen Küstenland, das sich bis zur Ankunft der Europäer nicht mehr erholen sollte. Die Randgebiete übernahmen das Erbe und formten daraus ebenso epigonenhafte Nachblüten wie kraftvolle neue Kulturen. Und so sind eigentlich alle mesoamerikanischen Kulturen irgendwie Erben der Olmeken. Eigenartigerweise wurden wesentliche Leistungen, die für die späteren mesoamerikanischen Kulturen kennzeichnend waren, offensichtlich nicht von den Olmeken selbst zur Zeit ihrer Hochblüte geschaffen, vielmehr treten sie, soweit die bisherigen Funde erkennen lassen, erst später bei ihren Nachfahren auf. Die Hieroglyphenschrift gehört ebenso dazu wie der auf zwei Zyklen beruhende Kalender und die sogenannte Lange Zeitrechnung.

Monte Albán – der Berg der toten Tänzer

Obwohl das Tal von Oaxaca vom olmekischen Kerngebiet nur durch eine einzige Gebirgszone getrennt ist, war dort der olmekische Einfluß nur schwach zu verspüren. Erst um 400 v. Chr., später, als in der älteren Literatur angenommen, kristallisierte sich mit dem Beginn der Bautätigkeit auf dem Monte Albán die Region von Oaxaca als eigenständiger Kulturraum heraus.

Das Zentrum auf dem Monte Albán hatte in der Mitte des Spät-Präklassikums eine Bevölkerung von mehreren tausend Menschen, die auf den terrassierten Abhängen des Bergrückens lebten – ein guter Teil der Bevölkerung des ganzen Tales. Der Grund für ihre Ansiedlung auf den drei den Monte Albán bildenden Bergkuppen bis zu 400 Meter über dem Talboden ist noch ungewiß. Gegenüber den offenkundigen Nachteilen, in erster Linie dem Fehlen von permanenten Wasserläufen und ackerbaulich nutzbarem Gelände, müssen gewichtige Vorteile überwogen haben, möglicherweise die geschützte und zugleich zentrale Lage auf der Bergkuppe am Schnittpunkt der drei Täler, die die Beckenregion von Oaxaca bilden. Man denkt, daß militärische Spannungen zwischen den Herrschaften im Tal von

Links und rechts: Die äußere Verkleidung von Gebäude J in Monte Albán trägt Inschriften aus dem Präklassikum, darunter Namensglyphen von vielleicht unterworfenen Orten. Ihr Hauptbestandteil ist eine Tempelplattform mit einem nach unten hängenden Kopf.

Rechte Seite: Das im Grundriß pfeilspitzenförmige Gebäude J in Monte Albán gilt als Observatorium aus dem späten Präklassikum, doch ist seine astronomische Funktion im einzelnen ungeklärt.

Oaxaca und denen der Umgebung zur Bildung einer Allianz im Tal geführt haben, die sich den Monte Albán zum Zentralsitz erwählte, weil er am Berührungspunkt ihrer Territorien lag. Die drei Talherrschaften entsandten vermutlich ihre Angehörigen in das neue Zentrum, denn aus dem archäologischen Befund von drei Siedlungszonen auf dem Monte Albán mit unterschiedlicher Keramik kann man auf drei Bevölkerungsgruppen verschiedener Herkunft schließen.

Unter den Überresten dieses frühen Zentrums geben den wichtigsten Aufschluß die Flachreliefs, vor allem die als Danzantes (Tänzer) bezeichneten auf großen Steinblöcken, welche ursprünglich die Außenwände einer hohen Plattform bildeten. Sie zeigen am deutlichsten, vor allem

in den Gesichtern, die stilistische Nähe zur olmekischen Darstellungskonvention. Ihre Interpretation ist strittig, wobei die Ansicht von Michael Coe viel für sich hat: »Ihre wie verrenkt erscheinende Haltung der Gliedmaßen, der offene Mund und die geschlossenen Augen zeigen, daß es sich um Tote handelt, zweifellos Anführer oder Fürsten, die von den ersten Herrschern von Monte Albán erschlagen worden waren. Bei vielen sind die Geschlechtsorgane deutlich gezeichnet, in Mesoamerika, wo Nacktheit als Schmach betrachtet wurde, üblicherweise das Kennzeichen von Gefangenen.« Daß manche der Dargestellten außerdem verstümmelt sein dürften, kommt hinzu. Wenn es sich tatsächlich um getötete Gegner handelt, dann ist die wiederholte Zurschaustellung überwundener Feinde

sicherlich ein deutliches Anzeichen für eine militärisch fundierte politische Ordnung. Daß sich die Darstellung dieses Themas aber ausschließlich in Monte Albán findet, steht im Einklang mit seiner vermuteten Rolle als Zentrum einer militärischen Allianz.

Schon allein wegen der für den Feldbau ungeeigneten Lage kann man sich Monte Albán von Anfang an nur als Zentrum vorstellen, in dem eine Schicht administrativer, religiöser und handwerklicher Spezialisten dominierte. Ihre Leistungen sind nicht nur an der Planung des Zentrums, seinen Bauten und Reliefs, sondern auch an den Inschriften in einem gut entwickelten, allerdings unlesbaren Schriftsystem zu erkennen. Die Lebensmittelversorgung mußten die Bewohner von Monte Albán aus der weiteren Umgebung beziehen, sei es als eingetriebenen Tribut, sei es als Leistung abhängiger Landbewohner oder als Spende von Pilgern. Daß sie offenkundig die Macht und die Bedeutung hierzu hatten, schließt den argumentativen Kreis. Einfacher und klarer ist die Interpretation eines anderen frühen Zentrums in Oaxaca: Dainzú, nur 22 Kilometer östlich von Monte Albán gelegen. Dort fehlen die martialischen Themen; die Steinblöcke, die eine breite Plattform verkleiden, tragen gravierte Figuren, die zwar noch stärke-

re Verrenkungen als die Danzantes zeigen, aber klar als Ballspieler zu erkennen sind. Felsgravierungen von abgetrennten Köpfen in der Nähe belegen jedoch, daß das Ballspiel keineswegs immer nur ein harmloser Sport war.

Auf dem Monte Albán hielt das Ballspiel definitiv mit der Errichtung des ersten Ballspielplatzes etwas nach 300 v. Chr. seinen Einzug. Dies war jedoch eine Zeit der Unsicherheit. Man braucht zwar nicht aus der relativ kleinen Zahl von vermutlichen »Schlachtberichten« in bildlicher und hieroglyphenschriftlicher Form an den Außenwänden des Gebäudes J auf einen verringerten militärischen Erfolg zu schließen – es könnten ja auch alle erreichbaren Gegner bereits unterworfen gewesen sein –, aber die Errichtung einer massiven Wallanlage am nördlichen und westlichen Abhang des Berges ist zweifellos nicht grundlos erfolgt. Auch das Stagnieren der Bevölkerungszunahme und die Anlage kleiner Felder für Bewässerungsanbau zur Selbstversorgung deuten auf eine schwierige Lage hin. Andererseits dauerten die Baumaßnahmen auf dem großen Platz an, und es wurden weiterhin Wohnhäuser für die Oberschicht errichtet, die ihren Verstorbenen kostbare Gegenstände mit ins Grab geben konnte.

In thematischer Beziehung zu den Danzantes stehen vermutlich Steinreliefs, die statt bildlicher Darstellungen ausschließlich Kolumnen von Schriftzeichen aufweisen, die zwar unlesbar sind, aber Zeichen kalendarischer Bedeutung erkennen lassen. Auch ihr bevorzugter Standort waren die Steinplatten der Sockelverkleidungen. An entsprechender Stelle finden sich in dem 100 Kilometer westlich von Monte Albán gelegenen kleineren Zentrum Huamelulpan ebenfalls große Steinblöcke mit einzelnen kalendarischen Schriftzeichen, ein deutlicher Hinweis dafür, daß unabhängig von allen vermuteten politischen Grenzen des Tales von Oaxaca das Ausstrahlungsgebiet der Kultur von Monte Albán weit darüber hinausreichte. Die größte Bedeutung erlangte die Kultur von Monte Albán jedoch erst im Klassikum.

Schmächtige Enkel der Olmeken

Eine typische Epigonenkultur ist die von Cerro de las Mesas im mittleren Veracruz, nicht weit von Tres Zapotes, dem nördlichsten der großen Olmekenzentren, entfernt.

Links: Bei der figürlichen Darstellung auf der 1,34 m hohen Stele von San Miguel Chapultepec, die im frühen Klassikum entstanden ist und wahrscheinlich aus Cerro de las Mesas stammt, bedeckt der überreiche Kopfputz mit drei Reptilienrachen mehr als ein Drittel der Höhe. Außerdem trägt der Dargestellte ein großes Ohrgehänge und einen Nasenpflock. Die rechte Hand deutet auf ein noch nicht entziffertes Glyphenband.
Mexiko, Museo Nacional

Rechts: Als »baby face« bezeichnet man die olmekisch geprägten, geschlechtslosen Sitzfiguren aus Las Bocas im Tal von Puebla. Die weiß geschlämmte hohle Tonplastik ist 40 cm hoch.
Mexiko, Museo Nacional

Vorhergehende Doppelseite: Die erste Bauphase von Dainzú datiert in das späte Präklassikum. Flachreliefs am Sockel der großen Plattform zeigen Anklänge an den Stil der »Danzantes« von Monte Albán.

Jahrhundertelang scheint in Cerro de las Mesas ein olmekisches Kultzentrum fortbestanden zu haben: Weiterhin wurden Plattformen aus Sand und Lehm um rechteckige Höfe errichtet, Massivopfer aus Hunderten von Jadeobjekten niedergelegt und steinerne Monumente aufgestellt. Manche davon, in einem charakteristischen Darstellungsstil, tragen Inschriften mit Daten, die sich in der Rechnungsweise der Maya lesen lassen: 467 und 532 n. Chr. Die Größe der Anlagen läßt auf eine zahlenmäßig beträchtliche ansässige Bevölkerung schließen, aber noch fehlen eingehendere Untersuchungen. Cerro de las Mesas bestand mit immer geringer werdender Bedeutung weiter bis zum Ende des Klassikums, vor allem im kulturellen Austausch mit dem benachbarten Hochland.

Der Izapa-Stil – Gemeinsamkeit in der Verschiedenheit

Wie Perlen einer Kette reihen sich die postolmekischen Zentren des Izapa-Stiles vom Isthmus von Tehuantepec über das Hochland von Chiapas und das Küstenland am Pazifik bis in den Nordteil des heutigen El Salvador auf. Wichtige Stätten sind Chiapa de Corzo und Kaminaljuyú im Hochland sowie Abaj Takalik und Chalchuapa am Abfall zum Küstenland. In jeder wird eine Variante des gemeinsamen stilistischen Themas intoniert, das seinen Namen nach dem zentral gelegenen Ruinenplatz Izapa erhielt. An vielen Punkten dieser kulturellen Region entstanden

große Zentren, in denen mit gewaltigen Erdbewegungen planierte Höfe, Terrassen und Plattformen errichtet wurden. In Izapa sind die Niveauunterschiede vorzugsweise durch schräge Rampen überwunden und die Böschungen der aus Erde aufgeschütteten Plattformen mit Flußsteinen verkleidet. Gut 250 Steinmonumente, von denen mehr als ein Fünftel mit Reliefs bedeckt war, wurden bisher aufgefunden, aber auch so eigenartige Monumente wie monolithische Steinpfeiler mit einer frei aufliegenden Steinkugel, über deren Funktion nur Spekulationen möglich sind. Bedeutungsvoll ist die sich weithin verbreitende Kombination eines aufrecht stehenden Monoliths (»Stele«) und einer davor liegenden, oft etwas über das Bodenniveau erhöhten Platte (»Altar«), die vermutlich im kulturellen Umfeld von Izapa entwickelt wurde. Auch ihre Anordnung in der Mitte vor einer Pyramidenplattform oder als symmetrische Reihe parallel zur Gebäudefront wurde bald weithin üblich.

In Chiapa de Corzo, wo die Archäologen die Kulturentwicklung über dreieinhalb Jahrtausende verfolgen konnten, wurden in den letzten vorchristlichen Jahrhunderten Palastbauten mit Wänden aus behauenem Stein, die mit Stuck überzogen waren, errichtet. In diesen Bauten kann natürlich nur ein verschwindend kleiner Teil der Bevölkerung, die für die Errichtung solcher Zentren und ihren Unterhalt erforderlich war, gelebt haben: eine wie auch immer legitimierte Oberschicht mit großer Machtfülle. Ih-

re Existenz spiegelt sich auch in immer weiter reichenden Handelsverbindungen und im Luxus, den die kostbare Ausstattung der Gräber erkennen läßt.

In Kaminaljuyú sind aus den Jahrhunderten am Übergang vom Präklassikum zum Klassikum über hundert Pyramidenplattformen nachgewiesen, deren krönende Tempel sich nicht erhalten haben, da sie aus vergänglichem Material waren. In den Gräbern fanden sich Hunderte von Gefäßen und unvorstellbar reiche Beigaben.

Eine Neuerung des Izapa-Stiles ist die Ablösung der monumentalen vollrunden olmekischen Skulptur durch flache Reliefs mit detailreichen Darstellungen von einzelnen aufwendig gekleideten Personen bis hin zu komplexen Szenen. Das Bildfeld wird oben oft durch ein Band von Voluten, schrägliegenden Kreuzen und klammerförmigen Elementen, unten durch ein mit schrägen Linien oder Voluten gefülltes Feld begrenzt. Die bildlichen Komponenten begleiten teilweise längere Texte einer weiterentwickelten Hieroglyphenschrift, die auch Angaben in der neuen Langen Kalenderrechnung enthalten. Noch mehr in der olmekischen Tradition stehen die als »pot bellies« bekannten gedrungenen Skulpturen, die vermutlich dickbauchige Menschen darstellen, welche den Felsblock mehr zu umfassen als aus ihm herausgearbeitet zu sein scheinen (Abb. S. 396).

Auch in der Töpferei entwickelten die postolmekischen Kulturen charakteristische Formen und Verzierungen.

Linke Seite: Das im späten Präklassikum bebaute Areal von Izapa überrascht mit außergewöhnlichen Steinsetzungen, die als Stelen und Altäre bezeichnet werden. Einzigartig sind drei gerundete Pfeilerstümpfe mit einer aufgesetzten Steinkugel. Stil und Ikonographie skulptierter Monolithe lassen zum einen starke olmekische Einflüsse erkennen und zum anderen die Verwurzelung der Mayakunst im Formenschatz von Izapa.

Oben: Cuicuilco, das Pompeji der Neuen Welt. Dieses Zentrum des ausgehenden Präklassikums im Becken von Mexiko wurde um 400 n. Chr. mit seiner Rundpyramide unter Lavaströmen begraben.

Folgende Doppelseite: Während Cuicuilco in Bedeutungslosigkeit versank, erblühte Teotihuacán zur Metropole. Eines seiner Wahrzeichen bildet die über einer Kulthöhle errichtete Sonnenpyramide.

Auffallend ist die Vorliebe für weit ausladende Schalen, an denen umlaufende Wülste und die mammiformen, meist hohlen Standbeine typisch sind. Eine gängige Verzierungstechnik war die Negativbemalung mit oft wellenartig geführten parallelen Bändern. Sie wird nach der Region ihrer größten Häufung in El Salvador Usulután-Technik genannt; ihr Vorkommen reicht zeitlich bis ins Mittel-Klassikum.

Die »hübschen Damen« von Mexiko

Im Hochtal von Mexiko, an den Ufern des großen abflußlosen Sees, hatten schon im Früh-Präklassikum neben zahlreichen kleinen Weilern ein paar größere Siedlungen bestanden, in denen der olmekische Einfluß vor allem in

der Keramik wirksam war. Besonders die zahlreichen weiblichen Figurinen von Tlatilco, die sogenannten »pretty ladies«, mit ihren hohen, turbanartigen Kopfbedeckungen (Abb. S. 64, 65), und die größeren Hohlfiguren aus Las Bocas im Tal von Puebla (Abb. S. 59) sind eindrucksvolle Beispiele einer olmekisch geprägten plastischen Ausdruckskraft.

Als der olmekische Einfluß um die Mitte des Präklassikums aufhörte, war Cuicuilco, heute am Rand und innerhalb des Olympischen Dorfes von 1968 gelegen, zum beherrschenden Kultzentrum des Beckens geworden. Die zuerst errichteten getreppten Tempelplattformen aus Lehm wurden später mit Steinen verkleidet und wichtige Bauwerke in den folgenden Jahrhunderten mehrmals mit einem Neubau ummantelt. Die große, wie aus mehreren aufeinandergestellten Kegelstümpfen zusammengesetzte Rundpyramide erreichte auf diese Weise schließlich um 200 v. Chr. einen maximalen Durchmesser von 135 Metern und eine Höhe von 30 Metern. Ein Ausbruch des kleinen Vulkans Xitle, der einen großen Teil der Anbaufläche rund um Cuicuilco verschüttete, brach den Lebensnerv der Ansiedlung. Als der Vulkan um das Jahr 400 n. Chr. neuerlich ausbrach und Cuicuilco selbst mit einer dicken Lavaschicht überdeckte, verschüttete er bereits eine Ruine, die Spuren menschlicher und natürlicher Zerstörung zeigte. Das Erbe Cuicuilcos hatte längst eine Stadt im Norden des Beckens angetreten: Teotihuacán.

Der klassische Horizont

Keine andere weithin wirkende kulturelle Ausstrahlung in Mesoamerika läßt sich so exakt auf einen Punkt zurückführen wie der klassische Horizont, der seinen Ausgang nimmt von der in der Geschichte des Alten Mexiko einzigartigen Stadt Teotihuacán. In ihren Anfängen war sie nichts weiter als eine Ansammlung kleiner Siedlungen, wie sie im zu Ende gehenden Präklassikum überall im mexikanischen Hochland anzutreffen waren. Nichts deutete darauf hin, daß sich dort die größte Stadt des indianischen Amerika entwickeln sollte.

Eine Metropole erwacht

Für die Entwicklung der charakteristischen Mechanismen der politischen Organisation einer Stadt und eines Staates — beides war Teotihuacán ohne Zweifel — müssen sowohl Voraussetzungen als auch Notwendigkeiten gegeben sein. Verschiedene Erklärungsansätze liegen hier im Streit. Viel Aufmerksamkeit erhielt in den letzten Jahren die Ansicht von Karl Wittfogel, daß sich entsprechende Strukturen entwickelten, wenn Maßnahmen zur künstlichen Bewässerung zu schaffen und in Betrieb zu halten waren. Der organisatorische Apparat, der für diese überörtliche Aufgabe erforderlich war, habe sich dann verselbständigt und die erworbene Macht über den ursprüngli-

Die als »pretty ladies« bezeichneten präklassischen Tonfigürchen sind meist stark stilisiert. Hände und Füße fehlen, Oberschenkel und Gesäß sind übertrieben breit; einige tragen rote Körperbemalung. Kurze, schwingende »Ballettröckchen« scheinen die Kleidung ritueller Tän-

zerinnen gewesen zu sein. Bekannt wurden die Figuren durch mexikanische Künstler wie Diego Rivera, die sie in einer Lehmziegelei in Tlatilco, heute ein Vorort von Mexiko-Stadt, wo sie die Arbeiter zu Hunderten aus der Erde gruben, kauften. Privatsammlung

chen Zweck hinaus ausgeübt und ausgenutzt. Teotihuacán liegt tatsächlich nicht weit von einer sehr schüttungsreichen Quellzone, von der aus spätestens seit klassischer Zeit die untere Hälfte des Tales (mit maximal 40 Quadratkilometern) intensiv bewässert wurde. Der Archäologe René Millon, der in Teotihuacán mehr als ein Jahrzehnt forschte, hält es jedoch für fast absurd, den entscheidenden Faktor für das erstaunliche Wachstum der Stadt, ihre soziale, wirtschaftliche und politische Organisation, also für das Entstehen des Staates von Teotihuacán, in den Managementerfordernissen eines doch sehr kleinen Bewässerungssystems zu sehen.

In der Tat müssen andere Faktoren eine wesentlich wichtigere Rolle gespielt haben: die zwar bald erschöpften Obsidianvorkommen, die ausgezeichnete strategische Lage an dem günstigsten Verbindungsweg zwischen dem Becken von Mexiko und dem Land an der Golfküste und vielleicht nicht zuletzt ein irrationales Element, nämlich ein Höhlenkult, aus dem ein Wallfahrtsort von überregionaler Be

deutung entstand. Für die ausschlaggebende Wirkung dieses Faktors spricht, daß die monumentalen Pyramiden schon zu einer Zeit erbaut wurden, als Macht und Bedeutung von Teotihuacán noch nicht das spätere Ausmaß erreicht hatten. Gerade aber die Durchführung derartig umfangreicher Baumaßnahmen, wie sie die großen Pyramiden und die Stadtanlage erforderten, bedingte die Entwicklung einer beträchtlichen administrativen Organisation, die anschließend für andere Aufgaben zur Verfügung stand. Offenbar fand nach der Fertigstellung der Pyramiden (zwischen 150 und 200 n. Chr.) eine Gewichtsverlagerung vom ursprünglichen Pilgerzentrum zur politisch-wirtschaftlichen Macht hin statt. Dies äußerte sich darin, daß die Stadt zwar weiter an Größe und Einwohnerzahl zunahm, aber keine Kultbauten von vergleichbaren Dimensionen mehr geschaffen wurden. Mit der vermuteten Verweltlichung ging die ganz Mesoamerika erfassende Ausstrahlung Teotihuacáns einher. Der Hauptfaktor war nun die wirtschaftliche Aktivität vor allem in der Obsidianverarbeitung.

Der Niedergang von Teotihuacán

Um 500 n. Chr. endete die weitreichende Ausstrahlung Teotihuacáns in andere, weit entfernte Gebiete Mesoamerikas. Dies löste dort zunächst eine kulturelle Krise aus, die bei der Mayakultur von zirka 540 bis 600 dauerte und

die Bezeichnung »Hiatus« erhielt. Erst danach kam es zu einer jeweils eigenständigen Hochblüte sowohl der Mayakultur als auch der Kulturen von Monte Albán in Oaxaca, von El Tajín in Veracruz und von Cotzumalhuapa im südwestlichen Guatemala, in der das von Teotihuacán Übernommene in heimischen Traditionen aufging. Andere Regionalkulturen jedoch haben das Abbrechen der Beziehungen zu der Metropole offensichtlich nicht überlebt, wie zum Beispiel Cerro de las Mesas.

In Teotihuacán selbst kam während der Spätzeit zur Obsidianverarbeitung die Gewinnung von Zinnober in den Bergwerken von Querétaro hinzu; es gab also durchaus noch Anzeichen wirtschaftlicher Expansion. Doch plötzlich, ohne Vorboten eines nahenden Verfalls, kam im 7. Jahrhundert der Untergang. Viele Gebäude im Zentrum der Stadt gingen in Flammen auf und wurden nie mehr aufgebaut. Was war geschehen? Spuren eines militärischen Angriffs scheinen völlig zu fehlen. War die immer größere Bevölkerung, die längst nicht mehr aus dem landwirtschaftlichen Ertrag des Tales zu versorgen war, nicht mehr zu ernähren, als die wirtschaftliche Bedeutung Teotihuacáns abnahm und es seinen Zulieferern keinen attraktiven Austausch mehr bieten konnte? Wurde die kritische Lage durch eine Klimaverschlechterung noch verschärft? Konnte die herrschende Schicht nach so langer Zeit der Prosperität auf neue Probleme nicht oder nicht flexibel genug reagieren? Waren die in Jahrhunderten verfestigten Strukturen einer geänderten Situation nicht mehr anzupassen? Keine dieser möglichen Ursachen sollte als alleiniger Auslöser der Katastrophe betrachtet werden, vielmehr trafen viele in einem Netz von Abhängigkeiten zusammen. Welche es waren und welchen Anteil sie hatten, darauf gibt der Grabungsbefund keine präzise Antwort; er kann sie wohl auch nicht bieten, da seine Resultate immer punktuell bleiben und derartig komplexe Geflechte von vielfältigen Faktoren und Folgen nur ausschnitthaft erkennen lassen. Hier kann allein die Analyse hypothetischer Modelle weiterführen, die eine genauere Abschätzung der Wirkungen der angeführten und anderer Ursachen in ihrer wechselseitigen Verflechtung ermöglicht.

Westmexiko – die tönernen Rothäute

Der Raum der mexikanischen Bundesstaaten Colima, Jalisco, Nayarit und Sinaloa stand im Spät-Präklassikum und Klassikum abseits. Die Verfeinerung der Kultur drückte sich dort fast ausschließlich in einer Unmenge

Oben: Tonfigur eines mit verschränkten Armen hockenden Mannes. Colima, Proto-Klassikum. Guadalajara, Museo de Jalisco

Links: Tonfigur eines hockenden Mannes in Abwehrhaltung. Jalisco, Proto-Klassikum. Privatsammlung

Rechts: Die vogelartigen Gesichtszüge und die dünnen Gliedmaßen des Figurenpaares aus Nayarit wirken grotesk deformiert, während der Schmuck ebenso genau wiedergegeben ist wie die Körperbemalung. Proto-Klassikum, Höhe 44 cm. Privatsammlung

höchst realistischer, exzellent verarbeiteter Tonfiguren aus. Sie stammen aus Schachtgräbern, die zwischen 2 und 15 Meter tief in das harte Erdreich eingesenkt sind. In den kuppelartig ausgehauenen Räumen, die über einen senkrechten oder schrägen Zugangsschacht erreichbar waren, wurden die Toten mit einer großen Zahl von Opfergaben niedergelegt. Die Grabstätten wurden über lange Zeit hinweg immer wieder belegt. Schachtgräber kommen im übrigen Mesoamerika nicht vor, sie finden sich aber weit verbreitet in Südamerika. Ob und in welcher Richtung ein Zusammenhang besteht, ist noch ungewiß. Die Erforschung wird dadurch erschwert, daß die Gräber allesamt von Grabräubern heimgesucht wurden und die meisten Keramiken aus illegalen Grabungen stammen.

Zwei Arten von Tonplastiken sind zu unterscheiden: kleine massive Statuetten und große, zumeist hohle Figuren. Diese wurden zum Teil als Gefäße genutzt; sie haben eine relativ große Öffnung, die aber so integriert ist, daß sie nicht störend auffällt. Am häufigsten sind menschliche Gestalten, die meist statisch, teilweise aber auch sehr bewegt auftreten (Abb. S. 66, 67, 344, 345). Wasserträger, Lastträger und Krieger sind beliebte Motive, auch Menschen beim Essen und Trinken. Die Figuren wirken durch ihre realistische und schlichte Darstellungsweise und durch die hochpolierte Oberfläche, die in einer Vielfalt satter, oft in Schattierungen schillernder Rottöne leuchtet. Der Themenreichtum bei den Tierdarstellungen ist noch weit größer: Haustiere wie Enten und dickbauchige Hunde kommen ebenso vor wie Gürteltiere und Schildkröten, Schlangen, Krebse und Fische. Auch hier wird die Aktion festgehalten: der mit erhobenen Scheren angreifende Krebs, der an seinem Maiskolben kauende Hund.

Im Gegensatz zu den einzelnen großen Hohlfiguren stellen die kleinen massiven Figurinen, die teilweise Pfeifchen sind und häufig Appliquetechnik aufweisen, mit Vorliebe Gruppen dar. Sie zeigen das Leben im Haus, Spiele und Tänze, aber auch Geräte, Häuser und Tempel, die bisher archäologisch noch nicht entdeckt werden konnten (Abb. S. 274/275). Insbesondere die in Szenen angeordneten Figurengruppen illustrieren aus der Sicht der damaligen Menschen selbst einen Aspekt des Lebens der dörflich geprägten Kulturen Westmexikos, der ansonsten völlig unzugänglich ist.

Links: Auf der gewaltigen Stufenpyramide von Cholula steht seit der Kolonialzeit eine Wallfahrtskirche. Bereits in vorspanischer Zeit galt Cholula als bedeutendes Pilgerzentrum, und der Eroberer Cortés berichtete seinem Kaiser, daß er dort über vierhundert Tempelbauten gezählt habe. Ausgrabungen am Fuße der völlig überwachsenen, im Proto- bis Spätklassikum errichteten Hauptpyramide haben die unteren Stufen dieses künstlichen Berges freigelegt. Für den Bau-

körper hatte man weitgehend luftgetrocknete Lehmziegel verwendet, während sonst zumeist nur mehrere Kernschichten gestampfter Erde mit Steinpackungen ummantelt wurden.

Rechts: Vor der Nordtreppe der Pyramide von Cholula lagen unter tausendjährigem Erosionsschutt einige altarähnliche Steinsetzungen begraben. Die zugehörigen Stelen tragen volutenreiche Reliefs mit Stilelementen der Golfregion.

Cholula – ein Berg von Menschenhand

Wohl zur gleichen Zeit wie Teotihuacán entstand 90 Kilometer südöstlich, im Becken von Puebla, das religiöse Zentrum Cholula. Es lag ebenfalls in der Mitte eines sehr breiten Tales und unmittelbar oberhalb einer Reihe kräftiger Quellen, die eine Talaue bewässern. Auch in Cholula stand zunächst offensichtlich eine religiöse Funktion an erster Stelle, denn auch hier schritt man sogleich an die Errichtung einer mächtigen siebenstufigen Pyramide, die mit einer Grundfläche von 120 Metern im Quadrat und einer Höhe von mindestens 18 Metern allerdings nicht die Ausmaße der Sonnenpyramide von Teotihuacán erreichte. Die Bauweise aus sorgfältig hergestellten luftgetrockneten Lehmziegeln ist der dortigen jedoch klar überlegen. Und im Gegensatz zur größten Pyramide von Teotihuacán wurde jene von Cholula während Jahrhunderten immer wieder beträchtlich erweitert und ausgebaut. Die erste Vergrößerung zeigte die typische Tablero-Talud-Konstruktion, wie sie in Teotihuacán dominiert, und wie dort wurden die Flächen innerhalb des Tablerorahmens bemalt (hier mit Darstellungen anthropomorpher Rieseninsek-

ten) – unübersehbarer Ausdruck der stilistischen Einheitlichkeit Zentralmexikos zu dieser Zeit. Die dritte Überbauung, die mit einer Grundfläche von 180 Metern im Quadrat die vorhergehende völlig überdeckte, wurde bereits kurz danach vorgenommen. Ihre Form ist in Mesoamerika einzigartig: Neun geböschte Absätze sind auf allen vier Seiten über die ganze Länge mit Treppenstufen bedeckt; exakt gearbeitete Ablaufrinnen für das Regenwasser unterbrechen in bestimmten Abständen diese Fassaden-Treppen. Anbauten kleineren Ausmaßes an allen Seiten und weitere große Überbauungen ergaben schließlich eine Basisbreite von 350 Metern. Damit übertraf die Pyramide von Cholula nach dem Volumen (nicht in der Höhe) die ägyptische Cheopspyramide. Sie wurde vermutlich nach 700 n. Chr. aufgegeben, ungefähr gleichzeitig mit dem Niedergang von Teotihuacán, und bald durch Wind und Wetter zu einem formlosen Berg, den die Indianer den »Berg von Menschenhand« nannten.

Grabungen an einem verwirrenden Komplex von Bauten südlich der großen Pyramide haben einige blitzlichtartige Einblicke erbracht. Sie betreffen den dort anzutreffenden eigenartigen Fassadenstil mit ungewöhnlich hohen Tableros und stark geneigten, konkaven Talud-Teilen, die mit einem Zungenmotiv dekoriert sind. Daneben wurde auch der klassische Teotihuacán-Talud verwendet. Die Stelen und Altäre zeigen eine frappierend enge stilistische Verbindung zur Golfküste und zum volutenreichen Stil von Tajín.

Völlig ohne Beispiel ist ein rund 50 Meter langes Wandgemälde, das in einem flächigen, stark vereinfachenden Stil ein gewaltiges, anscheinend hemmungsloses Gelage darstellt. Die nahezu gesichtslosen Trinker, die fast nackt in Paaren einander gegenübersitzen, teilweise besinnungslos oder sich übergebend, sind wohl Teilnehmer eines rituellen Trinkgelages. Das Gemälde entstand zur Zeit der frühen Bauphasen der großen Pyramide. Südlich von ihr wurden auch Wohnbauten zweifellos hochgestellter Familien gefunden, die im Grundmuster von Teotihuacán um quadratische Höfe mit Kleinadoratium angeordnet sind.

Über das Leben in Cholula, seine religiöse und politische Bedeutung während des Klassikums läßt sich vorläufig nur wenig erkennen. Die Archäologie steht vor großen Schwierigkeiten, denn Cholula ist bis heute bewohnt, bis heute ein wichtiges, nunmehr christliches Wallfahrtszentrum. Diese Kontinuität der Funktion, zu der später noch die Rolle als überregionaler Handelsmittelpunkt kam, hat offenbar die Stadt vor dem Untergang bewahrt, aber zugleich zu ständiger Umgestaltung und Überlagerung der alten Siedlung geführt.

Monte Albán unter den Zapoteken

Die Phase der größten Expansion und Bedeutung von Monte Albán setzte etwa um 250 n. Chr. ein und dauerte bis um 650 n. Chr. Nach der vorangehenden Stagnation

wuchs die Bevölkerung, die nun sicher mit dem Volk der Zapoteken zu identifizieren ist, auf zwischen 15000 und 30000 Menschen. Der Großteil lebte auf weit über tausend Terrassen auf dem Monte Albán, seinen Abhängen und Nachbarbergen in kleinen, eher unregelmäßigen und der Geländegestalt angeglichenen Häusergruppen, die teilweise um Höfe angeordnet waren.

In dieser Zeit wurden auch die monumentalen Bauwerke des großen Platzes, dessen Anlage längst konzipiert war, fertiggestellt (Abb. S. 286–289). Am wichtigsten waren sicher die Nordplattform, wahrscheinlich die Residenz der Herrscher, und die Südplattform, auf der man das religiöse Zentrum vermutet. Bei dem dazwischenliegenden großen Platz handelt es sich um eine dem Gelände angepaßte monumentale Realisierung des Hofkomplexes, die gut die Planungsintentionen der indianischen Architekten verfolgen läßt. Zwischen zwei hohen Plattformen im Norden und Süden und zwei niedrigeren mit jeweils mehreren Einzelbauten im Osten und Westen liegt ein Areal von 280 x 180 Metern. Aus dieser künstlich eingeebneten Fläche ragte etwas exzentrisch ein länglicher Felsen heraus, der zu der für große Plätze charakteristischen Mittelplattform ausgebaut wurde. Da er aber nicht mittig lag, suchte man die größere Platzhälfte auf der Westseite durch vorgezogene Zwischenplattformen und eine Mauer ihrem Pendant optisch anzugleichen. Dadurch rückte aber die in der ursprünglichen Symmetrieachse angelegte Treppe zur

Oben: Die Plattform des als System IV bezeichneten Gebäudes in Monte Albán zeigt die für Oaxaca charakteristische Form des Tablero. Vor der Treppe liegt ein ummauerter Hof.

Linke Seite: Adoratorium (im Vordergrund) und mittlere Plattform in Monte Albán. Die breite Treppe

und der von Säulen flankierte Eingang in den Kultraum sind typisch für die zapotekische Architektur des Klassikums.

Folgende Doppelseite: Yagul liegt auf einer Anhöhe über dem Tal von Oaxaca. Freigelegt wurden ein Palast mit sechs Innenhöfen und ein Ballspielplatz.

Nordplattform aus der Mitte, während der vielleicht erst jetzt errichtete Aufgang zur Südplattform in der Mittelachse des verkleinerten Platzes liegt. Der etwas nach Osten versetzte Portikus zum eingesenkten Hof der Nordplattform soll die Störung der Symmetrie verschleiern. Solche nur halb geglückten Ausgleichsversuche lassen die Ordnungsprinzipien deutlicher erkennen als Anlagen mit konsequent verwirklichter Axialität.

Der große Platz von Monte Albán weist entsprechend dem Schema der Höfe an allen vier Ecken schmale Durchlässe auf. Sie führen aber nur auf kleinere Plattformen, die entweder durch steil abfallende Böschungen begrenzt sind oder, wo diese fehlen, durch Mauern. Dies macht deutlich, daß es sich hier nicht um einen öffentlichen Platz, um einen Markt oder zeremoniellen Versammlungsbezirk handelt, sondern um einen Bereich, zu dem nur wenige Zugang hatten. Auf der Nordplattform bildeten der Portikus und der schmale Durchgang zum nordöstlichen Hof

Die zapotekische Führungsschicht des Klassikums praktizierte einen aufwendigen Totenkult. In Monte Albán finden sich mit Steinplatten überdeckte Gräber, die zum Teil unter dem Fußboden mehrräumiger Gebäude liegen. So erhebt sich über Grab Nr. 7 eine Halle mit Säulenstellungen (oben). Der Abstieg in die Grabanlagen führt durch ein Portal, dessen Steinbalken in Komplex B von Dainzú mit der Reliefdarstellung eines Jaguars geschmückt sind (oben rechts). Durch die äußere Tür gelangt man in einen Vorraum. In Grab Nr. 104 von Monte Albán befindet sich hier in einer Nische über dem Eingang zur eigentlichen Grabkammer eine Tonplastik, die im Kopfschmuck eine Maske des Regengottes trägt (rechts). Wegen des zylindrischen Behälters am Rückenteil wurden Grabbeigaben dieses Typs als Urnen bezeichnet, sie dürften jedoch mit einiger Sicherheit als Gefäße für Räucherwerk verwendet worden sein. Die mit Nischen ausgestattete Grabkammer des Grabes Nr. 104 weist eine reiche Bemalung mit Motiven aus Teotihuacán und der Golfregion auf (linke Seite). Sie barg außerdem einen dicht mit Glyphen besetzten Monolithen (unten), dessen Inschrift ebensowenig entschlüsselt ist wie die Kalender- und Ortsnamenzeichen auf den Quadern der südlichen Plattform von Monte Albán (unten rechts).

sicherlich weitere Grenzen, die nur noch Auserwählte überschreiten durften. So erweisen die baulichen Reste die Gesellschaft von Monte Albán als vielfach geschichtet nach Exklusivität und Macht.

Unter den Wohngebäuden wurden sorgfältig gemauerte und mit Wandmalereien geschmückte Grabkammern angelegt, deren Ausstattung mit Grabbeigaben oft nicht dem aufwendigen Bau entsprach. Mit dem Grabkult stehen auch die zahlreichen großen, irreführenderweise »Urnen« genannten Gefäße in Verbindung, die an der Vorderseite ein flaches, oft mit Modeln in Serie hergestelltes Tonrelief tragen, das eine der zahlreichen Gottheiten mit ihren kennzeichnenden Schmuckelementen darstellt.

Die wirtschaftliche Bedeutung des Monte Albán war offensichtlich immer gering. Der Anteil der Bevölkerung, die handwerkliche Tätigkeiten ausübte, war mit geschätzten zehn Prozent weit kleiner als in Teotihuacán. So wurden Obsidiangegenstände bis zum Ende des Klassikums nur in geringem Umfang und für die am Ort ansässige Elite produziert. Ähnliches gilt für die Keramik.

Noch nicht ganz geklärt ist die Natur der Beziehung zwischen Monte Albán und Teotihuacán. Daß sie intensiv war, ist schon aus der Existenz von Wohnvierteln von Leuten aus Oaxaca mitten in Teotihuacán abzulesen. Sie behielten ihre heimische Lebensweise bei und bildeten offensichtlich nur eine kleine Minderheit mit keinem sehr hohen gesellschaftlichen Status. Widersprüchlich erscheint die Datierung, denn einerseits wird die Ausstrahlung Teotihuacáns in Monte Albán ab 150 n. Chr. spürbar, andererseits aber setzen die Archäologen die Entstehung des zapotekischen Viertels in Teotihuacán, das bis in die Spätzeit der Stadt bestanden haben soll, erst um das Jahr 400 n. Chr. an, in eine Zeit, in der die Beziehung Oaxacas zu den Nachbarkulturen so deutlich abbrach, daß Archäologen wie Ignacio Bernal vom »Effekt der Chinesischen Mauer« gesprochen haben.

Das Ende von Monte Albán als Machtzentrum mit großer Elite, die ständig neue Bauten zur eigenen Verherrlichung und Bestätigung ihrer unangefochtenen Macht aufführen ließ, kam um 700 n. Chr., annähernd gleichzeitig also mit dem Niedergang von Teotihuacán. Noch läßt sich nicht mit Gewißheit sagen, welcher Zusammenhang hier bestanden hat. War es der Fortfall des Druckes auf die Talregion von Oaxaca, der die Veranlassung zur Aufrechterhaltung der Allianz, die auf dem Monte Albán ihren Sitz hatte, aufhob, oder waren beide Zentren gar denselben Einwirkungen zum Opfer gefallen? Ihr weiteres Schicksal nahm jedoch einen unterschiedlichen Verlauf. In Monte Albán wurde zunächst das Gebiet des großen Platzes mit seinen Zeremonialbauten und Herrscherresidenzen aufgegeben, während ringsum eine Wohnbevölkerung erhalten blieb, die aber an Zahl langsam abnahm und sich in die dem Becken abgewandten Hangzonen im Bereich der Befestigungsmauer zurückzog. Als Ort für prunkvolle Begräbnisse blieb Monte Albán weiterhin von Bedeutung.

Oaxaca – die zapotekischen Stadtstaaten

Das bislang offensichtlich zentral regierte Tal spaltete sich nach 700 n. Chr. in ungefähr ein Dutzend Stadtstaaten mit je einem dichtbesiedelten Hauptort und mehreren zugehörigen Dörfern auf; auch Monte Albán selbst wurde auf diese Rolle reduziert. Ein typischer Vertreter einer solchen Kleinstadt ist das sicherlich schon seit 600 n. Chr. besiedelte Lambityeco, wo die stilistischen Kennzeichen von Monte Albán, freilich in der minderen Qualität einer Provinzstadt, vorhanden sind. Den markantesten Unterschied weist die Thematik der Inschriften in figürlichen Stein- und Stuckreliefs auf. Dargestellt sind, jeweils mit ihren Namenszeichen versehen, Männer, die einen menschlichen Schenkelknochen halten – vielleicht Zeichen der Tapferkeit –, und Ehepaare. Im Zusammenhang mit Gräbern enthalten die Inschriften vermutlich genealogische Angaben (Abb. S. 77).

Symptomatisch für die Verhältnisse in Oaxaca am Übergang zum Postklassikum ist die Verlagerung der Bevölkerung von Lambityeco nach dem nahe gelegenen Yagul, dessen leichter zu verteidigende Hanglage größere Sicherheit versprach; die auf einem benachbarten Felssporn errichtete Festung bot zusätzlich Schutz. Yagul besteht in seinem Kern aus einem Palastkomplex mit mehreren quadratischen Peristylhöfen, die von schmalen Räumen sowie einigen anschließenden Kammern umgeben sind und im Grundkonzept den Höfen von Mitla entsprechen (Abb. S. 109, 292).

Vorposten gegen den unruhigen Norden

Ebenso wie der äußerste Westen gehört auch die im Norden angrenzende Region erst mit dem Beginn des Klassikums eindeutig zu Mesoamerika. Dort, in den Becken- und Tallandschaften des heutigen Durango und Zacatecas, hart an der klimatischen Nordgrenze des Pflanzenbaues, war im Spät-Präklassikum die Chalchihuites-Kultur entstanden. Die Menschen hatten eine mesoamerikanische Lebensweise, nutzten kleinräumige künstliche Bewässerung und errichteten Bauten aus Trockenmauerwerk, die um Höfe gruppiert waren, in deren Mitte kleine rechteckige Altäre standen. Aber ungefähr um 500 n. Chr. kam es an einer Stelle des von dieser Kultur geprägten Raumes zu einer besonders markanten Veränderung: durch die Errichtung eines Zeremonialzentrums in Alta Vista nahe Chalchihuites. Es entstanden Bauten mit einer nicht einheimischen Architektur, nach exakten Plänen und unter Verwendung zentralmexikanischer Bauelemente; als Material dienten luftgetrocknete Ziegel und zugerichtete Steine. In deutlicher Anlehnung an das 670 Kilometer südöstlich gelegene Teotihuacán, aber mit neuartigen Lösungen, wurden eine Halle mit klobigen Säulen, eingesenkte Höfe, Gebäude mit Portiken und Eingängen mit monolithischen Stützen sowie kleine Pyramiden und eine niedrige Umfassungsmauer mit Schlangenzinnen errichtet.

Sicher war der am Ort anstehende Schmuckstein, der im Tagebau und in Schächten abgebaut wurde, eine der Ursachen für diesen weiten Vorstoß nach dem Nordwesten. Man machte sich aber auch eine andere Besonderheit von Chalchihuites zunutze, wie ein einzigartiges Bauwerk beweist: ein Gang mit vielkantigen Wänden, der eine Visierlinie zu einem Bergsattel bildet, in dem am Sommersolstitium die Sonne aufgeht. Es ist gewiß kein Zufall, daß Chalchihuites zu dieser Beobachtung gewählt wurde, denn es liegt rund vier Kilometer von der (heutigen) Lage des Wendekreises entfernt, auf dem ja Solstitium mit Zenitstand der Sonne zusammenfällt.

Chalchihuites hatte noch eine weitere Funktion: Es war ein Vorposten Teotihuacáns auf der Route nach dem Südwesten Nordamerikas, zu den Kulturen des Pueblogebietes. Diese Konstellation hatte Bestand bis gegen 700 n. Chr.; als Teotihuacáns Bedeutung zu wanken begann, endete auch die Geschichte dieses eigentümlichsten der mesoamerikanischen Zeremonialzentren.

Sowohl nach dem äußeren Eindruck wie aufgrund seiner Lage gehört auch der Ruinenort La Quemada in den eben beschriebenen Zusammenhang. Er nimmt 150 Kilometer weiter südöstlich einen isolierten Felsenrücken im breiten Malpasotal von Zacatecas ein. Allerdings ist die Datierungsfrage hier noch nicht befriedigend geklärt (14C-Angaben liegen zwischen 750 und 1180 n. Chr.). In La Quemada sind zeremonielle Bauwerke – verschiedene kleinere Pyramiden – ebenso anzutreffen wie hervorragende Peristylbauten (Abb. S. 293), die wie in Alta Vista eine stilistische Verbindung zum vermutlich späteren Tula anzudeuten scheinen. Beherrschend sind aber die Festungsanlagen, die aus einer künstlichen Verstärkung der Felsabhänge des Berges bestehen, auf und an dem die Ruinen liegen, sowie aus Abschnittsbefestigungen an einem Sattel und einer langen massiven Ringmauer, die ein flacheres Areal des Festungsbereiches umgibt. Mit der Wehranlage von

Unten: Ein Stuckfries im Feld des Tablero im Inneren einer aus dem späten Klassikum stammenden Hofanlage in Lambityeco zeigt Männer, die – vielleicht als Zeichen der Tapferkeit – menschliche Schenkelknochen halten. Dem Mann gegenüber erscheint in Halbfigur die Ehefrau. Die Glyphen und Zahlzeichen zeigen eine weiterentwickelte zapotekische Schriftform.

Oben: Die Peillinie zur Beobachtung der Sommersonnenwende in Alta Vista Chalchihuites. Das seit dem mittleren Klassikum am nördlichen Wendekreis ausgebaute Zentrum enthält bis dahin unbekannte Architekturformen. Neue Funde von Überresten zahlreicher Menschenopfer klären vielleicht die Ursprünge dieser Kulthandlungen, die später in Zentralmexiko so exzessive Formen annahmen.

La Quemada wurde offensichtlich eine Sperrung des breiten Korridors angestrebt, der von den steppenartigen Gebieten im Norden bis ins westliche Zentralmexiko führt. Unklar ist hingegen in diesem Zusammenhang die Funktion des Netzes aus geraden gemauerten Straßen, ähnlich den *sacbe* der Maya, die die Hauptfestung mit kleineren Anlagen und diese untereinander verbinden.

Die Zeit der Regionalkulturen

Nach der Mitte des Klassikums, als die Ausstrahlungskraft von Teotihuacán zu verblassen begann, setzte der Aufstieg einer Reihe von Lokalkulturen ein, die jeweils auf einen bedeutenden Zentralort orientiert waren. Sie beruhen auf einer eigenständigen, neue Formen hervorbringenden Weiterentwicklung von Konzepten aus Teotihuacán. Eine einheitliche Tendenz ist zwar noch nicht deutlich zu erkennen, aber Forschungsergebnisse des letzten Jahrzehnts haben stärkere Verbindungen der früher als eher isoliert betrachteten Kulturräume aufgedeckt.

Xochicalco – die Festung der Federschlange

Die Lage von Xochicalco auf südlichen Ausläufern der zentralmexikanischen Gebirgskette läßt seine Orientierung nach Süden, zum breiten Einschnitt der Río-Balsas-Furche, erkennen. Daß das Zentrum auf der Kuppe zu-

sammenhängender Hügel liegt, daß deren Abhänge mit mehreren weit ausgreifenden Mauerringen befestigt und auf dem Nachbarhügel eine regelrechte Festung mit Graben und Wällen erbaut wurde, wirft ein Licht auf die unsicherer gewordene Situation im allgemeinen und auf die Stellung Xochicalcos als Vorposten im besonderen. Die Anzahl der Bewohner dürfte nicht groß gewesen sein, nur kleine Areale mit gehobenen Wohnbauten sind festgestellt worden. Der größte Teil der von den Mauern umschlossenen Fläche wurde von Bauten für Repräsentation und Kult eingenommen: pyramidenartige Plattformen, auf denen recht große Tempelgebäude mit Portikus und zwei Innenräumen stehen (Abb. S. 305), ähnlich den Tempeln des Klassikums in Monte Albán, oder ein ganzer Hofkomplex, was ebenfalls in Monte Albán zu finden ist. Außerdem wurde in eine der mit mächtigen Stützmauern befestigten Hügelflanken einer der größten Ballspielplätze Mesoamerikas eingefügt (Abb. S. 276).

Ein selektiver Einfluß von Teotihuacán mischt sich in Xochicalco mit Zügen, die an das östliche Mesoamerika anklingen, so daß zahlreiche Forscher eine enge Beziehung zur Mayakultur, ja die Anwesenheit von Maya annehmen. Weitgespannte Kontakte Xochicalcos werden durch rote Meeresmuscheln und Schneckengehäuse bewiesen, die offensichtlich als wichtige Kultobjekte galten und im Inneren von Kultbauten als Opfer niedergelegt wurden.

Links: In der Achsenverlängerung des Ballspielplatzes begrenzt eine Steilpyramide das untere Gebäudeensemble von La Quemada. Die eingesenkten Stufen waren wegen des extremen Neigungswinkels nicht benutzbar. Der Sockel ist rekonstruiert. Die moderne Bezeichnung für den Fundplatz, Chicomoztoc (»Ort der sieben Höhlen«),

bezieht sich auf die legendäre Heimat der postklassischen Einwanderergruppen in Zentralmexiko. Diese Identifikation entbehrt jedoch jeder Grundlage.

Rechts: Eine Ringmauer aus Bruchsteinen schützte La Quemada: Bollwerk gegen die aus dem Norden herandrängenden Nomaden.

Am deutlichsten hebt sich Xochicalco in den zahlreichen Inschriften von seiner zeitgenössischen Umgebung in Zentralmexiko ab. Auf Steinplatten und Stelen sind zum Teil lange Folgen von Inschriftenzeichen, vielfach mit Zahlen, angebracht. Auch die berühmte zentral gelegene Pyramide der Federschlangen, deren unteres Fassadenregister ganz mit Reliefs von riesigen gefiederten Schlangenleibern bedeckt ist, trägt eine große Anzahl davon. Sowohl bei den kalendarischen als auch bei den übrigen zeichnen sich zwei Familien ab: einerseits Schrift- und Kalenderzeichen mit dem doppelrandigen, an den Ecken abgerundeten Rahmen, wie er im östlichen Mesoamerika, besonders bei den Mayahieroglyphen, üblich war, und andererseits rahmenlose Schriftzeichen sowie Kalenderzeichen mit dünnem, eckigem Rahmen, die beide den später von den Azteken und ihren Nachbarn gebrauchten Formen entsprechen. Vielleicht ist das ein Hinweis auf das Nebeneinander oder einen Wechsel der ethnisch-sprachlichen Zugehörigkeit.

Die Hochblüte Xochicalcos wird zwischen 600 und 800 n. Chr. angesetzt. In dieser Zeit wurden die wesentlichen Bauten errichtet. Anschließend hat der Ort einen schnellen Niedergang erlebt und wurde innerhalb von hundert Jahren verlassen. Vermutlich in diese Zeit fällt die »Bestattung« dreier Stelen in einem tiefen Schacht, der mitten in einem Tempelinnenraum ausgehoben worden war. Zwei der Stelen wurden zerbrochen, damit sie in den Schacht paßten, wobei darauf geachtet wurde, die Skulpturen möglichst wenig zu beschädigen. Anschließend wurden das Tempelgebäude über dem Stelengrab und die Bauten des dazugehörigen Hofkomplexes eingerissen, um alles mit Schutt zu bedecken. Daß dies planmäßig geschah, zeigt eine Bestattung mit Opfergaben, wie der Spondylusmuscheln sowie Obsidianpfeilspitzen und Figürchen, die in einem Nebenraum knapp unter dem Fußboden angelegt wurde; auch verwahrte man hier eine Inschriftenplatte und zwei Steinjoche und füllte den Raum mit Schutt an. Man kann sich gut die von einem nahenden Unheil aufgeschreckten Menschen vorstellen, die jene Objekte größter Heiligkeit, die sie nicht mitnehmen konnten, sorgsam zu verbergen suchten, bevor sie sich ihrem eigenen ungewissen Schicksal stellten.

In manchem, so den Schriftzeichen, weist Teotenango, am südlichen Rand des Beckens von Toluca auf einer strategisch günstigen Lavazunge gelegen, Verbindungen zu Xochicalco auf. Auch dort wurde das zeremoniale Zentrum

mit einer Befestigungsmauer umgeben, die zerklüftete Oberfläche des Lavafeldes zu großen, von hohen Stützmauern begrenzten Terrassen und Plattformen und einem Ballspielplatz eingeebnet. Beeindruckend ist der trotz des ungünstigen Geländes durchgehaltene rechtwinklige Bauplan (Abb. S. 285). Teotenango erlebte aber keinen Untergang, sondern setzt sich in einer nach Ankunft der Spanier ins Flachland verlegten Siedlung bis heute fort.

Cacaxtla – die blutigen Schlachtgemälde

Seit rund einem Jahrzehnt läßt ein sensationeller Fund in Cacaxtla, im Westteil des Beckens von Puebla-Tlaxcala, die Eigentümlichkeiten von Xochicalco in einem anderen Licht erscheinen. Dort kamen Wandgemälde aus der Zeit von 700-900 n. Chr. in unglaublich gutem Erhaltungszustand ans Licht, die zwei Themenkomplexe behandeln. In dem 22 Meter langen Schachtgemälde (Abb. S. 82/83) ist der siegreiche Kampf Mann gegen Mann einer mit Jaguarfellen bekleideten Truppe in brutaler Deutlichkeit beinahe lebensgroß abgebildet. Die unterlegenen Krieger tragen Vogelhelme und sind mit Gesichtszügen dargestellt, die denen der Maya ähneln. In der zweiten Serie von Gemälden (Abb. S. 314–317) stehen sich Sieger und Verlierer der Schlacht gleichsam verklärt und gleichwertig einander ergänzend gegenüber. Ihre einstige Auseinandersetzung ist nun auf die Gegensatzpaare Jaguar–Feder-

schlange, Nacht–Licht und Erde–Himmel transponiert. Stilistisch gesehen treten in den Gemälden von Cacaxtla noch stärker als in Xochicalco zahlreiche Elemente auf, die bis dahin dem Hochland fremd waren. Ob diese Elemente eine Einwanderung – einen Rückstrom aus den westlichen Randzonen der Mayakultur – anzeigen oder eine bisher nur punktuell erkennbare gemeinsame Basis, die über stilistische Entsprechungen weit hinausreichte, kann noch nicht entschieden werden.

El Tajín – ein architektonisches Experimentierfeld

In der Mitte des Klassikums treten im Küstenland von Veracruz neben Keramik aus Teotihuacán große Tonfiguren auf, die auch im mexikanischen Hochland heimische Gottheiten darstellen. Deren Verarbeitung, ja die Herstellung ganzer Ensembles, entwickelte sich in der zweiten Hälfte des Klassikums zu einer Meisterschaft, die an den Fundorten Nopiloa und El Zapotal besonders deutlich zu-

Die Pyramide der Federschlangen in Xochicalco trug ein Tempelgebäude, das ebenso mit bemalten Steinreliefs verkleidet war wie die Plattform. Die Windungen der Schlangenleiber umrahmen teils Figuren, teils, wie auf den die Treppe flankierenden Flächen (links und rechts), Glyphen.

Folgende Doppelseite: Mit drastischem Realismus erfaßte Kampfszenen stellen die Fresken von Cacaxtla dar. Die Ausschnitte aus dem 22 m langen Gemälde zeigen tödlich verwundete Krieger mit Vogelhelmen, deren Gesichtszüge denen der Maya ähneln, und siegreiche Jaguarkrieger.

tage tritt. An letzterem Ort zeigt eine Ausgrabung, daß der für die charakteristischste Keramik dieser Zeit gebräuchliche Name »Lachende Gesichter« (Abb. S. 341) an ihrer tatsächlichen Bedeutung vorbeigeht. Die zu einem breiten Grinsen verzerrten Gesichter scheinen die von Toten zu sein, denn die Figuren wurden mit Totenbeigaben in Gruppengrabstätten gefunden. Größere Zeremonialzentren mit Pyramidenplattformen und Höfen fehlen in dieser Zeit im mittleren Veracruz. Man vermutet deshalb, daß hier eine überwiegend bäuerliche Bevölkerung lebte und keine überörtliche politische Organisation existierte.

Aber auch hier ist durch Fundstücke vielfach eine Verbindung zu Teotihuacán nachgewiesen. Besonders eng war sie in dem erst Mitte der achtziger Jahre genauer untersuchten Ort Matacapán mitten in der Vulkanregion der Tuxtlas, wo die Fassadengestaltung so sehr Teotihuacán entspricht, daß man an einen Vorposten der zentralmexikanischen Metropole, vielleicht zur Sicherung ihrer Handelswege, gedacht hat.

Hervorragender ist jedoch der Norden von Veracruz, wo sich in einer nicht eben sehr großen Zone eine durch eigenwillige architektonische Lösungen gekennzeichnete Kultur entwickelte. Ihr wichtigstes Zentrum ist El Tajín, dessen bescheidene Anfänge bis ins Früh-Klassikum zurückreichen. Wie gleichzeitig so viele Gebiete Mesoamerikas stand auch diese Kultur unter starkem Einfluß aus Teotihuacán. Für eine besonders enge Beziehung sprechen

die Anzeichen, daß es dort ein Stadtviertel gab, in dem Einwanderer aus dem Veracruzraum lebten.

Das schlagartige Aufblühen von El Tajín fällt mit dem Versiegen der Ausstrahlung Teotihuacáns um 500 n. Chr. zusammen. Seine Bevölkerung erreichte zwar höchstens einige tausend Menschen; der Ort kann also nur ein kleineres Zentrum gewesen sein, war aber zur Entfaltung kultureller Eigenständigkeit und einer weitreichenden Einflußsphäre fähig.

Die auffälligste Besonderheit des architektonischen Stiles von Tajín besteht in der Umwandlung des Tablero-Talud zu mehrfach gerahmten Nischen, in denen sich oft ein aus Steinplatten zusammengesetzter Mäander befindet. Nicht nur horizontale Bänder, sondern auch ganze Fassadenflächen wurden mit endloser Repetierung dieses Motivs bedeckt, zum Beispiel an der sogenannten Nischenpyramide

in Tajín und in Yohualichan. Bei den sehr flachen Steinreliefs umgibt die Bildfelder ein breiter Rahmen mit erfindungsreich verschränkten Mäandermotiven, die hier etwas weicher gestaltet und mit einer Doppellinie wie mit
einer Bordüre eingefaßt sind.

Bemerkenswert ist die Vielfalt der Grundrisse des Baukomplexes von Tajín Chico, wo sich pfeilertragende Innenräume, Scheintreppen, Räume, die nicht um einen Hof,
sondern um einen im Rechteck verlaufenden Gang angeordnet sind, und andere Eigenheiten mehr finden. Man
hat den Eindruck, daß hier experimentierfreudige Baumeister konstant mit den üblichen mesoamerikanischen
Konzepten zu brechen versuchten.

Besonders eigenartig ist eine offensichtlich zusammenhängende Gruppe von Steingegenständen, die wegen ihrer Form als Palmas, Yugos (Joche), Hachas (Äxte) und

*Oben: Haupttreppe des dreistufigen
Bauwerkes C in Tajín Chico.*

*Linke Seite: Die als Bauwerk Nr. 3
bezeichnete Stufenpyramide in El
Tajín weist an den unteren Treppennischen und an der Ostflanke noch
bemalte Stuckreste auf.*

*Folgende Doppelseite: Die Gebäude
von El Tajín zeigen eine breite Palette architektonischer Formen. Ein typisches Element sind fensterartige Nischen, die bei Bauwerk Nr. 5 (links)
den Sockel und die Bekrönung, bei
der »Nischenpyramide« (rechts) den
gesamten Baukörper gliedern.*

Candados (Vorhängeschlösser) bezeichnet werden. In dieser Namengebung kommt die Unkenntnis über die eigentliche Funktion dieser Objekte zum Ausdruck. Die wenigen, die in kontrollierten Ausgrabungen gefunden wurden, weisen auf ihre Bedeutung beim Begräbniskult hin.
Üblicherweise hält man sie für steinerne Abbilder von Elementen des Ornates der Ballspieler, der auf zahlreichen
Darstellungen zu erkennen ist. Tatsächlich hat ja das rituelle Ballspiel in der Tajín-Kultur eine große Rolle gespielt,

wie die mindestens sieben Ballspielplätze in El Tajín belegen. Ihre Reliefs (Abb. S. 278, 279) geben Einblick in die
mit dem Ballspiel verbundenen Vorstellungen und Handlungen.

Tula – das toltekische Vexierbild

Die Ruinenstadt Tula liegt rund 65 Kilometer nordwestlich von Teotihuacán, auf einem flachen Hügelrücken, am
Rande eines Gebietes mit einst großer landwirtschaftlicher Bedeutung und ergiebigen Obsidianvorkommen und
zugleich an einer wichtigen Verkehrsroute. Dort hatten
verstreute Wohnstätten schon während der Blütezeit von
Teotihuacán bestanden. Nach dessen Untergang scheint
eine längere Zeit (Phase Coyotlatelco) vergangen zu sein,
bis ungefähr um 1000 n. Chr. die Errichtung eines pompö-
sen Zeremonialzentrums begann. Zugleich entstand eine
Stadt mit beträchtlicher Bevölkerung (die Schätzungen
liegen bei 30000 Einwohnern), die sich mit dichter Bebauung über annähernd elf Quadratkilometer erstreckte.
Die Wohnhäuser waren einstöckige Bauten aus Steinmau-
erwerk mit flachen Dächern. Tula scheint keiner so rigiden
städtebaulichen Regelung unterworfen gewesen zu sein
wie Teotihuacán; die rechten Winkel der Bauten und Baukomplexe sind wenig genau, und ein Straßennetz oder gar
ein schachbrettartiger Raster zeichnen sich in den archäologischen Geländeaufnahmen nicht ab.

Obwohl die Versorgung der großen Stadt aus dem Umland, insbesondere bei Einsatz künstlicher Bewässerung,
gesichert war, lebten die Bewohner von Tula keineswegs in
dem landwirtschaftlichen Paradies, das die Indianer dem
Mönch Sahagún einige Jahrhunderte später mit allen Anzeichen sagenartiger Überhöhung schilderten, als sie ihm
beispielsweise von riesigen Früchten berichteten und von
Baumwolle, die schon in allen Farben am Strauch wuchs.
Die Landwirtschaft allein wird auch kaum den Impuls zur
Entwicklung Tulas zur damals größten Stadt Mesoamerikas gegeben haben. Entscheidend dafür dürfte vielmehr
gewesen sein, daß Tula die weitreichende Bedeutung
Teotihuacáns als Zentrum der Obsidianbearbeitung ebenso übernahm wie die Ausbeutung der Minen von Pachuca.
Die Archäologen schätzen, daß fast die Hälfte der Bevölkerung direkt von der Obsidianverarbeitung lebte. Daneben
spielte die Gewinnung des weißen Travertins (Tecali) eine
große Rolle, aus dem durchscheinende Gefäße hergestellt
wurden, sowie die Keramikproduktion.

Mittelpunkt der Hauptzeremonialzone von Tula war ein
gewaltiger Platz, der wegen seiner Dimensionen nicht
mehr durch die umgebenden Bauten begrenzt wirkt, sondern diese erscheinen von seiner freien Fläche wie an den

*Links: Aus zwei Teilen zusammen-
gesetzte Tonfigur des Gottes Xipe
Totec im Federornat, aus Piedras Negras. Spät-Klassikum, Höhe 1,46 m.
Jalapa, Museo de Antropología*

*Rechts: Grabkeramik aus El
Zapotal. Die Göttinnenfigur trägt
Gürtel aus Meeresschnecken.
Spät-Klassikum, Höhe 1,55 m.
Jalapa, Museo de Antropología*

Rand gedrängt. An drei Seiten säumen den Platz peristylartig angeordnete Versammlungsräume, deren flache Decke von mehreren Reihen gemauerter Pfeiler getragen wurde und denen zum Platz hin offene langestreckte Säle vorgelagert waren – zwei Varianten eines neuartigen Bautypus', den man als toltekische Halle bezeichnet. Den inneren Wänden entlang läuft eine gemauerte Sitzbank, die an verschiedenen Stellen zu vorgebauten Estraden erweitert ist. Die bemalten Steinreliefs auf den Sockeln der Estraden zeigen, für wen diese Hallen bestimmt waren: Krieger, in Prozessionen stereotyp hintereinandergereiht (Abb. S. 333). Von den Wandgemälden, die die oberen Abschnitte der Wände dekorierten und vielleicht andere Themen darstellten, sind kaum noch Spuren gefunden worden.

Die toltekischen Hallen sind Ausdruck einer gesellschaftlichen Umwälzung: Während in den klassischen Kulturen ein esoterischer Kult, ausgeführt von einer kleinen, herausgehobenen Gruppe von Personen, die Anlage der Heiligtümer mit ihren engen Innenräumen bestimmte, erforderte nun die Beteiligung einer großen Zahl gleichrangiger Amts- und Funktionsträger großflächige, übersichtliche Säle. In Analogie zu späterer Zeit dürften Krieger, unterteilt in verschiedene Kriegergesellschaften und Ränge, die Hallen bevölkert haben, während das übrige Volk auf dem riesigen Platz den Zeremonien beiwohnte.

Die Bauten Tulas bergen noch wesentliche ungelöste Probleme, die durch die sehr weitgehende Rekonstruktion der Ruinen überdeckt wurden. Die nördliche Pyramide, die Tlahuizcalpanteuctli-Pyramide, war in toltekischer Zeit einmal vollständig überbaut worden, wobei aber die frühere Fassadenverkleidung fast überall abgetragen wurde. Nur der Kernbau, der nie eine Fassade war oder sein sollte, wurde von den Archäologen freigelegt beziehungsweise wiederhergestellt. Allerdings ist zweifelhaft, ob die Überbauung wirklich zu ihrem Abschluß gekommen ist, denn der Ansatz der Treppe auf der Südseite kann kaum der umfangsmäßig größeren Überbauung zugehören. Diese Vermutung wird dadurch bestärkt, daß Sahagún im 16. Jahrhundert erzählt wurde, die Bauten von Tula seien unfertig geblieben (Quellentext S. 91).

Die moderne Rekonstruktion zeigt das typische archäologische Dilemma: Jede Wiederherstellung von Bauten ist abhängig von der Interpretation der Funde, erfordert oft Entscheidungen über schon aus konservatorischen Gründen erforderliche Ergänzungen, für die die erhaltenen Reste keine eindeutigen Anhaltspunkte bieten. In Tula wurde viel nach dem Vorbild von Chichen Itzá rekonstruiert und so die Ähnlichkeit zwischen den Bauten beider Städte vielleicht ungerechtfertigt vergrößert. Unklar ist außerdem die Interpretation mancher Fundumstände: Einige der Säulentrommeln wurden von den Ausgräbern vor der Pyramide gefunden, sie waren dorthin hinabgestürzt; andere sowie Teile der Atlantenfiguren und Pfeiler lagen in einem tiefen Loch, das in der Pyramidenmitte

In diesem Abschnitt ist von den Tolteken die Rede, die als erste in diesem Lande siedelten...

Sie kamen, um an den Ufern eines Flusses in Xicocotitlan, das jetzt Tula heißt, zu leben und zu wohnen. Und weil sie in der Tat dort gemeinsam wohnten und siedelten, gibt es da so viele Spuren von ihnen. Sie hinterließen, was heute noch dort zu sehen ist, was sie nicht zu Ende führten: die sogenannten Schlangenpfeiler, das sind steinerne Säulen in Gestalt von Schlangen. Ihr Kopf ruht auf dem Boden, ihr Schwanz und ihre Rassel ragen nach oben. Auch der Toltekenberg ist dort zu sehen und die Toltekenpyramide, der Pyramidenhügel und die Toltekenfassade. Weiterhin kann man die Topfscherben der Tolteken sehen und die toltekischen Schalen und Töpfe aus der Erde graben. Und oft kann man aus der Erde Toltekenschmuck, Armbänder, kostbare weißliche Jade und grüne Jade holen.

    Fray Bernardino de Sahagún, Historia General, Buch X, Kapitel 29

Und (die Tolteken) waren sehr reich. Keinen Wert hatten Nahrung und alle Lebensmittel. Man erzählt, die Kürbisse waren ganz besonders groß, manche waren völlig rund. Und die Maiskolben waren so groß wie die Handmahlsteine, sie waren sehr lang, kaum konnte man sie umfassen. Und die Baumwolle gedeiht dort in vielen Farben: hellrot, gelb, rosa, violett, hellgrün, dunkelgrün, blaugrün, orangefarben, schwärzlich, gelb und braungelb. So verschieden war sie, so wuchs sie, man brauchte sie nicht zu färben.

    Fray Bernardino de Sahagún, Historia General, Buch III, Kapitel 3

Linke Seite: Auf der »Schlangen- mauer« von Tula umrahmen Friese mit postklassischer Treppenorna- mentik ein Reliefband mit vielfach wiederholten Schlangenmotiven. Mit erhobener Schwanzrassel verschlingen die Klapperschlangen dem Tode geweihte Menschen.

Oben: Das Relief einer toltekischen Wandverkleidung zeigt einen Adler, der ein menschliches Herz ver- schlingt. Auch Jaguare werden in Tula auf diese Weise dargestellt. Die beiden Tiere symbolisieren die führenden Kriegergesellschaften. Mexiko, Museo Nacional

ausgehoben worden war, vielleicht um sie ähnlich den Ste- len von Xochicalco rituell zu begraben, wie es auch mit an- deren Skulpturen in Tula geschah. Die Ausgräber vermu- teten, daß dies beim Untergang von Tula stattfand – aber dennoch wußten aztekische Gewährsleute den Spaniern zu berichten, wie die Schlangensäulen gestanden hatten. Auch die toltekischen Hallen bergen Rätsel. Ihre einfache Bauweise, bei der Holz überall die tragende Funktion er- füllte, als freistehende oder in die Wände aus luftgetrock- neten Ziegeln eingelassene Pfeiler, als Türpfosten und als Deckenbalken, bot dem Brand, dem der Komplex zum Op- fer fiel, trotz der vermuteten Stuckverkleidung gute Nah- rung. Die schwere Flachdecke brach nieder, als die Stüt- zen verkohlten, und zerschmetterte alles, was sich in den Räumen befand. Eigenartigerweise waren es nur unzähli- ge Gefäße, sorgfältig nach Formen geordnet. Hatten die Hallen doch eine andere Funktion, als sie ihnen üblicher- weise zugeschrieben wird, und war der Brand vielleicht doch eher ein Unglücksfall, allerdings mit nachhaltigen Folgen?

Die weitreichenden Beziehungen Tulas zeigen sich auf vielfältige Weise. Zum einen im Handel, der Keramik aus vielen Teilen Mesoamerikas nach Tula brachte, vor allem die grüngraue sogenannte Bleiglanzkeramik aus dem süd- lichen Guatemala, aber auch die polychrome Nicoya-Ke- ramik aus Costa Rica. Im Gegenzug dürfte Tula große Mengen bearbeiteten Obsidians geliefert haben. Zum

Tula

1 Große Pyramide
2 Pyramide des Tlahuizcal- pantecutli (Gebäude B)
3 Ballspielplatz I
4 Ballspielplatz II
5 Säulenhof (Gebäude I)
6 Vestibül I
7 Säulenhalle I
8 Säulenhalle II
9 Säulenhalle III
10 Tzompantli
11 Zentrales Adoratorium

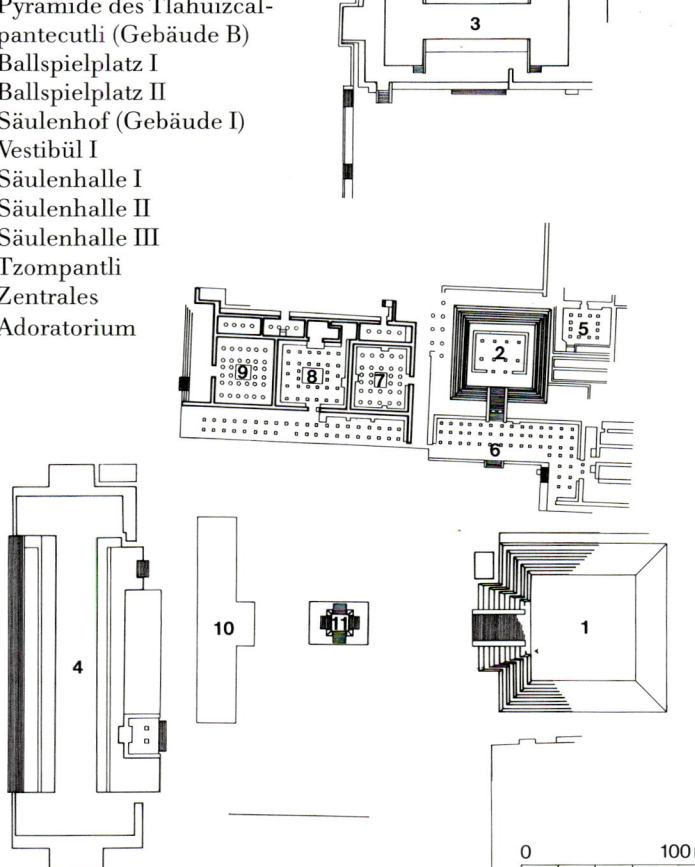

0   100 m

zweiten und noch deutlicher spiegeln sich die Verbindungen in der beinahe unvorstellbar großen Gleichartigkeit von Bildwerken und architektonischen Konzepten. Dies gilt nicht nur für Chichen Itzá in Yukatan, wo die Duplizität der Architektur wie der Reliefdarstellungen oft frappant ist. Ein besonders markantes Beispiel sind die plötzlich überall in Mesoamerika auftauchenden Liegefiguren, die im vergangenen Jahrhundert den sinnlosen Namen Chac Mool erhielten.

So weit die Ausstrahlungen nach dem Südosten reichten, so bedrängend nah lag die kulturelle Grenze Mesoamerikas im Norden: Rund hundert Kilometer nördlich zeigen festungsartige Stätten wie Las Ranas und Toluquilla, auf Bergspornen im unzugänglichen Bergland gelegen, den Rand des Einflußgebietes an. Noch fehlen klare Antworten auf die Fragen nach der Funktion dieser Orte, ihrer zahlreichen Ballspielplätze, die in der Bauweise von La Quemada aus Bruchsteinplatten aufgemauert sind (Abb. S. 97), sowie der eigenartigen runden Steinkränze.

Die Blütezeit der großen Stadt Tula dauerte nicht sehr lange. Nach den jüngsten archäologischen Daten sind die untersuchten Wohngebiete um 1050 aufgegeben worden. Daß Jorge Acosta die von ihm ausgegrabene Zeremonialzone von Tula bis 1170 weiterbestehen sieht, gründet sich nicht auf archäologische Befunde, sondern auf die Interpretation der aztekischen Berichte. Diese wurden jedoch fast ein halbes Jahrtausend nach den Geschehnissen niedergeschrieben und sind eine nahezu unentwirrbare Vermengung von historischen Ereignissen, mythischen Erzählungen und unterschiedlichen Deutungsversuchen, also keineswegs dazu geeignet, absolute Daten zu liefern.

Lag Tollan nur in Tula?

In der Sicht der Späteren war Tula, das die indianischen Berichte Tollan Xicocotitlan nannten, nicht nur diese Stadt allein. Tollan – so nennen auch wir die Stadt der historisch-mythischen Erzählungen zur Unterscheidung vom archäologisch erforschten Tula – war offensichtlich zunächst so etwas wie ein Ehrentitel einer insbesondere im religiösen Bereich bedeutenden Stadt, den auch andere Städte getragen haben. Die erwähnten Beschreibungen Tollans in aztekischen Quellen enthalten so viele fantastische Züge, daß demgegenüber das Tula der Ausgrabungen ärmlich wirkt. Wenn überhaupt, so scheint es, hatte im zentralmexikanischen Hochland allein Teotihuacán jenes Format, auf das die Erzählungen passen.

Bei der Bewertung dieser Schilderungen darf man nicht vergessen, daß sie oft von christlichen Missionaren aufgezeichnet wurden und diese vielleicht ihnen anstößig Erscheinendes milderten oder änderten. Genausowenig ist auszuschließen, daß schon die indianischen Berichterstatter und Autoren auf christliche Wertvorstellungen Rücksicht nahmen oder christliche Ideen sich unbemerkt ein-

schlichen. So wenn es heißt: Wegen ihrer Gottesfurcht hätten die Tolteken alles im Überfluß besessen. Auch hätten sie nur einen einzigen Gott verehrt, mit Namen Quetzalcoatl (Schlange mit Quetzalfedern); diesen Namen habe aber auch ein Mensch, der oberste Priester des Gottes, getragen. Anstelle der später üblichen vielfältigen Menschenopfer habe der Gott nur die Darbringung von Schlangen, Blumen und Schmetterlingen verlangt, und die Tolteken hätten sorgfältig alle Anordnungen, die der Priester des Gottes verkündete, vollzogen. Unvergleichliche Weisheit, Beherrschung aller Künste und Wissenschaften hätten sie von ihrem Gott gelernt, so daß sie zur Inkarnation jeglicher Meisterschaft wurden. Dieses geradezu idyllische Bild ist freilich kaum vereinbar mit dem alle bildlichen Darstellungen in Tula beherrschenden Thema: Krieger in langen Reihen, die (in späterer Zeit für Kriegergesellschaften namengebenden) Adler und Jaguare in ebensolcher Prozession, bluttriefende Herzen fressend.

Topiltzin Ce Acatl Quetzalcoatl

Die aztekischen Schilderungen Tollans tragen unverkennbare Kennzeichen sagenartiger Verbrämung. Sie sollten in erster Linie mythische Erklärungen und Begründungen liefern und werfen so – trotz aller angeführten Einschränkungen – Licht auf die religiös-weltanschaulichen Vorstellungen des zentralmexikanischen Postklassikums. Das zu-

Die Steinskulpturen des Chac Mool – ein Phantasiename – waren seit dem End-Klassikum von Veracruz bis El Salvador, von Chichen Itzá (linke Seite) bis Tula (oben) verbreitet. Die Ausgrabungen am Haupttempel im Zentrum von Mexiko-Stadt legten einen Chac Mool mit farbiger Fassung frei (unten). Die regionalen Stilvarianten wiederholen den gleichen Typus: Ein rücklings Liegender mit seitlich gewendetem Gesicht hält ein Gefäß. Ob diese Bildwerke als Opferstein für Kultgaben oder etwa für Menschenopfer dienten, ist ungeklärt.

grundeliegende historische Geschehen aber wurde im Hinblick auf seine mythische Funktion immer stärker verschleiert. Interpretationen wie im Kapitel über die Religion und historische Analysen wie im folgenden sind deshalb, obwohl widersprüchlich erscheinend, durchaus vereinbar.

Nach dem Bericht der Azteken lebte in Tollan ein berühmter Herrscher namens Topiltzin (»Unser verehrter Fürst«), der den Namen seines Geburtstages Ce Acatl(»Eins Acatl«) und ebenfalls den Titel Quetzalcoatl führte. Obwohl Inbegriff der Züchtigkeit, sei er einer Versuchung durch dämonische Wesen, welche die Namen aztekischer Hauptgottheiten trugen, erlegen, habe er sich Ausschweifungen hingegeben und so Unglück über die Stadt gebracht. Schließlich mußten er und seine Gefolgsleute aus der Stadt fliehen. Der historische Kern dieser Geschichte waren offensichtlich die Auseinandersetzungen zwischen zwei Volksgruppen, den Tolteca-Chichimeca und den Nonoalca, die – wie es in Mesoamerika vielfach der Fall war – gemeinsam eine Siedlung, in diesem Fall Tollan, bewohnten.

Der Hintergrund und das tatsächliche Geschehen lassen sich nach Meinung des Tolteken-Spezialisten Nigel Davies folgendermaßen rekonstruieren: Die Tolteca-Chichimeca waren zwar aus der nördlichen Randzone Mesoamerikas nach Tollan gekommen, hatten aber vorher schon einmal in südlicheren Gebieten gelebt und waren deshalb keine

Nomaden gewesen. Trotzdem wurden die Nonoalca, deren Herkunft in den südlichen Küstenstrichen des Golfes von Mexiko zu suchen ist und die von dort eine verfeinerte Kultur mitbrachten, die kulturell führende Gruppe in Tollan. Schon lange vor dem Untergang Tollans hatten einige Tolteca-Chichimeca die Stadt verlassen, um weiter nach Mesoamerika hineinzuziehen. Vor ihrem Aufbruch hatte der Gott von Cholollan (heute: Cholula) ihnen auf ihre Bitte die Ansiedlung in seiner Stadt gestattet, wo sie dann auch blieben. Der Gott trug übrigens den Namen Quetzalcoatl mit dem Beinamen Nacxitl Tepeuhqui. Andere Chichimekengruppen, Teochichimeca (»die echten Chichimeken«), folgten ihnen bald darauf, angeblich um sie zu unterstützen. Einer ihrer Anführer war Mixcoatl, der sich in Colhuacán, am Südrand des Beckens von Mexiko, zum Herrscher machte. Sein Sohn Topiltzin ist dann Herrscher sowohl von Colhuacán als auch von Tollan geworden und hat dort den Titel Quetzalcoatl getragen. Seinem Gegenspieler Huemac, der wohl der heimischen Herrscherlinie angehörte, gelang es jedoch, Topiltzin aus der Stadt zu vertreiben und seine Position zu übernehmen, wenngleich nur für eine kurze Zeit, bis er seinerseits flüchten mußte und zu Tode kam. Schließlich haben auch die Nonoalca und die übrigen Bevölkerungsgruppen das zerfallende Tollan verlassen. Topiltzin, in den Erzählungen jetzt wieder mehr zu Quetzalcoatl geworden, kam nach längerem Umherziehen von Ort zu Ort, wo er unzählige Wundertaten vollbrachte, an

Links: In Seibal herrschten im 9. Jahrhundert Eroberer, die von außerhalb des Mayabereiches stammten und eigene Form-traditionen mit denen der Maya vermischten. Das zentralsymmetri-sche Bauwerk A-III ähnelt Adorato-rien in Zentralmexiko und ist von Inschriftenstelen umgeben, deren Zeichenrepertoire ebenso durch fremde Formen ergänzt wurde.

Rechts: Stelen der klassischen Mayakultur sollten unter anderem genealogische und historische Daten verewigen. Stele Nr. 11 in Seibal zeigt neben einer senkrechten Glyphenreihe einen Herrscher mit fremdländischen Schmuck-elementen. Die letzte Stele Seibals wurde gegen Ende des 9. Jahr-hunderts gesetzt, wenig später war der Ort verlassen.

Und so glaubten sie (die Tolteken) an ihren Priester Quetzalcoatl, und sie waren so gehorsam und den Dingen des Gottes ergeben und sehr gottesfürchtig,
daß ihm alle gehorchten, alle glaubten an Quetzalcoatl, als er Tula verließ...
Und sie vertrauten so sehr auf Quetzalcoatl, daß sie mit ihm gingen, sie vertrauten ihm an ihre Frauen, ihre Kinder, ihre Kranken.
Sie machten sich auf den Weg, sie setzten sich in Bewegung, die Greise, die Greisinnen,
keiner unterließ es zu gehorchen, alle setzten sich in Bewegung.
Sogleich ging er aufs hohe Meer hinaus, zum Land der schwarzen und roten Farbe.
Dort ging er hin, um zu verschwinden, er, unser Fürst Quetzalcoatl...
Ein Text aus dem Quetzalcoatl-Zyklus
Madrider Codex, folio 18or

die Küste des Golfes von Mexiko. Dort soll er sich selbst verbrannt haben und zum Morgenstern geworden oder über das Meer fortgezogen sein. Andere Texte sagen hin-gegen, daß er in seinem zweiten Herrschaftssitz Colhua-cán blieb und dort starb.

Die Zerstreuung der Tolteken

Als Hintergrund für das geschilderte Geschehen in Tollan und die nachfolgende Zerstreuung seiner Bewohner wer-den meist klimatische Verschiebungen angesehen, die um die Wende zum zweiten Jahrtausend die Nordgrenze des Ackerbaues ständig weiter nach Süden verlagerten. Viel-leicht hatte auch zunehmende Erosion den immer inten-siver bebauten Boden unfruchtbar gemacht. Jedenfalls sei aus Gründen dieser Art die Nahrungsversorgung immer prekärer geworden, während gleichzeitig aus den sich aus-dehnenden Steppenzonen des Nordens in wachsender Zahl nomadisierende Indianer (verschiedene Chichi-mekengruppen) nach dem Süden vorstießen. Nigel Davies sieht aber auch Angreifer von der Golfküste eine Rolle spielen.
Die geflohenen Tolteken konzentrierten sich in der Umge-bung der Stadt Colhuacán im Becken von Mexiko, dem zweiten Herrschersitz Topiltzins, andere sammelten sich in verschiedenen Orten vom Südrand des Beckens von Mexiko bis in die Mixteca und darüber hinaus.

Zusammenbruch und Spätblüte der Mayakultur

Das End-Klassikum hat für die Mayakultur zwei Gesich-ter. Während im südlichen Teil der Halbinsel Yukatan und in den anschließenden Gebirgszonen ihre klassische Epo-che im 9. Jahrhundert bereits zu Ende ging, gelangte in den unmittelbar nördlich anschließenden Gebieten erst jetzt eine eigene Ausprägung zu ihrem Höhepunkt.
Noch ist unklar, wodurch das an den einzelnen Orten im Süden der Halbinsel so plötzlich eintretende Ende der Mayakultur ausgelöst wurde. Genauso wie bei dem nicht viel früheren Untergang von Teotihuacán lassen sich die einfachen, auf einer Hauptursache aufbauenden Hypo-thesen, die in großer Zahl vorgeschlagen wurden, nicht nur nicht nachweisen, vielmehr ist ihre Erklärungskraft immer unzureichend. Soweit sich bisher erkennen läßt, müssen vielschichtigere Wirkungszusammenhänge ange-nommen werden.
Nicht Ursache, sondern auffälliger Vorläufer des Zusam-menbruchs ist so etwas wie eine Überhitzung der Kultur. An immer mehr Zentren wurden immer zahlreichere Bau-ten und Steinmonumente errichtet, so als wollte man durch ein Appellieren an überirdische Mächte und eine andauernde Demonstration von Ruhm und Macht ein sich abzeichnendes Unheil abwenden. Aber dadurch wurde immer mehr Arbeitskraft gebunden, die anderswo effekti-ver zur Wirkung gekommen wäre, vor allem bei der Inten-

sivierung der Anbauverfahren. Ein immer größerer Teil der Bevölkerung war aus der Schicht der Produzenten zu der der Konsumenten übergewechselt und forderte nicht nur Lebensmittel, sondern auch Luxusgüter, die mit hohen Kosten eingehandelt oder hergestellt werden mußten. Diese Überbeanspruchung konnte das politisch-ökonomische System auf die Dauer nicht verkraften: Es mußte kollabieren.

Aber auch diese Sichtweise kann nicht erklären, weshalb der Zusammenbruch sich zunächst in den östlichen und westlichen Randgebieten der Mayakultur vollzog und dann langsam gegen das Zentrum hin fortschritt, wo die Kultur ihren Ursprung genommen hatte. Und unklar bleibt ebenfalls, warum die Entwicklung in den nördlich anschließenden Regionen Zentralyukatans zwar grundsätzlich ähnlich, aber mit zeitlicher Verschiebung und auf einen viel kürzeren Zeitraum zusammengedrängt verlief.

Zentralyukatan – die Meister der Fassaden

Nach jüngsten Erkenntnissen weist die Architekturentwicklung der drei Stilprovinzen Zentralyukatans eine räumlich-zeitliche Staffelung auf. Der Raum von Río Bec ist dem Kerngebiet der klassischen Mayakultur am nächsten gelegen (die Entfernung zwischen dem weitgestreuten Ruinenort Río Bec und Tikal beträgt rund 125 Kilometer), und seine Blütezeit fällt in das Spät-Klassikum, die Endphase der eigentlichen Mayakultur. Die nordwestlich, jenseits einer kaum erforschten Zone, anschließende Chenes-Region ist von Río Bec intensiv beeinflußt und setzt zeitlich nur wenig später, um 670 n. Chr., ein. In die Überlappungszone zum Puuc-Gebiet, noch weiter im Nordwesten, gelangte der Einfluß erst nach 700 n. Chr. und erreichte das eigentliche Puuc-Gebiet kurz vor 800 n. Chr. Dort war allerdings eine lange unabhängige Entwicklung vorausgegangen, mit der die Anregungen aus dem Chenes verschmolzen. Entsprechend gestaffelt endete die Bautätigkeit, zuletzt im Puuc um 1000 n. Chr.

Chichen Itzá – Tolteken und Maya

Während die Stile des Río Bec und des Chenes als eigenständige Fortsetzung und Weiterentwicklung der klassischen Mayakultur angesehen werden, ist man sich über eine fremde Beteiligung am Puuc-Stil einig, ohne daß hier im Detail eine abschließende Klärung gelungen wäre. Einflüsse aus Gebieten, die außerhalb der klassischen Mayakultur lagen, sind im End-Klassikum und auch während des ganzen Postklassikums immer wieder unver-

Links: Die Ikonographie der Tlaloc-Stele von Horcones bei Tonalá (Chiapas) repräsentiert die zentralmexikanische Ideenwelt in dem Gebiet südlich des Isthmus' von Tehuantepec.

Rechts: Die kaum erforschten Ruinen von Las Ranas, darunter ein Ballspielplatz, markieren in einem entlegenen Teil des Bundesstaates Querétaro die Nordgrenze Mesoamerikas.

kennbar. Sie kamen von Völkern, die am Westrand der Mayakultur, wohl in der Küstenregion von Tabasco, lebten und zwar engen Kontakt zu den Maya hielten, aber in ihrer Kultur nach Zentralmexiko orientiert waren und das mit dem Aztekischen verwandte Nahuat sprachen. Die Schlüsselrolle bei der Aufnahme dieser Einflüsse spielte Chichen Itzá, eine der bedeutendsten Mayastädte des Postklassikums. Dort sind die stilistischen und inhaltlichen Ähnlichkeiten zu Tula so unübersehbar, daß sogar die Auffassung vertreten wurde, in beiden Städten seien dieselben Personen am Werk gewesen.

Die Bauten von Chichen Itzá sind schütter über ein Areal von eineinhalb mal drei Kilometer verstreut, nur südlich des Heiligen Cenote (Abb. S. 268), einer tiefen, kreisrunden wasserführenden Doline, stehen sie etwas dichter. Dort befinden sich auf einer planierten und von einem Mauerzug eingerahmten Terrasse die »toltekischen« Bauten: eine zentral gelegene monumentale Pyramide (Abb. S. 295), langgestreckte Säulenhallen (Abb. S. 294), ein gewaltiger Ballspielplatz im Westen und ein vorgelagertes Schädelgerüst. Die räumliche Anordnung erinnert stark an Tula. Die zahlreichen kleineren Komplexe, die das irreführend so genannte »Alte Chichen« bilden, bestehen hingegen aus kleinen Bauten, teils im »toltekischen« Stil und denen des Hauptzentrums in allem außer der Größe entsprechend, teils im Stil der Puuc-Region oder in verschiedenen Kombinationen.

Eine historische Erklärung des kulturellen Amalgams von Chichen Itzá hat der englische Archäologe Sir Eric Thompson vor allem auf der Basis der geschichtlichen Traditionen der Maya und der Azteken entwickelt: Die Herren von Chichen Itzá, die Itzá, waren nach späteren Mayachroniken Fremde, die nur gebrochen das Maya sprachen. Sie waren über den Hafenort Polé an der Ostküste Yukatans gekommen und übernahmen die Macht in Chichen Itzá im Jahre 918. Mit einer zweiten, kleineren Welle, diesmal von Westen her, traf der Anführer der Itzá namens K'uk'ulkan in Chichen Itzá ein. Dies wäre nach den unsicheren Zeitangaben der Maya kurz vor oder um 987 gewesen. In diesem Jahr aber ist nach den mexikanischen Berichten (in der Interpretation Wigberto Jiménez Morenos) der aus seiner Stadt Tollan vertriebene Quetzalcoatl an die Küste des Golfes von Mexiko gelangt. Nach einer Version hat er sich dort selbst verbrannt, nach einer anderen ist er jedoch auf einem aus Schlangen gebildeten Floß in das Land Tlillan Tlapallan gefahren, das man mit dem Land der Maya gleichsetzt. Und da Quetzalcoatl in Nahuatl dasselbe wie K'uk'ulkan im yukatekischen Maya heißt, nämlich Gefiederte Schlange, scheint der Kreis der Beweise geschlossen.

Die Schwierigkeit dieser bis vor kurzem allgemein akzeptierten Interpretation liegt in der offenkundigen Unvereinbarkeit der indianischen Berichte mit den archäologischen Befunden, insbesondere in der Datierung. Die Ra-

diocarbondaten aus dem Wohngebiet von Tula liegen um das Jahr 900, die für Chichen Itzá, allerdings schon vor längerer Zeit gemessen und vielleicht weniger genau, häufen sich für »toltekische« Bauten um das Jahr 800, für die »toltekischen« Opfergaben in der nahe gelegenen Höhle von Balancanché (Abb. S. 264) rund hundert Jahre später – alles zu einer Zeit, als Tula in Hochblüte stand und der fromme Quetzalcoatl noch keinen Anlaß hatte, die Stätte zu fliehen.

Es ist überdies nicht gerechtfertigt, die fremden Stilelemente generell auf »Tolteken« zurückzuführen. Solche, die meist als »mexikanisch« bezeichnet werden, also aus westlicher gelegenen Gebieten kommen, sind schon beträchtlich früher im Gebiet des Puuc-Stiles aufgetreten. Dazu gehören die häufigen Darstellungen von Kriegern, die an ihrer Haltung, Kleidung und Bewaffnung mit Wurfspeeren und Speerschleudern deutlich als nicht zu den Maya gehörig zu erkennen sind, von Männern mit unbe-

decktem Genitale (Uxmal: Monjas, Nordfassade), das zum Teil monströs vergrößert ist (Sayil: Stele Nr. 9), sowie Phalli als Fassadenmotiv (Uxmal: Phallustempel; Chacmultún: Tempel I) oder als einen Meter und mehr messende Einzelmonumente. Alles dies findet sich nicht erst in Chichen Itzá, wo die reich gekleideten Männer mit entblößtem Genitale (Mercado; »Templo de las Caritas« in Chichen Viejo) tatsächlich rein toltekisch erscheinen. Auch die »typisch toltekischen« vollplastischen Atlantensäulen, die in Chichen Itzá bei vielen Bauten auftreten, haben Vorläufer in vielen kleinen Orten des Puuc.

Offensichtlich ist also ein langsames und vermutlich weitgehend friedliches Einsickern, mit dem von der Westküste Yukatans aus neue Ideen kamen und zu einer kurzzeitigen regionalen Blüte der verblassenden Mayakultur beitrugen, einem späteren gewaltsamen Eindringen »toltekisierter« Krieger um das Jahr 850 vorausgegangen. Diese sind wohl mit der kleinen militanten Schar der Itzá identisch, von denen die Berichte der Maya sprechen und deren Kämpfe auf den heute stark ausgeblichenen Wandgemälden in Chichen Itzá dargestellt sein dürften.

Die Eroberer machten Chichen Itzá, so erzählen die nach Ankunft der Europäer schriftlich niedergelegten Berichte, zu ihrer Hauptstadt, siedelten sich aber auch in anderen Städten an. Chichen Itzá mit seinem Heiligen Cenote, in den unzählige Opfergaben geworfen wurden, wo aber auch Menschenopfer stattfanden, war als Wallfahrtszentrum von großer Bedeutung. Die gleiche Funktion hatten Izamal als Heiligtum des Sonnengottes K'inich K'ak'mo und die Insel Cozumel, wo die Mondgöttin Ixchel verehrt wurde. Die Periode der Dominanz von Chichen Itzá dauerte gut zwei Jahrhunderte.

Die Gegenspieler der Itzá

Über das Ende von Chichen Itzá berichten spätere Quellen in anekdotenhafter Manier: Es war um das Jahr 1185. Damals hatte in Chichen Itzá Chak Xib Chak die Macht, während in der wichtigen Stadt Mayapán ein Mann namens Hunak Ke'el herrschte, der sich aus offenbar einfachen Verhältnissen auf spektakuläre Weise zum Herrscher aufgeschwungen hatte. Beide gehörten zum Volk der Itzá. Chak Xib Chak gab den Anlaß zur Katastrophe, denn er raubte während eines Festessens die Braut des Ah Ulil, der in Izamal regierte. Hunak Ke'el verbündete sich mit Ah Ulil, und gemeinsam vertrieben sie die Bewohner von Chichen Itzá. Hierbei traten auf seiten Mayapáns sieben Anführer auf, die durch ihre Namen als Angehörige nahuatsprechender Gruppen ausgewiesen werden und die die Itzá aus dem Raum von Tabasco an der Golfküste zu Hilfe geholt haben dürften – ein weiterer Beleg für die engen Verbindungen der Itzá zum Bereich außerhalb der Mayakultur. Chichen Itzá wurde niedergeworfen, seine Bewohner zogen sich nach dem Peténsee zurück, einer unzugängli-

chen Gegend nahezu in der Mitte der Halbinsel Yukatan. Dort lebten sie rund um ihre Hauptstadt Tayasal (heute: Flores), wo Hernán Cortés sie besuchte, doch wurden sie erst 1697 von den Spaniern unterworfen. Die Stadt Chichen Itzá wurde nicht wieder besiedelt, auch wenn der Kult am Heiligen Cenote bis ins 16. Jahrhundert fortlebte und vereinzelte Bewohner sich in den Ruinen der einst prachtvollen Bauten mehr schlecht als recht einrichteten. Mit dem Sieg über Chichen Itzá und der offensichtlich gleichzeitig erfolgten Ausschaltung von Izamal hatte Hunak Ke'el seine Stadt Mayapán zum politischen Zentrum des nördlichen Yukatan gemacht. Dort residierten auch die Machthaber der verschiedenen Provinzen, vielleicht um damit für das Wohlverhalten ihrer Heimatgebiete zu bürgen. Die während langer Zeit unangefochtene politische Rolle fand freilich nicht in einer Kunst von entsprechendem Rang ihren Niederschlag. Die kleine Zahl von repräsentativen und dem Kult gewidmeten Bauten in Mayapán fällt durch das unzulängliche Kopieren von Chichen Itzá auf. In Bauausführung wie Ausgestaltung sind sie den dortigen weit unterlegen. Aber auch sonst machte die Stadt einen ungewohnten Eindruck: Sie ist von einer mehrere Kilometer langen Mauer mit einer Reihe schmaler Tordurchgänge – es gab ja keine Wagen – umzogen, die nicht nur die kleine Zone offizieller Bauten, sondern auch die ausgedehnten Wohnviertel mit rund dreieinhalbtausend Wohnbauten einschloß. Diese waren in Form kleiner Gehöfte angelegt und durch niedrige Mäuerchen aus Bruchsteinen voneinander abgegrenzt; die aufwendigeren, die vielleicht von Adligen bewohnt wurden, hatten einen Portikus mit gemauerten Wänden, aber ein Dach aus vergänglichem Material und Steinbänke an der rückwärtigen Wand.

Die Nachkommen des Hunak Ke'el, deren Familie den Namen Kokom trug, konnten ihre Macht während fast zweieinhalb Jahrhunderten stabil erhalten. Dann, vermut-

Vorhergehende Doppelseite: Relief vom Großen Ballspielplatz in Chichen Itzá. Das Blut, das aus dem Hals des enthaupteten Spielers spritzt, verwandelt sich in Schlangen und blühende Pflanzen.

Linke Seite: Die Hauptpyramide von Chichen Itzá, welche die spanische Bezeichnung »El Castillo« erhielt, war Quetzalcoatl geweiht. Links hinten der Kriegertempel. Im Vordergrund Relieffries einer Kriegerprozession auf der Bank des Großen Ballspielplatzes.

Rechts: Atlant aus Chichen Itzá. Mexiko, Museo Nacional
Rechts Mitte: Atlant aus Tula. Tula, Museum
Rechts außen: Atlant aus Tula. Wien, Museum für Völkerkunde

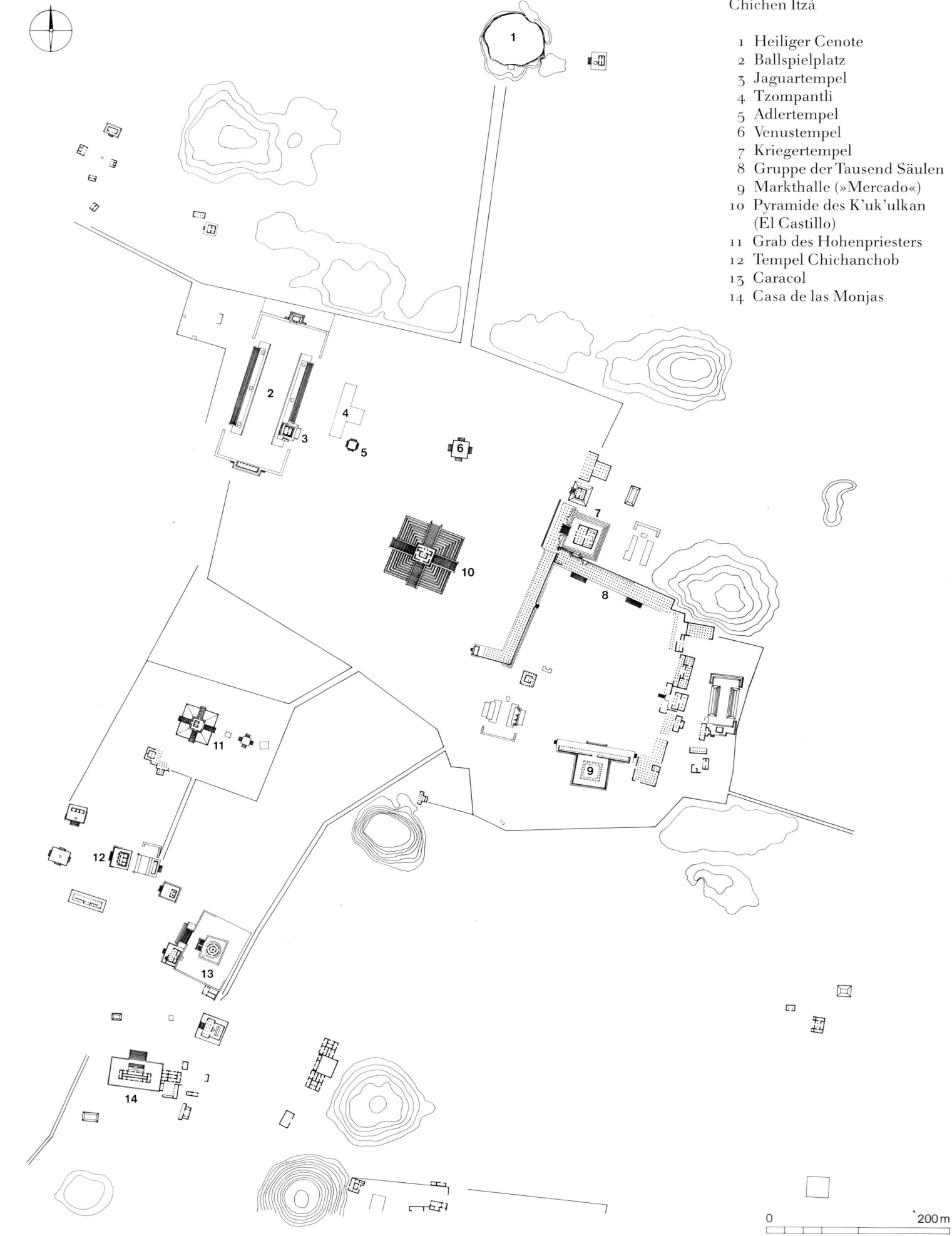

Chichen Itzá

1 Heiliger Cenote
2 Ballspielplatz
3 Jaguartempel
4 Tzompantli
5 Adlertempel
6 Venustempel
7 Kriegertempel
8 Gruppe der Tausend Säulen
9 Markthalle (»Mercado«)
10 Pyramide des K'uk'ulkan
  (El Castillo)
11 Grab des Hohenpriesters
12 Tempel Chichanchob
13 Caracol
14 Casa de las Monjas

0   200 m

lich um 1445, kam es unter Führung von Ah Xupan, eines Mitgliedes der Familie der Tutul Xiu – auch diese beiden Namen verraten die Herkunft aus einer nahuatsprechenden Region –, zu einer Verschwörung, zu deren Niederschlagung die Kokom Krieger aus Tabasco herbeiriefen. Das Komplott war jedoch erfolgreich, alle Angehörigen der herrschenden Familie wurden getötet. Teile von Mayapán brannten nieder. »Höchst dramatisch«, berichtet Eric Thompson von den Ausgrabungen, »war die Entdeckung der Skelette von sieben Menschen, die offensichtlich so auf den Boden vor einem Gebäude geworfen worden waren, daß sie wechselweise mit Köpfen und Füßen in verschiedener Richtung am Boden lagen. Große Feuersteinklingen staken zwischen den Rippen von zwei der Toten.«

Stadtstaaten in ständiger Fehde

Von den Kokom entkam dem Anschlag nur einer, der gerade auf einer Handelsreise in Ulua (Honduras) unterwegs war. Er sammelte sein Volk und siedelte in der Provinz Sotuta. Die Tutul Xiu machten Maní zu ihrer Hauptstadt, während die aus Tabasco gekommenen Hilfstruppen, die mit der Zeit zu einer beträchtlichen Zahl angewachsen sein müssen, die Provinz Ah Canul an der Nordwestecke Yukatans in Besitz nahmen. In sechzehn Provinzen war Nordyukatan nun zerfallen, die miteinander in ständigem Streit lagen. Der kulturelle Verfall wurde allgemein. Daß

Oben: Der Annex der »Casa de las Monjas« (links), »La Iglesia« (Mitte) und »El Caracol« (rechts hinten) in Chichen Itzá. Das Bestreben nach extremer Prachtentfaltung im Spät-Klassikum steigert den üppigen plastischen Dekor des Puuc-Stiles hier fast ins Monströse. Die Fassaden der Gebäude sind vollständig mit den rüsselnasigen Masken des Regengottes Chac und mit Bandornamenten verblendet.

Folgende Doppelseite: Bei den postklassischen Kultbauten von Tulúm ist die typische Gewölbekonstruktion der Maya dem balkengetragenen Flachdach gewichen. Kennzeichnend für die Bauten Tulúms sind die leicht nach außen geneigten Wände. Links das sogenannte »Castillo«, rechts, mit breiter Treppe, der »Tempel der Fresken«, dessen Gebäudeecken mit großen Masken verziert sind (Abb. S. 189).

dennoch der erste Versuch der Spanier, sich in Yukatan festzusetzen und gerade in Chichen Itzá ihre neue Hauptstadt Ciudad Real zu errichten, an der entschiedenen Gegenwehr der Maya scheiterte, läßt ahnen, wie erfolgreich der indianische Widerstand unter anderen Voraussetzungen hätte sein können.

Die indianische Endzeit

Das Postklassikum ist eine Zeit, in der die Verschiedenheit der einzelnen Regionen besonders stark in Erscheinung tritt. Während im östlichen Mesoamerika die Aufsplitterung in kleine Stadtstaaten, wie eben beschrieben, für diese Epoche charakteristisch ist, kam es im westlichen Teil zu großen und mächtigen Staatenbildungen. Ungeachtet

dieser politischen Situation zeichnen sich einzelne weit ausgreifende kulturelle Strömungen ab. Die das Postklassikum kennzeichnende regionale Verschiedenheit ist auch die Ursache für den oft abweichend angesetzten Beginn dieses Zeitabschnittes und die uneinheitliche Einfügung eines End-Klassikums.

Guatemala – eingeigelte Kriegerstädte

Ähnlich wie in das zentrale Hochland von Mexiko stießen auch in die von den Maya bevölkerten Gebiete des Hochlandes von Guatemala und Chiapas, besonders während des Postklassikums, immer wieder kleine Gruppen von kriegerischen Eindringlingen vor. Sie setzten sich als ethnische Einsprengsel im Hochland und an der Pazifikküste fest. Auf ihre Herkunft weist die Bezeichnung hin, unter der sie in den historischen Berichten vorkommen: Pipil, was in ihrer Sprache, dem Nahuat, entweder »Kinder« oder »Fürsten« bedeutet. Daß sie aus dem westlichen Mesoamerika stammen, ist unzweifelhaft, aber der Zeitpunkt ihres Eindringens, vielleicht in verschiedenen Wellen, bleibt unklar. In Frage kommen eine Einwanderung zur Zeit der Ausstrahlung von Teotihuacán, dessen Einfluß in Orten des Hochlandes von Guatemala wie Kaminaljuyú offenkundig ist, eine weitere Welle nach dem Ende Teotihuacáns, die mit starker Beeinflussung von der Golfküste her verbunden war und sich im Gegensatz zur vorherigen

eher aggressiv ihren Weg in die Gebiete der zerfallenden Mayakultur bahnte, und schließlich eine dritte Welle irgendwann im Postklassikum. Die Eindringlinge rissen oft innerhalb kurzer Zeit die Herrschaft an sich und wurden zu kleinräumig dominierenden Mächten. Zur Legitimierung ihrer Ansprüche beriefen sie sich auf die Herkunft aus einem Tollan, ohne daß alle in irgendeiner Beziehung zu dem archäologischen Tula gestanden haben dürften. Manche kamen auch aus der Küstenregion von Veracruz und Tabasco, nahe der Grenze zwischen den Maya- und Nahuatsprachen.

Oaxaca – Zapoteken und Mixteken

Daß die Zapoteken in der Talregion von Oaxaca während des Postklassikums eine größere Anzahl von Kleinherrschaften bildeten, wurde bereits geschildert. Ihr religiöses Zentrum, obwohl am Ostrand des Tales gelegen und trotz seines aztekisierten Namens, war Mitla (zapotekisch: Lio Baa), das bis in das Klassikum zurückreicht und als Ruinenstätte vor allem wegen der gut erhaltenen, mit reichem Steinmosaik dekorierten Fassaden seiner Palastbauten berühmt ist. Verehrt wurden in Mitla Gottheiten der Unterwelt. Nach späteren Berichten waren die Palastbauten zugleich Begräbnisstätten der dort residierenden Priesterherrscher, die in den unmittelbar darunter gelegenen kreuzförmigen Ganggräbern beigesetzt wurden. Das in

reich der Kleinkunst, während sie der weiterblühenden zapotekischen Architektur nichts Entsprechendes entgegenzusetzen hatten. Die Vermischung zeigt sich klar in den Grabstätten dieser Zeit, deren Bauweise zwar zapotekisch, deren kostbarer Grabinhalt aber vom mixtekischen Stil geprägt ist.

Mit den Mixteken des Postklassikums steht auch ein stilistischer Komplex in Verbindung, der weit über ihr Siedlungsgebiet oder den Bereich der mixtekischen Sprache hinausreichte. Dieser Stil, nach seinen beiden regionalen Schwerpunkten Mixteca-Puebla-Stil genannt, äußert sich vornehmlich in einer charakteristischen Keramik und Bilderschriftmalerei. Letztere ist zwar fast nur in Codices erhalten (Abb. S. 190–199), einige Reste zeigen aber, daß es auch Wandgemälde gleichen Stils und Inhalts gab. Die Keramik ist polychrom bemalt und poliert, der vielgestaltige Dekor zeigt Stufenmäander und kurvilineare Muster, aber auch figürliche Darstellungen bis hin zur Übernahme des Stils der Bilderhandschriften. Deren Darstellungskanon und Themen kehren auf Wandgemälden wieder, die bis an die Ostküste Yukatans (Santa Rita Corozal; Tulúm) gefunden wurden. Zusammen mit fein gezeichneten Malereien im Bilderschriftstil an einem unscheinbaren Altar der Ruinenzone von Tamuin, 300 Kilometer nördlich des Beckens von Mexiko, belegen sie die überraschend weite Ausstrahlung dieses Elementes des postklassischen Horizontes.

Mitla in vollendeter Weise angewandte Fassadenmosaik aus vor- und zurücktretenden Steinen kam in Oaxaca am Übergang vom Klassikum zum Postklassikum auf; es wird auch mit der Entwicklung des Puuc-Stiles im nordwestlichen Yukatan in Verbindung gebracht. Andererseits treten in den postklassischen Orten Oaxacas auch Keramiktypen des westlichen Yukatan auf. Hier zeichnen sich Zusammenhänge ab, die noch völlig unerforscht sind.

Im Verlauf des Postklassikums wurden die Zapoteken buchstäblich immer mehr an den Rand gedrückt, denn aus dem Nordwesten drangen die Mixteken in die zentrale Talregion ein. Vor allem durch dynastische Verbindungen mit zapotekischen Herrscherhäusern gelang ihnen die Übernahme der Herrschaft, so in Zaachila und Cuilapan. In den Siedlungen trat neben die zapotekische oft eine getrennt wohnende mixtekische Bevölkerung, die offensichtlich mit der neuen Herrscherschicht gekommen war. Die Mixteken brachten zusätzliche Elemente in die bodenständige Kultur der Zapoteken ein, vor allem im Be-

Mit den Mixteken auch in räumlich direkterer Verbindung steht außerdem ein noch kaum erforschter Stil von Flachreliefs mit Schriftzeichen und schwer entwirrbaren Darstellungen, der in einer schmalen Gebirgszone westlich des Tales von Tehuacán vorkommt. Die Wissenschaftler rechnen ihn einer sonst weitgehend unbekannten Kultur zu, der sie den Namen Ñuiñe gegeben haben, und vermuten darin einen Vorläufer des Mixteca-Puebla-Stiles. Zeitlich wird er bald nach dem Untergang Teotihuacáns, noch vor dem vollen Beginn des Postklassikums, angesetzt.

Westmexiko – die Tarasken

Während des Klassikums stand der Westen Zentralmexikos wie das übrige Mesoamerika unter dem prägenden Einfluß von Teotihuacán. Dies ist angesichts erst weniger und kleiner Grabungen vorerst hauptsächlich an der Architektur von Zeremonialzentren wie Tingambato, wo sich bemerkenswerte Gräber mit Kraggewölben finden, und Ixtepete abzulesen.

Im Postklassikum war die tragende Ethnie die der Tarasken. Ihr politisches Zentrum wurde nach anfänglicher Aufteilung auf drei eng benachbarte Orte Tzintzuntzan, Sitz des Herrschers (*cazonci*). Die Adelsschicht gehörte auch hier einer spät eingewanderten Bevölkerungsgruppe mit nomadischem Hintergrund an. Durch kriegerische Qualitäten hatte sie ihre Machtstellung über die Vorbevölkerung erworben, und unter ihrer Führung entstand das mächtige taraskische Reich, das mit den Azteken in einem gespannten Gleichgewicht der Kräfte stand.

Im Gebiet der Tarasken ist ein eigenartiger Pyramidentypus anzutreffen, bei dem ein längsrechteckiger Pyramidenstumpf mit einer Treppe in der Mitte einer der Langseiten an der rückwärtigen Langseite mit einem Kegelstumpf verbunden ist. Diese Bauten mit dem Namen Yácata sind jedoch vermutlich keine Erfindung der Tarasken, sondern haben Vorbilder in Tula (Pyramide »El Corral«) und an der nördlichen Golfküste (Cempoala: Templo de los Aires) sowie in Gestalt zahlreicher zumeist kleinerer runder Pyramidensockel im ganzen nördlichen Zentralmexiko. Die häufig vertretene Annahme, alle runden Tempelbauten wären wie der von Calixtlahuaca im Tal von Toluca, der bis in den Teotihuacán-Horizont zurückreicht, dem Windgott geweiht, ist unbegründet.

Ein ethnischer Flickenteppich – das Becken von Mexiko

Die archäologischen Untersuchungen zeigen, daß im Raum von Tula parallel zum Untergang dieser Stadt ein sehr starker Rückgang der Siedlungen und Bevölkerungszahl stattgefunden hat. Eine gleichartige Entwicklung ist auch im Tal von Teotihuacán und im größten Teil des Beckens von Mexiko zu verzeichnen. In der Mittelzone des Beckens gab es zwar einige größere und bedeutende Orte, die Bevölkerungsschwerpunkte lagen aber am landschaftlich begünstigten Südufer des Sees. Während für die Entvölkerung des Nordens noch keine befriedigende Erklärung gegeben werden kann, dürfte die Verdichtung im Süden mit der intensiven Einrichtung von Chinampas zusammenhängen. Chinampas sind ein in Mesoamerika in verschiedenen Abwandlungen angewandtes Verfahren der Landgewinnung in flachen, meist ufernahen Teilen von Binnenseen und in versumpften Talauen. Sie bestehen aus langen, relativ schmalen parallel verlaufenden Beeten, die von Kanälen umrahmt sind. Die Beete sind aus dem Erdreich aufgeschüttet, das aus den begleitenden Kanälen ausgehoben wurde. Zur Befestigung sind ihre Ränder meist mit Bäumen bepflanzt. Chinampas gewährleisten einen Anbau mit gleichmäßiger, während des ganzen Jahres gesicherter Feuchtigkeitszufuhr, der unvergleichlich hohe Erträge bringt.

In die weitgehend entvölkerten Gebiete vom Norden des Beckens bis Tula drangen seit Anfang des Spät-Postklassikums immer wieder Menschengruppen aus dem Norden ein. Sie waren zahlenmäßig klein und wechselten ihren Aufenthaltsort häufig, so daß sie mit archäologischen Methoden nicht zu erfassen sind. In den historischen Berichten, die in der Zeit der spanischen Herrschaft niedergeschrieben wurden, spielt diese Einwanderungszeit eine große Rolle. Allerdings darf man die Erzählungen nicht Wort für Wort als exakte Aufzeichnungen betrachten, vielmehr sollten sie in erster Linie Erklärung und Legitimation späterer Zustände bieten. Das ist der Grund dafür, daß die Sagen über die Einwanderung bei den verschiedenen zentralmexikanischen Völkern nicht nur ihrer Struktur nach gleich sind, sondern auch bis in Details und Namen von ursprünglichen Herkunftsorten und Zwischenstationen übereinstimmen.

Eine der ersten dieser Einwanderergruppen waren Chichimeken, von denen im Zusammenhang mit Tollan schon die Rede war. Obwohl die Quellen aus Tetzcoco am Ostufer des Sees von Mexiko ausführlich über die chichimekischen Ahnen berichten, bleiben viele Fragen offen. Der Name Chichimeken bezeichnet kein einheitliches Volk, sondern ist eine kulturelle Klassifikation für verschiedenste Gruppen, die aus dem steppenartigen Norden Mexikos nach Süden gezogen sind und die zunächst eine nomadische Lebensweise hatten. Nachdem sie in Zentralmexiko eingewandert waren, nahmen sie die mesoamerikanische Kultur an.

Die vielleicht bedeutendste Chichimekengruppe wurde von einem Anführer namens Xolotl geleitet und betrat die mesoamerikanische Bühne gerade zu dem Moment, als Tollan eben untergegangen war. So erzählen es aber nur die Berichte aus Tetzcoco, während andere im entsprechenden Zusammenhang einen Mixcoatl nennen, was

Umgeben vom heutigen Ort Mitla, liegen fünf Baugruppen von Hofgevierten der mixtekischen Oberschicht aus dem späten Postklassikum.

Die reich dekorierten Fassaden des Hofes der »Gruppe der Säulen« rechts vorne sind auf der folgenden Seite abgebildet.

zeigt, daß vor allem das Baumuster dieser Geschichten, weniger Einzelheiten wie Namen Gemeingut waren. Xolotl – wir folgen dieser Version – fand das ganze Land verwüstet und entvölkert vor und machte sich daran, es wieder zu besiedeln. Sein Herrschaftssitz wurde Tenayuca. Ob er tatsächlich ein chichimekisches Reich errichtete, das nach den Schilderungen die Becken von Mexiko, Toluca und Puebla sowie die nördlich anschließende Zone umfaßte, ist durchaus zweifelhaft.

Als realer hingegen erweist sich das weit kleinere und nur nach dem Nordwesten ausgreifende Reich der Tepaneken, deren Hauptstadt Azcapotzalco in unmittelbarer Nachbarschaft von Tenayuca lag. Es war offensichtlich das Werk einer einzigen machtvollen Persönlichkeit, des Herrschers Tezozomoc. Die Tepaneken, für deren ethnische und sprachliche Zugehörigkeit es widersprüchliche Hinweise gibt, kamen vielleicht erst nach den Chichimeken ins Land und erhielten von diesen ihre Herrscherdynastie. Später überwältigten sie aber Tenayuca mit Hilfe der Mexica und usurpierten den vielleicht prestigeträchtigsten zentralmexikanischen Titel *chichimecateuctli*, »Fürst der Chichimeken«.

Auf eine chichimekische Ahnenreihe blickten auch die Acolhua mit der späteren Hauptstadt Tetzcoco zurück. Sie waren nach den Berichten gleichzeitig mit den Tepaneken angekommen und hatten sich am östlichen Seeufer niedergelassen. Später stießen noch Einwanderer aus dem

Süden hinzu, welche die raffiniertere mesoamerikanische Kultur mitbrachten, sowie Flüchtlinge aus dem nahe gelegenen Colhuacán. Dies illustriert das sicherlich im einzelnen noch weit komplexere Entstehen der polyethnischen Stadtstaaten in Zentralmexiko, das sich am besten (und zugleich verwirrendsten) im südlich anschließenden Chalco verfolgen läßt. Dort sind den Berichten nach im Verlauf von zwei oder höchstens drei Jahrhunderten fünf Einwanderungswellen mit acht Volksgruppen von jeweils bis zu fünf Untergruppen zu unterscheiden, deren Siedlungsbereiche und lokale Herrschaften sich bis über die Ankunft der Spanier hinaus erhielten.

Die Mexica – spät kommende Erben

Die eindeutig letzten Einwanderer waren die Mexica. Sie leiteten ihre Herkunft und den Namen Azteca, den sie während der Frühzeit trugen, von einem Ort mit dem (nicht deutbaren) Namen Aztlan ab, einer Insel in einem Binnensee, an dessen Ufer in Colhuacan ein charakteristischer Berg aufragte. Wo dieser Ort zu suchen ist, wußten die Mexica später nicht mehr zu sagen. Sie vermuteten ihn weit nördlich von Tula und schrieben ihm paradiesische Eigenschaften zu, waren sich aber auch bewußt, daß er nur durch einen Zauber zu erreichen war. In Verkennung dieser Tatsache haben moderne Forscher immer wieder Aztlan zu finden gehofft, indem sie entweder einen entsprechenden Berg, einen See oder eine Insel, möglichst mit ähnlich klingendem Namen, suchten, jedoch ohne überzeugenden Erfolg. Es spricht einiges dafür, daß die Beschreibung der Insel im See eine Projektion der Situation im Becken von Mexiko ist, wo es ja auch ein Colhuacan gibt. Die Berichte über die Einwanderung der Mexica, wie der des Codex Aubin (Quellentext S. 112), gliedern sich in zwei Hauptabschnitte. Der kürzere erste Teil schildert den Auszug aus Aztlan und soll für die Mexica eine mythische Begründung sowohl für die späte Ankunft als auch für ihre Gleichwertigkeit mit den anderen Völkerschaften Zentralmexikos, den acht Calpulli, liefern. Der zweite Teil der Wanderungssage setzt ein mit der Ankunft der Mexica in Tula, das sie menschenleer und öde vorfinden. Ab diesem Moment führt ihre Wanderungsroute über bekannte Orte, allerdings ist damit nicht bewiesen, daß sie tatsächlich so verlief, denn in den verschiedenen Berichten gibt es beträchtliche Abweichungen. Jedenfalls aber folgten sie der einzigen Senke, die von Tula aus in südöstlicher Richtung auf den See von Mexiko zuführt, überquerten ihn und zogen schließlich – schon im heutigen Stadtgebiet von Mexiko – am Westufer entlang. Die Wanderung erfolgte nicht in einem Zug, sondern in kleinsten Etappen von nur wenigen Kilometern, unterbrochen von Aufenthalten von jeweils ein paar Jahren Dauer.

Als die kleine Gruppe der Mexica, wie sich die Auswanderer aus Aztlan nunmehr nannten, im Becken von Mexiko ankam, war dieses schon dicht von verschiedenen Völkerschaften besiedelt, die das Land in Herrschaftszonen aufgeteilt hatten: am Westufer des Sees die Tepaneken, gegenüber, am Ostufer, die Acolhua, die starken chichimekischen Einfluß empfangen hatten und dieselbe Sprache wie die Mexica sprachen. Vom Nordwesten des Beckens aus übte das ebenfalls chichimekische Tenayuca seinen Einfluß aus. Im äußersten Norden des Sees lag Xaltocan, dessen Gebiet von den Otomí bewohnt wurde, und in der südlichen Mitte Colhuacán, das sich auf toltekische Ahnenschaft berufen konnte, während am Südrand des Beckens eine Konföderation von Stadtstaaten bestand, die sich aus kleineren Ethnien zusammensetzten und in denen vorwiegend Nahuatl gesprochen wurde. Die größte dieser Gruppen waren die Xochimilca, deren verwandtschaftliche Beziehungen über den Rand des Beckens hinaus in benachbarte Gebiete reichten. Einen südlichen Ausläufer des Beckens bewohnten die polyethnischen Chalca. In dieses Völkergemisch stießen nun die Mexica und suchten sich einen Platz, den man ihnen naheliegenderweise nur in den Grenzgebieten zwischen zwei Herrschaftszonen überließ, aber auch hier hatten sie Kämpfe zu bestehen, wurden mehrfach vertrieben und mußten immer wieder eine neue Bleibe suchen. Schließlich durften die versprengten Mexica sich auf einigen Schilfinseln vor der Küste von Colhuacán niederlassen. Langsam sich anbahnende freundschaftliche Beziehungen wurden jäh unterbrochen, als die Mexica nach einem vielleicht im Auftrag von Colhuacán errungenen Sieg über einen Nachbarort erneut verjagt wurden und sich auf verschiedenen anderen Schilfinseln im See verborgen halten mußten. Endlich sahen sie kurz vor der Mitte des 14. Jahrhunderts die Gelegenheit, sich auf einigen nahe beieinander gelegenen Inseln dauerhaft anzusiedeln, dort, wo ihre spätere Hauptstadt Tenochtitlán und die bald abgespaltene Schwesterstadt Tlatelolco entstanden.

Die historischen Schilderungen der Mexica behaupten zwar, daß sie damals an einer völlig unbewohnten Stelle ihre Stadt gründeten, aber dem widerspricht nicht nur der archäologische Befund, der auf eine viel längere Besiedlung dieses Platzes durch eine nach dem Nordteil des Beckens orientierte Bevölkerung hinweist. Man mag vermuten, daß vielleicht sogar Angehörige der Mexica dort schon länger siedelten und daß es sich bei der Gründungssage der Stadt (Quellentext S. 113) wieder einmal um eine offizielle Legende handelt, durch die spätere Machtverhältnisse und eine Staatsideologie eindrucksvoll legitimiert werden sollten. Ob ihr als Kern die tatsächliche Einwanderung der später herrschenden Familien aus dem

Linke Seite: Die mixtekischen Bauten von Mitla sind durch Mosaiken aus vor- und zurückspringenden Steinen dekoriert. Zur Licht-Schatten-Wirkung trat noch farbige Bemalung.

Rechts: Unter den Palästen von Mitla befinden sich Grabkammern aus sorgfältig bearbeiteten Steinblöcken. Die Mixteken nahmen auch Nachbestattungen in zapotekischen Gräbern vor.

Raum des wegen seiner Verbindung mit Tollan prestige-
trächtigen Colhuacán zugrunde liegt oder ob diese Herkunft rein fiktiv zur Begründung der ausgeübten Macht
behauptet wird, kann nicht entschieden werden.

Zum Zeitpunkt, an dem nach der Überlieferung der Mexica ihre Ansiedlung in Tenochtitlán erfolgte, fand gerade
eine Machtverschiebung im Becken von Mexiko statt. Tenayuca und Colhuacán hatten an Bedeutung verloren,
während die Macht der Tepaneken wuchs. Vermutlich
meist in deren Auftrag unternahmen die Mexica erfolgreiche Kriegszüge, so gegen Tenayuca und Colhuacán und
weitere Orte, und halfen, ein über die Grenzen des Bek-
kens hinausreichendes tepanekisches Reich aufzubauen.
Ihre Stellung war nun so weit konsolidiert, daß ihre beiden
Hauptorte, Tenochtitlán und das unmittelbar benachbarte
Tlatelolco, jeweils eigene Herrscherdynastien begründen
konnten. Eigenartig ist, daß dies nicht aus den Familien
ihrer eigenen Anführer geschah, sondern aus den herrschenden Dynastien anderer, von alters her prestigeträch-
tiger Orte: Der erste Herrscher von Tenochtitlán, Acamapichtli, kam aus Colhuacán, konnte also eine toltekische
Ahnenreihe in Anspruch nehmen, während der erste Herrscher von Tlatelolco, Cuacuauhpitzahuac, ein Sohn des
Herrschers von Azcapotzalco und damit chichimekischer
Herkunft war.

Mit dem Tod des Acamapichtli ungefähr um das Jahr 1391
tritt die Geschichtserzählung der Mexica aus dem bis da-

Hier ist die Geschichte abgebildet, wie von dort die Mexica herkamen,
von dem Ort namens Aztlan. Er liegt mitten im Wasser, der Ort, von wo
sie aufbrachen, die vier *calpulli*. Als sie auf dem Boot herüberfuhren,
verrichteten sie Bußübungen und verdienstvolle Handlungen und
legten (dem Gott) seine Opferzweige hin. Dort gibt es auch eine
Höhle, die man Quinevayan nennt, dort ist es, wo die acht *calpulli*
erschienen. Das erste *calpulli* sind die Huexotzinca, das zweite die
Chalca, das dritte die Xochimilca, das vierte die Cuitlahuaca, das
fünfte die Malinalca, das sechste die Chichimeca, das siebte die
Tepaneca und das achte die Matlatzinca. Dort, wo der Ort Colhuacan
gewesen ist, dort war ihre Heimat. Als sie das Wasser überquerten von
Aztlan her, trafen sie dort in Colhuacan sogleich auf jene. Und als die
Einheimischen sie erblickt hatten, redeten sie die Azteca an: »Ihr
Herren, wo geht ihr hin? Wir möchten euch begleiten.« Darauf
erwiderten die Azteca: »Wohin sollen wir euch begleiten?« Darauf
sagten die acht *calpulli*: »Nein, unsere verehrten Herren, wir werden
euch begleiten!« Und dann sagten die Azteca: »Es ist schon gut, wir
möchten euch begleiten.« Dort in Colhuacan fiel ihnen der *diablo* zu,
den sie zu ihrem Gott machten, der Huitzilopochtli. Sie zogen los
hierher... Nachdem sie zu Füßen eines Baumes angekommen waren,
ließen sie sich dort nieder. Der Baum war sehr dick. Darauf
errichteten sie einen Erdaltar, auf den sie den *diablo* stellten. Dann
griffen sie bei ihrem Proviant zu, und darauf brach über ihnen der Baum
nieder. Da hörten sie auf zu essen. Lange saßen sie da mit gesenktem
Kopf. Und dann rief sie der *diablo* an und sprach zu ihnen: »Ihr sollt
den acht *calpulli*, die mit euch gehen, befehlen und ihnen sagen: ›Wir
wollen nicht gehen, wir werden hier umkehren.‹« Nachdem sie es
ihnen gesagt hatten, waren die acht Stämme sehr traurig. Nachdem
sie es ihnen befohlen hatten, sagten die acht *calpulli*: »Verehrte
Herren, wohin sollen wir gehen? Wir gehen mit euch.« Darauf sagten
sie ihnen nochmals: »Nein, nur ihr sollt losgehen«. Da brachen die
acht *calpulli* zuerst auf und ließen jene dort am Fuß des Baumes
zurück. Lange sind sie noch dort geblieben.　　　　Codex Aubin

Links: Iximché im Hochland von Guatemala, befestigter Hauptort der Cakchiquel-Maya, wurde stark von postklassischen Einwirkungen aus dem westmexikanischen Raum geprägt. Viele Grabbeigaben bezeugen den damaligen Reichtum. Pedro de Alvarado, ein Hauptmann unter Hernán Cortés, eroberte Iximché im Jahr 1524.

Oben: Besonders im Seengebiet des zentralmexikanischen Hochtales schufen Bauern ertragreiche Feldparzellen durch ausgehobenen Seeschlamm, wie sie noch heute in Xochimilco zu sehen sind. Baumbepflanzung, Flechtwerk und Bohlen verfestigten diese über das Wasserniveau erhöhten Chinampas und bewahrten die Kanäle vor der Verlandung.

Und dann zogen die Mexica hierher in das Binsendickicht... sie kamen, um sich niederzulassen an einem Ort mit Namen Iztacalco. Es führte sie an der Tenoch... Dann begaben sie sich mitten auf das Wasser, nach Pantitlan. Dort ließen sie sich nieder... Und dann erhoben sie sich und gingen in das Binsendickicht... dort wo es jetzt Toltzalan, Acatzalan (»Mitten in den Binsen«, »Mitten im Röhricht«) heißt. Und dann zogen los die mexikanischen Greise... Cuauhcoatl und Axolohua, der Priester, beide gingen sie los, um zu suchen, wo man sich niederlassen könnte. Und als sie aufbrachen, erblickten sie sehr wunderbare Dinge dort mitten im Röhricht, genauso wie es Huitzilopochtli vorhergesagt hatte den Gott-Trägern, seinen Vätern, dem Cuauhtlequetzqui und dem Priester Axolohua. Klar und deutlich hatte er es ihnen gesagt, alles was dort ist in den Binsen und im Röhricht. Dort wird er stehen und Wacht halten, er, Huitzilopochtli, denn mit eigenen Lippen hatte er es klar und deutlich den Mexica gesagt. Und dann erblickten sie die weiße Sumpfzypresse und die weiße Weide, die dort standen. Und weiß waren die Frösche, weiß die Fische, weiß die Schlangen, die dort im Wasser lebten... Und als sie das gesehen hatten, da weinten die alten Männer und sagten: »Deshalb wird das hier der Ort sein, denn wir haben gesehen, was uns klar und deutlich gesagt hat der Priester Huitzilopochtli...«   Crónica Mexicayotl

hin immer noch stark legendenhaft-anekdotisch geprägten Darstellungsstil in eine realitätsnähere Schilderung ein. Die folgenden eineinviertel Jahrhunderte waren erfüllt vom ungemein schnellen und kraftvollen Aufstieg der Mexica zur größten politischen Macht, die in Mesoamerika je existiert hatte. Erst kurz vor der Ankunft der Spanier kam es zu einer Stagnation, nachdem das Imperium eine Größe und Komplexität angenommen hatte, die mit den hergebrachten politischen, administrativen und militärischen Mitteln nicht mehr gesteigert, sondern nur eben noch stabilisiert werden konnte. Wie labil dieses Imperium tatsächlich war, zeigte sich bei der Eroberung durch die Spanier 1519 bis 1521, als interne Spannungen vehement aufbrachen, als Alliierte und Unterworfene bei der ersten Gelegenheit ihre Loyalität aufkündigten und sich so hastig auf die Seite der Eroberer schlugen, daß ihnen keine Chance blieb, die Tragweite ihres Handelns abzuwägen. Es wurde auch die politische Unfähigkeit offenbar, einer allerdings völlig neuartigen Gefahr angemessen zu begegnen, als beispielsweise die Tarasken ein Beistandsersuchen aus Tenochtitlán abschlugen. Die lethargische Haltung eines Herrschers wie Moteuczoma II. mag in der überwältigenden Dimension der heranrückenden Umwälzung begründet sein. Jedenfalls zerbrach das aztekische Imperium noch vor seiner Eroberung, und die Mexica waren, auf sich selbst gestellt, dem spanischen Ansturm nicht gewachsen.

Die Olmeken

D IE WIEDERENTDECKUNG der Olmeken begann 1862, als dem mexikanischen Forscher Melgar y Serrano bei Huayapan, heute Tres Zapotes, im Bereich der Golfküste ein gewaltiger Steinkopf gezeigt wurde. Da in den folgenden Jahrzehnten immer mehr ähnliche Funde ans Tageslicht kamen, darunter Kleinplastiken und Köpfchen aus gebranntem Ton, deren Ausdruck dem des Monumentalhauptes glich, wurde die Vermutung laut, es handle sich hier um eine einheitliche und bisher unbekannte Kultur hohen Alters. Nun galt es, für sie einen Namen zu finden. Dabei erinnerte man sich, daß der Historiker Bernardino de Sahagún im 16. Jahrhundert von den Olmeca Uixtotin geschrieben hatte. So bezeichneten die Azteken Gruppen, die damals am Golf von Mexiko lebten. Ihr Name wurde abgeleitet von *olli* gleich Kautschuk oder Rohgummi; diese Olmecas waren folglich die Menschen des Kautschuklandes. Weil die neuen Funde aus der gleichen Gegend stammten, übertrug man diesen Begriff einfach auf die Träger jener frühen Kultur. Daß zwischen ihnen und den Olmeken Sahagúns eine zeitliche Lücke von rund dreitausend Jahren klafft, übersah man dabei ebenso wie die Tatsache, daß eine ganze Reihe von solchen späten Olmecas, etwa die Olmeca Xicalanca, erwähnt ist, die alle nach ihrem Ausgangsgebiet so genannt werden, jedoch eine ganz unterschiedliche ethnische, kulturelle und sprachliche Identität besaßen. Schließlich löste man dieses Problem, indem man die späten Volksstämme als »historische« und jenes unbekannte frühe Volk als »archäologische« Olmeken bezeichnete. Nur von ihnen, den »Leuten von La Venta« oder »Menschen mit dem Jaguarmund«, ist im folgenden die Rede, wenn von *den* Olmeken gesprochen wird. Dabei sollte man sich stets bewußt sein, daß der notwendige Schlüssel zur Deutung ihrer so rätselhaften Werke nicht

Eines der eindrucksvollsten olmekischen Werke ist die berühmte Grünsteinplastik aus Las Limas. In den Armen einer sitzenden männlichen Figur liegt ein kindähnliches Wesen mit herabgezogenen jaguarartigen Mundwinkeln. Höhe 60 cm.   *Jalapa, Museo de Antropología*

überliefert ist. Ferner veränderte sich die olmekische Kunst im Laufe der Jahrhunderte, was auch eine Änderung der geistig-religiösen Vorstellungswelt dieses Volkes vermuten läßt. Außerdem scheint jeder neue Fund eher neue Fragen aufzuwerfen als alte Probleme zu lösen, und viele Annahmen, die bisher als gesichert galten, müssen nach den Ausgrabungen gerade der allerletzten Jahre angezweifelt werden. Zu allem Überfluß weist darüber hinaus das zur Verfügung stehende Zahlenmaterial noch erhebliche Lücken auf. So muß man neben Tatsachen nicht selten Vergleiche zu Hilfe nehmen und häufig statt klarer Aussagen lediglich verschiedene Möglichkeiten aufzählen, um einen Zugang zur Welt der Olmeken zu finden.

Die Anfänge

Über die Herkunft der Olmeken, deren Kultur bereits bei ihrem ersten zeitlichen Auftreten in Mexiko deutlich entwickelt vor uns steht, gibt es zwei völlig unterschiedliche Theorien. So nimmt ein Teil der Archäologen an, daß die Wurzeln dieses Volkes letztlich in Südamerika zu suchen seien. Hier reichen die Anfänge von Valdivia in Ecuador bis 4000 v. Chr. zurück, während Puerto Hormiga in Kolumbien etwas später entstanden sein dürfte. Von diesen Bereichen aus könnte eine Welle südwärts nach Sechín und anschließend Chavín de Huantar in Peru verlaufen und eine zweite nach Norden gegangen sein, wobei die Kultur von Chorrera in Ecuador eine Mittlerrolle gespielt haben könnte. Zwischen ihr sowie der Kultur von Ocós in Guatemala, die jedoch auch mit über zwanzig Fundplätzen in Mexiko, so in Chiapas und an der Golfküste, vertreten ist, und der Kultur der Olmeken bestehen zumindest stilistische Parallelen. Eine Herkunft dieses Volkes aus dem nördlichen Südamerika könnte bauliche Ähnlichkeiten zwischen Sechín und Tlalcozotitlán in Guerrero ebenso erklären wie Berührungspunkte in den Ideen von Chavín und La Venta.

Oben und unten: Bei Chalcatzingo erheben sich Inselberge mit rätselhaften olmekischen Felsreliefs. Manche sehen in der Szene von Monument Nr. 5 ein unbekanntes mythisches Ereignis, während andere sie als Initiation eines Schamanen deuten, der dabei von einer Wassergottheit verschlungen wird.

Rechte Seite: Die Wiederentdeckung von Tlalcozotitlán am Cerro Leon im Jahre 1982 wirft ein völlig neues Licht auf die olmekische Geschichte.

Die meisten Wissenschaftler gehen jedoch davon aus, daß sich die olmekische Zivilisation in Mexiko entwickelte. In den unwegsamen Gegenden Guerreros wie im Sumpfland an der Golfküste, wo sie sich bisher am frühesten nachweisen läßt, wurde noch viel zuwenig gegraben. Außerdem beschränkten sich die Archäologen notgedrungen meist auf die großen Zentren und hier wiederum in erster Linie auf die Freilegung der Monumentalbauten und deren näherer Umgebung. Gerade eine genaue Untersuchung kleinerer Orte könnte die notwendigen Vorstufen der olmekischen Kultur, zu deren Ausbildung es sicherlich einer Reihe von Jahrhunderten bedurft hatte, ans Tageslicht bringen.

Die großen Zentren

Im östlichen Küstenbereich Mexikos befand sich in den heutigen Bundesstaaten Tabasco und Veracruz ein weitausgedehntes olmekisches Siedlungsgebiet. Seine natürlichen Grenzen bildeten im Norden der Golf von Mexiko und im Süden die Ausläufer der Sierra de Tuxtepec sowie der Berge von Chiapas. Im Westen erstreckte es sich bis zum Río Papaloapán und im Osten bis zum Río Tonalá und nachfolgend bis zum Río Grijalva; dabei dienten die zahlreichen Wasserläufe als Handelsrouten und Transportwege.

In diesem überaus wasserreichen Gebiet des feuchtheißen tropischen Regenwaldes gewährleisteten die sehr frucht-

baren Böden vor allem im Überschwemmungsland entlang der Flußufer zwei Ernten im Jahr. Bohnen, Chilipfeffer, Jicamas, Kürbisse, Maniok, Nüsse und besonders Mais bildeten die Ernährungsbasis. Sie wurde noch erweitert durch Fischfang, wobei Meerwolf und Tarpan eine Rolle spielten, und Jagd auf Pekaris, Schildkröten und Weißwedelhirsche. Als Proteinquelle war auch der als Haustier gehaltene Hund wichtig. An Rohstoffen standen Andesite und Basalte aus den Bergen der Sierra de los Tuxtlas sowie von den Abhängen verschiedener Vulkane zur Verfügung.

Schon Jahrhunderte vor dem Auftauchen der Olmeken gab es in diesem Bereich Siedlungen. Ab der Chicharras-Phase, die gegen 1550 v. Chr. beginnt, läßt sich anhand von Keramikfragmenten in San Lorenzo am Río Chiquito, einem Nebenfluß des Río Coatzacoalcos, jenes neue Volk nachweisen. Die Forschungen von Michael D. Coe haben ergeben, daß bereits kurz darauf, zwischen 1450 und 1100 v. Chr., San Lorenzo, zu dem auch die vielleicht späteren Nebenorte Potrero Nuevo und Tenochtitlán gehörten, weshalb in der Literatur häufig auch von San Lorenzo Tenochtitlán gesprochen wird, seinen Höhepunkt erreichte. Wie andere frühe Orte dieser Zeit, etwa Cerro de las Mesas und Tres Zapotes, liegt San Lorenzo, dessen Einwohnerzahl mit nur rund tausend Menschen gering angesetzt wird, in größerer Entfernung von der Küste so erhöht, daß es von den alljährlichen Überschwemmungen

weitgehend verschont blieb. Als der Ort gegen 1100 v. Chr. verlassen oder durch fremde Eindringlinge zerstört und erst zweihundert Jahre später wieder von Olmeken besiedelt wurde, begünstigte das den Aufstieg von La Venta. Diese auf einer Erhebung im Sumpfgebiet des Río Tonalá inselartig gelegene Siedlung bildete von etwa 1000 bis 600 v. Chr. allem Anschein nach den Mittelpunkt der Golfregion, in der nach den Berechnungen von Ignacio Bernal damals rund 350000 Menschen lebten. Mehr als achtzig olmekische Zentren sind hier bisher festgestellt worden, dazu kommt eine Reihe von noch namenlosen Fundorten, die erst im letzten Jahrzehnt auf der Suche nach Erdölvorkommen entdeckt wurden.

Das dünnbesiedelte und wenig erschlossene Gebiet von Guerrero stellt dagegen auf weite Strecken archäologisches Neuland dar. In dieser von vielen Bergketten durchzogenen Region entwickelte sich die olmekische Zivilisation in der Nähe von Flüssen, unter denen Amacuzac, Atentli und Balsas-Mezcala besonders zu erwähnen sind. Kultivierbare Böden waren nur begrenzt verfügbar, weshalb man schon früh zu Terrassenanbau schritt; doch erwies sich diese Gegend buchstäblich als stein-reich. Neben Travertinvorkommen beutete man Adern mit Serpentin und anderen Grünsteinen aus. Vor allem aber suchte man nach Jade, das die Olmeken über alles schätzten und dessen Vorhandensein ein Hauptgrund für ihre Ansiedlung in diesem Bereich gewesen sein könnte; vor einigen

Jahren wurde eine solche jadeführende Schicht bei Arcelia wiederentdeckt.

Bis vor kurzem kannte man in Guerrero nur wenige olmekische Fundorte, so nahe Xochipala, wo sehr realistische Tonfiguren geborgen wurden. Besondere Beachtung fanden die Höhlenmalereien von Juxtlahuaca und Oxtotitlán, beide in der Umgebung von Chilapa, die in die Zeit des beginnenden Mittel-Präklassikums fallen. Eine einzigartige Holzmaske aus einer Höhle des Cañon de la Mano dürfte in die Jahre um 500 v. Chr. gehören. Andererseits floß ein ständiger Strom von olmekischen Kleinfunden aus diesem Bereich auf den Kunstmarkt, darunter Jadearbeiten hoher Qualität. Dadurch wurden Forscher wie Miguel Covarrubias und Carlo T. E. Gay in ihren Ansichten bestärkt, gerade hier das Herkunftsgebiet der Olmeken zu suchen, da diese nur in einer derart mineralreichen Gegend ihre Fähigkeiten der Steinbearbeitung entwickelt haben könnten.

Diese Meinung wurde 1982 nachdrücklich unterstrichen, als man südöstlich von Iguala nahe Copalillo auf die ausgedehnte Anlage von Tlalcozotitlán am Río Balsas aufmerksam wurde. Den Beginn der olmekischen Phase dieses Platzes ordnet die Leiterin der Ausgrabung, Martinez Donjuan, um etwa 1600 und ihr Ende gegen 700 v. Chr. ein. Bisher konnte sie drei unterschiedliche Bauperioden feststellen und einen Zeremonialbezirk mit zahlreichen Plattformen und Gebäuderesten freilegen. Im unteren Drittel des Hauptkomplexes erhebt sich quer zum Hang ein Tempel aus Stein, den die Archäologin auf etwa

900 v. Chr. datiert. Mit dem Fund dieses riesigen Zentrums steht schon heute fest, daß man die olmekische Geschichte völlig neu betrachten muß; die bisher übliche Sehweise unter dem ausschließlichen Primat der Golfküste kann nicht länger aufrechterhalten werden.

Die olmekischen Ausstrahlungen

Ab etwa 1300 v. Chr. läßt sich eine deutliche olmekische Einflußnahme auf weite Bereiche Mesoamerikas nachweisen. Vermutlich handelte es sich dabei gerade in den frühen Perioden weit eher um friedlichen Warenaustausch mit anderen Lokalzentren fremder Völker und später um eigene Expeditionen zu den Quellen der Rohstoffe als um eine militärische Besetzung mit Stützpunkten oder Kolonien im Sinne eines weitgespannten Reiches, das auf Handel und Tribut beruhte. Nicht außer Betracht gelassen werden darf ferner eine Führungsrolle der Olmeken als Träger einer machtvollen neuen Religion.

Als geographisches Bindeglied zwischen Golfküste und Guerrero besaß das Zentrale Hochland schon früh einen hohen Stellenwert. Olmekische Stilmerkmale lassen sich hier in einer Reihe von Orten nachweisen, so in Las Bocas, Gualupita, Tlapacoya und Tlatilco. Eine Sonderstellung nahm Chalcatzingo im heutigen Staat Morelos ein (Abb. S. 116). Dieser Ort im Bereich des Río Amatzinac, der am Fuße eines Inselberges liegt, weist eine lange Siedlungskontinuität auf. Ab der Cantera-Phase, die zwischen 800 und 600 v. Chr. eingeordnet wird, hatte offensichtlich eine olmekische Oberschicht die Herrschaft über die rund tausend Einwohner zählende Bevölkerung übernommen. Jetzt finden sich Monumentalplastiken, große Terrassen für öffentliche Bauten und die berühmten Felsreliefs (Abb. S. 116), deren Stil den Malereien der Grotten von Guerrero sehr ähnlich ist. Chalcatzingo besaß bedeutende Lagerstätten an Eisenerzen und Kaolin. Möglicherweise bildete es als Umschlagplatz für Handelsprodukte, wobei wohl Jade an der Spitze stand, einen wichtigen Partner von La Venta. Für Waffen wie Werkzeuge war der schwärzliche Obsidian von größter Bedeutung. Man weiß, daß ihn die Olmeken der Golfküste aus dem Tal von Teotihuacán und dem östlichen Puebla bezogen, während Pachuca in Hidalgo den seltenen grünen Obsidian lieferte. Zinnober kam bis aus Querétaro, Serpentin aus Puebla.

Links: Stele Nr. 3 aus La Venta stellt vielleicht den Abschluß eines Bündnisses zwischen zwei olmekischen Herrschern dar.
Villahermosa, Museo de La Venta

Rechts: Die olmekischen Kolossalhäupter sind Bilder von Herrschern oder Göttern. Monument Nr. 4 aus San Lorenzo ist 1,15 m hoch.
Jalapa, Museo de Antropología

Folgende Doppelseite: Die sechzehn Figurinen und sechs sogenannten Zeremonialklingen aus La Venta waren gemeinsam unter Lehm und Sandschichten rituell bestattet. Die Gruppierung erweckt den Eindruck einer zeremoniellen Versammlung. Jade und Serpentin, Höhe der Statuetten 16–20 cm, Höhe der Klingen 21–27 cm.
Mexiko, Museo Nacional

Auch das reiche Tal von Oaxaca, in dem sich schon sehr früh eigenständige Kulturen entwickelt hatten, wurde in das Netz olmekischer Handelsbeziehungen eingefügt. Wieweit etwa in der Phase Monte Albán I olmekischer Einfluß eine Rolle spielte, ist noch ungeklärt; jedenfalls wurde dort jetzt eine Reihe von Figurengefäßen mit deutlichen Merkmalen der Golfküste nachgewiesen. Dagegen ist umstritten, ob oder in welchem Ausmaße die gegen 850 v. Chr. entstandenen Ballspieldarstellungen von Dainzú und die 500 v. Chr. geschaffenen »Danzantes« des Monte Albán (Abb. S. 53) auf olmekischen Einfluß zurückgehen. San José Mogote bildete ein Zentrum für die Herstellung von meist konkaven Eisenerzspiegeln aus Hämatit, Ilmenit, Magnesit und Pyrit, die bis nach La Venta exportiert wurden.

Eine weitere Hauptroute für die Ausbreitung des Handels wie für olmekisches Gedankengut verlief über den Isthmus von Tehuantepec und Chiapas nach Guatemala und El Salvador. Pierre Agrinier schließt aus seinen Ausgrabungen in Mirador (Chiapas), daß hier bereits im frühen Präklassikum San Lorenzo eine Niederlassung gegründet hatte, um die hochwertigen Eisenerzvorkommen dieser Region zu kontrollieren und auszubeuten. Auf La Venta weist die Erdpyramide von San Isidro im Bereich des Mittellaufes des Río Grijalva hin. Weitere Beweise für einen längeren Aufenthalt der Olmeken in dieser Region sind die Felsreliefs von Padre Piedra, Pijijiapan und Xoc. Über

Küstenorte wie Salinas La Blanca führte der Weg weiter nach Guatemala zu den reichen Obsidianminen von El Chayal. Jade, dessen Fehlen in San Lorenzo auffällt, importierten die Menschen von La Venta aus den Minen im Tal des Río Montagua.

Die am weitesten von den großen Zentren entfernte olmekische Großplastik, die Felsskulptur von Las Victorias in El Salvador, die im Stil an La Venta erinnert, kann wegen ihres enormen Gewichtes nur hier geschaffen worden sein. Dagegen sind die zahlreichen Jadearbeiten in der Art der Golfküste, die in Costa Rica angetroffen wurden, wohl lediglich als Handelsgüter dorthin gelangt. Neben solchen Erzeugnissen aus Jade und Grünstein exportierten die Olmeken wahrscheinlich Bitumen, Federn und Federmäntel, Kakao, Kautschuk, Keramik, Meeresmuscheln sowie möglicherweise Tabak.

Das Ende der Olmeken

Schon in der Zeit des Übergangs vom Mittel- zum Spätpräklassikum und verstärkt in den folgenden Jahrhunderten nahm der olmekische Einfluß in weiten Teilen Mesoamerikas mehr und mehr ab, ohne daß die genauen Gründe dafür bekannt wären. Vielleicht erfolgte ein allmählicher Schwund der schöpferischen Kräfte, oder neue Zentren fremder Stämme blockierten erfolgreich die olmekischen Handelsrouten, wodurch die wirtschaftliche und damit auch die politische Macht dieses Volkes zurückging. Klimaveränderungen scheinen dagegen nicht aufgetreten zu sein, und die Behauptung, Seuchen hätten bei diesem Niedergang eine Rolle gespielt, läßt sich nicht beweisen. Um etwa 500 v. Chr. wurde La Venta aufgegeben; die olmekische Kulturtradition bestand zwar noch an einigen Plätzen der Golfküste weiter, doch daneben werden immer deutlicher regionale Eigenentwicklungen erkennbar. Da einige dieser neuen Lokalkulturen offensichtlich von der olmekischen abgeleitet sind, bezeichnet man sie als olmekoid oder postolmekisch. Beispiele dafür sind Abaj Takalik an der Pazifikküste und die Anfänge von Kaminaljuyú im Hochland Guatemalas. Eine Sonderstellung nimmt die Kultur von Izapa ein, die ab etwa 500 v. Chr. an der südlichen Pazifikküste Mexikos blühte. Sie verbindet olmekische Stilmerkmale mit durchaus eigenen Zügen, so in der Überlappung von Figuren und einer weit stärkeren Abstraktion. Izapa könnte, etwa in der engen Verbindung von Altar mit Stele, wie das sonst nur einmal in Chalcatzingo zu finden ist, der Mayakultur Impulse gegeben haben.

Links: Masken und helmartige Kopfbedeckungen tragende Personen halten zwerghafte Wesen mit Kopfdeformation. Die Scheibe vor der Brust stellt einen Hämatitspiegel dar. Altar Nr. 3 aus La Venta, Schmalseite Höhe 1,50 m. Villahermosa, Museo de La Venta

Rechts: Die Vorderseite des Altares Nr. 4 aus La Venta ist als Jaguarmaske gestaltet. In der Höhlung des Rachens sitzt ein Gott oder Herrscher. Die von ihm ausgehenden Seile führen zu Gefesselten auf den Schmalseiten. Villahermosa, Museo de La Venta

Die olmekische Kultur

Man geht sicherlich nicht fehl in der Annahme, daß die noch unbekannte Entwicklung der Olmeken mehrere Jahrhunderte vor 1600 v. Chr. in kleinen Dörfern begann. Für die Landwirtschaft mit den Schwerpunkten Bohnen, Kürbisse und Mais war Brandrodung unerläßlich, ferner spielte der Grabstock eine wichtige Rolle.

Zauberärzte, Häuptlinge, Herrscher

Die zentrale Persönlichkeit war in der Frühzeit wohl der Zauberarzt mit schamanistischen Zügen. Er nahm den Kontakt zur jenseitigen Welt und zu ihren mächtigen Geistwesen auf und besaß die Fähigkeit, sich dazu in Tiergestalt zu verwandeln, wie dies vermutlich eine Plastik aus Atlihuayan zeigt. Zu den magischen Riten gehörten Musik, Tänze und Kultspiele; sie hatten die Aufgabe, den inneren Zusammenhang der Gruppe zu festigen. Dabei sind menschliche, in der Regel männliche Figuren bedeutsam, die um den Hals an einer Art Schnur einen durchbrochenen, meist konkaven Eisenerzspiegel tragen. Da viele von ihnen zusätzlich Ballspielerattribute, etwa breite Hüftschoner, aufweisen, werden sie als Ballspieler oder Schamanen bezeichnet. Doch kann man beides wohl nicht voneinander trennen; denn es dürften der Zauberarzt und seine Helfer gewesen sein, die das kultische Ballspiel vorführr-

ten, bei dem der Ball die Sonnenscheibe symbolisierte. Welchen Sinn sollte ein Spiegel als Zeichen für Feuer und Sonne bei einem Ballspieler gehabt haben, wenn nicht den, seinen Träger als Medizinmann auszuweisen. Möglicherweise ging dessen Funktion als Mittler zu den übernatürlichen Mächten später auf den Häuptling über. In Chalcatzingo wurde ein Herrschergrab freigelegt, in dem der Tote einen Hämatitspiegel auf der Brust trug.

Wichtig dürfte weiter der Totemismus gewesen sein, wobei ein Individuum oder eine Gruppe ihre Abstammung auf eine Pflanze, ein Tier oder eine Naturerscheinung zurückführen, mit dem sie in einer geheimnisvollen Beziehung stehen. Dabei ist davon auszugehen, daß neben dem Kaiman, der Harpye und verschiedenen Schlangenarten der Jaguar einen hohen Rang einnahm. Vielleicht ging aus seiner Totemgruppe die spätere Führungsschicht der Olmeken hervor. Sie bildete sich, als durch den verstärkten Maisanbau, der durch zahlreiche Reibsteine und Reibschalen belegt ist, und eine bessere Nutzung des tropischen Ökosystems Überschußproduktion einsetzte, wodurch die Bevölkerungszahl steil anstieg.

Die Siedlungen

Infolge des Bevölkerungswachstums entwickelten sich aus kleinen Orten einzelne Großdörfer mit einem eigenen Tempel. Im Laufe der Zeit wurden aus einigen von ihnen

stadtähnliche Zentren. Diese besaßen Ballspielplätze und von Gebäuden umgebene Höfe für öffentliche Zeremonien. Verschiedentlich stießen die Archäologen auch auf Kanäle mit steinernen Wasserrinnen, die zu künstlichen Lagunen führten, deren Boden abgedichtet worden war. Ausgerichtet waren diese Zentren nach den Himmelsrichtungen entlang einer Achse, die ziemlich genau von Nord nach Süd verläuft, was beachtliche astronomische Kenntnisse verrät. Ihre Bauten erhoben sich auf einer künstlichen Plattform von gelegentlich riesigen Ausmaßen. So mußten allein dafür in San Lorenzo rund zehn Millionen Tonnen Erde in Körben auf den Rücken der Arbeiter herangeschleppt werden, da es ja keine Lasttiere gab. Ob die Form der Plattform zufällig war oder durch Erosion entstand, ist umstritten; manche Archäologen deuten sie als Abbild einer fliegenden Harpye oder einer gewaltigen

Jaguarmaske. Einige Hauptorte hatten eine Erdpyramide. In La Venta zeigt sie einen vermutlich rechteckigen Grundriß mit 130 auf 65 Meter Seitenlänge und eine Höhe von 34 Metern, gut 800000 Tonnen Baumaterial waren zu ihrer Auftürmung nötig. Wie die Tempel der Golfküste aussahen, weiß man nicht. Das Heiligtum von Tlalcozotitlán mißt 19 Meter Länge bei 14 Metern Breite und besitzt Wände aus sorgfältig zubehauenen großen Travertinblökken sowie eine Treppenanlage an der Stirnseite.

Im Umkreis der Kultanlagen und der Residenz- wie Verwaltungsgebäude lagen die Wohnbezirke und Werkstätten der breiten Masse der Bevölkerung, die in Tlalcozotitlán die fast unglaubliche Zahl von über 40000 Einwohnern betragen haben soll. Die Wandkonstruktion der Häuser bestand aus Flechtwerk mit Lehmbewurf, die Dächer waren mit Palmblättern gedeckt. In jedem Haus lebte eine Fami-

Links und oben: Die mandel-förmigen Augen der beiden olmekischen Masken aus Las Choapas erinnern an Asien, die Urheimat aller Indianer. Sie sind aus hellem

Jadeit gearbeitet; die linke weist Gravierungen auf, bei der rechten bedeckt eine bräunliche Patina den weißen Stein.
Jalapa, Museo de Antropología

Die Gesellschaft

Mit der Umformung des Dorfes zum Zentrum hatte sich die bisher egalitäre Gesellschaft zu einer hierarchisch geschichteten Klassengesellschaft gewandelt. An ihrer Spitze befand sich ein Häuptling oder Herrscher, der mit einiger Sicherheit auch sakrale Funktionen innehatte und seinen Thronanspruch durch die Abstammung von übernatürlichen Wesen legitimierte, wie sie etwa der Jaguar symbolisierte. Daß besonders erfolgreiche Herrscher nach ihrem Tode zu vergöttlichten Ahnen mit Schutzfunktionen erhoben wurden, ist durchaus denkbar.

Unter dem Anführer stand eine je nach Größe des Zentrums verschieden starke Oberschicht. Ihr Status hing vom Grad ihrer Verwandtschaft mit dem Herrscher und von ihrer Ahnenreihe ab. Die Machtgrundlage dieser Elite, die

lie, dabei hoben sich die Wohnungen der Oberschicht von denen des einfachen Volkes deutlich durch ihre Größe ab. Diese großen Zentren erfüllten die Rolle eines religiösen, sozialen und wirtschaftlichen Mittelpunktes; ferner waren sie Sitz einer für die damalige Zeit gewaltigen militärischen Macht, der vermutlich die Dörfer im weiten Umkreis Tribute brachten. Daß sie teilweise auf Anhöhen in leicht zu verteidigenden Flußkrümmungen angelegt waren, wie es José Louis Franco feststellte, ist ein Indiz dafür, daß mit kriegerischen Auseinandersetzungen durchaus gerechnet werden mußte.

für Verwaltung und Militär zuständig war, bildete neben dem Besitz des fruchtbarsten Landes ein hoher Anteil an Prestigegütern wie Grünstein und Jade. Die mit dem Maisanbau verbundenen Zeremonien und die Kultbauten lassen einen einflußreichen Priesterstand vermuten.

Es folgte die Schicht der handwerklichen Spezialisten, wie Baumeister, Bildhauer, Stein- und Federarbeiter, Töpfer und Vasenmaler. Die breite Masse des einfachen Volkes stellten die Arbeiter und Bauern der großen Zeremonialzentren, während die wohl rechtlosen Sklaven am Ende dieser Gesellschaftspyramide standen. Wahrscheinlich handelte es sich um stadtstaatähnliche Gemeinschaften, deren Herrscher dank ihrer unumschränkten Autorität in der Lage waren, die Massen für die Kollektivaufgaben, wie die gewaltigen öffentlichen Bauten, zu mobilisieren.

Der soziale Status zeigte sich auch in den Bestattungen und Beigaben, wie dies in Chalcatzingo David C. Grove nachweisen konnte. So enthielten die aus einfachen Gruben unter den Häusern bestehenden Gräber des Volkes keine oder nur wenige Keramiken. Lediglich die zwischen fünf und zehn Prozent ausmachende Oberschicht besaß mit Steinplatten ausgelegte Grabstätten mit reicher Keramik und etwas Jadeschmuck. Steinsarkophage oder große Grabkammern aus sorgfältig behauenen Steinen waren ausschließlich den Herrschern vorbehalten, wie dies auch für La Venta bezeugt ist. Nur ihnen wurden in Chalcatzingo und an der Golfküste reiche Jadebeigaben sowie Eisen-

erzspiegel ins Grab gelegt. Rote Farbreste in den Elite- und Herrschergräbern gehen auf die reichliche Verwendung von Zinnober zurück, das vielleicht ein Symbol für Blut und ewiges Leben darstellte.

Die Steinmonumente

Bildwerke waren für die Olmeken zum einen das wirkungsvollste Mittel, religiöse Vorstellungen sichtbar zu machen; ihre Herstellung bildete vermutlich eine mit Tabus verknüpfte rituelle Handlung, ihre Betrachtung einen Teil des Kultes. Zum zweiten hatten sie die Aufgabe, die Macht des Herrschers zu dokumentieren.

Olmekische Kunst ist mit wenigen Ausnahmen aus der Spätzeit völlig unverwechselbar. Sie ruht in einem absoluten inneren Gleichgewicht, das deutlich macht, daß man es hier mit einer ausgereiften Kultur zu tun hat, deren Schöpfer nach einem genau festgelegten Formenkanon vorgingen, wozu wiederum eine lange Entwicklungszeit erforderlich war. Tonfiguren und ganz besonders Steinskulpturen beeindrucken durch ihre Wucht, ja Monumentalität, und zwar weitgehend unabhängig von ihrer tatsächlichen Größe. Der Aufbau wirkt archaisch streng; als Grundlage dienen regelmäßige Körper wie Kuben, Prismen und Pyramiden. Die Figuren tragen häufig Jaguar-, Schlangen- und Vogelschlangenmasken. Eine am Haupt anzutreffende Einkerbung könnte auf die Kopfform des Jaguars oder der Schlange zurückgehen. Meisterhaft arbeiteten die Bildhauer aus dem harten Material die weich abgerundeten organischen Formen heraus; dabei sind die Figuren ebenso wie die Reliefs ganz der natürlichen Form des Steinblocks beziehungsweise des Felsens angepaßt.

Den weit über dreihundert Monumentalskulpturen aus Andesit, Basalt und Travertin, die überwiegend im Bereich der Golfküste gefunden wurden, kommt eine dominierende Bedeutung zu. Eine neue Bestandsaufnahme durch Beatriz de la Fuente hat ergeben, daß bei ihnen Darstellungen von Menschen die von Jaguaren bei weitem an Zahl übertreffen. Man nimmt an, daß die teilweise viele Tonnen schweren Blöcke an Ort und Stelle grob bearbeitet und dann zu den Aufstellungsorten gebracht wurden, wo man sie vollendete und möglicherweise abschließend mit Stuck überzog und bemalte. Dazwischen lag ein mühseliger Transportweg von bis zu 130 Kilometern Luftlinie, der teils über Land auf Rollen und teils auf dem Wasser mit großen Flößen bewerkstelligt wurde.

Links: Die tiermenschliche Gestalt aus La Venta zeigt wie viele olmekische Figuren eine V-förmige Einkerbung des Kopfes, die vielleicht die Kopfform des Jaguars oder von Schlangen wiedergeben soll. Die Beschädigungen sind Spuren ritueller Zerstörung.
Jalapa, Museo de Antropología

Rechts: Bei der Andesitstatue aus Cruz de Milagro ruhen die Hände des mit gekreuzten Beinen sitzenden jungen Mannes nicht auf den Beinen, wie es sonst bei olmekischen Sitzfiguren üblich ist, sondern sind in der Haltung des Jaguars auf den Boden gestützt. Höhe 1,30 m.
Jalapa, Museo de Antropología

Herrscher oder Götter?

Bei der Frage nach der Bedeutung dieser Werke sind die Archäologen vorwiegend in zwei Lager gespalten. Die einen gehen davon aus, daß man es mit Göttern zu tun habe, während die anderen in ihnen Bilder von Herrschern beziehungsweise ihrer Einsetzung sehen. In letzter Zeit setzt sich allerdings immer mehr die Überzeugung durch, daß diese Werke dem religiösen wie dem weltlichen Bereich zuzuordnen sind. Wichtigen Aufschluß könnte die Tatsache bringen, daß der größte Teil der Monumental- und teilweise auch der Kleinplastik Spuren bewußter Zerstörung zeigt, die manchmal mit fast unvorstellbarer Wucht durchgeführt worden sein muß. Einzelfiguren wurde der Kopf abgeschlagen, bei Altären und Stelen sind die Gesichtspartien ausgehauen. Da sich diese Beschädigungen während der gesamten olmekischen Periode wiederholen und die Figuren andererseits nach ihrer Verstümmelung in der Regel sorgfältig rituell bestattet wurden, kann es sich nicht, wie früher oft angenommen, um die Revolution einer unterdrückten Bauernschaft, eine feindliche Invasion oder um den Siegeszug neuer religiöser Ideen gehandelt haben. Nun hat man festgestellt, daß der Grad der Zerstörung je nach Motiv stark schwankt. Monumente, die man mehr der übernatürlichen Sphäre zurechnen könnte, wie Tiere, Menschengestalten mit Tiermasken und wohl auch die Kolossalhäupter, sind nur gering

beschädigt. Solche dagegen, die eher zum weltlichen Bereich gehören könnten, sind besonders in Mitleidenschaft gezogen worden. Dazu zählen Darstellungen, die als Herrscherbilder angesehen werden; nach dem Tode des Betreffenden wurden sie »getötet«, vielleicht, um die ihnen innewohnenden Kräfte zu bannen oder diesen den Weg ins Jenseits freizugeben. Die Tatsache, daß in Chalcatzingo in einem Herrschergrab das abgeschlagene Haupt einer solchen Statue gefunden wurde, scheint diesen eher irdischen Aspekt ebenso zu untermauern wie die in Gruppen beigesetzten Plastiken in San Lorenzo und La Venta, die als Wiedergaben der Angehörigen von Herrscherdynastien gedeutet werden.

Die bekanntesten olmekischen Werke sind die achtzehn Kolossalhäupter aus San Lorenzo, La Venta und Tres Zapotes, die auch zeitlich in dieser Reihenfolge liegen dürften. Ihr Gewicht schwankt zwischen sechs und mehr als 25 Tonnen. Dazu kommt ein kürzlich in Tlacozotitlán geborgener kleinerer Kopf. Das 65 Tonnen schwere Monumentalhaupt aus Cobata (Veracruz) ist wahrscheinlich später einzuordnen. In diesen Plastiken erscheint jeweils der gleiche ethnische Typ eines in der Regel reifen Mannes mit dicken Lippen. Neben Stirnband und Ohrgehängen trägt er einen vermutlich aus Lederriemen gefertigten Helm, wie man ihn von Ballspielern her kennt. Da sich die Ohrgehänge und die anderen Attribute jeweils deutlich voneinander unterscheiden, können die Monumental-

Links: Monument Nr. 77 von La Venta. Das Feder- oder Baumwollcape ist Zeichen hohen Ranges. Villahermosa, Museo de La Venta

Oben: Die Atlanten des Altares von Potrero Nuevo sind die frühesten Beispiele ihrer Art in Mesoamerika. Jalapa, Museo de Antropología

Häupter nicht nur einen einzigen Ahnherrn oder Gott verkörpern. Ihre Erklärung reicht von Idealbildern bis zu Darstellungen des Sonnenballes und der Köpfe geopferter und dann vergöttlichter Ballspieler. Wahrscheinlicher jedoch ist es, daß sie entweder Mitglieder von Herrscherfamilien repräsentieren oder Bildwerke von Göttern waren, deren abweichende Symbole auf ihre verschiedenen Funktionen hinweisen.

Die gleiche Problematik, ob man es mit Göttern oder Herrschern zu tun habe, wirkt noch ausgeprägter bei den bis zu 45 Tonnen schweren rechteckigen Steinblöcken, deren an den Seiten überstehendes Oberteil an eine Tischplatte erinnert und die als Altäre bezeichnet werden. In San Lorenzo und La Venta sind sie monolithisch, der Altar von Chalcatzingo dagegen setzt sich aus einzelnen behauenen Steinen zusammen. Auf der Vorderseite der Altäre der Golfküste sitzt entweder eine Figur in einer Höhle oder Nische, die ein kleines Kind in den Händen hält, während auf den Schmalseiten weitere Gestalten zwergenhafte Wesen tragen (Abb. S. 122), oder von der sitzenden Person in der Nische führen Seile zu Gefesselten an den Seiten (Abb. S. 123). Diese sind sehr überzeugend als Darstellung eines Abhängigkeitsverhältnisses, einer Un-

terwerfungsszene oder von buchstäblich verwandtschaftlichen »Banden« erklärt worden. Vom Thema her ähnlich ist eine Felsmalerei in der Grotte von Juxtlahuaca (Abb. S. 130). Vorn auf der Altarplatte sind, meist stark stilisiert, Augen und Oberkiefer eines riesigen Tieres zu erkennen, das als Erdungeheuer, Jaguar oder Schlange angesehen wird. Aus dem Rahmen fällt der Altar von Potrero Nuevo (Abb. S. 129), wo die Platte von zwergenhaften Wesen gestützt wird. Wie er weist auch der Altar von Chalcatzingo, dessen Aufstellung allem Anschein nach mit Kinderopfern verbunden war, keine Nische auf. Die Höhlen der Altäre könnten Öffnungen ins Erdinnere, aus denen Wasser und damit Fruchtbarkeit strömte, und den Eingang in die Unterwelt symbolisieren. In den Kindwesen wurde der junge Maisgott ebenso vermutet wie die Wiedergabe von Kindern, die den Göttern dargebracht wurden. Nach einer anderen Version leitet hier der als Kind gezeigte neueingesetzte Herrscher sein Recht auf die Thronnachfolge durch die Abstammung von der Unterweltsgottheit oder dem Jaguar als dem mythischen Ahnherrn ab. In diesem Zusammenhang ist einmal Altar Nr. 4 aus La Venta wichtig, wo noch die Reste eines Jaguarfelles auf der Oberseite zu erkennen sind, und zum anderen die große Felsmalerei über dem Eingang zu einer der Höhlen von Oxtotitlán. Ein prunkvoll gekleideter Herrscher mit Uhumaske sitzt auf einem Altar, der deutliche Jaguarzüge zeigt, wie auf einem gewaltigen Schamanenstuhl. Auf den großen, senkrecht

Links: Grünstein-Votivaxt aus La Venta mit Zinnoberspuren. Die flammenförmigen Augenbrauen weisen auf den Jaguar hin. Mexiko, Museo Nacional

Rechts: Auf einer Felsmalerei tief im Inneren der Grotte von Juxtlahuaca kehrt das auf Altar Nr. 4 aus La Venta (Abb. S. 123) dargestellte Thema der Abhängigkeit wieder. Von einer großen stehenden Person, die zum Zeichen ihres hohen Ranges in ein Jaguarfell gehüllt ist, führt ein Seil zu einer kleinen, am Boden kauernden Gestalt.

Rechte Seite: Gleich nach ihrer Anfertigung wurden in La Venta mehrere Masken aus Hunderten von Serpentinplatten als Massivopfer unter farbigen Lehmen begraben. Sie verkörpern ein mythisches Schlangen- beziehungsweise Jaguarwesen oder die Erdgottheit. Villahermosa, Museo de La Venta

aufgestellten Steinblöcken oder Stelen, wie sie besonders aus La Venta bekannt sind (Abb. S. 118), werden aller Wahrscheinlichkeit nach weltliche Themen behandelt.

Ein häufiges Motiv sind pathologische Fälle wie Bucklige, vielleicht, weil man diese den Göttern besonders nahe glaubte. Rätselhaft bleiben gleichsam fliegende Gestalten mit Helmen. In La Venta bargen die Archäologen einen großen Basaltsarkophag, der von einem jaguar- oder kaimanähnlichen Ungeheuer reliefartig wie schützend umgeben wird, sowie Basaltsäulen, die den heiligen Bezirk abgrenzten und an anderer Stelle als Einfriedung eines Grabes dienten. Blockhaft aufgebaute Figuren stützen sich mit beiden Händen auf einen Stab, unter dem vermutlich ein Machtsymbol zu verstehen ist.

In mehreren Darstellungen, so in San Lorenzo, Potrero Nuevo und Laguna de los Cerros sowie in Relief Nr. 4 aus Chalcatzingo, scheinen Jaguare Frauen zu überwältigen oder zu vergewaltigen. Vielleicht wird hier festgehalten, wie als Jaguare versinnbildlichte Olmeken einen fremden Stamm unterwerfen, oder es wird vorgestellt, wie die Verbindung zwischen Mensch und Jaguar erfolgte, aus der das Herrschergeschlecht dieses Volkes hervorgegangen sein soll. Eine offensichtlich sexuelle Beziehung zwischen einem halbaufgerichteten Jaguar und einem stehenden olmekischen Würdenträger hat sich auf einer Felsmalerei in Oxtotlán erhalten; auch sie könnte den Jaguar als Ahnherrn des Herrschers, dem er seine Macht gab, verkörpern. Einmalig sind bisher vier tonnenschwere Monolithe in der Form eines auf dem Kopf stehenden T mit kurzem Längsbalken, die in Tlalcozotitlán heute jeweils paarweise von den Schmalseiten des Tempels nach innen blicken. Im Relief zeigt sich je ein Jaguargesicht mit deutlich ausgearbeiteter Iris ähnlich der mancher Plastiken der Golfküste.

Viele olmekische Bildwerke tragen ein liegendes X-förmiges Zeichen oder Andreaskreuz, das von einigen Wissenschaftlern mit der Rückenzeichnung der Klapperschlange oder mit den Flecken im Jaguarfell in Verbindung gebracht wird. Eine andere häufige Glyphe in U-Form könnte das Erdinnere symbolisieren.

Öfter begegnet man in der olmekischen Kunst der Schlange. So hält eine sitzende Figur in San Lorenzo den gefiederten Kopf einer großen Boa oder einer Lanzenotter, deren Leib sich um sie windet, zwischen den Händen. Auf Monument Nr. 19 aus La Venta wird eine menschliche Gestalt mit einem Korb in der Rechten, wie ihn noch heute die Heiler mit sich führen, von einer riesigen Klapperschlange gleichsam schützend überragt. Auch Verbindungen zwischen Kaiman und Schlange kommen vor, so auf einem Relief in Chalcatzingo (Abb. S. 116).

Der kostbare grüne Stein

Waren die bisher erwähnten Werke aus Andesit, Basalt oder Travertin, so brachten es die Olmeken gerade in der Bearbeitung härtester Gesteine, wie Serpentin und vor allem Jade, zu einer später in Mesoamerika nicht wieder erreichten Meisterschaft. Jade, genauer Jadeit, hatte für sie sicherlich magische Bedeutung. Gerade solche von intensiv grüner Farbe könnte Wasser und damit Fruchtbarkeit symbolisiert haben; vielleicht sollte Jade als Grabbeigabe ein Weiterleben nach dem Tode sichern. Vorwiegend aus den von den Olmeken so hoch geachteten Gesteinen Jade, Grünstein und Serpentin bestanden die Opfergaben, die in verschiedenen Orten vergraben wurden. Sie finden sich häufig in einer bestimmten Beziehung zur Architektur, etwa entlang der Hauptachse eines Zentrums oder am Fuße einer Treppe. Dabei handelt es sich sowohl um Gegenstände, die bereits benutzt worden waren, wie Beilklingen, als auch um solche, die eigens für diese rituelle Bestattung angefertigt wurden. Manchmal nahmen diese Gaben riesige Ausmaße an, Beispiele dafür sind die Masken aus La Venta (Abb. S. 131). Aus demselben Ort stammen mehrere Massivopfer von jeweils Tausenden von Tonnen unbearbeiteter Serpentinblöcke, die in tiefen Schächten, in farbige Sande eingebettet, geborgen wurden. Die Jadeitmasken von Las Choapas standen möglicherweise mit einem Begräbniskult in Verbindung (Abb. S. 124/125). Einzigartig unter diesen Opfergaben, die vermutlich für die Erdgottheit bestimmt waren, ist die berühmte Figurengruppe Nr. 4 aus La Venta (Abb. S. 120/121).

Gefäße und Tonplastiken

Im Gebiet der Golfküste wurde infolge des hohen Säuregehaltes des Bodens und der starken Feuchtigkeit nur wenig an kompletter Keramik geborgen. Vom Zentralen Hochland dagegen kommt eine in der Regel monochrom in Braun, Orange, Schwarz und Weiß gehaltene Ware hoher Qualität. Schalen, Teller und Vasen weisen nicht selten Einritzungen mit Jaguar- und Schlangenmotiven auf oder haben einen Überzug aus Kaolin (Abb. S. 133).

Vielfach finden sich in Gräbern üppige, normalerweise geschlechtslose Tonfigürchen mit rundlichen Gesichtern als Begleiter ins Jenseits oder als Fruchtbarkeitssymbole. Bis zu 50 Zentimeter hoch sind die meist hohlen Terrakottaplastiken des sogenannten Baby-face-Typs (Abb. S. 59). Manche sehen in ihnen einfach wohlgenährte Babys oder Kinder, die dem Regengott geopfert worden waren, beziehungsweise Krankheitszüge zeigen. Andere halten sie für Regenzwerge oder Wer-Jaguare. Ferner könnten ihre nach unten gezogenen Mundwinkel sowohl auf den Jaguar als den Schutzherren der Neugeborenen seines Totems hinweisen wie auch auf das Maul der kannibalistischen Riesenkröte. Dieses Tier als die Verkörperung der alles Leben bringenden und verschlingenden Erdmutter steht nach Peter T. Furst als Wer-Kröte, als Verbindung von Riesenkröte und Mensch, hinter den Darstellungen, die man sonst als Menschen mit Jaguarzügen bezeichnet.

Die olmekischen Menschen

Aufgrund der Klima- und Bodenbedingungen haben sich an der Golfküste kaum Knochenfunde erhalten. In Chalcatzingo wurden zwar in den siebziger Jahren und in Tlalcozotitlán 1985 Skelette geborgen; bis jedoch deren Untersuchung nähere Aufschlüsse ergibt, muß man das Aussehen der Olmeken weiterhin aus den bildlichen Darstellungen ableiten. Diese geben fast immer Menschen einer einheitlichen Rasse wieder; sie sind mittelgroß, breitwüchsig und neigen gelegentlich zu Fettleibigkeit. Auf einem kurzen Hals ruht der Kopf mit rundem Gesicht und vollen Wangen. Die Lippen sind dick bis wulstig, die Mundwinkel nach unten gezogen. Nicht selten kommt Kopfdeformation vor; dabei wirkt der Schädel brettförmig abgeplattet oder birnenförmig nach oben verlängert. Vermutlich war dies ebenso ein Kennzeichen der Oberschicht wie verschiedene Arten von Zahnverstümmelung und das Durchbohren von Nasenscheidewand und Ohrläppchen zur Aufnahme von Rangabzeichen wie Schmuck. Die bärtigen Figuren mit Adlernase und schmalen Lippen könnten einen zweiten Olmekentyp verkörpern.

Götter- oder Herrscherfiguren trugen capeähnliche Feder- und Baumwollmäntel; gelegentlich deutet auch ein Jaguarfell ihren hohen Rang an. Allgemein waren Lendenschurze, Bauchbinden oder Schärpen und kurze Röcke gebräuchlich. Die Frauen trugen darüber Blusen und Tuniken. Mit Knochennadeln wurden in den kälteren Gebieten Kleidungsstücke aus Kaninchenbälgen und Hirschfellen angefertigt. Zur Körperbemalung dürften siegelförmige Zylinder aus gebranntem Ton gedient haben, die beim Abrollen Muster ergaben. Bei beiden Geschlechtern war der Kopf häufig glattrasiert.

Riten und Gottesvorstellungen

Aus den aufgefundenen Rochenstacheln, pfriemenartigen Jadegegenständen, Knochenahlen und Obsidiannadeln, mit Hilfe derer das eigene Blut abgezapft und den übernatürlichen Mächten dargebracht wurde, lassen sich mit Opfern verbundene Riten annehmen. Wenn man die Motive von einzelnen Händen und Köpfen auf Keramiken aus dem Zentralen Hochland richtig deutet, dann werden hier ebenso Menschenopfer dargestellt, wie sie bereits in der Form getöteter Kinder erwähnt wurden. Nach Knochenresten aus San Lorenzo ist selbst rituell bedingter Kannibalismus nicht auszuschließen. Kleine röhrenförmige Geräte aus Jade und Vogelknochen könnten zum Schnupfen von halluzinogenem Pulver gedient haben, um so den Weg in die jenseitige Welt anzutreten.

Wem diese Opfer und Riten galten, darüber gehen die Meinungen gerade in den letzten Jahren immer stärker auseinander. Möglicherweise hielten die Olmeken lediglich Naturgewalten wie Regen und Wasser heilig, die Fruchtbarkeit und Leben brachten. Weiterhin kann die

Verehrung von Totemtieren, vor allem von Jaguar, Kaiman und Schlange, eine große Rolle gespielt haben; aus ihr entwickelte sich dann vielleicht der Kult des Ahnherrn und daraus wieder der Glaube an einen Gott oder an mehrere Götter. Manche Archäologen nämlich sprechen von einer einzigen olmekischen Ur- oder Schöpfergottheit in verschiedenen Erscheinungsformen, während andere von einer ganzen Reihe von Göttern ausgehen, wie sie Peter David Joralemon erarbeitet hat. Danach stand der Jaguar an der Spitze eines Pantheons; oft ist er nur verschlüsselt erkennbar an den flammenförmigen Augenbrauen oder an den Krallen. Weil dieses Tier sich gerne in Höhlen aufhält, liegt seine Deutung als Herrscher der Unterwelt und damit auch Herr der Erde nahe. Die Flecken im Fell sollen Feuer und Sonne symbolisieren. Außerdem gilt er als Fruchtbarkeitsgott; Maiskolben, die aus seinem Haupteinschnitt sprießen, könnten ihn als Bringer dieser wichtigsten Nahrungspflanze vorstellen.

Neben dem Jaguar dürfte die Schlange, deren Rang meist unterbewertet wird, als Regen-, Wasser- und damit gleichfalls als Fruchtbarkeitsgottheit ähnlich große Bedeutung gehabt haben wie der Kaiman oder die Verbindung beider, ein drachenähnliches Ungeheuer. Nach Román Pina Chán entwickelte sich aus dem Verschmelzen des Jaguars, dem Symbol der Erde, mit der Schlange, als Verkörperung der irdischen Gewässer, eine Jaguar-Schlange als Vorgängerin der später so bedeutenden Vogel-Schlange. Weiter könnten Götter in Gestalt des Pumas, der Riesenkröte, der Harpye, der Ente als Wesen, das in den Elementen Erde, Luft und Wasser lebt, von Fischen, Schildkröten und anderen reptilähnlichen Wesen verehrt worden sein.

Das Erbe der Olmeken

Mit dem Erlöschen der olmekischen Zivilisation verschwand auch ein Teil ihrer religiösen Vorstellungen, ihrer Ideen und Darstellungsformen. So endet mit ihnen die überragende Stellung des Jaguars, und von nun an fehlen Basaltsäulen sowie aus Steinplatten gebildete Gräber. Verlorengegangen sind ihre Federarbeiten, Gewebe und fast alle Holzplastiken. Weder ihre Sprache noch selbst ihr Name haben sich erhalten.

Andererseits hat die olmekische Kultur befruchtend auf die nachfolgenden Kulturen eingewirkt. Dazu zählen das Konzept eines entlang einer von Nord-Süd-Achse angelegten Zentrums, die Errichtung von Pyramiden, Altären und Stelen, »bestattete« Opfergaben, das kultische Ballspiel, die Jadebearbeitung und der Brauch, den Toten Jade und Zinnober mitzugeben. Mehrere der späteren Götter, etwa die Regengottheit, könnten ebenso auf sie zurückgehen wie das Kalendersystem und die Zahlenglyphen.

Zwar läßt sich heute nicht mehr behaupten, aus der olmekischen Kultur allein hätten sich die späteren Kulturen Mesoamerikas entwickelt, aber den Rang einer der Mutterkulturen dieses Bereiches trägt sie sicherlich zu Recht.

Linke Seite: Die Statuette aus lauchgrüner Jade weist wie viele olmekische Figuren eine Kopfdeformation auf, die Arme sind bewußt verkürzt. Durchbohrungen erlaubten es ihrem Besitzer, sie als Anhänger zu tragen und so seinen hohen Status zu dokumentieren. Höhe 24,5 cm. Wien, Museum für Völkerkunde

Oben: Jadestatuette mit Hämatitspiegel aus Grab A von La Venta. Höhe 8 cm. Mexiko, Museo Nacional

Unten: Olmekische Schale mit Kaolinüberzug. Der Dekor könnte Jaguarkrallen symbolisieren. Privatsammlung

Teotihuacán

TEOTIHUACÁN liegt in einem Seitental im Nordosten des Hochbeckens, in dem jetzt das Häusermeer von Mexiko-Stadt wuchert. Mit der Kapitale durch eine neue Autobahn verbunden, ist es nun die am leichtesten zugängliche archäologische Stätte Mexikos und wahrscheinlich sogar ganz Lateinamerikas.

Teotihuacán gilt als früheste und größte vorindustrielle Stadt in der gesamten westlichen Hemisphäre. Seine enorme Ausdehnung beeindruckt auch noch heutige Besucher, die an die modernen Millionenstädte gewöhnt sind. Auf die Menschen der vorspanischen Zeit, die nur kleine Ansiedlungen kannten, muß sie jedoch überwältigend gewirkt haben.

Der Name Teotihuacán kommt aus der Sprache der Azteken, die das Tal, in dem die große Stadt einst geblüht hatte, Jahrhunderte später besiedelten. Die allerdings nicht ganz unproblematische Übersetzung »Wo die Götter wohnen« läßt ahnen, warum es nie ein vergessener Ruinenort war. Sehr wahrscheinlich wußten in vorspanischer Zeit die Bewohner des Tales von Mexiko und möglicherweise auch eines großen Teiles Mesoamerikas von Teotihuacán, das mit Sicherheit ein konstanter Faktor in ihren Mythen und in ihrer Geschichte war. Es gibt archäologische Belege dafür, daß auch nach dem Untergang der Stadt im 8. Jahrhundert bis ins 16. Jahrhundert Menschen dort gewohnt haben. Sahagún berichtet, daß die Indianer im Tal von Mexiko die Pyramiden von Teotihuacán kannten und daß sie diese sogar als Kultstätte aufsuchten. Für den Aztekenkaiser Moteuczoma II. war Teotihuacán das Sinnbild der legitimen Macht schlechthin, die er und seine Vorfahren als Neuankömmlinge auf der mesoamerikanischen Szene so verzweifelt suchten.

Perfekte Kunstfertigkeit und Reichtum wurden in Mesoamerika über Jahrhunderte mit Teotihuacán assoziiert, dessen Aura alle anderen Zentren des Klassikums überstrahlte. Die Attribute der 21 cm hohen Totenmaske mit ihrem Mosaikbesatz aus Türkis und Muschel bekräftigen den Ruhm seiner Kunsthandwerker.　　　　*Mexiko, Museo Nacional*

Teotihuacán und seine zeremonielle Funktion wurden für die spanische Krone in einem höchst anschaulichen Bericht von 1580 dokumentiert. Seither sind die alten Ruinen bekannt und staunen und rätseln Besucher aus nah und fern über die verfallenen Pyramiden. Schon bevor die archäologische Erforschung einsetzte, wurde die Stätte in Reisebeschreibungen erwähnt, so bei Alexander von Humboldt: »Die einzigen alten Monumente im Tal von Mexiko, die einem Europäer wegen ihrer Größe oder Masse ins Auge fallen, sind die Reste der beiden Pyramiden von San Juan de Teotihuacán.«

Der Aufstieg

Der Untergang der Stadt als kulturelles Zentrum ist weniger verblüffend als ihr Aufstieg. Teotihuacán liegt am nördlichen Rand Mesoamerikas und damit bereits in der Übergangszone zu dem semiariden Gebiet, das sich bis zum amerikanischen Südwesten erstreckt. Die Niederschläge sind hier so gering, daß beim Anbau von Mais und Bohnen, der Ernährungsgrundlage in Mesoamerika, stets mit Mißernten gerechnet werden muß. Eine wichtige wirtschaftliche Voraussetzung für die Entwicklung der Stadt dürfte daher die Lage an der Haupthandelsroute zwischen dem Hochtal von Mexiko und der Golfküste gewesen sein, aber sie allein kann den spektakulären Aufstieg nicht erklären. Hinzu kam, daß das Tal von Teotihuacán über einzigartige Grundwasserreserven verfügt, die einen Bewässerungsanbau ermöglichten. Eine ergiebige Quellzone befindet sich nicht weit westlich des Bereiches, in dem das früheste und zugleich gewaltigste der Großbauwerke Teotihuacáns, die Sonnenpyramide, liegt. Die durch eine Kulthöhle belegte Verehrung, die dem Platz die Anziehungskraft eines Wallfahrtsortes von überregionaler Bedeutung verlieh, dürfte nicht weniger als ihre landwirtschaftliche Nutzung zur Entstehung der Stadt um 500 v. Chr. beigetragen haben. Zu Beginn der christlichen Zeitrechnung

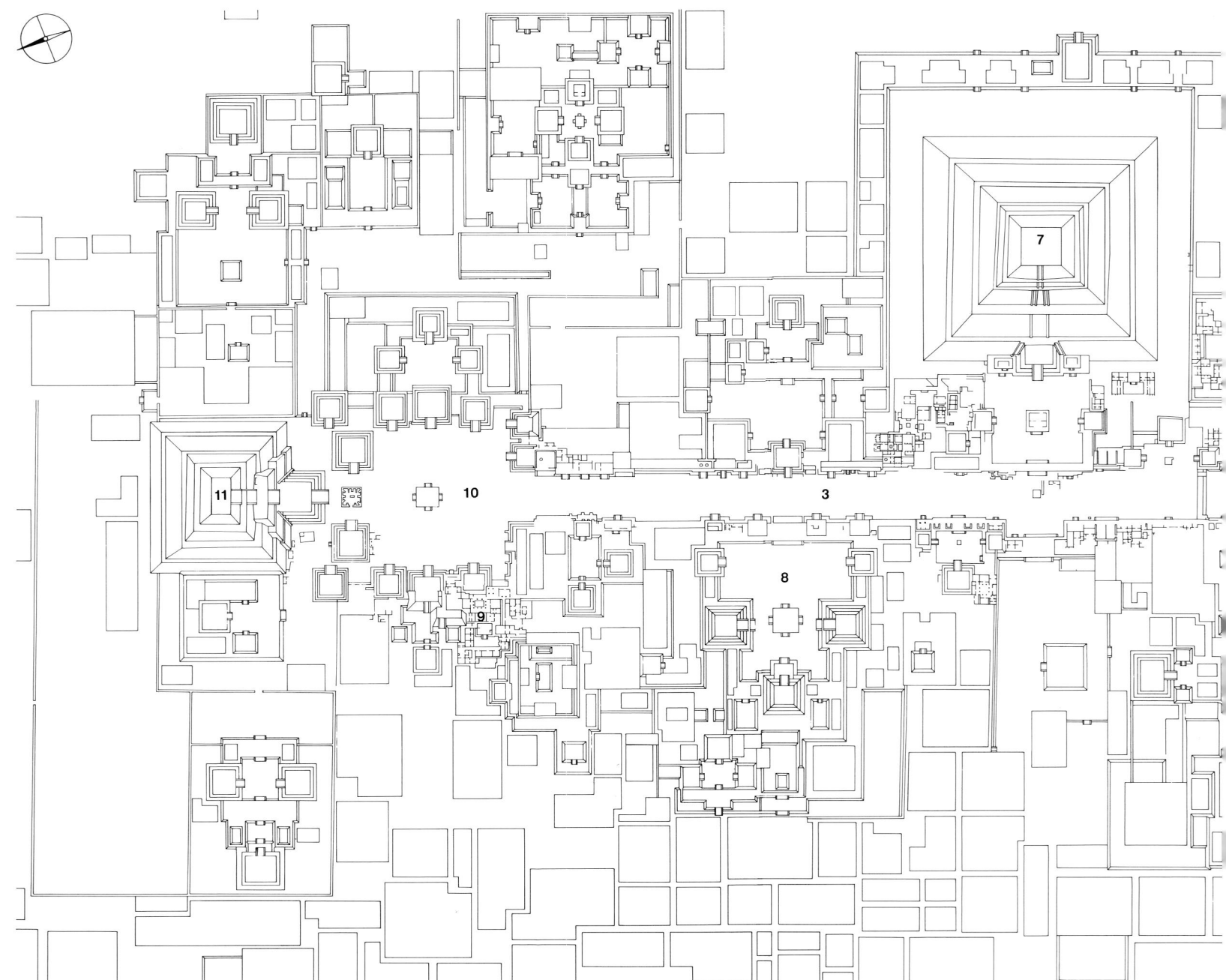

war sie zu der enormen Größe angewachsen, die sie für die nächsten sechs Jahrhunderte als Zentrum der mesoamerikanischen Zivilisation kennzeichnen sollte.

Die Stadtplanung

Teotihuacán beeindruckt nicht nur durch die Monumentalität seiner Bauten, sondern auch durch die einheitliche Planung der Stadtanlage. Das gesamte Areal von rund 25 Quadratkilometern ist durch ein Rastersystem gegliedert, dessen Hauptachse in Nordsüdrichtung 15° 30' östlich der astronomischen Nordrichtung verläuft. Dieser Ausrichtung liegt kein Himmelskörper als Orientierungspunkt zugrunde, vielmehr eine ins Auge fallende topographische Gegebenheit, nämlich der Cerro Gordo, ein mächtiger erloschener Vulkan unmittelbar nördlich der Stadt. Die Bebauung des riesigen Geländes entstand na-

türlich nicht in einem Zuge, sondern im Verlauf von Jahrhunderten. Um so erstaunlicher ist die Tatsache, daß das strenge Planungsschema so strikt eingehalten wurde.

Eine ähnlich einheitliche Struktur, wie sie das rechtwinklige Straßensystem der Stadtanlage verlieh, erhielten die einzelnen Bauten durch ein immer wiederkehrendes Fassadenschema, den sogenannten Tablero-Talud. Kennzeichnend für diese Fassadengliederung ist die horizontale Zweiteilung in einen geböschten unteren Wandabschnitt, den Talud, und einen senkrechten oberen, den Tablero, der über die Oberkante des geböschten Sockels vorkragt und von einem erhabenen Rahmen umgeben ist. Die zahlreichen Plattformen Teotihuacáns bestehen teils aus einer einzigen solchen verhältnismäßig niedrigen, langgestreckten Tablero-Talud-Konstruktion, teils wurden mehrere übereinandergesetzt und dabei nach oben jeweils zurückgestuft. Das vertiefte Feld des Tablero wurde sehr

häufig mit figürlichen Motiven bemalt und der Rahmen mit einer Bordüre aus konzentrischen Kreisen oder ähnlichen Mustern. Die Taludflächen waren mit Stuck überzogen und gewöhnlich einfarbig rot angestrichen.

Konstruktiv ist der Tablero-Talud aufgrund der Vorkragung des Tableroblockes instabil. Man muß dieser Fassadenform also eine große Bedeutung beigemessen haben, wenn man sie trotz der statischen Mängel so konsequent und dauerhaft beibehielt. Ihr ästhetischer Effekt beruht vor allem auf dem Licht-Schatten-Kontrast, den die Vorkragung und der Rahmen des Talud unter der senkrecht stehenden, intensiven tropischen Sonne bewirken. Der im Laufe eines Tages ständig sich verändernde Schattenschlag verleiht den scheinbar so eintönigen Fassaden eine unendlich abwechslungsreiche Wirkung. Diese Vielfalt auf der Grundlage unerbittlicher Einheitlichkeit war eine sichtbare Metapher des Staates von Teotihuacán.

Plan des Stadtzentrums von Teotihuacán

1 Tempel des Quetzalcoatl (Abb. S. 144)
2 Umfassungsmauer der »Ciudadela«
3 Miccaotli (»Straße der Toten«)
4 »Unterirdischer Komplex«
5 »Übereinandergesetzte Gebäude«
6 Viking-Gruppe
7 Sonnenpyramide (Abb. S. 62/63)
8 Platz der Säulen
9 Palast des Quetzalpapalotl
10 Vorhof der Mondpyramide
11 Mondpyramide

Folgende Doppelseiten: Der gewaltige Ruinenkomplex von Teotihuacán gibt noch eine Vorstellung von der kulturellen und politischen Bedeutung dieser Stadt in der klassischen Epoche. Die Planung der gesamten Stadtanlage folgte einem strengen Rasterschema. Das Kultzentrum ist entlang der Mittelachse angeordnet, welche durch die als Miccaotli oder »Straße der Toten« bezeichnete fast 2 km lange und 40 m breite Prachtstraße gebildet wird. Sie verläuft von Süden nach Norden über einen Höhenunterschied von etwa 30 m, so daß der Eindruck der Gebäude von Süden her durch die höhere Lage noch gesteigert wird. Die beiden Luftbilder zeigen den Vorhof der Mondpyramide und die Sonnenpyramide sowie die Fortsetzung der »Straße der Toten« bis zur »Ciudadela« mit dem Quetzalcoatl-Tempel.

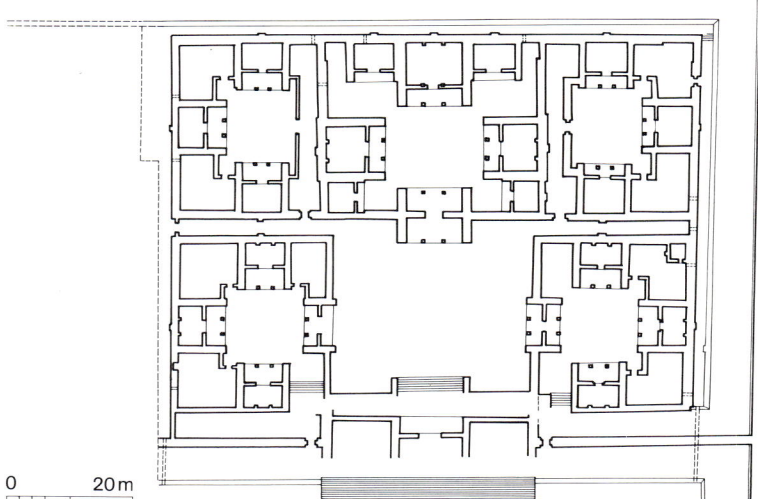

0   20m

Sehr langsam, sehr gemächlich gingen sie,
kamen dorthin nach Teotihuacán, sich zu versammeln.
Dort gaben sie sich Anweisungen,
dort errichtete man die Herrschaft.
Die, die sich zu Herren machten, waren die Weisen,
die Kenner der geheimen Dinge, die Besitzer der Überlieferung.
Dann ließen sich dort die Erstgeschaffenen nieder...
Und alle errichteten (dort) Heiligtümer, der Sonne und dem Mond,
dann errichteten sie viele kleinere Heiligtümer für das Volk.
So nannte man es Teotihuacán,
weil dort die Herrscher begraben wurden, wenn sie starben.
Dann errichtete man über ihnen Pyramiden, die jetzt noch bestehen.
Eine Pyramide ist wie ein kleiner Berg,
nur daß er von Hand gemacht ist.
Dort gibt es Gruben, aus denen sie die Steine nahmen,
mit denen sie die Pyramiden errichteten,
und so machten sie sie sehr groß,
die (Pyramiden) der Sonne und des Mondes.
Sie sind sie Berge, und es ist nicht unglaubwürdig,
daß man sagt, daß sie von Hand gemacht wurden,
weil es damals noch an vielen Orten Riesen gab...
Und sie nannten es Teotihuacán,
weil es ein Ort war, wo sie die Herrscher begruben.
Denn sie sagten: »Wenn wir sterben, sterben wir nicht wirklich,
weil wir leben, auferstehen, weiterleben, erwachen.
Das macht uns glücklich.«   Madrider Codex, folio 195r

Die Stadt war durch die Hauptachsen in vier Distrikte unterteilt und besaß außer dem monumentalen Tempelbezirk auch eine eigene Marktzone im Zentrum. Es ist möglich, daß in den verschiedenen Stadtvierteln jeweils bestimmte Bevölkerungsgruppen lebten und arbeiteten. Den Angehörigen fremder ethnischer Gruppen waren eigene Wohngebiete zugewiesen. So wurden beispielsweise Quartiere identifiziert, in denen jeweils Leute aus Oaxaca, dem Mayagebiet und Veracruz wohnten. Die Absonderung erlaubte eine bessere Kontrolle. Teotihuacán hatte also eine Obrigkeit, die das Leben in der Stadt streng regelte.

Der Zeremonialbezirk

Die meisten Forscher stimmen darin überein, daß die Bauten im Zentrum der Stadt vorwiegend für öffentliche Funktionen bestimmt waren. Der sogenannte Zeremonialbezirk erstreckt sich entlang der fast zwei Kilometer langen »Straße der Toten« (Miccaotli), die im Norden bei der Mondpyramide und dem ihr vorgelagerten Platz beginnt. Die sie säumenden Gebäude überragt die im mittleren Abschnitt sich erhebende gewaltige Sonnenpyramide. Mit einer Grundfläche von 222×225 Metern und einer

Gesamthöhe von 63 Metern ist sie eines der monumentalsten Bauwerke des Alten Amerika. Die Mondpyramide bedeckt eine Grundfläche von 150×120 Metern und erreicht eine Höhe von 42 Metern. Die oberen Plattformen der beiden Pyramiden liegen jedoch wegen des Niveauunterschiedes in gleicher Höhe.

Am Südende der »Straße der Toten« liegen zu beiden Seiten weitläufige Platzgevierte; das östliche mit rund 400 Metern Seitenlänge, in dem die Quetzalcoatl-Pyramide liegt, nannten die Spanier wegen seiner Umwallung »Ciudadela« (Zitadelle, Abb. S. 143).

Es wäre gewiß eine Vereinfachung, in dem ausgedehnten Zeremonialbezirk von Teotihuacán einen ausschließlich religiösen Angelegenheiten vorbehaltenen Bereich zu sehen. Der Archäologe René Millon, der mehr als ein Jahrzehnt lang dort geforscht hat, vermutete aufgrund seiner Beobachtungen, daß die Gebäude teilweise auch weltliche Funktionen hatten. Seine Hypothese einer Verbindung wirtschaftlicher mit sakralen und administrativen Aufgaben wurde durch den von Michael Spence 1967 im Rahmen des »Teotihuacan Mapping Project« erbrachten Nachweis von Obsidianwerkstätten in der zentralen Zone bestätigt.

Die Wohngebäude

Seit den Ausgrabungen Sigvald Linnés in Tlamimilolpán (1934) und Xolalpán (1942) findet ein Gebäudetyp Beachtung, den man als Wohnkomplex bezeichnet. Anlagen dieser Art wurden inzwischen auch in anderen Außenbezirken der Stadt ausgegraben: Tepantitla im östlichen Teil sowie Tetitla, Atetelco (Abb. S. 291) Zacuala und Yayahuala im Westen. Es handelt sich um einstöckige, Innenhöfe umschließende Häuser mit Flachdächern. In einigen von ihnen konnten Spuren häuslicher Verrichtungen wie Nahrungszubereitung und Vorratshaltung nachgewiesen werden.

Die Raumgrößen reichen von geräumigen Zimmern, die auf Bewohner von hohem Rang schließen lassen, bis zu engen Kammern, die wohl für einfache Leute bestimmt waren. Einige palastartige Wohnkomplexe besitzen Anbauten mit kleineren Räumen, in denen die Dienerschaft untergebracht gewesen sein dürfte. Bedauerlicherweise wurde noch kein archäologisches Forschungsprogramm an einer genügend großen Anzahl von Wohnbauten durchgeführt, das für Aussagen über eine Differenzierung von Status und Beruf der einstigen Bewohner ausreichende Befunde geliefert hätte.

Unser Wissen über die ursprüngliche Nutzung der Bauten von Teotihuacán beruht nämlich vor allem auf den herkömmlichen archäologischen Befunden. Augenfällige Hinweise auf die Funktion geben natürlich die Bauformen, etwa Tempelplattformen und große Baukomplexe. Für speziellere Erkenntnisse ist man jedoch auf die Interpretation der mit einem Gebäude oder einer Gebäudegruppe verbundenen Funde von Keramik und anderen Artefakten angewiesen. Sie lassen nicht nur Rückschlüsse auf die Bauzeit zu, sondern auch darauf, ob ein Gebäude Wohnzwecken oder einer sakralen Bestimmung diente; sie können weiterhin Aufschluß über den Status der einstigen Bewohner geben und vielleicht sogar über deren ethnische Zugehörigkeit. Ein Beispiel dafür ist die vor kurzem gelungene Identifizierung des sogenannten Oaxaca-Viertels im westlichen Teil der Stadt. In einem abgegrenzten Areal wurden am Boden und in Baufüllmaterial Keramiktypen von Monte Albán gefunden, außerdem eine Urne der Phase Monte Albán II a und eine zapotekische Stele. Dies legte den Schluß nahe, daß hier Leute aus Oaxaca in einem eigenen Viertel der riesigen Metropole zusammenlebten. Wie erwähnt, gab es entsprechende Quártiere auch für Bewohner aus Veracruz und dem Mayagebiet.

Gewisse Rückschlüsse erlaubt auch die ethnohistorische Analogie. So verglich William Sanders seine Maquixco-Grabung TC8 mit der von den Azteken bekannten Einrichtung der *calpulli* und vermutete, daß es zur Zeit Teotihuacáns eine ähnliche kollektive Sozialorganisation gegeben habe. Obwohl es sich um eine auf dem offenen Land gelegene, kleinere und einfachere Anlage handelt, stellte er Übereinstimmungen mit dem innerhalb des Stadtbereichs befindlichen Wohnkomplex von Yayahuala fest. Schließlich bietet die Dekoration einen Anhaltspunkt für die Interpretation der Gebäude von Teotihuacán, vor allem die Wandmalereien, die eine ergiebige Informationsquelle über die gesellschaftlichen Verhältnisse der Stadt darstellen.

Die Wandmalereien

Das alte Teotihuacán war eine prunkvolle und bunte Stadt. Wie skulptierte Stelen für die Kunst der Maya und Rundplastiken für die der Olmeken und Azteken, so sind prächtige Wandmalereien kennzeichnend für die Kunst Teotihuacáns. Alle bisher dort aufgedeckten Mauern zeigen Spuren einstiger Bemalung. Nachdem in den Jahren 1980-82 durch mexikanische Archäologen erneut Wandmalereien freigelegt wurden, und zwar aus einer bisher nur wenig belegten frühen Periode, sind nunmehr über dreihundert verschiedene Gemälde bekannt, die fast alle von den erhaltenen unteren Mauerabschnitten stammen. Aber bis jetzt wurden erst etwa fünfzig Gebäude ganz oder teilweise ausgegraben, also nur ein kleiner Teil des Baubestandes dieser Stadt, die zur Zeit ihrer größten Ausdehnung, etwa um das Jahr 650 n. Chr., größer war als das von den aurelianischen Mauern umgrenzte Rom. Die Anzahl der Wandgemälde dürfte sich einst auf Zehntausende belaufen haben. Natürlich ist es möglich, daß neue Ausgrabungen auch einmal Gebäude zum Vorschein bringen, die unbemalt waren. Heute jedenfalls macht der Besucher die ganz erstaunliche Feststellung, daß alle Wandflächen Reste früherer Bemalung aufweisen.

Als Teotihuacán seine Blütezeit als große Metropole erlebte, war Konstantinopel das Zentrum der frühmittelalterli-

Der Quetzalcoatl-Tempel ist eines der schönsten Bauwerke von Teotihuacán. Die Pyramide bestand ursprünglich aus sieben Tablero-Talud-Stufen. Die Schmuckflächen des Tablero sind mit vollplastischen Reptilienköpfen besetzt (Detailaufnahmen rechts), zwischen denen Reliefs mit Schlangenleibern und Krustentieren eingefügt sind. Die geböschten Flächen des Talud werden in ganzer Breite von gewundenen Federschlangen sowie von Wasserschnecken und Muscheln bedeckt. Reste der farbigen Bemalung sind noch erhalten. Die Darstellungen standen in enger Verbindung mit dem Kult, dem der Tempel geweiht war. Große Teile des plastischen Schmucks der Fassade und der Treppe blieben erhalten, weil sie durch einen späteren Anbau, den das Luftbild auf S. 143 zeigt, überdeckt wurden. Die erst jetzt erforschten Nord- und Südflanken der Pyramide enthielten Skulpturen, die in alter Zeit von Menschenhand zerstört worden waren, was von mexikanischen Archäologen als Indiz für zwei sich bekämpfende Priestergemeinschaften gewertet wird.

*Links: Die »Stele« aus dem Stadt-
viertel La Ventilla scheint einer der
wenigen Hinweise dafür zu sein,
daß in Teotihuacán das rituelle
Ballspiel gepflegt wurde. Die
meisterhaft aus vier verzapften
Einzelteilen komponierte Skulptur
kennzeichnete offenbar den Ziel-
punkt. Höhe 2,18 m.
Mexiko, Museo Nacional*

*Rechts: Die palastartigen Bauten
trugen in Teotihuacán eine Art
Dachzinnen. Sowohl die rechteckige Tonzinne (Höhe 70 cm) wie
auch der runde Aufsatz aus Kalzit
(Höhe 37,5 cm) zeigen das Motiv
einer wasserspeienden Gottheit. Bei
der Tonzinne strömt das Wasser auf
Pflanzen nieder.
Teotihuacán, Museum*

chen Welt. Während dort die Hagia Sophia erbaut und mit
Mosaiken ausgeschmückt wurde, entstanden hier mit
kunstvollen Wandgemälden bedeckte Tempelplattformen
und Wohnkomplexe. Die Bewohner Teotihuacáns müssen
der Wandmalerei eine außerordentliche Bedeutung beigemessen haben, wenn sie nicht nur Sakralgebäude, sondern auch Profanbauten, seien es öffentliche oder private,
Paläste oder einfachere Häuser, damit ausstatteten. Die
Bemalung reicht von einfarbigen roten Flächen bis zu viel-
farbigen Kompositionen mit komplexen figürlichen Motiven und abstrakten Ornamenten.

Während uns der Zugang zu der möglicherweise in den
Ornamenten symbolisch verschlüsselten Bedeutung fehlt,
lassen sich die figürlichen Darstellungen teilweise identifizieren. So sind Gestalten, die Schilde und Speere tragen,
leicht als Krieger zu erkennen. Bei anderen ist eine Deutung weniger einfach und nur in Analogie zu dem möglich, was wir aus der Religion späterer mesoamerikanischer Kulturen wissen, in die uns schriftliche Quellen
einen genaueren Einblick gewähren. Figuren in Netzklei-
dung, die Muschelschalen tragen, stellen beispielsweise
bei den Azteken angehende Priester dar, die in großen
Tempeln angegliederten Internaten lebten. Das Vorhandensein derartiger Bilder in Gebäuden, die sich im Umkreis von Heiligtümern befinden, läßt vermuten, daß diese
von Priesterzöglingen bewohnt waren.

Auf ähnliche Weise wurde auch der Inhalt mythischer Szenen erschlossen oder zum Beispiel erkannt, daß das berühmte Tlalocan-Gemälde die Vorstellung vom Paradies
des Regengottes wiedergibt, in das jene Verstorbene eingehen, deren Todesart in Zusammenhang mit dem Wasser
stand. Göttergestalten, die eindeutig die Merkmale des
Regengottes Tlaloc und Quetzalcoatls, der Gefiederten
Schlange, aufweisen, legen den Schluß nahe, daß diese
panmexikanischen Gottheiten bereits in Teotihuacán verehrt wurden. Problematisch bei solchen Interpretationen
ist allerdings, daß zwischen den aus schriftlichen Quellen
besser bekannten späteren Kulturen und jener von Teotihuacán eine lange Zeitspanne liegt, in der sich die Bedeutung der Motive verändert haben kann. Doch ist es wahrscheinlich, daß die Grundvorstellungen der mesoamerikanischen Religion über Jahrhunderte hinweg erhalten
blieben.

Darstellungen von Tieren mit Federkopfschmuck (Abb.
S. 148) und von Menschen mit Tierattributen lassen auf to-
temistische Vorstellungen schließen, auf den Glauben,

daß spezialisierte menschliche Funktionen, wie zum Beispiel das Priestertum, sich von der Verbindung mit Tiernumina ableiten und daß bestimmte Sippen von einem Totemtier abstammen, das ihr Schützer und Helfer ist. Dieser Totemismus, wie er etwa aus der Gemäldegruppe von Atetelco hervorgeht, war ein wichtiges Mittel, um persönliche Identität innerhalb eines riesigen anonymen Gemeinwesens zum Ausdruck zu bringen.

Die Gesellschaft

Wie die Architektur mit ihren differenzierten Gebäudeformen geben auch die Themen der Malerei deutlich zu erkennen, daß eine streng hierarchisch gegliederte Gesellschaft die Stadt bewohnte, eine Gesellschaft, deren Mitgliedern jeweils besondere Aufgaben im Rahmen der Aufrechterhaltung der geheiligten Ordnung zugewiesen waren. Die Bewohner Teotihuacáns waren durch und durch städtisch, das heißt, sie widmeten sich priesterlichen, administrativen, militärischen oder handwerklichen Tätigkeiten und überließen die Versorgung mit Nahrungsmitteln einer eigenen Klasse von Bauern, die im Umland künstlich bewässerte Felder bebauten. Eine solche auf Nahrungsimporte angewiesene Menschenansammlung war abhängig von dem Funktionieren der Organisationskräfte, die Tag für Tag das Eintreffen der erforderlichen Lebensmittel und sonstigen Güter gewährleisteten. In der Tat war in dieser Metropole das Zusammenwirken der auf verschiedene Funktionen spezialisierten Gruppen ganz auf die Fortdauer der Autorität des Systems, das die gesellschaftliche Ordnung regelte, ausgerichtet. Als es zusammenbrach, konnte eine Stadt wie Teotihuacán nicht weiterexistieren.

Das Fehlen der Schrift

Die Maya des Klassikums entwickelten als Form der Aufzeichnung von Aussagen eine Hieroglyphenschrift. In den eindrucksvollen Fundstätten im bewaldeten Tiefland von Mexiko und Guatemala kam eine große Anzahl von Inschriften zutage, die belegen, wie bedeutsam dieser Bestandteil der Mayakultur war. Zur gleichen Zeit gab es in anderen Teilen Mesoamerikas jedoch ebenso große oder noch größere Zentren, in denen nicht die Schrift zur vorherrschenden Form öffentlicher Mitteilung wurde. Teotihuacán entwickelte vielmehr seine Wandmalerei zu einem Medium, das geeignet war, in verdichteten, komplexen bildlichen Darstellungen vielschichtige Bedeutungen zu vermitteln.

George Kubler beschritt in »The Iconography of the Art of Teotihuacan« (1967) bei der Deutung der Bildsymbolik einen neuen Weg. Er erkannte, daß es sich hier um eine Kunstform handelt, die einige der Merkmale einer Schrift aufweist, und charakterisierte deren Ikonographie als Wortbilder. Kubler bedient sich eines linguistischen Modells, um die Struktur dieser Kunst und ihre inneren Zusammenhänge zu beschreiben, indem er Bilder und Zeichen mit Elementen der Sprache vergleicht und sie als Nomina, Adjektive und Verben erklärt. Er betrachtet jedoch die Problematik der Interpretation aus einem weiten Blickwinkel. Seine Methode ergibt keine präzise Erklärung bestimmter Motive, vielmehr steckt er das gesamte Feld der Kunstformen Teotihuacáns ab und schlägt ein Ordnungsschema vor, das auf immanenten Zusammenhängen beruht und nicht nur überzeugend ist, sondern sich auch für eine genauere Analyse als hilfreich erweist. Es ist ebenso falsch, die Schrift als die einzige Form aufge-

Links: Zahlreiche Innenräume der Wohnkomplexe von Teotihuacán weisen noch Reste farbenprächtiger Wandmalereien auf, bei denen Rottöne dominieren. Bei der rekonstruierten Raumdekoration von Portikus Nr. 2 des »Weißen Patio« in Atetelco zeigt der Tierfries des Sockels noch weitgehend den ursprünglichen Zustand, während von den oberen Wandabschnitten lediglich Fragmente geborgen werden konnten. Dargestellt sind Krieger.

Oben: Zwei Details aus dem berühmten Tlalocan-Gemälde in Tepantitla: Die in das Paradies des Regengottes Tlaloc eingegangenen Menschen spielen, tanzen, schwimmen und vergießen Freudentränen über ihr jenseitiges Glück. Die heiteren, lebensvoll bewegten Gestalten stehen in einem auffälligen Gegensatz zu den sonst so ernsten und in ruhiger Feierlichkeit verharrenden Menschendarstellungen des Alten Mexiko.

mente gibt einen Begriff davon, welcher Aufwand an Organisation erforderlich war, um diese gewaltigen Bauwerke, deren Überreste noch heute die Phantasie der Menschen bewegen, erfolgreich zu planen, auszuführen und zu finanzieren. Warum jedoch gab es in Tikal eine Schrift, nicht aber im zeitgleichen Teotihuacán, wenn beide Zentren gleichermaßen hochkomplexe politische Systeme entwickelt hatten? Ist es möglich, daß nicht nur die Schrift, sondern auch Bilder in deren Dienst stehen können? Über beide Arten der Mitteilung wissen wir genug, um sagen zu können, daß es ihre Aufgabe war, Manifestationen von Macht sichtbar zu machen, ein Ziel also, an dem sicherlich jedem Herrschaftssystem gelegen war. Die Tatsache, daß zwei so verschiedenartige Medien dazu eingesetzt wurden, läßt eine jeweils andere Einstellung zur Struktur und Übernahme von politischer und übernatürlicher Macht vermuten. Mit anderen Worten: Wenn Kulturen verschiedene Kommunikationsmittel verwenden, so läßt dies auf unterschiedliche politische Systeme schließen, denn die Kommunikationsarten sind die Antwort auf jeweils verschiedene Bedürfnisse, und diese wiederum verweisen auf eine besondere Struktur der Systeme, seien sie nun politischer, sozialer oder religiöser Art.

Die Bewohner von Teotihuacán wählten ein Ausdrucksmittel, das in ausgeprägtem Gegensatz zu demjenigen steht, für das sich die Tieflandmaya des Klassikums entschieden. Diese entwickelten eine Schriftform, die nach

zeichneter Information zu definieren, wie anzunehmen, daß diese in der Art, wie wir sie kennen, eine notwendige Voraussetzung für komplexe Zivilisationen sei. Wie das Beispiel Teotihuacáns zeigt, muß eine hochentwickelte politische und gesellschaftliche Organisation keineswegs grundsätzlich über ein Schriftsystem verfügen. Für Mesoamerika jedenfalls trifft es nicht zu, daß eine Verwaltung mit wachsender Komplexität zur Wahrnehmung ihrer Aufgaben in zunehmendem Maße komplexer Texte bedarf. Verglichen mit den frühen Zentren der Maya und Zapoteken scheint sich Teotihuacán nur wenig um die Entwicklung einer Schrift bemüht zu haben, obwohl die Organisation dieser Metropole mit Sicherheit ebenso vielschichtig war wie etwa die Tikals. Schon allein die Größe der Monu-

So wandten sie sich an den Toten, wenn er starb.
Wenn es ein Mann war, sprachen sie zu ihm,
riefen ihn an wie ein göttliches Wesen,
mit dem Namen des Fasans,
wenn es eine Frau war, mit dem Namen der Eule;
sie sagten zu ihnen: »Wach auf, der Himmel rötet sich schon,
schon zeigt sich die Morgenröte,
schon singen die flammenfarbenen Fasane,
die feuerfarbenen Schwalben,
schon fliegen die Schmetterlinge.«
Deshalb sagten die Alten, wer gestorben sei,
habe sich in einen Gott verwandelt.
Sie sagten: »Er ist dort zum Gott geworden, das heißt, er starb.«
Hymne, die nach der Überlieferung der Mexica
in Teotihuacán gesungen wurde.
Madrider Codex, folio 195r

Meinung der meisten heutigen Forscher teils aus Bilderschriftzeichen und teils aus Wortzeichen, Begriffszeichen und Lautzeichen besteht. Diese Merkmale weist auch das Schriftsystem der gleichzeitigen zapotekischen Kultur auf. Das klassische Teotihuacán hingegen schuf eine Form der Bildsprache, die ebenfalls geeignet war, ganze Gedankenkomplexe mitzuteilen. Während die Maya Rang und Macht ihrer Herrscher in Inschriften verkündeten, äußerte sich Teotihuacán in den Bildern seiner allgegenwärtigen Wandgemälde.

Die Ausstrahlung

Die Kriegerdarstellungen auf Wandgemälden, Gefäßen und anderen Artefakten lassen erkennen, daß der Staat von Teotihuacán keineswegs so unkriegerisch war, wie man früher annahm. In der Tat erweiterte er seinen Einflußbereich in Mesoamerika eindeutig durch militärische Macht. Auf Stelen in Tikal und Yaxhá im Mayatiefland sind Krieger aus Teotihuacán wiedergegeben, und an verschiedenen Orten des Mayagebietes finden sich Bilder von Tlaloc, dem Regengott des Hochlandes. Clara Millon hat einen besonderen Kopfputz mit herunterhängenden, horizontal angeordneten Quasten als Kennzeichen von Leuten aus Teotihuacán, die außerhalb ihres Tales auf Reisen waren, identifiziert. Gewaltsame Intervention wurde von Handelstätigkeit begleitet, eine Art der territorialen Ex-

pansion, wie wir sie von den Azteken kennen, die in vielerlei Hinsicht Erben des Staates von Teotihuacán waren.

Die Ausbreitung von Architekturformen sowie von Motiven der Skulptur und Malerei brachte Gedankengut Teotihuacáns zu den Maya und Zapoteken des Klassikums, ja selbst an so weit entfernte Orte wie Kaminaljuyú im heutigen Guatemala und in den Norden der Halbinsel Yukatan. Für eine Einschätzung der Bedeutung dieses künstlerischen Einflusses und seiner politischen und wirtschaftlichen Implikationen fehlt allerdings eine zuverlässige Chronologie der betreffenden Gebiete. Weder für Teotihuacán noch für Monte Albán ist sie beispielsweise ausreichend gesichert, um den Ursprung der Beeinflussung oder den Weg, den sie nahm, bestimmen zu können.

Einwirkungen von außen

Während der Einfluß Teotihuacáns im Mayagebiet unverkennbar ist, sind Belege für eine Beeinflussung in umgekehrter Richtung weniger bekannt, aber durchaus vorhanden. So zeigen die sogenannten »Pinturas realistas«, Fragmente von Wandgemälden, die aus Tetitla, einem der vielen Wohnkomplexe von Teotihuacán, stammen sollen, Gestalten mit den typischen Merkmalen der Maya und Mayaglyphen. Stilistisch lassen sich diese Malereien eher mit Kaminaljuyú im Hochland Guatemalas als mit der Kunst des Tieflandes verbinden.

Auch das Thema der Gemälde des Raumes Nr. 7 in Tetitla, alte Männer, die aus Muscheln hervorkommen, ist in der Mayakunst häufiger als in Teotihuacán. Das gleiche gilt von den Bärten dieser Figuren. Die Muscheln und Rahmenbordüren zeigen ein gelbliches Rot, das sonst in Teotihuacán nicht auftritt. Es ist aus einer Mischung von Hellrot und Ocker gewonnen und darf nicht verwechselt werden mit dem in der Malerei einer früheren Periode üblichen Orangerot. Solche hellen Rottöne kommen in der Mayakeramik der Tepeu-Phase häufig vor und dürften durch Handelsware in Teotihuacán bekannt geworden sein.

Auf einem Gemälde in Raum Nr. 27 von Tetitla erscheint eine Profilfigur, die mit gekreuzten Beinen sitzt, in einer Stellung also, die für Teotihuacán atypisch, für die Maya jedoch charakteristisch ist. Auch die asymmetrische Anordnung dieser Gestalt am Rand des Bildfeldes, das eine große leere Partie aufweist, erinnert mehr an die Kompositionsweise der Maya als an die Malerei Teotihuacáns, wo meist ein Horror vacui herrscht.

In den Gemälden des Portikus Nr. 26 in Tetitla schließlich ist eine Gestalt abgebildet, die durch stilisierte Wellen schwimmt und in einem Netz Meeresmuscheln sammelt. Zahlreiche weitere Darstellungen von Muscheln in Malerei und Plastik, mit Muschelmotiven verzierte Gefäße, Nachbildungen in Stein und Keramik sowie das Vorhandensein vieler echter Meeresmuscheln in Teotihuacán, das rund 400 Kilometer von der nächstgelegenen Küste entfernt ist, weisen darauf hin, daß Muscheln dort eine besondere Bedeutung besaßen. Eine in den Wandgemälden wiedergegebene Muschelform wurde als Strombus gigas identifiziert, eine Art, die in Mesoamerika nur an der Ostküste von Yukatan heimisch ist.

Da in Teotihuacán weder ein Ballspielplatz aufgefunden wurde noch die vor allem aus Veracruz und dem Mayagebiet bekannten Darstellungen von Ballspielern und Ausrüstungsgegenständen vorkommen, nahm man an, daß das mesoamerikanische rituelle Ballspiel dort nicht gepflegt wurde. Neuere Forschungen lassen jedoch vermuten, daß seine Rolle – wohl infolge des Kontaktes mit den Maya des Klassikums – bedeutender war, als es bisher den Anschein hatte. Es gibt allerdings in Teotihuacán nur zwei konkrete Hinweise. Einer davon ist die Darstellung eines Ballspieles auf einem Wandgemälde des Patio Nr. 2 von Tepantitla. Zwei auf der Seite liegende Pfosten mit einem Sockel in Tablero-Talud-Form und einer runden Bekrönung begrenzen das Feld, auf dem bewegte Figuren mit verzierten Stöcken Ball spielen. Ihr Spiel erinnert mehr an das nordamerikanische Lacrossespiel als an das, was wir als mesoamerikanisches Ballspiel mit seiner charakteristischen Spielplatzarchitektur und Spielerausrüstung kennen. Der andere Hinweis ist ein in La Ventilla gefundener echter Markierungspfosten, der jenen ähnelt, die auf dem Gemälde von Tepantitla abgebildet sind (Abb. S. 146).

Die in Teotihuacán gefundenen Figurinen auswärtiger Herkunft wurden möglicherweise aus dem Mayagebiet importiert. Bei ihrer Verbreitung, die zur Zeit untersucht wird, fällt auf, daß sie aus bestimmten Vierteln der Stadt stammen, besonders aus Tepantitla und La Ventilla. Aus La Ventilla soll auch die eine Statuette stammen, deren Kopf gegen den eines alten Mannes austauschbar ist und die eine Teotihuacán-Version einer Remojadas- oder Jainafigurine zu sein scheint.

Verfall und Untergang

Das Ende Teotihuacáns muß in engem Zusammenhang mit der Hauptattraktion und dem Hauptexport dieser Metropole gestanden haben: einer Ideologie, die zum Vorbild theokratischer Herrschaft in ganz Mesoamerika wurde. Keines der natürlichen Exportgüter, die Teotihuacán unter Kontrolle hatte, wie etwa Obsidian, kann für den außergewöhnlichen Einfluß verantwortlich gewesen sein, den die Stadt während des Früh-Klassikums in Mesoamerika ausübte. Dieser beruhte vielmehr auf der Überlegenheit seines politischen Systems. Die leistungsfähige Organisation, die sich in der Stadtplanung und der Durchführung gewaltiger Baumaßnahmen offenbart, bewirkte eine Institutionalisierung von Herrschaft, deren Grundlage die Kontrolle der ein künstliches Bewässerungssystem nutzenden landwirtschaftlichen Produktion war und die lange Zeit für einen Großteil Mesoamerikas das Modell erfolgreicher Regierung und das Machtzentrum darstellte. Aus noch ungeklärten Gründen schlug dieses exportierbare Herrschaftsmodell, das sich auf die geschickte Verbindung von landwirtschaftlichem Erfolg und angemessenem Ritual gründete, fehl oder wurde nicht mehr als erstrebenswertes Vorbild betrachtet. Wenn auch die entsprechenden Hinweise noch verschwommen sind, so hat es doch den Anschein, daß das auf Herrschergeschlechtern beruhende Regierungssystem, wie es sich nach 500 n. Chr. auf der mesoamerikanischen Szene etablierte, mit dem älteren System nicht zu vereinen war, das auf den Bodenbauzyklen beruhte und dessen Bollwerk Teotihuacán geblieben sein dürfte. Was auch immer die Gründe gewesen sein mögen, die Macht Teotihuacáns verfiel um 600 n. Chr. Doch blieb diese Stadt stets in Erinnerung als der Ort, von dem aus das alte System lange Zeit Mesoamerika beherrscht hatte. Für die späteren Kulturen wurde Teotihuacán in ähnlicher Weise zum Inbegriff vergangenen Glanzes wie für uns das klassische Griechenland.

Links: Abseits der kultischen Aktivitäten im Zeremonialzentrum pulsierte in den Wohnvierteln von Teotihuacán das alltägliche Leben, konfrontiert etwa mit so diesseitigen Fragen wie der Abwasserbeseitigung, die in dieser mit einem Kalkestrich versehenen Straße ein überdecktes Kanalsystem besorgte.

Rechts: Nur einzelne der von hohen Umfassungsmauern umgebenen quadratischen Wohnkomplexe Teotihuacáns außerhalb des Zeremonialzentrums wurden bisher freigelegt. Sie zeigen, daß die gesamte Fläche der Stadt dicht bebaut war, und lassen die hohe Bevölkerungszahl erahnen.

Die Maya

EINE SERIE gewaltiger explosionsartiger Ausbrüche des Vulkans Ilopango zerstörte mit ihren verheerenden Aschen- und Bimssteinregen um 250 n. Chr. weite Landstriche im heutigen El Salvador und im östlichen Guatemala. Auf 20 bis 40 Kubikkilometer wird der Ausstoß geschätzt, der im Umkreis von 75 Kilometern das Land tief unter Asche begrub. Auch die mittelbaren Folgen und klimatischen Auswirkungen dürften beträchtlich gewesen sein. Die Bevölkerung der näheren Umgebung mußte, soweit sie überlebt hatte, auswandern, da ihre Felder von Asche und Bimsstein bedeckt waren und sich diese Schicht erst nach Jahrzehnten chemisch in fruchtbaren Ackerboden zersetzt. Im Spät-Präklassikum und Früh-Klassikum blühende Zentren, vor allem Chalchuapa, dicht am Ausbruchsherd gelegen, aber auch Kaminalyuyú im guatemaltekischen Hochland, wurden so sehr in Mitleidenschaft gezogen, daß sie zur Bedeutungslosigkeit hinabsanken.

Der kulturelle Aufschwung im Tiefland

Im zentralen Tiefland von Yukatan wurden während dieser Zeit, die als Chicanel-Phase bezeichnet wird, die im benachbarten Hochland vorhandenen Errungenschaften übernommen und schnell weiterentwickelt. Man nimmt an, daß dabei der Zustrom von Flüchtlingen, die der Ausbruch des Ilopango vertrieben hatte, als stimulierendes Element wirkte. Insgesamt mögen etwa 30000 Menschen ausgewandert sein, von denen sicher einige tausend bis ins Tiefland vordrangen.

Yaxchilán, Türsturz Nr. 24. Der Herrscher Schild-Jaguar der Große (inthronisiert am 18. Oktober 681, gestorben am 13. Juni 742) und seine Gemahlin, Frau Xoc (gestorben am 28. März 749), führen das Opfer der Selbstkasteiung durch. Frau Xoc obliegt der schmerzhaftere Teil, indem sie sich eine dornenbewehrte Schnur durch die Zunge zieht und das Blut in einem mit Papierstreifen gefüllten Korb sammelt, während der König ein langes Räucherrohr in den Händen hält. Im hieroglyphischen Text werden die beiden mit Namen und Titeln identifiziert. London, British Museum

Welche nun waren die Errungenschaften, die diese Flüchtlinge den Tiefländern brachten und die dort weiterentwickelt wurden? Die Tiefland-Maya setzten die Konzeption der tetraederförmigen Ziegel- und Lehmpyramide mit abgeflachter Spitze und bekrönendem Tempel in steinerne Stufenpyramiden um. Auch die bisher als Holzbauten mit Palmblattdächern errichteten Tempel wurden nun meist aus Stein errichtet. Das zunächst aus Holzbalken gefügte und mit einer Zementschicht belegte Flachdach genügte jedoch nicht den statischen Ansprüchen steinerner Monumentalarchitektur. Abhilfe bot das zunächst für Grabkammern verwendete Kraggewölbe, das die Baumeister des Tieflandes schon bald dazu einsetzten, in Tempeln und Palästen die schweren Lasten mehrerer Stockwerke und massiver Dachkämme zu tragen. Außerdem entwickelten die Städteplaner der Maya eine in ihrer Konzeption zeitlose Anlage: Auf einer niedrigen rechteckigen Plattform aus Bruchsteinschüttung mit einem Zementestrich wurden an drei oder vier Seiten Pyramiden oder langgestreckte Plattformen mit Gebäuden errichtet. Diese Umbauung säumte also einen erhöhten, lediglich an einer Seite oder in den Ecken zur Umgebung sich öffnenden Platz, der durch seine Geschlossenheit und Regelmäßigkeit den Eindruck von Konzentration und Ruhe vermittelte. Im Tiefland blieb dieses architektonische Konzept fortan allgemeingültiges Schema, und zwar vom bescheidenen Gehöft auf dem Lande bis zur hochaufragenden Akropolis mit Höfen auf mehreren Ebenen in den Zentren der großen Städte.

Der flächige, in seiner Fülle barock anmutende Kunststil der postolmekischen Kulturen des Hochlandes und der Pazifikküste wurde nicht nur in monumentalen Steinskulpturen und in Stuckverzierungen von Gebäuden aufgegriffen, sondern auch in feine polychrome Vasen- und Wandmalerei umgesetzt.

Im Bereich der Kalenderwissenschaft und Wahrsagerei ergänzten die Tieflandbewohner die postolmekische Lange

Zählung um astronomische Berechnungen, die den Mond betrafen. Schließlich führten sie das Schriftsystem zu solcher Perfektion, daß jetzt grundsätzlich alle sprachlichen Äußerungen schriftlich festgehalten werden konnten. Um das zu erreichen, führten sie eigene, kaum mehr an post-olmekische Vorbilder erinnernde Zeichen und genaue Schreibregeln ein.

All diese Neuerungen und Weiterentwicklungen wären aber kaum möglich gewesen ohne Planung und Leitung durch eine Elite, in deren Wertvorstellungen Wissenschaft, Architektur und Kunst einen hohen Rang einnahmen und die auch die Macht besaß, die Produktivkräfte der Bevölkerung für diese Ziele einzusetzen. Eine solche Elite bedurfte selbstverständlich der politischen und religiösen Legitimation, um Bestand zu haben und die benötigten Mittel für ihre anspruchsvollen Vorhaben an die Hand zu bekommen. Es ist daher sicherlich kennzeichnend, daß wir mit dem Übergang zum Klassikum auch die ersten Dynastiegründungen der Maya im Tiefland fassen können. Zuerst scheint nach Aussage hieroglyphischer Inschriften und nach unserer Umrechnung um 300 n. Chr. in Tikal eine königliche Dynastie begründet worden zu sein. Andere Orte folgten im Abstand von Jahrzehnten, und nach 200 Jahren war das ganze Tiefland von einem Netz kleiner Fürstentümer überzogen. Sie alle verherrlichen ihre Könige, indem sie deren religiöse und rituelle Pflichten und manchmal sogar ihre göttliche Abstammung in Inschriften und Darstellungen auf Stelen und Wandtafeln schilderten. Im Rahmen einer aristokratischen und von Klassengrenzen geprägten Gesellschaft erstaunt es nicht, wenn diese Schrift- und Bildzeugnisse keine Auskunft über alltägliche Angelegenheiten und die einfache Bevölkerung geben.

Die Entwicklung im Norden und an der karibischen Küste

Auch das nördliche Mayagebiet erlebte in dieser Zeit eine stetige, am Ende beschleunigte Bevölkerungszunahme, mit der architektonische und technische Fortschritte einhergingen. Wir erkennen das vor allem am Anwachsen einiger Städte und an einer gesteigerten Bautätigkeit. Damals entstanden die massigen Pyramiden von Izamal und Dzilam. Sie gehören zu den umfangreichsten Bauvorhaben, die je von den Maya errichtet wurden. Izamals Hauptpyramide hat ein Volumen von etwa 300000 Kubikmetern. Die Fassaden dieser Stufenpyramiden waren ursprünglich mit überlebensgroßen Göttermasken verziert, wovon sich aber kaum eine erhalten hat. Auch andere Orte wuchsen beträchtlich. Dzibilchaltún, Acanceh und Yaxuná sind da hervorzuheben. Trotz der scheinbar ereignisarmen und stetigen Entwicklung ging es in dieser Zeit nicht immer friedlich zu. Vermutlich war besonders die Grenzzone zum südlichen Tiefland ein unruhiges Gebiet, denn dort wurden aus dieser Zeit beeindruckende Befestigungsanlagen

gefunden. In Becán war der ganze Ortskern vollständig von einer breiten Graben- und Wallanlage geschützt, deren Spuren noch deutlich erkennbar sind.

Während der äußerste Norden ziemlich isoliert und eigenständig blieb und das südliche Grenzgebiet vielleicht durch kriegerische Konflikte bewegt war, beobachten wir an der Ostküste intensive Handelskontakte zum südlichen Tiefland. Ganz Belize und Teile des heutigen mexikanischen Bundesstaates Quintana Roo lebten damals mehr nach Sitte und Tradition des Südens. Die Architektur und vor allem der Brauch, Inschriftenstelen zu errichten, beweisen das. Hier an der karibischen Küste setzte sich eine handelsorientierte und damit weltoffene Lebensform durch, die seitdem in allen Epochen der weiteren Entwicklung erkennbar bleibt. Die Ostküste ist für den Handel besonders geeignet, denn sie wird fast in ihrem ganzen Verlauf von Korallenriffen geschützt und weist zahlreiche gute Naturhäfen auf. Die Maya, die nie Seefahrer waren, konnten hier, auch ohne hochseetüchtige Boote, entlang der Küste bis zur Nordspitze Yukatans vorstoßen, und die Flußläufe des Río Ulúa, des Río Motagua, des Belize River und des Río Hondo ermöglichten es ihnen, auf diesem Wege fast direkt vom südlichen Hochland bis tief ins Innere des Petén und Belizes zu gelangen. Eine kürzlich entdeckte Kaianlage am Río Motagua in Quiriguá zeigt, daß Flußschiffahrt tatsächlich eine wichtige Rolle spielte.

Eine Zeit der Fremdbestimmung

Im Mittel-Klassikum stand ganz Mesoamerika unter dem Einfluß der Wirtschaftsgroßmacht Teotihuacán im nördlichen Hochtal von Mexiko. Wiewohl dieser Einfluß sich in unterschiedlichen Formen äußerte, war er doch überall vorhanden und oft prägend.

Kaminaljuyú und Cotzumalhuapa

Kaminaljuyú, dessen Entfaltung im Früh-Klassikum der Ausbruch des Ilopango beendet hatte, erlebte unter dem Einfluß Teotihuacáns seine zweite kulturelle Blüte. Dieser Einfluß ist in allen archäologischen Funden spürbar, und die durch ihn bewirkte Umformung erscheint so unmittelbar und intensiv, daß die Forschung eine politische oder militärische Präsenz von Teotihuacanern annimmt. Für benachbarte Orte im Hochland und an der Pazifikküste rechnet man eher mit indirektem Einfluß in Form wirt-

Die beiden Stelen aus Santa Lucía Cotzumalhuapa (Guatemala, Escuintla) stellen Riten im Zusammenhang mit dem Ballspiel dar. Auf Monument Nr. 3 (links) erhebt der Hauptspieler seine handschuhbewehrte Linke zum Sonnengott(?), der aus dem Rachen der Himmelsschlange herabstürzt. Vor ihm steht in ähnlicher Haltung ein ebenfalls für das Ballspiel gerüsteter Todesgott. Beide sind durch eine Sprechvolute verbunden. Auf Monument Nr. 1 (rechts) köpft der Ballspieler, kenntlich an seinem schweren Schutzgürtel, einen Gegner, während vier Gehilfen, zwei von ihnen Todesgötter, die Köpfe bereits Geopferter wegtragen. Berlin, Museum für Völkerkunde

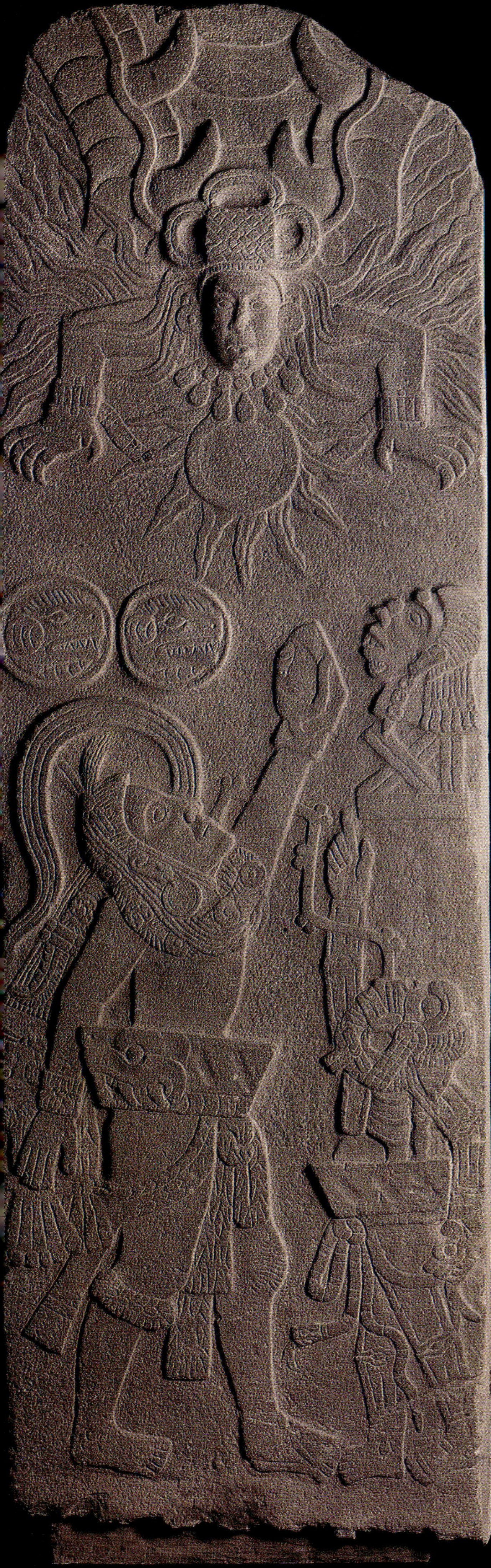
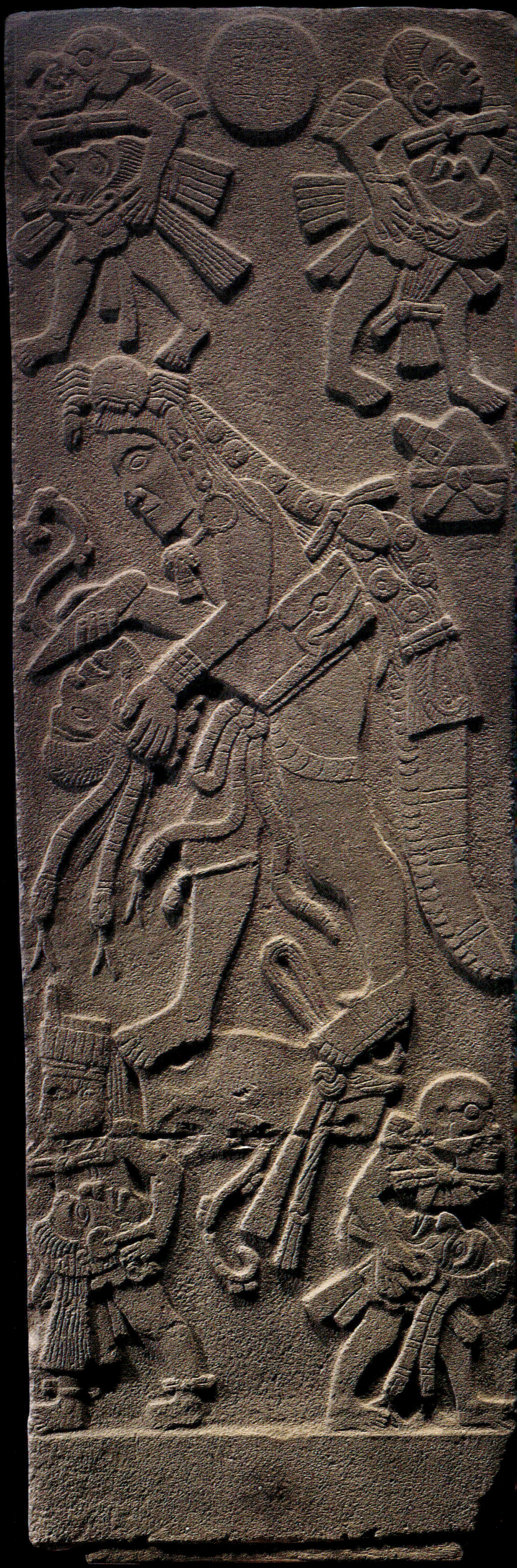

schaftlicher und kultureller Durchdringung. Eine auf diese Weise beeinflußte Region war Tiquisate, das jedoch fast nur durch Raubgrabungen bekannt wurde.

Auch bei der immer noch rätselhaften Kultur von Cotzumalhuapa nimmt man Eindringlinge aus dem Norden, die sich im Gefolge der Präsenz Teotihuacáns festsetzten, als Träger an. Vielleicht handelte es sich hierbei um die ersten sogenannten Pipil, also nahuasprechende Indianer, die sich bis zur Ankunft der Spanier in verschiedenen Wellen über das südliche Mesoamerika bis tief nach Zentralamerika ergossen haben und Stammesverwandte der späteren Tolteken und Azteken waren.

Die Kultur von Cotzumalhuapa beschränkt sich auf ein knapp 8000 Quadratkilometer umfassendes Gebiet um den gleichnamigen Ort an der pazifischen Abdachung Guatemalas (die heutigen Plantagen Bilbao, El Castillo, Las Ilusiones und Pantaleón). Sie ist durch besonders zahlreiche und zum Teil monumentale Steinskulpturen in streng wirkendem Stil charakterisiert. Auf den Flachreliefs werden oft Ballspieler vor, während oder nach dem Spiel gezeigt. Die rituelle und religiöse Bedeutung wird in den Szenen der Darreichung von geopferten Gegnern an den Sonnengott besonders deutlich. Von nun an trat das Ballspiel auch in den eigentlichen Mayakulturen stark in den Vordergrund. Jede Stadt hatte mindestens einen, oft mehrere gemauerte Ballspielplätze. In Cotzumalhuapa und den umliegenden Orten benutzte man einen hand-

großen Ball, der – ähnlich wie beim nordamerikanischen Baseball – auch mit einer handschuhgeschützten Hand aufgefangen werden durfte, also nicht nur mit Ellenbogen und Gesäß geprellt wurde, wie es später bei den Maya die Regel war.

Im Ballspiel, aber vor allem im Stil und Bildgehalt der Reliefkunst zeigt Cotzumalhuapa enge Beziehungen zur Golfküste von Zentralmexiko. Der Unterschied zu den Maya in seiner unmittelbaren Nachbarschaft wird an der ausschließlichen Verwendung von Kreisscheiben beim Zählen der Kalenderdaten augenfällig, während die Maya nur für die Zahlen 1 bis 4 Scheiben benutzten, für die Fünf aber einen Balken.

Tikal unter dem Einfluß Teotihuacáns

Die teotihuacanischen Zentren im Hochland, allen voran Kaminaljuyú, unternahmen vermutlich wirtschaftliche, diplomatische, ja vielleicht sogar militärische Vorstöße ins zentrale Tiefland. Besonders stark war der Einfluß in Tikal, aber auch in den benachbarten Städten Yaxhá, Uaxactún und dem weiter nördlich gelegenen Becán ist er nachzuweisen. Selbst noch in der weit im Norden Yukatans gelegenen Stadt Acanceh findet sich an einer der großen Pyramiden ein Stuckfries, der unverkennbar durch Teotihuacán inspiriert wurde. Ähnliches ist selbst im äußersten Osten des Mayagebietes, in Copán, zu beobachten.

Für den Archäologen, der aus Leitformen seines Fundgutes die kulturellen, wirtschaftlichen und gesellschaftlichen Zustände und Entwicklungen zu erschließen sucht, ist das frühe Mittel-Klassikum, wie wir diese Zeit nennen, in der Keramik durch orangefarbene Ware gekennzeichnet, für die zylindrische Dreibeintöpfe mit Deckel, Kännchen mit ausgearbeiteter Tülle und ausladende »Blumentöpfe« die typischen Gefäßformen sind. In der Architektur läßt vor allem die Verwendung des Talud-Tablero bei der Fassadengliederung den Einfluß Teotihuacáns erkennen. In der Bildkunst schließlich sind es die Übernahmen religiöser Vorstellungen: des Regengottes Tlaloc mit seinen kreisförmig eingefaßten Augen, des Vegetationsgottes Xipe Totec, dem die Haut eines geopferten Menschen übergestreift ist, und des göttlichen Mischwesens Quetzalcoatl, der gefiederten Klapperschlange. Auch bestimmte den Maya zuvor fremde Waffen sind für die Krieger im Dienste Teotihuacáns bezeichnend: die Speerschleuder mit den kurzen zugehörigen Pfeilen, der große rechteckige Schild und ein Plättchenhelm, der bisweilen mit Kinnschutz ausgestattet ist. Man könnte die Liste der teotihuacanischen Elemente noch beträchtlich verlängern.

Besonders aufschlußreich für die gesellschaftliche Verfassung ist die Tatsache, daß Fürsten und hochgestellten Adligen offenbar über die Grenzen der Stadtstaaten hinaus der gleiche Totenkult zuteil wurde: In einem Grab in Kaminaljuyú, in mehreren reichen Gräbern Tikals und in

Linke Seite: Das als Bau E VII-Sub bezeichnete Gebäude in Uaxactún ist der erste von Archäologen vollständig ausgegrabene und restaurierte frühklassische Tempel im Mayagebiet. Die bescheidene Größe erklärt sich aus seiner frühen Zeitstellung.

Oben: Edzná, das fünfstöckige Gebäude. Die zahlreichen Eingänge auf allen fünf Stockwerken erwecken den Eindruck eines Wohnkomplexes mit Raum für viele Familien. Der Eindruck täuscht. Jeder Eingang führt nur zu einem schmalen querliegenden Raum,

während der Kern des Gebäudes, wie bei anderen Tempelbauten der Maya, massiv und nicht für Räume genutzt ist.

Folgende Doppelseite: Tikal. Blick von Tempel I über den zentralen Stelenhof auf den wesentlich kleineren Tempel II. Rechts erkennt man die Anfänge der Nordakropolis. Im Hintergrund, mit ihren Dachkämmen den Urwald überragend, sind Tempel III und IV zu sehen. Letzterer ist einer der massigsten und höchsten Tempelbauten der Maya. Vom Boden bis zum Grat seines Dachkammes mißt er 65 m.

dem unter dem Namen El Brujo (Der Zauberer) bekannten Grab in Copán sind die Formen der Bestattung und die Beigaben so ähnlich, daß eine kosmopolitische Kultur der Herrscherschicht erkennbar wird.

Das Ende der Vorherrschaft Teotihuacáns

Das Mayagebiet war schließlich in eine so große wirtschaftliche und in einigen Regionen wohl auch politische Abhängigkeit von Teotihuacán geraten, daß die führenden Mayastädte in eine schwere wirtschaftliche und politische Krise gerieten, als Teotihuacán sich infolge von Schwierig-

*Links: Tikal. Blick auf die Zentral-
akropolis, die den Stelenhof zwischen Tempel I und II im Süden
begrenzt.*

*Rechts: Tikal. Blick von Tempel I
auf die Nordakropolis. Die hier
sichtbaren, in den sechziger Jahren
restaurierten Gebäude entsprechen
etwa dem Zustand der Zeit um 800,
als Kultur und Baukunst in Tikal
ihren Höhepunkt erreicht hatten.
Derartige dichtbebaute, aus Palästen, kleinen Tempeln, Höfen auf
verschiedenen Ebenen und verbindenden Treppenfluchten bestehende*

*Akropoliskomplexe waren wahr-
scheinlich Wohn- und Aktivitäts-
zonen der Herrscher, des hohen
Klerus' und der Zentralverwaltung.*

*Unten: Tikal. Grundriß der Paläste
und Höfe der Zentralakropolis.*

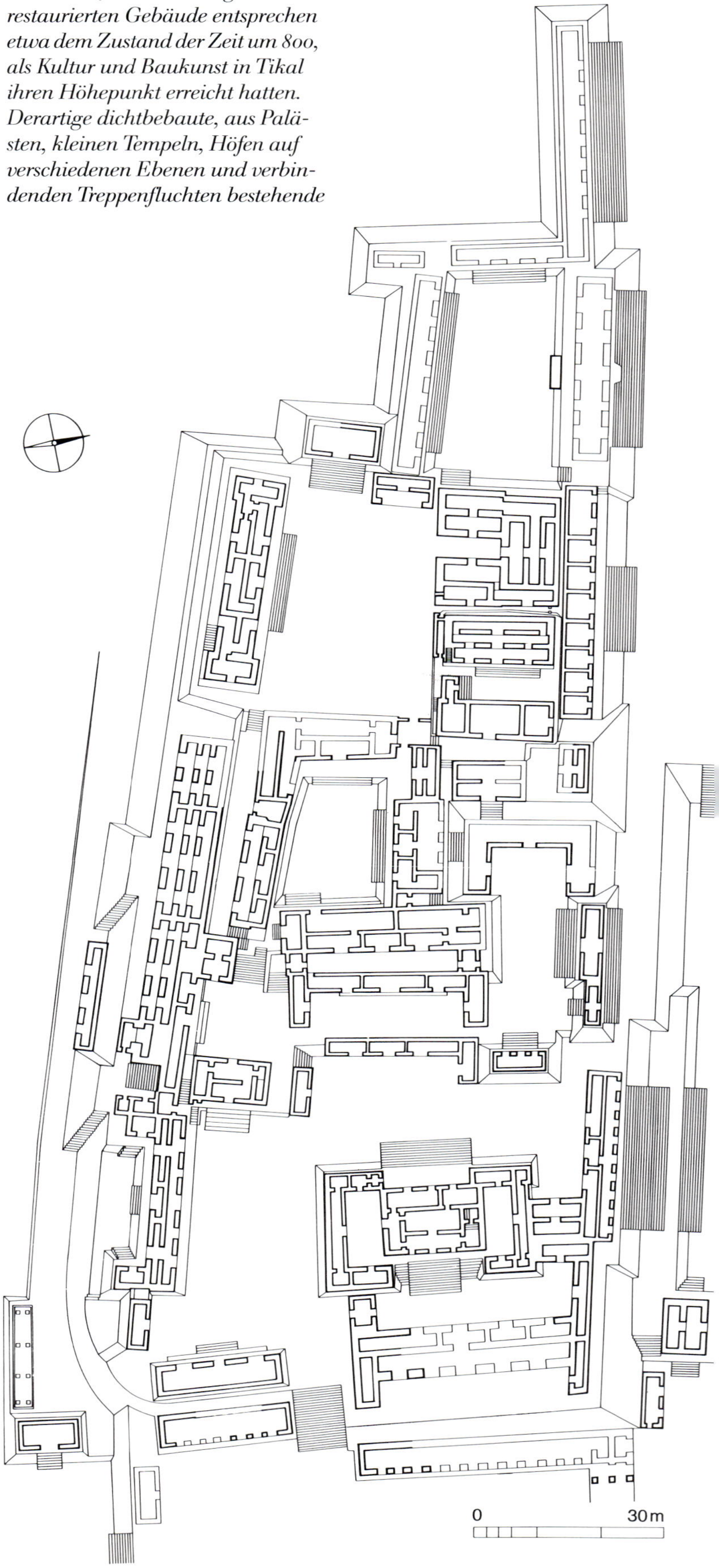

keiten in seinem Kerngebiet aus den südlichen Vorposten
zurückziehen mußte. Die Archäologen nennen diese Krise
den »Hiatus« (Kluft), denn man konnte sie zunächst vor
allem am Rückgang oder am fast gänzlichen Fehlen von
Inschriften während der Zeitspanne zwischen 535 und
610 n. Chr. fassen. Erst später wurde der ursächliche Zusammenhang dieses Phänomens mit dem Niedergang
Teotihuacáns erkannt.

Wenn die Dynastien im Tiefland nach dem Vorbild der
Herrscher von Teotihuacán begründet oder sogar direkt
durch sie eingesetzt worden waren, mußte der Zusammenbruch dieser Großmacht in der Tat auch jene erschüt-
tern. Dies mag der Grund für das plötzliche Aufhören des
öffentlichen Herrscherkultes in Form von Stelen gewesen
sein. Gleichzeitig dürfte es zum Erliegen des bisher von
Teotihuacán beherrschten Fernhandels auf den Routen
von Zentralmexiko über das Mayahochland ins Tiefland
gekommen sein, die wohl nur allmählich und mit Mühe
durch nördlich davon verlaufende Handelswege ersetzt
werden konnten. Welche Folgen aber ein Zusammenbruch des Fernhandels haben mußte, wird ersichtlich,
wenn man bedenkt, wie sehr die Tieflandbewohner von
der Bäuerin bis zum Fürsten von eingeführten Rohstoffen
und Fertigwaren abhängig waren: Reibsteine aus Basalt
zum Maismahlen mußten ebenso wie Jadeperlen für den
Körperschmuck und Quetzalfedern für Fest- und Kriegs-
trachten aus dem Hochland importiert werden. Trotzdem

0   30m

ist noch nicht endgültig geklärt, wie eine so große und wirtschaftlich so prosperierende Region wie das Mayagebiet von den fernen Ereignissen in Zentralmexiko so nachhaltig betroffen werden konnte.

Die Blütezeit der Mayakultur

Als die Mayastädte um 600 n. Chr. die Krise überwunden hatten, war der ehemals so starke Einfluß Teotihuacáns völlig verschwunden. Nun wieder auf sich selbst gestellt, brachten sie im Spät-Klassikum ihre Kultur in allen Bereichen zu neuer Entfaltung und Blüte.

Stadt und Land

Die klassische Mayakultur gründete auf einer vielfältigen Wechselbeziehung zwischen den städtischen Zentren und dem Land. Extensive Landwirtschaft tendiert dazu, die bäuerliche Bevölkerung gleichmäßig über das ganze Land zu verteilen. Herrschaft und Staatsbürokratie zeigen jedoch das Bestreben, den Handel, vor allem den Fernhandel, durch Märkte in den Städten zu konzentrieren und zu kontrollieren. Ein weiteres Mittel der Integration waren die Feste und vielleicht auch ein zeitweiliger Dienst am Hof sowie die umfangreiche Bautätigkeit, zu der sicherlich die Bauernbevölkerung herangezogen wurde. Ob es außerdem eine ideologisch und im zivilisatorischen Ni-

veau begründete unbeabsichtigte Sogwirkung der Metropolen auf die Landbevölkerung gab, ist ungeklärt. Sicher aber ist, daß am Ende des Klassikums die Wohnbevölkerung in den Zentren so zunahm, daß man geradezu von Wohnungsnot sprechen kann.

Bauern und Handwerker

Das Fundament der Gesellschaft bildete eine breite Schicht Nahrung erzeugender Bauern. Bisher nahm man an, daß der Brandrodungsfeldbau von Mais, Bohnen und Kürbissen die Ernährung sicherte. Dieses sogenannte Milpasystem erfordert jedoch eine lange regenerative Brache und ist in seiner Einförmigkeit nicht für alle Umweltbedingungen gleich gut geeignet. Neuere agrargeographische Forschungen haben ergeben, daß die Palette der angebauten Früchte keineswegs auf Mais, Bohnen und Kürbisse beschränkt war, sondern auch Süßkartoffeln, Yucca, Kakao, Aguacate, Ramónnüsse, Tomaten und vieles andere umfaßte. Außerdem konnten vom Milpasystem sehr verschiedene Anbauverfahren bis hin zu Formen künstlicher Be- und Entwässerung archäologisch nachgewiesen werden: Durch Kanäle bewässerte Felder, aufgeschüttete Beete in Überschwemmungsgebieten, Terrassenfelder in Hanglagen und Staudämme sowie tropische Gartenwirtschaft und Fischteiche spielten in den für sie jeweils geeigneten Gegenden neben dem Milpasystem, das heute im

Mayagebiet überwiegt, eine wichtige Rolle. Auf diese Weise konnten das Land intensiver genutzt und der Nahrungsmittelbedarf der anwachsenden Bevölkerung befriedigt werden.

Die Bauern lebten in der Nähe der Felder über das ganze Land verstreut in kleinen gehöftartigen Anwesen. Diese bestanden aus einfachen Holzhäusern mit Blätterdächern, die zum Schutz vor Überschwemmungen während der Regenzeit auf niedrigen Warften errichtet wurden. Jedes Gehöft umfaßte mehrere Wohnhäuser, die eine Großfamilie unter patriarchalischer Führung beherbergten, sowie das eine oder andere Wirtschaftsgebäude. Obwohl sie sich weitab von den politischen und künstlerischen Zentren befanden, nahmen die Bauern doch auch teil am städtischen Luxus. Es ist jedenfalls unberechtigt, sie als einen materiell ärmlichen Stand anzusehen, denn häufig werden in den Resten ihrer Anwesen schöne polychrome Haushaltsgeschirre gefunden.

Balam Quitzé also, Balam Acab, Mahucutah und Iki Balam weilten zusammen auf dem Berge mit ihren Frauen und Kindern, als alle Krieger und Menschentöter kamen. Nicht nur 16000 oder 24000 Stammes(krieger waren es). Sie füllten mit Menschen den Raum rund um die Stadt. Sie sind mit Pfeilen und Schilden ausgerüstet. Sie schrien aus voller Lunge, sie riefen, sie brüllten, sie lärmten, sie pfiffen durch die Finger, als sie unten gegen die Stadtmauer herandrängten.

Jedoch das gab es nicht, daß die Herren der Gottesfurcht und Kasteiung sich gefürchtet hätten: Sie schauten nur aufmerksam zu vom Rande des Bollwerks, wo sie mit ihren Frauen und Kindern in Reihen standen. Ganz gelassen war ihr Herz auf Taten und drohende Worte gegenüber den Stämmen gerichtet.

Die nun stiegen an der Vorderseite des Berges hinan. Und nur noch wenig fehlte, daß sie sich über die Stadtmauern geworfen hätten. Jetzt aber wurden die Deckel der Kalebassen gelüftet, der vier, die in der Stadt waren. Da kamen die Hornissen und Wespen heraus. Wie Rauch war es, was aus dem Innern einer jeder Kalebasse herauskam. Alsbald wurden die Krieger von den Tieren erledigt. Die hefteten sich fest auf ihre Augen und hefteten sich fest auf ihre Nasen, auf ihre Münder, auf ihre Beine, auf ihre Arme. Überall sind Hornissen und Wespen. Die setzten sich weiter fest und zerstachen ihnen die Augen. Alle diese wütenden Tiere stürzten sich herab, hinter jedem der einzelnen Männer her. Betäubt wurden sie von den Hornissen und Wespen. Sie konnten ihre Pfeile und Schilde nicht mehr halten. Gelähmt lagen sie in Massen auf dem Erdboden umher. Sie streckten sich lang hin und fielen den Berg hinab.

Danach merkten sie gar nicht mehr, daß mit Pfeilen auf sie geschossen, mit Äxten auf sie eingeschlagen wurde. Nur Holzknüttel benutzten schließlich Balam Quitzé und Balam Acab. Und es kam dazu, daß ihre Frauen auch Menschentöter wurden...

Alle Stämme ergriffen die Flucht. Doch die sie als erste zu fassen kriegten, wurden erledigt, wurden getötet. Und es waren wahrlich nicht wenige Leute, die da starben... Keine Mannestat vollbrachten sie: Ohne Pfeil und Schild (gebraucht zu haben) kamen sie um. So wurden die Stämme alle unterjocht.

Ja, die Stämme demütigten sich wieder vor dem Angesicht von Balam Quitzé, Balam Acab und Mahucutah: »Erbarmt euch unser, ach, daß wir doch nicht stürben!« sprachen sie.

»Wohlan, eigentlich seid ihr des Todes. Doch es geschehe, daß ihr Fronknechte seid, solange die Sonne wandert, das Licht wandert.« Das wurde ihnen gesagt.

Auf diese Weise wurden alle Stämme von unseren Ahnmüttern und Ahnvätern überwältigt. Hier geschah es, auf der Höhe des Berges Hacavitz, wie er noch heute genannt wird. Hier wurden sie zuerst umsorgt, hier vermehrten sie sich, breiteten sie sich aus, zeugten sie Kinder, gebährten sie Kinder, auf dem Gipfel des Hacavitz. Und sie freuten sich gar sehr... daß sie alle Stämme vollkommen in ihre Gewalt brachten.

Bericht über die Schlacht am Berg Hacavitz im »Popol Vuh«

Links: Türsturz aus Gebäude Nr. 12 in Yaxchilán in der von Epigraphikern bevorzugten Art der Umzeichnung. Dieser Türsturz wurde erst vor wenigen Jahren von mexikanischen Archäologen entdeckt und 1985 von einer Berliner Expedition dokumentiert und entziffert. Er erweitert unser Wissen mit einem Schlag um die ersten vier Herrscher von Yaxchilán, die mit ihren Titeln als »Tempelherren« und mit ihren Kriegstaten aufgezählt werden. Es sind in A2 Penis-Jaguar, in B7 und A8 Sonnengott-Jaguar, in C4 Vogel-Jaguar I. und in D8 Schädel I. Diese Namen sind vorläufig und beschreiben die Hieroglyphen eher, als daß sie Übersetzungen der wirklichen Mayanamen sind. Viele Namen dieser ersten vier Herrscher wurden über Jahrhunderte hin in der Dynastie von Yaxchilán vererbt, so daß die Forschung, wie man es bei altweltlichen Herrschergeschlechtern auch tut, gleichnamige Könige durch beigefügte römische Zahlen oder Zusätze wie »der Große« unterscheidet.

Rechts: Der Eingangsbereich des Zentrums von Yaxchilán. Die hellen Mauern wurden erst in den letzten Jahren freigelegt.

Mit den Bauern am unteren Ende der gesellschaftlichen Rangordnung standen vielleicht die einfachen Handwerker, wie zum Beispiel unspezialisierte Töpfer und Bauarbeiter, während die qualifizierten Kunsthandwerker, also Maler, Stukkateure, Steinmetzen, Schmuck- und Kleidermacher für den gehobenen Bedarf, vermutlich einen höheren Rang einnahmen. Welche vielfältigen kunsthandwerklichen Produkte für die angemessene Ausstattung der Elite nötig waren, zeigt die Palastszene einer Vasenbemalung (Abb. 176).

Paläste und ihre Bewohner

Eine gehobene Mittelschicht bildeten die Angehörigen der weltlichen und religiösen Verwaltung, die wir uns als Tempeldiener, Wahrsagepriester, Buchhalter oder Steuereinnehmer vorzustellen haben. Sie wohnten, wenn es ihre Dienstpflichten nicht anders verlangten, im näheren Um-

kreis der Stadtzentren in palastartigen, aus Stein gemauerten Häusern.

Solche von den Archäologen als Paläste bezeichneten Wohnbauten waren auf einer niedrigen Plattform errichtete, langgestreckte und meist einstöckige Gebäude. Einer der Langseiten war ein Hof vorgelagert, von dem eine breite Freitreppe zu den Eingängen der Räume führte. Diese waren mit Vorhängen zu verschließen, wie aus Seilhaltevorrichtungen an den Laibungen ersichtlich ist. Holztüren kannten die mesoamerikanischen Indianer nämlich nicht. Die Räume hatten keine Fenster, allenfalls kleine Mauernischen. In den steilen Kraggewölben befanden sich Querbalken, die zum Aufhängen von allerlei Dingen dienten. Ansonsten waren meist an den Rück- und Seitenwänden breite Sitz- und Schlafbänke angebracht. In der Mehrzahl werden diese Räume wohl Schlafkammern gewesen sein. Das tägliche Leben spielte sich nicht dort, sondern vor dem Haus auf der Plattform und im Hof

ab. Auch gekocht wurde meist im Freien oder unter einfachen, luftigen Strohschutzdächern. Spezialisierte Räume oder Gebäude, wie man sie in einer Hochkultur für die wohlhabenderen Schichten erwartet, gab es hier kaum. Schwitzbäder mit Kanalisation für den Wasserzu- und -abfluß und die bereits erwähnten Ballspielplätze sind die einzigen als solche deutlich erkennbaren Spezialbauten, die sich in den größeren Zentren finden.

Der Adel

Die zahlenmäßig kleinste, politisch aber maßgebende Schicht war der untereinander versippte Hochadel, dem man wohl nur durch Geburt oder Einheirat angehören konnte. Ihm entstammten die Könige der Stadtstaaten, die Statthalter untergeordneter Städte und der höhere Klerus.

Der Hochadel verfügte über eine große Schar vor allem weiblicher Palastbediensteter, hin und wieder auch über einen Hofzwerg, wie uns in Wand- und Vasenmalereien gezeigt wird.

Die Streusiedlungsweise brachte es mit sich, daß auch Mitglieder des Adels zum Teil weitab von den städtischen Machtzentren wohnten. Über diesen Landadel, eine zweifellos wichtige, aber noch kaum erforschte Gruppe, können wir bisher nur wenig sagen. Wie er mit der städtischen Führungsschicht verflochten war und welche Aufgaben und Rechte in der territorialen Verwaltung er hatte, ist noch unbekannt. Lediglich von der obersten Stufe des Landadels, den Herren nachgeordneter Städtchen, wissen wir aus Inschriften, daß sie zum Teil mit den Herrscherhäusern der Hauptstädte und Stadtstaaten verwandtschaftlich verbunden waren.

Am Anfang kam Acaxaual von Cuçumil. Er kam und nahm die Dörfer des Landes hier. Er kam mit seinen Anführern Huncha, Paxoc, Chacbalam und als viertem Paxmulu, um das Dorf Tanodzic zu sammeln. Dies waren seine Begleiter. Und er nahm dort die Dörfer ein.
Als zweiter König kam einer namens Pachimal, Kind des Acaxaual, dessen Name oben geschrieben steht.
Als dritter König kam einer namens Chanpel, Kind des Pachimal, den ich schon nannte. Dieser nämlich war König, als er kam, um die Dörfer von Tatenam einzunehmen, hinter Bolonlamat, das Términos heißt. Andere gingen nach Dzabibkan, dort bei Boca Negra, andere nach Holtun, das Puerto Escondido heißt.
Als vierter König kam einer namens Paxua, Kind von Chanpel, den ich schon nannte. Dieser König ließ Leute nach Tixchel kommen. Dreißig oder vierzig Jahre blieben sie dort in Tixchel. Es begann, daß viele Orte Krieg führten: Chanpoton, Cactam, Apopomena, Acucyah, jetzt Tabasquillo genannt. Sie verließen (daher) den Ort Tixchel und gingen nach Tamactun Acalan. Da war das Dorf der Cehache, Tayel, und da waren die von Çiuatecpan, an der Vereinigung der Flüsse. Dies war das Gebiet und das Volk der Ytztapaneken. König Paxua aber nahm das Land der Cehache Mazatecat und der Dzulob ein. So beherrschte er das Land dort in Acalan.
Fünfter König waren einer namens Pachimalahix und Macvaabin, sein jüngerer Bruder, Kinder von Paxua. Dieser nämlich war König, als er nach Chactemal ging, dort hinter Bakhalal. Fünf oder sechs Jahre später erhob er von ihnen Tribut. Da kamen die Dzulob und nahmen Balancal ein. Tzitzimit war der Name ihres Hauptmannes. Er forderte König Pachimalahix auf, den Tribut der Dörfer des Landes mit ihm zu teilen. Weil der aber nichts abgeben wollte, begann die Mobilmachung aller Dörfer im Land. Da begann der Krieg. Achtzig Tage lang führten sie Krieg. Dann kehrten sie wieder zurück nach Acalan. Er nahm die Dörfer von Tachakan ein. Es setzte sich ein als Herrscher Macvaabin, der jüngere Bruder des Pachimalahix, den ich schon nannte.
Sechster König war einer namens Paxbolonacha, Kind des Pachimalahix. Als er König war, ließ er das Dorf Itzamkanac nach Acalan verlegen. Dort waren sie, als die Kastilianer unter ihrem Hauptmann, dem Markgrafen vom Tal, ankamen.

Genealogie der Putún-Könige (Paxbolon-Akten)

Links: Stele oder Türlaibung unbekannter Herkunft, wahrscheinlich aus dem Petén oder der angrenzenden Selva Lacandona in Chiapas. Dargestellt ist ein Mayafürst mit Schild und Lanze in der typischen Haltung des Spät-Klassikums.

Die fein eingeritzten Hieroglyphen sind noch nicht entziffert. New York, E. Merrin Galleries

Rechts: Palenque. Tempel der Inschriften, unter dem sich die Gruft des Königs Pacal befindet.

Feste und Spiele

Feste wurden beim Einbringen von Kriegsgefangenen und bei deren anschließender Opferung und vor allem bei Totenfeiern veranstaltet. Ein solches Totenfest ist mit stark ins Mythologische gehenden bildlichen Aspekten auf der berühmten Vase aus Altar de Sacrificios, die in dem reich ausgestatteten Grab einer Frau mittleren Alters gefunden wurde, dargestellt.

Eine bemerkenswerte Rolle spielten bei den Festen wie im Alltag Drogen, deren Einnahme keineswegs verpönt war. Tabakrauchen (Nicotiana tabacum und Nicotiana rustica) war wohl recht verbreitet und nicht besonderen Anlässen vorbehalten. Man verwendete dazu nicht, wie in Nordamerika, Pfeifen, sondern bevorzugte die einfache, mit einem Deckblatt gerollte Zigarre oder eine Art Röhrchen, ähnlich wie unsere Zigarettenspitzen. Die Einnahme anderer Drogen war hingegen an besondere Gelegenheiten gebunden. Man verarbeitete Honig, Seerosen (Nymphea ampla), Ackerwinde (Ipomoea sp.), Pilze und die Hautausscheidungen der Meereskröte Bufo marinus und gewann daraus halluzinogene Drogen unterschiedlicher Wirkung. Sie wurden meist zu einem Getränk oder Absud verarbeitet, wobei gelegentlich nicht das Trinken, sondern die Infusion per anum geübt wurde. Dieses Verfahren, das auch die moderne Medizin anwendet, führt zu schnellerer Wirkung und vermeidet Übelkeit und Erbrechen.

Ein anderer Zeitvertreib, wohl nicht nur für den Adel, war das Ballspiel. Es hat in Mesoamerika eine lange Tradition und war bei allen Gruppen bekannt. Dabei entwickelten sich zahlreiche Varianten. Wir können das nicht nur an den Ballspielszenen auf Reliefs und in Malereien ablesen, wo die Unterschiede in der Größe des Balles, der Schutzkleidung und den zum Schlagen oder Werfen eingesetzten Körperteilen auf verschiedenartige Spielweisen hindeuten, sondern auch daran, daß die in allen größeren Orten vorhandenen ummauerten Spielfelder von so ungleicher Größe sind, daß die Mannschaftsstärke variiert haben muß. Während bei kleinen Plätzen zwei bis vier Spieler in jeder Mannschaft gestanden haben dürften, waren bei den größten gewiß jeweils zwanzig Spieler nötig, um das Feld so abzudecken, daß überhaupt ein flüssiges Spiel zustande kam. Schließlich sind Art und Anbringung von Markiersteinen ein Hinweis auf verschiedene Spielziele und unterschiedliche Fertigkeiten, die gute Spieler mitbringen mußten. Im Südosten findet man meist sechs Papageienköpfe auf den Seitenbegrenzungen aufgepflanzt, die getroffen werden mußten; im zentralen Tiefland beschränkte man sich auf drei in der Längsachse des Spielfeldes angeordnete, in den Boden eingelassene Markiersteine, und im Norden waren während des Postklassikums die in Zentralmexiko vorherrschenden Ringe verbreitet, die, hoch in die Seitenwände eingelassen, ein besonders schwieriges Ziel waren. Der Ball mußte den Ring nämlich nicht nur

Oben: Palenque. Blick vom Palast auf die Nordgruppe und über sie hinweg in die weite Ebene, die sich bis zum Golf von Campeche erstreckt. Die relativ breiten Eingänge und die Walmdächer, gelegentlich noch mit hohen Dachkämmen verziert, sind das Charakteristische an den Bauwerken in Palenque.

Linke Seite: Palenque. Blick auf die »Kreuzgruppe«. In der Mitte als nächstgelegenes Bauwerk die Rückseite von Tempel XIV, links dahinter, auf einem Hügel gelegen, in Seitenansicht der »Tempel des

Kreuzes« und rechts die Rückseite des »Tempels der Sonne« mit durchbrochenem Dachkamm. Von ihm verdeckt und auf dem Photo daher nicht sichtbar, gehört noch der »Tempel des Blätterkreuzes« zu dieser Gruppe. Die Tempel sind um einen Hof angeordnet und waren innen und außen mit Stuck- und Steinreliefs reich verziert. Sie wurden als Ensemble von König Chan Bahlum um 700 n. Chr. errichtet und verherrlichen in Inschriften und Bildwerken die Geburt der Götter in mythischer Urzeit und die direkte Abstammung der Könige von Palenque von ihnen.

treffen, sondern durch seine Öffnung hindurchgeschossen werden.

Aus kolonialzeitlichen Quellen wissen wir, daß das Ballspiel zwar eine stark spielerische Komponente hatte und oft aus reinem Zeitvertreib, verbunden mit Wetten, gespielt wurde, aber es war auch ein ernstes und für die unterlegene Partei bisweilen tödliches Spiel. Im Hintergrund des rituellen Ballspiels mit anschließendem Menschenopfer standen der kosmologische Mythos vom täglichen Weg der Sonne am Himmel und von ihrem nächtlichen Gang durch die Unterwelt und die Notwendigkeit, ihr für diesen Weg Nahrung durch Opfer zu verschaffen. Das

Ballspiel wurde demnach als rituelles Nachvollziehen dieses kosmologischen Vorgangs aufgefaßt.

Das Königshaus von Yaxchilán

Aus Inschriftentexten sind wir besonders gut über die Lebensgeschichte der Herrscher von Yaxchilán unterrichtet. In dieser Stadt am Mittellauf des Río Usumacinta ist, wie sonst nur noch in Copán und Palenque, die ganze Abfolge der offiziellen Herrscherdynastie von ihrer Gründung um 300 n. Chr. bis zum Niedergang am Ende des Klassikums dokumentiert. Es werden insgesamt fünfzehn, wenn wir die Regentinnen mitzählen, siebzehn, Herrscher aufgezählt. Die ersten zehn sind allerdings nur in einer langen, auf Türstürzen im Bauwerk Nr. 12 eingemeißelten Inschrift erwähnt. Andere Denkmäler aus der Frühzeit dieses Königreiches sind späteren Umbauten und den Unbilden der Witterung zum Opfer gefallen.

Bereits unter den ersten Herrschern Yaxchiláns gab es diesem Bericht zufolge militärisch erfolgreiche Persönlichkeiten, denn sein fast ausschließliches Thema ist die Aufzählung erfolgreicher Kriegszüge. Unter den besiegten Kriegsgegnern begegnen wir Leuten aus Piedras Negras und Tikal, Orten, die selbst Hauptstädte unabhängiger Königreiche waren. Tikal stand seinerzeit sicherlich dem bedeutendsten und mächtigsten Reich vor. Die genannten Kriege waren daher wohl nur begrenzte Überfälle oder abgesprochene Scharmützel und vielleicht nicht verheerender als die Fehden der Ritter und Kleinfürsten im europäischen Mittelalter, denn kein größerer Ort wurde je durch solche gegen ihn gerichteten Kriegszüge in seiner Existenz gefährdet oder gar zerstört. Das hielt den siegreichen Fürsten jedoch nicht davon ab, sich mit seinen Kriegstaten zu brüsten. Vielleicht waren Ruhmsucht und Prestigegewinn tatsächlich Hauptbeweggründe für diese Kriege.

In Einzelheiten der Lebensdaten gut dokumentiert ist die Königsgeschichte Yaxchiláns vom elften Herrscher an, der den Namen Schild Jaguar trug. Wir kennen zwar sein genaues Geburtsdatum nicht – es lag um 650 n. Chr. –, doch ist seine Inthronisation am 24. April 683 überliefert. Für seine sechzig Jahre während Herrschaft werden ihm sieben Siege zugeschrieben. Allerdings erscheint darunter nunmehr kein Gegner aus einer der anderen Großstädte mehr. Es mag sein, daß Schild Jaguar mit ihnen keine Verträge über begrenzte Kriege hatte und daß er sich seine Siege deshalb vorsichtigerweise bei weniger mächtigen und damit nicht so gefährlichen Gegnern holte. Das Besondere an seiner Herrschaft ist, daß er zwei Ehefrauen hatte, die beide in der Öffentlichkeit eine wichtige Rolle spielten. Sie wurden durch eigene Inschriften geehrt und wirkten zusammen mit dem König bei feierlichen Selbstkasteiungen und Gedenkriten mit. Schild Jaguar starb am 28. März 749. Seine beiden Frauen überlebten ihn um sieben beziehungsweise neun Jahre. Leider wissen wir nicht, wie sie die Herrschaft nach seinem Tod aufteilten oder delegierten. Wenigstens eine von ihnen dürfte in dieser Zeit eine anerkannte Rolle als Regentin gespielt haben. Denn anders wäre es nicht zu verstehen, daß der nächste König, Vogel Jaguar, nicht direkt nach seinem Vater Schild Jaguar

die Herrschaft antrat, sondern erst, nachdem auch seine Mutter als letzte überlebende Ehefrau Schild Jaguars gestorben war. Vogel Jaguar war damals bereits 42 Jahre alt, so daß Minderjährigkeit kein Hinderungsgrund für eine frühere Herrschaftsübernahme gewesen sein kann.

Vogel Jaguar setzte die kriegerischen und rituellen Traditionen seines Vaters fort. Er ließ sich »Fänger von zwanzig Gegnern« nennen, überlieferte in seinen Inschriften aber nur drei davon namentlich und mit den Daten der erfolgreichen Kriegszüge. Es stellt sich deshalb die Frage, ob hier nicht einfach Ruhmsucht und Titeleitelkeit zu Übertreibung geführt haben. Vogel Jaguar war durch seine Frau Null Schädel Vater des folgenden Königs, Schild Jaguars II. Unter diesem erreichten die Kriegstaten Yaxchiláns ihren Höhepunkt, und es mag sein, daß sie nun doch außer Kontrolle gerieten und zerstörerisch auf den Staat und die Stadt wirkten. Denn die Bautätigkeit nahm ab, die Kunst erlebte einen allmählichen Niedergang, und der Sohn dieses kriegerischen Königs, Schädel Kan, ist dann tatsächlich der letzte, von dem wir aus den Inschriften überhaupt Kenntnis haben. Um 808 n. Chr. brechen die Texte ab.

Diese knappe Schilderung der späten Geschichte der Dynastie von Yaxchilán läßt einige für die Mayastaaten des Tieflandes typische Züge erkennen: Die Königswürde war in männlicher Linie erblich. Frauen konnten wichtige Ämter übernehmen, was aber selten geschah, denn nur noch aus den Städten Piedras Negras und Naranjo sowie aus der Petexbatún-Region ist Entsprechendes bekannt. Die Namensgebung beschränkte sich, ähnlich wie in manchen europäischen Fürstenhäusern, auf wenige, sich im Generationsprung wiederholende Namen. All das weist auf eine monarchische Herrschaftsstruktur hin. Ferner sehen wir, daß sich Ausübung und Festigung von Herrschaft in öffentlich zur Schau gestellten Reliefs und Inschriften manifestierten. Im Mittelpunkt standen dabei der Herrscher und seine engere Familie sowie die Verherrlichung ihrer göttlichen Ahnen. Ein ausgeklügeltes Zeremoniell bei Audienzen und Riten trug das Seine dazu bei, den Rang der Herrscherfamilie zu betonen. Außenpolitik

Links: »Tafel der Sklaven« aus Gebäude A in Gruppe IV von Palenque. Die ursprünglich an der Innenwand des Tempels eingelassene Kalksteintafel verherrlicht in ihrer Inschrift die Taten und Ahnen des Königs Chaac Zudz. Darunter ist seine Inthronisation abgebildet. Sie fand am 28. Dezember 721 statt. Die Szene zeigt ihn in der Mitte auf einem Thron aus symbolischen Sklaven (daher der Name der Tafel). Links und rechts sitzen ein Mann und eine Frau auf ähnlichen Thronen und überreichen Insignien der königlichen Würde. Palenque, Museum

Rechts: Totenmaske des Königs Pacal von Palenque, gestorben am 4. März 612. Die Maske war dem Gesicht des Toten direkt aufgelegt, also nicht auf einen Holzkern montiert, wie bei anderen Mosaikmasken üblich. Sie besteht aus Jade, Muscheln und Obsidian. 1952 entdeckte sie der mexikanische Archäologe Alberto Ruz im unversehrten Grab des Königs unter dem »Tempel der Inschriften«. Mit anderen Stücken aus dem reich ausgestatteten Grab war sie im Museo Nacional in Mexiko-Stadt ausgestellt. Dort wurde sie Ende 1985 geraubt und ist seither verschollen.

Stuckplastiken von Mayaköpfen, zum Teil noch mit Resten der ursprünglichen polychromen Bemalung. In der Mehrzahl sind solche Kopfplastiken Teile von Statuen, die die Fassaden von Palästen und Tempeln schmückten. Gelegentlich findet man auch reine Kopfplastiken als symbolische Grabbeigaben anstelle von tatsächlichen Menschenopfern. Entgegen der oft geäußerten Vermutung, es handle sich bei den unterschiedlichen Gesichtern – alten, jungen, lachenden, ernsten, wohlgenährten, ausgemergelten – um realistische Porträts von Priestern oder Herrschern, scheint es sich bei der Mehrzahl der besonders markant dargestellten Köpfe um Bilder von Göttern zu handeln. Mayafürsten ließen sich nämlich stets idealisiert jugendlich und ohne erkennbare individuelle Züge darstellen.
Links, oben und unten:
New York, E. Merrin Galleries
Oben rechts: Villahermosa, Museo de Tabasco
Rechts: Palenque, Museum
Unten rechts: Mérida, Museo de Antropología

Mann ohne Angst, Mann der Cavek-Queché! Dank sei dem Himmel,
Dank sei der Erde, daß Du gekommen bist ins Innere der großen
Mauern, der großen Burg, wo ich Schutz, wo ich Schatten spende, ich,
der Älteste, ich, der Herrscher Hobtoh.
Sprich also, erkläre, warum Du mit der Stimme des Kojoten riefst, mit
der Stimme des Fuchses riefst, mit der Stimme des Wiesels riefst, vor
den großen Mauern, vor der großen Burg, um herauszurufen meine
weißen Kinder, um sie herauszulocken vor die großen Mauern, die
große Burg, in Iximché, um den gelben Honig zu suchen, den grünen
Honig der Bienen, meine Speise, für mich, den Ältesten, den
Herrscher Hobtoh, im Innern der großen Mauern, der großen Burg.
Du warst es, der weggeschleppt hat die neun, die zehn weißen
Kinder, und wenig nur hat gefehlt, daß sie in die Berge der Queché, in
die Täler der Queché gekommen wären, hätte er nicht gewacht, mein
Mann ohne Angst, mein Mann, der ein Mann ist. Denn dort hättest
Du ihnen den Baum bei der Wurzel gefällt, den weißen Kindern.
Du warst es, der kam und mich wegschleppte aus den Bädern von
Tohil. Du brachtest mich in Deine Gewalt... Du schlossest mich ein in
Stein und Kalk, in den Bergen der Queché, in den Tälern der Queché.
Dort hättest Du es erreicht, mir den Baum bei der Wurzel zu fällen...
Deshalb hat mein Mann ohne Angst, mein Mann, der ein Mann ist,
der Vorgesetzte seiner Männer, der Galel-Achi von Rabinal, mich
befreit, mich weggeführt von dort... Wäre er nicht gewesen... Du
hättest dort meinen Baum bei der Wurzel gefällt.
So ward ich heimgeführt, ins Innere der großen Mauern, der großen
Burg. Du warst es auch, der zwei, drei Plätze zerstört hat, die
Bergfestung von Balamvac, wo der Sandboden dröhnt, Calcaraxah,
Cunu und Gozibal-Tagah-Tuhul, wie sie heißen.
Wann endlich wird Dein Herz aufhören, dem Wunsch nachzugeben,
der Mann ohne Angst, der Mann, der ein Mann ist, zu sein? Wie lange
willst Du Dein Herz gewähren, wie lange willst Du es toben lassen?
...Aber hier ist der Ort, wo Du zahlen sollst für Deinen Frevel, hier
unter dem Himmel, hier auf der Erde. Zum letztenmal denn hast Du
zu Deinen Bergen, zu Deinen Tälern gesprochen. Denn hier sollst Du
sterben, hier sollst Du enden. Hier unter dem Himmel, hier auf der
Erde. Seien Himmel und Erde mit Dir, Mann der Cavek-Queché.

   Die vierte Rede des Herrschers Hobtoh aus »Rabinal Achi«

wurde, wie wir sahen, in hohem Maß von Kriegen bestimmt, auch wenn diese zunächst in einem abgegrenzten
Rahmen verliefen. Daß nicht alle Auseinandersetzungen
ungefährlich und begrenzt waren, mag aus Befestigungs-
werken in der Form von Graben- und Wallanlagen hervorgehen, wie sie nicht nur in Becán, sondern auch in Edzná
und Tikal als umfassende Schutzbauten um die Zentren
gefunden wurden. Sie waren meist schon in den vorangehenden Perioden angelegt worden und blieben bis ins
Klassikum in Gebrauch. In Tikal ist die Befestigung deutlich gegen die 25 Kilometer nördlich gelegene Stadt
Uaxactún ausgerichtet, in den anderen Fällen sind die po-
tentiellen Feinde nicht so klar auszumachen.

Die Stadtstaaten des Tieflandes

Die Stadtstaaten der Maya können wir uns ähnlich einer Polis des klassischen Griechenland vorstellen: ein großer Ort mit seinem unmittelbaren Umland, in dem auch einige zweitrangige Landstädte, im übrigen aber Bauerndörfer und Streusiedlungen lagen. Nur wenige führende Staaten konnten ihr Territorium über mehrere Zentren von Bedeutung ausdehnen. Das Gebiet Palenques umfaßte zur Zeit seiner beiden größten Herrscher, Pacal und Chan Bahlum, eine Fläche von vielleicht 10000 Quadratkilometern mit insgesamt vier Städten: Palenque selbst, Tortuguero, Jonuta und Miraflores. Copán im äußersten

Südosten dehnte sich zum Ende des Klassikums in einem schmalen Talstreifen weit nach Osten aus und beherrschte mit den Orten Río Amarillo, La Florida, Los Higos sowie einigen anderen ein Gebiet von etwa 1000 Quadratkilometern. Im zentralen Tiefland war zweifellos Tikal die führende Macht. Wenn auch sein unmittelbares Territorium nur etwa 2000 Quadratkilometer umfaßte, hatte dieser Staat doch intensiven Einfluß auf einige kleinere benachbarte Fürstentümer wie Naranjo im Osten und auf die südlich gelegene Petexbatún-Region.

In den Beziehungen der Mayastaaten des Tieflandes scheint sich im Spät-Klassikum das Bedürfnis nach einer übergreifenden, die ganze Region umfassenden politi-

Oben: Terrine mit geometrisierender Bemalung. Gegend von Tikal, Früh-Klassikum.   Privatsammlung

Unten: Zylinderbecher mit Palastszene. Küstenregion von Campeche/ Tabasco, Spät-Klassikum. Villahermosa, Museo de Tabasco

Rechte Seite oben: Polychrom bemalter Becher. Dargestellt ist ein Krieger, dessen Gesicht und Oberschenkel in der Farbe des Krieges

und des Todes, Schwarz, bemalt sind. Die rote Speerspitze und die volle Ausrüstung kennzeichnen ihn als siegreich. Südliches Campeche/ nördlicher Petén, Spät-Klassikum. Privatsammlung

Rechte Seite unten: Zylindrische Vase im Codexstil. Das bärtige Mischwesen vereint Attribute des Gottes K und des Jaguargottes in einem Reptilkopf. Nördlicher Petén, Spät-Klassikum.   Privatsammlung

schen Ordnung herausgebildet zu haben. Wenn dafür auch ideelle Gründe ausschlaggebend gewesen sein mögen und das Ergebnis unter Umständen eher fiktiv als in der politischen Realität wirksam war, so hat es wahrscheinlich doch den intensiven Handelsbeziehungen, der intellektuellen Zusammenarbeit der Kalenderpriester und Astronomen und den Heiratsallianzen der Herrscherhäuser einen ideologischen Überbau geliefert. Vor allem die Heiratsallianzen werden wenigstens eine Zeitlang für Frieden und Zusammenarbeit gesorgt haben. Die Einheirat einer Prinzessin aus Palenque in das Herrscherhaus von Copán zeigt schlaglichtartig, daß auf diesem Weg auch weit entfernte Stadtstaaten miteinander in enge Beziehungen traten. Einzeluntersuchungen haben den Nachweis erbracht, daß dabei auch intellektuelle und künstlerische Einflüsse von Palenque nach Copán gelangt sind.

Das Ergebnis dieser Entwicklung war eine politische Entente, in der das ganze südliche Tiefland in vier Großprovinzen aufgeteilt wurde: Der westlichsten stand Palenque vor, die beiden mittleren wurden von den ihrerseits in engen Beziehungen stehenden Städten Tikal und El Perú geleitet, und die östlichste hatte ihr Zentrum in Copán. Trotz gelegentlicher interner Auseinandersetzungen – Copáns Führungsanspruch im Südosten wurde zeitweilig erfolgreich von Quiriguá durch Gefangennahme des Königs von Copán, Achtzehn Kaninchen, in Frage gestellt – und trotz zweimaliger Umgruppierungen hatte diese Entente bis zum Verfall der Staaten im Tiefland 900 n. Chr., insgesamt also über 200 Jahre, Bestand.

Die Städte des Nordens und ihre Architektur im Spät-Klassikum

Der Norden setzte im Spät-Klassikum seine stetige Entwicklung fort. Die Siedlungen nahmen an Bevölkerung weiter zu. Manche erreichten jetzt eine beträchtliche Bevölkerungsdichte, so daß Städte nach unserem Verständnis entstanden, mit abgegrenzten, ummauerten Grundstücken und zwischen diesen hindurchführenden Straßen. Auch die Zahl der bedeutenden Orte vermehrte sich, neue kamen empor, ohne daß die alten ganz an Geltung verloren. Wichtig wurden jetzt jene Städte, die dem heutigen Besucher durch ihre spät- und postklassischen Bauwerke bekannt sind: Chichen Itzá, Cobá, Uxmal und viele mehr.

Bei den Stadtanlagen trat, vor allem in der Puuc-Region, an die Stelle schierer Monumentalität und massiger Pyramiden eine ausgewogene und großzügige Verteilung der Gebäude, die reich dekorierte Fassadenflächen aufweisen. Eine technische Weiterentwicklung der Mauerkonstruktion ermöglichte es, diese üppig verzierten Fassaden bei vertretbarem Arbeitsaufwand zu schaffen. Während man bisher den Hohlraum zwischen der äußeren und inneren Schale der Mauer, die allein tragende Funktion hatten, mit einer losen Schüttung aus Bruchstein, Erde und etwas Kalk ausgefüllt hatte, erfanden die Architekten des Nordens einen Mörtel, der ein Gußmauerwerk aus echtem Schüttbeton ergab, das nach der Erhärtung druckfest und damit in der Lage war, die statisch wirkenden Kräfte gleichmäßig aufzunehmen. Aufgrund dieser Neuerung konnten die Mauern nicht nur wesentlich dünner hochgezogen werden, sondern es waren auch größere Spannweiten bei den Kraggewölben und damit der Bau breiterer Innenräume möglich. Auch mußten die beiden Schalen nicht mehr aus Steinblöcken bestehen, denn als Mantel des kompakten Betonkerns genügten verhältnismäßig dünne Platten, die von den Steinmetzen exakt bearbeitet und zum Teil skulptiert wurden. Trotz größerer Fassadenflächen und Innenräume blieben Material- und Arbeitsaufwand gleich oder konnten sogar gesenkt werden.

Diese Mauertechnik und die damit zusammenhängende aufwendige Fassadengestaltung sind das einende Merkmal der Baukunst des Spät-Klassikums im nördlichen Tiefland. Ansonsten bildeten sich fünf regionale Stile heraus. Der des nördlichen Yukatan ist wenig ausgeprägt. Die Gebäude sind klein und oft schmucklos, wenn sie nicht im Stil einer der angrenzenden Zonen verziert sind.

Der Stil des nach einer Hügelkette von Karstkegeln benannten Puuc im Südwesten des heutigen Bundesstaates Yukatan und im Norden von Campeche entwickelte am konsequentesten den klassischen Typus des Hofes, bei dem sowohl in der Aufreihung der Räume wie in der friesartigen Gliederung der Fassaden die Horizontale dominiert. Seine exemplarische Verwirklichung fand er in den Palästen und Tempeln von Uxmal. Das Sockelgeschoß bleibt oft glatt und wird lediglich durch die Tore der meist zahlreichen Palastkammern unterteilt. Um so reicher treten im oberen Register die für den Puuc-Stil charakteristischen Dekorationselemente in Erscheinung: Gittermuster, Masken und modellartige Gebäudefronten über den Eingängen. Die Ecken betonen vielfach übereinandergesetzte Masken des Regengottes Chac mit gekringelter Rüsselnase.

Im Chenes-Gebiet, das in fast unmerklichem Übergang südlich an die Puuc-Region grenzt, sind bescheidenere Bauwerke und kleinere Fassaden anzutreffen, die dafür aber meist über die ganze Höhe verziert sind. Im unteren Register findet sich oft eine Säulenreihe, ansonsten ähnelt die Dekoration den Fassaden des Puuc. Gelegentlich wurden die Haupteingänge als weit geöffnete Rachen von Himmelsschlangen gestaltet.

Für die wenig erforschte große Zone des sogenannten Río-Bec-Stils im Südosten Yukatans sind turmartige Pyramiden, steile Scheintreppen und hohe Dachaufsätze kennzeichnend. Diese Architekturelemente sind nicht funktional, sondern ausschließlich zur Fassadengestaltung eingesetzt. Bisweilen, zum Beispiel in Becán und Xpujil, kann man diese Schaufronten von hinten betreten und durch verwinkelte Gänge dann unvermittelt an einer von vorn nicht erreichbaren Stelle auftauchen. Solche

Jener Hun-Hunahpu aber und Vucub-Hunahpu pflegten vor allem Würfel- und vor allem Ballspiel zu treiben Tag für Tag. Zu zweit traten sie einander gegenüber, vier waren es allzusammen, wenn sie sich auf dem Ballspielplatz zum Zeitvertreib einfanden... Sie also spielten Ball, wo der Weg nach Xibalba führt.

Das hörten Hun-Came und Vucub-Came, die Herrscher von Xibalba: »Was ist's, was da auf der Erdoberfläche vor sich geht? Sie toben nur so umher und trampeln dumpf.«

»Sie sollen sich auf Befehl hierher aufmachen, sollen zum Ballspiel kommen, wir wollen sie schon unterkriegen! Wir werden von ihnen nicht ehrerbietig behandelt, es gibt bei ihnen keinen Gehorsam, und keine Scheu gibt es bei ihnen, daß wir da sind. Wahrlich, sie lassen ihren Launen gar freien Lauf über unseren Köpfen!« sprachen alle die von Xibalba. Dann gingen sie alle zu Rat. Die alle nun stimmten in ihren Erwägungen darin überein, daß Hun-Hunahpu und Vucub-Hunahpu verfolgt und gefügig gemacht werden sollten.

Was aber die von Xibalba begehrten, das waren die Ballspielgeräte von Hun-Hunahpu und Vucub-Hunahpu...

Alsbald kamen Boten heran auf Wink von Hun-Came und Vucub-Came: »Macht Euch auf, Ihr edlen Herren der Matte, lauft und ruft Hun-Hunahpu und Vucub-Hunahpu herbei! Sagt ihnen: ›Kommt mit uns!‹... Hierher sollen sie kommen, mit uns Ball zu spielen: Wir wollen uns mit ihnen vergnügen!... Sie sollen doch ja ihr Gerät mitbringen: ihre *baté* und ihre Handbedeckung; auch ihr Kautschukball soll mitkommen! Sagt ihnen: ›Kommt schleunigst!‹« so wurde den Boten aufgetragen.

Ihre Boten aber waren die Eulen: die Pfeileule, die Einbeineule, die Araraeule und die Kopfeule, wie die Boten von Xibalba genannt werden. Diese Pfeileule ist wie ein Pfeil so flink; diese Einbeineule hat nur ein Bein, hat aber Flügel; diese Araraeule hat einen Feuerrücken, hat aber Flügel; diese Kopfeule endlich hat nur einen Kopf, hat keine Beine, aber Flügel hat sie... Die also kamen dorther von Xibalba, und flugs erschienen sie, die den Befehl zu überbringen hatten, auf der Umwallung des Ballplatzes, wo Hun-Hunahpu und Vucub-Hunahpu spielten... und gaben ihre Botschaft kund...

»Haben der Gebieter Hun-Came und Vucub-Came das wirklich gesagt?« »Ja wahrhaftig, sie sagten es, und wir selbst begleiten euch! ›Sie sollen alle ihre Spielgeräte mitbringen!‹ sagten die Fürsten.«

»Wohlan denn, wartet auf uns, während wir uns inzwischen von unserer Mutter verabschieden«, antworteten sie.

Dann gingen sie zu ihrer Hütte und sagten zu ihrer Mutter – ihr Vater war ja gestorben: »Wir müssen fort! Ach, Mutter, eine dumme Sache ist's, warum wir kommen: Der Bote des Gebieters erschien, uns zu holen: ›Sie sollen schleunigst kommen! sagte er‹, so meldeten die, die uns hinbefahlen. Aber als Zeuge wird unser Kautschukball zurückbleiben!« sagten sie.

Darauf machten sie sich daran, ihn gleich im Dach der Hütte zu befestigen, wo sich eine Nische befand. »Einstweilen! – später wollen wir ihn wieder in Gebrauch nehmen. Ihr aber blast schön die Flöte und singt schön, malt schön und schneidet in Stein aus! Haltet unsere Behausung warm, und wärmt das Herz eurer Großmutter!« sagten sie zu Hun-Batz und Hun-Chouen.

Als sie Abschied nahmen, weinte bitterlich ihre Mutter Xmucane. »Laßt uns denn gehen, wir sterben ja nicht, seid nicht traurig!« sagten Hun-Hunahpu und Vucub-Hunahpu, indem sie aufbrachen.

                                                    Aus dem »Popol Vuh«

Photographische Abrollung der sogenannten Häschenvase. Dargestellt ist der Hofstaat des Unterweltgottes L. Der Gott selbst residiert auf seinem Thron im rechten Bildteil und ist kenntlich an seinem breitkrempigen Hut mit Vogelbesatz. Er wird von fünf Hofdamen umsorgt. Gleichzeitig findet im Hof vor dem Palast ein Menschenopfer statt. Die beiden Scharfrichter, unter Masken verborgen, enthaupten mit dem Beil einen gefesselt am Boden sitzenden Mann. Das ganze Geschehen wird von dem aufmerksamen Häschen im Vordergrund in einem kostbar mit Jaguarfell gebundenen Faltbuch protokolliert. Die begleitenden Hieroglyphen sind noch weitgehend unentziffert.
Princeton (New Jersey), The Art Museum, Princeton University

Geheimgänge und Durchlässe legen die Vermutung nahe, daß diese Fassaden geheimnisvollen priesterlichen Riten als Bühne und Kulisse dienten.

Der Küstenstreifen im Osten orientierte sich in Bauformen und Lebensweise auch jetzt mehr zum zentralen Tiefland hin. Dieser südliche Einfluß war vor allem in Cobá und im heutigen Belize wirksam.

Staatsstraßen

Für den ganzen Norden entbehren wir leider gut erhaltener und ausführlicher Inschriften und reicher Grabfunde. Unsere Kenntnis der politischen und gesellschaftlichen Zustände muß daher indirekt gewonnen werden. Einen Aspekt können wir hier archäologisch recht gut greifen: die Verkehrswege, die nicht nur den Verlauf der Handelsrouten und die Lage der wirtschaftlichen und politischen Zentren, sondern auch die Gebiete relativen Friedens erschließen lassen. Dies ist dank eines in Mesoamerika einmaligen umfangreichen Netzes von Fernstraßen, der sogenannten Sacbeob, möglich.

Der Wegebau ist eine alte und verbreitete Praxis der Maya. Wir kennen Dammwege aus Steinschüttung mit kompaktierter Kiesauflage und Zementdecke aus allen größeren Städten vom Mittel-Klassikum an. Doch wurden solche Straßen zunächst nur für den innerstädtischen Verkehr und die Anbindung von Vororten gebaut; keine war länger

als fünf Kilometer. Der Überlandverkehr geschah meist auf Fußpfaden, die Wildwechseln folgten, und, wo immer möglich, mit Einbäumen auf den Flüssen, Seen und entlang der Küste. Eindrucksvolle große Regionalstraßensysteme finden sich nur im flußlosen Norden Yukatans. Das größte von ihnen hat sein Zentrum in Cobá. Es besitzt eine Ost-West-Ausdehnung von über 120 Kilometern, reicht aber auch weit in die anderen Himmelsrichtungen. Kleinere Systeme sind um die Städte Izamal (45 Kilometer Durchmesser), Ucí (25 Kilometer Durchmesser) und Uxmal (20 Kilometer Durchmesser) gefunden worden.

Die Archäologen sehen in diesen Straßensystemen einen Hinweis auf Staaten und in den zentralen Orten jeweils deren Hauptstadt. Die Fläche dieser Staaten in Yukatan übertraf die der Stadtstaaten im Süden. Vielleicht war also hier die Integration zu größeren politischen Einheiten weiter fortgeschritten. Sicherlich gab es noch viele andere Straßensysteme, aber die alten Straßennetze sind noch kaum flächendeckend erforscht, und an den Knotenpunkten sind sie oft durch heutige Dörfer oder Städte zerstört.

Wirtschaftliche Produktion im Hochland und an der Pazifikküste

Im Spät-Klassikum kehrten die Kulturen im Hochland allmählich wieder zu den eigenen Lebensformen zurück, die während der Mexikanisierung im Mittel-Klassikum zu-

Linke Seite: Die Akropolis von Becán. Verglichen mit den südlicheren Stadtanlagen wie Tikal und Yaxhá zeigt sich hier im Übergangsgebiet nach Norden, daß die Konzentration von massiven Baukörpern, Treppenfluchten und Höfen auf verschiedenen Niveaus nur noch bescheidene Ausmaße erreicht. Weiter im Norden, zum Beispiel in Uxmal oder Chichen Itzá, finden sich Anlagen dieser Art dann überhaupt nicht mehr.

Oben: Copán. Blick von der Akropolis nach Norden über den Ballspielplatz mit seinen sanft geneigten Seitenflächen und sechs Papageienköpfen. Im Hintergrund der Große Platz mit den Stelen aus der Zeit des Königs Achtzehn Kaninchen (um 740) und links das erst 1978 ausgegrabene Gebäude IV, das auf seiner Plattform nie einen steinernen Tempel trug und ungewöhnlicherweise an allen vier Seiten Treppen besitzt.

die wirtschaftliche Bedeutung des Hochlandes und der Pazifikküste zu stärken.

Aus dem Bereich der Technik ist die Erfindung der sogenannten Bleiglanzkeramik zu erwähnen. Die für diese Ware erforderliche hohe Brenntemperatur von 950°C wurde wahrscheinlich durch die Verwendung von Holzkohle und von geschlossenen, kontrolliert belüfteten Brennöfen erzielt. Der Scherben besitzt eine unverkennbare, glänzende Oberfläche. Bleiglanzkeramik war sehr beliebt und findet sich überall in Mesoamerika als Importware. Sie wurde bis ins Postklassikum hergestellt, doch lassen sich die verschiedenen Varietäten gut voneinander unterscheiden, so daß sie für den Archäologen eine präzise Datierungshilfe darstellt.

rückgedrängt worden waren. Ein besonderer Beitrag der Pazifikküste zur überregionalen Wirtschaft war der Kakaoanbau. Der Kakaobaum (Theobroma cacao) gedeiht nur in feuchtheißen Zonen im Schatten hoher Bäume, also nicht im kühlen Hochland und nicht im heißen, aber trockenen Yukatan, während die pazifische Abdachung von Chiapas und Guatemala für ihn ein ideales Anbaugebiet ist. Kakaobohnen waren in ganz Mesoamerika, wo man ein scharf gewürztes und schaumig gequirltes wäßriges Getränk daraus herstellte, als Handelsware und später auch als Währung beliebt und gefragt. Der Gewinn im Handel mit Kakao muß beträchtlich gewesen sein. Auch Produkte wie Quetzalfedern, Bernstein, Salz aus natürlichen Quellen, Obsidian, Basalt und andere vulkanische Gesteine für Reibsteine haben das Ihre dazu beigetragen,

Das Ende des Mayaklassikums

Das ausgehende 9. Jahrhundert n. Chr. war im südlichen Mesoamerika eine unruhige Zeit. Wellen mexikanischer Gruppen strömten zu verschiedenen Zeiten und auf verschiedenen Wegen nach Süden und Südosten. Je nachdem, wie lange und wo sie zwischendurch Station gemacht hatten, trafen sie auf die klassischen Maya im südlichen Tiefland, in Yukatan und im Hochland als totonakisch beeinflußte oder sogar schon mayaisierte Putún. In der letzten Welle kamen dann unverfälschte zentralmexikanische Tolteken und Quiché.

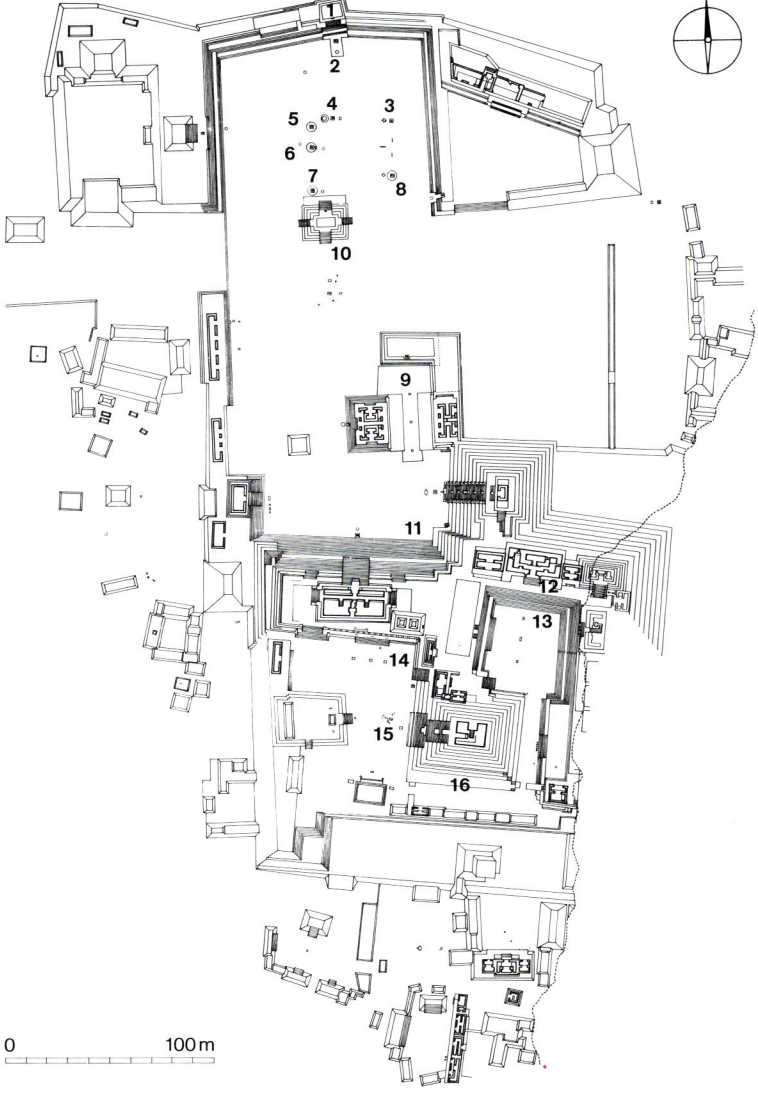

Oben: Copán. Kopf der Herrscherfigur von Stele H. 730 n. Chr.

Unten: Copán. Detail aus Stele C. 782 n. Chr.

Rechte Seite: Copán. Stelen Nr. 4, B, D und C (von links nach rechts) mit ihren verschieden geformten Altä-

ren. Sie stammen alle aus der Zeit des Herrschers Achtzehn Kaninchen (um 740). Im Hintergrund das teilweise restaurierte Gebäude II. Es schließt mit seiner breiten Treppe den Großen Platz nach Norden ab und wurde schon unter Achtzehn Kaninchens Vorgänger, Rauch-Jaguar Imix-Monster, errichtet.

Plan des Zeremonial-
zentrums von Copán
  1 Gebäude II
  2 Stele D
  3 Stele F
  4 Stele C
  5 Stele B
  6 Stele Nr. 4
  7 Stele A

  8 Stele H
  9 Ballspielplatz (Abb. S. 183)
10 Gebäude IV
11 Hieroglyphentreppe
12 Tempel XXII
13 Treppe der Jaguare
14 Tribüne der Zuschauer
15 Altar Q
16 Tempel XVI

Ein Mensch redet wirr, weil er Fieber hat. Er spürt in sich das Verlangen zu flüchten, weil er wahnsinnig ist. Der große 4 *ahau* ist der Tag, an dem dieses Leiden ausgerottet wird...

Dreizehnmal muß er sich drehen und himmelwärts wenden und das rote Chichibekraut, den roten Tabak und den weißen Tabak nüchtern einnehmen...

Das sind seine Symbole: die rote Bacalchepflanze und die weiße Bacalchepflanze. Die entsprechenden Zutaten habe ich eingetaucht, um sie für ihn zu genießen. Der Sacnictebaum trägt sein Wesen bei. Die Frühkoschenille trägt ihr Wesen bei. Dazu habe ich sie in den Saft des Chichibekrautes und in den Saft des Sacnictebaumes eingetaucht, um sie für ihn zu trinken.

Hör' mal! Ich werde deine Wirkung aufheben, Herr Verhunzeltes Windmännlein, und bei dir, Erotische Besessenheit. Beide müssen für den (kranken) Menschen angerufen werden. Er redet ganz wirr, er flüchtet, geschlagen mit einem bösen Geist... Dann fängt einer an, mit dem Dorn der Sisalagave seine Zunge zum Bluten zu bringen. Dasselbe muß man mit der Mitte des Rückens machen. Dann muß man ihn mit Wasser übergießen, bis er vom Wasser trieft.

    Spruch gegen erotische Besessenheit (Bacab-Ritual)

Vor allem von der Golfküste aus, von Tabasco und dem südlichen Veracruz, scheinen diese Eindringlinge ins Mayagebiet vorgestoßen zu sein. Dort waren sie durch enge Kontakte mit den küstenbewohnenden Chontal-Maya geprägt worden, ehe sie ihre Wanderung als Putún-Maya fortsetzten. Im Verlauf von vielleicht nur fünfzig Jahren zogen sie langsam den Río Usumacinta aufwärts. Das Erlöschen der Dynastien in den Mayastädten, das Aufhören der Errichtung von Inschriftendenkmälern und klassischen Skulpturen markieren vermutlich ihr allmähliches Vordringen. In Palenque endete die einheimische Königsherrschaft um 780 n. Chr. Piedras Negras errichtete bis 795 n. Chr. Monumente. Der letzte Herrscher von Yaxchilán, der im übrigen, genauso wie der letzte verbürgte König von Piedras Negras, in seinen Inschriften von besonders vielen Kriegstaten berichtet, starb am 7. April 808. Gleichzeitig mit der Eroberung der Städte am unteren und mittleren Usumacinta und ebenso abrupt endeten im Südosten Herrschaft und Monumentalarchitektur der einheimischen Dynastien von Copán und Quiriguá. Mit dem Erreichen von Yaxchilán zeichnete sich ein Umschwung in der Politik der Putún ab. Die nächsten Orte, die unter ihren Einfluß gerieten, Altar de Sacrificios um 850 und Seibal zwanzig Jahre später, erlebten noch eine kurze Nachblüte, in der deutlich Elemente der Putún-Kultur und der klassischen Mayakultur im Stelenkult verschmelzen oder nebeneinander auftreten. Das kann man wohl als Zeichen friedlicher Durchdringung deuten. Als letzte Region, vielleicht wegen ihrer Abgelegenheit von den Hauptwasserstraßen, fiel der zentrale Petén dem kulturellen und politischen Niedergang anheim. Der kleine Ort Jimbal zum Beispiel, in der Nähe von Tikal gelegen, errichtete seine letzte Stele am 28. April 889.

Auch sonst wandelte sich fast alles, was an Kulturerzeugnissen dem Archäologen zugänglich ist: Die buntbemalte, szenisch ausgestaltete Keramik tritt zugunsten kerbverzierter, oft in Formen gepreßter Ware zurück. Fürstengräber an hervorgehobenen Orten fehlen ganz. Es wurden keine großen Bauvorhaben mehr durchgeführt. Kurz, alle kulturellen Hochleistungen verschwinden.

Die Mexikanisierung des Hochlandes

Im Hochland wurden neben den traditionellen Talsiedlungen des Spät-Klassikums jetzt vermehrt Fluchtburgen auf den Höhen angelegt oder ausgebaut. Dies ging mit einem merklichen Bevölkerungsrückgang einher. Man nimmt an, daß auch hier das Eindringen fremder Gruppen im

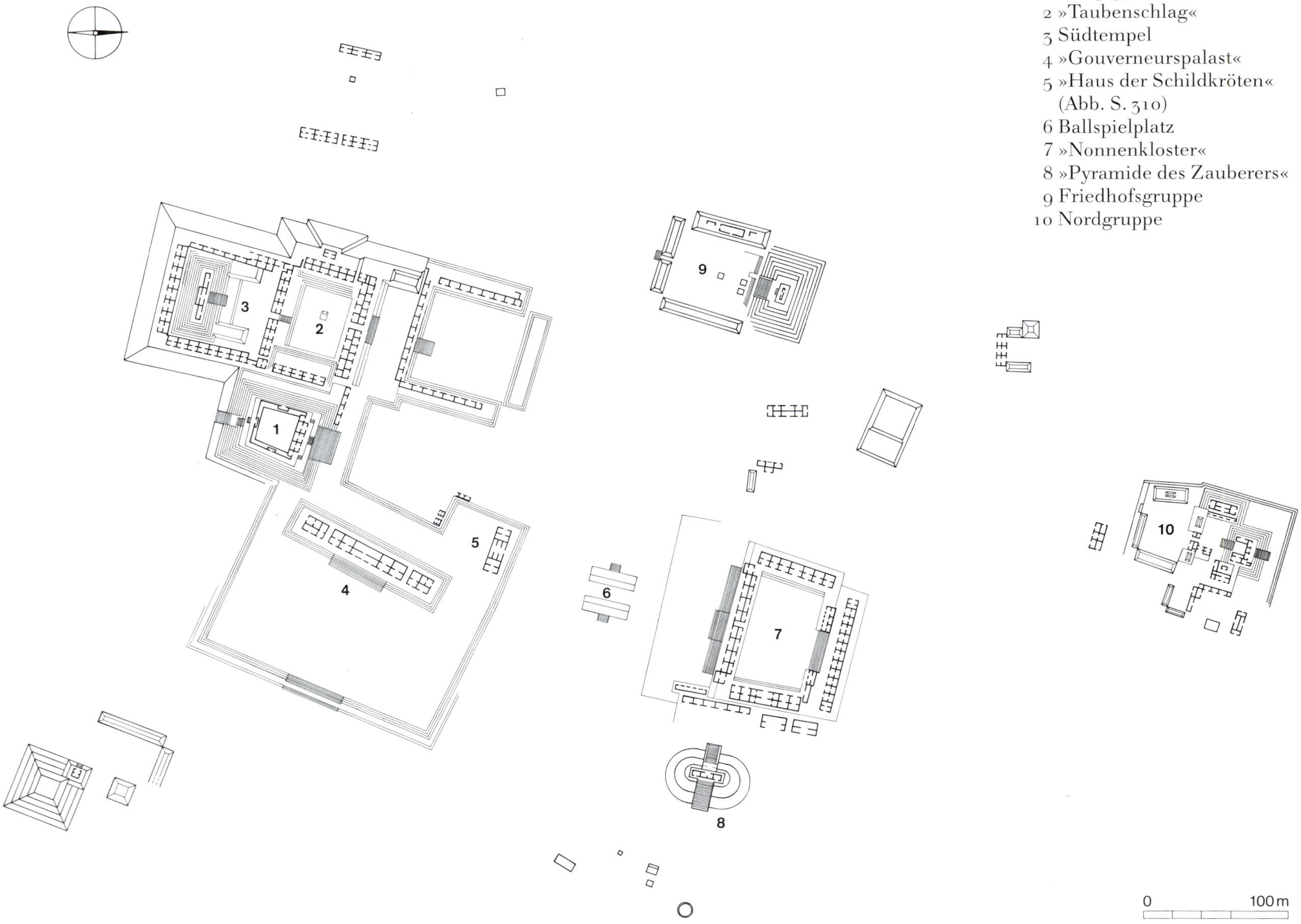

Uxmal
1 Hauptpyramide
2 »Taubenschlag«
3 Südtempel
4 »Gouverneurspalast«
5 »Haus der Schildkröten«
  (Abb. S. 310)
6 Ballspielplatz
7 »Nonnenkloster«
8 »Pyramide des Zauberers«
9 Friedhofsgruppe
10 Nordgruppe

0   100 m

Links oben: Die Ost- und zugleich Hauptfront des »Gouverneurspalastes« in Uxmal ist mit etwa 100 m Länge die längste durchgehende Fassade, die von den Maya errichtet wurde. Charakteristisch für den Architekturstil der Gegend ist der Kontrast zwischen dem reich verzierten oberen und dem glatten unteren Fassadenteil. Die betonte Horizontale wird durch elf Eingänge und zwei Rücksprünge gegliedert.

Oben: Blick vom Südtempel in Uxmal auf den »Taubenschlag« (links im Vordergrund) über den Ballspielplatz zum »Nonnenkloster« und zu der rechts davon liegenden,

ungewöhnlich steil aufragenden »Pyramide des Zauberers«. Am rechten Bildrand wird gerade noch die Hauptpyramide angeschnitten. Zwischen ihr und der »Pyramide des Zauberers« sieht man das »Haus der Schildkröte«, das auf der Basisplattform des »Gouverneurspalastes« errichtet ist. Die in Anführungszeichen gesetzten Namen der Gebäude sind bei der Bevölkerung der Umgegend traditionell in Gebrauch, erklären aber nicht die ursprüngliche Funktion. Dieser Blick nach Norden vermittelt einen guten Eindruck von der Weitläufigkeit der Stadtanlage und der Betonung der Horizontalen bei den Gebäuden.

Hintergrund steht und daß diese über die Einfallspforte des Río Usumacinta und seiner Quellflüsse Río de la Pasíon und Río de las Salinas ins Hochland gelangt sind. Es ist jedoch ebenso möglich, daß einige Gruppen den direkten Weg über Chiapas, also durch die Hochländer, oder gar entlang der pazifischen Küste genommen haben, Routen, die schon Jahrhunderte früher zentralmexikanische Einwanderer und Händler genommen hatten.

Die letzten dieser Einwanderer ins Hochland können wir historisch in indianischen Überlieferungen fassen, die bald nach Ankunft der Spanier im 16. Jahrhundert aufgeschrieben wurden (Quellentext S. 164). Nach diesen Traditionen stießen verschiedene Stämme, darunter die Quiché, kurz nach 1200 n. Chr. unter ihrem Führer Balam Quitzé in die Gegend von Rabinal vor. Dort gewannen sie die entscheidende Schlacht am Berg Hacavitz, wodurch sich ihnen das Hochland öffnete. Die dadurch eingeleitete Überlagerung der altansässigen Mayabevölkerung durch

mexikanische Krieger führte zur Errichtung militärisch streng organisierter kleiner Fürstentümer. Diese wurden jeweils von mehreren mexikanischen Großsippen geleitet, die von den Kriegsanführern der Einwanderungszeit abstammten. Erstaunlich schnell paßten sich die Eroberer sprachlich und teilweise auch kulturell der alteingesessenen Bevölkerung an, so daß die postklassische Mischbevölkerung mit Recht als Quiché-Maya bezeichnet wird.

Unter den Herrschaftssippen standen die freien Bauern, die Händler sowie mehrere Gruppen unfreier Diener und Leibeigener. Jedes der Fürstentümer besaß eine Hauptstadt, in der die Repräsentanten der führenden Sippen in großen, an Plätzen gelegenen Sippenhäusern wohnten. Dort befanden sich auch die Schreine ihrer Stammesgötter: Tohil, Awilix, Cucumatz und Tepeuh. Utatlán war die Hauptstadt der Quiché, Zaculeu die der Mam, Iximché die der Cakchiquel, Tziquinahay die der Tzutuhil und Mixco Viejo die der Pokom, alle im Hochland von Guatemala. Diese Fürstentümer lagen in ständigen Kriegen miteinander, wobei die Quiché sich vor allem auf Kosten der Mam und Cakchiquel langsam zur führenden Macht hinaufkämpften und ihr Territorium vergrößerten.

Die Mexikanisierung im Norden

Der Norden blieb anfangs unberührt von den Umwälzungen im Süden. Zwar nimmt die Forschung aufgrund zahlreicher Stadtmauern aus dem Spät-Klassikum an, daß auch dort die Kleinstaaten sich bekriegten, doch ist weder eine dramatische Entvölkerung noch ein Ende baulicher Aktivitäten nachzuweisen, also zunächst auch keine greifbare mexikanische Durchdringung.

Lediglich an der Ostküste kann man verstärkten Einfluß aus Mexiko feststellen, der aber wohl auf friedlichen Han-

dels- und Kulturbeziehungen beruhte. Vor allem in der leider nur in wenigen Beispielen erhaltenen Wandmalerei wird dies deutlich: Nicht kriegerische, sondern rituelle Themen herrschen vor, und diese erinnern stärker an Maltraditionen aus Oaxaca als an klassische Wandmalereien der Maya. Im übrigen entwickelte die Ostküste eine merkwürdige Kleinarchitektur, und man kehrte hier, sicher auch unter mexikanischem Einfluß, zu ungewölbten Steinbauten mit Flachdach aus Balken und Zementdecke zurück.

Schließlich aber drangen die Putún oder Itzá, wie sie ebenfalls genannt werden, auf dem Seeweg entlang der Küste doch auch in den Norden der Halbinsel Yukatan vor. Zu ihrer Hauptstadt machten sie Chichen Itzá, von wo sie aber wieder vertrieben wurden. In einer letzten Invasionswelle erreichten dann Tolteken Yukatan und ließen sich ebenfalls in Chichen Itzá nieder, das sie in grandioser Weise nach ihren Architektur- und Städtebauvorstellungen ausgestalteten. Mit der sogenannten Chac-Mool-Figur, den Schädelplattformen und den Kriegerfriesen führten sie viele typisch zentralmexikanische Darstellungsformen ein. Man nimmt wohl zu Recht an, daß damit auch zugleich die blutigen Menschenopfer und die Institution der Kriegerorden ihren Einzug fanden.

Die Eroberungen der Putún und Tolteken im Norden hatten jedoch nicht den verheerenden Effekt wie die Umwälzungen im Süden. Im Gegenteil, Chichen Itzá erblühte zu neuem Glanz, und die Insel Cozumel entwickelt sich erst jetzt zu einem richtigen Handels- und Pilgerzentrum. Der wirkliche Niedergang begann hier erst um 1240 n. Chr. mit dem Zerfall des Nordens in dreizehn sich bekriegende Kleinstaaten, mit dem die Aufgabe mancher künstlerischer und zivilisatorischer Errungenschaften einherging.

Rätsel des Untergangs klassischer Lebensweise

Bisher war im Zusammenhang mit dem Ende der klassischen Epoche von räumlich begrenzten, zum Teil wenig zerstörerischen Einwanderungen und Eroberungen die Rede. Man könnte also geneigt sein, diese Ereignisse als alleinige Ursachen für den Untergang der klassischen Kultur zu betrachten. Das ist jedoch wirklichkeitsfremd in Anbetracht der Größe der Region, der territorialen Machtstellung der Städte im südlichen Tiefland und des abrupten Endes jahrhundertelanger kultureller und intellektueller Traditionen, wie sie die Lange Zählung, der Stelen-Altar-Komplex und die großen Tempelbauten darstellten. Schließlich paßt auch der dramatische Rückgang der Bevölkerung nicht ins Bild vereinzelter Eroberungszüge. Denn die einwandernden Mexikaner kamen in relativ kleinen Gruppen und ließen sich an wenigen strategisch wichtigen Orten, wie zum Beispiel in Chichen Itzá, nieder. Ihnen allein können solche umfassenden Wirkungen kaum zugeschrieben werden.

Es müssen also noch andere Faktoren im Zusammenhang mit Eroberung und Einwanderung eine wesentliche Rolle gespielt haben. Einer war möglicherweise der Zusammenbruch der Handelsnetze. Auf internationalen Handel war besonders die Herrscherschicht in den Tiefländern angewiesen, die ja viele Rohstoffe für ihre Luxusprodukte im eigenen Machtbereich nicht besaß. Sie konnte sich aber in ihren dicht besiedelten Ländern durch Ausbeutung der Produktivkräfte von Bauern und Handwerkern und durch den Handel mit Produkten wie Baumwolle, Honig, Salinensalz und Keramik die Mittel beschaffen, mit denen sie die begehrten Güter im Fernhandel erwerben konnten. Wenn kriegerische Ereignisse diesen nun erschwerten oder teilweise sogar zum Erliegen brachten, war Verteuerung der Einfuhren die Folge, die ihrerseits zu erhöhter Ausbeutung der Arbeitskräfte zwang.

Deren Auswirkung wiederum könnten massive Arbeitsverweigerung oder sogar Aufstände unzufriedener Bevölkerungsteile gewesen sein, die dann erst recht den Handel zum Erliegen brachten. Solche Revolten und das Ausbleiben wichtiger Handelsgüter für die Elite mögen dazu geführt haben, daß diese zwischen Mangel, aufsässiger Bevölkerung und kriegerischen Einfällen von außen aufgerieben und beseitigt wurde.

Auf alle Fälle muß man den Prozeß des Niedergangs der klassischen Epoche wohl als ein komplexes Netzwerk von Beziehungen verschiedener Elemente und Entwicklungen der wichtigsten Lebensbereiche sehen und dabei beachten, daß rückgekoppelte Beziehungen zur Verstärkung von Tendenzen führen können, so daß schädliche Wirkungen, die für sich allein und unter anderen Begleitumständen von der Gesellschaft ohne großen Schaden überstanden würden, fatale Ausmaße erreichen. Hierzu zählen zum Beispiel epidemische Krankheiten, Proteinmangel infolge einseitiger Ernährung, dadurch zunehmende Kindersterblichkeit und vielleicht auch erhöhte Unfruchtbarkeit der Frauen.

Einige Ursachen allerdings, die bis heute oft vorgebracht werden und die man unter der Kategorie Natur- und Umweltkatastrophen zusammenfassen kann, scheiden aus der Diskussion endgültig aus. Das haben geologische, klimageschichtliche und agrargeographische sowie chemische Untersuchungen ergeben. Das Mayagebiet ist in seiner Gesamtheit nämlich weder erdbebengefährdet, noch hat sich in den vergangenen tausend Jahren das Klima wesentlich verändert, wie oft behauptet wird. Auch eine Auslaugung oder Erosion der landwirtschaftlich nutzbaren Böden ist großflächig nicht vorgekommen. Ebensowenig kann man Versteppung infolge von Rodung nachweisen und für den Untergang der klassischen Maya verantwortlich machen.

So bleibt das Ende dieser faszinierendsten und vielgestaltigsten Epoche der Mayageschichte weiterhin mit vielen Rätseln behaftet und stellt immer noch eine Herausforderung an die Forschung dar.

Linke Seite: Xpuhil. Typisch für die Río-Bec-Region sind die turmartigen, oft in Dreiergruppen hochgezogenen Scheinfassaden, deren Treppen nicht begehbar sind. Die krönenden Tempel haben keinen Innenraum.

Oben: Überlebensgroße Eckmaske aus Stuck an einem Tempel in Tulúm.

Unten: Eine der die Treppe einer Tempelpyramide in Kohunlich rahmenden Masken des Sonnengottes.

Die Mixteken

Aus dem Gebiet der Mixteken in Südmexiko ist ein einzigartiger Bestand an Bilderhandschriften erhalten: mit Sicherheit aus vorspanischer Zeit stammende Manuskripte, die genealogische und historische Informationen enthalten. Ähnliche Angaben finden sich auf Stein- und Holzreliefs aus dem Mayagebiet sowie in frühkolonialzeitlichen Manuskripten aus dem Tal von Mexiko und anderen Regionen Mesoamerikas. Die einzigen vor der Conquista entstandenen Bilderhandschriften nichtreligiösen Inhalts haben jedoch die Mixteken hinterlassen.

Die in den mixtekischen Manuskripten aufgeführten Herrscher sind innerhalb der mesoamerikanischen Geschichte dem Postklassikum zuzuordnen. Die frühesten Daten stammen aus dem 10. Jahrhundert n. Chr., und in einigen Codices setzen sie sich fort bis zur spanischen Eroberung. Diese Angaben werden ergänzt durch solche aus Bilderhandschriften, die in der Kolonialzeit, oft im Zusammenhang mit Prozessen um Landbesitz oder wegen Erbfolgestreitigkeiten zwischen Herrschern, angefertigt wurden.

Der Ausschnitt aus Seite 35 des Wiener Codex zeigt zwei Figuren über einer Ortsglyphe, die den mixtekischen Namen von Apoala wiedergibt: yuta tnoho, *in den kolonialzeitlichen Quellen mit »Fluß, aus dem die Herrscher hervorgingen«, übersetzt.* Yuta *heißt »Fluß«, und* tnoho *kann auch »Vögel rupfen« oder »mit der Wurzel ausreißen« bedeuten und ist in diesem Zeichen als Hand dargestellt, die Federn hält wie beim Rupfen eines Vogels. Apoala erscheint als Schauplatz der Heirat des Ahnenpaares FünfWind und seiner Frau Neun Alligator, die auf einer über dem Zeichen für »Fluß« ausgebreiteten Grasmatte sitzen. Das Namenszeichen des Mannes findet sich über dessen Kopf, das der Frau vor deren Gesicht. Zwischen dem Paar steht ein Dreifußgefäß, das Pulque, ein aus dem Saft der Magueyagave hergestelltes alkoholisches Getränk, enthält. Es verbildlicht eine der Metaphern der mixtekischen Sprache für die Heirat von Herrschern: »Der Vornehme trinkt Pulque.« Die Gesichter von FünfWind und Neun Alligator zeigen Merkmale der Regengottheit, nämlich ein Sternenauge, das von einem Ring umgeben ist, und Fangzähne. Damit werden die frühen Vorfahren der Mixteken gekennzeichnet, die sich selbst* ñuu dzavui, *»Regenvolk« oder »Volk der Regengottheit«, nannten. Dzavui ist das mixtekische Gegenstück zu Tlaloc bei den Nahuavölkern, zu Cosijo bei den Zapoteken und zu Chac bei den Maya.* Wien, Nationalbibliothek

Die aus vorspanischer Zeit erhaltenen Manuskripte wurden auf lange Bahnen aus Tierhaut gemalt, die nach Art eines Leporelloalbums unterteilt und zusammengelegt wurden (Abb. S. 192). Die größten, aus aneinandergesetzten Häuten bestehenden Codices erreichen in entfaltetem Zustand eine Länge von über 13 Metern. Nach Berichten aus der Kolonialzeit wurden die Bilderhandschriften in den Gemächern der Adelshäuser ausgebreitet und von Geschichtskundigen erläutert. Wenn sie nicht gebraucht wurden, konnten sie auf die handliche Größe einer einzigen Seite zusammengefaltet werden. Dieses Faltformat war auch in den ersten Jahrzehnten nach der spanischen Eroberung noch üblich. Aus der Frühkolonialzeit stammen aber auch Bilderhandschriften, die auf große rechteckige Baumwollstoffe gemalt wurden und als *lienzos* bezeichnet werden (Abb. S. 398), sowie Zeichnungen und Malereien auf europäischem Papier. Dieses eingeführte Papier war im 16. Jahrhundert in der Neuen Welt knapp, und im allgemeinen wurden nur für europäische Auftraggeber Bilderhandschriften damit angefertigt.

Auf einheimischem Papier, das aus Rindenbast hergestellt wurde, sind aus der Mixteca nur wenige Dokumente erhalten, während die vier überlieferten Faltbücher der Maya aus Rindenbaststoff bestehen, ebenso Dutzende von frühkolonialzeitlichen Manuskripten aus dem Tal von Mexiko.

Üblicherweise wird die Mixteca in drei Regionen unterteilt, nämlich in die »Alta«, die gebirgige Region im Westen von Oaxaca, in die »Baja«, das trockene Tiefland von Nordoaxaca, Südpuebla und Ostguerrero, und in die »Costa«, das tropisch heiße Tiefland an der Pazifikküste. Aus den Bilderhandschriften und aus Chroniken der Kolonialzeit geht hervor, daß die Mixteca Alta am längsten von Mixteken bewohnt ist. Das höhere Alter der dortigen Sprache wurde durch J. Kathryn Josserand, welche die bisher detaillierteste Analyse der zahlreichen mixtekischen Dialekte lieferte, bestätigt.

*Links: Die mixtekischen Bilderhandschriften bestehen aus langen Bahnen von Tierhaut, die nach Art eines Leporelloalbums zusammengefaltet sind. Faksimile des Codex Egerton 2895.
London, British Museum*

Rechts: Abschnitt aus der Genealogie der Herrscher von Teozacoalco auf den Seiten 30 und 31 des Codex Nuttall. Der Herrscher von Teozacoalco, Acht Kaninchen,

*heiratet Sechs Gras »Schmetterling, der vom Himmel schwebt«. Das Paar sitzt sich auf einer Plattform gegenüber, eine der Bildkonventionen für »Heirat«. Links von ihm steht der erste aus dieser Ehe hervorgegangene Sohn, Zwölf Haus »Feuerschlange, die in den Himmel geht«, und über diesem erscheint der zweite Sohn, Eins Haus »Jaguar, der den Himmel verbrannte«.
London, British Museum*

Namen und Daten

Die in den mixtekischen Codices wiedergegebenen menschlichen Figuren sind eher standardisierte als individuelle Darstellungen. Sie erscheinen gewöhnlich in Profilansicht und in vollkommen flächiger Stilisierung. Männer und Frauen sind voneinander aufgrund des Gewandes und der Haartracht zu unterscheiden: Die Männer tragen traditionsgemäß ein loses, knielanges Gewand, bei den Azteken *xicolli* genannt, und langes, glattes Haar, während die Frauen mit einem Rock und einer Bluse darüber bekleidet sind. Oft ist ihr Haar geflochten, manchmal von Bändern gehalten (Abb. S. 190, 193). Sitzende Männer und Frauen werden meist so dargestellt, daß sich die Füße vor ihnen befinden (Abb. S. 193). Gelegentlich sitzt die Frau auf den abgewinkelten Beinen (wie die Frauengestalt links auf Abb. S. 190). Diese Stellung ist jedoch typischer für frühkolonialzeitliche Manuskripte aus dem Tal von Mexiko und wird als »aztekischer Frauensitz« bezeichnet.

Die Stellungen und Gesten der Figuren sind in ihrer Anzahl beschränkt und bringen oft die Beziehung zwischen den dargestellten Personen zum Ausdruck. Weist zum Beispiel die Hand leicht nach unten (wie bei der männlichen Gestalt rechts auf Abb. S. 190), so ist dies eine Geste des Bittens oder Befehlens. Sitzt eine Person, die diese Geste ausführt, einer anderen gegenüber, die nach oben zeigt, so

bedeutet deren Gebärde Zustimmung, das heißt, die Bitte oder Aufforderung der einen Person wird von der anderen akzeptiert.

Die menschliche Rede wird wie im ganzen vorspanischen Mesoamerika durch sogenannte Sprechvoluten symbolisiert (Abb. S. 398), die auch Macht anzeigen können, wenn eine Person als sprechend, die andere als zuhörend dargestellt ist.

»Heirat« wird dadurch verbildlicht, daß sich eine männliche und eine weibliche Gestalt gegenübersitzen und durch eine Plattform (Abb. S. 193), eine Grasmatte (Abb. S. 190) oder die Ortsglyphe der von einem der beiden regierten Stadt (Abb. S. 190) verbunden sind. Folgen auf die Heiratsszene Einzelpersonen, so handelt es sich um aus dieser Ehe hervorgegangene Kinder. Abstammung kann auch durch eine Nabelschnur (Abb. S. 194) oder durch Fußspuren ausgedrückt werden, die jedoch nicht nur die genealogische Bedeutung »kommt von« haben, sondern auch »geht nach« im Sinne einer Reise von einem Ort zu einem anderen heißen können (Abb. S. 398).

Das Mittel, mit dem diese stereotyp dargestellten Figuren identifiziert werden, sind ihre Namen. Die meisten Herrscher in den mixtekischen Manuskripten tragen zwei verschiedene Arten von Namen. Der erste ist ein »kalendarischer Name«: das Datum innerhalb des 260 Tage umfassenden Zeremonialkalenders, an dem der Betreffende geboren wurde. Außerdem hatten sie einen persönlichen Namen, den sie als Kind, vermutlich im Alter von sieben Jahren, von einem Priester erhielten. Dieser Beiname wird im allgemeinen durch zwei oder mehrere Bildmotive repräsentiert, die neben der Figur stehen beziehungsweise in das Gewand oder den Kopfschmuck eingefügt sind.

Wie Personennamen werden auch Ortsnamen durch Bildzeichen wiedergegeben. Sie bestehen ebenfalls häufig aus zwei Motiven. Im Codex Nuttall zum Beispiel wird ein bis jetzt nicht identifizierter Ort durch einen Vogel im stilisierten Zeichen eines Berges als »Adlerberg« beschrieben. Durch Ortszeichen wurden nicht nur die Namen von Städten, die den verschiedenen Herrschern unterstanden, wiedergegeben, sondern auch von den Orten, die sie eroberten, und von Kultplätzen, die sie aufsuchten. Auf Karten aus der frühen Kolonialzeit ist ein Hauptort häufig von Zeichen umgeben, die die Namen seiner Grenzorte ange

ben, wobei die Basis dieser Ortsglyphen jeweils zur Mitte hin ausgerichtet ist (Abb. S. 398).

Historische Schilderungen sind in den Bilderhandschriften mit Jahres- und Tagesdaten versehen. Das dabei verwendete Kalendersystem entspricht dem des Postklassikums im Tal von Mexiko: Zwanzig Tageszeichen mit dreizehn Zahlen kombiniert ergeben einen 260-Tage-Zeremonialkalender, und die vier Tageszeichen »Haus«, »Kaninchen«, »Rohr« und »Feuerstein« mit dreizehn Zahlen verbunden bilden Jahresdaten in Zyklen von 52 Jahren. In Südmexiko sind Jahresdaten am »A-O«-Jahreszeichen zu erkennen, einer Glyphe, bei der ein dreieckiges Sonnenstrahlenzeichen, das einem A ähnelt, mit einem horizontalen rechteckigen oder ovalen Motiv, das an ein O erinnert, verschlungen ist (zum Beispiel das Datum 7 Rohr links auf Abb. S. 197).

Herrschergenealogien

In vielerlei Hinsicht sind die mixtekischen Manuskripte mit ihrer Darstellung von Heiraten und Nachkommenschaft der erblichen Herrscher der kleinen Fürstentümer von Südmexiko eine genaue Beschreibung des Verwandtschaftssystems der damaligen Oberschicht. In der Mixteca unterstand jede größere städtische Siedlung (spanisch: *cabecera*) einem erblichen Herrscher (einem männlichen *cacique* oder einer weiblichen *cacica*). Waren den *cabeceras* innerhalb ihres Hoheitsgebietes andere Orte untergeordnet, so wurden diese abhängigen Gemeinden (*subjetos*) von einer Klasse von niedrigeren Adligen regiert, die im Spanischen *principales* genannt wurden. Normalerweise heirateten die *caciques* und *cacicas* innerhalb ihrer eigenen Klasse; dies galt auch für die *principales*.

Meistens handeln die genealogischen Aufzeichnungen aus vorspanischer Zeit von der Schicht der *caciques*, ihren Ehen und ihren Erben. Aber auch von Heiraten zwischen Mitgliedern der *caciques*- und der *principales*-Klasse wird in den Manuskripten berichtet, besonders bei Nachkommen von *caciques* oder *cacicas*, die nicht eine der Städte ihrer Eltern erbten. Das Erstgeburtsrecht war die bevorzugte Erbfolgeregelung bei den mixtekischen Herrschern. Aber was wurde aus den jüngeren Geschwistern, wenn der Erst- oder Zweitgeborene das Erbe des Vaters oder der Mutter antrat? Im Idealfall verheirateten sie sich innerhalb der eigenen Klasse der *caciques*; offensichtlich war dies jedoch nicht immer möglich. Doch die mixtekischen Herrscher waren pragmatisch und gestatteten den jüngeren Nachkommen der *caciques*-Klasse, *principales* zu heiraten. Übrigens stammt unser Wissen darüber, welche Städte *cabeceras* und welche *subjetos* waren, meist aus Dokumenten, die nach der spanischen Eroberung entstanden. Das *cabecerasubjeto*-Verhältnis war wohl weder statisch noch ein für allemal gültig; manche *cabeceras* waren in früherer Zeit vielleicht untergeordnete Städte gewesen und umgekehrt. Die Bilderhandschriften dokumentieren eine Anzahl von Fällen, in denen jüngere Nachkommen der *caciques* in Städten, die weniger wichtig waren als jene, aus denen sie selbst stammten, eigene Herrscherlinien gründeten. Dies läßt sich durch einen Vergleich der Genealogien verdeutlichen, die in zwei mixtekischen Manuskripten aufgeführt sind, nämlich im Codex Nuttall, der in vorspanischer Zeit aufgezeichnet wurde, und im Codex Muro, der aus der Kolonialzeit stammt. Ein Abschnitt des Codex Nuttall zeigt ausführlich die *caciques* der *cabecera* von Teozacoalco in der Mixteca Alta. Der auf der vorhergehenden Seite abgebildete Ausschnitt der Genealogie zeigt rechts unten den Herrscher der Stadt, Acht Kaninchen, der seiner Frau Sechs Gras gegenübersitzt. Links von dem Paar sind die ersten beiden Söhne aus dieser Ehe zu sehen: Zwölf Haus, der Erbe von Teozacoalco, und Eins Haus. Der aus der Zeit nach der spanischen Eroberung stammende Codex Muro zeigt als erste historische Herrscher von Teozacoalco am Anfang des Manuskriptes das Paar Acht Kaninchen »Auge von Flammen umgeben«, und Vier Gras »Schmetterling, der vom Himmel schwebt«. Trotz der Differenz beim Kalendernamen der Frau handelt es sich um dieselben Herrscher wie im Codex Nuttall. Die folgende Szene des Codex Muro zeigt den zweiten Sohn des Paares, Eins Haus, mit dem Beinamen »Jaguar, der den Himmel verbrannte«, als ersten Herrscher der Städte San Pedro Cántaros und San Miguel Adeques im östlichen Teil der Mixteca Alta, von denen diese Bilderhandschrift handelt. Der Rest des Codex Muro befaßt sich ausschließlich mit den Herrschern dieser Städte, die in der frühen Kolonialzeit als ehemalige *subjetos* der bedeutenden *cabecera* Yanhuitlán galten. Sollte dies tatsächlich in der Zeit vor der Eroberung der Fall gewesen sein, so handelt es sich bei Eins

Haus um einen Nachkommen von *caciques*, der eine neue Erblinie von *principales* gründete, eine Erscheinung, die ziemlich häufig gewesen sein dürfte.

Ein Vergleich der genealogischen Angaben in den Codices Nuttall und Muro zeigt auch, daß jedes Manuskript seine Geschichte unter einem ganz bestimmten Gesichtspunkt erzählt. Im Codex Nuttall ist die Heirat des zweiten Sohnes Eins Haus nicht abgebildet, weil dieser Teil des Codex der Genealogie von Teozacoalco und den Herrschern, die diese Stadt erbten, gewidmet ist. Umgekehrt übergeht der Codex Muro den ersten Sohn Zwölf Haus, weil er für die hier aufgeführte Herrscherlinie nicht relevant ist. Obwohl verschiedene Bilderhandschriften einander inhaltlich zweifellos bestätigen, beschränkt sich jeder auf die Angaben, die für die Herrscher, die das Manuskript in Auftrag gaben, wichtig oder vorteilhaft sind.

Mythische Ursprünge

Sowohl in vorspanischen als auch in kolonialzeitlichen Manuskripten begründen die *caciques* ihre Erbrechte nicht nur mit dem Nachweis der Abstammung von ihren unmittelbaren Vorfahren, vielmehr weisen sie auch darauf hin, daß ihre ältesten Ahnen göttlichen oder mythischen Ursprungs waren. Alle Codices mit vorwiegend genealogischem Inhalt, nämlich die Codices Bodley, Selden, Egerton 2895 und Becker II sowie die Vorderseite des Codex Nuttall und die Rückseite des Wiener Codex, leiten ihre historischen Schilderungen mit Szenen ein, die darstellen, wie die Urahnen aus Flüssen oder Bäumen hervorgehen oder vom Himmel herabsteigen. So ist zum Beispiel die ganze Vorderseite des Wiener Codex den Ursprüngen einiger dieser ersten Vorfahren gewidmet, wobei von zahlreichen mythischen und rituellen Ereignissen berichtet wird, zum Beispiel wie der Kulturheros Neun Wind, der gewisse

Links: Der Ausschnitt aus Seite 2 des Codex Selden zeigt die Geburt des Ahnen Zwei Gras »Schädel« aus einem Baum. Eine Nabelschnur verbindet ihn mit der Öffnung des Baumes, der auf der Ortsglyphe für Achiutla steht, einem Rechteck mit Flammen am linken Rand. Dieses Zeichen gibt den mixtekischen Namen wieder: nuu ñdecu, »Platz, der brennt«. Zwei Schlangen winden sich um den Baum, eine mit weißen Voluten, die Wolken darstellen, die andere mit dem Sternenaugenmotiv. Priester, die Weihrauch- und Tabakopfer darbringen, assistieren der Geburtsszene. Der bärtige links, Zehn Eidechse, ist als alter Mann, der nur noch einen Zahn besitzt, gekennzeichnet. Zehn Feuerstein rechts trägt die Maske eines Erdungeheuers. Oxford, Bodleian Library

Rechts: Seite 48 des Wiener Codex schildert die himmlische Abkunft von Neun Wind. Er erscheint oben als sitzende kleine Gestalt, flankiert von zwei Ahnen und umgeben von den Attributen, die er später tragen wird: dem Hut aus Jaguarfell, der Maske des Windgottes und dem Muschelbrustschmuck. Aus einer Spalte in dem Band mit dem vierfachen Zeichen des Planeten Venus führt eine Strickleiter nach unten, auf der Neun Wind herabsteigt. Kopfüber begleiten ihn zwei Gestalten; die im Adlerkostüm bringt ein Haus mit dem Kopf der im Nahuatl als Xipe Totec bekannten Gottheit, die andere ein Gebäude mit dem Zeichen für »Sonne«. Unten stehen die beiden Gebäude hinter Neun Wind, vor ihm die Zeichen für »Fluß« und »Berg«. Wien, Nationalbibliothek

Ähnlichkeit mit Quetzalcoatl hat, vom Himmel herabsteigt (Abb. S. 195).

In den Erzählungen aus der Kolonialzeit werden drei
Städte der Mixteca Alta als Ursprungsorte des mixtekischen Volkes erwähnt. Der sowohl in kolonialzeitlichen
Texten als auch in Bilderhandschriften aus der Zeit vor
und nach der Conquista am häufigsten erwähnte Ort ist
Apoala in der nordöstlichen Mixteca Alta. Der mexikanische Archäologe Alonso Caso identifizierte das Bildzeichen, das den Namen dieser Stadt wiedergibt. Es besteht
aus einem rechteckigen Wassertrog, der einen Fluß darstellt, und aus einer Hand, die ein Grasbüschel oder Federn hält (Abb. S. 190).

Der zweite Ursprungsort wird beschrieben als Ebene, die
zwischen den in der zentralen Mixteca Alta gelegenen
Städten Tilantongo und Achiutla liegt. Letztere soll in vorspanischer Zeit ein bedeutendes Zeremonialzentrum gewesen sein. Das Bildzeichen für den mixtekischen Namen
von Achiutla wurde von dem mexikanischen Historiker
Wigberto Jiménez Moreno als viereckiges Feld, das vielfarbige geometrische Muster und ein Flammenmotiv enthält, nachgewiesen. Am Anfang des Codex Selden wird
dargestellt, wie ein mythischer Vorfahr im Ort Achiutla aus
einem Baum geboren wird (Abb. S. 194). Der dritte Ort ist
Sosola, in der Cañada von Cuicatlán am östlichen Rand
der Mixteca Alta gelegen. Das Zeichen für diese Stadt
konnte in den Codices noch nicht identifiziert werden.
Alle drei Ursprungsorte liegen innerhalb oder in unmittelbarer Nachbarschaft der Mixteca Alta, obwohl es in der Sa-
ge von Achiutla heißt, daß jene, die sich hier niederließen,
aus dem Nordwesten gekommen waren. Jedoch stellt kei-

nes der Manuskripte Szenen einer Einwanderung in das
heutige Mixtekengebiet dar, wie dies bei den Azteken im
Tal von Mexiko oder den Nahua in Puebla der Fall ist. Der
autochthone Charakter geht auch aus den frühkolonialzeitlichen Karten der Mixteca hervor. Die meisten von ihnen, wie beispielsweise der Lienzo von Zacatepec aus der
Mixteca Costa (Abb. S. 398), zeigen das Gebiet einer einzelnen Stadt, umgeben von Bildzeichen, welche die Namen ihrer Grenzorte ausdrücken. Das Blickfeld erscheint
hier ebenso wie in den mixtekischen Bilderhandschriften
auf einen abgegrenzten Bereich beschränkt. Entsprechendes geht auch aus dem archäologischen Befund und den
Quellen der Kolonialzeit hervor. Ronald Spores, der
beides erforscht hat, gelangte zu folgenden Feststellungen: »Die altmixtekische Welt war in erster Linie bestimmt durch den Himmel oben, die Erde unten und den
sichtbaren Horizont... Es bestand wenig Interesse für eine
Verwicklung in die Welt jenseits der Mixteca. Offensichtlich erstreckten sich die wirtschaftlichen Beziehungen bis
in andere Gebiete Mesoamerikas, aber die politischen Ak-
tionen waren regional beschränkt und die Verbindungen
durch die Bedingungen der geographischen Lage begrenzt...«

Expansion durch Heirat und Eroberung

Ungeachtet der Betonung der Bodenständigkeit in den Legenden und den erwähnten Karten gibt es in den Manuskripten viele Hinweise, daß die Mixteken, nachdem sie
sich in der Mixteca Alta niedergelassen hatten, sowohl
durch Heirat als auch durch Eroberung in die Nachbarge-

biete expandierten. In besonderem Maße scheint dies zur Zeit des bedeutenden Herrschers Acht Hirsch, mit dem Beinamen »Jaguarkralle«, der von 1063 bis 1115 lebte, stattgefunden zu haben. Seine Lebensgeschichte wird in den Codices ausführlicher dargestellt als die irgendeiner anderen Person; es wird gezeigt, wie er über hundert Orte erobert (Abb. S. 197) und fünf Frauen heiratet, wie er an politischen Verhandlungen teilnimmt und zahlreiche Opferriten vollzieht.

Acht Hirsch scheint durch seine Geburt in einer genealogisch ambivalenten Position gewesen zu sein, denn er war der erste Sohn der zweiten Frau seines Vaters. In jungen Jahren ging er an die mixtekische Pazifikküste, wo er Tututepec regierte, die wichtigste Stadt der Mixteca Costa. Laut Nancy Troike schildern die beiden Codices Colombino und Becker I, die zusammen die umfangreichste und kohärenteste Biographie dieses Herrschers aufweisen, seinen Aufstieg zur Macht. Besonders ausführlich stellen sie seine erfolgreichen Bemühungen dar, die Kontrolle über Tilantongo zu gewinnen, die Stadt seines Vaters, deren Herrscherhaus als das mächtigste in der Mixteca Alta galt. Obwohl viele Glyphen, die von Acht Hirsch eroberte Orte bezeichnen, noch nicht identifiziert werden konnten, ist anzunehmen, daß er im letzten Abschnitt seines Lebens in zwei der drei großen Teilregionen der Mixteca die wichtigsten Städte, Tututepec an der Küste, Tilantongo in der Mixteca Alta, unter seiner Macht standen. Vielleicht ist es sogar auf ihn zurückzuführen, daß die mixtekische Sprache und Kultur in das Küstengebiet vordrangen.

In mancher Hinsicht mutet Acht Hirschs Aufstieg zur Macht so gewalttätig und düster an wie bei Shakespeares Macbeth. Der legitime Erbe der Herrschaft von Tilantongo war der erstgeborene Sohn der ersten Frau seines Vaters. Dieser ältere Halbbruder, der aus unbekannten Gründen nie als verheiratet dargestellt wird, erlitt im Alter von 55 Jahren in einem Schwitzbad den Opfertod, unter mysteriösen und ungeklärten Umständen und durch eine unbenannte Person (Abb. S. 196). Offensichtlich als Vergeltung für die Opferung seines Halbbruders beseitigte Acht Hirsch die beiden Söhne der Tochter aus der ersten Ehe seines Vaters, die ebenfalls als Erben von Tilantongo in Frage kamen (Abb. S. 199). Ihre Schwester, also die Tochter seiner Halbschwester, hatte er bereits zu seiner ersten Frau gemacht. Diese Maßnahmen scheinen die Mittel zu veranschaulichen, mit denen ein mixtekischer Herrscher sein Reich konsolidieren und seine Rivalen ausschalten konnte: durch Tötung der Männer – oft im Zusammenhang mit einem Opferritual – und Heirat der Frauen.

Acht Hirschs Macht über einen großen Teil der mixtekischen Region war jedoch von kurzer Dauer. Im Alter von 52 Jahren, was der Zeit eines vollen Kalenderzyklus' entsprach, wurde er selbst von einem jüngeren Mann geopfert. Dieser trug den Namen Vier Wind und war 1092 geboren. Später heiratete er die älteste Tochter aus Acht Hirschs erster Ehe.

Es gibt Anhaltspunkte dafür, daß der junge Vier Wind versuchte, den von Acht Hirsch zusammengebrachten Herrschaftsbesitz aufzulösen. Ein klarer Hinweis hierauf findet sich im Lienzo de Zacatepec (Abb. S. 398), der nicht nur eine Karte der Küstenstadt Zacatepec ist, sondern auch Angaben über ihre Herrscher enthält. Der genealogische Bericht des Lienzo beginnt in der oberen linken Ecke mit einer Szene, die zeigt, wie Vier Wind den ersten Herrscher von Zacatepec, Elf Jaguar, als Herrn dieser Stadt einsetzt. Aller Wahrscheinlichkeit nach hatte sie vorher der Stadt Tututepec unterstanden, die, wie erwähnt, von Acht Hirsch regiert worden war. Es wird also hier geschildert, wie Vier Wind einen Teil des Gebietes, das vormals Acht Hirsch untertan war, einem anderen Herrscher übergibt, und zwar einem, von dem nicht bekannt ist, daß er ein Erbe von Acht Hirsch gewesen sei.

Es gibt zahlreiche Belege dafür, daß die mixtekischen Herrscher durch Heirat und Eroberung nicht nur zur Pazifikküste, sondern auch in das Tal von Oaxaca vordrangen, das während des Klassikums, als die Zapoteken dort die große Bergstadt Monte Albán errichteten, ein sehr stark zapotekisch geprägtes Gebiet war. So läßt sich feststellen, daß Herrscher der bedeutenden Stadt Teozacoalco in der Mixteca Alta sich etwa ein Jahrhundert nach dem Tod von Acht Hirsch mit den Herrschern von Cuilapa und Zaachila im Tal von Oaxaca verbanden. Darüber hinaus wurde neuerdings nachgewiesen, daß im frühen 15. Jahrhundert auch die zapotekische Stadt Macuilxochitl einem Herrscher von Teozcoalco unterstand, der noch weitere Städte in diesem Gebiet eroberte.

In der Tat ist die mixtekische Präsenz im Tal von Oaxaca während des Postklassikums so vorherrschend, daß John Paddock eine Verschmelzung der früheren zapotekischen Kultur mit der postklassischen der Mixteca Alta vermutet: »Sollte es eine zapotekische Kultur in dieser Zeit gegeben haben, müßte diese anderswo gefunden werden.«

Die mixtekischen Bilderhandschriften erweisen sich als einzigartige Informationsquelle über die Geschichte einer wichtigen mesoamerikanischen Region. Darüber hinaus belegen diese Codices auch ein postklassisches Schriftsystem, das auf einer noch heute in Südmexiko gesprochenen Sprache basiert, und gewähren unschätzbare Einblicke in verschiedene Lebensbereiche der mixtekischen Oberschicht, wie Tracht, Waffen, Zeremonialleben und dergleichen. Sie sind keineswegs nur von regional begrenzter Bedeutung. Die allgemeinen Stilmerkmale und Bildkonventionen, die in den Schilderungen verwendet wurden, waren während der Jahrhunderte vor Ankunft der Europäer in Mesoamerika weit verbreitet. Aus diesem Grunde ist die Kenntnis dieser Bilderhandschriften unerläßlich für unser Verständnis auch der anderen postklassischen Kulturen des Alten Mexiko.

Auf den Seiten 83 und 84 des Codex Nuttall ist die Opferung zweier potentieller Rivalen von Acht Hirsch »Jaguarkralle«, dargestellt. In der Szene rechts oben töten Acht Hirsch und ein Verbündeter Zehn Hund, der an einen Stein gebunden ist und mit Scheinwaffen gegen seine voll bewaffneten Gegner kämpfen muß. Sein Bruder, Sechs Haus, ist an ein Gerüst gefesselt und wird von einem Unbekannten, der einen Totenschädel als Maske trägt, mit einem Pfeilschuß getötet. Sowohl die Todgeweihten, denen Tränen aus den Augen rinnen, als auch ihre Opferer tragen das Gewand der Gottheit, die im Nahuatl als Xipe Totec bekannt ist.
London, British Museum

año de

Die Azteken

ALS DIE SPANIER unter Hernán Cortés am Gründonnerstag des Jahres 1519 an der mittleren Golfküste Mexikos landeten, fanden sie Verhältnisse vor, die sich himmelweit von denen unterschieden, die sie bis dahin auf den karibischen Inseln und dem südlichen mittelamerikanischen Festland kennengelernt hatten. Jetzt trafen sie auf eine hochentwickelte Kultur, auf ein großes Staatswesen, das zwar in sehr vielem fremd, aber doch mit europäischen Begriffen zu fassen war: Imperium, Kaiser, Könige und Adlige; die Berichte der Eroberer strotzen von solchen Vergleichen.

Die spanischen Konquistadoren, Verwaltungsbeamten und Missionare, die die zentralmexikanische Kultur in ihrer Blüte erlebt hatten oder sich von indianischen Informanten über Einzelheiten unterrichten ließen, haben zahlreiche Berichte und Aufzeichnungen hinterlassen. Auch die Azteken – unter dieser Bezeichnung faßt man die kulturell wenig unterschiedenen, nahuatlsprachigen Bewohner des Tales von Mexiko zusammen – haben zuerst in Bilderhandschriften und später in Büchern über die Geschichte ihres Volkes berichtet. Zusammen mit den Ergebnissen der modernen Forschungen ergibt sich hieraus ein relativ guter Stand der Kenntnis der aztekischen Kultur, der um vieles besser ist als bei anderen indianischen Kulturen. Deshalb werden die Verhältnisse bei den Azteken – sei es auf dem Gebiet der Religion oder einem beliebigen anderen – von modernen Autoren auch immer wieder herangezogen, um Unbekanntes in weiter zurückliegenden Epochen zu erklären oder gar nach dem aztekischen Vorbild zu schildern. Dieses Verfahren hat vielfach zu Kritik Anlaß gegeben, denn einerseits ist es gewagt, über große Zeiträume hinweg Gegebenheiten zu extrapolieren – man

Polychromes Tongefäß mit appliziertem Gesicht, das die typischen Züge des Regengottes Tlaloc aufweist: runde Augenwülste und Fangzähne sowie eine in Zacken auslaufende weiße Papierkrone. Das 35 cm hohe Gefäß wurde in einer Opferkiste des Haupttempels von Tenochtitlán gefunden. Mexiko, Proyecto Templo Mayor

denke an die entsprechende Zeitspanne von Luther bis zu Karl dem Großen –, und andererseits ist selbst bei den Azteken noch lange nicht alles ausreichend erforscht. Vieles wird vielleicht auch nie mehr sicher erkannt werden können, war doch das Interesse der europäischen Eroberer nur auf ganz bestimmte Bereiche ausgerichtet.

Ein Reich von Meer zu Meer – das aztekische Tributimperium

Als die Spanier in Mexiko auf das Aztekenreich trafen, hatte dieses seine weiteste Ausdehnung erreicht. Die abhängigen Gebiete, die von einer sprachlich und ethnisch nicht einheitlichen Bevölkerung bewohnt waren, erstreckten sich von der Golfküste bis an den Pazifik, sie reichten im Nordosten bis an die Grenzen Mesoamerikas und im Süden bis an den Isthmus von Tehuantepec. Dazwischen befanden sich allerdings auch Bereiche, die ihre Selbständigkeit hatten bewahren können. Der größte von ihnen lag im Westen, es war vor allem die von den Tarasken bewohnte Region (das heutige Michoacán); sie hatten sich 1478 einer Eroberung erfolgreich widersetzt, und um ihr Vordringen zu verhindern, unterhielten die Azteken einige Grenzgarnisonen. Metztitlán und Tototepec im Bereich der östlichen Sierra Madre, Yopitzinco und Tututepec an der Pazifikküste sowie Teotitlán in Oaxaca waren kleinere unabhängige Herrschaften. Die bedeutendste Enklave bildeten Chollollan, Tlaxcallan und Huexotzinco (im Tal von Puebla-Tlaxcala), die untereinander wechselnde Bündnisse eingingen und sich gegenüber den Azteken ein einem prekären militärischen Gleichgewicht selbständig halten konnten.

Noch bis heute ist die genaue Form aztekischer Dominanz in den südlichen Gebieten, im Bereich des Isthmus' von Tehuantepec, unklar. Obgleich hier die Azteken in mehreren militärischen Kampagnen eindrangen, wird jenseits des Tales von Oaxaca, wo sie eine Militärkolonie angesie-

delt hatten, in den erhalten gebliebenen offiziellen Tribut-
verzeichnissen nur Xoconochco (heute: Soconusco, an
der Grenze zu Guatemala gelegen) als Enklave an der
Pazifikküste als Tributzahler aufgeführt. In den Gebieten
jenseits von Xoconochco dürfte der aztekische Einfluß,
wenn überhaupt, nur noch sporadisch wirksam geworden
sein.

Eines ist sicher: Das aztekische Reich war kein einheitliches Imperium mit fest integrierten eroberten Gebieten, in
denen ein stehendes Heer die Loyalität der Provinzen ga-
rantierte und die Grenzen sicherte, sondern war ver-
gleichsweise nur locker zusammengefügt und von keiner
durchgehenden militärischen Präsenz zusammengehal-
ten. Es wird heute meist als Tributimperium bezeichnet,
da die Ausweitung der aztekischen Oberherrschaft die
Lieferung von Tributgütern aus den abhängigen Gebieten
als wesentliches Ziel hatte.

Feste Grenzziehungen waren so gut wie unbekannt; zwischen unabhängigen und aztekisch dominierten Gebieten
erstreckte sich üblicherweise ein nur dünn oder aufgrund
natürlicher Gegebenheiten gar nicht besiedeltes Gebiet.
Die Beziehungen zu den unabhängigen Territorien waren

nicht die eines dauernden Kriegszustandes, viele ihrer
Herrscher wurden bei feierlichen Anlässen von den Azteken eingeladen.

Das Machtzentrum des Reiches lag im Tal von Mexiko auf
rund 2200 Metern Höhe und war in Form einer Allianz
von drei Stadtstaaten organisiert, deren Hauptstädte Tenochtitlán (im Altstadtbereich von Mexiko-Stadt), Tetzcoco (heute: Texcoco, Bundesstaat Mexiko) und Tlacopan
(heute: Tacuba, Teil von Mexiko-Stadt) waren. Von diesen
stellte Tenochtitlán zur Zeit der spanischen Eroberung die
führende Macht dar.

In seinem Kerngebiet handelte jeder der drei Staaten selbständig. Eroberungspolitisch wurde jedoch miteinander
oder in Absprache vorgegangen, obgleich Rivalitäten nicht
unbekannt waren. Der Tribut aus den gemeinsam erwor-
benen Provinzen wurde nach einem festen Schlüssel aufgeteilt: Tenochtitlán und Tetzcoco erhielten je zwei Fünftel, Tlacopan ein Fünftel der eingehenden Lieferungen.
Daneben gab es abhängige Gebiete, deren Abgaben nach
einem anderen Schlüssel umgelegt wurden oder ausschließlich dem einen oder anderen Gliedstaat des Dreibundes zufielen.

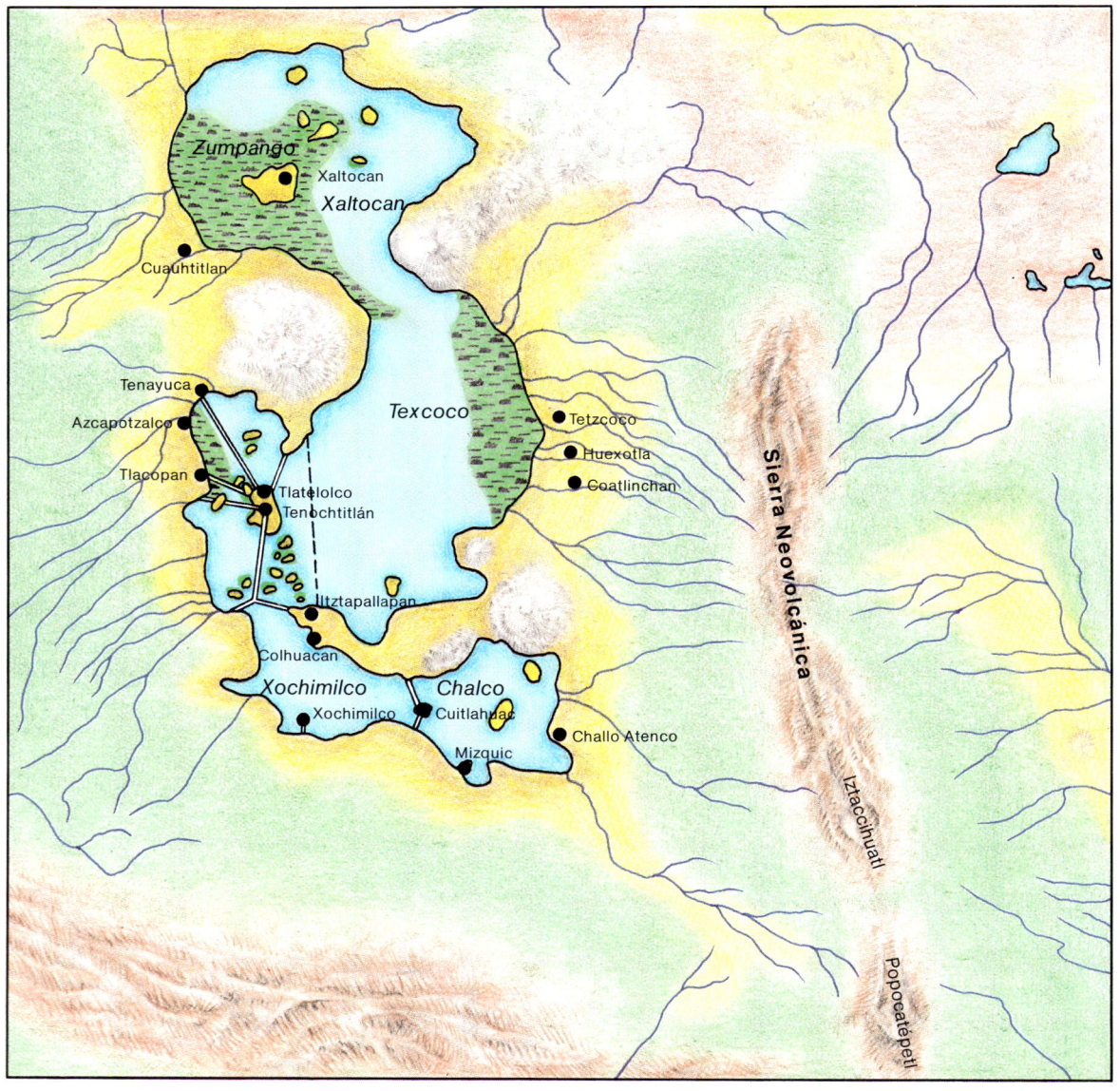

Links: Das südliche Seengebiet des Hochtals von Mexiko. Die gestrichelten Linien geben den ungefähren Grenzverlauf der Stadtstaaten an. Die hier genau Nord-Süd verlaufende Bergkette der Sierra Neovolcánica mit den Bergen Iztaccihuatl und Popocaté-petl bildet die natürliche Grenze zum östlich liegenden Tal von Puebla-Tlaxcala.

Rechts: Der im Auftrag des Herr-schers Tizoc (1481-1486) angefer-tigte Zeremonialstein aus dem Haupttempelbezirk von Tenochtit-lán zeigt auf dem Außenrund die Abfolge von fünfzehn fast identi-schen Figurenpaaren: links einen Krieger mit dem »rauchenden Spiegel« des Gottes Tezcatlipoca an der Schläfe und an Stelle des linken Fußes, der einen ihm gegenüber-stehenden Feind zum Zeichen der Gefangennahme am Haarschopf ergreift. Rechts oberhalb des Unter-legenen gibt eine jeweils andere Hieroglyphe dessen Herkunftsort an. Die oben um den Stein verlau-fende Zierborte mit Augen versinn-bildlicht den Himmel, die untere weist mit der Erde und der Unter-welt verbundene Symbole auf. Höhe 0,88 m, Durchmesser 3,60 m. Mexiko, Museo Nacional

Bei den Tributlieferungen lassen sich Gruppen von Gütern unterscheiden, deren Entrichtung weniger von ihrem Vorkommen in den einzelnen Provinzen als von deren Entfernung vom Hochtal von Mexiko abhing: Lebensmittel, Rohmaterialien, Verbrauchs- und Luxusgüter. Die Lebensmittel umfaßten die Grundnahrungsmittel Bohnen, Mais, *huauhtli* (Amaranthus, eine Meldenart) und *chian* (Salvia hispanica), aus dem Öl gepreßt wurde, außerdem Honig – Zucker war unbekannt –, Salz und Kakao. Letzterer war Genußmittel der Reichen, gleichzeitig dienten Kakaobohnen auch als Zahlungsmittel. Unter den Verbrauchsgütern standen Textilien und Kriegeranzüge an erster Stelle. Bei den Luxusartikeln waren die kostbaren bunten Federn tropischer Vögel, Grünstein und Gold – alles sowohl als Rohmaterial wie auch verarbeitet – wesentlich. Als weitere Rohprodukte seien Koschenillefarbstoff, Baumwolle und Copalharz, das als Weihrauch gebraucht wurde, genannt.

Die Azteken waren bei den meisten Völkern gefürchtet wegen ihrer aggressiven Eroberungspolitik, die jeden Vorwand ausnutzte oder nötigenfalls schuf, um Krieg zu erklären und in ein Gebiet einzufallen. Doch war dies nicht die einzige Form aztekischer Machtpolitik. In zahlreichen Fällen wurden sie aus Anlaß eines internen Zwistes von einer der Parteien zu Hilfe gerufen oder konnten bei ihrem Einmarsch mit der Unterstützung von lokalen Anhängern rechnen. Auch Eheschließungen auf höchster Ebene wurden als Mittel politischer Einflußnahme genutzt.

Die Tributprovinzen

Unterworfene Gebiete wurden als Tributprovinzen organisiert, deren Grenzen nicht immer den früheren Herrschaftsbereichen entsprachen. Die Verwaltungsstruktur mit der Zusammenfassung der nach Tenochtitlán liefernden Provinzen in die fünf Regionen Zentrum, Norden, Westen, Süden und Osten stimmt mit der kosmologischen Vorstellung der vier Himmelsrichtungen und einer fünften, der Mitte, überein.

Jeder Tributprovinz wurde eine von Fall zu Fall anders zusammengesetzte globale Menge an Abgaben auferlegt. An ihrer Spitze stand ein aztekischer *calpixqui* (Plural: *calpixque*), der über die zu bestimmten Terminen fälligen Lieferungen Buch führte und die Weiterleitung der Güter überwachte; teilweise behielt der *calpixqui* einen gewissen Anteil für seinen Unterhalt und als Entgelt. Veruntreuung oder eigenmächtige Forderungen wurden streng bestraft. Je nach den örtlichen Verhältnissen unterstanden ihm eine beschränkte Anzahl weiterer aztekischer *calpixque*, oder er amtierte ausschließlich mit Hilfe einheimischer Kräfte. Die *calpixque*, die wegen ihrer unnachgiebigen Härte verhaßt waren und denen nur in vereinzelten Fällen aztekische Truppen zur Seite standen, waren die lokalen Repräsentanten des aztekischen Staates. In seltenen Fällen wurden auch aztekische Gouverneure eingesetzt. Im allgemeinen jedoch war die Regierung der abhängigen Gebiete weitgehend autonom und lag in einheimischer Hand. Den jeweiligen Umständen der Unterwerfung entsprechend hatte man die früheren Herrscher lediglich gegen andere, den Azteken genehme oder alliierte ausgetauscht oder sie auch gelegentlich im Amt belassen.

Neben den voll in das Tributsystem integrierten Gebieten gab es andere, die lockerer mit dem aztekischen Reich verbunden waren, indem sie nur Waffenhilfe im Kriegsfall leisteten, den Durchmarsch von Truppen zuließen und diese durch Verpflegung unterstützten oder auch nur ihre freundschaftliche Einstellung den Azteken gegenüber durch gelegentliche Anerkennungsgeschenke demonstrierten.

Die lockere Organisation des aztekischen Reiches begünstigte die immer wieder, häufig aufgrund lokaler interner Auseinandersetzungen, aufflackernden regionalen Aufstände gegen die Azteken beziehungsweise ihre *calpixque*, die erneutes militärisches Eingreifen erforderlich machten. Offensichtlich jedoch überwogen in den Augen der Azteken die Vorteile dieses Systems: Es entsprach den Erwartungen im Hinblick auf Tributleistungen, es war flexibel, und es erforderte nicht in allen Gebieten eine dauernde militärische Präsenz in Form eines stehenden Heeres.

Das Militär

Alle jungen Männer hatten vor der Heirat, die ungefähr nach dem zwanzigsten Lebensjahr stattfand, eine kriegerische Ausbildungs- und Waffendienstzeit zu durchlaufen. Danach wurden sie im Bedarfsfall zum Kriegsdienst aufgerufen. Die Ausbilder und die noch unverheirateten Männer standen als Kader zur Verfügung, die nach einer Mobilmachung Waffenübungen veranstalteten und die unteren Truppenteile anführten. Bei der Aufstellung zum Kampf mischte man die unerfahrenen mit den geübten Kriegern. Besonders tapfere und erfahrene Kämpfer, wie zum Beispiel die »Adlerkrieger«, bildeten als Kriegerorden eine Art Elitetruppe. An der Spitze der Truppe standen zwei Heerführer, die dem Adel, oft der Familie des Herrschers, angehörten und entsprechende Kriegserfahrungen aufweisen mußten.

Die Grundausrüstung der Krieger bestand aus einem aus Bambus geflochtenen Rundschild, einem kurzen, gepolsterten und dicht gesteppten Baumwollwams zum Schutz des Oberkörpers und einem hölzernen, beidseitig mit Obsidiansplittern besetzten »Schwert«. Wurfpfeile wurden mit einer Speerschleuder abgeschossen. Heranwachsende Knaben machten ihre ersten Kriegszüge als Lastenträger mit. Auf den oft weiten Märschen führte man neben einem Waffenvorrat doppelt gebackene Tortillas und andere Dauernahrung für Notfälle mit, im übrigen hatte die ansässige Bevölkerung die durchziehende Truppe zu ernähren. Sie verstärkte das Heer außerdem in Form von Hilfstruppen.

Oben: Die vier hohen aztekischen Würdenträger zeigen durch ihren aufrechtstehenden Haarbusch, daß sie nach der Gefangennahme von vier Feinden den Rang eines tequihua erreicht haben. Die phantasiereichen Rückendevisen und Kriegeranzüge sowie die mit geometrischen oder symbolischen Mustern verzierten Schilde mußten ebenfalls durch Kriegstaten verdient werden. Die darüber auf Flechtmatten sitzenden einfachen Männer sind dagegen nur mit dem allgemein üblichen Umhang und einer schmalen Schambinde bekleidet.
Codex Mendoza, folio 67r
Oxford, Bodleian Library

Folgende Doppelseite: Die Azteken führten Buch über die den abhängigen Provinzen auferlegten Tributlieferungen, die meist alle achtzig Tage eingingen. Die Tributmatrikel verzeichnet in Hieroglyphenschrift die Namen der Ortschaften, wobei die erste Hieroglyphe links unten den Hauptort nennt. Auf der linken Seite handelt es sich um Hueypochtlan, auf der rechten um Xoconochco. Die Produkte sind bildlich aufgeführt. Aus Hueypochtlan kamen Gefäße mit Honig sowie Bohnen und Mais (auf dem Holzspeicher oben), weiterhin Kriegerkostüme und Schilde sowie Bündel von Stoffen. Die Lieferungen aus Xoconochco fanden wegen der großen Entfernung nur zweimal jährlich statt, und zwar zu den Festen Ochpaniztli und Tlacaxipehualiztli (Zeichen oben links und rechts). Sie bestanden aus großen Stücken des seltenen Bernsteins, hohen Tongefäßen, in Mattenballen verpackten Kakaobohnen, Jaguarfellen, Tonschalen, Vogelbälgen, langen Lippenpflöcken, Bündeln von roten, gelben und blauen Federn des Quetzalvogels sowie aus zwei Strängen grüner Perlen. Zahlzeichen geben an, wie viele Einheiten jeweils zu liefern waren: Eine »Fahne« bedeutet zwanzig, ein »Zweig« vierhundert.
Matrícula de Tributos,
folio 5r und 13r
Mexiko, Museo Nacional

Herrscher und Beherrschte

Die soziale Gliederung der aztekischen Gesellschaft wird hier möglichst ohne Rückgriff auf das aus anderen Kulturen Bekannte dargestellt, obgleich oft schon die zur Verfügung stehenden Begriffe ungewollte Assoziationen bewirken mögen.

Die Völker Zentralmexikos setzten sich aus zwei sozialen Schichten zusammen: dem Adel (*pilli*, Plural: *pipiltin*) und dem einfachen Volk (*macehualli*, Plural: *macehualtin*). Zwischen ihnen nahmen einige beruflich spezialisierte Gruppen eine Art Zwischenstellung ein.

Der Adel

Der Adel bestand aus zahlreichen Adelshäusern oder adligen Familienlinien. Das Oberhaupt eines solchen Adelshauses trug den Titel eines *teuctli* (Herr, Plural: *teteuctin*). Neben seiner direkten Nachkommenschaft, aus der meist auch der Nachfolger ausgewählt wurde, gab es mehrere Nebenlinien, deren Stellung vom Grade der Verwandtschaft mit dem Gründervorfahren abhing. Sitz einer solchen Adelslinie und ihres Oberhauptes war der »Palast« (*tecpan*).

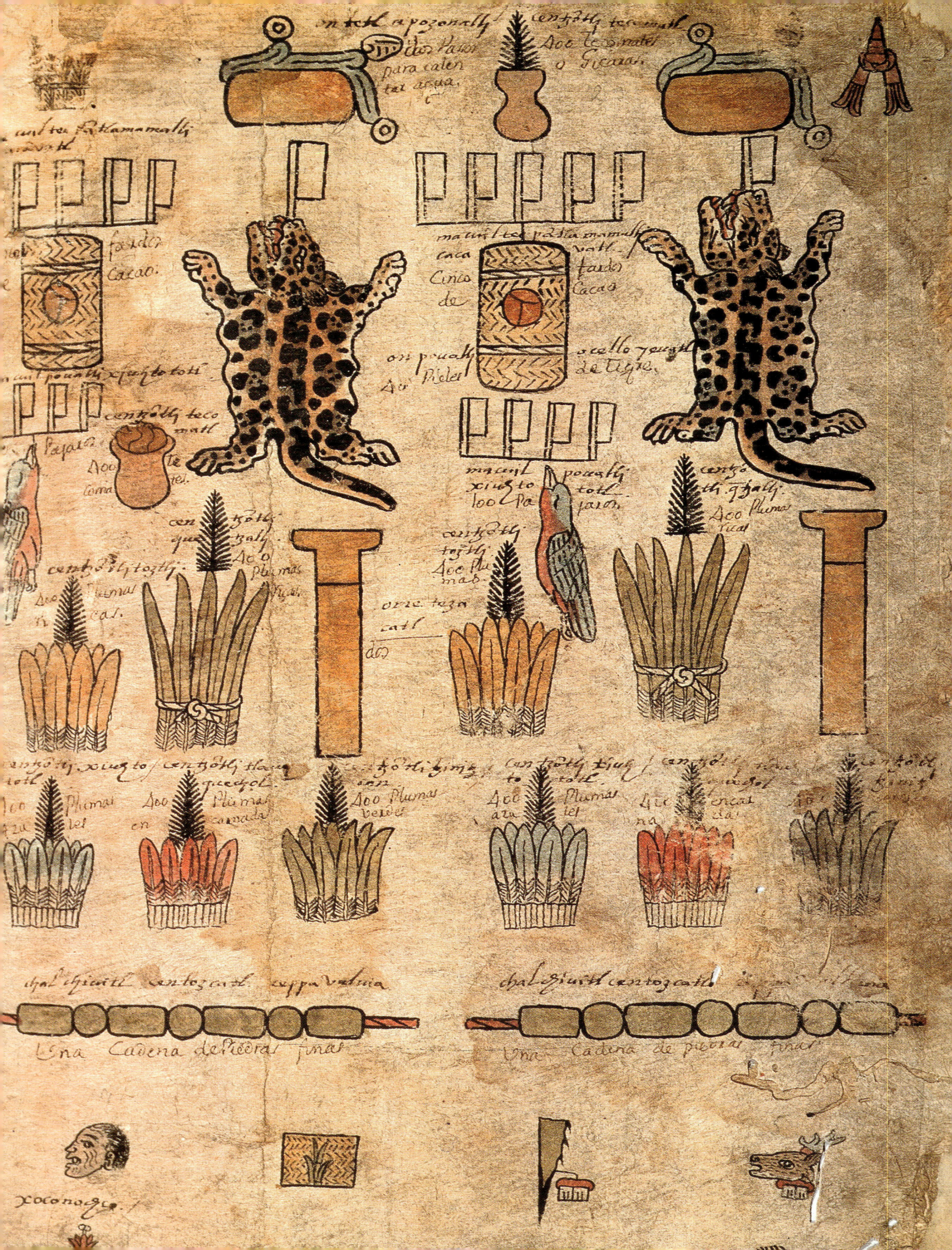

Centzontli noveti
Aoo tinajas de Juet

Jnin modst tlahuizth cexiuhtica gpatla
quiaya huei pochuan
Esto es lo que iclestaban annualm te los
de Huiquilitla

catzontli nacaz mjo/
Aoo
quixie tantas
cudavi

Centzontli tehapiqu
ich tilmatl?
Aoo tantas
labrados pu
a oluep

ontzontli izotl matl
ta
Ochoc trentas
de Pita

Hue y pochtla.

Links: Aus einer Helmmaske heraus-blickende Krieger sind ein typisches Motiv der aztekischen Kunst. Meist handelt es sich um Adlerköpfe, hier ist es der Kopf eines großen Reptils. Der Krieger hockt in der typischen aztekischen Männerhaltung. Höhe 49 cm. Tenango de Arista, Museum

Rechts: Der Stuttgarter Schild mit Federmosaik gehört zu den wenigen im 16. Jahrhundert nach Europa gebrachten Objekten, die erhalten geblieben sind. Das geometrische Motiv des Stufenmäanders war auf Schilden besonders häufig. Stuttgart, Württembergisches Landesmuseum

Wenn der Sohn eines Adligen zum Spieler wird und Besitz oder Land seines Vaters verkauft, stirbt er im geheimen durch Erdrosseln, ist er *macehual* oder Abhängiger, wird er Schuldsklave.

Wenn einer bis zu zwanzig Honig-*magueyes* nimmt, zahlt er eine von den Richtern festgesetzte Anzahl Baumwolldecken, und hat er sie nicht oder sind es mehr *magueyes*, wird er Schuldsklave.

Wer Baumwolldecken leiht und nicht zurückgibt, wird Sklave. Wer ein Fischnetz stiehlt, zahlt mit Baumwolldecken, hat er sie nicht, wird er Schuldsklave. Wenn einer einen Einbaum stiehlt, zahlt er so viele Decken, wie das Boot wert ist, und hat er sie nicht, wird er Sklave. Wenn irgendwelche ein Kind als Sklaven verkaufen und man es später erfährt, so werden alle Beteiligten zu Sklaven, und einer von ihnen wird dem Käufer gehören; die anderen werden zwischen der Mutter des verkauften Kindes und dem, der es entdeckte, verteilt.

Die mit einem Trank andere töten, werden dafür erdrosselt, und wenn die Tote Sklavin war, so wird die, die den Trank gab, Sklavin werden. Wer mehr als zwanzig Maiskolben stiehlt oder Mais ausreißt, wird durch Erdrosseln sterben, sind es weniger, wird er etwas dafür zahlen, ausgenommen bei der ersten Pflanzenreihe neben dem Weg, denn von hier dürfen die Wanderer als Wegzehr nehmen. Wer noch zarten Mais ausreißt, wird mit Knüppeln erschlagen.

Wer eine der mit roten Bändern und Troddeln geschmückten Tabakkalebassen stiehlt, in denen die Herren das grüne Tabakpulver aufbewahren, der stirbt durch Knüppelhiebe. Wer irgendwo Chalchihuitl-Steine stiehlt, wird auf dem Marktplatz gesteinigt, denn kein einfacher Mann darf Grünstein tragen. Wer auf dem Markt stiehlt, wird gesteinigt. Der Wegelagerer wird öffentlich gesteinigt. Schläft ein Vater mit seiner Tochter, sterben beide durch Erdrosseln. Wer mit seiner Schwester schläft, wird erdrosselt – es gilt als sehr verabscheuungswürdig. Legt eine Frau sich mit einer anderen zusammen, so werden beide erdrosselt. Bei Ehebruch genügt nicht die Feststellung, sondern die Ehebrecher müssen in flagranti entdeckt werden, dann werden sie beide öffentlich gesteinigt.

Die Richter, die dem Herrscher in einer Rechtssache falsch berichten, werden mit dem Tode bestraft, und ebenso die Richter, die jemanden zu Unrecht verurteilen.

Aus dem »Libro de Oro« (Codex Fuenleal)

Zu jedem Adelshaus gehörte ein oft beachtlicher Landbesitz, der teils dem Oberhaupt – in einigen Fällen nur als Träger des *teuctli*-Titels – direkt unterstand, teils an Angehörige seiner oder der Nebenlinien vergeben worden war, die ihm dafür von Zeit zu Zeit Geschenke als Zeichen der Anerkennung überreichten. Diese Ländereien wurden im Erbgang weitergegeben und wie ein Privatbesitz behandelt, den man gelegentlich als Wettpfand beim Ballspiel oder beim *patolli*-Glücksspiel aufs Spiel setzte. Jedes Adelshaus mit seinen Angehörigen bildete eine Wirtschaftseinheit für sich.

Das Land eines Adligen lag nicht arrondiert, sondern meist felderweise über das ganze Einflußgebiet seines oder mehrerer Adelshäuser verteilt. Es wurde von abhängigen Bauern bearbeitet, die auf den Feldern oder in nahen Dörfern wohnten und einen bestimmten Teil der Ernte an den Landbesitzer abführten. Außerdem mußten sie und ihre Familienangehörigen für vielerlei Dienstleistungen zur Verfügung stehen, unter anderem weben, Mais mahlen, Tortilla zubereiten und Handlangerdienste bei Bauarbeiten verrichten. Auch Handwerker, die zur Lieferung von Produkten verpflichtet waren, gehörten zu einem Adelshaus.

Der Besitz war innerhalb der Adelsschicht bei weitem nicht gleichmäßig verteilt, arme *pipiltin* unterschieden sich nur wenig vom einfachen Volk und waren auf ihrer Hände Arbeit – oft als Handwerker – angewiesen; insgesamt jedoch war der Adel die Schicht der Besitzenden, die von der Arbeit ihrer Untertanen lebte. Adlige konnten deshalb auch mehrere Frauen heiraten und einen entsprechend großen Haushalt unterhalten, während beim einfachen Volk die Einehe die Regel war.

Der Adel stellte die Richter und andere hohe und mittlere Staatsbeamte. Als Entgelt für solche Tätigkeiten in öffentlichen Ämtern und Funktionen erhielten die Amtsträger Land zugewiesen, dessen Nutzung an die Ämter gekoppelt war. Auch in der hierarchisch aufgebauten Priesterschaft dominierten die Adligen, die je nach Neigung zwischen religiösen und weltlichen Ämtern wählen konnten. Der Herrscher eines Staates oder Stadtstaates *(tlatoani,* Plural: *tlatoque)* gehörte üblicherweise der wichtigsten adligen Linie an, die oft schon mehrere Generationen lang die Herrscher gestellt hatte. Er trug als Zeichen seiner Würde das *xiuhuitzolli,* eine Art Diadem, und führte einen entsprechenden *teuctli*-Titel; sein Palast oder *tecpan* war wirtschaftliches und politisches Zentrum. Der Herrscher verkörperte den Staat auch als oberste Instanz in bezug auf die Verfügungsgewalt über den Besitz von Land.

Der Nachfolger eines Herrschers wurde wie der eines Oberhauptes der adligen Häuser üblicherweise innerhalb der Linie ausgewählt und danach von den Standesgenossen bestätigt und anerkannt. Der Anwärter mußte sich durch vorausgegangene Kriegstaten des Amtes würdig erwiesen haben. Gelegentlich hatten die Nachkommen der Ehefrau aus einer bestimmten Adelslinie den Vorzug. Bei der Herrschernachfolge in Tetzcoco und Tenochtitlán wurde unterschiedlich verfahren: Während in Tetzcoco das Amt vom Vater auf den Sohn überging, wurden in Tenochtitlán die Brüder eines bewährten Herrschers bevorzugt, danach erst wurde die nächste Generation mit der Wahl des Sohnes eines früheren Herrschers berücksichtigt.

In den Dynastien des Dreibundes hatten die Heiraten meistens auch einen politischen Aspekt, der sich in verschiedenen Arten ehelicher Verbindungen zeigte. Zum einen

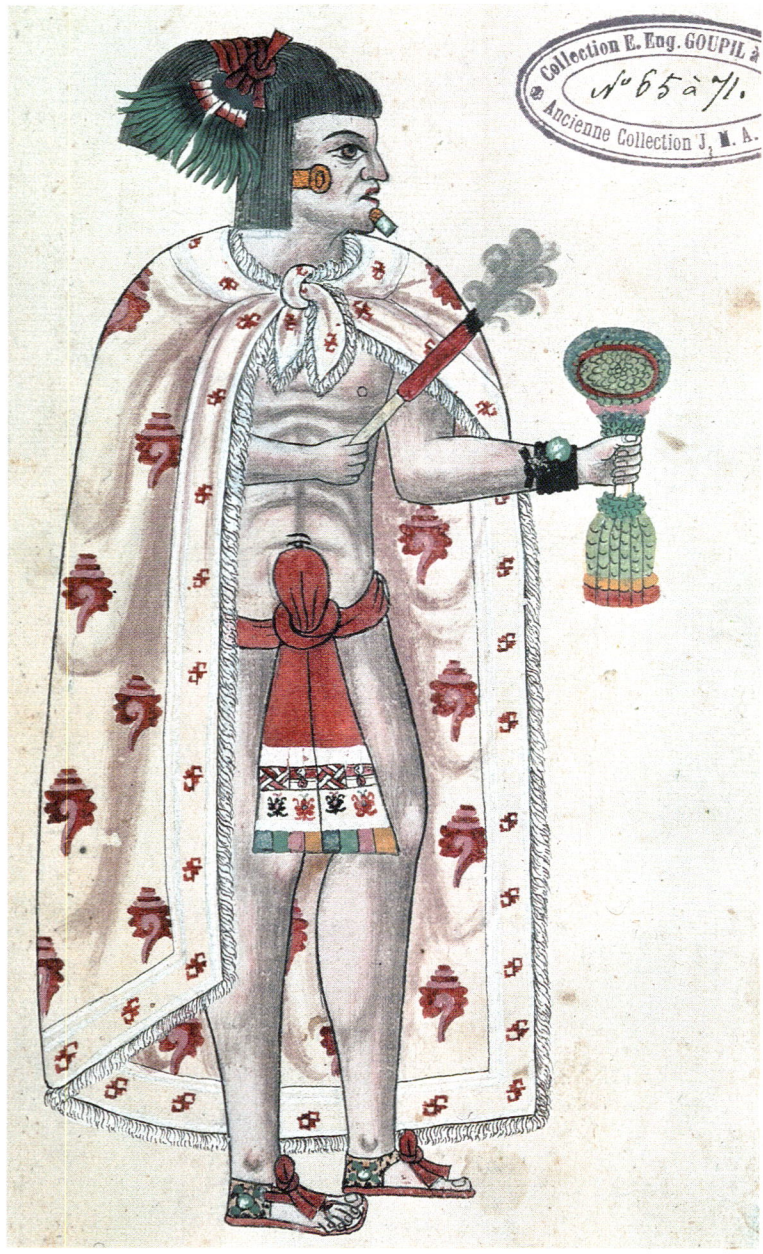

Links: Cuauhtlatzacuilotl, ein Edler aus Tetzcoco, hat sich mit dem kostbaren Haargebinde mit Quetzalfederquasten geschmückt. Die linke Hand hält ein Gebinde aus trockenen Blumen, die rechte ein Rauchrohr. Codex Ixtlilxochitl. Paris, Bibliothèque Nationale

Links unten: Plan des Palastes von Oztoticpac in Tetzcoco, der ursprünglich Sitz der Herrscher war und später den tlatoque von Tetzcoco als Ratshalle diente. Humboldt-Fragment VI Berlin, Deutsche Staatsbibliothek

Rechts: Die schon europäisch beeinflußte Darstellung des Codex Tudela zeigt zwei vornehme aztekische Frauen in der traditionellen Tracht: Über den Wickelrock fällt das lange, aus gemusterten Stoffstreifen zusammengenähte Frauenhemd (huipilli). Ein Stoffstück, das bestickt und mit Fransen oder Federn besetzt ist, dient zur Verriegelung des Halsschlitzes. Kakao, das mit Chili und Vanille gewürzte Getränk der Reichen, wird aus großer Höhe in ein Gefäß gegossen, damit sich Schaum bildet. Madrid, Museo de las Americas

Mit Erlaubnis der Herrscher oder Richter tranken sie *octli*, die sie nur den alten Frauen und Männern etwa über fünfzig Jahre, die meinten, ihr Blut würde kalt, als Medizin gaben, sich zu erwärmen und zu schlafen. Sie tranken zwei oder drei oder bis zu vier kleine Portionen, mit *octli* kann sich keiner betrinken, es sei denn mit großen Mengen. Bei Hochzeiten, Festen oder anderen freudigen Anlässen durften die Erwachsenen zwei oder drei Portionen trinken. Die Ärzte verabreichten viele Medizinen in *octli*, und die Frauen tranken gewöhnlich in den ersten Tagen nach der Niederkunft ein wenig, aus Gesundheitsgründen und nicht aus Laster; viele Personen verabscheuten den *octli* überhaupt und wollten ihn weder als Kranke noch als Gesunde trinken...

Die *macehualtin*, das sind die Arbeiter, tranken, wenn sie Holz vom Berg hertransportierten oder große Steine holten, einige mehr, einige weniger, um Kälte und Arbeit besser zu ertragen... Für die Herren und Adligen und die Krieger war es Ehrensache, keinen *octli* zu trinken; für sie waren Kakao und andere Getränke aus gemahlenen Körnern sowie aus geröstetem und gemahlenem Mais das Übliche.

Die Strafe für diejenigen, die betrunken vorgefunden wurden oder die nach dem Trinken herumzuschreien oder zu singen begannen, war, daß man ihnen – sei es Mann oder Frau – öffentlich auf dem Markt das Haar schor und anschließend ihr Haus einriß und damit zu verstehen gab, daß Menschen, die trinken und den Verstand dabei verlieren, nicht würdig sind, im Dorf zu wohnen und zu dessen Einwohnern zu zählen.

Fray Toribio de Benavente o Motolinía, Memoriales

gaben die Oberherrscher *(huey tlatoque)* aller drei Stadtstaaten Töchter als Ehefrauen an ihre untergebenen Herrscher, die sie sich damit verpflichteten. In Tetzcoco war dies die Regel gegenüber den vierzehn lokalen *tlatoque*, unter die das Staatsgebiet aufgeteilt war. Die Oberherrscher von Tetzcoco und Tenochtitlán hatten gegenseitig Töchter des anderen zur Frau. Eine gewisse Abhängigkeit drückt sich darin aus, daß in Tetzcoco als Nachfolger des Herrschers der Sohn von der Ehefrau aus Tenochtitlán bevorzugt wurde, während dies umgekehrt nicht der Fall war. Der Herrscher von Tenochtitlán seinerseits nahm immer auch eine Frau aus Tollan zur Ehe, um sichtbar an die Tolteken anzuknüpfen, außerdem Töchter aus den Dynastien abhängiger Stadtstaaten. Häufig wurde ein Sohn dieser Verbindungen später im Herkunftsort seiner Mutter als Herrscher eingesetzt und damit Begründer einer lokalen Mexica-Dynastie. Allerdings scheint diese Heiratsstrategie nicht über das nahuatlsprachige Gebiet hinaus gegangen zu sein.

Das Volk

Das einfache Volk (*macehualli*, Plural: *macehualtin*) unterschied sich schon äußerlich dadurch vom Adel und von anderen Privilegierten, daß es weiße und keine bunt verzierte Kleidung trug. Die große Mehrzahl der Bevölkerung war bäuerlich und lebte von den Erträgen des Feldbaues sowie den häufig daneben ausgeübten handwerklichen Tätigkeiten. Der Sohn folgte meist dem Beruf des Vaters. Es gab verschiedene Formen der bäuerlichen Existenz. Die Bauern mit kollektivem Landbesitz waren Angehörige von fest konstituierten korporativen Gruppen, die das Land besaßen. Dieses wurde individuell bewirtschaftet und war vererbbar, durfte jedoch nicht veräußert werden. Ein Teil davon wurde für Gemeinschaftsaufgaben bebaut (Tempel, Jungmännerhaus) sowie für den Unterhalt des »Ältesten«, der der Gruppe vorstand und sie repräsentierte. Zu seinen Obliegenheiten gehörte es, die Verteilung der Parzellen an die einzelnen Mitglieder vorzunehmen

und den Anbau zu überwachen. Der Bauer als Individuum war nicht tributpflichtig, doch mußte die Gemeinschaft Leistungen für den Herrscher erbringen, unter anderem Felder bestellen, die ihm als Amtsland zustanden.

Üblicherweise wird eine Gruppe von Bauern mit kollektivem Landbesitz als *calpulli* (wörtlich »Großhaus«, Plural: *calpultin*) bezeichnet. Der Terminus ist jedoch nicht eindeutig, da er einen weiteren Bedeutungsumfang hatte und letztlich jede fest konstituierte und sich als zusammengehörig empfindende Gruppe so genannt werden konnte, wobei im Inhalt starke regionale Varianten auftraten.

Die zweite Art von Bauern war, wie erwähnt, von einem Adelshaus abhängig. Diese Bauern lebten oft seit Generationen auf dem gleichen Stück Adelsland, ein Fortziehen stand ihnen jedoch frei. Sie konnten dann anderenorts unter den gleichen Bedingungen freies Land eines Adligen bebauen, denn unkultiviert war es auf die Dauer wertlos für den Besitzer. Die Abhängigkeit dieser Bauern hatte ihren Ursprung in meist weit zurückliegenden Eroberungen

oder anderen Ereignissen, bei denen sich der Adel das Land angeeignet hatte.

Darüber hinaus gab es andere, mehr kurzfristige Vereinbarungen, mit denen zwischen zwei Personen, je nach den Umständen, die Bestellung eines Feldes, Hilfe zur Beschaffung von Tributgütern oder die Erledigung anderer Aufgaben abgesprochen wurden.

Während jene Handwerker, die die allgemein üblichen Gebrauchsgüter herstellten, offensichtlich entweder im Rahmen eines bäuerlichen *calpulli* tätig waren oder im Dienst eines Adelshauses standen, bildeten die Kunsthandwerker, nämlich die Gold- und Silberschmiede, Edelsteinschneider und Federarbeiter, korporative Gruppen für sich, die in getrennten Wohnvierteln lebten. Sie arbeiteten häufig im Auftrag des Adels und der Herrscher, konnten aber auch Produkte auf dem Markt verkaufen. Ihren Verpflichtungen gegenüber dem Herrscher kamen sie durch die Lieferung von Werkstücken nach.

Auch die Händler *(pochteca)* bildeten eigene Gruppierungen, die intern jedoch stärkere soziale Unterschiede aufwiesen. Vor allem die Fernhändler nahmen aufgrund ihres Reichtums einen Platz in der Gesellschaft ein, der sie deutlich von der Masse des einfachen Volkes abhob und ihnen erlaubte, auch Adlige zu ihren Festen zu laden. Toltekischen Ursprungs, siedelten die Händler in besonderen Stadtvierteln von zwölf Städten des Tales von Mexiko sowie in weiteren außerhalb gelegenen. Eine fast autonome und hierarchisch strukturierte zunftähnliche Organisation, in der die Fernhändler aus Tenochtitlán die Führung hatten, verband ihre *calpultin* auf Dreibundebene.

Aufgabe der Fernhändler – im Gegensatz zu den Kaufleuten auf regionaler Ebene – war die Einfuhr von Luxusgütern und tropischen Rohstoffen. Auch Frauen waren hieran beteiligt. Die weiten Handelszüge führten unter gelegentlich kriegsmäßigen Umständen in feindliche Gebiete, bis weit über den Isthmus von Tehuantepec hinaus. Der Vorstoß an die Küsten war jedoch nur den Händlern aus Tenochtitlán und Tlatelolco erlaubt; jene aus drei weiteren Städten konnten sie als Gehilfen begleiten, die übrigen durften nicht weiter als bis zum Handelsplatz Tochtepec vordringen.

Die Fernhändler hatten auch politische Funktionen inne. Sie traten als Gesandte der aztekischen Herrscher gegenüber anderen Herrschern auf, und einige von ihnen, die sogenannten »Tarnkaufleute«, betätigten sich sogar in den nicht unterworfenen Gebieten als Spione und übermittelten wichtige Informationen für spätere Eroberungszüge. Das Ansehen der Kaufleute bei Hof war dementsprechend groß und führte gelegentlich zu Unwillen, vor allem bei den Kriegern, die ihre Stellung dadurch als geschmälert empfanden.

Außerhalb aller Gruppen, in die die aztekische Gesellschaft unterteilt war, standen die *tlacotin* (Singular: *tlacotli*) genannten Personen, für die die übliche Übersetzung »Sklaven« im Sinne einer Handelsware mehr als irreführend ist. *Tlacotin* hatten ihre Arbeitskraft einer anderen Person für gewisse Zeit sozusagen »verpfändet«, sei es gegen eine Vergütung (wegen Spielschulden, schlechter Ernte, Verschwendung und ähnlichem), sei es, weil sie wegen eines von ihnen begangenen Verbrechens dazu verurteilt worden waren, um Entschädigung zu leisten. In dieser Zeit geborene Kinder waren frei. Nach Ablauf der festgesetzten Frist war der Betreffende wieder Herr seiner selbst. Nur wiederholt rückfällige Verbrecher blieben lebenslang *tlacotin* und konnten auf dem Markt verkauft oder geopfert werden.

Die Männer des Volkes hatten durch Tapferkeit und besondere Leistungen im Krieg die Möglichkeit des sozialen Aufstieges. Insbesondere wenn sie feindliche Krieger für die Menschenopfer gefangengenommen hatten, erhielten sie das Recht, bestimmte Haartrachten, Insignien, Kleidungs- und Schmuckstücke zu tragen, die ihnen vom

Rechts und links: Tonflöten und Nachbildung eines Schrappinstrumentes aus porösem Stein. Schrappinstrumente, oft aus menschlichen Femuren, wurden im Kult benutzt.
Mexiko, Proyecto Templo Mayor

Rechts unten: Schlitztrommel (teponaztli). Länge 27 cm. Wien, Völkerkundemuseum

Linke Seite: Das Bilimeksche Pulquegefäß fand wohl im Kult der Pulquegötter, die in dem reichen Reliefschmuck dargestellt sind, Verwendung. Doch finden sich darin auch Hinweise dafür, daß das einzigartige Steingefäß anläßlich eines unheilvollen Ereignisses entstanden ist. Höhe 36 cm. Wien, Völkerkundemuseum

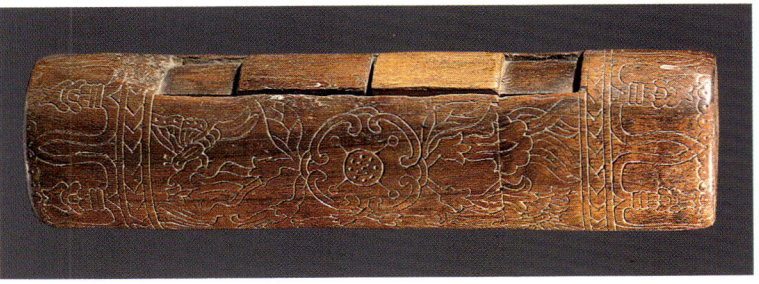

Herrscher persönlich überreicht wurden und die ihren oft hohen Platz auf der militärischen Rangleiter anzeigten. Besonders verdienten Kriegern wurde darüber hinaus zur Belohnung Land zur Nutzung übergeben, das sie jedoch nur an Adlige verkaufen durften.

Das aztekische System

In der aztekischen Gesellschaft gehörte jeder Mensch zwei sozialen Verbänden an, einerseits der Familie und andererseits einer bestimmten korporativen Gruppe. In beiden hatte er seine Pflicht *(tequitl)* zu erfüllen. Die korporativen Gruppen stellten die wesentlichen wirtschaftlichen Einheiten dar, die vor allem über den Boden als wichtigstes Produktionsmittel verfügten. Jede von ihnen nahm eine feste Position in der Gesellschaft ein und hatte eine entsprechende Aufgabe. Zwischen Einzelpersonen wie auch zwischen Gruppen herrschte das Prinzip der Reziprozität, der Gegenseitigkeit der Verpflichtungen.

Voraussetzung dafür war, daß jeder seine Stellung in der Gesellschaft richtig kannte und ihr entsprechend handelte. Daher stand angemessenes Verhalten im Mittelpunkt der öffentlichen und häuslichen Erziehung. Angemessenes Handeln und Verhalten war aber nicht nur Thema der formellen Erziehungsreden, die Eltern anläßlich bestimmter Lebensabschnitte an ihre Kinder richteten, sondern wurde auch dem Herrscher bei seiner Amtseinsetzung in einem festlichen Akt von erfahrenen Alten ans Herz gelegt.

Aufgabe der *macehualtin* war es, die Regierenden und Adligen zu ernähren und mit Gütern zu versorgen, während jene ihnen dafür Land und zum Teil Rohmaterial zur Verfügung stellten sowie Schutz zusicherten. Die weltliche und religiöse Oberschicht hatte das Überleben der Gemeinschaft zu gewährleisten, indem sie Maßnahmen wie die der Wasserregulierung im Seengebiet durchführen ließ und darüber wachte, daß Tempel gebaut und religiöse Zeremonien vollzogen wurden, durch die die Gesellschaft ihre Verpflichtung gegenüber den Göttern erfüllte.

Zur Durchführung der öffentlichen Aufgaben wurde die gesamte Bevölkerung eines Herrschaftsbereiches turnusmäßig im Rahmen der üblichen Arbeitsverpflichtungen oder in hierfür gesondert einberufenen Arbeitseinsätzen *(coatequitl,* »Gemeinschaftsaufgabe«) herangezogen. Die großen Bauvorhaben fanden vorzugsweise in der Trockenzeit statt, wenn die Arbeit auf den Feldern ruhte. Das Aufgebot war in zwanzig Mann starke Arbeitstrupps eingeteilt, von denen je fünf zu Hundertergruppen und von diesen wiederum fünf zu Fünfhundertergruppen zusammengeschlossen waren. Jeder Einheit stand ein Einsatzführer vor, der je nach seiner Stellung dem Volk oder Adel angehörte. Der Herrscher beziehungsweise der Staat in Form des »Palastes« stellte die Verpflegung für die oft von weit her kommenden Arbeiter. Nur selten gingen solche Arbeitseinsätze über den Einzugsbereich einer der drei Stadtstaaten hinaus.

Der Holländer Rudolf van Zantwijk sieht in der aztekischen Gesellschaft ein bewußt herbeigeführtes, wohlausgewogenes System, in dem die Interessen der einzelnen Gruppen von oft unterschiedlicher ethnischer Herkunft integriert und aufeinander abgestimmt wurden, so daß sie ihren anderenfalls disruptiven Charakter verloren. Diese Auffassung kann für das eigentliche Gebiet der drei Stadtstaaten akzeptiert werden. Für die vom Dreibund eroberten Provinzen trifft sie jedoch auf keinen Fall zu. Ein vielleicht einmal vorhandenes Gleichgewicht zwischen gegensätzlichen Gruppeninteressen war hier durch die Azteken zerstört worden, die im Rahmen ihres Tributsystems Güterlieferungen und Leistungen erzwangen, die ohne Gegenleistung dem lokalen System entzogen wurden. In den eroberten Gebieten mußte entweder zumindest ein Teil des einheimischen Adels auf angestammte Leistungen der *macehualtin* verzichten, oder diese mußten entsprechend mehr produzieren und arbeiten; in vielen Fällen dürfte beides der Fall gewesen sein.

Mexiko – die Stadt im See

Als die Spanier das mexikanische Festland betraten, war Mexiko die größte Stadt der Neuen Welt, die mit mindestens 150000 und möglicherweise mehr als 200000 Einwohnern eine Größe erreicht hatte wie zuvor keine andere des Kontinents. Von einer einstmals unscheinbaren Inselsiedlung war Mexiko zur führenden Metropole herangewachsen, die rund doppelt so viele Einwohner wie die nächstbedeutende Stadt, Tetzcoco, hatte und in die täglich Tausende von Leuten aus der Umgebung zur Erledigung ihrer Geschäfte oder zum Markt strömten.

Die beiden Schwesterstädte, aus denen Mexiko bestand, das größere Tenochtitlán im Süden und Tlatelolco im Norden, bedeckten zusammen höchstens 12,5 Quadratkilometer. Davon lagen nur Teile auf mehr oder weniger festem Inselgrund, gut die Hälfte des Stadtgebietes bestand aus Hausgrundstücken, an die sich nach hinten Chinampas anschlossen. Ein fast regelmäßiges Netz von teilweise Seite an Seite verlaufenden Kanälen und Straßen gliederte die Stadt. Der Einbaum war das wichtigste Transport- und Verkehrsmittel.

Die Insel lag in der westlichen Ausbuchtung des Sees von Tetzcoco, dessen Wasser salzhaltig war. Die südlichen Ausläufer, die Seen von Xochimilco und Chalco, führten jedoch Süßwasser, da sie bei Xochimilco und Coyoacán von Süßwasserquellen gespeist wurden. Bald nach 1440 wurde unter Leitung des Herrschers von Tetzcoco, Nezahualcoyotl, ein langer, von Norden nach Süden verlaufender Damm gebaut, der das Seengebiet um Mexiko vom salzigen Bereich trennte. Mit den Dammstraßen zusammen bildete er ein wirksames Schutzsystem gegen Überschwemmungen, die in vorausgegangenen Zeiten Häuser und Felder zerstört hatten. Erst nach seiner Fertigstellung war das Gelände problemlos für Chinampas zu nutzen.

In der Mitte Tenochtitláns befand sich das Zeremonialzentrum; an seine Südseite grenzte ein Platz (heute: Zócalo), auf dem Markt gehalten wurde und um den die Paläste der Herrscher und anderer Großer lagen. Von den drei Pforten des Tempelbezirkes ausgehende Straßen, die sich als Dämme fortsetzten, verbanden Tenochtitlán mit dem Festland: mit Iztapalapa und Coyohuacan (heute: Coyoacán) am südlichen Seeufer – ein Fort wehrte hier den Zugang an der Gabelung des Dammes – und mit Tlacopan im Westen. Über den Damm von Tlacopan verlief ein Aquädukt, der von Chapultepec Trinkwasser in die Stadt brachte. Die dritte Straße durchquerte Tlatelolco und erreichte über einen Damm das im Norden gelegene Tepeyac, wo ein Heiligtum der Muttergöttin stand (heute: La Villa de Guadelupe). Die von der Rückseite des Tempelbezirkes nach Osten führende Straße endete am Bottsanlegeplatz, von dem man nach Tetzcoco fuhr. Das vom Tempelbezirk aus nach den vier Kardinalpunkten ausgerichtete Kreuz dieser Hauptstraßen unterteilte Tenochtitlán in vier nicht ganz gleich große Stadtviertel. Die Gliederung der Stadt knüpfte an kosmologische Vorstellungen an, sie reproduzierte die Einteilung der Erde in vier Quadranten mit der Mitte als fünfter Richtung. Die vier großen Stadtviertel besaßen jeweils einen eigenen Tempelbezirk und waren in kleinere Einheiten *(tlaxilacalli)* untergliedert. Tlatelolco, von Tenochtitlán nur durch einen Kanal getrennt, besaß ein eigenes Zeremonialzentrum (heute: Plaza de las Tres Culturas, Abb. S. 221), an das der große Marktplatz im Osten anschloß. Von hier aus verlief eine Dammstraße nach Tenayuca im Nordwesten, eine weitere wahrscheinlich über die Insel Nonohualco nach Tlacopan.

Leben in der Stadt

Die *tlaxilacalli* waren Wohnquartiere, an deren Spitze ein oder mehrere Vorsteher standen. Jedes Quartier besaß sein eigenes Zentrum mit Tempel, Versammlungs- und Jungmännerhaus *(telpochcalli)*. Im *telpochcalli* erhielten die Söhne aus dem Volk spätestens ab etwa dem fünfzehnten Lebensjahr die öffentliche Erziehung. Ihre Ausbildung lag in der Hand erprobter Krieger und war in erster Linie militärisch orientiert. Daneben wurden sie zu Gemeinschaftsarbeiten wie dem Instandsetzen von Kanälen und Straßen, zum Holzholen oder zur Feldarbeit herangezogen. Abends trafen sie in bestimmten Gebäuden zu Gesang und Tanz zusammen. Für die sexuellen Freuden der jungen Krieger sorgten die *ahuianime* (»Die Freude bereiten«). Weniger zahlreich waren die von Priestern geleiteten Internate *(calmecac)*, die bestimmten Tempeln angegliedert waren und in denen den Jugendlichen aus adligem Haus, aber auch Söhnen von Händlern und anderen einfachen

Die aztekische Skulptur eines stehenden Mannes aus vulkanischem Gestein zeigt den macehualli, *den Mann des Volkes,* den Menschen schlechthin. Die Hand umfaßte vielleicht eine Fahne. Höhe 51 cm. Mexiko, Museo Nacional

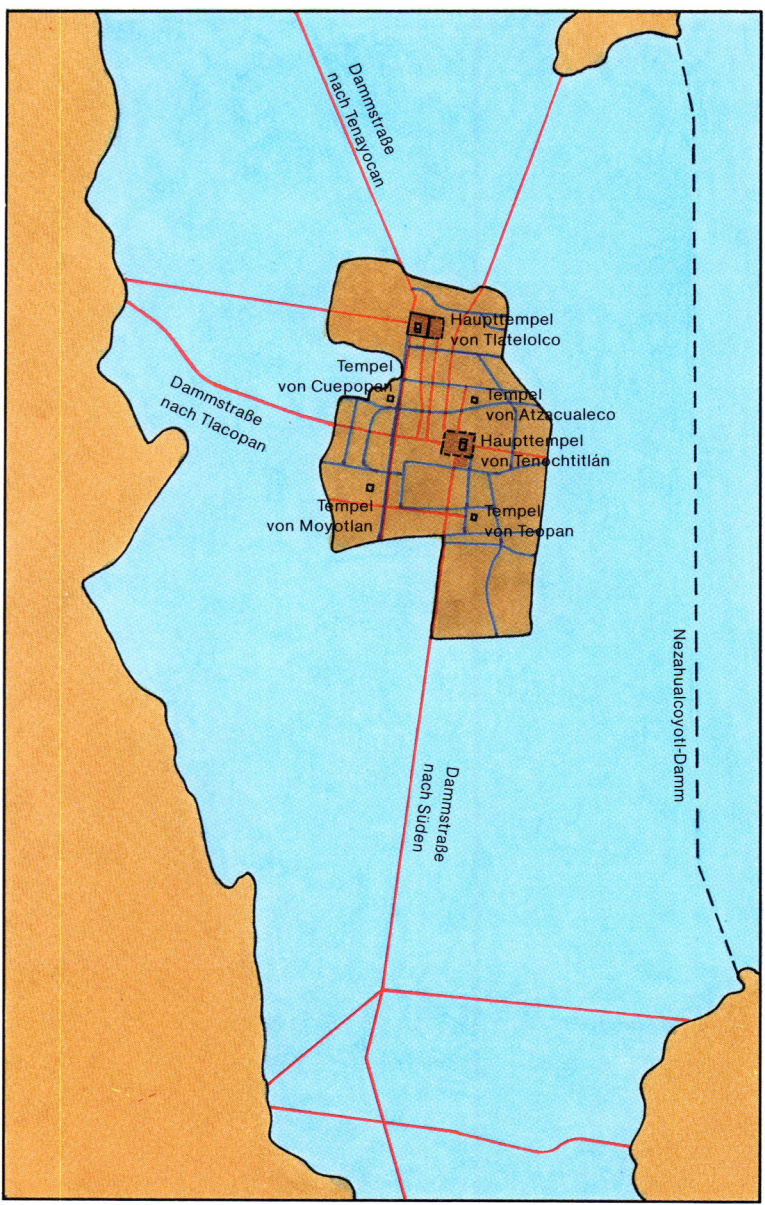

Leuten das Elitewissen vermittelt wurde. Hier war die Kriegskunst nur ein wenn auch selbstverständlicher Teil der Erziehung, das Gewicht lag auf anderen Kenntnissen: Verstehen und Ausführen von Bilderhandschriften, Astronomie, Kalenderwissen, Rhetorik, Kunst des Dichtens und der Gesänge. Die Erziehung im *calmecac* war spartanisch hart, wie es auch überall im elterlichen Hause üblich war: Knapp zugemessenes Essen und nur spärliche Bekleidung sollten die Jugendlichen auf ein entbehrungsreiches Leben vorbereiten. Die Zöglinge – häufig noch Kinder – mußten nachts das schützende *calmecac* verlassen und vor Angst zitternd von weit her Holz für die ewigen Tempelfeuer holen, Weihrauch anzünden und sich in den üblichen religiösen Kasteiungen des Blutabzapfens, Fastens und nächtlichen rituellen Badens üben. Im *calmecac* wurden die Voraussetzungen für die Laufbahn als Priester oder Beamter erworben.

Die Behausungen bestanden aus mehreren unregelmäßig um einen Hof herum angeordneten Häusern mit ein oder zwei Räumen, die aus Adobe gebaut waren und jeweils einen eigenen Eingang vom Hof her hatten. Diese Wohnkomplexe waren gegen die Straße durch eine Mauer oder einen Zaun abgeschlossen und grenzten oft Mauer an Mauer. Je nach Größe der Anlage und sozialem Status wohnten hier zwei bis sechs eng verwandte Ehepaare mit ihren Kindern, jedes in einem Haus, gelegentlich mit alleinstehenden älteren Verwandten zusammen. Die Frauen benutzten häufig gemeinsam ein gesondertes Gebäude für die weiblichen Arbeiten wie Kochen und Weben. Viele Häuser hatten flache Dächer, die man über eine Außentreppe betreten konnte. Zweistöckige Bauten mit Aussichtstürmen waren den Adligen vorbehalten, deren Häuser und Paläste – wie auch die der Herrscher – aus Stein und Mörtel gebaut waren und Gärten besaßen.

Oben: Tenochtitlán, die mexikanische Hauptstadt, und Tlatelolco lagen auf einer künstlich erweiterten Inselgruppe in einer Ausbuchtung des Sees von Mexiko, der nach der Conquista trockengelegt wurde. Der gesamte Kartenausschnitt gehört heute zum dicht verbauten Bereich der modernen Stadt Mexiko. Er zeigt eine Rekonstruktion des Stadtplanes um 1520, für deren Details alte Pläne und Berichte, bis heute bestehende Straßenzüge und Grabungsfunde herangezogen wurden.

Rechte Seite: Die jüngsten Ausgrabungen am Haupttempel (Templo Mayor) von Tenochtitlán haben eine verwirrende Abfolge von immer neuen Bauepochen aufgedeckt. Das Luftbild zeigt die Reste der Pyramiden inmitten der heutigen Stadt; die ältesten Teile sind jetzt durch ein Dach geschützt.

Davor sind die steil ansteigenden unteren Treppenpartien der Bauperioden III und IV zu erkennen. An die Treppe aus der Bauphase III gelehnt, fand man neun Statuen von Göttern und Standartenträgern.

Plan des Haupttempels
von Tenochtitlán
1 Altar der Frösche (Bauphase IVb)
2 Chac-Mool (Bauphase III)
3 Coyolxauhqui-Reliefplatte (Bauphase IVb)
4 Opferstein (Bauphase II)
5 Nördlicher Roter Tempel (Bauphase VI)
6 Schädelplattform (Bauphase VI)
7 Schlangenstein als Treppenstufe (Bauphase IVb)
8 Schlangenkopf (meist Bauphase IV)
9 Räucherbecken (Bauphase IV)

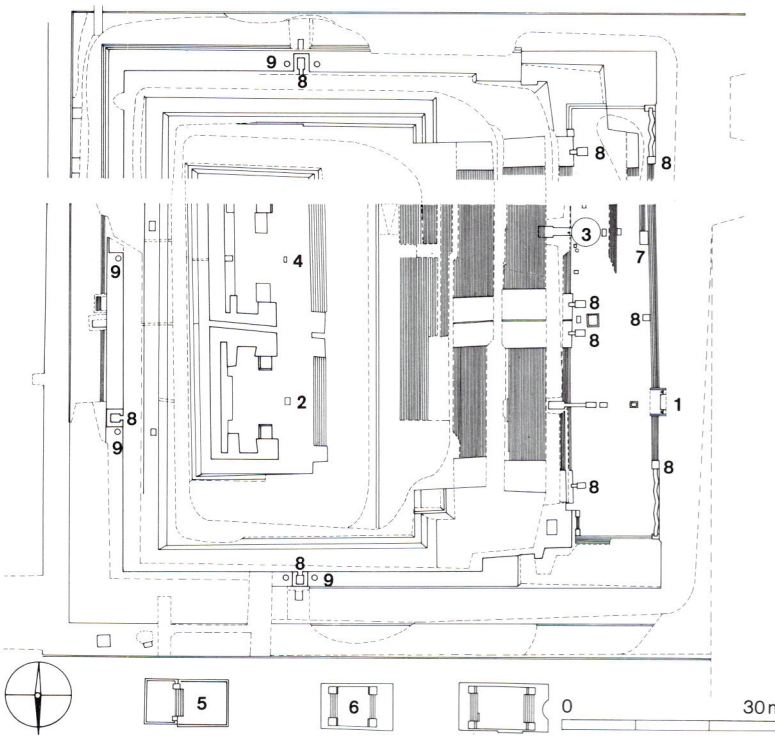

Die zu den Wohnkomplexen gehörenden Chinampas waren nur im Südosten der Stadt groß genug, um die Bewohner zu ernähren, in den meisten Fällen dienten sie lediglich als Hausgarten für frischen Mais und Gemüse. Zum Zentrum der Stadt hin nahmen die Chinampas allmählich ab, und die Bebauung wurde dichter; in dem Bereich zwischen den Zeremonialzentren von Tenochtitlán und Tlatelolco lagen fast nur reine Wohngrundstücke.

Die Bewohner Tenochtitláns und Tlatelolcos waren in der Mehrzahl echte Stadtbewohner, die nicht von der Landwirtschaft, sondern von anderen Tätigkeiten lebten. Ein verhältnismäßig großer Teil von ihnen dürfte dem erblichen Adel oder anderen privilegierten Gruppen angehört haben, denn auch die Herrscher der abhängigen Gebiete residierten hier einen Teil des Jahres. Des weiteren muß die Zahl der Handwerker aller Art sehr groß gewesen sein. Zum Teil stellten sie allgemeine Konsumgüter her; hierbei hatten sich anscheinend weitergehende berufliche Spezialisierungen entwickelt, als es sonst üblich war. Eine besonders große Anzahl von Handwerkern war jedoch mit der Anfertigung von Luxusgütern für die Adligen beschäftigt. Dies gilt nicht nur für die Kunsthandwerker, sondern auch für Berufe wie Binder von Blumensträußen und Hersteller von Rauchrohren, Kleidungsstücken, Sandalen und Haarbinden.

Zahlreiche Menschen müssen mit Dienstleistungen ihren Lebensunterhalt verdient haben: Trinkwasser wurde an den Aquädukten abgefüllt und per Einbaum an die Haushalte verkauft. Überall befanden sich öffentliche Latrinen, die Fäkalien wurden nachts mit Einbäumen abgefahren und fanden als Dünger und Gerbstoff Verwendung. Lastenträger standen den Händlern und Käufern zur Verfügung, Bootsleute transportierten Waren. In den Uferzonen der Stadt lebte ein Teil der Bevölkerung von den Produkten des Sees, der nicht nur Wasservögel und Fische, sondern auch andere proteinhaltige Nahrung lieferte, die als Leckerbissen auf dem Markt feilgeboten wurde.

Der Palast

Der Palast war das politische Zentrum des Imperiums, Sitz des Herrschers und der obersten Verwaltungsorgane. Am Platz südlich des Tempelbezirkes befand sich auf der einen Seite der alte, für Moteuczoma I. Ilhuicamina (1440-1468) erbaute Palast, der auch als Palast Axayacatls (1468-1481) bekannt war, da ihn dieser Herrscher 1475 nach Erdbebenschäden erneuert hatte. Schräg gegenüber lag der neue Palast, den Moteuczoma II. Xocoyotzin (1502-1520) errichtet hatte. Dieser erhob sich auf einer großen Plattform, deren Längsseite die ganze östliche Seite des großen Platzes einnahm, und bestand neben den vom Herrscher und von seiner Familie bewohnten Räumen aus zahlreichen anderen Gebäudekomplexen. Zwei Gerichtshöfe waren für Rechtsfälle zuständig, einer für Adlige und einer für *macehualtin*. Im »Adlerhaus« hatten die verdienten Krieger, die »Adler und Jaguare«, ihren Versammlungsort; ein weiteres Gebäude beherbergte den Staatsrat, dessen Mitglieder den Herrscher berieten. Es gab Gemächer für die Staatsgäste und andere, die von den verbündeten Herrschern bei ihren Besuchen benutzt wurden; ein eigener Raum stand den *calpixque* zur Verfügung, die hier Befehle entgegennahmen. Auch ein Teil der Kunsthandwerker hatte seine Arbeitsstätten im Palast.

Möbel waren generell fast unbekannt, lediglich einfache Hocker dienten zum Sitzen; allein die Sitzgelegenheit der Herrscher besaß eine Rückenlehne und stand auf einer Estrade. Zum Schlafen benutzte man geflochtene Matten. Im Palast waren die Wände mit kostbar gewebten Stoffen

behängt, Matten bedeckten die Fußböden; nur der Herrscher durfte die Räume mit Schuhen betreten.

Eine große Anzahl von Bediensteten aller Art war im Palast beschäftigt. Zum Hofstaat gehörten auch Zwerge und Bucklige sowie Akrobaten, die Herrscher und Gäste mit geschickt balancierten Holzbalken erfreuten. Auf den Höfen fanden die Tänze der Männer zur Musik von Fellpauke und Schlitztrommel statt. Die Wohngemächer des Herrschers und seiner Angehörigen sowie ein Tempel waren von den halböffentlichen Bereichen abgetrennt. In den Gartenanlagen wurden Blumen aus dem tropischen Tiefland gezogen, und Moteuczoma II. pflegte hier mit dem Blasrohr auf Vogeljagd zu gehen. Es gab außerdem ein großes Vogelgehege und einen Zoo, der alle Tierarten des Landes beherbergte.

Handel und Tribut

Der Austausch von Waren und Gütern wickelte sich über zwei verschiedene, voneinander jedoch nicht streng getrennte Systeme ab: Handel und Tribut.

Der lokale Handel und Warenverkauf spielte sich auf Marktplätzen ab, Läden waren unbekannt, Straßenverkauf verboten. Die Marktplätze lagen gewöhnlich an einer Seite des Tempelbezirkes, sie waren von Mauern umschlossen und hatten eine flache Plattform in der Mitte, wo man dem Patronatsgott einen Teil der Waren als Weihegaben niederlegte. Das Warenangebot war nach Produktgruppen geordnet; man verkaufte nicht nach Gewicht, sondern nach Stückzahl und Hohlmaßen. Einige Waren wurden gleichzeitig als standardisierte Wertmesser verwendet: kleine weiße Baumwolltücher (cuachtli), mit Gold gefüllte Federkiele sowie Kakaobohnen als »Kleingeld«. Die Verkäufer entrichteten einen Marktzins an den lokalen tlatoani oder einen anderen Berechtigten. Eine Marktaufsicht überwachte die Qualität der Produkte und den korrekten Ablauf der Geschäfte; auf den großen Märkten entschied ein mit pochteca besetztes Gericht an Ort und Stelle über Streitfälle.

Innerhalb eines Gebietes waren die Märkte hierarchisch organisiert. Unbedeutendere Ortschaften hielten Markttag nur in Verbindung mit der Feier des ihrem Patronatsgott gewidmeten Kalenderfestes. Gewöhnlich fanden Markttage im Fünf-Tage-Rhythmus statt, nur die großen Wirtschaftszentren wie Mexiko, Tlatelolco, Tetzcoco hatten täglich Markt; hier gab es zusätzliche Marktplätze in den Stadtvierteln. Entsprechend der Bedeutung eines Marktes variierten die Breite des Warenangebotes und die Kategorie der anwesenden Händler, die von lokalen Produzenten landwirtschaftlicher und handwerklicher Produkte über Zwischenhändler von Arbeitsmaterial und Rohstoffen für die Handwerker bis zu den Verkäufern von exotischen Waren reichte. Die regionalen Marktsysteme wiederum waren miteinander durch Märkte verknüpft,

Links: Die aztekische Datumsangabe 8 acatl auf dem unteren Teil des Steines erinnert an die Weihe des Haupttempels von Tenochtitlán im Jahre 1487. Darüber stehen sich die Herrscher Tizoc und Ahuitzotl in Priestertracht während einer Opferzeremonie am Tage 7 acatl gegenüber. Sie entziehen sich mit spitzen Knochen Blut aus den Ohren und anderen Körperteilen. Blutbedeckte Agavedornen stecken in dem Grasballen zwischen ihnen, und Blut fließt in den geöffneten Erddrachen. Mexiko, Museo Nacional

Rechts: Das Titelblatt des Codex Mendoza enthält die bildliche Umsetzung der unten zitierten Gründungslegende der Stadt Tenochtitlán. Adler und Kaktus erheben sich auf einem Schild mit dem Symbol Huitzilopochtlis und einem Pfeilbündel. Zwischen den Gewässern sitzen die Anführer der einzelnen Bevölkerungsgruppen, deren lange Wanderung das Band der Jahreszahlen verzeichnet. Unten die ersten Siege der Mexica über Colhuacán und Tenayuca. Oxford, Bodleian Library

Als sie ihre Wanderung fortsetzten, weil ihnen die Aufenthaltsorte nicht gefallen hatten, kamen sie an die Stelle von Mexiko, die damals ganz überschwemmt war, wo großes Dickicht aus Binsen... und Schilf so groß wie Wälder wuchsen... Inmitten des Platzes der Niederlassung kreuzten sich zwei saubere Gewässer, frei von Dickicht und Rohr... und inmitten des Kreuzes fanden die Mexica einen großen Stein... auf ihm stand ein hoher Feigenkaktus, auf dem ein kräftiger Adler seinen Unterschlupf und Freßplatz hatte, wie die umherliegenden Knochen und farbigen Vogelfedern zeigten. Und nachdem sie den ganzen Platz abgegangen und ihn fruchtbar befunden hatten, mit vielen jagdbaren Vögeln, Fischen und Seegetier zur Ernährung und zum Handel in den umliegenden Dörfern, und weil das Wasser den Nachbarn den Zutritt verwehrte und wegen anderer Dinge und Gründe beschlossen sie, ihre Wanderung nicht weiterzuführen... und als sie ihren Sitz und Ort begründeten, beschlossen sie, ihn Tenochtitlán zu nennen, wegen des Kaktus' auf dem Stein, denn Tenochtitlán heißt in unserer Sprache »Kaktus auf dem Stein«.

Codex Mendoza, folio 1r

Açaciti

Quauh

Ocelopa

Aguexot

Tezincur   Tenuch   Xomimit

Xocoyol

tenochtitlan

Xiuhcaqu   Tetepa

colhuacan. pueblo.   tenayucan. pueblo.

Links: Aztekische Statuette der Maisgöttin mit dem kennzeichnenden Kopfschmuck. In der Rechten hält sie den Rasselstab der Vegetationsgottheiten, in der Linken zwei Maiskolben. Höhe 23 cm. Mexiko, Museo Nacional

Rechts: Der »Platz der Drei Kulturen« in Mexiko-Stadt mit den Resten des Tempelbezirks von Tlatelolco. Von der einstigen Doppelpyramide wurden die unteren Treppenpartien mehrerer Überbauungen ergraben.

O Herr! O Herrscher! O kostbarer grüner Stein, o kostbarer Türkis, o kostbare Feder! Der Herr des Hier und Jetzt, der, durch den wir leben, hat Dich gesandt. Deine Väter haben sich zurückgezogen... sie ließen das Bündel, das Traggestell, die Last des Regierens... unter der sie arbeiteten wie jene, die auf dem Weg schwere Lasten auf dem Rücken tragen... Und das Volk hat keinen Vater, keine Mutter mehr... O Herr, Du bist es, Du wirst die Last übernehmen, Du wirst das Bündel, das Traggestell von Deinen Vorfahren übernehmen... Auf Deinem Rücken, in Deinen Schoß, in Deine Arme hat der Herr die Regierten gelegt... die Launenhaften, die leicht Erzürnten...
Siehe zu, Herr, daß Du nicht offenen Auges schläfst, daß Du Dich nicht vergißt bei körperlichen Genüssen und Freuden. Siehe zu, daß Du Dich nicht dem Essen, dem vielen Trinken hingibst. Siehe zu, daß Dein Besitz nicht aus dem Schweiß und der Arbeit Deiner Untertanen kommt. Siehe, o Herr, daß Du die Gnade und das Geschenk, das unser Herr Dir mit der Herrschaft macht, nicht in Leichtfertigkeit, Tollheit und Feindschaft verwandelst...
Und obgleich Du unser Nächster und Freund, unser Sohn und Bruder bist, so sind wir nicht Deinesgleichen, wir sehen Dich nicht mehr als Mensch, denn schon hast Du die Person und das Abbild und die Unterhaltung und Vertrautheit unseres Herrn Gott, der in Dir spricht und Dich lehrt und der durch Deinen Mund spricht...

Aus der Ansprache eines hohen Würdenträgers
an den neugewählten Herrscher
Fray Bernardino de Sahagún, Historia General, Buch VI, Kapitel 10

die auf besondere Produkte spezialisiert waren: Sklaven in Azcapotzalco und Itzocan, Hunde zum Verspeisen in Acolmán, Kleidung und Prestigekeramik in Tetzcoco, Juwelen, edle Steine und Federn in Chollollan.

Die *pochteca* als berufsmäßige Händler waren traditionsgemäß für die Einfuhr von Waren aus Gebieten, die außerhalb des aztekischen Einzugsbereiches lagen, zuständig. Der Erwerb solcher Waren fand gewöhnlich auf internationalen Umschlagsplätzen statt, die sich mit zunehmender Ausdehnung des aztekischen Imperiums immer weiter von der Metropole im Tal von Mexiko entfernten, denn wenn einmal der Reichtum eines Gebietes regelmäßig als Tribut abgeschöpft wurde, war es für die Fernhändler uninteressant. Die wichtigsten Handels- und Umschlagsplätze waren Xicalanco und andere Orte im Kakaogebiet der Golfküste.

Neben Tauschgütern, die auf den heimischen Märkten erworben wurden, wie verzierte Kleidungsstücke, Kaninchenhaar, Kupferschellen, Geräte aus Obsidian und Feuerstein, oder Zahlungsmitteln wie *cuachtli* aus Baumwolle führten die *pochteca* auch Waren der Herrscher mit sich. Diese waren entweder Kommissionsgut, oder sie wurden durch die Händler in diplomatischer Mission als Geschenke an die fremden Herrscher gegeben, die ihrerseits mit Geschenken erwiderten.

Die Tributgüter, die aus allen Provinzen eingingen, standen dem Herrscher zur Verfügung und wurden von ihm verschiedenen Verwendungen zugeführt: Der Palast und die Sitte, alle dort Weilenden zu beköstigen, verschlangen nur einen Teil; eine moderne Berechnung hat ergeben, daß die Tributlieferungen an Lebensmitteln zur Ernährung von 50000 Menschen ausgereicht hätten. Nahrungsmittel wurden außerdem in Vorratshäusern gespeichert und vor Kriegszügen sowie in Notfällen ausgegeben, sie wurden für die Verpflegung auswärtiger Arbeiter gebraucht, und einmal jährlich, am Fest *Huey tecuilhuitl*, speiste der Herrscher sieben Tage lang die besitzlose Bevölkerung. Von den anderen Tributgütern verblieb nur ein geringer Teil in den Schatzkammern des Palastes – Federn und Federschmuck sind in keinem Fall gut zum Horten geeignet; das meiste wurde weitergegeben, unter anderem als Rohstoffe an die Handwerker. Der Herrscher selbst nahm in gewissen Zeitabständen die Verteilung von Prestigegütern vor und zeigte sich damit den Kriegern aus Volk und Adel, Steinmetzen und anderen für besondere Dienste und Leistungen erkenntlich. Dabei wurden auch *cuachtli* mit Geldwert und Kakao verschenkt oder Kleidung und Schmuckstücke, die der Beschenkte aufgrund seiner sozialen Stellung gar nicht tragen durfte, die er jedoch zum Erwerb anderer Güter auf dem Markt verwenden konnte. Weniger spektakulär, aber in der gleichen Art und Weise wurden auch bei den abhängigen Herrschern und innerhalb der Adelshäuser die als Tribut oder Sachleistungen eingegangenen Güter aller Art verteilt und weitergeleitet.

Das Volk der Sonne

Den geographischen und emotionalen Mittelpunkt Tenochtitláns stellte der Tempelbezirk dar. Eine hohe Mauer trennte ihn von den weltlichen Bereichen der Stadt; ihre drei Pforten waren als Arsenale ausgebaut, denn in Kriegen pflegten die Tempel als letzte Stützpunkte verteidigt zu werden.

Tempel und Priester

Das höchste und mächtigste Gebäude war der nach Westen gerichtete Haupttempel, eine aus vulkanischem Stein erbaute, typische postklassische Doppelpyramide mit zwei parallelen Treppen, deren Wangen oben in einem senkrechten Block endeten. Auf der Pyramidenplattform standen die eigentlichen Tempelgebäude, im Süden (rechts) der Tempel des Stammes- und Kriegsgottes Huitzilopochtli und im Norden (links) der des Regengottes Tlaloc. Nur ein schmaler Spalt trennte die beiden Sakrarien; durch ihn fielen die Strahlen der Sonne beim Aufgang an den Äquinoktien.

Der Haupttempel hatte mehrfach Überbauungen erfahren, die letzte und entscheidende Vergrößerung war unter dem Herrscher Tizoc (1481-1486) begonnen und unter seinem Nachfolger Ahuitzotl (1486-1502) beendet worden. Die Weihe des neuen Tempels im Jahre 1487 soll das Leben von 16000 Gefangenen gekostet haben, die anläßlich dieses Ereignisses auf mehreren Tempelpyramiden ihr Leben lassen mußten und an deren Opferung sich die drei Herrscher des Dreibundes selbst beteiligten. Obgleich Moteuczoma II. Xocoyotzin (1502-1520) die Absicht gehabt haben soll, einen Umbau vorzunehmen, da der Tempel nicht ganz gerade ausgerichtet war, erreichten spätere Baumaßnahmen im Tempelbezirk nur geringeren Umfang und dienten der Errichtung von Nebengebäuden, der Aufbringung neuer Bodenbeläge und anderen Ausgestaltungen. Wie die Götterbilder in den beiden Sakrarien ausgesehen haben, wissen wir nicht. Üblich war, daß im wichtigsten Tempel eines Gottes außer der Statue in einem heiligen Bündel Kultreliquien des Gottes bewahrt wurden; ein solches heiliges Bündel befand sich im Huitzilopochtli-Tempel.

Seit 1978 ist ein großer Teil des Haupttempels ausgegraben worden, trotzdem sind seine ursprünglichen Maße heute nicht mehr festzustellen, zu gründlich war die Demolierung nach der spanischen Eroberung. Nur die älteren, tiefer liegenden und später überbauten unteren Pyramidenkörper und die Tempelreste einer frühen Baustufe sind erhalten geblieben sowie Teile der mit der Architektur verbundenen Skulpturen, vor allem große Schlangen an der Basis.

Der Zeremonialbezirk umfaßte neben dem Haupttempel zahlreiche andere Gebäude und Plattformen mit Opfer-

steinen – manche Zählungen erwähnen 78 verschiedene Komplexe. So gab es einen Rundtempel für Quetzalcoatl, einen Tempel des Vegetationsgottes Xipe Totec und einen *coateocalli* genannten Tempel, der erst von Moteuczoma II. Xocoyotzin erbaut worden war, um alle Götter der unterworfenen Völker aufzunehmen; außerdem einen Platz für das kultische Ballspiel, Schädelgerüste, auf denen die Schädel der Geopferten an langen Stangen nebeneinander aufgereiht wurden, Versammlungshallen sowie ein Becken für das heilige Gewässer, in dem die Priester nachts rituelle Waschungen vornahmen. Besser als an den Ruinen lassen sich heute Größe und Pracht der Tempel von Tenochtitlán an den zahlreichen Großskulpturen ermessen, die im Laufe der letzten zweihundert Jahre in ihrer Umgebung gefunden wurden und einst funktionale oder schmückende Bestandteile der Anlage waren.

Die Priester wurden von zwei ranggleichen Oberpriestern mit dem Namen Quetzalcoatl im Titel angeführt, die das duale Prinzip, das Prinzip der Zweiheit, verkörperten. Ihnen unterstand die umfangreiche, den einzelnen Göttern und Tempeln zugeordnete Priesterschaft, die sich in Priesterlehrlinge, Opferpriester und Räucherpriester gliederte. Ihr äußerliches Kennzeichen war vor allem das ungeschnittene, ungekämmte Haar. Aufgabe der Priester war die Durchführung des Kultes in allen seinen vielfältigen Aspekten und die Erziehung der Jugend im *calmecac*. Sie selbst hatten sich dauernden Selbstkasteiungen, wie Blutabzapfen, zu unterwerfen und mußten vor den Opferhandlungen ein meist viertägiges, aber auch bis achtzig Tage währendes Fasten durchführen. Fasten bedeutete bei den Azteken sexuelle Enthaltsamkeit, Verzicht auf das Baden und reduzierte Nahrungsaufnahme, das heißt, es durfte nur eine Mahlzeit am Tage eingenommen werden, die lediglich aus Tortilla ohne Salz und scharfen Pfeffer sowie Wasser bestand. Die Priester bildeten keine von der übrigen Bevölkerung abgeschlossene Kaste; sie lebten nicht ständig im Tempel und konnten auch verheiratet sein oder an Kriegszügen teilnehmen. Auch ohne dem Priesterstand anzugehören, konnte man sich für eine gewisse Zeit zum Tempeldienst verpflichten. Junge Mädchen wurden häufig einem Tempel geweiht und dort erzogen; sie konnten später heiraten oder sich für immer dem Tempeldienst widmen.

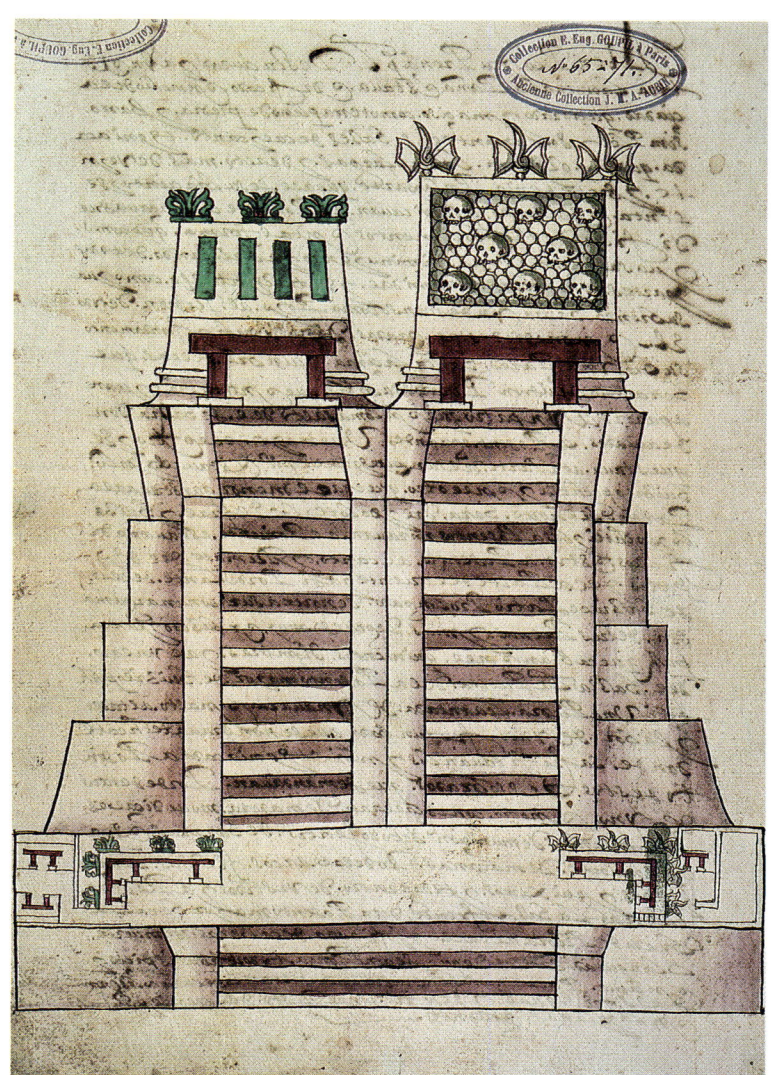

Links: Im Bereich des Haupttempels gefundene Schädel, die auf verschiedene Weise mit großen Steinklingen verbunden sind, standen ohne Zweifel in Verbindung mit dem Menschenopferkult.
Mexiko, Proyecto Templo Mayor

Rechts: Zahlreiche personifizierte Opfermesser (tecpatl) wurden in den Opfergruben des Haupttempels gefunden. Höhe knapp 20 cm.
Mexiko, Proyecto Templo Mayor

Rechts oben: Eine Zeichnung von indianischer Hand im Codex Ixtlilxochitl, die den Haupttempel von Tetzcoco wiedergibt, überliefert das Aussehen einer aztekischen Pyramide mit Doppeltempel. Wie in Tenochtitlán war der südliche (rechte) Tempel dem Kriegsgott Huitzilopochtli, der nördliche dem Regengott Tlaloc geweiht. Die Dachfassaden waren mit Symbolen geschmückt. Die Zinnen des Tlaloc-Tempels stellen Flammen dar.
Paris, Bibliothèque Nationale

Menschen und Götter

Die Religion bestimmte nicht nur das tägliche Leben der Priester, sondern auch das Leben des ganzen Volkes war durch religiöse Übungen geprägt. Dies begann mit der Taufe des Kleinkindes und setzte sich im späteren Leben je nach Beruf auf unterschiedliche Art und Weise fort. Der Lebensweg wurde durch die Götter und die von ihnen bestimmten Konstellationen der Tage im Wahrsagekalender vorgezeichnet; es bedurfte der Hilfe der Wahrsagepriester, seine Richtung und mögliche Abhilfe bei schlechten Vorzeichen zu erkennen. Alle wesentlichen Handlungen, sei es die Bestellung der Felder, der Auszug der Krieger oder Kaufleute, die Errichtung eines Hauses, die Bienenzucht und der Fischfang, alle Unternehmungen setzten ein religiöses Ritual voraus. Dies galt nicht nur für die Familien des Volkes, sondern ebenso für die Herrschenden, deren Amtsantritt eine Periode der Abgeschlossenheit im Tempel, des Fastens und der Kasteiung vorausging.

Der öffentliche Kult fand mit großem Aufwand im Rahmen der achtzehn Kalenderabschnitte statt, in die das Sonnenjahr unterteilt war, sowie anläßlich weiterer religiöser Zeremonien, die in unregelmäßigen oder mehrjährigen Abständen veranstaltet wurden. Die in den Monatsfesten verehrten Götter bilden (nach Pedro Carrasco) drei Gruppen: die Götter des Himmels, nämlich die vier Schöpfergottheiten und die Sonne mit ihrem Gefolge der toten Krieger und im Kindbett gestorbenen Frauen; die Gottheiten des Tlalocan, das sind die Götter des Regens, des Wassers und des Lebensunterhaltes; die Götter der Unterwelt – die bei den Azteken keine negativen Konnotationen hatte –, also der Herr und die Herrin der Unterwelt, die Feuergötter und Erdgottheiten. Diese Gruppen entsprechen der dreifachen vertikalen Gliederung der Welt in Himmel, Erde und Unterwelt. Jede Göttergruppe war mit Festen in jedem Jahresviertel vertreten.

Wie es nur natürlich ist bei Menschen, deren Ernährungsgrundlage von einem unter schwierigen klimatischen Bedingungen ausgeführten Feldbau abhängt, standen zahlreiche Feste in bezug zu dem Agrarzyklus, den Regen- und Fruchtbarkeitsgöttern. Hiervon zeugen auch die Inhalte der an die hundert in den Boden eingelassenen Opferniederlegungen, die während der Ausgrabungen am Haupttempel gefunden wurden. Daneben verweisen die Opfergaben auf eine nicht schriftlich überlieferte und deshalb nicht genauer faßbare Bedeutung des Meeres und seiner Tiere im Kult des Hochlandes.

In dem reichen und komplizierten Ritual, das bei jedem Fest verschieden war, lassen sich einige immer wiederkehrende Elemente feststellen: vorausgehende Fastentage und eine Nachtwache, das Darbringen von Opfergaben, von Copalharz, das als Weihrauch in Räucherlöffeln verbrannt wurde, von Blumen-, Speise- und Trankopfern, das Singen der Götterhymnen, Tänze, Prozessionen und Wachtelopfer. Manche dieser Handlungen wurden nur von Priestern ausgeführt, an anderen beteiligte sich auch das Volk, wie es scheint, gelegentlich in sehr großer Anzahl.

Jedoch nur bei wenigen Festen nahm die gesamte Bevölkerung am Kult teil. Das vielgestaltige Pantheon und die Gliederung der Gesellschaft in sozial und beruflich differenzierte Gruppen, die zudem noch teilweise anderen ethnischen Ursprungs waren, hatte zur Ausprägung von speziellen Bindungen zwischen einzelnen Bevölkerungsgruppen und Göttern geführt. Besonders die Handwerksberufe verehrten vielfach einen eigenen Patronatsgott, aber auch die einzelnen Stadtviertel waren verschiedenen Göttern

Links: In einer steinernen Opferblut-schale (cuauhxicalli, »Adler-schale«) wurden die Herzen der rituell getöteten Menschen den Göttern dargebracht. An der inne-ren Wand sind Strahlen der Sonnen-scheibe zu sehen, die mit dem Zeichen des fünften Weltalters 4 olin im Mittelpunkt die Innen-flächen bedeckt. Eine Reihe stilisier-ter Herzen am Rand verweist auf den Menschenopferkult. Die Stand-fläche zeigt ein Relief des Erd-monsters mit aufgerissenem Rachen, Dämonengesichtern und Totenköpfen.
Berlin, Museum für Völkerkunde

Oben links: Die langen Fangzähne lassen in der männlichen Gestalt die Verkörperung einer Gottheit erkennen. Sie trägt die ärmellose Weste der Priester und ein Hüfttuch, das ebenfalls als zeremonielle Kleidung diente.
Mexiko, Museo Nacional

Oben rechts: Die Wassergöttin Chalchiuhtlicue, »Die mit dem Rock aus grünen Edelsteinen«. Der lange Wickelrock wird durch eine Schlan-ge als Gürtel gehalten. Im Wahr-sagekalender war sie Regentin des Tageszeichens 1 coatl (Schlange).
Mexiko, Museo Nacional

Auch wenn er arm und elend gewesen wäre, auch wenn seine Mutter und sein Vater die Ärmsten der Armen gewesen wären... sah man nicht auf seine Herkunft, man betrachtete nur die Art seines Lebens... die Reinheit seines Herzens, sein gutes und menschliches Herz... sein starkes Herz... Man sagte, daß er Gott in seinem Herzen hätte, daß er in den Dingen Gottes weise wäre.
Über die Priester mit dem Titel Quetzalcoatl
Florentiner Codex, Buch III, folio 67r

zugeordnet. Diese Verpflichtungen der einzelnen Grup-pen bestimmten Göttern gegenüber schlugen sich in der Organisation des Kultes nieder.

Höhepunkt der großen Zeremonien, in deren Verlauf die heiligen Mythen nachvollzogen wurden, bildete die Opfe-rung eines Menschen, der als Repräsentant des Gottes oder der Göttin mit deren Insignien angetan war. Nach ih-rer Tapferkeit ausgewählte Kriegsgefangene oder nach ih-rer Schönheit gekaufte Sklaven und Sklavinnen wurden mit allen dem Gott zukommenden Ehren bis zum Festtag begleitet und gehütet, der Weg die Tempelstufen hinauf wurde durch Halluzinogene erleichtert. Die häufigste Form des Menschenopfers fand über einem Opferstein vor dem Tempel statt; dabei wurde das Herz aus der mit einem Opfermesser geöffneten Brust gerissen. Außerdem gab es je nach dem Inhalt des Festes mehrere andere For-men des Menschenopfers. Immer wurde das Herz in einem »Adlergefäß« vor dem Sakrarium niedergelegt, der Schädel auf dem Schädelgerüst aufgereiht.

In den Bittzeremonien für die Regengötter, die vor allem im Frühjahr und zum Teil auf den hohen Bergen stattfanden, wurden kleine Kinder geopfert, ihre Tränen – eine Analogie zu Regentropfen – waren ein ersehntes Zeichen. Neben den Priestern kam den Kriegern im Kult die größte Bedeutung zu. Sie und der Adel waren vor allem an den Festen beteiligt, die Huitzilopochtli und den anderen mit dem Himmel assoziierten Göttern gewidmet waren und an denen besonders viele Kriegsgefangene, die wertvollsten aller zu opfernden Menschen, getötet wurden. Vor allem die Gefangennahme der als tapfer bekannten Krieger der Nachbarvölker jenseits der Vulkankette brachte hohes Prestige, das im Rahmen der Festzeremonien prunkvoll zur Schau gestellt wurde. Das Fleisch der geopferten Kriegsgefangenen wurde in manchen Fällen von der Familie desjenigen, der den Gefangenen gemacht hatte, rituell verspeist. Die Beinknochen wurden als Reliquie bewahrt; ihnen weihten die Frauen Opfergaben, wenn ihre Männer oder Söhne auf dem Kriegszug waren.

Ein besonderer Kult der »Adlerkrieger« war der Aufgabe gewidmet, die Sonne durch Opfer zu stärken. Das Hauptfest fand alle 260 Tage am Tag 4 *olin* statt, dem Tag, nach dem die fünfte, die jetzige Weltensonne benannt war, die eines Tages zugrunde gehen würde. Man stellte sich vor, daß die Sonne abends von dem Erdmonster, der Erde als einem auf dem Wasser schwimmenden, krötenähnlichen Ungeheuer, verschlungen und am Morgen wieder ausgespien werde, und befürchtete, sie könne eines Tages nicht wieder aufgehen, um die Welt mit ihren lebenspendenden Strahlen zu erleuchten und zu erwärmen.

Der Herrscher wurde nicht kultisch verehrt; er nahm vielmehr selbst in vielerlei Form und in wesentlichen Funktionen am Kult teil und kam damit seiner obersten Aufgabe nach: die kosmische Ordnung zu bewahren. Johanna Broda meint, daß der Herrscher als Garant für das Wohlergehen des Volkes betrachtet worden sei. Einem alten Text zufolge sind alle 260 Tage einige Kriegsgefangene geopfert worden, um dadurch Moteuczoma Kraft und Leben zu verleihen. Die Vorstellung, daß Moteuczoma II. Xocoyotzin besondere Kraft und Gefahr ausgestrahlt habe, läßt sich auch aus vielen Einzelheiten des Hofzeremoniells ablesen. Es dürfte sich hierbei um eine späte Entwicklung handeln, da von den vorausgegangenen Herrschern nichts Entsprechendes bekannt ist.

Der Weg zur Macht

Der Aufstieg der Mexica in rund zweihundert Jahren von einer kleinen besitzlosen Volksgruppe, die ihr Leben unter kärglichen Umständen in den Sümpfen des Tetzcocosees fristete, zur führenden Macht des aztekischen Tributimperiums und der schnelle Zusammenbruch unter der spanischen Eroberung haben immer wieder Faszination und Erstaunen hervorgerufen.

In den Berichten der Mexica wird die anfängliche politische Abhängigkeit von den Tepaneken, in deren Gebiet ihre Neugründung Mexiko lag, als schier unerträgliche Zeit des Darbens und der schikanösen Tributlieferungen geschildert. Man kann diese Zeit jedoch auch als eine Periode ansehen, in der die noch schwachen Mexica als Untergebene des tepanekischen Reiches, vor Überfällen geschützt, ihre Stadt und die Chinampas ungestört allmählich ausbauen konnten. Zugleich erwarben die Männer durch Teilnahme an den Eroberungskriegen der Tepaneken Erfahrung, Beutegut und vor allem Selbstbewußtsein. Die Zeit bis zum Tode Acamapichtlis (1372-1391), des ersten Herrschers von Tenochtitlán, läßt sich auf diese Weise beschreiben. Sein Sohn und Nachfolger Huitzilihuitl (1391-1415) heiratete eine Enkelin des Tyrannen Tezozomoc von Azcapotzalco; diese dynastische Verbindung mit der tepanekischen Herrscherlinie bekundet das zunehmende Prestige der Inselbewohner.

Der dritte Herrscher, Chimalpopoca (1415-1426), war ein Sohn oder Bruder Huitzilihuitls, der bei Tezozomoc (seinem Großvater?) gern gesehen war; man verringerte die Tribute der Mexica, in der Stadt wurden die ersten festen Häuser gebaut. Vielen Tepaneken erschienen allerdings die Mexica bereits als zu fordernd und selbständig. Als Tezozomoc 1426 als alter Mann in Azcapotzalco starb, hatte bei den Tepaneken die Frage, wie man sich den Mexica gegenüber verhalten solle, zu tiefen Meinungsverschiedenheiten geführt. Der von Tezozomoc vorgesehene Nachfolger wurde von dem Usurpator Maxtlaton verdrängt, der sofort die Tributforderungen an die Mexica wieder erhöhte. Die Ereignisse führten zu einer Serie von Morden, denen auch Chimalpopoca und der Herrscher von Tlatelolco zum Opfer fielen, die dem legalen Thronfolger die Treue gehalten hatten. In Tenochtitlán wurde nun der tatkräftige und kriegserfahrene Itzcoatl (1426-1440) gewählt, ein etwa vierzigjähriger Sohn Acamapichtlis, der bereit war, den Tepaneken die Stirn zu bieten.

Tetzcoco

In Tetzcoco war um die Mitte des 15. Jahrhunderts eine Konsolidierung des noch unbedeutenden Stadtstaates dadurch erfolgt, daß die letzten nomadisch lebenden Chichimeken aus der Region vertrieben worden waren. In der zweiten Jahrhunderthälfte gab Techotlalatzin dem Staatswesen eine feste innere Struktur, indem er den untergeordneten *tlatoque* genau umrissene Zuständigkeiten zuwies und die zahlreichen Neueinwanderer, von denen an anderer Stelle bereits gesprochen wurde (S. 110), in großräumig organisierten Siedlungsaktionen integrierte. Der Acolhua-Staat erreichte, vor allem wohl durch die toltekisch geprägten Einwanderer, Wohlstand und Blüte, die den Expansionsdrang des Tepaneken Tezozomoc reizten. Noch gerade zu Lebzeiten Huitzilihuitls von Tenochtitlán begann um 1415 unter intensiver Beteiligung Mexikos der

Die eindrucksvolle Tempelanlage von Malinalco wurde an dem steil abfallenden Hang eines Tuffkegels hoch über dem Tal errichtet und teilweise aus dem gewachsenen Felsen gehauen.

Krieg der Tepaneken gegen Tetzcoco. Obgleich dessen Herrscher Ixtlilxochitl (1409-1418) sich strategisch klug dem Gegner stellte, konnte er der Übermacht nicht standhalten, zumal einzelne *tlatoque* der Acolhua die Partei der Gegner ergriffen hatten; sein Reich wurde erobert und er selbst schließlich getötet. Tezozomoc beanspruchte den größten Teil des Acolhua-Gebietes für sich, überließ jedoch auch Teile den nun fast zu Alliierten aufgestiegenen Mexica.

Ixtlilxochitls noch junger Sohn Nezahualcoyotl, dessen Mutter aus Mexiko stammte, war nach Huexotzinco und Tlaxcallan jenseits der Berge geflohen. Erst Jahre später konnte er, wenn auch ohne Machtbefugnis, nach Tetzcoco zurückkehren, wo ihn jedoch bald Maxtlatons Mordkommandos verfolgten und erneut zur Flucht über die Berge zwangen.

Der Tepanekenkrieg und seine Folgen

Die politische Konstellation, die sich, wie geschildert, im Tal von Mexiko nach dem Tod des Tezozomoc von Azcapotzalco entwickelt hatte, drängte auf Veränderungen. Itzcoatl von Tenochtitlán und Nezahualcoyotl von Tetzcoco fanden sich in gemeinsamer Gegnerschaft zu den Tepaneken, waren aber nicht stark genug für eine erfolgversprechende Aktion. Nezahualcoyotl gelang es jedoch, die von allen Seiten umworbenen Herrschaften Huexotzinco und Tlax-

callan als Verbündete zu gewinnen. Dank ihrer Hilfe konnten zunächst Teile des Gebietes von Tetzcoco zurückerobert und dann die tepanekischen Städte angegriffen werden. Die Einnahme des inzwischen schwer befestigten Azcapotzalco wurde dadurch erleichtert, daß der tepanekische *tlatoani* von Tacuba mit den Angreifern gemeinsame Sache machte. 1428, im zweiten Jahr des Krieges und nach einer Belagerung von fast vier Monaten, fiel Azcapotzalco; Maxtlaton wurde bald danach getötet.

Der Sieg über die Tepaneken hatte weitreichende Bedeutung: Nicht nur, daß die Mexica nun zum Teil die territoriale Erbschaft des tepanekischen Reiches antraten und Nezahualcoyotl nach weiteren Jahren gemeinsamer Kriegszüge wieder die volle Herrschaft von Tetzcoco errang – er war zugleich die Geburtsstunde der dauerhaften Allianz zwischen Tenochtitlán, Tetzcoco und Tlacopan, deren Herrscher die Titel Colhuateuctli, Chichimecateuctli und Tepanecateuctli trugen. Die drei Stadtstaaten knüpften mit der Gründung des Dreibundes an eine traditionsreiche Organisationsform an, die ihnen in der Folgezeit die Eroberung des riesigen aztekischen Reiches möglich machte.

Schmiede des Reiches

Für die Mexica brachte der Sieg tiefgreifende Neuerungen auf allen Gebieten. Itzcoatl hatte nach der Eroberung

Den Mittelpunkt der Tempelanlage von Malinalco bildet ein aus dem Felsen gehauener Rundtempel, der in Amerika keine Parallele hat. Der Herrscher Ahuitzotl hatte im Jahre 1501 Steinmetzen aus dem Tal von Mexiko nach Malinalco geschickt. Unter seinem Nachfolger Moteuczoma II. wurden die Arbeiten vollendet. Die Skulpturen der Jaguar- und Adlerbälge im Innenraum, die Gestaltung des Einganges als Reptilrachen und die äußere Ausschmückung mit Jaguaren, Obsidianschlange und Fellpauken lassen erkennen, daß dieses Heiligtum dem Sonnenkult der Krieger, der »Adler und Jaguare«, diente.

Und wenn einer vier Gefangene gemacht hatte, dann ließ Moteuczoma dessen Haar nach Brauch der erfahrenen Krieger *(tequihua)* scheren... dann begann er, Kriegertitel zu tragen... Dann setzte man ihn auf die Matte, auf den Sitz im Adlerhaus, dort, wo die großen Anführer zusammenkamen... alle die Adlerführer, die Lippenpflöcke trugen, die Lederohrpflöcke trugen, deren Haar mit dem Adlergebinde geschnürt wurde. Und wenn er vielleicht sechs oder sieben oder auch zehn Huaxteken oder Krieger von der Küste gefangengenommen hatte, so stieg er dadurch nicht auf, nur *tequihua* wurde er genannt. Wenn er aber zum Gefangenenmachen nach Atlixco oder Huexotzinco oder Tliliuhquitepec ging, wenn er fünf Gefangene dort gemacht hatte, dann stieg er auf zum großen Anführer, Adlerführer wurde er dann genannt.

Fray Bernardino de Sahagún, Historia General, Buch VIII, Kapitel 21

Man bewahrte die eigene Geschichte auf. Aber damals, als Itzcoatl in Mexiko regierte, wurde sie verbrannt. Man faßte einen Entschluß, die Herren der Mexica sagten: Es ist nicht gut, daß alle Leute die Bilderschriften kennen. Die Untergebenen werden zugrundegehen, und die Welt wird verdreht sein, denn dort wird viel Lüge aufbewahrt, und viele, die darin vorkommen, sind für Götter gehalten worden.

Madrider Codex, folio 192v

von Azcapotzalco die dortigen historischen Archive verbrennen lassen: Von nun an galt nur noch die den Mexica genehme Version der Geschichte. Sie berichtet, daß vor dem Ausbruch des Tepanekenkrieges in Tenochtitlán ein Pakt zwischen den furchtsamen *macehualtin* und den kampferprobten und mutigen *pipiltin* geschlossen worden sei, in dem die Adligen auf die Hilfe der zögernden *macehualtin* verzichtet hätten und diese dafür versprachen, im Falle des Sieges den Adligen für alle Zukunft dienstbar zu sein.

Als nach dem Sieg große Ländereien der Tepaneken verteilt wurden, ging das einfache Volk – angeblich wegen dieser Vereinbarung – leer aus. Ähnlich wurde auch in späteren Fällen verfahren. Itzcoatl verlieh außerdem an die erfolgreichsten der Krieger, unter ihnen die Halbbrüder Moteuczoma Ilhuicamina und Tlacaelel, eine Reihe von Rängen und Titeln, die bis dahin die Würdenträger der Tepaneken getragen hatten.

Nach dem Tod Itzcoatls folgte Moteuczoma I. Ilhuicamina (1440-1468) als Herrscher, Tlacaelel stand mit dem Rang eines Cihuacoatl (»Weiblicher Zwilling«) beratend neben ihm. Dieses Amt, ursprünglich wohl das eines Priesters, bestand bis zur Conquista fort und war mit innenpolitischen Funktionen verbunden. Beiden Männern zusammen werden Entscheidungen zugeschrieben, die das Gemeinwesen der Mexica nachhaltig prägten: »Luxusgesetze« verliehen Adel und verdienten Kriegern Privilegien

und machten die nach dem Sieg über Azcapotzalco einsetzende stärkere soziale Differenzierung zwischen den beiden großen Volksschichten allgemein sichtbar. Eine Art Staatsrat der vier obersten Würdenträger wurde institutionalisiert. Dem bis dahin lokalen Stammesgott der Mexica, Huitzilopochtli, wurde ein Platz im zentralmexikanischen Pantheon zugewiesen, indem man ihn als einen Aspekt der Sonne auffaßte. Viele moderne Autoren sehen hier den Ursprung der späteren aztekischen Expansion, denn, wie Alfonso Caso es formulierte: »Die Azteken, das Volk Huitzilopochtlis, waren das auserwählte Volk der Sonne. Sie hatten die Pflicht, diese mit Nahrung zu versorgen. Deshalb war Krieg eine Art Gottesdienst und notwendige Tätigkeit...«

Die Situation des Siegers machte es möglich, den Ausbau der städtischen Infrastruktur, vor allem den Trinkwasseraquädukt und die Dammstraßen, in Angriff zu nehmen. Die nun von den Mexica abhängigen Städte des Festlandes mußten in großen Arbeitseinsätzen das notwendige Material liefern und die Bauarbeiten ausführen. Manche Autoren sehen in der Notwendigkeit dieser Bauten gerade-

zu die Ursache für die Erhebung der Mexica gegen Azcapotzalco: Ihre Stadt wäre anderenfalls nicht mehr lebensfähig gewesen. Die umfangreichen Eroberungen Moteuczomas I. waren, wie sich deutlich in den Eroberungslisten abzeichnet, von dem Drang zu den tropischen und subtropischen Gebieten, nach Baumwolle, Kakao und buntschillernden Federn sowie den Umschlagplätzen für diese Produkte bestimmt. Ein weiterer Sieg wurde 1465 über den alten Feind Chalco im Südosten des Beckens errungen, in dessen Territorium ein wichtiger Paßübergang lag.

Doch die Regierungszeit Moteuczomas I. war nicht ungetrübt: Eine schwere Hungersnot suchte Zentralmexiko heim. Ende August 1450 vernichteten zu früh einsetzende Fröste die Maisernte, dann folgten Jahre der Dürre. Das Elend der Hungernden muß ungeheuer gewesen sein; Seuchen brachen aus, viele starben, viele wanderten in die nicht von der Dürre betroffenen Gebiete der Golfküste, um sich dort als *tlacotin* gegen Nahrung zu verkaufen. Erst als man im Jahre 2 *acatl* (1455) die Neufeuerzeremonie feierte, den Beginn eines neuen 52-Jahres-Zyklus', war auch die Katastrophe überwunden. Indirekte Auswirkun-

Ahuitzotl war von Natur aus gut und allen Tugenden zugeneigt, und so hatte er im Verlauf seines Lebens und Herrschens den Staat gut verwaltet und regiert. Er beachtete die Privilegien und Gesetze und sorgte für ihre Beachtung. Und da das Ansehen der Herrschaft von Mexiko zu großer Majestät aufgestiegen und der größte Teil Neu-Spaniens unterworfen und ihm untertan war, sowie durch die vielen und reichen Tribute kam besagte Herrschaft zu einem Höhepunkt, und er – mächtig und großzügig – vergab an die Seinen große Verdienstgeschenke. Er war von gemäßigtem und mildem Charakter, weswegen seine Untertanen und Kriegshauptleute ihn in höchstem Maße liebten und ihm große Ehrerbietung erwiesen. Auch er hatte viele Frauen und viele Kinder mit ihnen, denn das gehörte zu Herrschaft und großem Stand. Ahuitzotl war fröhlichen Gemütes, deshalb feierten ihn seine Untertanen mit vielen verschiedenen Festen und Musik und Gesängen und Instrumenten, Tag und Nacht, so daß in seinen Gemächern nie Sänger, Musiker und Musikinstrumente fehlten.

Codex Mendoza, folio 12v

gen glaubt man in der zunehmenden Zahl an Menschenopfern sehen zu können, mit denen einer Wiederholung des Unheils vorgebeugt werden sollte.

Brüder und Herrscher

Nach Moteuczoma I. standen nacheinander drei Brüder an der Spitze des Staates, die über beide Eltern Enkel sowohl Moteuczomas I. wie auch Itzcoatls waren und von denen jeder schon vor seiner Wahl eines der beiden höchsten militärischen Ämter innegehabt hatte. Axayacatl (1468-1481), der jüngste, begann seine Regierungszeit mit Feldzügen nach Westen, wo die Kornkammern Zentralmexikos lagen. Dieses Vordringen stoppten 1478 die Tarasken mit einem blutigen Sieg. In seine Zeit fiel auch der Tod Nezahualcoyotls (1418-1472), unter dessen Herrschaft Tetzcoco den Ruf einer Stätte der Künste und Philosophie erlangt hatte. Ihm folgte sein Sohn Nezahualpilli (1472 bis 1515), auch er ein Krieger und Dichter zugleich. Ein wesentliches Ereignis der Regierungszeit Axayacatls war die militärische Auseinandersetzung mit der Schwesterstadt Tlatelolco, bei der dynastische Querelen nur den Anlaß zum Austragen langandauernder Rivalitäten bildeten. Nach dem Tod des dortigen Herrschers im Zweikampf mit Axayacatl im Jahre 1472 wurde Tlatelolco zum fünften Stadtviertel, das ein Gouverneur regierte. Nun erst scheint die militärisch-politische Rolle der Fernhändler ihren Anfang genommen zu haben.

Der Name des Nachfolgers Tizoc (1481 - 1486) ist vor allem mit dem Beginn des Neubaues des Haupttempels von Tenochtitlán verbunden. Eroberungspolitisch entsprach er anscheinend nicht den in ihn gesetzten Erwartungen, und Gerüchte besagten, sein baldiger Tod sei nicht natürlich gewesen. Ahuitzotl (1486 - 1502) fand ein von seinen Vorgängern abgerundetes Herrschaftsgebiet vor, in dessen entfernteren Gebieten jedoch immer wieder und vor allen Dingen nach einem Herrscherwechsel lokale Rebellionen niedergeworfen werden mußten. Unter ihm erfolgten die Eroberung von Oaxaca und der Vorstoß an den Isthmus von Tehuantepec, den Expeditionen der Fernhändler vorbereitet hatten. Aber die Azteken erlebten auch die zweite Niederlage ihrer Geschichte: Im Tal von Atlixco wurde ihr Aufgebot durch die verbündeten Herrschaften des Gebietes von Puebla-Tlaxcala geschlagen.

Böse Vorzeichen

Moteuczoma II. Xocoyotzin (»Der Jüngere«), ein Sohn Axayacatls, hatte als Feldherr Ahuitzotls in Oaxaca bedeutende Siege errungen, die er auch als Herrscher fortsetzte. Wie seine Vorgänger Axayacatl und Ahuitzotl ließ er sein Standbild in die Felsen von Chapultepec meißeln. Doch anders als jene betonte er die Distanz zwischen dem Herrscher und seiner Umgebung, führte ein aufwendiges Hofzeremoniell ein und beschränkte die Aufstiegsmöglichkeiten von Nichtadligen in der Beamtenschaft.

In die Regierungszeit Moteuczomas II. (1502-1520) fiel der Tod Nezahualpillis von Tetzcoco (1472-1515), bei dessen Nachfolge es zu Rivalitäten zwischen verschiedenen Söhnen kam. Moteuczoma unterstützte dabei seinen Neffen Cacama (1515-1520) gegen den von Nezahualpilli vorgesehenen Ixtlilxochitl. Tetzcoco hatte schon lange nicht mehr mit der früheren Intensität an den Feldzügen teilgenommen, nun wurde aus dem einst unabhängigen Partner ein Vasall Tenochtitláns.

Rückblickend schilderten die Azteken die Regierungszeit Moteuczomas II. voller ungewöhnlicher, furchterregender Vorkommnisse, die man sich erst viel später erklären konnte: Es waren Vorzeichen für die Ankunft der spanischen Eroberer gewesen.

Nachbarn und Weggefährten

Die Ablehnung des Fremden und ethnozentrische Stereotypen, die in der Einstellung der Azteken zu den benachbarten Völkern sichtbar werden, geben Einblick in ihre eigenen Wertvorstellungen. Gegenüber den nomadischen oder halbnomadischen Chichimeken im Norden wird die Herablassung der seßhaften Bevölkerung gemildert durch das Bewußtsein der ursprünglich gleichen Lebensverhältnisse und durch die Anerkennung der Zucht und Keuschheit, die den chichimekischen Frauen eigen waren und Ehebruch, der mit beider Tod bestraft wurde, nur selten vorkommen ließen – zugleich ein Hinweis auf das gleiche, aber offensichtlich nicht immer befolgte Ideal innerhalb der aztekischen Gesellschaft.

Grundsätzlich positiv bewertete man die Völker, die im Ruf standen, toltekischer Abstammung zu sein. Die Frauen der südöstlichen Küstengebiete, der Olmeken und Huixtotin, wurden als Stickerinnen und Weberinnen gerühmt; ihre Tracht war reich, sie trugen Sandalen wie die Männer. Man lebte dort in jeder Beziehung in einem Land der Hülle und Fülle. Ähnlich wurden die im Landesinneren lebenden Mixteken eingeschätzt, denen man als toltekisches Erbe, und zu Recht, Meisterschaft in allen Sparten des Kunsthandwerks zuschrieb. Auch die Totonaken der mittleren und nördlichen Golfküste galten als zivilisiert, als ein zwar reich und farbig, aber angemessen gekleidetes Volk mit passendem Lebenswandel.

Ganz anders war die Einstellung zu den weitgehend unter aztekischer Oberherrschaft lebenden Otomí. Sie werden zwar als seßhafte, tempelbauende Bevölkerung ähnlich den Azteken selbst geschildert, aber sie waren als schlecht erzogen, einfältig und ungeschliffen verrufen. »Du Otomí«, sagten die Azteken, wenn sie jemanden als unverständig und dumm empfanden. Nach ihrer Meinung waren die Otomí zudem habgierig und zogen sich zu bunt und geschmacklos an, das galt für Männer wie Frauen, junge und alte. Noch die alten Frauen würden sich wie junge schmücken und ihre Webereien nicht viel taugen. Die Männer könnten zwar hart arbeiten, seien aber faul, gerade nur das Lebensnotwendige bauten sie an, danach gingen sie auf die Jagd und ergäben sich dem Trunk. Das Eheleben der Otomí wurde als ausschweifend empfunden. Nicht viel besser fiel das Urteil über die Bevölkerungsgruppen im Tal von Toluca aus und über die Tlappaneken, Couixca und Tlalhuica im Süden (heute: Morelos und Guerrero); auch sie galten als nicht richtig erzogen, als eitel und teilweise noch schlimmer als die Otomí.

Auf zwei weit auseinander lebenden Bevölkerungsgruppen, die Huaxteken der nördlichen Küste von Veracruz und die Tarasken in Westmexiko, blickte man gleichermaßen mit Verachtung: Die Männer trugen keine Scham-

Eine Seite aus der Eroberungsliste des Herrschers Axayacatl (1468 bis 1481) im Codex Mendoza (folio 10r) zählt links die Jahre seiner Regierung. Axayacatl ist nur durch sein Diadem als Herrscher zu erkennen, vor ihm liegt der Schild Huitzilopochtlis mit der Türkisschlange und Pfeilen. Die eroberten Ortschaften sind als brennende und zusammenstürzende Tempel wiedergegeben. Der für Axayacatl wichtigste Sieg, den er im Zweikampf mit Moquihuix, dem Herrscher von Tlatelolco, errang, ist durch den vom dortigen Doppeltempel herabstürzenden Gegner dargestellt. Oxford, Bodleian Library

tlatilulco . pu

anapulco . pu

moquihuix . s. señor
de tlatilulco

xalatlauhco . pu

ystrumentos
de guerra

capuluac . pu

tlacotepec . pu

metepec . pu

ocoyacac . pu

quauhtzonco ayan . pu

yochiacon . pu

teotenanco . pu

cali ymayon . pu

çinacontepec . pu

...ero de anos . xv

binde. Allerdings bedeckten sich die taraskischen Männer wie die der Huaxteken mit längeren Umhängen als die Azteken. Auch empfand man die Frauenkleidung der Taraskinnen als zu kurz. Im übrigen bemängelte man, daß bei den Tarasken die Perforationen zum Einsetzen von Schmuck in Ohrläppchen und Unterlippe zu groß seien, daß die Huaxteken einen ungewöhnlichen Nasenschmuck trügen und sich die Zähne feilten und färbten. Andererseits erkannte man an, daß beide Völker gute Handwerksprodukte herstellten.

Ganz anderer Art waren die Beziehungen zu den Nachbarn jenseits der Vulkankette im Tal von Puebla-Tlaxcala, die die gleiche Sprache, nämlich Nahuatl, sprachen, die gleichen religiösen Vorstellungen besaßen und auf gemeinsame historische und mythische Traditionen zurückblickten. Diesen Nachbarn gegenüber lassen sich bei den Azteken keine Vorurteile feststellen; allerdings waren auch Aussehen und Tracht, die nur durch die Form einzelner Schmuckstücke oder anderer Details die Zugehörigkeit zu der einen oder anderen Ethnie anzeigten, zu ähnlich, um Vorurteilen Vorschub zu leisten.

Obgleich die drei unabhängigen Herrschaften im Norden dieses Gebietes, Tlaxcallan, Huexotzinco und Cholollan sowie ihnen assoziierte Gebiete, in dauernde Kriege mit den Azteken verwickelt waren, blieb man sich der Gemeinsamkeiten bewußt und pflegte sie bei Dichtertreffen, die über alle Grenzen hinweg stattfanden. Die Dichtkunst

wurde bei den Adligen von Jugend auf gepflegt. Die Dichter, unter denen die Namen von Herrschern von diesseits und jenseits der Vulkane zu finden sind, verweisen in ihren sensiblen und oft schwermütigen Gesängen häufig auf die Zerrissenheit der menschlichen Existenz zwischen Krieg und Freundschaft.

Der Blumenkrieg

Die Kriege zwischen den Azteken und ihren unabhängigen Nachbarn jenseits der Vulkane waren häufig und oft verlustreich, selbst Angehörige der Herrscherlinien beider Seiten ließen ihr Leben auf dem Schlachtfeld oder anschließend auf den Opfersteinen. Die Frage, warum die drei nicht sehr großen Staaten Tlaxcallan, Cholollan und Huexotzinco ihre Unabhängigkeit von dem mächtigen aztekischen Nachbarn trotz der rund fünfundfünfzig Jahre währenden, oft schweren kriegerischen Auseinandersetzungen so erfolgreich verteidigen konnten, hat verschiedene Erklärungen gefunden.

Die Azteken selbst gaben an, sie hätten nie eine Eroberung beabsichtigt, sondern die Kämpfe wären als »Blumenkriege« *(xochiyaoyotl)* im gegenseitigen Einverständnis abgehalten worden, um beiden Seiten ein Training ihrer Krieger zu erlauben und ohne weite Anmärsche die Gefangennahme von gegnerischen Kriegern für den Opfertod zu ermöglichen. Dies sei erforderlich gewesen, da um die Mitte

Die 1,20 m hohe Steinskulptur in Form einer Stufenpyramide des späten Postklassikums trägt an der Stelle des Sakrariums eine Opferszene: Der Gott Tezcatlipoca in der Erscheinungsform Huitzilopochtlis und Moteuczoma II., mit Opferdornen und -messern in den Händen, flankieren das Sonnenbild. Wie bei allen Figuren dieses Monumentes ist die Sprechvolute durch die Hieroglyphe »Krieg« (ein Feuer- und Wasserstrom) ersetzt. Opfergefäße und Jahresdaten, die sich auf die jetzige Weltsonne beziehen,

schmücken die Treppenwangen (rechts). Unter dem Tagesnamen 1 miquiztli (Tod) zeigen die Pyramidenflanken Götter, die sich einst für die Sonne opferten (links außen). Auf der Rückseite entwächst das Wahrzeichen Tenochtitláns der geöffneten Brust eines Geopferten (links). Das Monument wird entweder als »Teocalli (Tempel) des Heiligen Krieges« bezeichnet oder als Thronsitz gedeutet, der anläßlich der Neufeuerzeremonie im Jahre 2 acatl (1507) entstand. Mexiko, Museo Nacional

Und wenn er mit Hilfe eines anderen einen Gefangenen gemacht hatte, dann wurde sein langer Jünglingshaarschopf vom Hinterkopf entfernt... ein anderer Haarschnitt wurde geschoren, nur auf einer Seite hing sein Haar bis zum Ohrläppchen herab...
Und wer keine Gefangenen mit Hilfe anderer gemacht hatte, obgleich er vielleicht drei-, vielleicht viermal aus dem Krieg zurückgekommen war, den nannte man »dicker Hinterhauptschopf«, und wenn er so genannt wurde, dann schämte er sich.
Und wer wirklich allein einen gefangengenommen hatte, der wurde Knabenanführer genannt und Fänger... Man geleitete ihn zu Moteuczoma in den Palast. Und auf Moteuczomas Geheiß erhielt er eine Gesichtsbemalung aus gelbem Ocker... Und Moteuczoma machte ihm Gnadenbeweise, er gab ihm einen Umhang mit süßkartoffelfarbenen Randstreifen und Skorpionmuster und eine rote Schambinde mit lang herabhängenden Enden und eine vielfarbige. Von nun an begann er sich bunt zu kleiden.
Fray Bernardino de Sahagún, Historia General, Buch VIII, Kapitel 21

des 15. Jahrhunderts eine große Hungersnot Zentralmexiko heimsuchte und man danach den Göttern vermehrt Opfer darbringen mußte. Hätten die Azteken dieses Gebiet erobert, wäre es später für sie sehr viel aufwendiger gewesen, Opfergefangene zu machen. Die Tatsache, daß an den Kämpfen meist nicht alle Staaten beider Seiten gleichzeitig beteiligt waren, scheint diese Version zu stützen. Andererseits wissen wir von den Tlaxcalteken, daß sie zur Zeit der Ankunft der Spanier die Einkreisung durch die Azteken und die dauernden Kämpfe keineswegs als einen religiös motivierten, institutionalisierten Krieg empfanden.
Die Wahrheit dürfte wohl dazwischen liegen. Die Kriege wurden sicher nicht in erster Linie geführt, um den rituellen Anforderungen der Religion zu genügen, sondern hatten auch einen machtpolitischen Aspekt. Schon im 14. Jahrhundert und an anderen Orten hatten »Blumenkriege« stattgefunden. Damals waren auf beiden Seiten zunächst keine Eroberungen gemacht worden, und nur Krieger aus dem Volk waren auf dem Schlachtfeld oder dem Opferstein geblieben, während man gefangene Adlige auf beiden Seiten wieder freigelassen hatte – für sie war es ein Trainingskrieg gewesen. Aber später wurde der Krieg »heiß«, auch Adlige fielen ihm zum Opfer, und territoriale Gewinne wurden angestrebt.
Ähnlich müssen die Kriege zwischen den Azteken und den drei Völkern jenseits der Vulkane gesehen werden. Das Ge-

biet war zunächst für die Azteken sicher uninteressant, da die begehrten subtropischen Produkte nicht als Beute lockten. Doch dann hatten Tlaxcallan, Chollollan und Huexotzinco andere Herrschaften gegen die aztekische Bedrohung unterstützt und sich damit unbeliebt gemacht. Ein kriegsechtes Training im Kampf mit den als besonders tapfer geltenden Kriegern aus Huexotzinco und Tlaxcallán war für die adlige Jugend der Azteken und die Aufsteiger aus dem Volk wichtig. Hand in Hand damit konnten die Erlangung von Opfergefangenen und gleichzeitig eine Schwächung des gefährlichen Gegners erfolgen. In Anbetracht der ständig zunehmenden Bevölkerung der Stadt Mexiko wurde mit der Zeit für die Azteken auch die Aussicht interessant, aus dem Gebiet jenseits der Vulkane einmal Lebensmitteltribute einziehen zu können. Dem dauernden Abnutzungskrieg, dem die drei Gegner unterworfen waren, hätten diese weniger volkreichen Staaten, die zuletzt auch noch Kriege untereinander führten, auf die Dauer nicht standhalten können.
Die Ankunft der Spanier hat diese Entwicklung unterbrochen. Tlaxcallan und Huexotzinco wurden treue Verbündete des Eroberers Cortés; sie stellten das Gros der indianischen Hilfstruppen, die zusammen mit Ixtlilxochitls Kriegern aus Tetzcoco die Eroberung des aztekischen Reiches und die Einnahme der Stadt Mexiko möglich machten und den Spaniern bis ins Mayagebiet hinein zur Seite standen.

Die Religion

Von den Glaubensvorstellungen und religiösen Gebräuchen der Völker Mesoamerikas legen zahlreiche Monumente und andere von der Archäologie entdeckte Objekte Zeugnis ab, aber auch eine große Zahl von schriftlichen Quellen. Unter den archäologischen Funden nehmen Götterbilder, gemalt oder plastisch in Ton und Stein gearbeitet, eine hervorragende Stellung ein. Von großer Bedeutung sind auch die Zeremonialbezirke mit ihren Tempeln, Altären und anderen Bauwerken.

Zu den Schriftquellen zählen die verschiedenen Bilderhandschriften, also die alten mesoamerikanischen Bücher. Davon sind zwar nur wenige vorspanischen Ursprungs, denn die meisten stammen aus der frühen Kolonialzeit, aber auch in diesen haben sich Elemente der indianischen Überlieferung erhalten. Außerdem kennen wir zahlreiche religiöse Texte zweifellos vorspanischen Ursprungs, die zum Teil schon in den ersten Jahrzehnten nach der spanischen Eroberung in lateinischer Schrift aufgezeichnet wurden. Unter diesen gibt es Hymnen an Götter, Beschreibungen von Festen, Zeremonien und Opfern sowie *teotlahtolli*, das sind »göttliche Worte« über Themen, die in enger Beziehung zur Religion stehen. Dazu gehören auch Erzählungen über die kosmischen Ursprünge und die Urzeittaten der Götter, Aussagen über Jenseitsvorstellungen und moralische Normen, Weisungen über die Durchführung von Opfern oder wie man eingedenk des Geschickes, das den verschiedenen Zeitabschnitten der Kalenderrechnung innewohnt, leben soll. Ein besonders wertvolles Dokument ist das in der Mayasprache Quiché abgefaßte Popol Vuh, das »Buch des Rates«, welches in seinem ersten Teil über die Erschaffung der Welt berichtet und dabei wichtige Angaben zu Göttern, kosmischer Ordnung und mythologischen Vorstellungen macht. Hinzu kommen Berichte von spanischen Chronisten, namentlich Mönchen, die Kenntnis über Denkweise und Rituale der mesoamerikanischen Religion erlangt hatten.

Die Religion im westlichen Mesoamerika

Im religiösen Denken der Bewohner des westlichen Mesoamerika gab es Glaubensvorstellungen, die in manchen ihrer wichtigsten Zeremonien nachvollzogen wurden und eine Grunderfahrung der Verbindung des Menschen mit dem Götterlichen erahnen lassen. Diese prägte die Beziehung zu den Göttern und die Normen für das moralische Verhalten, ja sie war so grundlegend, daß aus ihr die Bezeichnung für die Menschen abgeleitet wurde.

Die urzeitliche Verbindung des Menschen mit den Göttern

Nach den Nahuatltexten der vorspanischen Überlieferung versammelten sich, »als es noch Nacht war, als die Sonne nicht aufging, als kein Morgen dämmerte«, die Götter und beschlossen, die Erde, die Gestirne und die Menschen in einem neuen Weltzeitalter wiedererstehen zu lassen. Dies geschah in einem heiligen Bezirk – Vorbild dessen, was später eine große Stadt sein sollte: in einem Ur-Teotihuacán, dem »Ort der Gottwerdung«. Die Götter beschlossen also, daß Sonne, Mond, Erde und Menschen wiedererstehen sollten durch göttliche Handlungen, durch das, was das Wort *tlamacehua* ausdrückt: »sich kasteien, Verdienste erwerben«.

Die Götter, die sich in die Sonne und den Mond verwandelten, »kasteiten sich« *(tlamacehuayah)* vier Tage lang. Schließlich verwirklichten sie ihr Vorhaben, indem sie sich in ein Herdfeuer stürzten. Aber weder die Sonne noch der Mond, die schon wiederhergestellt waren, konnten sich

Quetzalcoatl, der Gott Gefiederte Schlange, in Gestalt eines jungen Mannes, der aus dem geöffneten Rachen der Federschlange blickt. Er ist eine der Manifestationen des höchsten zweifaltigen Gottes und hat den Menschen durch sein Blut das Leben gegeben. Andere Erscheinungsformen dieses Gottes sind Tlahuizcalpantecuhtli, der mit dem Morgenstern verbundene »Herr des Hauses der Morgendämmerung«, und der Windgott Ehecatl. Aztekische Porphyrstatue, Höhe 44 cm. Paris, Musée de l'Homme

bewegen. Um dies zu erreichen, mußten die Götter abermals an sich selbst ein Opfer vollziehen.

Danach beauftragten sie einen von ihnen, Quetzalcoatl, der der Inbegriff der Weisheit war, wieder Menschen zu erschaffen. Er stieg hinab ins Totenreich, wo die Knochen der Menschen der früheren Weltzeitalter aufbewahrt wurden. Er sammelte sie ein, brachte sie zum Ort des Ursprungs, nach Tamoanchan, und legte sie dort in ein Gefäß aus Jade, einem Symbol des Lebens. Die Muttergöttin zerrieb diese Knochen, und Quetzalcoatl ließ darüber sein männliches Glied zur Ader. Im Text heißt es weiter, daß auch alle anderen Götter »sich kasteien, Verdienste erwerben«. So entstanden, weil die Götter *otopantlamaceuhqueh*, »sich für uns kasteiten«, die *macehualtin*, »die durch Verdienste Erlangten«, das heißt die Menschen.

Tatsächlich bezeichnen das Wort *macehualtin* und der damit verbundene Begriff nicht nur im Nahuatl, sondern als Lehnwort auch in anderen Sprachen Mesoamerikas »die Menschen« und haben zugleich diesen auf die Urzeit zurückweisenden Bedeutungsinhalt. Zwar wurde später zwischen *pipiltin*, »denen von Herkunft, den Adligen«, und *macehualtin*, »Leuten vom Volk«, unterschieden, aber mit einem tieferen und umfassenderen Sinn lebte die Vorstellung weiter, daß alle Männer und Frauen, ob adlig oder nicht, ursprünglich *macehualtin*, »durch Verdienste der Götter Erlangte«, waren.

Diese Vorstellung bringt die elementare Verbindung der Menschen mit den Göttern zum Ausdruck: Die Götter »erlangten« durch ihre Opfer die Menschen, weil sie sie brauchten, um verehrt zu werden und um das Leben im Universum aufrechtzuerhalten. Ebenso mußten auch die Menschen *tlamacehualiztli* erbringen, also »sich kasteien und Verdienste erwerben mit ihren Opfern«, auch mit Menschenopfern. Wenn die Götter *otlamaceuhqueh*, »sich kasteiten, die Menschen durch ihr Blut erlangten«, müssen diese die göttliche Tat nachvollziehen und sich mit ihrem eigenen Blut ihr Dasein »verdienen«.

Hierin liegt auch die Erklärung für einen Ausdruck, der sich unzählige Male in den mesoamerikanischen Chroniken wiederholt: Wenn von wichtigen Handlungen einer Menschengruppe die Rede ist, wird *imacehual* verwendet, um auszudrücken, daß »das, was die Leute taten oder erlangten, ihr Verdienst war«. Über den Grundgedanken des *tlamacehualiztli* verbinden sich Göttliches und Menschliches in allen Bereichen des Daseins: Durch Kasteiung und Erwerb von Verdiensten wurden Sonne, Mond, Erde und Menschen erschaffen. In gleicher Weise handelnd, nämlich ebenfalls *tlamacehualiztli* übend, nähern sich die Menschen, die *macehualtin*, den Göttern; sie vergelten diesen ihr Opfer, sie bringen ihnen ihr Blut und ihr Leben dar und stärken sie dadurch. Alles, den Erwerb von Ländereien und Nahrungsmitteln ebenso wie Siege über Feinde und die Einsetzung von Herrschern, erlangt man als Verdienst durch den Ritus, der Kasteiung, Darbringung von Blut und Leben ist.

Man erzählt, daß, als es noch Nacht war, als es noch kein Licht gab, als noch kein Morgen dämmerte, sich die Götter versammelten, sich gegenseitig herbeiriefen dort in Teotihuacán. Sie sagten zueinander: »Kommt, o Götter! Wer wird es übernehmen... wer wird Licht bringen, wer wird es Tag werden lassen?« Und sogleich sprach dort jener, zeigte sich Tecuciztecatl. Er sprach: »O Götter, wahrhaftig, ich werde es sein!« Nochmals fragten die Götter: »Wer noch?« Sogleich schauten sie einander an, zeigten sich einander und sagten: »Wie wird es geschehen? Wie müssen wir es machen?« Niemand wagte es, niemand sonst zeigte sich. All die großen Herren zeigten ihre Furcht, wichen zurück. Niemand ließ sich da sehen. Nanahuatzin, einer jener Herren, war dort bei ihnen und hörte alles, was gesprochen wurde. Da wandten sich die Götter an ihn und sagten: »Du, du wirst es sein, o Nanahuatzin!« Da beeilte er sich, das Wort zu ergreifen, er ergriff es gern. Er sprach: »Es ist gut, o Götter, ihr habt mir eine Wohltat erwiesen.«

Sogleich machten sie sich ans Werk, sie erwarben Verdienste, sie kasteiten sich. Vier Tage fasteten die beiden, Nanahuatzin und Tecuciztecatl. Damals geschah es auch, daß man das Feuer entzündete. Schon brannte es dort an der Feuerstelle. Sie nannten die Feuerstelle »Göttlicher Fels«...   Madrider Codex, folio 161v

Und dann ging Quetzalcoatl nach Mictlan. Er näherte sich Mictlantecuhtli und Mictlancíhuatl und sprach: »Ich bin auf der Suche nach den kostbaren Jadeknochen, die du aufbewahrst, ich will sie holen.« Und Mictlantecuhtli sagte ihm: »Was wirst du mit ihnen machen, Quetzalcoatl?« Und dieser erwiderte: »Die Götter machen sich Gedanken, denn es sollte jemand auf der Erde leben.« Darauf antwortete Mictlantecuhtli: »Es ist gut, blase meine Schneckentrompete und gehe viermal um meinen Schemel aus Edelstein...« Er nahm die kostbaren Jadeknochen. Auf der einen Seite lagen Männerknochen, auf der anderen die von Frauen. Quetzalcoatl nahm sie und packte sie zusammen... machte daraus ein Bündel, das er dann mit nach Tamoanchan nahm. Und als jene kam, die Quilaztli heißt, die Ciuhacoatl ist, zermahlte sie sie und legte sie dann in eine kostbare Schale. Quetzalcoatl ließ darüber sein Glied zur Ader. Und sogleich erwarben Verdienste und kasteiten sich die Götter namens Apantecuhtli, Huictolinqui, Tepanquizqui, Tlallamanac, Tzontemoc und als sechster Quetzalcoatl. Und sie sprachen: »O Götter, die *macehualtin* (die durch Verdienste Erlangten) sind geboren worden.« Das geschah, weil sie sich für uns kasteiten und Verdienste erwarben.

Aus der »Legende der Sonnen«

Die frühesten Spuren religiöser Vorstellungen

Man weiß zwar nicht, zu welchem Zeitpunkt Idee und rituelle Praxis des *tlamacehualiztli*, der »Kasteiung, Erwerbung von Verdiensten«, volle Gültigkeit zu entfalten begannen, es ist jedoch festzustellen, daß sich im Postklassikum die Beziehung zwischen Menschen und Göttern nach diesem Leitgedanken gestaltete und regelte.

Um die religiösen Vorstellungen weiter zurückliegender Zeiten zu erhellen, muß man grundsätzlich auf die Funde der Archäologie zurückgreifen. Von besonderem Interesse sind jene aus dem Präklassikum, die an verschiedenen Orten des Hochlandes, in Zacatenco, Tlatilco und El Arbolillo, entdeckt wurden: Die mit Beigaben von

Gefäßen und anderen Gegenständen versehenen Bestattungen, die man hier in Gruben in der Nähe von Feldern oder bei Hütten freilegte, lassen auf Jenseitsvorstellungen und Totenriten schließen. Außerdem kamen an Plätzen, wo von alters her Anbau betrieben wurde, Tonfigürchen zum Vorschein, Darstellungen von nackten Frauen, die vielleicht auf einen Fruchtbarkeitskult hinweisen (Abb. S. 64/65).

Solche Zeugnisse werden im Mittel-Präklassikum häufiger und vielfältiger. So finden sich im zentralen Hochland aus dieser Periode deutlich vom olmekischen Kulturbereich beeinflußte Bildwerke aus Ton oder Stein, die mit sakralen Attributen ausgestattete Personen, vielleicht Priester oder Zauberer, darstellen, ebenso Gottheiten, die Zü-

ge von Schlangen, Jaguaren und Vögeln vereinen, sowie andere Symbole mit religiöser Bedeutung, die in Mesoamerika noch weiten und tiefen Einfluß haben sollten.

Der Ursymbolismus des Göttlichen bei den Olmeken

Wahrscheinlich entwickelten sich im Zuge der Entstehung der olmekischen Hochkultur an der Golfküste, in Veracruz und Tabasco neue Formen der Annäherung an das göttliche Universum, mit dem der Mensch sich zu verbinden suchte. Zugleich mit den Anfängen einer städtischen Kultur entstanden die ersten Sakralbauten Mesoamerikas. Dazu gehört vor allem das Zeremonialzentrum von La Venta mit seiner großen Pyramide, seinen Höfen

und Altären sowie den in die Erde eingegrabenen Opfergaben und sichtbar aufgestellten Skulpturen.

Die Götter der Olmeken, wie sie in Bildwerken überliefert sind, sind Gegenstand verschiedenartiger Interpretationen. Lange Zeit vertrat man die Ansicht, daß vor allem ein Jaguargott verehrt worden sei, den man für den Vorläufer der mesoamerikanischen Regengottheit hielt. Neuere Forschungen haben jedoch in der religiösen Bildkunst der Olmeken ein Wesen nachgewiesen, das in vielerlei Formen auftritt und Merkmale von Schlangen und anderen Reptilien, von Fischen, Vögeln und Raubkatzen zeigt. Isoliert betrachtet, wirken diese in phantastischer Weise vermischten Elemente wie realistische Darstellungen, tatsächlich aber handelt es sich um eine Ansammlung von Symbolen.

Es ist sehr wahrscheinlich, daß sich in den vielfältigen Gestaltungen dieser Gottheit in Ansätzen ikonographische Elemente von manchen jener Götter finden, die später an vielen Orten Mesoamerikas verehrt wurden: den Gottheiten der Erde, des Regens, des Feuers und des Windes sowie von jenen, die mit den Gestirnen oder mit bestimmten Sphären des Himmels, mit den kosmischen Quadranten und den unteren Schichten des Totenreiches verbunden sind.

Von den Bestattungsbräuchen der Olmeken zeugen die Grabbeigaben. Dabei handelt es sich vor allem um Gegenstände aus Jade, die bis zur Aztekenzeit als Symbol des Lebens galt.

Auch der Ursprung der Kalenderrechnung in Mesoamerika ist wahrscheinlich bei den Olmeken zu suchen. Diese war nicht nur für den Feldbau wichtig, sondern auch für alles, was mit dem religiösen Denken und dem Kult zusammenhing. Alle Götter und alle Menschen hatten einen kalendarischen Namen. Feste und Opfer wurden im Einklang mit den Zeitabschnitten begangen. Die diesen eigene Vorausbestimmung lenkte das gesamte Dasein. Der Kalender wurde so zum Rückgrat von Religion und Leben der mesoamerikanischen Völker.

Am Vorabend der klassischen Blütezeit

Im von den Olmeken beeinflußten zentralen Hochland traten im Spät-Präklassikum ebenfalls göttliche Wesen mit tiergestaltigen Merkmalen auf, außerdem eine Gottheit, die man später Huehueteotl, den »Alten Gott«, nannte. Er war der Herr des Feuers und wurde als Greis dargestellt, manchmal bucklig und mit einem Kohlebecken auf dem Kopf.

An verschiedenen Stellen Zentralmexikos wurden nun nach und nach die ersten Bauten von beträchtlicher Größe für religiöse Zwecke errichtet. So entstanden in Cuicuilco, südlich von Mexiko-Stadt, Bauwerke, eines mit rundem und andere mit rechteckigem Grundriß, die bereits Vorläufer der Stufenpyramiden waren (Abb. S. 61). Auch in Tlapacoya (Bundesstaat Mexiko) kündigten Sakralbauten in Stufenpyramidenform schon die Monumente von Teotihuacán an.

Heiliger Raum, heilige Zeit von Teotihuacán

Wie bereits erwähnt, hatte Teotihuacán später in der Vorstellung der nahuatlsprechenden Völker wie der Azteken eine beispielhafte Bedeutung: Es war der heilige Bezirk schlechthin. »Als es noch Nacht war«, waren in Ur-Teotihuacán Sonne und Mond wiederhergestellt worden. Auf diese Weise hatte dort das fünfte Weltzeitalter, die fünfte »Sonne«, begonnen. Nicht nur bei den Nahua, sondern auch bei den Mixteken, den Maya und anderen mesoamerikanischen Völkern gab es in vorspanischer Zeit eine tiefverwurzelte Lehre von der Entstehung und dem Untergang verschiedener aufeinanderfolgender »Sonnen« oder kosmischer Zeitalter. Die Tatsache, daß diese Überlieferung während des Postklassikums bei Völkern in weiten Teilen Mesoamerikas geistiges Allgemeingut war, läßt vermuten, daß diese Auffassung vom kosmischen Werden auf sehr viel frühere Zeit zurückgeht, zumindest aber auf das Klassikum.

Nach der Lehre von den kosmischen Zeitaltern erfuhren die Erde, die Sonne und alles Sichtbare aufeinanderfolgende »Gründungen«, denn nach Ablauf bestimmter Perioden ereigneten sich jeweils Kataklysmen, die ihnen ein Ende setzten. Nach den verschiedenen Traditionen des zentralen Hochlandes, die durch mehr als fünfzehn ent-

Linke Seite: Chalchiuhtlicue, die Göttin der Gewässer auf der Erde. Die über 3 m hohe Statue wurde am Fuß der Mondpyramide in Teotihuacán gefunden. Mexiko, Museo Nacional

Rechts: Der Feuergott Huehueteotl, eine der ältesten Gottheiten Mesoamerikas, mit gebeugten Schultern

und einem Kohlebecken auf dem Haupt. Präklassische Keramik aus Cerro de las Mesas, Höhe 85 cm. Mexiko, Museo Nacional

Rechts unten: Brasero aus Teotihuacán mit dem Bild des Regengottes Tlaloc. Polychrome Keramik, Klassikum, Höhe 75 cm. Mexiko, Museo Nacional

Wie die Alten wußten, wurden die Erde und der Himmel im Jahr 1 Kaninchen geschaffen. Sie wußten auch, daß es vorher bereits vier Arten von Menschen gegeben hatte, vier Arten von Leben, und daß jede von ihnen in einer Sonne (Weltzeitalter) gelebt hatte... Die erste Sonne... hieß Wassersonne, ihr Zeichen war 4 Sonne. In ihr geschah es, daß alles vom Wasser weggespült wurde. Die Menschen verwandelten sich in Fische. Dann wurde die zweite Sonne eingerichtet. Ihr Zeichen war 4 Jaguar. Sie hieß Jaguarsonne. In ihr geschah es, daß der Himmel einstürzte und die Sonne ihren Weg nicht fortsetzte. Als sie im Süden anlangte, wurde es gleich Nacht, und als es dunkel wurde, fraßen die Jaguare die Menschen. In diesem Zeitalter lebten die Riesen... Dann wurde die dritte Sonne gegründet. Ihr Zeichen war 4 Regen. Sie hieß Regensonne. In ihr geschah es, daß es Feuer regnete, und die in ihr lebten, verbrannten... Dann wurde die vierte Sonne eingerichtet. Ihr Zeichen war 4 Wind. Sie hieß Windsonne. In ihr wurde alles vom Wind fortgerissen. Alle verwandelten sich in Affen... Die fünfte Sonne – 4 Bewegung ist ihr Zeichen – heißt Sonne der Bewegung, weil sie sich bewegt... Und wie die Alten sagen, würde es in ihr Erdbeben geben und Hungersnot, und so würden wir zugrunde gehen. Im Jahr 13 Rohr wurde diese Sonne geboren... in der wir jetzt leben, und hier ist ihr Zeichen, wie sie in das Feuer fiel, in die göttliche Feuerstelle, dort in Teotihuacán.   Aus den Annalen von Cuauhtitlán

sprechende Angaben in Bilderhandschriften und anderen Manuskripten bekannt sind, gingen dem jetzigen Zeitalter vier andere voraus. Sie wurden von bestimmten Göttern beherrscht und waren jeweils mit einer Kraft oder einem Urelement verbunden. Vergleicht man die verschiedenen Versionen dieser Überlieferung, so ergibt sich hinsichtlich der in den einzelnen Weltzeitaltern vorherrschenden Elemente und Kräfte am häufigsten diese Abfolge: Zeitalter des Wassers, Zeitalter des Windes, Zeitalter des Feuers, Zeitalter der Erde und als fünftes das in Ur-Teotihuacán einsetzende Zeitalter der Bewegung.

Die Wesen, die jeweils in diesen Zeitaltern lebten, wurden bei deren Untergang verwandelt. So waren die Menschen nacheinander zu Fischen, Truthühnern und Affen geworden. Ihre Nahrung entwickelte sich von Eicheln über *acicintli* (»Wassermais«) zu *cincocopi* (»etwas Ähnliches wie Mais«) bis zum Mais, *tonacayotl* (»unsere Nahrung«).

In späterer Zeit glaubte man, daß nur auf dem Weg des *tlamacehualiztli*, durch »Kasteiung und Erwerbung von Verdiensten«, besonders mit Menschenopfern, das Leben der Sonne, der »Sonne der Bewegung« im augenblicklichen fünften kosmischen Zeitalter, gestärkt werden könne. Die stets drohende Weltkatastrophe, also das Ende dieses kosmischen Zeitalters, glaubte man hinausschieben zu können, wenn man den Göttern vergalt, daß sie mit ihrem eigenen Blut die *macehualtin*, die »Erlangten, die Menschen«, erwirkt hatten.

In Teotihuacán war im Laufe von Jahrhunderten eine Metropole mit einem großen sakralen Komplex entstanden. Die Stadt und ihre Bauwerke, die nach dem Lauf der Sonne ausgerichteten Pyramiden, die große »Straße der Toten«, die Höfe und Altäre wurden ebenso wie die Wandmalereien und Götterstatuen für einen Großteil Mesoamerikas zum Leitbild.

Skulpturen und Gemälde aus Teotihuacán zeigen, daß dort bereits einige Gottheiten verehrt wurden, deren Kult dann weite Verbreitung fand. Zu ihnen zählen die Gefiederte Schlange, eine Verkörperung des weisen Schöpfergottes Quetzalcoatl, der später als eine der Erscheinungsformen des höchsten zweifaltigen Wesens galt, der Regengott Tlaloc und seine Gefährtin Chalchiuhtlicue (»Die mit dem Jaderock«), die Herrin der Gewässer auf der Erde, ferner der Feuergott Huehueteotl und Tlahuizcalpantecuhtli (»Herr des Hauses der Morgendämmerung«) sowie wahrscheinlich auch Xochipilli (»Blumenprinz«), der Gott der Künste.

In den zahlreichen Wandmalereien finden sich auch Darstellungen von Adlern und Jaguaren, von Priestern mit Blumenvoluten, dem Symbol für Gesang (Abb. S. 260), sowie ein besonders bedeutendes Bild, das vermutlich das Tlalocan wiedergibt, das Paradies des Tlaloc, den Ort der Freuden, wo jene hingehen, die als Auserwählte des Regengottes sterben (Abb. S. 149).

Bilderhandschriften oder Texte aus Teotihuacán sind nicht erhalten, doch gibt es einige in späterer Zeit niedergeschriebene Texte, die sich auf Teotihuacán beziehen, zum Beispiel eine Erzählung über seine Ursprünge (Quellentext S. 142) und auch eine Hymne, die nach der Überlieferung der Azteken dort gesungen worden sein soll (Quellentext S. 150).

Quetzalcoatl, der geistige Führer der Tolteken

Rund vier Jahrhunderte nach dem Untergang Teotihuacáns erlebte Tollan, die Stadt der Tolteken am Berg Xicococotl, seine Blütezeit. Zahlreiche spätere Schriftquellen, sowohl der Nahua als auch der Mixteken und der Maya, sprechen von den geistigen Schöpfungen der Tolteken und ihres großen Führers Quetzalcoatl. Sie geben damit einen Hinweis auf die Umwälzungen, die sich in Tollan vollzogen haben und die in Mesoamerika tiefe Spuren hinterließen. Ihre bedeutsamen religiösen Aspekte sind an den archäologischen Zeugnissen deutlich erkennbar.

In dem monumentalen Zeremonialzentrum von Tula, das mit Tollan identifiziert wird, spielen Darstellungen der Gefiederten Schlange eine außerordentliche Rolle. Ein Fries an der sogenannten Quetzalcoatl-Pyramide zeigt sie in vielfacher Wiederholung mit einem menschlichen Schädel im Rachen, während halb entfleischte Arme und Beine sich mit den gewellten Schlangenleibern verflechten (Abb. 90). Die berühmten Atlanten, die das Dach des auf der Plattform der Pyramide errichteten Tempels trugen, weisen Symbole des Tlahuizcalpantecuhtli auf, des Herrn des Hauses der Morgendämmerung, jener Manifestation Quetzalcoatls, die mit dem Morgenstern verbunden ist (Abb. S. 244/245). Zusammen mit dem Zeichen Ce Acatl (1 *acatl*, »1 Rohr«) finden sich auch noch an zahlreichen weiteren Stellen Attribute der Gefiederten Schlange. Auf einen Kult für Quetzalcoatl als Windgott Ehecatl weist schließlich die runde Form des unweit der Pyramide stehenden Tempels »El Corral« hin. Auch dort erscheint an einem kleinen Altar die Gefiederte Schlange.

Daneben gibt es freilich auch Darstellungen anderer Gottheiten: des Regengottes Tlaloc und der als Chac Mool be-

Links: Der Regengott Tlaloc bear-beitet mit dem Pflanzstock eine Maispflanze. In der Mitte fährt er als Blitz auf eine Pflanze mit ihren Kolben nieder. Ausschnitt aus Seite 20 des Codex Borgia. Rom, Biblioteca Apostolica Vaticana

Rechts: Die Göttin der Gewässer Chalchiuhtlicue (»Die mit dem Jaderock«) zieht als Symbol des Überflusses hinter sich einen Wasser-strom nach, in dem zwei Menschen und Kostbarkeiten schwimmen.

Rechts oben verschiedene Opfer-gaben. Ausschnitt aus Seite 5 des Codex Borbonicus. Paris, Bibliothèque de l'Assemblée Nationale

Folgende Doppelseite: Atlanten in Gestalt toltekischer Krieger trugen das Dach des Tempels auf der Plattform der Pyramide von Tula, die Quetzalcoatl in seiner Erschei-nungsform als Tlahuizcalpante-cuhtli, als Herr der Morgendämme-rung, geweiht war.

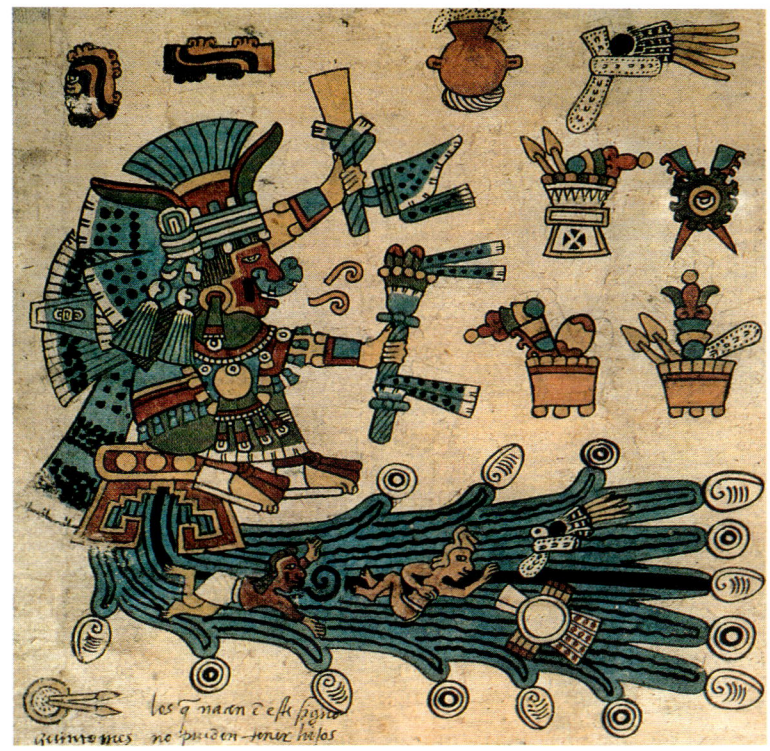

Sie waren bedacht auf die Dinge Gottes, sie hatten nur einen Gott, sie hatten ihn als einzigen Gott, sie riefen ihn an, sie flehten ihn an, sein Name war Quetzalcoatl.
Der Wächter ihres Gottes, ihr Priester, hieß ebenfalls Quetzalcoatl. Und sie waren den Dingen des Gottes gegenüber so ehrfürchtig, daß sie alles, was ihnen der Priester Quetzalcoatl sagte, vollzogen, nicht von dem abwichen. Er sagte ihnen, schärfte ihnen ein: »Dieser einzige Gott, Quetzalcoatl ist sein Name, er fordert nichts, nur Schlangen, nur Schmetterlinge, die ihr ihm darbringen sollt, die ihr ihm opfern sollt.«   Madrider Codex, folio 167r

zeichneten *tlaloque*, die ihn als Diener begleiten (Abb. S. 93), sowie der Muttergöttin. Deren Bilder zeigen Merk-male, die es ermöglichen, sie mit ihren Erscheinungsfor-men in der Aztekenzeit zu identifizieren, nämlich mit Xo-chiquetzal (»Kostbare Blume«), der Maisgöttin Centeoci-huatl und mit Itzpapalotl (»Obsidianschmetterling«).
Die Nahuatltexte über die Religion Tollans stimmen darin überein, daß dort in erster Linie jener Gott verehrt wurde, dessen Symbol die Gefiederte Schlange war: Quetzalcoatl. Der Madrider Codex mit den von Sahagún gesammelten Texten und die Annalen von Cuauhtitlán berichten, daß es in Tollan einen obersten Priester gab, der die Tolteken führte, ein Mann von großer Weisheit und Tugend, der den Namen des Gottes Quetzalcoatl angenommen hatte (Quellentext oben). Er soll vier Paläste gebaut haben. Dort »betete er, kasteite er sich, erwarb er Verdienste« *(tlatlauh-tiaya, tlamacehuaya)*, wie einst die Götter selbst, insbeson-dere der höchste Quetzalcoatl, der durch sein Blut den Menschen Leben gegeben hatte; auf diese Weise verband er sich mit der Gottheit.
Andere Texte sprechen davon, daß Quetzalcoatl in erster Linie den zweifaltigen höchsten Gott Ometeotl verehrte, der im Zenit des Universums, in Omeyocan, dem »Ort der Zweiheit«, wohnte und daß für ihn der Gott Quetzalcoatl aufgrund seiner Weisheit ebenso wie die anderen Götter, soweit es sich um Paare handelte, Erscheinungsformen dieses zweifaltigen Gottes, »Unserer Mutter, Unseres Va-ters«, waren. Als Opfer brachte er Vögel, Schlangen und Schmetterlinge dar.
Der Priester Quetzalcoatl war zugleich unumschränkter Führer der Tolteken, der Macht und Würden vergab. In mixtekischen Bilderhandschriften und in Texten aus Yuka-tan und Guatemala, in denen er den Beinamen Nacxit

trägt, wird wiederholt erwähnt, daß die Herrscher ver-schiedener Orte von ihm die Insignien empfingen. Die Tol-teken machten sich das Gedankengut und die Riten, die er sie lehrte, zu eigen. Auf diese Weise erlebten sie ein Gol-denes Zeitalter, das zum Ideal aller Völker späterer Zeit in Mesoamerika wurde. Der weise Priester und Herrscher von Tollan wurde zum Kulturheros, zum Gestalter der *tol-tecayotl*, der »Gesamtheit der Schöpfungen der Tolteken«. Aber die Legenden vom Dasein Quetzalcoatls enthalten auch eine Reihe düsterer Vorahnungen des drohenden Un-tergangs. In der Tat brach über Tollan eine Krise herein, und es erlebte den Auszug seines Herrschers und geistigen Führers. Wir erfahren, daß andere die Macht übernahmen und die Stadt schließlich völlig zerstört wurde.
Wenn die Texte des Quetzalcoatl-Zyklus' nicht allein von der Größe der Tolteken und ihres Führers, sondern auch von unheilvollen Vorzeichen und vom Ende berichten, so macht dies deutlich, daß alles, was der weise Priester voll-brachte, vergänglich war und in einer Welt geschah, die stets von Vernichtung bedroht ist. Zugleich erscheint die Weisheit als höchster Wert und wahres Ideal, die der Mensch dadurch erreichen kann, daß er die unbeständige Zeit überwindet und nach Tlillan Tlapallan gelangt, an den »Ort der roten und schwarzen Farbe«, ins Land der Weisheit.
Es heißt, daß nach Tollan Zauberer kamen, die in Wirk-lichkeit feindliche göttliche Wesen waren. Einer von ihnen wird mit Tezcatlipoca gleichgesetzt, dem »Rauchenden Spiegel«, der später große Bedeutung als weitere Mani-festation des obersten zweifaltigen Gottes erlangte. In einer Reihe von Gesprächen zeigte er Quetzalcoatl die Ver-gänglichkeit alles Seienden auf. Er führte ihm vor Augen, was das Alter sei, und brachte ihn dazu, seinem Vorsatz,

Enthaltsamkeit zu üben und Verdienste zu erwerben, untreu zu werden. Quetzalcoatl zog sich in einen seiner Paläste zurück, wo er im Rausch Quetzalpetlatl (»Matte aus Quetzalfedern«) beiwohnte. Als er wieder zu sich kam, wurde ihm der Bruch in seinem Leben bewußt. Da beschloß er, Tollan zu verlassen.

Die Schilderung seines Auszuges ist ein außergewöhnliches episches Gedicht (Quellentext S. 95). Schließlich kam Quetzalcoatl an das Meer. Nach einer Version schiffte er sich dort auf einem aus Schlangen gebildeten Floß nach dem »Ort der roten und schwarzen Farbe«, dem Land der Weisheit, ein. Nach anderen Überlieferungen schichtete er am Meer einen mächtigen Scheiterhaufen auf und vollbrachte wie die Götter in Ur-Teotihuacán *tlamacehualiztli*, »Kasteiung und Verdienste«: Er stürzte sich ins Feuer, und aus der Asche erhob sich sein Herz, um sich in den Morgenstern Tlahuizcalpantecuhtli zu verwandeln.

Bei allen Völkern Mesoamerikas, einschließlich jener im Mayagebiet, blieb die Erinnerung an Quetzalcoatl als dem weisen Menschen schlechthin und als Ursprung aller edlen Geschlechter sowie von Macht und Herrschaft stets lebendig. Die Erwartung, daß er eines Tages aus dem Osten zurückkehren würde, schien tatsächlich in Erfüllung zu gehen, als in einem Jahr 1 *acatl*, unserem Jahr 1519 entsprechend, der Eroberer Hernán Cortés an der Küste des Golfes von Mexiko erschien.

Vorausbestimmung und Verdienst – die Mexica

Die Religion der nahuatlsprechenden Völker der Jahrhunderte unmittelbar vor der spanischen Eroberung ist sicher am besten dokumentiert. Dies gilt insbesondere von den Azteken oder Mexica, die in dieser Zeit über weite Teile Mesoamerikas die Vorherrschaft erlangten.

Der Madrider Codex (Quellentext S. 229) berichtet, die Mexica hätten zu einem bestimmten Zeitpunkt, nämlich als sie fühlten, daß sie endlich Herren ihres Schicksals seien, ihre Geschichte neu geschrieben und die Kernpunkte ihrer Glaubensvorstellungen neu geordnet. Dies geschah, als sie endgültig den Sieg errungen hatten über die

Tepaneken von Atzcapozalco, von denen sie beherrscht worden waren, also Anfang der dreißiger Jahre des 15. Jahrhunderts. Die heilige Geschichte, die sich die Mexica daraufhin schufen, reicht zurück bis zum Urzeitgeschehen ihres Schicksals, das stets mit den Göttern verbunden war.

Einige Codices, wie beispielsweise »Tira de la Peregrinación«, geben in Schriftzeichen und Bildern die Namen und Besonderheiten des Landes wieder, das nach der Überlieferung die ferne Urheimat der Mexica war. Es lag im Norden und hieß Aztlan oder Aztatlan, »Ort der Reiher«, und auch Chicomoztoc, »Ort der sieben Höhlen«. In Aztlan gab es eine Lagune und in ihr eine Insel. Die Vorfahren der Mexica verehrten dort den Gott, den sie Tetzauhteotl, »Übermächtiger Gott«, nannten. Aufgrund seiner Merkmale weiß man, daß es der Gott Tezcatlipoca war, der »Rauchende Spiegel«, der dem toltekischen Glanz ein Ende gesetzt hatte. Die Mexica hatten ihm in Aztlan-Chicomoztoc einen Tempel errichtet, der in den Bilderhandschriften als ihr Urheiligtum dargestellt ist.

Als die Mexica an diesem Ort im Norden lebten, waren sie noch kein freies Volk, sondern den Herren von Aztlan-Chicomoztoc untertan. Ihre heilige Geschichte berichtet, wie ihnen durch ihren Gott Tetzauhteotl ein besseres Schicksal zuteil wurde. Ein Priester namens Huitzitzilin (»Kolibri«), der vielleicht, weil er Linkshänder (*opochtli*) war, Huitzilopochtli genannt wurde, verkündete den Mexica die Absichten des Übermächtigen Gottes und die Bedingungen für einen Pakt mit ihm (Quellentext S. 247): Wenn das Volk dem Priester Huitzitzilin Gefolgschaft leistete, würde es das fremde Joch abschütteln und frei werden und seine eigenen *pipiltin*, Adels- und Fürstengeschlechter, haben. Aus Beherrschten würden Herrschende werden. Die Voraussetzung dafür sei aber, daß die Mexica zu »Erlangten« (*imacehualhuan*) des Übermächtigen Gottes würden und sich durch »Erwerbung von Verdiensten« (*tlamacehualiztli*) der Verwirklichung der »Vorbestimmung« (*tonalli*) weihten, die alles umfaßt, was den Tagen und den anderen Kalenderabschnitten an Bedeutungen und Geschicken innewohnt.

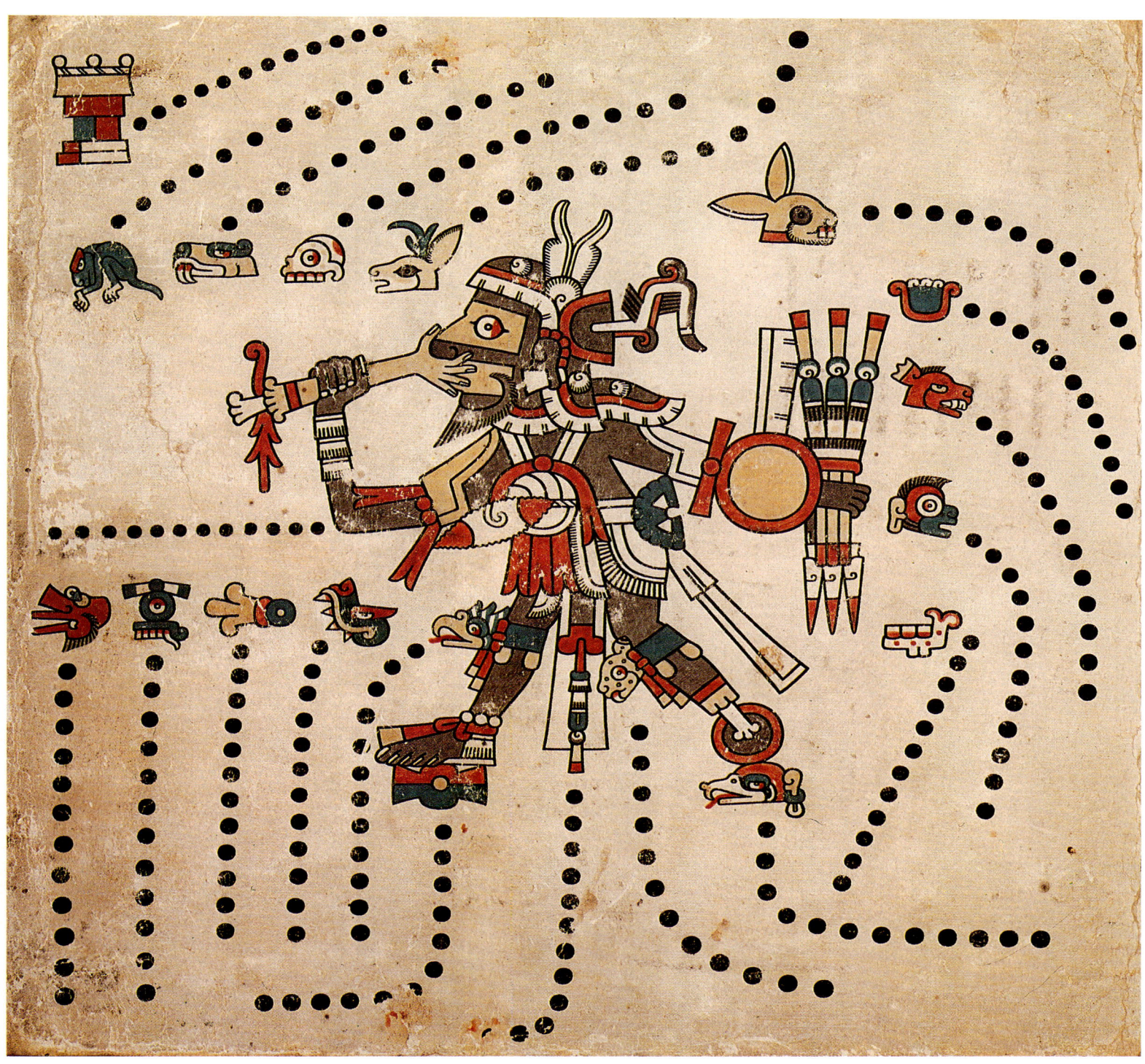

Links: Gefiederte Schlange mit einem menschlichen Schädel im Rachen, aus einem Fries der Quetzalcoatl-Pyramide in Tula.

Links außen: Tlaloc und seine Gefährtin mit Maispflanzen in den Händen. Die Stele aus Castillo de Teayo zeigt, daß mit der aztekischen Expansion zunehmend Gottheiten des Hochlandes in der Golfküsten-region erscheinen. Höhe 1,50 m. Jalapa, Museo de Antropología

Oben: Der Gott Tezcatlipoca tanzt als Zauberer Temahmacpalihtoti-qui mit dem Unterarm einer im Kindbett gestorbenen Frau und vermittelt damit die Kraft der vergöttlichten Frau. Seite 44 des Codex Fejérváry-Mayer. Liverpool, The Liverpool Museum

Huitzilopochtli klagte sehr vor ihm, er flehte den übermächtigen Tetzauhteotl an, daß er helfe, daß er seine Untertanen verteidige, denn in Wirklichkeit beteten sie bereits ihn an, denn sie verehrten nicht die Götter derer von Chicomoztoc, keinen von ihnen. Da alle bereits ihn, den großen Wundertäter, anbeteten, möge er sich ihrer erbarmen, sie verteidigen, sie retten, damit sie nicht alle zugrunde gingen. Er möge sie an einen anderen Ort führen, an einen guten und angenehmen Ort, daß er ihnen Land geben möge. Dort würden sie sich nur einer Sache widmen: ihm zu dienen.

Und er, der übermächtige Gott, Tetzauhteotl, offenbarte sich sogleich und sagte: »O mein Diener, es ist sehr wahr, du machst mich deiner und vieler der Eurigen erbarmen, die ihr meine Diener seid, die Mexica vom Gestade am Wasser... Nun ist es so, daß ich schon an jenem guten Ort war, um ihn mir anzuschauen. Dort ist es auch so wie hier, dort erstreckt sich ebenfalls eine sehr große Wasserfläche. Dort gibt es alles, was ihr braucht, nichts wird dort fehlen. Alles, was es hier gibt, wo ihr seid, wird es dort auch geben. Weil ich nicht will, daß man euch hier zugrunde richtet, werde ich euch das dort zum Geschenk machen; dort werde ich euch wahrhaft berühmt machen, in aller Welt, überall, wo es Leute gibt. Gewiß wird es keinen bewohnten Ort geben, wo ihr nicht berühmt sein werdet...«

Aus der Chronik des Cristóbal del Castillo

Nachdem er die Befreiung seines Volkes angekündigt hatte, offenbarte der Übermächtige Gott, daß er schon an jenem Ort gewesen sei, den er ihm bestimmt habe. Es sei ein gutes Land, in dem es ebenfalls eine sehr große Lagune gebe. Dort fänden die Mexica alles, was das Land hervorbringe; dort würden sie Ansehen und Berühmtheit erlangen, und von dort aus würden sie ihren Herrschaftsbereich in alle vier Himmelsrichtungen ausdehnen.

Wie in der Bibel des Volkes Israel oder in der Äneis der Römer beschwören die alten Erzählungen die Verheißung einer dereinstigen Befreiung, die Vorherbestimmung eines Schicksals und die vorweggenommene Vision des zugewiesenen Ortes, an dem die neue Wohnstätte des auserwählten Volkes errichtet werden würde.

Die doppelte Vergöttlichung Huitzilopochtlis

Die Vorfahren der Mexica verließen Aztlan-Chicomoztoc, überquerten einen Meeresarm und gelangten in das alte Colhuacan. Hier erfüllte sich das zeitliche Dasein des Priester Huitzilopochtli. Er, der Mittler gewesen war zwischen Tezcatlipoca und seinem Volk, ging in die göttliche Welt ein: Der Übermächtige Gott drang in seine Knochen, in seinen Schädel ein und vereinigte sich für immer mit ihm. Die vergöttlichten sterblichen Reste des Führers der Mexica sollten zum Symbol des Schicksals seines Volkes werden. Zu einem Bündel gepackt, wurden sie von den Priestern auf den Schultern mitgeführt bis zu dem von ihrem Gott verheißenen Ort.

Die Mexica setzten ihre Wanderung fort und gelangten nach Coatepec, zum »Schlangenberg«. Dieser Ort lag nicht weit von der Stelle, wo die Tolteken einst ihre Metropole Tollan errichtet hatten. Vor allem aber hatte dort, wie die heilige Geschichte der Mexica berichtet, die Muttergöttin in ihrer Erscheinungsform als Coatlicue (»Die mit dem Schlangenrock«) »Verdienste erworben« *(tlamacehuaya)* und Huitzilopochtli geboren. Die älteren Erzählungen hatten weder über seine Geburt noch über seine Anfänge in Aztlan-Chicomoztoc Auskunft gegeben. Doch wenn Chimalman ohne Zutun eines Mannes zur Mutter des Quetzalcoatl, des Führers der Tolteken, geworden war, mußte man dann nicht annehmen, daß auch Huitzilopochtli auf ähnliche Weise auf die Welt gekommen war? Und mußte der Vergöttlichte nicht eine Göttin zur Mutter gehabt haben?

Links: Die Erd- und Muttergöttin Coatlicue, »Die mit dem Schlangenrock«, ist die Mutter des aztekischen Kriegsgottes Huitzilopochtli. Tuffstatue aus Coxcatlán im Tal von Tehuacán (Puebla), Höhe 1,15 m. Mexiko, Museo Nacional

Rechts: Die Kolossalstatue der Muttergöttin Coatlicue gehört zu den eindrucksvollsten aztekischen Götterbildern. Die beiden Schlangenköpfe verweisen auf die Dualität der Gottheit. Schlangenrock, Raubkatzenpranken mit Augen, zwei Menschenherzen und zwei Paare menschlicher Hände auf der Brust, Totenschädel, Federn, der verdoppelte Mund und die Vielzahl von Augen enthalten eine komplexe Symbolik. Basalt, Höhe 2,50 m. Mexiko, Museo Nacional

Im Florentiner Codex wird das außerordentliche Ereignis der Geburt Huitzilopochtlis in Coatepec in epischer Breite geschildert: Beim Kehren fand Coatlicue eines Tages eine Kugel aus prächtigen Federn, die sie aufhob und an ihren Busen steckte. Bald darauf bemerkte sie, daß sie schwanger war. Die Zeit verging, und als Coatlicue vor der Niederkunft stand, wurde sie von ihren Söhnen, den Centzon Huitznahua (»Vierhundert Krieger des Südens«), und von deren Schwester, der Zauberin Coyolxauhqui (»Die Gesichtsschmuck in Form von Schellen hat«), des Ehebruchs beschuldigt.

Bei einer astralen Deutung dieses Mythos' symbolisieren die Vierhundert Krieger des Südens die unzähligen Sterne, die Muttergöttin die Erde, Coyolxauhqui den Mond und Huitzilopochtli als der Gott, der geboren wird, die Sonne. Sie, die sich aus der Erde zu erheben scheint, wird den Mond und die unzähligen Sterne in die Flucht schlagen. Doch zuvor findet ein Kampf statt: Die Vierhundert Krieger des Südens und Coyolxauhqui stiegen auf den Schlangenberg, um ihre Mutter zu töten, ehe das Kind geboren ist. Gerade als sie sich anschickten, ihr Vorhaben zu verwirklichen, kam Huitzilopochtli zur Welt. Er erschien bewaffnet mit der »Feuerschlange« und stürzte sich auf seine Feinde. Zuerst köpfte er Coyolxauhqui und zerstükkelte ihren Leib, dann trat er den Vierhundert Kriegern des Südens entgegen. Er bemächtigte sich ihrer Waffen, ihres Schmuckes und ihres *tonalli,* »ihres Schicksals«, also all dessen, was ihre Zukunft bildete und ihnen vorbehalten war: ihrer Attribute und Reichtümer. Im Codex Azcatitlan ist die Szene des Triumphes dargestellt: Auf dem

*Links: Die Mondgöttin
Coyolxauhqui, »Die mit den Schellen im Gesicht«, verschwor sich mit
ihren Brüdern gegen Coatlicue, als
diese mit Huitzilopochtli schwanger
ging. Doch bevor jene ihre Mutter
töten konnten, wurde Huitzilopochtli geboren, und er enthaupte-
te die Schwester. Aztekische Kopf-
plastik aus Grünstein, Höhe 70 cm.
Mexiko, Museo Nacional*

*Oben: Den Erdgott Tlatecuhtli
stellt das Relief der Standfläche
einer aztekischen Opferblutschale
dar. Seine Zunge hat die Form eines
Opfermessers, Totenköpfe sitzen an
den Gelenken. Die cuauhxicalli,
»Adlerschale«, genannten Steingefäße dienten der Aufnahme der
Herzen geopferter Menschen.
Durchmesser 1,03 m.
Mexiko, Museo Nacional*

Heilige Zeit, heiliger Raum

Die Verheißung Huitzilopochtlis erfüllte sich in einem
Jahr 2 Haus, das mit unserem Jahr 1325 gleichgesetzt
wird. Damals setzten sich die Mexica auf der kleinen Insel
im See fest. Ihre unablässige Sorge war, Verdienste zu erwerben. Sie begannen mit dem Bau eines kleinen Tempels, »mit Erbärmlichkeit, mit Armut«, und weihten ihn
Huitzilopochtli, der von ihnen als Verkörperung des übermächtigen und höchsten Gottes Tezcatlipoca verehrt wurde. Gemäß dem mesoamerikanischen Prinzip der Dualität trat zu diesem eine zweite Gottheit hinzu: Seite an Seite
mit dem Heiligtum des Huitzilipochtli wurde auf der
Plattform der Pyramide ein weiteres für den Regengott
Tlaloc errichtet. Tlaloc war in ganz Mesoamerika eine alte

Schlangenberg erhebt sich ein Tempel, und darüber ist
Huitzilopochtli mit seinen Waffen zu sehen. Der eng mit
dem Berg verbundene Tempel gleicht jenem, den die Mexica errichteten, nachdem sie sich endgültig in Tenochtitlán im Gebiet des großen Sees niedergelassen hatten.

Feldbaugottheit. Die Totonaken von Veracruz kannten ihn als Tajin, die Zapoteken von Oaxaca als Cocijo, und im Mayagebiet nannte man ihn Chac.

Der erste Tempel für Huitzilopochtli wurde genau an der Stelle errichtet, wo ein Adler erschienen war, der eine Schlange fraß, wie es von Huitzilopochtli verkündet worden war. Die Zeit bis zur spanischen Eroberung – knapp zwei Jahrhunderte – war die Periode der Kämpfe und Bestrebungen der Mexica, den Kult ihres machtvollen Gottes zu verbreiten und zugleich ihre eigene Macht allen vier Himmelsrichtungen aufzuzwingen.

Die wiederholt erweiterte Pyramide war der Mittelpunkt des heiligen Bezirkes von Tenochtitlán. Die jüngsten Ausgrabungen haben ergeben, daß sie mindestens siebenmal nacheinander vollständig umbaut worden war (Abb. S. 217). Außerdem wurden zahlreiche Skulpturen entdeckt, die auf die urzeitlichen Ereignisse der Geburt und des Sieges Huitzilopochtlis hinweisen. Wie die erwähnte Triumphszene im Codex Azcatitlan lassen diese Bildwerke darauf schließen, daß der Tempel als ein neues Coatepec, als neuer Schlangenberg, aufgefaßt wurde. Ganz oben, nahe bei dem Bild ihres Sohnes Huitzilipochtli, befand sich die furchterregende Gestalt der Muttergöttin Coatlicue. Auch Skulpturen der Feuerschlange Xiuhcoatl, der unbesiegbaren Waffe des obersten Gottes der Mexica, und Darstellungen der durch ihn geköpften und ihrer Gliedmaßen beraubten Zauberin Coyolxauhqui waren vorhanden.

Ebenso wurde das mythische Geschehen der Urzeit in Riten vergegenwärtigt, die an den vom Kalender festgelegten Zeiten vollzogen wurden. So gehörte zu den Festen, die im Laufe der achtzehn Zeitabschnitte von je zwanzig Tagen begangen wurden, das Fest Panquetzalitzli (»Wenn die Fahnen aufgerichtet werden«), bei dem die wunderbare Geburt Huitzilipochtlis kultisch wiederholt wurde. Namentlich solche Feiern waren die Augenblicke, in denen im Leben der Mexica die Verpflichtung zur Erwerbung von Verdiensten und das dafür verheißene Schicksal von neuem besiegelt wurden.

Das Pantheon der Mexica

Die Texte, welche von den verschiedenen Göttern sprechen, die in den insgesamt 78 Bauwerken des heiligen Bezirkes von Tenochtitlán verehrt wurden, spiegeln die Vielgestaltigkeit des Pantheons der Mexica wider. Zweifellos aber handelt es sich bei manchen dieser göttlichen Wesen lediglich um verschiedene Erscheinungsformen oder »Anrufungen« ein und desselben Gottes. Einige Forscher versuchten, dieses komplexe Pantheon nach bestimmten Kriterien zu systematisieren, und sprechen zum Beispiel von Göttern der Erde, des Himmels, des Totenreiches und von solchen, die für das Gedeihen von Pflanzen und Tieren, für den Handel oder den Krieg zuständig waren.

Es ist überliefert, daß ein eigener Stand der Priesterhierarchie mit der Aufgabe betraut war, das *teotlamatiliztli*, das »Wissen von den göttlichen Wahrheiten«, zu erklären. Die theologischen Spekulationen dieser Priester zeigten die vom toltekischen Vermächtnis inspirierte Tendenz, die Erscheinungsformen und Merkmale der einzelnen Götter im Hinblick auf eine höchste zweifaltige Gottheit miteinander in Beziehung zu bringen. Ausgehend von der Lehre von Ometeotl, dem zweifaltigen Gott, dessen Wesen sich als Ometecuhtli-Omecihuatl, als »Herr-Herrin der Zweiheit«, entfaltete, werden in den Texten weitere Aufspaltungen und Manifestationen dieses Urwesens beschrieben.

So bildete Tezcatlipoca, der »Rauchende Spiegel«, mit seinem Gegenstück Tezcatlanextia, dem »Spiegel, der die Dinge erhellt«, eine Nacht-Tag-Dualität. Daß er auch mit Huitzilopochtli verbunden und eine Manifestation des höchsten zweifaltigen Gottes war, wurde bereits erwähnt. Darüber hinaus zeigte die vierfache Entfaltung Tezcatlipocas in Schwarz, Rot, Weiß und Blau seine Allgegenwärtigkeit in den vier Weltzeitaltern und in den vier Himmelsrichtungen an. Der seit der Teotihuacán-Zeit verehrte Quetzalcoatl wiederum, der Gott Gefiederte Schlange, wurde zum Symbol der Weisheit des obersten zweifaltigen Prinzips Ometeotl. Als weibliche Ergänzung erhielt er die Muttergöttin in ihrer Erscheinungsform als Cihuacoatl, als »Schlangenfrau« oder »Weiblicher Zwilling«. Ebenso hatte der Regengott Tlaloc, der im Doppelheiligtum von Tenochtitlán zusammen mit Huitzilopochtli verehrt wurde, eine weibliche Ergänzung, nämlich Chalchiuhtlicue, »Die mit dem Jaderock«, Beschützerin der Gewässer auf der Erde (Abb. S. 243).

Auch noch bei anderen Gottheiten trat das duale Prinzip zutage: bei Cinteotl, »Gott-Göttin des Maises«, bei Macuilxochitl, »Er-Sie des Kalendertages 5 Blume«, Schutzpatron jener, die die Künste pflegten, und bei Tlaltecuhtli, »Herr-Herrin der Erde«. Tonantzin, Totahtzin, »Unsere Mutter, Unser Vater«, wurden sowohl Huehueteotl, der »Alte Gott«, als auch Xiuhtecuhtli, der Gott des Feuers und der Zeit, angerufen. Schließlich befanden sich in der tiefsten der neun Unterweltschichten Mictlantecuhtli und Mictlancihuatl, »Herr und Herrin des Totenreiches«.

Bei manchen Göttern allerdings ist die Beziehung zum obersten zweifaltigen Gott weniger klar, etwa bei dem Fruchtbarkeitsgott Xipe Totec (»Unser Herr der Geschundene«) oder bei jenen unzähligen Gottheiten, deren Namen mit dem Wort *centzon* (vierhundert) kombiniert sind. Zu ihnen gehören die bereits erwähnten Centzon Huiznahua (»Vierhundert Krieger des Südens«) und die mit dem Jagdgott Mixcoatl (»Wolkenschlange«) verbundenen Centzon Mimixcoa (»Vierhundert Wolkenschlangen«) sowie die Centzon Totochtin (»Vierhundert Kaninchen«), denen die berauschenden Getränke zugeordnet waren.

Einige Gottheiten waren unter besonderen Namen die Schutzherren bestimmter Standes- und Berufsgruppen oder Tätigkeiten. So wurde Quetzalcoatl von den Kaufleuten als Yacatecuhtli, »Herr Führer« oder »Herr der Nase«,

Der Fruchtbarkeitsgott Xipe Totec, »Unser Herr der Geschundene«, ist mit der Haut eines Geopferten bekleidet, deren Verknotung auf dem Rücken und Hinterkopf die *aztekische Statue aus Vulkangestein genau wiedergibt. Sie stammt aus Tetzcoco und zeigt Reste alter Bemalung. Höhe 40 cm.*
Basel, Museum für Völkerkunde

In der Sprache von Anauac hat der Tanz zwei Namen: Der eine ist *maceualiztli* und der andere *netotiliztli...* Hauptsächlich heißt er jedoch *maceualiztli*, was eigentlich »Verdienst« bedeutet, denn *maceualo* heißt »verdienen«. Sie hielten diesen Tanz für eine verdienstvolle Handlung, so wie wir sagen, daß man sich durch Werke der Nächstenliebe und der Buße und in anderen Tugenden, die einem guten Zweck dienen, verdient macht. Von diesem Verb *maceualo* leitet sich die Wortform *tlamaceualo* ab, »sich kasteien« oder »Bekenntnis ablegen«. Die feierlichen Tänze wurden bei den allgemeinen und den besonderen Festen ihrer Götter auf den Plätzen aufgeführt. Bei diesen Festen riefen, ehrten und lobpriesen sie die Götter nicht nur durch Gesänge, sondern auch mit dem Herzen und mit den Sinnen des Körpers... So bemühten sie sich, mit den Bewegungen des Kopfes, der Arme und der Füße, mit dem ganzen Körper die Götter zu rufen und ihnen zu dienen. Deshalb nannten sie jenes mühevolle Streben, ihre Herzen und Gefühle zu ihren Dämonen zu erheben und ihnen mit allen Fasern des Körpers zu dienen, und die Mühe, einen ganzen Tag und einen großen Teil der Nacht auszuharren, *maceualiztli*, Kasteiung und Verdienst. Da sie das bei den Hauptfesten taten und in den Gesängen mehr als mit anderem ihre Dämonen lobpriesen und verherrlichten, nannten sie es *maceualiztli*, durch Erwerb von Verdiensten Bekenntnis ablegen.

Fray Toribio de Benavente o Motolinía, *Memoriales*

angerufen, und Macuilxochitl hieß als Patron der Musikanten, Sänger und Tänzer Xochipilli, «Blumenprinz».
Ein wichtiger Aspekt war schließlich die Verbindung der verschiedenen Götter mit bestimmten Kalendertagen, deren Namen sie erhielten. Solche Kalendernamen waren zum Beispiel Chicome Coatl (»Sieben Schlange«) für die Herrin des Lebensunterhaltes und Nahui Ollin (»Vier Bewegung«) für Tonatiuh (»Sonne«), einen Gott, der in manchen Texten mit Huitzilopochtli identifiziert wird.

Feste, Opfer und andere Riten

Im Einklang mit den heiligen Kalenderzyklen feierte man unzählige Feste, und zwar nicht nur im Bezirk des Großen Tempels von Tenochtitlán, sondern auch bei vielen anderen Heiligtümern. Nach dem Sonnenkalender gab es achtzehn Hauptfeste, jeweils eines in jedem der zwanzigtägigen Kalendermonate. Im Ablauf dieses Kalenders fand eine vielgestaltige Liturgie statt, mit der die Götter gnädig gestimmt wurden, vor allem, damit sie den Menschen den Lebensunterhalt gewähren. Bei diesen Feiern wurden die Urzeitgeschehnisse gleichsam in einem immerwährenden Drama nachvollzogen: Männer und Frauen übernahmen die Rolle der Götter, die sich in der Urzeit geopfert hatten, um das Leben auf der Erde zu ermöglichen.
Verschiedene Arten von Menschenopfern, die Darbringung von Tieren und Pflanzen, Selbstkasteiung, Fasten

und sexuelle Enthaltsamkeit, aber auch Gesänge und Tänze stellten Mittel und Wege dar, sich dem Göttlichen durch *tlamacehualiztli*, durch »Erwerb von Verdiensten«, zu nähern. Von den während der verschiedenen Feste abgehaltenen Zeremonien sind Beschreibungen überliefert, ebenso von den Riten, die zu bestimmten Tages- und Nachtzeiten von den Priestern oder in der Abgeschlossenheit der Wohnstätten von allen zu verrichten waren. Zu den vielfältigen Opferriten gehörten das Verbrennen von Copalharz, die Darbringung von Speisen und Getränken oder Pflanzenschößlingen, das Durchbohren verschiedener Körperteile mit Stäbchen, die Weihung von blutbe-

netzten Dornen, das Niederlegen von Feuerholz und Tannenzweigen für die Götter, das Köpfen von Wachteln, rituelles Kehren, Wachen und Enthaltsamkeit sowie Prozessionen, Hymnensingen und Flötenspiel.

Jenseitsvorstellungen

Die Nahua sahen keinen unmittelbaren Zusammenhang zwischen dem Schicksal des Menschen nach dem Tode und seinem moralischen Verhalten zu Lebzeiten. Für sie gab es eine Art immanenter Gerechtigkeit, die die Grundlage der sittlichen Normen war. Wer im Einklang mit

Die Dualität Leben und Tod: Rechts, an dem Totenschädel erkennbar, erscheint Mictlantecuhtli, »Herr der Region der Toten«, und mit ihm verbunden rechts Quetzalcoatl als Ehecatl, als Gott des Windes und des Lebens. In der Umrahmung Tageszeichen des astrologischen Kalenders. Seite 75 und 76 des Codex Vaticanus B. Rom, Biblioteca Apostolica Vaticana

In Tlalocan gibt es viel Genuß, viel Überfluß. Es gibt dort kein Leid. Die Maiskolben, die Flaschenkürbisse, die Kürbisblüten, der grüne Pfeffer, die Tomate, die Bohnenschoten, die gelbblühende Tagetes werden nicht trocken. Dort leben die *tlaloque*, die wie Priester sind... Und dorthin gehen diejenigen, die durch den Blitz oder im Wasser sterben, die Leprösen, die mit Schwären Bedeckten, an Gicht und Krätze Leidenden und die Wassersüchtigen... Es heißt, daß es im Tlalocan immer Frische gebe, immer Erneuerungen, immer Grün, das Grün sei überall. Florentiner Codex, Buch III, folio 28r

»dem Rechten, dem Schicklichen« handelte, war Besitzer eines starken und ruhigen Herzens und hatte ein weises Gesicht, das beispielhaft und der Ehrerbietung würdig war. Jener hingegen, der sich »vom Rechten, vom Schicklichen« entfernte, zerstörte sein eigenes Sein, lebte mit einem erregten Herzen und ohne Ziel, sein Gesicht und seine Persönlichkeit wurden widerwärtig und der Achtung unwürdig.

Das Geschick im Jenseits hing jedoch von der Todesart ab. Denjenigen, die in der Schlacht fielen, als sie versuchten, Gefangene für die Götteropfer zu machen, wurde ein großartiges Schicksal zuteil. Das galt auch für jene, die geopfert wurden, und für Frauen, die beim Gebären eines künftigen Kriegers verstarben. Sie alle gingen ein in das »Haus der Sonne«, um diese am Himmel zu begleiten.

Die als Auserwählte des Regengottes Verstorbenen, das heißt durch Todesarten, die mit diesem verbunden waren, die Ertrunkenen, vom Blitz Erschlagenen oder Krankheiten wie der Wassersucht Erlegenen, gelangten ins Tlalocan, in das Paradies des Tlaloc, das auf einem Wandgemälde in einem der Paläste von Teotihuacan dargestellt ist (Abb. S. 149, Quellentext S. 255).

Wer eines normalen Todes starb, kam nach Mictlan, an den »Ort der Toten«, der auch Ximoayan, »Ort der Entfleischten«, oder Tocempopolihuiyan, »Unser allgemeiner Ort des Untergehens«, genannt wurde. Dorthin war Quetzalcoatl gegangen, als er nach der Wiederherstellung der Welt im fünften Weltzeitalter in die unteren Schichten hinabstieg auf der Suche nach den Knochen der früheren Menschengenerationen, aus denen er die Menschheit zum Leben erweckte, indem er sich selbst kasteite.

Priester und Weise

Wie bereits erwähnt, gab es eine vielschichtige Priesterhierarchie. An deren Spitze standen zwei Oberpriester, deren Zweiheit das duale Prinzip widerspiegelte. Sie trugen die Titel Totec Tlamacazqui Quetzalcoatl (»Unser Herr, Priester Quetzalcoatl«) und Tlaloc Tlamacazqui Quetzalcoatl (»Priester des Tlaloc Quetzalcoatl«). Diesen beiden Oberpriestern oblag die Leitung all dessen, was mit Glauben und Götterkult zu tun hatte. Zwei andere Würdenträger von niedrigerem Rang sorgten für den äußeren Ablauf. Sie trafen Anordnungen in den Tempeln und wachten über das Wohlverhalten der Priester und deren wirksame Tätigkeit bei den Zeremonien. Eine alte Bilderhandschrift beschreibt darüber hinaus Titel und Aufgaben von vierzig weiteren Priesterrängen. Die *tlapixcatzin* beispielsweise, deren Name »Bewahrer« bedeutet, waren für die Reinheit der Gesänge zu Ehren der Götter zuständig.

Priester von niedrigerem Rang nannte man im allgemeinen *teopixqui* (»Wächter Gottes«) oder *tlenamacaque* (»Räucherpriester«). Darunter standen noch die *tlamacazque* (»Opferpriester«) sowie die *tlamacaztoton* (»kleine Opferpriester«), die anderen Würdenträgern als Helfer beigeordnet waren. Auch Frauen weihten sich dem Kult; einige waren echte Priesterinnen, wie die *cihuacuacuilli* (»geschorene Frauen«), die für Blumen-, Tabak- und Weihrauchopfer sorgten.

Für die Ausbildung der künftigen Priester gab es besondere Schulen, unter denen jene bei den Tempeln, vor allem die im großen heiligen Bezirk von Tenochtitlán, eine hervorragende Stellung einnahmen. Diese Schulen hießen *calmecac* (»Häuserreihe«). Es ist bekannt, wie die Zöglinge dort auf das Priesteramt vorbereitet wurden: Man unterzog sie harten Prüfungen sowie verschiedenen Arten der Kasteiung und des Erwerbs von Verdiensten. Sie erlernten die heiligen Hymnen, das »Lesen« der Bilderhandschriften, die Kalenderzählung, die Redekunst, die

Unten: Aztekisches Opfermesser mit einer Schneide aus Feuerstein und einem mosaikverzierten Griff, der einen kauernden Krieger des Adlerordens darstellt.
London, British Museum

Rechts: Seite 69 des Codex Nuttall enthält eine der zahlreichen Darstellungen von Menschenopfern. Links
öffnet ein Priester einem gefangenen Krieger mit dem Opfermesser die Brust. Der Kampf des Adlers mit dem Jaguar rechts darunter symbolisiert den Krieg, in dem das Opfer gefangengenommen wurde. Oben bringt ein Priester auf einer Tempelplattform das Herz des Geopferten dem Gott dar.
London, British Museum

Formen ritueller Praktiken bei den Festen, die überlieferten Geschichten und die Worte der Alten.

Einige der Priester taten sich auf besondere Weise als *tlamantinime* (»Die etwas wissen«), das heißt als wahre Weise, hervor. Es gab auch andere Persönlichkeiten, hauptsächlich aus der Adelsschicht, die sich dieses Titels würdig erwiesen. Ihnen wird eine reiche Literatur zugeschrieben. Einige dieser Texte zeigen, daß neben den herrschenden religiösen Vorstellungen gelegentlich andere, freiere Denkweisen aufkamen. So finden sich in einigen Dichtungen der *tlamatinime* Aussagen, die die Lehren der offiziellen Religion in Zweifel ziehen oder verwerfen. Häufig ist auch der Gedanke, daß alles, was auf der Welt existiert, ein Geheimnis sei. Immer wieder wird betont, daß hier alles enden werde wie die Blumen, die welken, oder wie die Federn des Quetzalvogels, die ausfallen. Die Weisen fragen sich, welche Richtung der Mensch seinem Herzen geben solle. Manchmal bezweifeln sie, daß man auf Erden überhaupt Wahrheiten aussprechen könne, und was das Mysterium der Gottheit anbelangt, stellen sie die Frage, ob es dem Menschen überhaupt möglich sei, ein Freund der Götter zu sein und in irgendeiner Weise das höchste Geheimnis, das über ihm ist, zu erahnen. Gerade die Zweifel und Fragen der *tlamatinime* lassen erkennen, mit welchem Ernst in Mesoamerika am Vorabend des radikalen Wandels, den die spanische Eroberung mit sich brachte, danach gestrebt wurde, Wesen und Wirklichkeit des Göttlichen zu erforschen.

Die Religion im östlichen Mesoamerika

Der größte Teil des östlichen Mesoamerikas gehört zum Gebiet der Mayakultur oder zu ihrem Ausstrahlungsbereich. Wie alle Religionen der Völker Mesoamerikas wurzelt auch die der Maya in den uralten Überlieferungen dieses Kulturraumes. Bestimmte Grundvorstellungen, zum Beispiel von der Rolle der Gottheiten des Ackerbaues, der Symbolik der Himmelsrichtungen oder der weltordnenden Funktion des Kalenders, finden sich überall in Mesoamerika wieder. Bedingt durch vielfältige räumliche und historische Sonderentwicklungen, haben sie jedoch im Laufe der Zeit und die unterschiedlichsten Ausprägungen erfahren. So zeigt die Mayareligion der Eroberungszeit gegenüber den Glaubensvorstellungen anderer mesoamerikanischer Völker des gleichen Zeitraumes ihren eigenen, unverwechselbaren Charakter. Darüber hinaus wird im Vergleich mit dem Mayaklassikum deutlich, welche Veränderungen und Umbrüche auch innerhalb der religiösen Tradition der Maya selbst stattgefunden haben.

Das Erscheinungsbild der Gottheit

Bei der Darstellung der Mayagottheiten spielen ständig tierische, pflanzliche und menschliche Züge ineinander, wobei Götter in rein menschlicher Gestalt nur selten anzu-

treffen sind. Diese Göttergestalten haben ihre Vorläufer in den tiergestaltigen olmekischen Gottheiten des Präklassikums. Sie sind entstanden als Verkörperung der auf den Menschen und seine Umwelt einwirkenden Naturkräfte und Phänomene. Besonders Züge von Reptilien wie Schlangen, Kaimane, Alligatoren und Leguane, aber auch von Säugetieren wie dem Jaguar finden sich immer wieder bei der Darstellung der Gottheiten. Der menschliche Aspekt tritt in dem Maße hervor, in dem der Gott – wie der Mensch – Objekt des Handelns der vergöttlichten Naturkräfte ist oder die Gottheit als Repräsentant typisch menschlicher Handlungsweisen erscheint. Dies zeigt das Beispiel des Maisgottes deutlich. Er ist eine Gottheit, die durchweg mit menschlichen Gesichtszügen – denen eines jungen Mannes – wiedergegeben wird. Sein Haupt wird von der Hieroglyphe für Mais oder einem Maiskolben gekrönt. Er steht mit dem Menschen in enger Schicksalsgemeinschaft. Wenn der Mais durch Dürre, Hagelschlag oder Insektenfraß leidet, leidet der Mensch mit ihm, weil die Existenzgrundlage des einzelnen und der Gemeinschaft bedroht wird. Die Zeugnisse aus alter und aus neuer Zeit bekunden vielfältig, in welch inniger, geradezu mystischer Verbindung sich der Mayabauer zum Mais und zu seinem Gedeihen wußte. Das Popol Vuh berichtet von der Erschaffung der Menschen aus Mais. Vom Maisgott wurde nur in ehrenden und liebevollen Worten gesprochen. Er ist die zarte junge Maispflanze, die als göttliches Wesen angesehen wird. Eine der Chroniken spricht vom Mais als Ah Mun, dem »zarten Knaben«, der im Himmel geboren wurde (Abb. S. 262). Eine Tendenz zur Vermenschlichung in der Darstellung der Gottheiten ist zwar bereits im Klassikum feststellbar. Die Götter erhalten gelegentlich menschenähnliche Körper und Gesichtszüge. Gerade die Köpfe dieser Gestalten zeigen aber stets typische Kennzeichen in Form von Gesichtsbemalung und sonstigen Attributen, die der Identifizierung dienen und meist nichts mit menschlichen Zügen gemein haben. Teilweise ist die tierische Herkunft dieser Charakteristika deutlich erkennbar.

Es gehört zum typischen Erscheinungsbild der Mayagötter, daß die kennzeichnenden Merkmale einer Gottheit auch bei anderen Göttern auftreten können. Damit wird die Aufstellung eines Pantheons mit eindeutigem Wirkungsbereich der Göttergestalten und eine klare Klassifizierung von Götterpersönlichkeiten problematisch. Bei der Darstellung eines Drachenhauptes mit fleischlosem Unterkiefer und der Hieroglyphe für »Sonne« *(kin)* im Kopfschutz stellt sich zum Beispiel die Frage, ob es sich hierbei um eine Todesgottheit handelt, die als Sonnengott auftritt, ob die Sonnengottheit als Todesgott vorgestellt wird oder ob möglicherweise der »Tod« der Sonne angedeutet werden soll. In der einschlägigen Literatur werden diese Phänomene üblicherweise als »Aspekte« einer Gottheit bezeichnet; so spricht man etwa von einer Todesgottheit mit »solaren Aspekten«. Derartige Benennungen beschreiben jedoch bestenfalls ein Erscheinungsbild, sagen

Seite 1 des Codex Fejérváry-Mayer stellt das Universum dar. Osten (tlapcopa), *die Richtung des Sonnenaufganges, befindet sich oben: Über einer tempelplattformartigen Erhebung erscheint die Sonnenscheibe, flankiert von zwei Gestalten mit ausgestreckten Armen. Den Mittelpunkt, den Nabel der Welt, bildet ein quadratisches Feld mit dem Feuergott Xiuhtecuhtli, der Pfeile in der rechten und die Speerschleuder in der linken Hand schwingt. In die Ecken zwischen den kosmischen Quadranten sind in Fünfergruppen die 20 Tageszeichen des* tonalamatl, *des 260tägigen astrologischen Kalenders, einge-*

fügt. Die Abfolge der Tageszeichen und der kosmischen Quadranten verläuft gegen den Uhrzeigersinn: Süden (oben), Norden (links), Westen (unten), Osten (rechts). In den trapezförmigen Quadranten, die zusammen ein Kreuz bilden, erhebt sich jeweils ein baumartiges Gebilde, das von einem Vogel bekrönt und von zwei Gestalten flankiert wird. Zusammen mit Xiuhtecuhtli im Zentrum stellen diese die »Neuen Herren« dar. Der besonders qualitätvolle Codex Fejérváry-Mayer gehört zu einer nach dem Codex Borgia benannten Gruppe ritueller Handschriften. Liverpool, The Liverpool Museum

Bist du wahrhaftig (hast du eine Wurzel)?
Allein er beherrscht alle Dinge, der Spender des Lebens.
Ist das die Wahrheit? Ist es vielleicht nicht so, wie sie sagen?
Mögen unsere Herzen keine Pein erleiden!
Alles, was wahrhaftig ist, sagt man, sei nicht wahrhaftig.
Der Spender des Lebens, er allein erweist sich als unumschränkt.
Mögen unsere Herzen keine Pein erleiden!

Nezahualcoyotl (1402–1472)

So hat es Tochihuitzin gesagt, so hat es Coyolchiuhqui gesagt:
Plötzlich erwachen wir aus dem Traum; wir kamen nur, um zu träumen. Es ist nicht gewiß, es ist nicht gewiß,
daß wir kamen, um auf der Erde zu leben.
Wie eine Pflanze im Frühling ist unser Sein.
Unser Herz läßt geboren werden, keimen, Blumen aus unserem Fleisch. Einige öffnen ihre Kelche, dann vertrocknen sie.

Tochihuitzin aus Huexotzinco

aber nichts über die zugrundeliegenden religiösen Vorstellungen und die Auffassungen der Maya vom Wesen der Götter aus.

Das Wesen der Gottheit

Die Maya betrachteten ihre Götter nicht als allmächtige und allgegenwärtige Wesen, die außerhalb des weltlichen Geschehens standen und auf dieses nach eigenem Gutdünken einwirken konnten. Die Gottheiten waren vielmehr mit den ihnen zugeschriebenen Kräften in die Schöpfung eingebunden und stellten einen Teil im Ordnungsgefüge der Welt dar. Auch als Götter unterlagen sie einem »mythologischen Schicksal«, welches durch ihr Wirkungsfeld und ihre Funktion bestimmt war. In diesem Rahmen handelten die Gottheiten oder waren Einwirkungen von außen unterworfen. So verkörpert der Maisgott die junge Maispflanze und ihr Gedeihen. Andererseits ist er durch Dürre und Hagelschlag betroffen. Die Regengötter wirkten segensvoll durch fruchtbringende Niederschläge, konnten aber auch durch ungünstige Witterung negative Einflüsse auf Wachstum und Ernte ausüben. Der Sonnengott wurde bei seinem Aufgang »geboren« und »starb« beim Untergang. Derartige Auffassungen machen deutlich, wo die Wurzeln für das vielfältige Erscheinungsbild der Mayagottheiten liegen und wie es zu den häufig in einer Göttergestalt vereinigten »Aspekten« und Polaritäten wie alt-jung, männlich-weiblich, Schaden oder Nutzen bringend kommt. Die Frage, ob ein Gott zugleich alt und jung sein kann oder ob diese Erscheinungsformen zwei unterschiedliche Gottheiten verkörpern, stellte sich für die Maya nicht. Sie hatten das »mythologische Schicksal«, zum Beispiel der als göttlich aufgefaßten Sonne, vor Augen und stellten dessen verschiedene Stationen dar. Daher rührt auch, daß im Gegensatz zur antiken Tradition der Alten Welt die Gottheiten der Maya fast nie »als solche« auftreten. Sie sind meist in einen Bezug zu einer bildlichen oder szenischen Darstellung gesetzt (Abb. S. 261). Nicht die Wiedergabe des Gottes etwa unter ästhetischen

»O du Erbauerin, du Schöpfer, sieh uns an, höre uns an! Jage uns nicht fort, lege uns nicht in Fesseln, du Gottheit im Himmel und auf Erden, Herz des Himmels, Herz der Erde!
Gib uns doch ein Zeichen, eine Botschaft, daß der Tag, daß das Licht sich auf den Weg macht (und die Zeit kommt), da gesät, da es hell werden soll!
Schenke uns viele gute Pfade und breite Wege! Ruhe und Frieden des Volkes, gutes freundlich geartetes Volk, schönes Leben und Werden der Menschen schenke du uns!...«
So sprachen sie, indem sie ausschauten und beteten, voller Erwartung, daß es hell werde, ja daß sie dort den Aufgang der Sonne sähen. Sie spähten nach dem Vorläufer der Sonne aus. Nach dem großen Stern, (der ankündigt, daß) die Sonne geboren werden soll, sie, der Brand am Himmel und auf der Erde, der es den Menschengeschöpfen einherzugehen ermöglicht. Und die Urväter sagten: »Warten wir getrost auf das Frühlicht!« So sagten die großen Weisen, die Denker, die Herren der Gottesfurcht, die Herren des Gehorsams, wie sie genannt werden...
So nun vollzogen sich Aufleuchten und Scheinen von Sonne, Mond und Sternen: Mächtig freuten sich die Urväter, als sie den Morgenstern sahen. Er kam als erster hervor, strahlenden Angesichts stieg er der Sonne voran, ihr nächststehend herauf... Dann aber wehklagten sie, daß sie noch immer nicht die Geburt der Sonne sahen, sie nicht zu Gesicht bekamen. Da nun kam die Sonne hervor. Und es freuten sich kleine und große Tiere, standen allesamt auf an den Flußläufen und in den Schluchten; und die auf den Gipfeln der Berge waren, hefteten vereint ihre Blicke dahin, wo die Sonne hervorkam... Wirklich, es freuten sich alle Tiere. Adler und Weißgeier, kleine Vögel und große Vögel breiteten ihre Flügel aus. Sie aber, die Herren der Gottesfurcht und Kasteiung (die vier Urväter), knieten tief nieder und freuten sich innig... Darauf wurde die Oberfläche der Erde trocken durch die Sonne. Wie ein menschliches Wesen war die Sonne, als sie sich zeigte mit brennendem Antlitz...

Aus dem Popol Vuh

Unten: Priester in reichem Ornat mit Quetzalfederbüschen und einer Henkeltasche für Räucherwerk. Die florale Sprechvolute ist das Zeichen für Gesang. Wandmalerei in Teotihuacán (Tepantitla).

Rechts: Eingebettet in die dynastisch-historischen Ereignisse, die in den Wandmalereien von Bonampak geschildert werden, findet sich diese rituelle Szene. Eine sitzende Figur mit jugendlichen Gesichtszügen, bei der es sich wohl um den jungen

Maisgott handelt, wird von fünf Erdgottheiten umgeben, die menschliche Körper und Köpfe tierischer Gestalt aufweisen. Eine trägt einen Krokodils- oder Alligatorenkopf. Die Arme einer anderen laufen in krebsartige Greifer aus. Seerosen symbolisieren Feuchtigkeit und Fruchtbarkeit. Die linke Gestalt trägt das T-förmige Zeichen ik im Auge, welches für Leben und Fruchtbarkeit steht. Offenbar ist ein mit dem Wachstum des Maises verbundener Ritus dargestellt.

Gesichtspunkten interessiert, sondern der Gott ist dargestellt, weil er im jeweiligen Zusammenhang bestimmte
Funktionen ausübt oder Ideen repräsentiert. Selbst wenn
Götterköpfe einzeln an Räuchergefäßen angebracht sind,
wie der Kopf des Sonnengottes (Abb. S. 267), ist nicht das
Bild der Gottheit als solches von Bedeutung, sondern das
Gefäß als Kultgerät verkörpert den Gott im Zusammenhang eines bestimmten Ritus, dem er als Handelnder oder
Betroffener angehört. Demgemäß finden sich die Götter
der Maya vor allem in folgenden Zusammenhängen: zum
einen als Akteure in mythologischen Szenen, zum Beispiel
in den Unterweltsszenen der Grabkeramik (Abb. S. 328/330);
zum anderen in Darstellungen, die den Herrscher als Verkörperung göttlicher Wesen zeigen (Abb. S. 166), die göttliche Legitimation seines Herrscheramtes belegen (Abb.

S. 170) oder rituelle Handlungen des Herrschers wie Opfer,
Selbstopfer und Aussaat zum Thema haben; schließlich als
aktive oder passive Teilhaber am Ablauf der Ereignisse des
agrarischen Ritualkalenders. So zeigt das untere Register
der Seite 42 des Dresdener Codex, das die Prophezeiun-
gen für einen fünfundsechzigtägigen Zeitraum behandelt,
den Regengott Chac, der mit geschwungener Axt den vor
ihm sitzenden jungen Maisgott bedroht (Abb. S. 380, links).
Die Szene ist der Himmelsrichtung Süden zugeordnet, wie
aus dem senkrechten Glyphentext hervorgeht. Dieser nennt
die Namen der beiden Götter und gibt »Dürre« als Kennzeichen dieser Periode an. In der Fortsetzung auf Seite 43 unten (Abb. S. 380, rechts) sieht man Chac ein beladenes Kanu
rudern. Der hier behandelte, dem Osten zugeordnete Zeitraum von 65 Tagen wird in den Glyphen durch positive

Jetzt nun tauchte der Gedanke an den Menschen auf und die Frage, was in das Fleisch des Menschen eingehen solle. Und es sprachen die Gebärerin und der Söhneerzeuger, die Erbauerin und der Schöpfer, die Mächtige und Cucumatz, wie ihre Namen lauten: »Die Zeit des Hellwerdens ist herangerückt, der Weltbau ist gut gelungen, und es erscheinen vor unserem Geist die, die (uns) betreuen und bedienen sollen, Kinder des Lichts, Söhne des Lichts: Angekündigt hat sich der Mensch, das Menschengeschlecht auf der Erde!« sagten sie. Und sie kamen zusammen, fanden sich ein und gingen daran, nachzudenken in Dunkelheit und Nacht. Da suchten sie nun und wälzten Gedanken, beratschlagten hier und ließen es sich durch den Kopf gehen. Auf diese Weise kam bündig die Einsicht der erleuchteten Herren zutage: Sie suchten und fanden das heraus, was dann in das Fleisch des Menschen einging... Pan-Paxil und Pan-Cayala sind die Namen (der Länder), aus denen die gelben und die weißen Maiskolben herkamen... Diese Nahrung nun... die ging ein in das Fleisch des Menschen, den sie gestalteten, den sie schufen. Das war also sein Blutsaft, der Blutsaft des Menschen wurde das: Die Maiskolben gingen ein in ihn nach dem Willen der Gebärerin und des Söhneerzeugers.

Aus dem Popol Vuh

Aussagen wie »Mais in Menge« beschrieben. Die Seiten 42 und 43 gehören in einen Gesamtzusammenhang von Almanachen, die sich mit Wetter und Ernte und daher auch überwiegend mit dem Regengott befassen.

Die Einbettung der Götter in die Schöpfung und ihre »Schicksale« als Handelnde und Betroffene werden besonders deutlich, wenn man sich die kosmologische Vorstellung der Maya über die raum-zeitliche Ordnung der Welt und die Funktion der Götter darin vergegenwärtigt.

Die Ordnung der Welt

Die Welt, von der die Maya glaubten, daß sie mehrfach zerstört und neu erschaffen worden sei, war innerhalb eines komplizierten raum-zeitlichen Bezugssystems geordnet. Soweit aus den schriftlichen Quellen und dem archäologischen Material zu erschließen ist, stellten sich die Maya die Welt wahrscheinlich als viereckige Scheibe oder – nach einer anderen Überlieferung – als krokodilartiges Wesen vor, welches in einem riesigen Teich oder See schwimmt. Die Erdoberfläche und mit ihr der gesamte Kosmos waren in vier Quadranten geteilt. Jeder dieser Weltrichtungen war eine bestimmte Farbe zugeordnet. Über der Erde

erhob sich in dreizehn Ebenen der Himmel, und unter ihr dehnte sich in neun Schichten die Unterwelt aus. Es gibt Hinweise dafür, daß man sich diese dreizehn und neun Ebenen auch in der Anordnung einer gewaltigen Stufenpyramide vorstellte, wobei vom Osten der Welt sechs Stufen zum Zenit, der siebenten Stufe entsprechend, emporführten und von dort sechs weitere Stufen zum Westen herableiteten. Die Unterwelt wurde wahrscheinlich dementsprechend als umgekehrte Pyramide gedacht. Vier Stufen führten vom westlichen Horizont zur tiefsten, der fünften Unterwelt, dem Nadir des Mayakosmos. Vier weitere Stufen stellten wieder die Verbindung zum östlichen Horizont der Erdoberfläche her. Innerhalb dieser vertikalen und horizontalen Gliederung waren den Göttern Plätze zugewiesen. So waren die Ebenen oder Stufen des Himmels jeweils Wohnstätten bestimmter Gottheiten. Das Popol Vuh der Quiché schildert die Unterwelt Xibalba, den »Ort des Schreckens«, als düstere, unheimliche Region, die von Todesgöttern beherrscht wird, in der Raubtiere ihr Unwesen treiben, schneidende Dolchmesser umherfliegen und eisige Kälte herrscht.

An den vier Ecken der Welt standen in den Farben der jeweiligen Weltrichtung vier Himmelsträger, Götter, die in

den yukatekischen Quellen als Bacab bezeichnet werden. Es ist eine charakteristische Eigenart der Mayareligion, daß die meisten Gottheiten zugleich als einzelne und in vierfacher Form in Verbindung mit den vier Weltrichtungen vorgestellt werden konnten.

Neben diesem räumlichen Ordnungssystem existierte ein in seinen Mechanismen höchst verwickeltes zeitliches Ordnungsgefüge, welches durch den Kalender gebildet wurde. Die einzelnen Zeitperioden wurden als göttlich angesehen und durch Götter repräsentiert. Ja selbst die Zahlen, mit denen die Abfolge der Zeiteinheiten gezählt wurde, konnten durch Götterporträts wiedergegeben werden (Abb. S. 382). Dabei konnte ein und derselbe Gott die unterschiedlichsten Rollen annehmen und in verschiedenen Abschnitten des Kalenders mit jeweils anderen Funktionen auftreten. Ein gutes Beispiel hierfür gibt der Sonnengott, der die Verkörperung der Grundeinheit der Zeit, des Tages, bildet. Als junge Sonne ist er der Gott des 20. Tageszeichens (ahau), während er als alter Gott die Hieroglyphe für Tag (kin) repräsentiert; er ist weiterhin Schutzpatron des siebenten Monats (yaxkin), Verkörperung der Zahl Vier und tritt schließlich als neunter der Herren der Nacht auf, jener neun Götter, welche die Abfolge der Nächte repräsentieren.

Dieses zeitliche Bezugssystem war eng mit der räumlichen Ordnung des Mayakosmos' verknüpft. Ein gutes Beispiel bietet hierfür ebenfalls der Sonnengott, indem er den Ablauf der Zeit im Raum veranschaulicht. Er hatte auf seiner täglichen Wanderung die Himmelsebenen oder Stufen von Osten nach Westen empor- und herabzusteigen und während der Nacht die entsprechende Reise durch die Unterwelt bis zum Wiederaufgang im Osten zu machen. Dies ist einer der Gründe, warum der Sonnengott auch mit Unterwelts- und Todessymbolen auftritt.

Solche Vorstellungen machen zusätzlich klar, warum die Mayagötter in ihrer Individualität so schwer zu fassen und zu beschreiben sind. Ordnungskriterien des Pantheons waren für die Maya die Funktionen, die sich aus der jeweiligen Stellung oder den sich ändernden Plätzen der Gottheiten im raum-zeitlichen Bezugssystem ergaben.

Der Mensch und die Weltordnung

Eingebunden in den Ablauf der Zeit und die räumliche Ordnung der Welt übten die Götter ihre günstigen oder unheilvollen Einflüsse auf das Leben der Menschen aus. Gemäß der Vielschichtigkeit dieser Vorstellungen konnte im gleichen Zeitpunkt eine Fülle unterschiedlicher Aspekte zusammenwirken. Die menschliche Existenz stand daher auf einer stets unsicheren und von den unterschiedlichsten schicksalhaften Einflüssen bedrohten Grundlage. Diesen Mächten war der Mensch jedoch nicht völlig preisgegeben. Auch beim Überwiegen negativer Vorzeichen konnte er durch den richtigen Vollzug der im Ablauf der Zeit geforderten Riten, durch Opfer und Kasteiung (Abb.

S. 154), die widerstreitenden schicksalhaften Einflüsse der Zeit und der in ihr wirksamen Mächte im Gleichgewicht halten. Voraussetzung hierfür waren die genaue Kenntnis der Gesetze der kosmischen Ordnung und die rechtzeitige Ermittlung des Zeitpunktes, in dem aufgrund der Strukturen des Kalenders Unheil drohte. Zur Zeit der Eroberung oblag diese Aufgabe in Yukatan dem ranghöchsten Priester, dem Ah Kin Mai.

Aus dem postklassischen Yukatan sind Angaben über die Monatsfeste überliefert. Die dabei vollzogenen Riten dienten unter anderem der Sicherung der für den Pflanzenwuchs erforderlichen Regenfälle, der Feststellung der günstigen und ungünstigen Aspekte des Jahres, der Erneuerung der Tempel des Regengottes und der Verehrung von Göttern bestimmter Berufsgruppen. Diese Feste waren nur noch ein schwacher Abglanz der großen farbenprächtigen Zeremonien, die während des Klassikums abgehalten wurden, um den Bestand der weltlichen Ordnung zu gewährleisten und die dem Menschen in ihrem Wirken günstigen numinosen Mächte zu unterstützen.

Jenseitsvorstellungen

Über die Jenseitsvorstellungen der Maya sind wir nur unzulänglich unterrichtet. In allen Epochen der Mayageschichte wurde an ein Fortleben nach dem Tode geglaubt. Die Berichte aus der Kolonialzeit sind jedoch mit christlichen Vorstellungen von Strafe und Hölle vermischt, und auch zentralmexikanischer Einfluß wird deutlich. Aus den Funden in den reich ausgestatteten Gräbern des Klassikums ist auf detaillierte Jenseitsvorstellungen zu schließen. Es gibt in der Kunst des Klassikums Anhaltspunkte dafür, daß man den Tod des Herrschers nicht als endgültig betrachtete. Wie die Sonne allabendlich in die Unterwelt hinabsteigt, um am Morgen neu zu erstehen, wie aus dem in die Erde versenkten Maiskorn die junge Maispflanze hervorwächst, glaubte man offenbar, werde auch eine Erneuerung und Wiedergeburt des Herrschers im Jenseits stattfinden.

Götter des Postklassikums

An der Spitze der Götterwelt stand der Gott Itzamná. Er ist sowohl von seinem Namen, seiner äußeren Erscheinung wie auch von den ihm zugeschriebenen Funktionen her eine sehr komplexe Gestalt. Der Name kann mit »Leguan-Haus« oder »Eidechsen-Haus« und mit »Haus des Tropfens« übersetzt werden und taucht in Verbindung mit zahlreichen anderen Götternamen auf. Offenbar sind in dieser Figur eine Fülle von religiösen Vorstellungen zusammengeflossen. Bereits sein Name deutet auf animalischen Ursprung hin. Als »Leguan-Haus« oder »Eidechsen-Haus« konnte er als gewaltige reptilartige Gottheit wiedergegeben werden. In den Handschriften finden sich zahlreiche Abbildungen von derartigen Wesen, deren Kör-

Ein Ort, an dem sich der mexikanische Einfluß im Mayagebiet besonders bemerkbar macht, ist die nahe Chichen Itzá gelegene Grotte von Balankanché (»Verborgener Sitz«). In ihr fanden sich aus der Zeit des Übergangs vom Klassikum zum Postklassikum Räuchergefäße mit Abbildern der mexikanischen Götter Tlaloc und Xipe Totec,

außerdem eine große Anzahl von Schalen für Opfergaben und Miniaturreibsteinen. Die Urnen entsprechen Räuchergefäßen in mexikanischen Bilderhandschriften. Möglicherweise repräsentieren sie die Gottheit. In der dem Regen- und Fruchtbarkeitskult dienenden Höhle fehlt jeglicher Hinweis auf die Regengötter der Maya, die Chac.

per mit Himmelssymbolen bedeckt sind. Sie können als Darstellungen des Itzamná gelten, der das Himmelsgewölbe repräsentiert.

Daneben wird Itzamná in den Quellen als Schöpfergott und Hauptgott der Maya von Yukatan geschildert. Es heißt von ihm, er habe alle Tiere und Menschen erschaffen. In dieser Funktion erscheint er in den Bilderhandschriften mit den Zügen eines alten Mannes, dessen großes, rundes Auge mit der darunter befindlichen Volute den tierischen Ursprung der Gestalt erkennen läßt (Gott D; die Götter der Handschriften werden mit Buchstaben bezeichnet). Auf Seite 10 des Dresdener Codex (Abb. S. 378, rechts) stellt die mittlere Figur im unteren Register diese Erscheinungsform Itzamnás dar. Der zweite der vier Hieroglyphenblöcke über ihrem Haupt gibt die Namenshieroglyphe des Gottes wieder. Vielleicht wegen seiner Rolle als Haupt- und Schöpfergott scheint Itzamná zahlreiche Funktionen in sich vereinigt zu haben, für die im übrigen

andere Götter zuständig waren. Er weist Züge des Sonnengottes auf und wird mit den Regenwolken in Verbindung gebracht, worauf auch die andere Übersetzungsmöglichkeit seines Namens, »Haus des Tropfens«, anspielt. Schließlich sei seine Funktion als Fruchtbarkeitsgott erwähnt: Itzamná Kauil, »Itzamná ergiebige Ernte«. Zu den typischen und wichtigsten Gottheiten des postklassischen Mayapantheons gehörte der Regengott Chac, der durch seine Aktivitäten unmittelbar Einfluß auf den Ackerbau und das gedeihliche Wachstum der Nahrungspflanzen nahm. Er brachte den notwendigen Regen und verursachte die Himmelserscheinungen. Chac bildet ein sehr gutes Beispiel für einige der angeführten Charakteristika der Mayareligion und ihrer Götter. Sein Gesicht vereinigt menschliche Züge mit den stilisierten Merkmalen des Schlangenkörpers (Abb. S. 263). Er wird zugleich als einzelner und vierfach vorgestellt, indem die vier Chac den Weltregionen und ihren Farben zugeordnet werden, zum Beispiel im unteren Register der Seiten 31 und 32 des Dresdener Codex (Abb. S. 379). Auf vier den Weltrichtungen zugeordneten Bäumen erscheint hier der Regengott Chac. An der zweiten Stelle des Blockes von vier Texthieroglyphen über jeder Darstellung steht jeweils die Namenshieroglyphe des Gottes, gefolgt von der zugehörigen Farbe und Weltrichtung in der Reihenfolge Rot-Osten, Weiß-Norden, Schwarz-Westen und Gelb-Süden. Im Zusammenhang mit Chac sei hier der in den Handschriften auftretende und in den kolonialzeitlichen Quellen genannte Gott Ah Bolon Dz'acab erwähnt, »Herr der neun (vielen) Generationen« (Gott K der Handschriften). Er ähnelt in seinem äußeren Erscheinungsbild stark dem Chac und tritt gelegentlich mit diesem zusammen auf. Anstelle der für den Chac typischen herabhängenden rüsselartigen Nase ist seine Nase nach oben gebogen und zerfasert wiedergegeben (Abb. S. 378, rechts, erste Figur im mittleren Register). Auch er weist enge Beziehungen zur Schlange auf und scheint unter anderem mit pflanzlichem Wachstum und Fruchtbarkeit in Verbindung zu stehen.

Von der überragenden Rolle, die der Maisgott in den religiösen Vorstellungen der Maya spielte, war bereits die Rede. Sein alter Name lautete wahrscheinlich Kauil oder Ah Uaxac Yol Kauil, »Reichliche Nahrung« oder »Er, das achtfache Herz der reichlichen Nahrung«.

In den Handschriften und Berichten werden auch zahlreiche andere Götter genannt. Erwähnt seien hier der Sonnengott Kinich Ahau, »Fürst Sonnengesicht«, und die junge Mondgöttin, die zugleich Herrin der Geburten, der Zeugung und der Medizin war, sowie der Todesgott. In den kolonialzeitlichen Quellen werden außerdem Hunderte von Göttern aufgeführt, die für bestimmte Berufszweige, Tätigkeiten, Krankheiten und anderes zuständig waren. Wahrscheinlich handelt es sich in den meisten Fällen lediglich um besondere Benennungen bekannter Gottheiten, die in einer ganz spezifischen Funktion angesprochen wurden.

Die Angaben in den kolonialzeitlichen Quellen können zunächst nur zu den archäologischen Zeugnissen und Bilderhandschriften des Spät-Postklassikums in Beziehung gesetzt werden. Eine unkritische Übertragung der für diesen Zeitraum getroffenen Feststellungen auf frühere Epochen ist wegen der gesellschaftlichen und politischen Umwälzungen, die sich seit dem Ende des Klassikums im Mayagebiet vollzogen haben, problematisch. Das Früh-Postklassikum setzt der Schilderung der religiösen Vorstellungen der Maya besondere Schwierigkeiten entgegen. In diesem Zeitraum war das nördliche Yukatan starken mexikanisch-toltekischen Einflüssen ausgesetzt, die in einigen Gebieten, zum Beispiel in Chichen Itzá, besonders deutlich hervortreten und auch in den religiösen Vorstellungen ihren Niederschlag gefunden haben (Abb. S. 265). So beherrschen in Chichen Itzá zeitweilig Themen der mexikanischen Religion völlig das Bild. Im Mittelpunkt dieser Darstellungen steht Quetzalcoatl, die »Gefiederte Schlange«, die allgegenwärtig in Relief und Vollplastik auftritt. Gefiederte Schlangen bilden – das Haupt mit dem aufgerissenen Rachen auf die Erde gelagert und den Schlangenleib zur Säule geformt – die Eingänge zu Tempeln (Abb. S. 273). Sie winden sich über Opfer- und Schlachtenszenen und umgeben Prozessionen schreitender Krieger. Zwar gehören gefiederte Schlangen zum religiösen Inventar des mesoamerikanischen Kulturkreises; während sie aber ursprünglich, zum Beispiel in Teotihuacán,

mit Gewässern und Fruchtbarkeit zu tun hatten, ist die toltekische Spielart aufs engste mit Krieg und Menschenopfer verbunden. Adler und Jaguare, die Herzen verschlingen, gehören in den gleichen Kontext (Abb. S. 91).

Für das Spät-Postklassikum im Hochland von Guatemala enthält vor allem das in Quiché abgefaßte Popol Vuh umfangreiche Aussagen über religiöse Vorstellungen. Im ersten Teil wird über die Entstehung der Welt und die verschiedenen Versuche berichtet, Menschen zu erschaffen, die schließlich aus Mais geformt werden. Wichtigste Gottheiten der Schöpfung sind Cucumatz, die »Gefiederte Schlange«, und Huracan, das »Herz des Himmels«. Diese Gottheiten werden als Vielheit in der Einheit begriffen und treten in verschiedenen Erscheinungsformen auf. So wird die in Cucumatz verkörperte Schöpfungsmacht in Polaritäten aufgefaßt und unter anderem als »Gebärerin« und »Söhneerzeuger« angesprochen.

Daneben beschreibt das Popol Vuh in mythologischer Form den ewigen Zyklus von Leben, Tod und Auferstehung, wie er durch den Lauf der Sonne am Himmel und durch die Unterwelt verkörpert wird. Dieses Geschehen wird im Schicksal eines Brüderpaares geschildert, welches von den Herren der Unterwelt in deren Wohnsitz Xibalba vorgeladen wird, nach mannigfaltigen Prüfungen mit Hilfe des Schöpfergottes Huracan die Unterweltsmächte überwindet und als Sonne und Mond »in die Mitte des Lichtes« aufsteigt.

Im zweiten Teil erzählt das Popol Vuh die Stammesgeschichte der Quiché, wobei sich Mythologie und Historie aufs engste durchdringen. Die Quiché werden durch ihren Gott Tohil geleitet, der eine Verkörperung des Schöpfergottes Cucumatz ist. Er verlangt für seinen Rat, den er durch seine Priester erteilt, Menschenopfer. Damit tritt wie im postklassischen Yukatan auch im Hochland von Guatemala ein für diese Epoche besonders charakteristischer Zug hervor. Während in früheren Perioden das Menschenopfer in erster Linie mit Ackerbau und Fruchtbarkeit in Verbindung stand, schiebt sich nun der Aspekt in den Vordergrund, daß die durch Kriege unterworfenen Völker die Gottheiten der Sieger mit ihrem Blut zu ernähren hatten. So fordert auch Tohil Menschenopfer, die durch die Unterwerfung fremder Stämme beschafft wer-

Tonzylinder dieser Art wurden im Unterbau des »Tempels des Blattkreuzes« in Palenque gefunden. Möglicherweise dienten sie als Räuchergefäße, obgleich bei den Exemplaren aus Palenque keine Rauchspuren festgestellt werden konnten. Eingebettet in die Baumasse, hatten sie wahrscheinlich eine rituelle Funktion im Zusammenhang mit der Errichtung des Tempels. Das Hauptmotiv bildet das Gesicht des Jaguargottes der Unterwelt, der zugleich eine Verkörperung der Zahl Sieben und eine Erscheinungsform der Sonne in der Unterwelt darstellt. Erkennbar ist er an seinen großen runden Augen, der Römernase und den über der Nasenwurzel gedrehten Bändern, bei anderen Gefäßen auch an den Jaguarohren und T-förmig gefeilten oberen Schneidezähnen. Über dem Kopf türmen sich die Masken weiterer mythischer Wesen. An den Seiten Ohrpflöcke, gekreuzte Bänder und Elemente des »Schlangenvogels«, der eine Gottheit der Himmelsregion ist. Höhe 70 cm. Villahermosa, Museo de Tabasco

den. Aus dem Popol Vuh geht hervor, daß man vor Einführung der Menschenopfer den Göttern durch Fasten und Kasteiung diente.

Götter des Klassikums

Für die klassische Periode der Mayakultur sind im Vergleich mit dem aus späteren Epochen Bekannten zwei Feststellungen zu treffen: Zum einen zeigt die Durchmusterung des ikonographischen und epigraphischen Bestandes zahlreiche formale Ähnlichkeiten, die die späteren Epochen mit dem Klassikum verbinden. Andererseits tritt aber in der Klassik eine Fülle von Motiven auf, die aus dem Postklassikum nicht mehr bekannt sind. Obgleich während der rund siebenhundertjährigen Dauer der klassischen Epoche zahlreiche temporäre und lokale Sonderentwicklungen zu verzeichnen sind, lassen sich einige allgemeine Aspekte herausstellen.

Zum wesentlichen Inventar der religiösen Vorstellungen des Klassikums gehört an erster Stelle jenes Wesen, welches als Doppelköpfiger Drache allgegenwärtig auftritt und große Ähnlichkeiten mit dem postklassischen Itzamná aufweist. Sein Leib wird aus Elementen der Schlange, des Krokodils und der Eidechse gebildet; gelegentlich sind die Hufe eines Hirsches erkennbar. Die beiden Köpfe, je am Ende des Leibes angebracht, gleichen aufgerissenen Ungeheuerrachen. Der Körper ist bald mit

Himmelssymbolen, bald mit Zeichen für Erde oder Wasser bedeckt. Der hintere Kopf des Drachen zeigt in vielen Fällen Todessymbole in Form eines fleischlosen knöchernen Unterkiefers. Häufig treten an seinen Häuptern Maissymbole auf.

In der Architektur bildet der Leib des Drachen die Umrahmung von Türeingängen, wobei die Häupter zu beiden Seiten auf dem Boden ruhen können. Ein Element der spät-klassischen Architektur, besonders in Zentralyukatan, bilden die sogenannten Drachenmaulportale, welche mit ihren Details an die Darstellungen der Häupter des Doppelköpfigen Drachen erinnern und zugleich zahlreiche Anspielungen auf eine Maissymbolik enthalten (Abb. S. 270/271). Vielleicht stellen diese Portale mit den aufgerissenen Drachenmäulern den Eingang in das Erdinnere dar. Aus den Quellen der Kolonialzeit ergibt sich, daß Itzamná in einer seiner Verkörperungen als Erdungeheuer vorgestellt wurde.

Weist der Doppelköpfige Drache auch viele Züge auf, die uns von Itzamná überliefert sind, so ist doch festzustellen, daß mit diesem Wesen im Klassikum umfassendere Vorstellungen verbunden waren. Dies geht bereits aus der Tatsache hervor, daß ihm eine besondere Funktion zukam, die offensichtlich mit dem göttlichen Recht des Herrschers in Verbindung stand. Im Klassikum werden die Fürsten oft mit dem sogenannten Zeremonialbalken abgebildet, den sie vor der Brust tragen und der in seinen unterschiedlichen Spielarten eben den Doppelköpfigen Drachen darstellt. Sollte damit der Herrscher als irdische Verkörperung dieses weltumfassenden und weltbeherrschenden Wesens ausgewiesen werden? Verwandte Auffassungen werden ausgedrückt, wenn Herrscherfiguren unter dem nach oben gewölbten Körper des Drachen stehen oder der mit Himmelssymbolen bedeckte Leib dieser Gottheit eine Nische umschließt, in der eine menschliche Figur sitzt.

Ähnlich wie der Doppelköpfige Drache scheint auch eine andere Gottheit auf die herrscherliche Funktion anzuspielen. Es handelt sich dabei um den Gott, der in den Handschriften als Gott K auftritt und im Klassikum ebenfalls mit der nach oben gebogenen Nase und den schlangenartigen Charakteristika wiedergegeben wird (Abb. S. 175). Seine Funktion reicht im Klassikum aber erheblich weiter als in den späteren Epochen. Er erscheint meist als sogenanntes Gott-K-Zepter in der Hand des Herrschers oder blickt, mit Maissymbolen bedeckt, aus dem vorderen aufgerissenen Rachen des Doppelköpfigen Drachen, mit dem er offenbar in enger Schicksalsgemeinschaft steht (Abb. S. 175). Während der Drache aber, als Zeremonialbalken getragen, die weltumfassende Macht des Herrschers anspricht, steht der Gott K beziehungsweise das Gott-K-Zepter für die sich über die Generationen forterbende göttliche Legitimation des Herrschers und der Dynastie. Hierfür spricht einmal die Übersetzung des Namens, den der Gott in Yukatan trug: Ah Bolon Dz'acab, »Herr der neun (vielen) Generationen«, obgleich nicht bekannt ist, ob Gott K im Klassikum diesen oder einen Namen mit ähnlicher Bedeutung führte. Zum anderen wird diese Interpretation durch seine Wiedergabe in Szenen gestützt, die in Palenque die Übertragung der Herrschergewalt schildern. Im Zusammenhang mit dem Thema Herrschaft und Machtausübung spielt schließlich der Jaguargott eine besondere Rolle. Entweder tritt er als mächtiger Beschützer des Herrschers auf, oder seine Attribute gehören zur Tracht des Fürsten als Ausdruck besonderer Macht. Außerhalb dieses Themenkreises verbinden sich mit dem Jaguar in der Mythologie die Vorstellungen von Unterwelt und Dunkelheit, denen als mythisches Gegenstück der nächtliche Himmel entspricht.

Fragen ergeben sich zum Auftreten des Regengottes Chac im Klassikum. Für dessen späte Phase in Yukatan ist sein Vorkommen zweifelsfrei belegt. Zu den typischen Merkmalen der Architektur dieses Gebietes, vor allem der Puuc-Region, gehören riesige, in sorgfältigem geometrischen Stil gearbeitete Masken, die sich durch gewaltige nach unten hängende und an ihrem Ende eingerollte Nasen auszeichnen (Abb. S. 272). Seltener sind diese Nasen nach oben gewendet. In der Archäologie werden diese Masken, die bald einzeln, bald in Maskentürmen auftreten, als Darstellungen des Chac, des Regengottes der Handschriften, gedeutet. In der Tat findet sich die aus den Codices bekannte Namenshieroglyphe des Chac gelegentlich in Uxmal und im vortoltekischen Chichen Itzá. In den

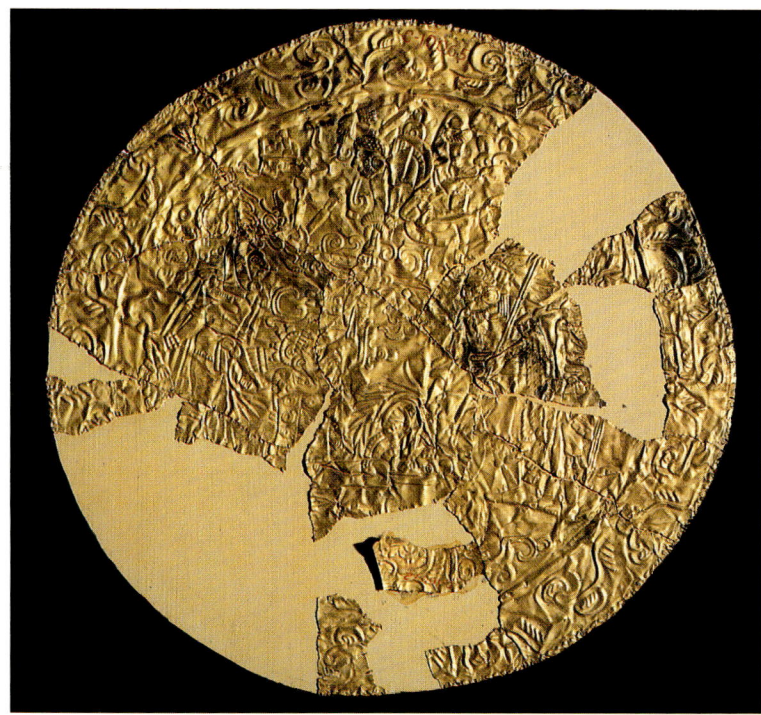

Linke Seite: Der Heilige Cenote im Norden von Chichen Itzá, durch eine Prozessionsstraße mit der Stadt verbunden, war ein Kultplatz, der seit früher Zeit das Ziel von Wallfahrten war, ein Brauch, der auch noch nach der Eroberung heimlich praktiziert wurde. Von einer Platt-

form am Rand der Doline wurden zu Ehren des Regengottes Weihegaben aller Art in das Wasser geworfen.

Oben und unten: Goldene Weihgaben aus dem Heiligen Cenote von Chichen Itzá.
Mexiko, Museo Nacional

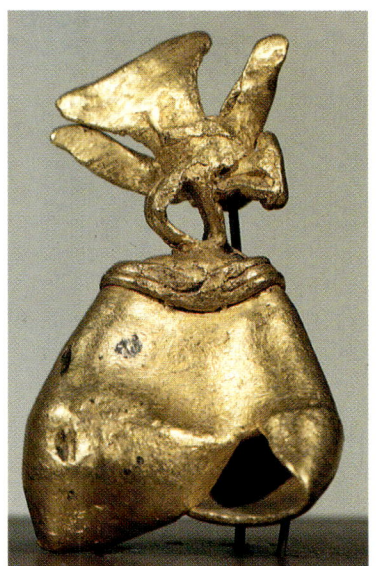

Vorhergehende Doppelseite: Das Drachenmaulportal des Gebäudes II von Chicanná. Wenigstens drei verschiedene Rachen bilden den Eingang in das Tempelinnere. Über der Tür ist in Vorderansicht der Oberkiefer eines Drachenhauptes angebracht, dessen Fang- und Reißzähne deutlich erkennbar sind. Mit geometrischen Voluten versehene viereckige Vertiefungen stellen die Augen dar. Die rechte und linke Seite des Einganges werden durch Schlangenköpfe im Profil gebildet, deren Augen mit der geometrischen Volute deutlich hervortreten. Darüber befinden sich die schräg nach oben gestellten Nasenpflöcke. Im unteren Teil, wo der Oberkiefer nach außen gewendet ist, erblickt man hinter den Zähnen als lange Bänder die gespaltenen Zungen der Reptilien. Rechts und links wird die Fassade von übereinandergesetzten Masken des Regengottes Chac mit ihren herabhängenden Nasen abgeschlossen.

Links: Masken des Regengottes Chac bedecken in Kabah die gesamte Fassade eines Bauwerkes von rund 45 m Länge. Die Merkmale seines Gesichtes sind zu geometri-

schen Elementen abstrahiert und mosaikartig zusammengesetzt. Das beherrschende Motiv ist die vorspringende rüsselförmige Nase. Die Augen werden von großen runden Steinzapfen gebildet. An den Seiten wird das Gesicht durch quadratische Ohrpflöcke begrenzt, an denen jeweils oben und unten Voluten angebracht sind, die ihr Vorbild in einem Pflanzenmotiv haben. Der untere Abschluß besteht aus den Zahnreihen des Rachens.

Rechts: Im Kriegertempel von Chichen Itzá verbinden sich mexikanische Vorstellungen mit solchen der Maya. Die den Eingang flankierenden Pfeiler sind als gewaltige Federschlangen gestaltet, deren Schwänze, an denen man die Rasseln der Klapperschlange deutlich erkennt, einst den Architrav trugen. An den Fassaden erscheint ein Motiv der Mayareligion: Masken des Regengottes Chac mit ihren herabhängenden Rüsselnasen.

Folgende Doppelseite: Tonmodell eines Ballspielplatzes mit Spielern und Zuschauern. Nayarit, Länge 41 cm. Mexiko, Museo Diego Rivera

Fällen, in denen die Nase aufwärts gewendet ist, könnte es sich jedoch um Darstellungen des Gottes K (Ah Bolon Dz'acab) handeln, der in vielen Details seiner Erscheinung dem Chac ähnelt.

Nicht mit der gleichen Eindeutigkeit läßt sich hingegen das Auftreten des Gottes mit der herabhängenden Nase, wie er aus Yukatan bekannt ist, für die südlichen Tieflandsprovinzen belegen. Es gibt zwar gelegentlich Darstellungen einer Gottheit mit nach unten gebogener Nase, deren Kopf mit Wassersymbolen gekennzeichnet ist, sich in den Einzelheiten der Wiedergabe aber stark von dem charakteristischen Kopf des yukatekischen Regengottes unterscheidet. Andere Darstellungen, die dem Bild des Chac ähnlicher sind, zeigen nur andeutungsweise eine herabhängende Nase und gleichen in ihren wesentlichen Charakteristika eher dem Gott K. Das Vorbild jenes Kopfes mit den Wassersymbolen ist das sogenannte Cauac-Ungeheuer *(cauac* ist die yukatekische Form eines Wortes, welches in vielen Mayadialekten auftritt und die Bedeutung »Sturm, Donner, Regen« besitzt). Es handelt sich dabei um eine Regengottheit, die durch einen Monsterkopf mit reptilartigen Zügen dargestellt wurde und besonders während des Spät-Klassikums in den südlichen Tieflandsprovinzen auftritt. Offensichtlich gab es während des Klassikums zwei verschiedene Traditionen in der Darstellung der Regengötter, hinter denen aber die gleichen Vorstellungen standen. Im Postklassikum sind beide Überlieferungen mit-

einander verbunden: Der Dresdener Codex zeigt den Regengott Chac, der auf dem Kopf des Cauac-Ungeheuers sitzt.

Eindeutig ist im Klassikum die Präsenz das Maisgottes festzustellen. Wie in späteren Epochen wird er als junger Mann mit Maisblätterschopf wiedergegeben.

In der Kunst des Klassikums, die allenthalben mit mythologischen Vorstellungen durchwirkt ist, treten zahlreiche weitere göttliche Wesen auf. Sie vereinen meist tierische (reptilartige) und pflanzliche Züge (Maislaub, Maiskörner, Seerosen und anderes), wie etwa das sogenannte Erdungeheuer, oder sie sind mythische Mischwesen aus Vogel- und Schlangenmotiven, wie der Muan-Vogel, der ein Repräsentant der dreizehnten Himmelsregion ist.

Zahlreiche Einzelheiten, die zur Darstellung religiöser Themen in der Mayakultur gehören, können bisher nicht hinreichend gedeutet werden. Zwar bestehen Gemeinsamkeiten mit den religiösen Vorstellungen der anderen mesoamerikanischen Völker. Die komplexen und vielschichtigen Anschauungen der Maya jedoch, insbesondere in ihrer einmaligen Ausprägung während des Klassikums, sind weitgehend mit dem zweifachen Zusammenbruch der alten gesellschaftlichen und politischen Ordnung und dem Untergang der Führungsschicht, zunächst am Ende des Klassikums und sodann durch die Conquista, in Vergessenheit geraten. Sie können nur schrittweise durch Sichtung des archäologischen Materials, durch

Fortschritte in der Glyphenentzifferung und durch vorsichtige Nutzung des Wissens über andere mesoamerikanische Kulturen erschlossen werden.

Das Ballspiel

Das rituelle Ballspiel zählt zu den charakteristischen Zügen der Kulturen Mesoamerikas. Seine Anfänge lassen sich schon im Präklassikum nachweisen. Neben den Pyramiden sind die Ballspielplätze oft die imposantesten Bauwerke der großen zeremoniellen Zentren, was ihre Bedeutung im Leben dieser Völker nur unterstreicht.

Das Spiel, bei dem ein Vollgummiball mit dem Gesäß oder der Hüfte durch die Luft geschleudert wurde, fand die Aufmerksamkeit der spanischen Eroberer, und Cortés hielt es gar für so eindrucksvoll, daß er indianische Spieler bei einer Reise nach Europa mitnahm, die ihre Kunst selbst am königlichen Hofe vorführten. Angesichts solch offenkundigen Interesses der Spanier an dem für sie fremdartigen Spiel verwundert es, daß die Chronisten des 16. Jahrhunderts eher spärliche Beschreibungen davon liefern. Zusätzliche Informationen vermitteln zum Glück aber einige der indianischen Bilderhandschriften sowie archäologische Zeugnisse. Vor allem bezüglich der Bewegungsabläufe können außerdem Restformen des Spiels Auskunft geben, die sich im Nordwesten Mexikos erhalten haben und von Ted Leyenaar beschrieben worden sind.

Die Spielplatzanlagen

Bei den Ballspielplätzen lassen sich verschiedene Grundtypen unterscheiden. Die einfachste Form bestand aus einem ebenen Feld, das durch Markierungen auf dem Boden abgegrenzt war. In dieser Art konnte Durán das Spiel noch in der zweiten Hälfte des 16. Jahrhunderts häufig beobachten. Dabei handelte es sich, wie er selbst mit Bedauern feststellte, um eine Rückentwicklung, denn es fehlten die gemauerten Wände und die Zielringe. Die ersten Missionare hatten offenbar richtig den religiösen Charakter des Spieles erkannt und deshalb die Bauten – wie einer von ihnen berichtete – als »Tempel des Bösen« zerstört. Unsere Kenntnis der Architektur der Ballspielplätze stützt sich aus diesem Grunde überwiegend auf archäologische Zeugnisse vorangegangener präkolumbischer Kulturen.

Die einfachste Anlage, die für einen Archäologen klar als Ballspielplatz erkennbar ist, besteht aus einem länglichen Rechteck, das an den Langseiten von zwei parallelen Wänden begrenzt ist, während die Schmalseiten offen bleiben. Diese Grundform hat in verschiedenen Varianten weite Verbreitung gefunden. Eine Abart, bei der ein rechteckiger, manchmal fast quadratischer Platz auf allen vier Seiten von Mauern umgeben ist, blieb anscheinend auf das Hochland von Guatemala beschränkt. Ab etwa dem Mittel-Klassikum hat sich mehr und mehr eine Bauform durchgesetzt, bei der das längliche Spielfeld an beiden

Oben: Der Ballspielplatz von Xochicalco im Hochland von Mexiko. Die Anlage zeigt den typischen Grundriß in Form eines doppelten T. Niedrige Böschungen und senkrechte Prallwände, an denen die beiden Zielringe angebracht sind, begrenzen das Spielfeld. Die Schmalseiten bildeten den Zielraum, der von der jeweiligen Mannschaft zu verteidigen war.

Rechte Seite: Ballspielplatz in Monte Albán. Das Spielfeld ist gegenüber dem Niveau der Umgebung eingesenkt.

Unten: Zielring des Großen Ballspielplatzes von Chichen Itzá. Hatte eine Mannschaft das seltene Glück, den Ball durch einen solchen Ring zu schießen, war die Partie für sie gewonnen.

Enden durch ein quer angesetztes Rechteck erweitert ist und in seinem Grundriß einem spiegelbildlich doppelten T gleicht. Das wurde die charakteristische Form des mesoamerikanischen Ballspielplatzes, die in einer großen Zahl wichtiger Zentren anzutreffen ist und stets auch so in den Bilderhandschriften erscheint. Erstaunlicherweise fehlen solche Ballspielplätze in Teotihuacán. Dort hat es zwar nach Aussage von Wandmalereien bestimmte Formen des Ballspiels gegeben, das ja in vielen Varianten von Nord- bis Südamerika weit verbreitet war, es fehlen jedoch Hinweise auf die typisch mesoamerikanische Art.

Bezüglich der Länge der Plätze nannte Motolonía 36 Meter als etwaiges Mittelmaß, und Durán schätzte es auf 30 Meter beziehungsweise 45 bis 60 Meter inklusive der Ausbuchtungen. Diese Größenordnungen werden durch eine Übersicht vermessener archäologischer Plätze bestätigt, von denen die Mehrzahl Längen zwischen 20 und 50 Metern aufweist. Der große Platz von Chichen Itzá (Plan S. 102) mit einer Ausdehnung von 150 Metern bildet also eine deutliche Ausnahme. Unterschiede gibt es in der Form der Begrenzung des Spielfeldes, die aus senkrechten Wänden bestehen kann oder aus ansteigenden Böschungen, welche wiederum über einem Sockel von wechselnder Höhe ansetzen und verschiedene Neigungswinkel haben können, sowie bei den daran angebrachten Markierungspunkten. In einigen Fällen fehlen diese überhaupt; manchmal, zum Beispiel in Copán (Abb. S. 183), haben

sie die Form von Vogelköpfen, meist aber sind es steinerne Ringe seitlich der Mittellinie (Abb. S. 276). Solche Varianten machen deutlich, daß die Spielweise von Ort zu Ort, eventuell auch zwischen verschiedenen Plätzen eines Ortes, zumindest im Detail, differierte.

Die Spielregeln

Neben dem bereits erwähnten Abfangen und erneuten Wegschlagen des Balles mit dem Gesäß oder der Hüfte war nach Durán auch der Einsatz des Knies erlaubt. Bei der Berührung mit anderen Körperteilen gab es Strafpunkte. Die einander gegenüberstehenden Mannschaften waren bemüht, den Ball so lange wie möglich im Spiel zu halten, ohne daß er den Erdboden berührte. Gute Spieler schafften dies sogar eine ganze Stunde lang. Besondere Bedeutung kam der auf dem Boden gezogenen Mittellinie zu, denn sie mußte vom Ball, und sei es nur rollend, unbedingt überquert werden, wenn ein Fehler vermieden werden sollte. Die Rechtecke an den Schmalseiten des Platzes entsprachen in ihrer Funktion etwa den Toren bei heutigen Ballspielarten. Wenn eine Mannschaft merkte, daß ihre Seite gefährdet war, bildete sie deshalb davor eine Mauer, um den Ball und gegnerische Spieler abzuwehren. Über die Bedeutung der Ringe sind sich die Chronisten des 16. Jahrhunderts einig: Wenn es gelang, den Ball hindurchzutreiben, war das Spiel – offenbar unabhängig vom

Punktstand – gewonnen. Motolinía räumt allerdings ein, daß dieses Kunststück nur selten gelang.

Die Zahl der Spieler konnte variieren. Nach Motolinía spielten zwei gegen zwei, drei gegen drei oder auch zwei gegen drei. Auf den Reliefs am Ballspielplatz von Chichen Itzá sind Mannschaften von je sieben Spielern abgebildet. Gerade bei einem so großen Platz liegt aber der Gedanke nahe, daß in der Praxis mehr Spieler mitwirkten, die Darstellungen also nur die jeweiligen Anführer zeigen. Nicht zuletzt der Hinweis von Durán, daß zur Abwehr des Balles eine Mauer gebildet wurde, vermittelt den Eindruck einer größeren Anzahl von Spielern, über die er jedoch keine genauen Angaben macht.

Die Spezialausrüstung der Spieler bestand in ihrer einfachsten Form aus einem Lederschurz und aus Handschuhen. Letztere sollten eine Verletzung der Hand beim Aufstützen auf den Boden verhindern. Weiteres Schutzgerät ist auf Reliefs mit Ballspieldarstellungen zu erkennen, etwa ein Helm in Dainzú, Knie und Armschutz in Chichen Itzá sowie in El Tajín drei Objekte im Hüftbereich, die in ihrer Form den als Yugo (Joch), Palma und Hacha (Axt) bezeichneten Steingegenständen gleichen (Abb. S. 278, 279). Erst vor wenigen Jahrzehnten gelang Gordon Ekholm der Nachweis, daß die betreffenden steinernen Gegenstände Nachbildungen der aus leichteren Materialien gefertigten Ausrüstungsgegenstände von Ballspielern sind. Wie wichtig ein Schutz der Magengegend durch eine

Oben und rechte Seite oben: Die Szenenfolge der Reliefs am südlichen Ballspielplatz von El Tajín dokumentiert den rituellen Charakter des Ballspiels: Rede und Gegenrede vor dem Spiel und die Opferung des Verlierers.

Unten: Steinjoch aus El Tajín. Länge 40 cm, Breite 38 cm. Wien, Museum für Völkerkunde

Rechte Seite unten: Palmas aus Veracruz, Höhe 41 und 38 cm. Jalapa, Museo de Antropología

Die Ballspielplätze waren verschieden groß, aber... immer schmal in der Mitte und an den Enden breit. Die Winkel an den Endteilen waren mit Absicht so angelegt, daß die Spieler einen dort hineingelangten Ball nicht mehr erreichen konnten und einen Fehler machen mußten... An den viereckigen Kopfteilen der Spielfelder war für viele Spieler Platz, die dort abwartend standen und die Aufgabe hatten, den Ball nicht in diesen Teil des Spielfeldes kommen zu lassen. Die Hauptspieler befanden sich in der Feldmitte, sie standen dort ihren Gegenspielern gegenüber, genauso, wie man im Kampf einem anderen Gegner gegenübersteht.

Nur mit den Hinterteilen wurde gespielt und mit den Knien, mit der Hand durfte der Ball nicht berührt werden, auch nicht mit dem Fuß, dem Arm oder der Wade, das galt als Fehler. Beide Parteien bemühten sich, den Ball nicht zum Stillstand kommen zu lassen.

Die Spieler... trugen außer ihren Lendenschurzen nur einen Körperschutz aus Hirschleder, damit die Haut vom Erdboden nicht zerschunden wurde. Sie hatten eine Art Handschuh an, um die Hände zu schützen, mit denen sie sich oft am Boden abstützten.

In der Mitte der Mauern waren einander gegenüber zwei Steine in die Wände eingelassen, die ein Loch in der Mitte hatten... Derjenige, der zuerst den Ball hindurchbrachte, war der große Sieger. Die Steine hatten außerdem die Bedeutung, das Spielfeld zu teilen, denn

zwischen ihnen auf dem Boden verlief eine schwarze oder grüne Linie von Wand zu Wand. Der Ball hatte immer über diese Linie zu gehen, wenn nicht, verlor man... Einige Ballspieler spielten mit so viel Geschick, daß sich der Ball während einer ganzen Stunde ohne Fehler von einem Ende des Ballspielplatzes zum anderen bewegte, und das, ohne die Hände zu benutzen! Wer den Ball durch das Loch des Steines brachte, wurde von allen freudig umringt und geehrt, man sang ihm Loblieder, und die besonders guten Spieler wurden von den Herrschern wie tapfere Krieger belohnt.

Ein besonderer Trick war, daß der Spieler, wenn er den Ball durch die Luft kommen sah, seine Knie oder das Gesäß so in Position brachte, daß er den Ball direkt aus der Luft mit hoher Geschwindigkeit zurückspielte. Von diesen Flugbällen erlitten sie oft an Knie und Hüfte solche Blutergüsse, daß die Stelle mit einer kleinen Obsidianklinge aufgeschnitten werden mußte, um das Blut abzulassen. Manchmal wurden Spieler auch tot vom Platz getragen. Der Grund hierfür war, daß sie ermattet und ohne Pause von einem Ende zum anderen dem Ball nachjagten, ihm entgegensprangen und der Ball dabei dann auf den Unterleib oder den Magenausgang aufschlug. Von einem solchen Schlag gingen die Spieler zu Boden, und einige starben durch den Aufprall, nur weil sie den Ball früher als ein anderer kriegen wollten.

Fray Diego Durán über das Ballspiel bei den Azteken

Palma sein konnte, bezeugt die Aussage von Durán, daß Spieler, die dort auf den nackten Körper getroffen wurden, bisweilen tot umfielen.

Gespielt wurde nach Überlieferung der spanischen Chronisten um Gewänder, Schmuckstücke verschiedener Art oder auch Sklaven. Nur bei dem indianischen Geschichtsschreiber Tezozomoc ist eine Beziehung des Ballspiels zum Menschenopfer kurz angedeutet, die jedoch durch archäologische Zeugnisse vielfältige Bestätigung findet. Durch die Opferung unterlegener Spieler glich es gar einem Kampf auf Leben und Tod.

Der religiöse Charakter des Spieles

Nach Auskunft der indianischen Bilderhandschriften wurde das Ballspiel von Göttern, von Fürsten oder von Priestern in der Tracht von Göttern ausgeübt. Das unterstreicht seine enge Beziehung zur Religion und zur gesellschaftlichen Oberschicht. Das gleiche Bild vermittelt auch das Popol Vuh, das heilige Buch der Quiché in Guatemala. Von den Chronisten des 16. Jahrhunderts schildern Durán und Sahagún das Spiel vor allem als einen Zeitvertreib der Fürsten, während in der Beschreibung von Motolinía, der früher nach Mexiko gekommen war, die religiösen Aspekte deutlicher zutage treten. Durán berichtet auch von berufsmäßigen Spielern, die ihre Kunst zur Unterhaltung des einfachen Volkes vorführten und meist in ärmlichen Verhältnissen lebten. Dabei handelt es sich offenbar um eine verflachte Nachahmung des rituellen Spiels.

Der betont religiöse Charakter des präkolumbischen Ballspiels geht nicht nur aus der Tatsache hervor, daß Spielplätze und einzelne Spiele Patronatsgötter besaßen (Abb. S. 157), sondern auch aus den komplexen Zeremonien anläßlich der Einweihung eines neuen Platzes und vor dem Beginn eines Spieles, bei denen in bestimmten Fällen das Blut eines Geopferten über den Platz verteilt wurde. Schließlich zeigt er sich auch ganz allgemein in der Einbettung des Ballspiels in den Zyklus der religiösen Feste.

Man nimmt an, daß die Bewegung des Balles über das Spielfeld eine symbolische Bedeutung hatte. Vor allem Eduard Seler und später Walter Krickeberg haben die These vertreten, es handle sich dabei um ein Nachvollziehen des Laufes von Gestirnen – etwa Sonne und Mond, Sonne und Morgenstern, Morgen- und Abendstern – oder auch um den Kampf von Tag und Nacht, Hell und Dunkel, wie es durch unterschiedliche Färbungen der Hälften des Platzes in Codices und möglicherweise auch durch das Spiel zwischen dem schwarzen und dem roten Tezcatlipoca im Codex Borgia nahegelegt wird. Diese Interpretation wirkt recht plausibel und ist weithin akzeptiert worden, obwohl sie sich aus den überkommenen Quellen nicht mit Sicherheit belegen läßt. Für einen Bezug zur Sonne könnte etwa die Darstellung von Quetzalcoatl und Xolotl als Patrone des Ballspiels im Codex Magliabechi sprechen, da Xolotl als Sonnenträger bekannt ist, ebenso der Aufstieg der im Spiel siegreichen Heroen des Popol Vuh als Sonne und Mond sowie die Verbindung von Ballspiel und Sonne auf einem mixtekischen Pektoral aus Monte Albán. Zweifel gegen diesen Zusammenhang wie auch gegen jede astrale Deutung ließen sich allerdings durch den Umstand nähren, daß die mesoamerikanischen Ballspielplätze in ihrer Ausrichtung keine Präferenz für bestimmte Himmelsrichtungen erkennen lassen.

Sicherer dokumentiert ist – zumindest für das End-Klassikum – die enge Verbindung von Ballspiel und Menschenopfer sowie mit Kampf und Krieg. Der Ball wird oft als Totenkopf dargestellt, etwa in Chichen Itzá (Abb. S. 98/99), wo sich wie in Tenochtitlán das Schädelgerüst bezeichnenderweise am Rande des Ballspielplatzes befand. Eine Beziehung zu den Kriegerorden der Jaguare und Adler geht nicht nur aus den Reliefs in Chichen Itzá hervor, sondern liegt möglicherweise auch denjenigen am südlichen Ballspielplatz von El Tajín zugrunde (Abb. S. 278, 279). Nach der Deutung von Ellen Spinden und leicht variierenden Interpretationen von Walter Krickeberg und José García Payón ist hier die Aufnahme eines Novizen in den Militärbund der Adler dargestellt, ein Erklärungsansatz, der im Gegensatz zu einer jüngeren astralen Auslegung von Carmen Cook de Leonard als nicht aus der Luft gegriffen erscheint. Die vorgeschlagene Reihenfolge mit der für Mesoamerika ungewöhnlichen Drehung im Uhrzeigersinn kann allerdings nicht ganz überzeugen. Einleuchtender wäre – nicht zuletzt auch vom Inhalt der Bilder her – die Abfolge über Kreuz: Vorbereitung im Südosten, rituelle Wechselreden vor dem Spiel im Nordwesten, Opferung des Verlierers im Nordosten und Ehrung des Siegers im Adlerbund im Südwesten.

Unmittelbar einsichtig ist die symbolische Beziehung zwischen dem nach dem Ballspiel vollzogenen Menschenopfer und der Fruchtbarkeit, vor allem im Bereich des Akkerbaus: Das Blut, das aus dem enthaupteten Spieler von Chichen Itzá spritzt, verwandelt sich in blühende Pflanzen und in Schlangen (Abb. S. 98/99), die zum Bereich des Regengottes gehören. Auf Reliefs im Umkreis von El Tajín ragen sieben Schlangen aus dem Hals des Geopferten, was nach Ansicht von Alfred Tozzer sogar ein früher Hinweis auf die spätere aztekische Maisgöttin Chicome Coatl, »Sieben Schlange«, sein könnte.

Nicht alle religiösen Aspekte des Ballspiels werden sich eindeutig klären lassen. Seine Blütezeit lag im End-Klassikum mit Zentren wie Tula, Xochicalco, Chichen Itzá und El Tajín. Mehr als dreihundert Jahre später, als die Spanier ins Land kamen, waren manche Züge aus jener Zeit bereits verblaßt.

Figur eines Ballspielers aus der Mayakultur. Der Mann hat den dicken Unterleibsschutz gegen den harten Ball angelegt, eine gepolsterte Lederkappe schützt sein Knie beim Aufstützen auf den Erdboden. Die 12 cm hohe Tonstatuette war einst bunt bemalt und stammt von der Insel Jaina.
Mexiko, Museo Nacional

Architektur

ARCHITEKTUR ist kein eindeutiger Begriff. Zum einen verstehen wir darunter spezialisierte Kenntnisse und Techniken, zum anderen das Ergebnis ihrer Anwendung, aus dem auf die ersteren zurückgeschlossen werden kann. Im Alten Amerika sind die Werke der Architekten sogar unser alleiniger Zugang zu deren Wissensschatz, denn keine einzige authentische Aussage, kein Lehrbuch, kein Entwurf sind uns überliefert. Die Baumeister, welche die hergebrachten Leitbilder in konkreten Bauten zu verwirklichen hatten, bleiben immer unbekannt. Die folgende Darstellung der Baukunst Mesoamerikas ist deshalb eine Interpretation mit allen ihren Risiken.

Architektur wird hier in einem sehr weiten Sinn gesehen werden, beschränkt sie sich doch nicht auf Planung, Ausführung und Gestaltung einzelner Bauwerke, sondern umfaßt auch die Ordnung des sie umgebenden Raumes und sogar des gesamten Gefüges von Bauten einer Siedlung, selbst wenn dieses uns noch so planlos erscheinen mag. Die Prinzipien, die die indianischen Architekten leiteten, standen jedoch niemals isoliert, sondern waren Teil ihrer Kultur, geprägt von deren religiösen Vorstellungen, den wirtschaftlichen Gegebenheiten, der politischen Ordnung wie vom gesellschaftlichen Leben. Deshalb vermitteln Siedlungen und Bauten nicht nur ein Bild ihrer ästhetischen Prinzipien, sondern gewähren darüber hinaus Einblicke in viele andere Bereiche vergangener Kulturen.

Der geordnete Raum – Stadtplanung

In der frühen Zeit zogen die Jäger und Sammler nach den Erfordernissen ihrer Nahrungssuche durch ein einigermaßen festgelegtes Territorium und schlugen in der Nähe

Im heute fast menschenleeren Inneren der Halbinsel Yukatan bezeugen zahllose Ruinen eine reiche Bautätigkeit im späten Klassikum. Das Gebäude in Hochob, einem Ort im Chenes, wird von einem hohen Dachkamm überragt, wie er für die Architektur der Maya typisch ist. Die extrem steile Treppe erinnert an Bauten der Río-Bec-Region.

günstiger Jagdplätze oder reifender Früchte ihre Lager auf, die nur kurzfristig benutzt wurden und von denen nach ihrer Aufgabe kaum andere Spuren als die Abfälle blieben. Für diese Lager wurden geschützte Plätze in Höhleneingängen und unter überhängenden Felsdächern bevorzugt. Erst die verstärkte Nutzung ertragreicher Pflanzen und der beginnende Anbau ermöglichten die Beibehaltung desselben Wohnplatzes während eines längeren Teiles des Jahres und damit einen größeren Aufwand bei seiner Einrichtung, der die Abhängigkeit von natürlichen Schutzlagen minderte.

Der Übergang zu Dauersiedlungen erfolgte nur allmählich. Zugleich traten immer deutlicher Bauten auf, die sich durch eine besondere Anordnung und Ausführung abhoben. Sie bildeten politische und religiöse Mittelpunkte in den größer werdenden Siedlungen. Aber nicht nur in den einzelnen Siedlungen machte sich stärkere Differenzierung bemerkbar, auch zwischen ihnen zeichneten sich Unterschiede ab. Zuerst kam es bei den Olmeken im Mittel-Präklassikum zur Ausbildung bedeutender Zentren. Sie fallen nicht nur wegen ihrer Größe oder der Zahl der dort gefundenen Monumente auf, sondern auch wegen der bemerkenswert durchgeplanten Anlagen. An den beiden einzigen bisher eingehender untersuchten Fundorten, La Venta und San Lorenzo, tritt der Kernbereich schon durch seine Lage auf einem das umgebende flache Schwemmland überragenden Hügel hervor. Dessen Oberfläche ist nach einer großen planerischen Idee künstlich umgestaltet, erweitert und eingeebnet worden; insbesondere wurde eine Ausrichtung nach den Kardinalpunkten angestrebt. Beherrschendes Prinzip war eine spiegelbildlich-symmetrische Disposition entlang einer Mittelachse, die besonders in La Venta deutlich ausgebildet ist.

In der folgenden Zeit läßt die innere Planung der Siedlungen eine große Spielbreite erkennen. Auf der einen Seite gibt es die extrem rigide Durchsetzung eines Planungskonzeptes wie in Teotihuacán (Abb. S. 136/137), wo ein

Achsenkreuz (15° 30' östlich von Nord) von zwei Straßen oder Schneisen eine rechtwinklige Gliederung vorgab, die bis in entfernte Teile der Stadt für die mehr als 2000 rechteckigen Wohnblocks mit Seitenlängen zwischen 50 und 70 Metern eingehalten wurde. Daß in Teotihuacán Planung und Vermessung eine wichtige Rolle spielten, zeigen die zahlreichen Markierungskreise, die in die Stuckfußböden eingeritzt wurden und deren Verbindungslinien oft das Stadtraster weit über die Grenzen der Siedlung hinausführen. Ein ähnlicher schachbrettartiger Stadtplan galt auch für die Hauptstadt der Azteken, Tenochtitlán (Plan S. 216), oder für die späte Mayastadt Tulúm (Abb. S. 106).

Das andere Extrem bilden Städte wie die Mayastadt Mayapán, bei denen keine einheitliche Ausrichtung nach den Himmelsrichtungen, ja überhaupt kaum ein Ordnungsprinzip erkennbar ist. Die Wohnhäuser mit den sie umgebenden unregelmäßigen Steinmäuerchen machen den Eindruck völlig willkürlicher Anordnung. Ähnlich werden auch viele der postklassischen Siedlungen des mexikanischen Hochlandes ausgesehen haben. In diesen Städten beschränkte sich die Planung zumeist auf die kleinräumige Anordnung von Bauten, die aufeinander funktional bezogen waren, vor allem innerhalb der zeremonialen Baukomplexe.

In den letzten Jahrzehnten erhielt ein Aspekt der Stadtplanung besondere Aufmerksamkeit: die Orientierung von Bauten nach astronomischen Punkten, wie denen des Auf- oder Untergangs der Sonne oder prominenter Sterne am natürlichen Horizont an bestimmten Tagen des Jahres. So weist in Palenque eine Visierlinie vom Portal des Kreuztempels über die Front des Inschriftentempels zum Sonnenuntergangspunkt am Sommersolstitium, während die Achse des Sonnentempels den Sonnenaufgangspunkt des Wintersolstitiums anpeilt. Zeichnungen postklassischer Bilderhandschriften zeigen, daß mit Hilfe einfacher Visiereinrichtungen »Astronomie mit bloßem Auge« (Anthony Aveni) betrieben wurde. Vereinzelt sind auch Bauwerke eigens für diesen Zweck errichtet worden, wie zum Beispiel der »Caracol« in Chichen Itzá (Abb. S. 370), Schächte für Zenitbestimmungen in Xochicalco und im Gebäude P in Monte Albán. Visierlinien stellen zuweilen auch Beziehungen ohne astronomische Bedeutung zwischen einzelnen Bauten her.

Stadtplanung bedeutete nicht nur die Festlegung der inneren Konzeption eines Zentrums oder einer Siedlung, sondern auch die Auswahl geeigneter Lagen. Noch fehlen hierfür eingehende Untersuchungen, so daß nur Tendenzen aufgezeigt werden können. Die Zentren des olmekischen Horizontes wurden in offenen Lagen errichtet, im Küstenschwemmland auf überflutungssicheren Hügeln (La Venta, Tres Zapotes, Cerro de las Mesas), in Flußauen der Gebirgsländer (Tlacozotitlán, Chiapa de Corzo) oder vergleichbaren Uferzonen von Binnenseen (Tlapacoya,

Links: Die in der Übergangszone zwischen der Gebirgsregion und dem Flachland gelegene Mayastadt Palenque kennzeichnet die dem natürlichen Geländerelief angepaßte, durch Freiräume aufgelockerte Anordnung der Gebäude.

Oben: Teotenango liegt auf einem schwer zugänglichen Bergplateau im zentralmexikanischen Hochland. Die befestigte Anlage besteht aus kompakt geschichteten Hofgevierten und ist im Planungsschema wie in den Gebäudeformen stark von Teotihuacán beeinflußt.

Cuicuilco). Im Spät-Präklassikum wählte man sowohl Bergkuppen (Monte Albán) als auch Talbecken (Kaminaljuyú, Cholula). Im Protoklassikum und Klassikum wurden Talregionen bevorzugt, wobei die Lage an überregionalen Verkehrswegen zunehmende Bedeutung gewann (Teotihuacán, Tikal, Copán, Quiriguá). Ausgesprochene Befestigungsanlagen sind nur in Einzelfällen nachgewiesen worden (Becán, Wallabschnitte nahe Tikal). Mit dem Ende des Klassikums verstärkten sich uneinheitliche Tendenzen: Bergkuppen mit Befestigungsanlagen, die oft die Gestalt von Ringmauern annehmen (Xochicalco, Cacaxtla), sind besonders auffällig, aber man wählte auch offeneres Gelände (Tula, Lambityeco), zum Teil mit nahe gelegenen Anhöhen, die als Fluchtburgen ausgebaut wurden (Yagul, Mitla). Auch Plätze in den Randzonen Mesoamerikas erhielten damals regelrechte Befestigungen (La Quemada, Abb. S. 79; Las Ranas). Als im Verlauf des Postklassikums immer unruhigere Zeiten anbrachen, wurden auch die Siedlungen des zentraleren Mesoamerika zunehmend nach Sicherheitsgesichtspunkten angelegt. Im

Grenzbereich aztekischer Macht entstanden vereinzelte Festungen wie Oztomán in Guerrero und das von Cortés besuchte Iztacamaxtitlán in Tlaxcala. Besonders in Guatemala lagen bald alle Hauptorte auf unzugänglichen, von Schluchten eingerahmten Geländesspornen (Iximché, Zaculeu, Utatlán, Mixco Viejo). In den Landschaften Yukatans, die keine natürlichen Schutzlagen bieten, entstanden Städte mit Stadtmauern (Mayapán, Tulúm, Abb. S. 106, Ichpaatún), deren defensive Bedeutung aber gegenüber der demonstrativen nicht zu hoch eingeschätzt werden sollte.

Neben diesen allgemeinen Tendenzen wirkten immer wieder besondere Faktoren bei der Anlage einzelner Plätze mit, etwa der Zugang zu Rohmaterialien wie in Chalchihuites und Huapalcalco oder die Errichtung einer astronomischen Beobachtungsstation unmittelbar am Wendekreis, ebenfalls in Chalchihuites. Auch natürliche Häfen gaben Veranlassung zur Errichtung von Siedlungen, zum Beispiel in Xelha und Xcaret.

Über die Ordnung des Raumes zwischen den Städten ist wenig bekannt. In der kaum gegliederten Landschaft Yukatans scheint die Verteilung der Siedlungen aber sechseckige Muster zu bilden, in denen die Entfernungen gleichwertiger Orte voneinander beziehungsweise zu einem Zentrum ungefähr gleich waren. Nur im mittleren und nördlichen Yukatan wurden verschiedene Zentren durch ausgebaute Straßen miteinander verbunden. Der

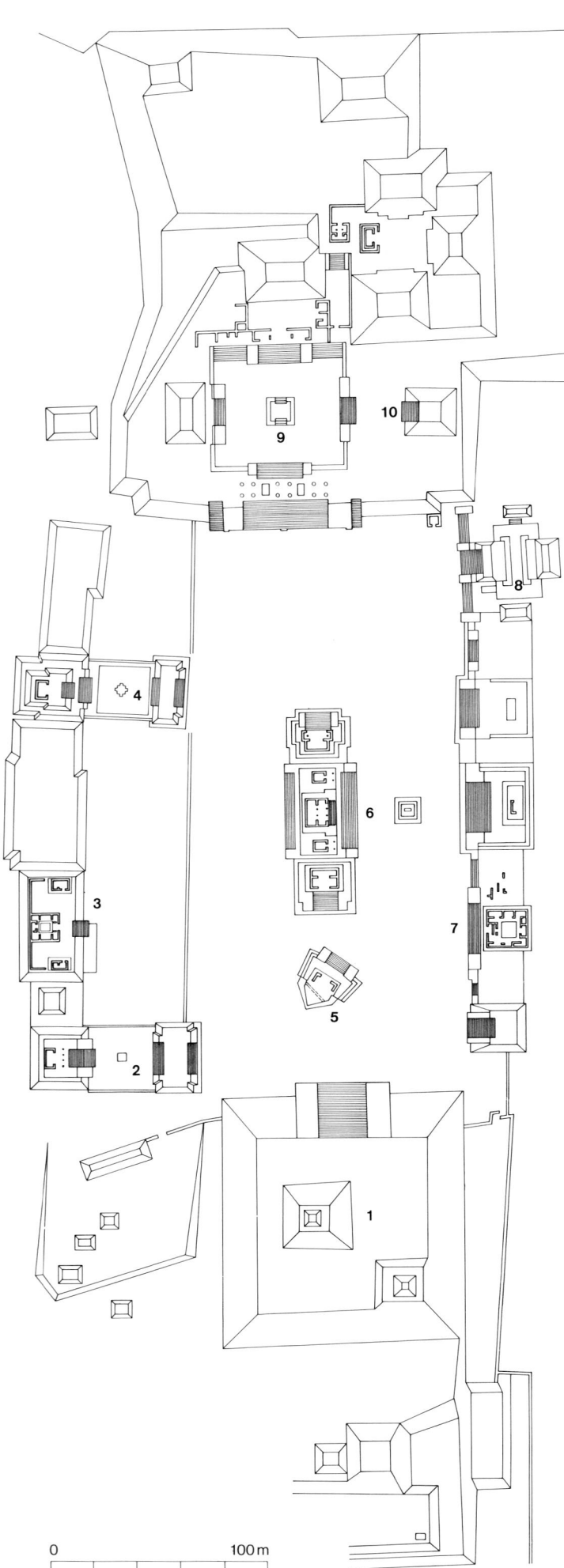

Plan des Zeremonialzentrums
von Monte Albán

1 Südliche Plattform
2 Gebäude (Tempel) M
3 Gebäude der »Danzantes«
   (Abb. S. 52/53)
4 System IV (Abb. S. 71)
5 Gebäude J (»Observatorium«)
   (Abb. S. 55)
6 Mittlere Plattform (Abb. S. 70)
   (Tempel G, H, I)
7 Gebäude S
8 Ballspielplatz (Abb. S. 277)
9 Nördliche Plattform
   (Abb. S. 289)
10 Pyramide A

Vorhergehende Doppelseite: Monte Albán, Luftbild von Norden. Bei dem weitläufigen Zeremonialbezirk auf einem Bergrücken über dem Tal von Oaxaca sind die zahlreichen Gebäude weitgehend nach dem Prinzip der Axialsymmetrie angeordnet. Im Zusammenspiel von exponierter Lage und monumentaler architektonischer Gestaltung entstand hier wahrlich eine Stätte des Kultes und der Götter.

Rechts: Die nördliche Begrenzung des Zeremonialbezirks von Monte Albán bildet eine etwas höher gelegene Pyramidengruppe. Die Gebäude reihen sich um einen eingesenkten Hof, der vom Hauptplatz nur über eine Treppenplattform mit Säulenaufbauten zugänglich ist. Im Zentrum des Hofes steht ein Altar.

dafür erforderliche bauliche Aufwand war trotz des recht flachen Geländes beträchtlich. Die Straßen bestanden aus Geröll, das an den Rändern mit großen Steinblöcken befestigt wurde. Die Oberfläche war mit einer völlig ebenen Stuckschicht bedeckt, auf die der Name *sacbe* (»weißer Weg«) zurückgeht. Die mehrere Meter breiten Straßen verliefen schnurgerade und wurden über die teils sumpfigen Einsenkungen des welligen Karstlandes auf hohen, aus Steinen gemauerten Dämmen hinweggeführt. Die längste ging von Cobá, nahe der Ostküste Yukatans, nach Yaxuná, südlich von Chichen Itzá, und erreichte eine Länge von annähernd 100 Kilometern. Sie ist auch heute im Gelände noch teilweise gut zu erkennen. Zumeist verbanden die Straßen aber nicht weit voneinander entfernte Städte, sondern die benachbarten abhängigen Orte mit den Zentren oder auch nur isolierte Baugruppen mit dem Hauptkomplex. In Chichen Itzá verlaufen die modernen Fußwege zum Heiligen Cenote und zum »Templo de los Tres Dinteles« auf alten Straßen.

Im mexikanischen Hochland wurden derartige Straßen über weite Distanzen nicht gebaut. Vergleichbar sind lediglich die Dammstraßen, welche die mitten im See von Mexiko gelegene aztekische Hauptstadt Tenochtitlán mit dem Ufer verbanden. Innerörtliche Straßen hingegen hat es wohl in allen Zentren mit dichterer Bebauung gegeben. Nachgewiesen sind sie vor allem in Teotihuacán (Abb. S. 152), doch ist der breite »Miccaotli«, der die Stadt von der Mondpyramide nach Süden durchquert, in seinem Mittelteil vielleicht besser als eine Reihe von Plätzen anzusprechen, denn er wird durch sechs quer verlaufende Dämme, die auf beiden Seiten Treppen aufweisen, unterbrochen (Abb. S. 140/141). In Xochicalco verbinden breite Straßen nicht nur die wichtigsten Teile des Zentrums, sondern es führt auch eine zur Festung auf dem Nachbarhügel hinauf. Auch in den großen Mayastädten des zentralen

0   100 m

Yukatan wie Tikal sind solche Straßen, oft auf Dämmen angelegt und mit Treppenabschnitten zur Überwindung von Niveauunterschieden ausgestattet, nachgewiesen.

Je dichter die Bebauung eines Zentrums war, um so dringender wurde die Lösung des Problems der Wasserversorgung und -ableitung. Wasserzuleitungen über größere Entfernungen gab es erst in der aztekischen Hauptstadt Tenochtitlán. Wie es in dieser Hinsicht mit Teotihuacán stand, ist ungewiß. Dort ist nur die Bemühung zur Ableitung des Wassers von den immensen stuckbedeckten Hofflächen erkennbar, auf die in der Regenzeit gewaltige Wassermassen niederprasselten. Versenkte Regenwasserkanäle liefen unter den Höfen und Gebäuden, gedeckt mit Steinplatten, die, teilweise durchbohrt, regelrechte Abflußgitter bildeten. Auch auf den Pyramiden finden sich Vorrichtungen zur Ableitung des Regenwassers, entweder in Form offener, steinverkleideter Rinnen wie in Cholula oder in Form von Röhren aus ineinandergesteckten Tongefäßen wie in Tula. Während im mexikanischen Hochland das Regenwasser nur abgeleitet werden mußte, stellte es im quellenlosen Karst Yukatans ein kostbares Gut dar, das auf den Stuckfußböden der Höfe und Terrassen gesammelt und in zahlreiche unterirdische Reservoire (chultun) geleitet wurde, aus denen sich die Bevölkerung während der Trockenzeit versorgte. Daneben gab es in Städten wie Tikal große offene Speicherseen mit der gleichen Aufgabe.

Die umgrenzte Fläche – Hofkomplex

In den olmekischen Zentren sind die typischen Anordnungsmuster von Bauten bereits vorhanden, was auf ihre Ausbildung in früherer Zeit schließen läßt. Das gilt vor allem für den »eingesenkten Hof«. Hierbei handelt es sich um einen rechteckigen, oft quadratischen Hof, dessen künstlich eingeebnete Fläche an allen Seiten durch verschieden hohe Plattformen umgrenzt wird. Die Hoffläche wirkt gegenüber den Plattformen »eingesenkt«, auch wenn sie in Wirklichkeit höher als das umgebende Gelände liegt. An den Schmalseiten liegen die den Hof dominierende höchste und die niedrigste, als Eingang zu betrachtende Plattform einander gegenüber; letztere kann auch ganz fehlen oder nur angedeutet sein. Die Langseiten sind axialsymmetrisch gestaltet. Dieses Schema ist, natürlich mit Abwandlungen, bis in die Endzeit der autochthonen mesoamerikanischen Kulturen beibehalten worden.

Die monumentale Ausgestaltung des Hofkomplexes ist der Pyramidenkomplex. Auch er besteht im Prinzip aus einem rechteckigen eingesenkten Hof, der an mehreren oder allen Seiten von nur wenige Treppenstufen hohen Plattformen begrenzt wird. Seine Größe und öffentliche Zugänglichkeit rechtfertigen es jedoch, ihn nun als Platz zu bezeichnen. Im Zentrum befindet sich oft eine niedrige quadratische Plattform, die entweder eine dem Zugang zugewandte Treppe besitzt und ein entsprechend orientiertes Gebäude trägt oder ohne Aufbau bleibt, dann aber an allen vier Seiten eine Treppe aufweist. Auf dem den Platz umgebenden Sockel erheben sich an drei Seiten Pyramidenplattformen, die aber nicht die gesamte Seitenlänge einnehmen, so daß an den Ecken ein mehr oder weniger weiter Durchgang freibleibt. Die mittlere Pyramide ist höher und hat oft auch eine größere Grundfläche als die beiden anderen. An der ihr gegenüberliegenden Seite des Platzes, die nur von der niedrigen Sockelplattform eingenommen wird, befindet sich der Zugang zu dem Pyramidenkomplex. In Teotihuacán tritt dieses Planungsschema sehr häufig auf, wird jedoch auch abgewandelt, indem, wie zum Beispiel beim Platz vor der Mondpyramide (Abb. S. 138/139), mehrere Plätze zu einem größeren vereinigt werden oder die Zahl der Pyramiden auf dem umlaufenden Sockel erhöht wird. So ist die »Ciudadela«, ein Geviert von

von rund 400 Metern Seitenlänge, als extreme Ausgestaltung des Pyramidenkomplexes zu verstehen (Abb. S. 143). Eine funktional wie größenmäßig deutlich vom Pyramidenkomplex unterschiedene Abwandlung des Hofschemas tritt in Teotihuacán erstmalig in großer Zahl auf: der Wohnhof (Abb. S. 291). Er ist in seiner Idealform quadratisch und an allen Seiten von einem Sockel umgeben, auf dem jeweils identisch angelegte, oft repräsentative Wohngebäude stehen. Diese weisen, mit geringen Abwandlungen, stets dasselbe Planungskonzept auf: In der Mitte der Front führt eine kurze Treppe vom Niveau des Hofes zum Gebäudeeingang, der aus einem Portikus mit zwei Säulenstellungen und von geringer Tiefe besteht. Von ihm gelangt man durch eine dem Eingang gegenüberliegende Tür in den ungefähr quadratischen, fensterlosen Innenraum, der keinen weiteren Zugang besitzt. Die Wohnge-

Links: Grundriß von Tetitla, einem der Wohnkomplexe von Teotihuacán. Die offenen Höfe sind durch weiße Flächen gekennzeichnet, die ehemals überdachten Räume durch getönte Flächen.

Oben: Hofkomplex von Atetelco in Teotihuacán. Die Räume liegen auf Plattformen, zu denen auf allen vier Seiten Treppen hochführen. Im Zentrum steht eine Miniaturpyramide mit Tempelgebäude.

bäude und ihre Sockel lassen meist an den Ecken des Hofes Durchgänge frei, die jedoch nicht aus dem Hofkomplex hinaus, sondern in andere, weit weniger schematisch konzipierte Räume führen. Bei der Ecklösung tritt ein großer Variantenreichtum auf. Einen Sonderfall stellt der Quetzalpapalotl-Palast in Teotihuacán dar, bei dem die Portikusräume zu einer umlaufenden Pfeilerhalle zusammengeschlossen sind. In der Mitte des Wohnhofes steht oft eine Miniaturpyramide mit quadratischem Grundriß als Adoratorium (Abb. S. 291). Im täglichen Leben der Be-

wohner dürften diese Höfe sowohl repräsentativen profanen als auch kultischen Funktionen gedient haben. Aus dem um einen zentralen Hof angeordneten Wohnkomplex entwickelte sich bald der Palastkomplex, von dem noch die Rede sein wird. Die ungeheure Konstanz, mit der dieser Bautypus beibehalten wurde, geht daraus hervor, daß er noch in dem kurz vor Ankunft der Europäer entstandenen und durch Zeichnungen bekannten Königspalast von Tetzcoco zur Anwendung gelangte.

In Oaxaca kam während des Klassikums eine abgewandelte Form des Pyramidenkomplexes auf, wie sie die Nordplattform von Monte Albán (Abb. S. 289) verkörpert. Der Hof erscheint hier durch eine Erhöhung des allseitigen Sockels viel stärker vertieft, und dieser ist an der Zugangsseite nicht mehr unbebaut, sondern dort steht nun eine offene Halle aus zwei Säulenreihen.

Eine besondere Entwicklung stellen die toltekischen Hallen dar, die vor allem in Tula und Chichen Itzá sowie abgewandelt in den nördlichen Grenzorten Chalchihuites und La Quemada anzutreffen sind. Wo diese Bauidee entstanden und ob sie eine Weiterentwicklung des Hofkomplexes ist, ist noch nicht geklärt. Die toltekische Halle tritt in zwei Varianten auf. Bei der einen handelt es sich um lange, schmale Hallen, die mit drei oder vier Reihen gemauerter Pfeiler versehen sind und an einer Seite der nunmehr gewaltig ausgedehnten Plätze entlanglaufen, wobei sie zum Platz hin offen sind. Die andere Form besitzt quadratischen Grundriß und ein kleines freies Geviert in der Mitte. Die Pfeilerstellung kann dabei auf jeweils eine Reihe an jeder Seite beschränkt sein, so daß sich eine peristylartige Anlage ergibt, wie zum Beispiel beim »Mercado« in Chichen Itzá und in La Quemada (Abb. S. 293).

An den toltekischen Orten erreichen die Plätze die größten Ausmaße. Die sie umgebenden Bauten sind auch in ihrer gestalterischen Wirkung an den Rand gerückt und bestimmen den Platzraum nicht mehr. Damit geht einher, daß das strenge Anordnungsschema des Pyramidenkomplexes aufgegeben wird. Die postklassischen Plätze vor den Hauptpyramiden erscheinen wie wahllos von aneinandergereihten kleinen Pyramidensockeln, Ballspielplätzen und anderen Gebäuden begleitet und mit verschiedenen Bauten geradezu gespickt, etwa in Tlatelolco (»Plaza de las Tres Culturas«, Abb. S. 221), Cuernavaca (Teopan-

zolco), Cempoala und Cuahtetelco. Die Plattformen mit so zahlreichen und unterschiedlichen Bauten hatten nicht mehr die Funktion der Raumbegrenzung, diese übernahm nun eine den ganzen Bezirk umgebende Mauer, wie beim Haupttempel von Tenochtitlán und in Cempoala.

Der optische Angelpunkt – Tempelpyramiden

Die frühesten erkennbaren Baureste in Mesoamerika sind niedrige Plattformen, die aus am Ort vorhandenem Erdmaterial und Geröllsteinen aufgeschüttet wurden. Sie haben oft rechteckigen Grundriß und sind durch eine einfache Steinreihe umgrenzt, die der Anschüttung größere Stabilität geben sollte. Auf diesen Plattformen standen vermutlich die verschiedenen Gebäude eines Wohnplatzes. Es ist naheliegend, daß sie die Aufgabe hatten, den Boden der Gebäude auch während der Regenzeit trockenzuhalten, wenn das Gelände tief durchfeuchtet oder, besonders in tiefliegenden Gebieten, zeitweilig überschwemmt wurde. Während diese einfache Sockelplattform für die traditionellen Wohngebäude in vielen Gebieten Mesoamerikas bis heute unverändert beibehalten wurde, erkannte man bald die Möglichkeit, bestimmte Bauten durch höhere Plattformen förmlich hervorzuheben. Diese erhielten aus technischen Gründen zumeist leicht geböschte Seitenwände und nahmen dadurch die Gestalt eines Pyramidenstumpfes an. Da diese massiven Plattformen nicht durch-

gehend gemauert waren, konnten die Seitenwände den Druck des Materials nur bis zu einer gewissen Höhe auffangen. Bei einer Steigerung der Gesamthöhe mußte also schon aus Gründen der Stabilität ein Absatz eingeschaltet werden. Auf eine Plattform wurde gleichsam eine weitere, merklich kleinere daraufgesetzt. Dies konnte mehrere Male wiederholt werden, wodurch sich die typische Stufenform mesoamerikanischer Pyramiden ergab. Das spätere Aufsetzen einer Pyramidenstufe auf eine bereits bestehende ist bei der präklassischen Rundpyramide von Cuicuilco (Abb. S. 61) nachgewiesen. Zu den statischen Vorteilen der Staffelung kommt hinzu, daß die mehrfache Unterbrechung des nach oben weisenden Pyramidenkörpers zusammen mit der entsprechenden Gestaltung der Fassaden die in mesoamerikanischer Architektur stets dominierende horizontale Gliederung unterstreicht.

Genauso wie auf einer Hausplattform das Wohngebäude stand, wurde auf der Pyramide, oder genauer: auf der obersten der gestaffelten Plattformen, das Tempelgebäude errichtet, dessen Grundfläche die eines Wohnhauses nur selten erheblich überstieg. Es war also nicht die absolute Größe, die das Tempelgebäude vor anderen auszeichnete, sondern seine erhabene Lage.

In Mesoamerika mußten aus religiösen Gründen und wohl auch zur ständigen demonstrativen Machtentfaltung in relativ kurzen Abständen immer wieder wichtige Gebäude errichtet werden. Anstatt jedesmal eine ganz neue Pyramide zu bauen oder eine bestehende mit gewaltigem Arbeitsaufwand niederzureißen und den Schutt als Bettung eines Neubaues zu verwenden, war es zweckmäßiger, sie stehenzulassen und nur mit einem neuen Mantel aus Mauerwerk zu umgeben. Dieses Vorgehen, das natürlich nur bei massiven Bauten möglich ist, brachte eine enorme Arbeitsersparnis mit sich, da die früher aufgewendete Leistung einbezogen wurde. Vermutlich spielte aber auch eine Rolle, daß das ältere Heiligtum pietätvoll im Inneren des neuen bewahrt werden konnte. Die mesoamerikanischen Pyramiden bestehen deshalb zumeist aus einer ganzen Anzahl von Schalen aus jeweils einer gemauerten Fassade und Füllmaterial, die nacheinander um einen weit kleineren ersten Pyramidenbau herumgelegt worden sind. Dieses Verfahren der Ummantelung bringt für die Archäologie den gewaltigen Vorteil, daß die inneren, also die früheren Bauschichten, die noch in intaktem Zustand von der nächstfolgenden Mauerschicht bedeckt wurden, gut erhalten blieben, auch wenn die äußeren im Laufe der Zeit der Zerstörung anheimfielen. So konnte der Kernbau des Haupttempels von Tenochtitlán (Abb. S. 217) weitgehend unversehrt ausgegraben werden, während von dem äußersten Bau, den die Spanier zerstörten, nur ganz geringe Spuren aufzufinden waren.

Bei der Anzahl der Pyramidenstufen ist die Vorliebe der altmexikanischen Architekten für ungerade Zahlen, besonders drei und neun, auffällig. Neun Stufen haben Tempel I in Tikal, »El Castillo« und Chichen Itzá und die zweite

Linke Seite: Die postklassische Palastanlage von Yagul besteht aus sechs Peristylhöfen. Die sie umgebenden korridorartig langgestreckten Räume nehmen jeweils eine ganze Seite des Hofes ein, mit dem sie durch eine oder mehrere Türen verbunden sind.

Oben und unten: Im ausgehenden Klassikum entstanden im zentralmexikanischen Bereich weiträumige Kolonnadenbauten, eine Neuerung, die auf einen gesellschaftlichen Wandel schließen läßt. In La Quemada (ganz oben) trugen in weiten Abständen stehende Säulen aus roh behauenen Steinplatten die Deckenbalken. Aus Bruchsteinen sind die Säulen in Alta Vista Chalchihuites (oben) aufgemauert. Der eingesenkte Hof steht noch in der Tradition Teotihuacáns, aber die Säulenhalle kündigt bereits die toltekischen Hallen an.

Ganz anderen Gestaltungsprinzipien folgen die offenen Platzanlagen im Mayagebiet. Isolierte Pyramiden und Plattformen bilden in Xunantunich (unten) die Randbebauung.

Bauphase der Großen Pyramide von Cholula. Beide Zahlen haben auch in den kosmischen Vorstellungen eine Bedeutung. Außerhalb des Mayagebietes läßt sich die Stufenzahl der Pyramiden meist nicht mehr genau angeben, da sie, von wenigen Ausnahmen abgesehen, nur fragmentarisch erhalten sind. Inwieweit darüber hinaus Zahlensymbolik bei der Planung von Bauten eine Rolle spielte, wird letztlich kaum nachzuweisen sein. Ein Beispiel für derartige spekulative Überlegungen bietet »El Castillo« von Chichen Itzá, wo man die Zahl der Tage eines Sonnenjahres erhält, wenn man zu den viermal 91 Stufen der vier Treppen die Schwelle des Tempeleingangs hinzuzählt.

Oben: Das Schädelgerüst (Tzompantli) war ein wesentlicher Bestandteil der postklassischen Kultbezirke. Auf einem massiv gemauerten Sockel befand sich ein hölzernes Gerüst zur Präsentation skelettierter Schädel von Geopferten. Beim Tzompantli von Clixtlahuaca wurden in diesen Unterbau Reihen vorkragender Schädel aus Stein eingelassen.

Unten: In der »Gruppe der Tausend Säulen« in Chichen Itzá sind noch die Kapitellplatten erhalten.

Rechte Seite: Die Kolonnaden des Kriegertempels von Chichen Itzá sind das berühmteste Beispiel toltekischer Hallen. Die ausgedehnten Pfeiler- und Säulenhallen boten einer großen Gemeinde von Würdenträgern Platz. Auch der Innenraum des Sanktuariums auf der obersten Plattform der Stufenpyramide ist um vieles größer als die Cella eines klassischen Mayatempels. Zwei als Federschlangen gestaltete Pfeiler flankieren den Eingang (Abb. S. 273) und trugen den Architrav.

Paläste

Bei den Maya hat eine Sonderentwicklung der Paläste stattgefunden. Während im westlichen Mesoamerika der Hofkomplex bestimmend war, entstanden im Mayagebiet während des Klassikums die langgestreckten Gebäude, die für die dortigen großen Zentren kennzeichnend wurden. Sie bestehen aus zwei oder mehr parallel nebeneinanderliegenden Ketten aus schmalen Räumen mit Kraggewölben, die untereinander fast nur an der Mitte der Längsseiten verbunden sind. Räume, die einen Winkel bilden, sind selten. Diese langen Palastgebäude liegen zwar im Zentralgebiet, in Tikal (Abb. S. 162) und Palenque (Abb. S. 302/303), noch um Höfe angeordnet, doch be-

steht kein strenger Kanon der Zuordnung zu diesen. Im nördlichen Yukatan sind die Höfe, von wenigen Ausnahmen wie Uxmal, wo sie dominieren, und Kabah abgesehen, aufgelöst und nicht mehr deutlich zu erkennen. Die Palastgebäude sind dort isoliert stehende, teilweise einen kurzen Winkel bildende Baukörper von zumeist nur einer einzigen Kette von Räumen. Die Hofidee wird sogar vielfach umgekehrt, indem die Raumketten der Paläste allseitig um einen rechteckigen massiven Erdkern errichtet wurden und somit klar nach außen hin orientiert sind, wie das Gebäude beim Ballspielplatz in Sayil (Abb. S. 298), die große Pyramide von Edzná (Abb. S. 159) und mehrere Bauten der Ostgruppe in Kabah.

Architektonische Elemente
Treppen

Sobald die Plattformen der Gebäude höher als eine Steinreihe wurden, mußte ein Treppenaufgang errichtet werden. Dieser wurde regelmäßig in der Mitte der dem Hof zugewandten Längsseite angelegt. In den olmekischen Zentren sind die Treppen der aus Sand und Lehm aufgeschütteten Plattformen, die im Laufe der Zeit beträchtlicher Zerstörung ausgesetzt waren, nicht erhalten. Aus dem Spät-Präklassikum gibt es Treppenkonstruktionen, die vor allem auf große statische Sicherheit bedacht zu sein scheinen. So war die Treppe der hohen Plattform des

später teils abgetragenen, teils überbauten Gebäudes der »Danzantes« in Monte Albán weit vorgeschoht, vielleicht in typologischer Verwandtschaft mit den stufenlosen Rampen der großen Basisplattform von Dainzú und der Rundpyramide von Cuicuilco.

Im Klassikum zeigen sich schon im Gebiet der Mayakultur große Unterschiede. Die breiten Plattformen des Nordens (Aké, Izamal) haben fast die ganze Front einnehmende, weit vorgelagerte Treppen mit Stufen aus übermäßig hohen und tiefen Steinblöcken bei insgesamt mäßigem Neigungswinkel. Im Zentralgebiet, wo die Tempel eine beträchtliche Höhe erreichten, konnte das Hineinragen der Treppen in den Platz vor der Pyramide nur dadurch in Grenzen gehalten werden, daß sie extrem steil gehalten wurden (Tikal, Abb. S. 160/161, 297). Trotzdem ergaben sich gewaltige Treppenblöcke (»Nohoch Mul« in Cobá).

Eingesenkte Treppen sind selten und meist das Ergebnis irgendwelcher Zwänge, wenn beispielweise auf dem Grundniveau der Plattform ausreichender Platz für eine vorgeschuhte Treppe fehlte oder für eine Treppe geringerer Bedeutung nicht verwendet werden sollte. Platzmangel veranlaßte vermutlich beim mehrmaligen Umbau des Gebäudes der »Danzantes« in Monte Albán, die Treppe einzusenken, weil die Basisplattform ein weiteres Vorschuhen verhinderte und sie selbst nicht erweitert werden konnte, ohne die damals noch eingehaltene westliche Begrenzungslinie des Zentralhofes zu unterbrechen.

Treppenanlagen, die den gleichen Gesamtsteigungswinkel wie die Fassade aufweisen, ließen sich nur bei nicht allzu steilen Plattformen verwirklichen: bei den massigen Pyramiden des Klassikums von Teotihuacán und Cholula ebenso wie bei der Mehrzahl der niedrigeren Gebäude in Monte Albán und bei manchen Mayabauten (Acanceh, Copán). Doch wurden Treppen dieser Art auch unter ganz anderen Voraussetzungen eingesetzt, und zwar in einer relativ kleinen Region Zentralyukatans während des Spät-Klassikums. Die hohen, vielfach gestuften und extrem steilen Pyramidentürme des Río-Bec-Stiles erhielten Treppen, die ebenso steil und daher nicht zu benutzen waren. Um trotzdem den Eindruck einer richtigen Treppe zu erzielen, wurden die einzelnen Stufen vorgeneigt (Gruppe B in Río Bec; Xpuhil, Abb. S. 188; Hormiguero). Ganz ähnlich ist die singuläre Pyramide in La Quemada nahe der nordwestlichen Grenze Mesoamerikas angelegt. Bei der Begrenzung der Treppen wurden in Mesoamerika drei verschiedene Lösungen angewandt. Sie konnte völlig fehlen wie bei den Treppen der Mayabauten oder aus Geländerwangen bestehen, die in Teotihuacán schmal, bei Tolteken und Azteken mittelbreit und in Monte Albán überbreit sind. Bei der dritten Version wurden zu beiden Seiten der Treppe in mehrfacher Wiederholung große Maskengesichter angebracht, wie zum Beispiel in Uaxactún (E VII-sub) und Kohunlich.

Decken und Gewölbe

Bei den meisten der archäologisch aufgedeckten Bauten sind die Decken der Innenräume nicht mehr erhalten. In günstigen Fällen läßt sich aber aus dem Schutt ihre ursprüngliche Form rekonstruieren. Im ganzen Hochland von Mexiko dürften Techniken ähnlich denen verwendet worden sein, die in Teotihuacán, besonders bei den sorgfältigen Ausgrabungen des Quetzalpapalotl-Palastes, nachgewiesen wurden. Hier bestand das Dach aus einer Lage eng nebeneinanderliegender Rundhölzer von zirka zwölf Zentimetern im Durchmesser. Der Balkenrost wurde unten verputzt und oben mit einer Querlage dünner Zweige bedeckt, auf die man eine dicke Schicht aus Stein und Kalkmörtel bettete, um das Dach abzudichten. Die gesamte schwere Konstruktion ruhte nicht direkt auf den Wänden, sondern wurde von starken Holzbalken getragen, die ihrerseits auf stuckverkleideten Holzpfosten aufsaßen. Die tragenden Elemente waren bei dieser Bautechnik also trotz des großen Einsatzes von Stein und Mörtel überwiegend aus Holz.

Eine ausschließlich Stein verwendende Deckenkonstruktion wurde, abgesehen von vereinzelten Ausnahmen wie in Tajín, nur von den Maya angewandt, die dieses Verfahren um den Beginn des Klassikums entwickelt haben dürften. Es handelt sich um das Kraggewölbe, das auch als »falsches Gewölbe« bezeichnet wird. Hierbei werden oberhalb der Nutzhöhe der Räume die Innenflächen der Längswände allmählich immer mehr einander angenähert, bis der verbleibende Zwischenraum mit einer mittelgroßen Steinplatte überbrückt werden kann (Abb. S. 301). Erst darüber liegt das eigentliche Dach aus Steinen und Kalkmörtel. Das Vorziehen der Wände geschieht dadurch, daß die Steinschichten jeweils etwas über die darunterliegenden vorkragen. Durch das Gewicht des Mauerkerns, das auf ihre rückwärtige Seite drückt, werden sie freitragend gehalten. Bei dieser Konstruktionsweise können die Räume eine relativ geringe Breite nicht überschreiten, weil ansonsten der Gewölbeteil zu hoch werden müßte und die unteren Wandteile das enorme Gewicht nicht mehr tragen könnten. Außerdem haben Wände mit derartig kopflastigen Gewölbeteilen die Tendenz zu kippen. Während ein Kippen nach innen durch das Widerlager der anderen Gewölbehälfte verhindert wurde, fehlte die Stabilisierung nach außen, denn Strebepfeiler waren unbekannt. Sie wurde auf dem Umweg erreicht, daß man die Kippneigung nach innen verstärkte, indem man den obe-

Links: Treppen aus verschiedenen Bauphasen eines Gebäudes in Teotihuacán. Überbauungen sind ein charakteristisches Merkmal mesoamerikanischer Architektur. Unter der Ummantelung können die Archäologen die früheren Bauphasen oft noch in intaktem Zustand freilegen.

Rechts: Die Stufenpyramiden im Kerngebiet der Maya sind beträchtlich steiler als die Zentralmexikos. Um überhaupt besteigbar zu sein, mußte die Treppe des Tempels I in Tikal vorgeschuht werden. Ein mächtiger Dachkamm überragt das oben auf der Plattform stehende Heiligtum.

ren Gewölbeteil einseitig, nämlich außen, entlastete und ihn wie ein Mansardendach abschrägte. Dies war in der Regel erfolgreich, wie sich am Palast von Palenque zeigt. Dort sind die Außenwände fast nur an jenen Ecken weggebrochen, wo der Architekt das seltene Wagnis beging, das Gewölbe in einem rechten Winkel fortzuführen, während rechtwinklig aneinanderstoßende Räume sonst durch die Fortsetzung einer Seitenwand abgeschlossen wurden. Gebäudeecken ohne dieses Mauerstück fehlte das bei geraden Strecken ausbalancierte Schubgleichgewicht der Gewölbemassen, und zusätzlich kam es an den Kanten der Plattformen oft zu Senkungen. Daß man in Palenque mit dem Gewölbegewicht experimentierte, zeigen die zahlreichen Aussparungen und Öffnungen in Gewölben des Palastes und Kreuztempels.

Größere Raumbreiten gestattete eine Fortentwicklung dieser Gewölbekonstruktion, die im nordwestlichen Yukatan während des späten Klassikums eingeführt wurde. Die tragende Funktion der Wände und Gewölbeteile übernahm nun der in Schüttmauerwerk errichtete Mauerkern. In ihm konnten wegen der größeren Festigkeit des Mauerblockes im Gewölbebereich auch senkrechte, ja sogar nach außen vorgeneigte Außenwände, wie bei der »Casa de las Monjas« in Uxmal, gebaut werden. Außerdem erlaubte der Verzicht auf eine tragende Funktion der Steinverkleidung jene verfeinerte dekorative Bearbeitung, die die Fassaden des Puuc-Stiles kennzeichnet.

Sowohl die zentralmexikanische Deckenkonstruktion als auch jene der Maya eignete sich in den Augen der indianischen Architekten nicht für den Bau mehrstöckiger Gebäude. Ausnahmen sind Kammern und Gänge unterhalb der eigentlichen Nutzungsebene. Diese wurden in Zentralmexiko mit waagrecht oder giebelförmig gestellten Steinplatten überdeckt (Abb. S. 111, 301), bei den Maya mit dem Kraggewölbe geschlossen. Trotz der unverkennbaren Unsicherheit in Fragen der Statik bewältigten die Maya vereinzelt so bemerkenswerte Konstruktionen wie in Toniná und bei den Zugängen zum Grab im Inschriftentempel und zum südlichen Vorbau des Palastes in Palenque. Häufiger finden sich enge Innentreppen und Gänge im Gebiet des Río-Bec-Stiles, wo sie vielleicht den Priestern das plötzliche Erscheinen auf unzugänglichen Dächern oder den heimlichen Zugang zu Palastkomplexen ohne Benutzung der Monumentaltreppen erlaubten (besonders raffiniert im Gebäude IV im Becán; Xpuhil, Abb. S. 188). Bei übereinanderliegenden Schlangenrachentoren ermöglichten die Innentreppen, durch das untere hineinzugehen und zum Staunen der Zuseher aus dem oberen herauszukommen (Gebäude XX in Chicanná, Gebäude VII in Hormiguero).

Paläste mit mehreren Ebenen sind eine Besonderheit des Puuc-Stiles der Maya und des Raumes um die Mayastadt Tikal. In der Puuc-Region handelt es sich zumeist um eine Plattform oder einen Pyramidenstumpf, deren Basis mit

Links: Palastbauten, die aus zwei oder mehr parallelen Raum-zeilen mit hohen Kraggewölben bestehen, finden sich im gesamten Mayagebiet. Beim Großen Palast von Sayil umgibt eine Folge von Doppelräumen einen massiven Kern, auf dem später ein zweites und drittes Stockwerk errichtet wurden.

Oben: Bei dem »Codz-Pop« ge-nannten Palast in Kabah bilden zwei parallele Raumreihen von jeweils etwa 3 m Breite einen rund 45 m langen Trakt, dessen Fassade im spä-ten Puuc-Stil vollständig mit Chac-Masken bedeckt war (Abb. S. 272). Vom bekrönenden Dachkamm sind nur noch Reste mit mäanderartiger Gliederung erhalten.

einer Reihe von Räumen umgeben und auf deren Oberflä-che ein weiteres Gebäude errichtet wurde. Die Zugangs-treppe zum oberen Niveau springt oft frei über die Fassade des unteren hinweg, wie zum Beispiel bei einigen Gebäu-den in Kabah, beim Palast von Labná und in Chacmultún, manchmal fehlt sie ganz. Die Räume des zweiten Niveaus stehen auf dem massiven Kern, ruhen also nicht auf den Mauern der Erdgeschoßräume. Auf die gleiche Weise ent-standen auch Bauten mit drei Ebenen (Sayil) oder gar fünf (Edzná). Echte Mehrstöckigkeit ist extrem selten. Sie findet sich beim einzigartigen »Satun Sat« in Oxkintoc, bei dem dreistöckigen Palast von Santa Rosa Xtampak, wo zumindest Räume von zwei Stockwerken direkt überein-ander liegen, beim Palastturm in Palenque (Abb. S. 302/303) sowie in mehreren Gebäuden der Mayastädte Tikal und Uaxactún.

Nicht als Mehrstöckigkeit zu betrachten sind Räume mit Kraggewölben im Inneren von Pyramidensockeln, die of-fenbar nur der Gewichtsentlastung und Materialersparnis dienten. Sie sind in der Río-Bec-Zone häufiger anzutref-fen, etwa in Gebäude VIII in Becán; das rohe, niemals ver-putzte Mauerwerk zeigt, daß solche Räume nicht zur Be-nutzung gedacht waren, selbst wenn sie zugänglich waren. Von echter Mehrstöckigkeit scheinen dagegen die Berich-te über die aztekische Hauptstadt Tenochtitlán zu spre-chen, doch fehlen dafür archäologische Belege. Solche Bauten müßten in dem dafür durchaus geeigneten zen-tralmexikanischen Verfahren der Holzbalkendecken aus-geführt gewesen sein.

Bautechnik

Die verwendeten Materialien zeigen eine große Vielfalt. Holz und anderes vergängliches Material ist nur vereinzelt direkt nachweisbar. Doch weiß man aus Zeichnungen in-dianischer Handschriften, daß Tempelgebäude nicht im-mer gemauerte, sondern häufig aus Holz konstruierte Dä-cher in Kegelform oder anderen Formen hatten, die mit Gras, Schilf oder Blättern eingedeckt waren. Holz war aber auch in Verbindung mit Mauerwerk anzutreffen, wie dies schon bei den Flachdachbauten erwähnt wurde. Wän-de und Pfeiler hatten oft – in Teotihuacán fast regelmäßig – einen hölzernen Kern. Dann erfüllte dieser die tragende Funktion, nicht das Mörtelmauerwerk. Ganz aus Holz und anderem vergänglichen Material waren fast immer

*Links: Bemalter Deckstein eines
Kraggewölbes. Die auf eine dünne
Stuckschicht aufgetragene Malerei
zeigt zwischen zwei Glyphenreihen
ein vermutlich göttliches Wesen.
Decksteine mit Bemalung kommen
im Chenes- und Puucgebiet vor. Aus
Chnucbec, Länge 58 cm.
Mérida, Museo de Antropología*

*Rechts: Korridor mit Kraggewölbe
im Palast von Palenque. Weite
Durchgänge zwischen den Pfeilern
öffnen den 2,30 m breiten Raum ins
Freie. In den Einkerbungen der
steilen Gewölbeschrägen befanden
sich hölzerne Querstangen.*

*Unten: Grundriß des Palastes von
Palenque.*

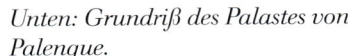

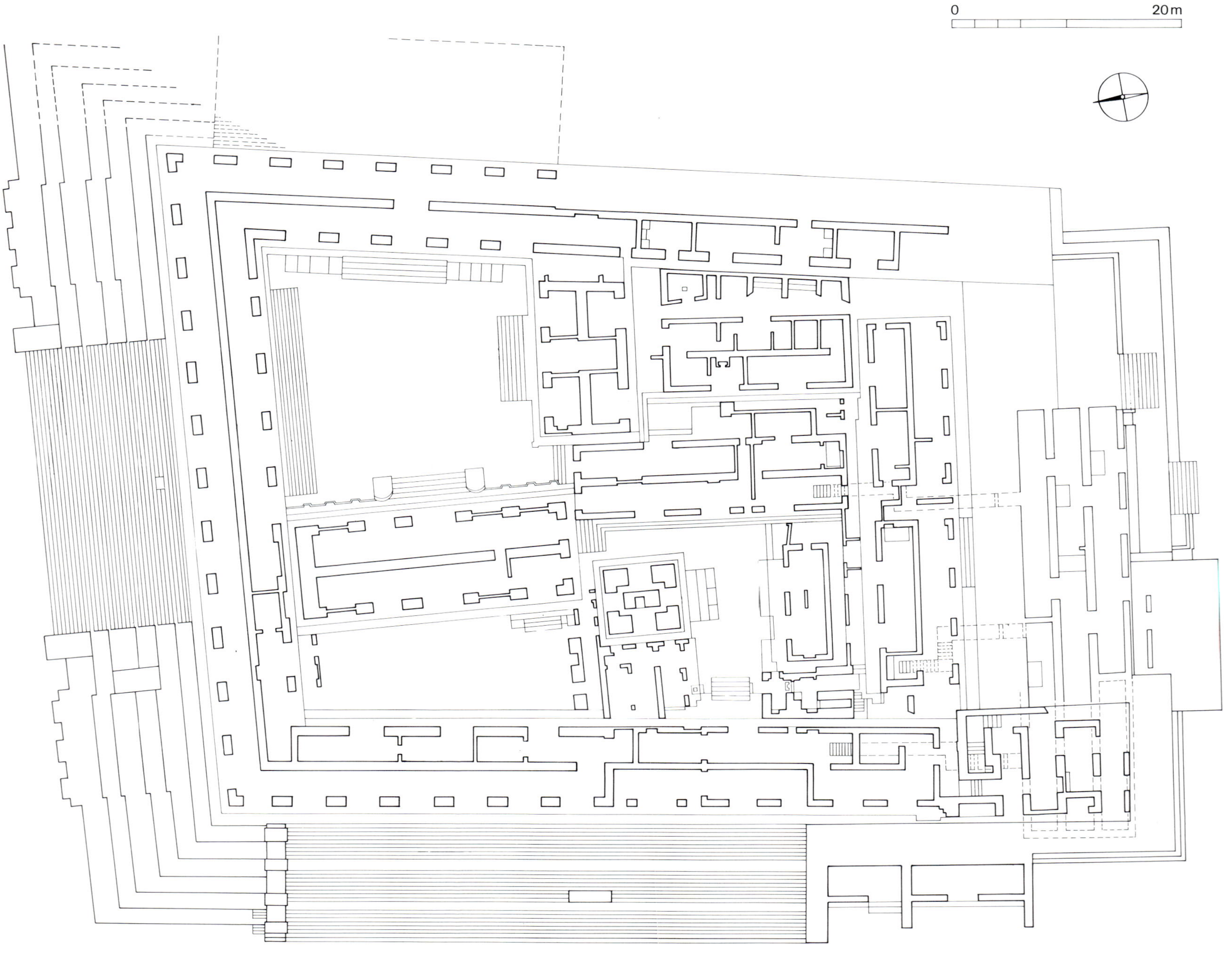

die Wohnhäuser, weshalb sich von ihnen keine weiteren Spuren als die niedrigen, von einer Steinreihe eingefaßten Plattformen erhalten haben, auf denen sie standen.

Auch bei den sonst ganz aus Stein errichteten Bauten der Maya wurden die Türstürze oft aus Holz gefertigt, das ebenso mit Flachrelief bedeckt wurde wie die Steinbalken an gleicher Stelle. In Tikal und Chichen Itzá haben sich Beispiele erhalten.

Das zweitwichtigste Baumaterial war Bruchstein, der jedoch, in Kalkmörtel gebettet, lediglich den Mauerkern bildete, während die Wände mit behauenen Steinblöcken verkleidet wurden. Nur die Maya des End-Klassikums entwickelten ein echtes Schüttmauerwerk, bei dem eine offensichtlich dickflüssige Masse aus Kalkmörtel, der bei hohem Tonanteil steinhart wird, und Steinen als Zuschlag zwischen eine (verlorene) Schalung aus Verblendsteinen, die abgestützt gewesen sein muß, gefüllt wurde. Man arbeitete in mehreren Bauetappen: Zunächst wurde der Grundriß mit einer Reihe von Verblendsteinen ausgelegt, dann errichtete man die Schalung in zwei Etappen bis zum Gewölbeansatz und schüttete jeweils den Mauerkern, anschließend bis zur halben Gewölbehöhe, dann bis zum Deckstein und schließlich die das Dachniveau erreichende Abschlußschicht. Dieses Vorgehen läßt sich aus nicht fertiggestellten Bauten in Kabah und Labná (Ostflügel des Palastes) sowie aus vielen halbzerstörten Mauern erschließen. Während der Arbeit am Gewölbe mußten zusätzlich zur Abstützung noch armdicke Rundhölzer als Verbindung zwischen den beiden Gewölbeseiten eingelegt werden, die später nicht entfernt wurden.

Kalkstuck war ein allgegenwärtiges Baumaterial, mit dem alle sichtbaren Oberflächen verkleidet wurden: die Fußböden der Plätze, Höfe und Innenräume ebenso wie Wände und Dächer. Die Stuckschicht der Wände wurde bemalt, aber auch plastisch zu Reliefdarstellungen ausgearbeitet, so in Palenque, Kohunlich (Abb. S. 189) und Acanceh. Mit einer feinen Stuckschicht waren die Steinfassaden des nördlichen Yukatan überzogen, mit dicken Schichten verdeckte man im Nordosten der Halbinsel während des Spät-Postklassikums handwerklich minderwertiges Mauerwerk, beispielsweise in El Meco, Tulúm, Cobá (»Grupo Pinturas«) und auch in Mayapán.

Zu verschiedenen Zeiten benutzte man im westlichen Mesoamerika auch Blöcke aus Tepetate, einem durch Kieselsäure verhärteten Bodenhorizont, oder luftgetrocknete Ziegel (Adobe). Selten findet sich gebrannter Ziegel; er kommt vor allem in Comalcalco, aber auch in Tula, Tlaxcala, Cholula und im Hochland von Guatemala vor.

Der Tempel

Wie die frühesten erhaltenen Bauten aus Stein, die man als Tempel ansprechen kann, auf dem Monte Negro in Oaxaca zeigen, hat sich dessen Form aus dem Wohnhaus entwickelt, das aus Holz und ähnlichen Materialien bestand.

Oben: Gewölbekonstruktion durch giebelartig gegeneinandergestellte Steinplatten in Grab Nr. 7 in Monte Albán.

Unten: Durch vorkragende Steinlagen konstruiertes »falsches Gewölbe« eines Gebäudes in Toniná.

Folgende Doppelseite: Die Herrscher von Palenque ließen eine in vieler Hinsicht einzigartige Palastanlage erbauen. Ein Turm überragt die um Höfe gruppierten Pfeilergalerien. Die Mansardendächer ergaben sich aus den statischen Erfordernissen der Kraggewölbe.

Zunächst auf einer niedrigen Plattform, dann zunehmend auf einer Tempelpyramide, wurden die Heiligtümer als rechteckige Gebäude mit einem einzigen Innenraum errichtet. Dieser wurde schon früh durch eine zur Längsseite parallele Zwischenwand geteilt, während der Eingang durch zwei Pfeiler zu einem Portikus ausgeweitet wurde. Im Mayaklassikum fehlen, wie später allgemein, die beiden den Tempeleingang teilenden Mauerpfeiler. Die Innenräume sind zu zwei oder drei schmalen, hintereinanderliegenden Kammern geworden. Die Region von Palenque, die auch in anderen Bereichen mit Sonderentwicklungen hervortrat, fand eine dem Portikuskonzept angenäherte Lösung: Beim »Inschriftentempel« führen mehrere Eingänge in einen langgestreckten Raum hinein. In Palenque tritt auch die »Haus-im-Haus«-Idee auf: Im Tempelraum befindet sich ein kleineres Gebäude mit eigenem Dach und Eingang, das von dem eigentlichen Heiligtum umschlossen wird. Der im übrigen Mesoamerika verbreitete Eingangsportikus erscheint bei den Maya erst wieder im toltekischen Baustil von Chichen Itzá. Dort wird der Innenraum des Tempels in Analogie zur toltekischen Halle zur großen Pfeilerhalle. Auch zoomorphe Stützen aus einzelnen Quadern oder Trommeln sind eine damit zusammenhängende toltekische Neuerung, ebenso lebensgroße Atlantenfiguren (Abb. S. 244/245).

Der Außeneindruck der Tempel ist nur für das Postklassikum Zentralmexikos und für die Mayakultur bekannt. In Zentralmexiko dominierte nach den Berichten und Zeichnungen aus der Eroberungszeit sowie den beiden einzigen teilweise erhaltenen Bauten, Castillo de Teayo und Huatusco Viejo, die vertikale Fläche. Das Dach der Tempel zeigte an allen Seiten ein hohes, leicht geböschtes und gerahmtes Feld, dessen Dekor je nach der verehrten Gottheit unterschiedlich gewesen sein dürfte: senkrechte weiße und blaue Streifen beim Regengott Tlaloc und weiße Steinzapfen mit Totenschädelzeichnung bei Huitzilopochtli (Abb. S. 223). Die Kante des flachen Daches war mit tönernen oder steinernen Zinnen besetzt, die Symbole der jeweiligen Gottheit zeigten.

Bei den Maya war der Tempeldekor weitgehend auf den überaus hohen Dachkamm verlegt. Dieser findet sich auch bei anderen Mayagebäuden häufig und ist eine wohl zur Gewichtsersparnis vielfach durchbrochene hohe Scheinfassade. Sie wurde entweder über der dicken Gebäuderückwand (Tikal), der Mittelwand (Palenque, »Palomas« in Uxmal, Edzná) oder der Frontwand (Labná, Gebäude I in Sabacché) errichtet, manchmal auch über dem gesamten Gewölbe (Yaxchilán). An ihr waren in Steinrelief oder Stuck Maskengesichter, Figuren und anderer Dekor angebracht. Die Höhe des Dachkammes konnte das eigentliche Tempelgebäude um das Doppelte übertreffen (Tikal), wobei der Eindruck des Hochaufragenden durch die allmähliche Verjüngung des Dachkammes perspektivisch unterstrichen wird.

Links: Nur wenig höher als ein Meter sind die zahlreichen Miniaturtempel, die während des Postklassikums in Quiahuiztlán über Gräbern errichtet wurden.

Oben: Der Tempel in Xochicalco zeigt das in Teotihuacán entwickelte Grundrißschema zentralmexikanischer Heiligtümer: Eingang mit Pfeilern, Vorraum und Cella.

Fassaden

Wie beim Grundriß mesoamerikanischer Bauten und Baukomplexe, der von der Rechtwinkligkeit und der daraus resultierenden absoluten Form des Quadrates beherrscht war, gab es auch für die Fassadengestalt eine Leitidee, die jedoch wegen der stilistischen Vielfalt schwerer zu fassen ist. Hier erweist sich die Betonung der Horizontalen, sowohl durch die Gliederung wie schon durch die Anordnung der Baukörper, als Grundzug. Die Aufteilung in der Horizontalen geschieht in drei, fünf, sieben oder neun symmetrische, aber meist nicht gleichwertige Abschnitte mit je einem Türeingang. Die Hervorhebung des mittleren wird durch eine Gewichtsverlagerung der angrenzenden Partien unterstützt, wobei bei entsprechender Anzahl die randständigen als Gegengewicht den Gebäudeabschluß akzentuieren. Die vollendete Beherrschung dieses Gliederungssystems findet sich in der Mayaarchitektur des Klassikums und besonders des endklassischen Puuc-Stiles. In den Stilen der benachbarten Chenes- und Río-Bec-Region wird schließlich die Betonung der einzelnen Fassadenkompartimente weiter verstärkt zur Illusion nebeneinanderstehender Gebäude, deren zentrales eine vollständig mit Reliefdekor überzogene Fassade aufweist. Das beherrschende Motiv der Fassadengestaltung im Alten Mexiko war der Tablero-Talud. Es beruht auf einer horizontalen Zweiteilung der Fassade, wobei der untere Teil von einer geböschten Wandfläche, dem Talud, eingenommen wird und der obere aus einer vorkragenden senkrechten Wand, dem Tablero, besteht. Die kennzeichnende Wirkung dieser Fassadengestaltung entsteht dadurch, daß unter der scharfen tropischen Sonne die senkrechte, hell bestrahlte Fläche von einem darunterliegenden Schattenband, das die Vorkragung verursacht, unterstrichen und hervorgehoben wird. Das architektonische Grundthema des Tablero-Talud wurde in zahlreichen stilistischen Variationen verwirklicht. Sie drücken sich im unterschiedlichen Höhenverhältnis der beiden Fassadenteile aus, im Winkel und in der Oberflächengestaltung der Schrägen und vor allem der Senkrechten. Dagegen waren der absoluten Höhe der Senkrechten und der Weite ihrer Vorkragung durch die verfügbare Bautechnik Grenzen gesetzt.

Nach den gegenwärtigen Forschungsergebnissen tritt der Tablero-Talud zuerst in Teotihuacán auf (ein möglicherweise früheres Vorkommen in Tlalancaleca, nordwestlich von Puebla, ist nicht direkt datiert), wo er zur Gestaltung von langgestreckten, niedrigen Fassadenteilen dient. Die Schattenwirkung wird zusätzlich noch dadurch verstärkt, daß die senkrechte Fläche durch einen vorstehenden gemauerten Rahmen begrenzt ist, dessen Innenfläche mit Wandmalerei ausgestaltet war.

In Oaxaca erscheint der Tablero-Talud ebenfalls mit dem Beginn des Klassikums, allerdings in einer besonderen Variante. Wie besonders deutlich in Monte Albán zu sehen ist, wird der Rahmen, der in Teotihuacán den Tablero umgibt, unten aufgelöst, so daß das innere Feld verlorengeht und der verbleibende brückenförmige Rahmen zum ausschlaggebenden Motiv wird. Dies drückt sich auch dadurch aus, daß der Rahmen jetzt gut die Hälfte der Tablero-Höhe einnimmt und doppelt abgestuft wird. Da die optische Wirkung hier wesentlich durch seine Brückenform erzeugt wird, muß anstelle des in Teotihuacán die ganze Fassadenbreite einnehmenden Feldes in Oaxaca eine Aneinanderreihung gleichartiger Brückenrahmen treten.

In Oaxaca wurde später eine besonders charakteristische Gestaltung des Tablero-Feldes entwickelt. Es ist mit einem Mosaik aus kleinen, exakt bearbeiteten rechteckigen Steinplatten bedeckt, die so eingesetzt sind, daß ihre Schmalseiten abwechselnd vorkragen oder zurücktreten und auf diese Weise mannigfaltige Muster bilden, wie zum Beispiel bei den Palästen von Mitla (Abb. S. 110). Unter der steilen Tropensonne ergeben sich beeindruckende gestalterische Effekte, die bei der Fassadengestaltung des Puuc-Stiles wiederkehren.

Auch in El Tajín und benachbarten Orten entstand eine eigentümliche Variante des Tablero-Talud (Abb. S. 86/87).

Hier wird das langgestreckte rechteckige Feld des Tablero zu einer friesartigen Folge von kleinen quadratischen Kassetten oder Nischen mit mehrfach gestuftem Rahmen. Die Nischenfelder sind entweder leer oder enthalten eine Art rechteckiger Spirale aus dünnen Steinplatten. Während unter dem Nischenband ein traditioneller Talud liegt, wird es nach oben durch einen vorkragenden Gegen-Talud abgeschlossen.

Im Spätklassikum zeigt sich in Xochicalco eine eigenwillige Abwandlung des Tablero-Talud, bei der der senkrechte Teil nur noch weniger als halb so hoch wie der geböschte ist. Der Rahmen ist zu einer dünnen Leiste geworden, die das gesamte, ohne Unterbrechung beide Fassadenteile ausfüllende Bildfeld mit repetitiven Darstellungen in Flachrelief einrahmt (Abb. S. 80/81).

In Tula findet sich der Tablero-Talud fast zur Unkenntlichkeit verformt. Auf der einzigen erhaltenen Fassadenseite der Tlahuizcalpanteuctli-Pyramide zeigt er eine horizontale Dreigliederung anstelle der üblichen Zweiteilung. Über einer geböschten Wand stehen nämlich die Tablero-Felder in zwei Zeilen übereinander. Die Felder erstrecken sich nicht wie in Teotihuacán durchlaufend über die ganze Fassadenfläche, sondern sind nach jeder Wiederholung des Motivs durch senkrechte Trennungen unterteilt. Einen Bruch innerhalb der Tablero-Talud-Tradition stellt auch dar, daß die Tablero-Fläche nur noch unmerklich vorgeschuht ist. Die ansonsten dominierende Schattenwirkung

ist offensichtlich zugunsten einer farbigen Ausgestaltung der Flächen aufgegeben worden.

Im mexikanischen Hochland des Postklassikums scheint die letzte Erinnerung an den Tablero-Talud die Gestaltung der breiten Treppenwangen der Pyramiden zu sein: Dem Talud entspricht die lange, die Treppe begleitende Schräge, die vor Erreichen des obersten Niveaus der Pyramide durch einen deutlich vorgeschuhten oder jedenfalls abgesetzten Tablero abgeschlossen wird. Diese Lösung schließt an die brückenförmige Tablero-Ausprägung Oaxacas an, die ebenfalls zur Gestaltung von Treppenwangen herangezogen wurde.

Einen eigenständigen Weg der Fassadengestaltung gingen die Maya des Klassikums und Postklassikums. Obwohl sie durch den Einfluß aus Teotihuacán den Tablero-Talud kennengelernt hatten und auch, eher versuchsweise,

anwandten, so in einigen Bauten in Tikal (»Mundo Perdi-do« und Gebäude 5 D 43 an der Ostplaza) und in Aké, zogen sie ihr eigenes Fassadenschema vor. Die Problemstellung, mit der sich die Maya konfrontiert sahen, lag in ihrer Bautechnik begründet. Das von ihnen verwendete Kraggewölbe benötigt nämlich zur Überbrückung des Innenraumes an Höhe ungefähr das Eineinhalbfache der Raumbreite, die maximal knapp zwei Meter beträgt. Das bedeutet, daß über der genutzten Höhe eines Raumes nochmals annähernd dieselbe Höhe für das Gewölbe benötigt wurde. Im Klassikum lösten die Maya diese schwierige Aufgabe durch eine mansardenartige Gestaltung des Daches im Gewölbebereich: Ungefähr in der Höhe, ab der im Innenraum das Kraggewölbe ansetzt, beginnt die Fassade über einem vorkragenden Gesims in steil geböschter Form zurückzuweichen. Damit ist das Aufbauprinzip des Tablero-Talud gleichsam auf den Kopf gestellt!

Ungefähr zu der Zeit, als im südlichen Tiefland von Yukatan die Mayakultur zu Ende ging, kam es im mittleren und nördlichen Teil der Halbinsel zur Ausbildung eigener Architekturstile, die zwar eine gemeinsame Basis, aber regionale und vielleicht auch zeitliche Varianten aufweisen. Kennzeichnend für diese Stile ist vor allem die verstärkte Betonung der Horizontalen durch drei umlaufende Gesimsbänder, die ein Gebäude auf der Höhe des Sockels, des Gewölbeansatzes und der Dachkrönung gleichsam umschnüren. Die beiden Zonen, die zwischen diesen drei

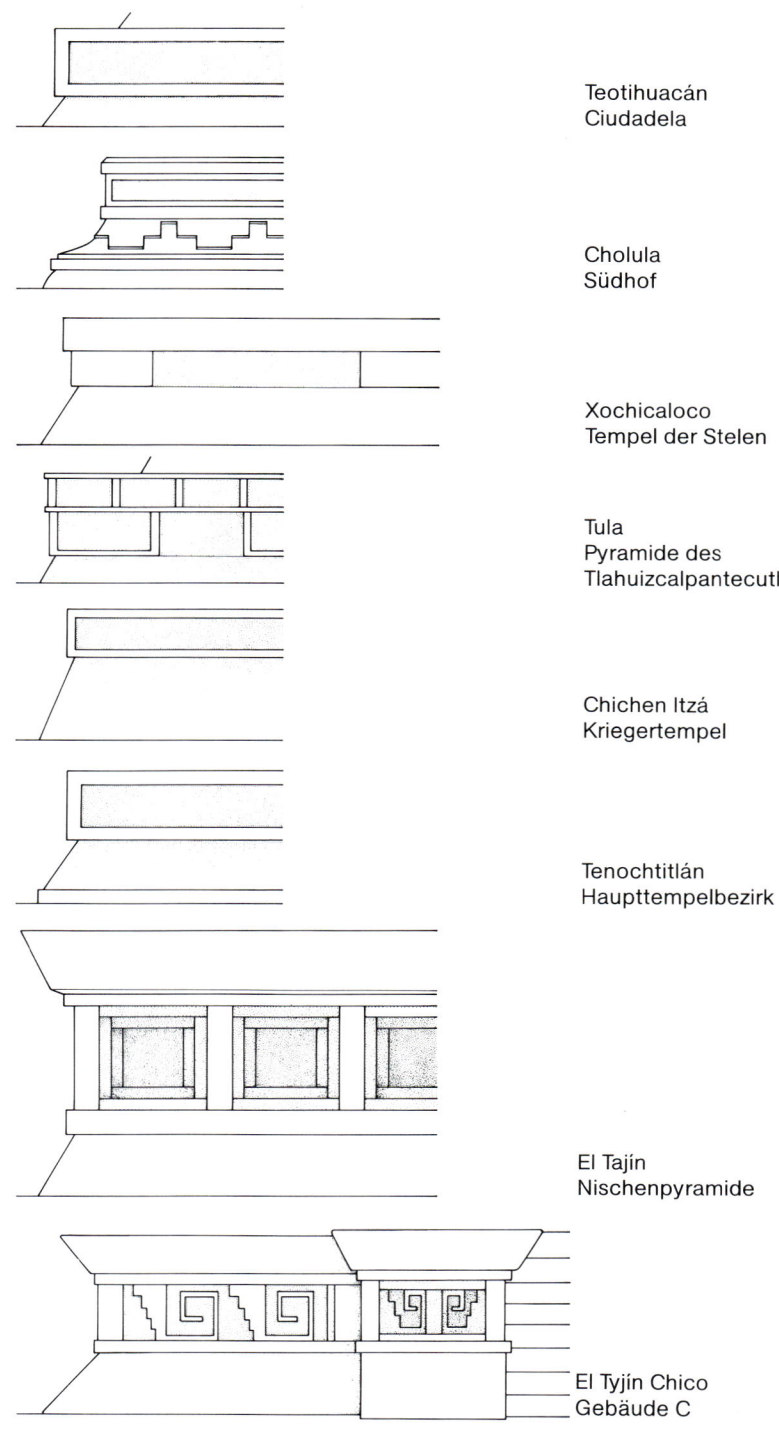

Teotihuacán
Ciudadela

Cholula
Südhof

Xochicaloco
Tempel der Stelen

Tula
Pyramide des
Tlahuizcalpantecutli

Chichen Itzá
Kriegertempel

Tenochtitlán
Haupttempelbezirk

El Tajín
Nischenpyramide

El Tyjín Chico
Gebäude C

Monte Albán
Ballspielplatz Sub

Mitla
Gebäude der Säulen

Oben: Steinernes Tempelmodell mit Pfeilerportikus und Dachkamm. Tula, Museum

Unten: Schatteneffekte eines Tablero-Talud mit verdoppeltem brückenförmigen Rahmen. Monte Albán.

Rechts: Varianten des Tablero-Talud, der Grundform mesoamerikanischer Fassadengestaltung.

Rechte Seite: Der »Mirador« in Labná, ein Tempel mit einem Dachkamm von 4 m Höhe.

Gesimsbändern liegen, wurden im Puuc-, Chenes- und Río-Bec-Gebiet jeweils unterschiedlich gestaltet und charakterisieren jeweils die Stilvariante dieser Regionen. Ihre Bauten stellen zweifellos den Höhepunkt der konzeptionellen Ideenvielfalt und der Materialbeherrschung in der Architektur Mesoamerikas dar.

Die Verwendung der Reptilrachen als zentrales Motiv der Fassadengestaltung im spätklassischen Mayabereich läßt sich (teilweise nach dem mexikanischen Architekturarchäologen Paul Gendrop) typologisch verfolgen. Am Anfang stehen die Maskengesichter mit weit herausragenden Oberkieferzähnen, die im Puuc-Stil über Eingangstoren auftreten, etwa im zweiten Niveau des Palastes von Sayil und in Xkichmook. Sie sind dort eines von mehreren Motiven, die zur Gestaltung der oberen Fassadenhälfte herangezogen werden. Im Chenes- und im Río-Bec-Stil wird die Zahnreihe des Oberkiefers um die Türöffnung herumgelegt, so daß der Gebäudeeingang im Rachen des Reptils liegt. Dieser Eindruck wird bewußt noch durch einen dem Eingang vorgelagerten plattformartigen Absatz verstärkt, der mit Eckzähnen und einer Zahnreihe so versehen ist, daß er als vorgeschobener Unterkiefer erscheint, zum Beispiel in Hochob und bei Gebäude II in Chicanná (Abb. S. 270/271). Das Reptilrachenmotiv wird mit einer Reihe übereinandergesetzter Rüsselmasken, wohl des Regengottes Chac, die sich ansonsten als Eckgestaltung finden, kombiniert. Wenn sich der Reptilracheneingang in

einem schmalen Fassadenteil befindet, so rücken die an den Ecken sitzenden Maskenreihen mit dem weit herausragenden Rüssel nahe an den Rachen heran (Tabasqueño). Liegt der Eingang jedoch in einer breiten Wandfläche, wird die Maskenreihe in Flachrelief dargestellt, so als sollte sie eine Gebäudeecke simulieren (Gebäude XX in Chicanná und El Payán).

Bei manchen Pyramiden, etwa der Sonnenpyramide von Teotihuacán (Abb. S. 62/63) und der Tlahuizcalpantecutli-Pyramide in Tula, ist die Fassade, die der heutige Betrachter sieht, niemals für diesen Zweck errichtet worden. Dort handelt es sich vielmehr um eine Unterkonstruktion für die eigentliche Fassade, die nicht mehr erhalten ist. Anzeichen hierfür sind die zahlreichen Steinzapfen, die der Fassadenverkleidung Halt geben sollten. Ähnliches ist bei manchen Treppen der Fall, wo nur noch der für die Bauarbeiten verwendete, roh gearbeitete Aufgang erhalten ist, während von der eigentlichen Treppe kaum noch Spuren blieben (Tempel I in Tikal, Abb. S. 297).

Die Fassaden, die heute im Grau des verwitterten Kalkstucks, in den wechselnden Tönungen des vulkanischen Steins im Hochland oder des gleißenden Kalksteins bei den Maya entgegentreten, waren ursprünglich mit Stuck überzogen, der fast immer farbig gefaßt war. Die Bauplastik in Stein oder Stuck war bemalt, ebene Flächen trugen oft Wandgemälde. Besonders an Bauten der Maya, wie zum Bespiel in Chicanná, haben sich Farbspuren erhal-

ten, die eine Rekonstruktion in beinahe unerträglicher Buntheit rechtfertigen. Wie der heute so beherrschende Licht-Schatten-Effekt mancher Relief- und Mosaikfassaden mit dieser Farbigkeit zusammenwirkte, können wir uns nur schwer vorstellen.

Grundzüge mesoamerikanischer Architektur

Versucht man, sich bewußt zu werden, worin denn eigentlich die Fremdartigkeit der mesoamerikanischen Architektur, über alle stilistischen Varianten hinweg, liegt, so fällt in erster Linie die Kompaktheit aller Bauten auf. Alles erscheint wie aus einem einzigen Block herausgearbeitet. Dies gilt natürlich vor allem für die Pyramiden und Plattformen, deren Wirkung auf ihrer lastenden Monumentalität beruht.

Die Innenräume scheinen nicht wesentlicher Sinn der Gebäude zu sein, sondern wirken wie Höhlen, die nachträglich in die massiven Blöcke der Bauten hineingegraben wurden. Der Raum wurde nicht durch architektonisches Abgrenzen gleichsam definiert, sondern erscheint mühsam der Baumasse abgerungen. Erst die Tolteken haben mit ihren Hallen einen anderen Umgang mit dem Innenraum gefunden und an ihre Nachfahren in Zentralmexiko weitergegeben.

Ein weiteres Kennzeichen der mesoamerikanischen Architektur könnte man in dem »unitarischen Gestaltungsprinzip« (Donald Robertson) sehen: Jede Pyramidenstufe, jeder einzelne Bau eines Palast- oder Pyramidenkomplexes steht isoliert für sich. Die uns oft übermäßig erscheinende Repetition von Elementen schafft keine Verbindung zwischen ihnen. Die Gebäude eines Palastkomplexes wirken wie addiert, die Pyramidenstufen wie aufgeschichtet, aber nicht organisch aufeinander bezogen. Der Aufbau einer optischen Spannung und ihr Ausgreifen über den gestalteten Raum hinaus scheinen zu fehlen, Funktion und Gestaltung beziehungslos zu sein.

Dies jedoch ist der Eindruck des von europäischen Konventionen geprägten Blickes. Es ist der einseitige Eindruck »von außen«, weil die erhaltenen Ruinen zwar Material bieten, aber kaum eine Brücke zu einem echten Verstehen – aus der Sicht der indianischen Kulturen heraus – schlagen können.

Links oben: Das nach den Schildkrötenskulpturen im Kranzgesims benannte »Haus der Schildkröten« in Uxmal zeigt den typischen Aufbau einer Puuc-Fassade: ein Säulenfries über einem glatten Sockel, der ursprünglich einen Verputz trug und vermutlich bemalt war.

Links Mitte: Ostfassade des Torbaus von Labná. Gitterwerk und Hausfronten mit steilen Dächern schmükken den Fries.

Links: Mit Ornamentbändern und Balustersäulen geschmückte Fassade des späten Puuc-Stils in Labná.

Rechts: Das verfallende Gebäude in Xbalché läßt gut die Mauertechnik der Maya erkennen: Eine Schalung aus Hausteinen verkleidet die Füllung aus Bruchsteinen und Kalkmörtel. Solche Ruinen, die in keiner Karte verzeichnet sind, dürfte es noch unzählige in der entvölkerten Puuc-Region geben.

Malerei und Plastik

Das Ganze der mexicanischen Kunst wird nothwendig als aus einer selbständigen und eigenthümlichen Entwickelung hervorgegangen betrachtet werden müssen«, schrieb Franz Kugler in seinem 1841 erschienenen »Handbuch der Kunstgeschichte«, in dem er als erster Kunsthistoriker auch Stil und Eigenarten der Denkmäler Mexikos untersuchte. Obwohl die Forschung seitdem unsere Kenntnisse über die Existenz und Bedeutung mexikanischer Kunstwerke ganz erheblich erweitert hat, trifft Kuglers Ansicht auch heute noch zu. Allerdings hat sich das autochthone Kunstschaffen des Alten Mexiko nicht in einer einheitlichen Entwicklungsreihe, die auf einen einzigen Ursprung zurückgeht, entfaltet; vielmehr haben sich im Verlauf der rund dreitausendjährigen Entwicklung zahlreiche regionale Stile herausgebildet, die jedoch im Rahmen einer Traditionsgemeinschaft standen und sich immer wieder wechselseitig beeinflußten, so daß mesoamerikanische Kunstwerke trotz der großen Formenvielfalt eine unverkennbare und einzigartige Prägung aufweisen.

Wie auch in anderen frühen Kulturen besaßen die Kunstwerke eine Funktion, die vor allem von der für sämtliche Lebensbereiche maßgebenden Religion bestimmt wurde. Eine mächtige Priesterhierarchie, die das überaus komplizierte Ritual organisierte und offenbar auch eine einflußreiche Rolle als Berater in Staatsangelegenheiten spielte, überwachte die Errichtung und Renovierung der Tempel sowie deren Ausstattung mit Wandmalereien, sie kontrollierte die Herstellung der Götterbilder und der dem Kult dienenden Gegenstände.

Über die Bildhauer, Maler und Kunsthandwerker ist nichts Persönliches bekannt, denn hinter der Aufgabe des Kunstwerkes traten seine Schöpfer zurück. Die Künstler, ganz gleich ob sie als Individuen oder im Kollektiv arbeiteten, ob ihre Werke Meisterleistungen darstellen oder nur von durchschnittlichem Rang sind, bleiben für uns immer anonym, auch in der Spätzeit, aus der für andere Bereiche die Quellen reichlich fließen. Da die Azteken den Tolteken außergewöhnliche künstlerische und handwerkliche Fähigkeiten zuschrieben, war bei ihnen die Bezeichnung »Tolteke« synonym mit dem Begriff Künstler. Diese Wertschätzung der Tolteken, auch wenn sie vielleicht unberechtigt war, zeigt an, daß die Azteken selbst – und sicherlich auch die ihnen vorausgegangenen Kulturen – Unterschiede zwischen künstlerisch hochwertigen und weniger hervorragenden Werken wahrnahmen und anerkannten.

Wandmalerei

Im Bereich der Flachkunst nahm die Malerei sicher die führende Stellung ein. In allen ihren zeitlichen und regionalen Varianten zeigt sie zwei charakteristische Merkmale: das Fehlen von Perspektive und Schatten sowie die durchgezogene Umrißlinie, die flächige, ohne Schattierungen ausgefüllte Farbfelder umschließt.

Von den frühesten Anfängen bis zur Zeit der spanischen Eroberung spielte die Wandmalerei eine bedeutende Rolle in der Vermittlung geistigen Gedankenguts und historischer Ereignisse. Nicht nur wegen ihrer Empfindlichkeit gegenüber Witterungseinflüssen, sondern auch wegen ihres esoterischen Charakters befinden sich die Gemälde an geschützten Stellen. Die Olmeken des mexikanischen Hochlandes, denen die Einführung der polychromen Wandmalerei zugeschrieben wird, hinterließen tief in der Höhle von Juxtlahuaca (Abb. S. 130) und in den schwer zugänglichen Grotten von Oxtotitlán Felsbilder, die thematisch mit den Reliefskulpturen des Golfküstengebietes verwandt sind. Höhlen wurden auch im Mayagebiet als Kultstätten mit Götterbildern und szenischen Darstellungen ausgestattet. An der Fassade von Nebengebäuden der

Die ungewöhnliche olmekische Skulptur wird »der Ringer« genannt. Die genaue Funktion der Darstellung ist unbekannt, vielleicht wollte der Künstler einen Ballspieler darstellen. Für die Plastik verwendete er Basalt von einer selten benutzten Art. Ebenso selten ist das Interesse an der Wiedergabe anatomischer Details und der Muskulatur. Mexiko, Museo Nacional

Großen Pyramide von Cholula wurde ein später überdecktes, rund 50 Meter langes Wandgemälde gefunden, das ein rituelles Trinkgelage darstellt. Besonders gut erhalten haben sich die Fresken in Cacaxtla, die mit einer Schicht feingesiebter Erde überdeckt wurden, um sie vor der Nachwelt zu verbergen. Die Wandmalereien in den Grabkammern von Monte Albán (Abb. S. 74), Zaachila, Tikal und Río Azul waren den Überlebenden ebenso unzugänglich wie die der ägyptischen Königsgräber. In fensterlosen, fast dunklen Räumen befinden sich die Fresken von Malinalco, Bonampak, Tulúm und Tancah sowie die Mehrzahl der Malereien in Teotihuacán. Die Bilder, die sich dort an den Außenseiten von Gebäuden befanden, waren durch seitlich vorgezogene Mauern und durch Dächer geschützt. Die rund vierhundert erhaltenden Fresken von Teotihuacán, die in über einem Dutzend großer Gebäude freigelegt wurden, vermitteln noch eine Vorstellung von der Bedeutung, welche die Wandmalerei im Alten Mexiko besaß, und bieten einen Einblick in ihre Ausführung, dekorative Funktion und Thematik. Rote Farbgebung in verschiedener Tönung dominiert und dient auch als Hintergrund (Abb. S. 148); Gelb, Grün, Blau und seltener Weiß erscheinen ohne Mischtöne oder Schattierungen in kontrastreichem Nebeneinander. Durch geschickte Kombinationen gelang es den Malern, die Motive flächig darzustellen, ohne jemals eine dritte Dimension anzudeuten. Personen und Objekte sind linear und ohne Überschneidung wiedergegeben. Sie beeindrucken durch den Rhythmus des Konturs und die Symmetrie des Aufbaus. Auch in den wenigen Landschaftsdarstellungen fehlt die uns gewohnte abendländische Perspektive. So werden Felder mit Bewässerungskanälen in Aufsicht, wie auf einer Landkarte, gezeichnet. Bäume und Blumen wachsen auf einer gemeinsamen darüberliegenden Grundlinie. Die sich in der Landschaft bewegenden Figuren erscheinen ausschließlich im Profil und so angeordnet, daß die weiter hinten befindlichen jeweils höher stehen als die vorderen; jedoch besitzen sie alle die gleiche Größe.

In Teotihuacán sind die Hauptmotive religiöser Themen in horizontalen Paneelen angeordnet und von breiten Rahmen eingefaßt, die sekundäre Begleitmotive enthalten. Kompositionen von Figuren und Symbolen überwiegen die Einzeldarstellungen. Bei Gestalten, die Götter verkörpern, wird deren Erhabenheit durch strenge Frontalität ausgedrückt, während Priester und Personen niederen Ranges im Profil erscheinen. Besondere Sorgfalt wurde der detaillierten Ausführung von Zierelementen bei Symbolen und Figuren gewidmet. Sie sind mit dunkleren, meist roten Linien eingefaßt und heben sich deutlich innerhalb der Komposition ab.

In friesartiger Reihung sind Prozessionen von Priestern in reichem Ornat mit großen Quetzalfederbüschen dargestellt (Abb. S. 260). Ihr feierliches Schreiten auf gemeinsamer Grundlinie wird nur durch die Stellung der Füße angedeutet, wobei nicht ersichtlich ist, ob der rechte Fuß vor dem linken steht oder umgekehrt. Auf ihr Priesteramt verweist die Henkeltasche für Räucherwerk; mit der anderen Hand streuen sie Saatkörner aus. Die große »Sprechvolute« vor ihrem Gesicht enthält Muscheln und andere auf Regen und Wasser bezügliche Symbole. Am Rand ist sie mit stilisierten Blumen besetzt, was »Blumensprache« bedeutet, also Gesang, der den Regengott um fruchtbringenden Regen bittet. Noch bei den Azteken galten »Blume und Gesang« als Metapher für gewählte Ausdrucksweise und Poesie und wurden ideographisch ähnlich wie in Teotihuacán wiedergegeben.

In entsprechenden repetitiven Kompositionen wie den Priesterprozessionen wurden auch Federschlangen und Jaguare dargestellt. Ein über zwei Meter breites Wandfeld füllt ein Gemälde, welches das Tlalocan, das Paradies des Regengottes Tlaloc, schildert, in dem die Verstorbenen in ergötzlicher Vitalität weiterleben (Abb. S. 149).

Sämtliche Gemälde in Teotihuacán enthalten standardisierte, bisweilen glyphenähnliche Symbole, und da auch jedes Ornament bedeutungsvoll ist, hielten sich die Maler an konventionelle Formen, was ihnen wenig Spielraum für individuelle Gestaltung ließ. Die Maler und Bildhauer Teotihuacáns waren um eine logographisch eindeutige und einfache Formgebung bemüht. Es lag ihnen weniger an der naturgetreuen Wiedergabe von Erscheinungen als am Kombinieren und Verschmelzen bedeutungsvoller Motivelemente, was die Vervollkommnung eines schriftartigen Systems zum Ziel hatte.

Die Malerei Teotihuacáns hat zwar die späterer Kulturen beeinflußt, doch wurde der streng mythisch-religiöse Charakter der dortigen Fresken nach dem Untergang der zentralmexikanischen Metropole im Verlauf der dadurch verursachten Machtverschiebungen von überwiegend kriegerischen und profanen Darstellungen verdrängt. Groß angelegte Kampfszenen von dramatischer Wucht und mit teilweise schauerlichen Verstümmelungen veranschaulichen die Fresken, die in Cacaxtla entdeckt wurden (Abb. S. 82/83). Raubzüge in feindliche Gebiete, bei denen zur Opferung bestimmte Gefangene gemacht werden, sind das

Thema von Wandmalereien in Bonampak und verschiedenen Orten von Yukatan.

Die lineare Darstellungsweise in übereinander angeordneten Registern wurde zwar beibehalten, aber Haltungen und Gebärden der Figuren sind nun bewegter. Personen hohen Ranges sind durch größeres Körpermaß sowie durch reichen Ornat und Jadeschmuck ausgezeichnet. Untergebene tragen den üblichen Lendenschurz und einfachere Ornamente, Gefangene sind unbekleidet. Bei frontaler Ansicht des Körpers ist der Kopf seitlich, oft nach links, gedreht. Die ausschließlich stereotypen, ausdruckslosen Gesichter der Malerei von Teotihuacán nehmen nun individuelle Züge an.

Gefäßmalerei

Die schon seit frühester Zeit hochentwickelte Gefäßkeramik, die mit monochromer Bemalung oder durch Einriefungen in Form geometrischer Bandmuster verziert ist, diente dem Haushaltsgebrauch. In der Teotihuacán-Kultur konzipierte Kultgefäße zeichnen sich durch ihre vollendete Dekoration aus, die dem ikonographischen Formenschatz der Wandmalerei entlehnt ist und entweder wie diese auf eine dünne Stuckschicht in Polychromie aufgetragen oder in Champlevé durch Ausschaben des Hintergrundes ausgeprägt wurde (Abb. S. 356). Das zylindrische Dreifußgefäß war die bevorzugte Form, da dessen vertikale Flachheit die symmetrische Anordnung symbolischer Motive in Paneelen erleichtert; sie bedecken paarweise oder in Vierergruppen die gesamte Oberfläche. Nicht nur die Motive, wie zum Beispiel Profildarstellungen von Priestern mit großem Federkopfschmuck, entsprechen denen der Wandbilder, es herrscht auch die gleiche Flächigkeit, der jede perspektivische Dimension fehlt.

Die Kultgefäße aus Teotihuacán wurden durch Handel weit verbreitet. Es ist anzunehmen, daß auch im Mayagebiet die zylindrische Gefäßform sowie die Technik der Seccobemalung von ihnen übernommen wurden. Die zügige Linienführung und die Thematik des Dekors zeigen jedoch unverkennbar, daß es sich um Schöpfungen von Mayakünstlern handelt.

Im Westen Guatemalas, sowohl an der Küste (Escuintla-Tiquisate) wie im Hochland (Kaminaljuyú), aber auch im Petén wurden in großer Zahl polychrome Gefäße in Zylinderform und Räuchergefäße gefunden, die Merkmale der Teotihuacán-Keramik aufweisen. Sie sind auf Enklaven zurückzuführen, in denen fernreisende Händler, Krieger und Mitglieder der Elite aus Teotihuacán sich während des Früh-Klassikums festsetzten und auch durch Einheirat vorübergehend führende Stellungen einnahmen. Die Gefäße wurden örtlich hergestellt. Maya-Elemente vermischen sich mit den von Teotihuacán übernommenen, die überwiegen, jedoch mit dem Abklingen der Handelsbeziehungen zum mexikanischen Hochland zu Beginn des Spät-Klassikums versiegen.

Oben und unten: Zu den Handelsartikeln Teotihuacáns gehörten Dreifußgefäße, die mit einer dünnen Stuckschicht überzogen und polychrom bemalt waren. Das obere Gefäß (Höhe 11,5 cm) zeigt ein menschliches Gesicht in einem Schmetterlingskopf. Die Sprechvolute und die Samen ausstreuende Hand kennzeichnen die Figur als Priester des Schmetterlingsgottes, der auf dem unteren Gefäß (Höhe 9,5 cm) dargestellt ist. Mexiko, Museo Diego Rivera

Rechte Seite: Die Malerei der Maya stand der Skulptur um nichts nach. Neben höfischen Szenen zeigen die bunt bemalten Vasen mythische und mit dem Kalender in Verbindung stehende Darstellungen. Die Figur auf dem Kultgefäß ist das Zip-Monster, der Herr des Monats Zip. Dazwischen steht das Mattensymbol als Zeichen von Autorität. In den Randborten erscheint die Glyphe kin, *das Zeichen der Sonne. Höhe 19 cm. New York, E. Merrin Gallery*

Die größtenteils aus geplünderten Gräbern stammenden klassischen Mayagefäße verdienen besondere Beachtung wegen der künstlerischen Qualität, mit der die verschiedenartigen Themen gestaltet sind. An den Erzeugnissen der Halbinsel Yukatan ist erkennbar, daß Gefäßform, Kolorierung und Themenwahl von den regionalen Stilen des guatemaltekischen Hoch- und Tieflandes beeinflußt sind. Die figürlichen Kompositionen auf großen, flachen Schalen sind wenig naturalistisch, aber ausdrucksvoll. Sie wurden mit breitem Pinsel nur flüchtig skizziert, was auch bei den geometrischen Motiven an den erhöhten Rändern ersichtlich ist. Lesbare Begleithieroglyphen, wie sie auf der Begräbniskeramik des Petén vorkommen, sind in bedeutungslose Ornamente ausgeartet. Die Farben – hauptsächlich Rot auf orangefarbenem Grund – haben nicht die Leuchtkraft der Petén-Vasen.

Bei einer zweiten Gruppe handelt es sich um zylindrische Vasen mit präzis detaillierten Reliefdarstellungen von chthonischen Götterfiguren oder Szenen des Ballspielkultes, die jeweils in ein vertieftes Paneel eingefügt sind, während die Rückseite mit einem interpretierbaren hieroglyphischen Begleittext versehen ist. In ihrer Konzeption und Ausführung entsprechen sie dem Reliefdekor auf Stelen und mögen von diesen inspiriert sein. Es sind Erzeugnisse in einheitlichem Stil. Daß sie aus einer Schule in der Nähe von Mérida (Maxcanú) stammen, wurde erstmalig von Michael D. Coe erkannt, der diese Keramik als Chocholá-Stil beschrieben hat. Jedoch räumt er diesem eine unwahrscheinlich lange Zeitdauer von 600-900 n. Chr. ein.

Die polychromen und reliefierten Grabgefäße aus dem Petén veranschaulichen die Machthaber und ihre Beziehung zu den Göttern, sei es in stereotypen Einzeldarstellungen oder in mehrfigurigen Palastszenen, in denen dem Herrscher Ehrerbietung und Gaben dargebracht werden (Abb. S. 176). Prozessionen von Kriegergestalten mit schwarz bemaltem Gesicht (Abb. S. 177) sowie recht grausame Opferszenen, denen die Kriegsgefangenen unterworfen wurden, lassen erkennen, daß den Maya keineswegs der ausschließlich friedliche Charakter eigen war, wie er bis zur Entdeckung der Fresken von Bonampak im Jahre 1947 allgemein angenommen wurde.

Alle diese Vorgänge spielen sich in der Unterwelt ab, eine Beobachtung, die bereits Thomas S. Barthel machte und die von Michael D. Coe an zahlreichen Vasen bestätigt wurde. Bemerkenswert ist, daß die Protagonisten zwar als lebende Personen erscheinen, jedoch oft mit Todessymbolen versehen sind, zum Beispiel einer Halskette mit herausgerissenen Augen und braunschwarzen Flecken am Körper, die Verwesung anzeigen. Die auftretenden Götter sind teilweise aus den Codices bekannt, so der häufig vorkommende Gott K, der Schutzherr der königlichen Macht und der dynastischen Nachfolge war.

Am oberen Rand der Gefäße befindet sich ein standardisierter hieroglyphischer Text, der sich aber nicht unbedingt, wie bei den Stelen, auf die dazugehörige Handlung

Serpentinmasken der klassischen Zeit aus Teotihuacán. Solche Steinmasken, die bereits die Olmeken kannten, fanden wahrscheinlich im Totenkult Verwendung. Sie wurden jedoch nicht vor dem Gesicht, sondern auf der Brust getragen. Ihre Herstellung erfolgte nach einem streng festgelegten Kanon, der nur Abweichungen in den Dimensionen zuließ. Manche der Masken wurden mit farbigen Steinmosaiken verziert (Abb. S. 134). Die Aussparungen auf den Wangen des Exemplars oben dienten diesem Zweck. An die Stelle der Mosaikeinlage konnte auch Bemalung treten (rechts oben). Die Augen waren häufig aus Obsidian eingelegt, wie noch bei der Maske unten zu sehen ist.

Oben links und rechts: Höhe 15 cm. Wien, Museum für Völkerkunde
Rechts: Höhe 12 cm. Mexiko, Museo Diego Rivera
Unten rechts: Höhe 20,5 cm. Villahermosa, Museo de Tabasco
Unten links: Höhe 20,5 cm. Mexiko, Proyecto Templo Mayor

Links: Der Jadekopf eines alten Mannes stammt aus dem Grab des Herrschers Pacal (615-693), das 1954 unter der Pyramide des Inschriftentempels in Palenque entdeckt wurde. In schöner Weise vereint die Skulptur Abstraktion und Wirklichkeitstreue miteinander; die individuellen Züge verschmelzen mit dem Schönheitsideal der Maya. Höhe 12 cm. Mexiko, Museo Nacional

bezieht, sondern einer Litanei entspricht, die anläßlich der Reise des Verstorbenen durch die Unterwelt deklamiert wurde.

Anfang der siebziger Jahre erschien auf dem Kunstmarkt eine bedeutende Anzahl spätklassischer Gefäße, die sich durch schwarzbraune Bemalung mit großen Glyphen in eleganter Linienführung auf hellem Grund auszeichnen. Sie werden als Keramik im Codexstil bezeichnet, weil ihr Dekor an die Kalligraphie der Bilderhandschriften erinnert (Abb. S. 177). Da derartige Vasen bisher noch nicht aus offiziellen Ausgrabungen bekannt waren, wurde ihre Echtheit angesichts der zahlreichen und hervorragenden Fälschungen von einigen Archäologen bezweifelt. Durch stilistische und chemische Analysen gelang es jedoch kürzlich, den Codexstil genauer zu präzisieren und insgesamt drei Varianten aus den Gegenden von Holmul, Naranjo und Uaxactún zu unterscheiden. Als sein Ursprungsgebiet können jetzt El Mirador und Pacaya an der Nordgrenze des Petén bezeichnet werden (Dorie J. Reents und Ronald L. Bishop).

Im zentralen Hochland beschränkte sich die Gefäßmalerei nach dem Ende Teotihuacáns auf einfachere Linienmuster und erreichte erst nach der Jahrtausendwende wieder einen künstlerischen Höhepunkt in den von den Mixteken und Cholulteken angefertigten polychromen Gefäßen mit rundem Körper und weit nach außen gestellten Füßen. Gewisse Gefäßformen entsprechen jenen, die in den Bilderhandschriften, besonders im Codex Borgia, abgebildet sind. Da auch die figürlichen und symbolischen Motive übereinstimmen, ist anzunehmen, daß die hochqualifizierten Maler der gleichen Kunstschule angehörten. Diese postklassischen Gefäße sind in Mesoamerika weit verbreitet, sie finden sich ebenso in den atlantischen

wie in den pazifischen Kulturprovinzen, von Sinaloa und Nayarit bis Nicaragua und Costa Rica. Die mexikanischen Motive des Hochlandes wurden dort jedoch den regionalen Stileigenarten angepaßt.

Skulptur

Vom Standpunkt der altweltlichen Kulturabfolge gesehen, gehören die Steinbildwerke des Alten Mexiko dem Neolithikum an, weil sie ausnahmslos mit Steinwerkzeugen geschaffen worden sind. Doch handelt es sich bei ihnen zweifellos um Zeugnisse einer Hochkultur. Dafür spricht nicht nur die meisterhafte Ausführung, sondern auch der Einfluß der geistigen Kultur, deren Exponenten die Machthaber und die Priesterschaft waren. Denn sie beauftragten und überwachten die Werke der Bildhauerkunst, die zu den bedeutendsten Leistungen Mesoamerikas zählen.

Bildwerke der Olmeken

Bereits die frühen Skulpturen der Olmeken zeichnen sich durch eine meisterhafte Beherrschung der Bildhauertechnik aus, ob sie nun aus tonnenschweren Steinblöcken oder in kleinem Format aus kostbarem Material gearbeitet wurden. Sie weisen eine Stileigenart auf, die sie deutlich von der späterer Stile unterscheidet und offenbar ihren Ursprung in der Malerei hat. Da es im olmekischen Kerngebiet keine nennenswerte Steinarchitektur gab, wurden die Bildwerke freistehend, in geplanter Ordnung aufgestellt.

Die berühmten Kolossalhäupter (Abb. S. 51, 119), weit überlebensgroße Rundskulpturen von Herrscherköpfen mit wohlproportionierten Gesichtszügen in porträtartig anmutender Individualität zeugen von dem Bestreben der Herrscher, ein unvergängliches Denkmal ihrer Macht zu hinterlassen. An den sogenannten Altären, die keine Opfertische, sondern Herrschersitze waren, erscheint die Figur des Herrschers rundplastisch in einer Nische, während die Begleitfiguren und symbolischen Motive an den Seiten reliefiert sind (Abb. S. 122, 123). Auch an den Stelen aus grob behauenen großen Felsblöcken sind die Bilder von Herrschern erhabener herausgearbeitet als die von Begleitpersonen. Der Kontrast zwischen rundplastischer Frontaldarstellung und Profildarstellung in Flachrelief auf demselben Monument hebt den Rangunterschied deutlich hervor.

Eine besondere Form des Flachreliefs stellen drei überdimensionale Jaguarmasken von La Venta dar, die unter Verwendung von jeweils nahezu fünfhundert polierten Serpentinplatten mosaikartig auf dem Boden ausgelegt und gleich danach von einer Lehmplattform überdeckt wurden (Abb. S. 131). Mosaikarbeiten treten dann erst wieder im Postklassikum auf, und zwar in kleinerem Format und feinster Ausführung bei toltekisch-mixtekischen Zeremonialobjekten (Abb. S. 366).

Eine detaillierte Charakterisierung des olmekischen Kunststils unter Berücksichtigung seiner vielseitigen Manifestationen in Skulptur und Kleinkunst, einschließlich der hervorragenden Jadearbeiten, sowie der figürlichen und Gefäßkeramik würde über den Rahmen einer Übersicht hinausgehen. Vorherrschend ist die Darstellung der menschlichen Gestalt, die häufig Merkmale des Jaguars aufweist, denn dieses mächtigste aller Tiere Amerikas galt als Beschützer der Herrscher. Eigentümliche Motive bei Skulpturen wie Gefäßen sind auch vogel- und fischähnliche Wesen sowie Mischformen von Tieren, wie sie nicht in der Natur vorkommen.

Beatriz de la Fuente ist der Ansicht, daß die olmekischen Monumentalskulpturen, »diese heiligen Menschen aus Stein«, seien es Herrscher oder Götter, geschaffen wurden, »um die Kenntnis des kosmischen Ordnungsprinzips zu verewigen«. Die Vorstellung einer streng geregelten Weltordnung, die der Mensch erhalten muß, um die günstigen und schädlichen Einflüsse der Götter, die Naturkräfte verkörpern, auszugleichen, liegt ebenso den Bildwerken der klassischen Maya und der postklassischen Kulturen zugrunde.

Auch die Nachfolger der Olmeken errichteten monumentale Bildwerke: Denkmäler zur Glorifizierung von Herrschern wie die Mayastelen, Abbilder von Titulargottheiten wie die Kolossalstatue der Großen Göttin von Teotihuacán (Abb. S. 240), Atlanten in Gestalt von Kriegern wie in Tula (Abb. S. 244/245) oder als Federschlangen geformte Pfeiler wie in Chichen Itzá (Abb. S. 273). Besonders zahlreich sind schließlich die Monumentalplastiken der Azteken. Die das menschliche Maß übersteigende Größe dieser Bildwerke und ihre von der Architektur bestimmte Aufstellung bezweckten, sie den Menschenansammlungen bei religiösen Festlichkeiten aus größerer Entfernung sichtbar zu machen.

Das Flachrelief szenischen Inhalts, das in La Venta bereits im 9. Jahrhundert v. Chr. vorkommt, unterscheidet sich in der nachfolgenden Izapa-Kultur, in Monte Albán, bei den Maya und Azteken im wesentlichen durch verschiedenartige Bekleidung und Ausrüstung der Figuren. Die Reliefs grotesker menschlicher Wesen in Monte Albán, die mit ideographischen Zeichen, den ersten Belegen eines beginnenden Schriftsystems, versehen sind, entstanden um 400 v. Chr. (Abb. S. 52, 53). Die unbekleideten Körper in verschiedenen unnatürlichen Stellungen sind durch

Linke Seite: Polychrom bemalte Tonfigur aus Teotihuacán, Höhe 9 cm.   *Privatsammlung*

Rechts oben: Sitzender Priester, Tonfigur aus El Zapotal (Veracruz). Die Ringe vor den Augen sind Attribute des Regengottes, doch fehlen weitere mit ihm verbundene Merkmale. Höhe 77 cm. Jalapa, Museo de Antropología

Rechts: Figuren dieses Typs aus El Zapotal werden als »smiling faces«, als »Lachende Gesichter«, bezeichnet, doch dürften die oft zu einem breiten Grinsen verzerrten Gesichter der in Gräbern gefundenen Tonfiguren die von Toten sein. Die erhobenen Arme stellen möglicherweise eine Tanz- oder Adorationsgeste dar. Höhe 28,5 cm. Jalapa, Museo de Antropología

schrägkantig eingeschnittene Linien definiert und heben sich als glattpolierte Flächen von dem vertieften, rauhen Hintergrund ab. An den gekreuzten Armen und Beinen ist der Anlauf zu einer dreidimensionalen Darstellung erkennbar. Diese sogenannten »Danzantes«, die jedoch keine Tänzer sind, werden unterschiedlich interpretiert.

Oaxaca und Veracruz

Da das Flachrelief für die szenische Darstellung weitergehendere Ausdrucksmöglichkeiten bietet, wurde diese Form besonders in den klassischen Kulturen von Oaxaca und Veracruz der Rundplastik vorgezogen. Als Beispiele seien die repetitiven Federschlangenreliefs der Pyramide von Xochicalco (Abb. S. 80/81) und die dortigen Stelen mit Schriftzeichen und Götterbildern erwähnt. In Monte Albán erscheinen Darstellungen, die sich auf kriegerische und politische Ereignisse beziehen, bereits in den Reliefplatten des Gebäudes J aus der zweiten Epoche sowie in den Relieftafeln an der Großen Südplattform aus der dritten Epoche. Sie enthalten kalendarische Inschriften und anthropomorphe Darstellungen des Jaguars, der Titulargottheit von Monte Albán (Stelen Nr. 1, 2 und 3).
An den Seitenwänden der Ballspielplätze in El Tajín befinden sich großflächige Reliefs mit Einzelszenen mythologisch-religiöser Handlungen, die eine zusammenhängende Abfolge bilden und wie die Seiten einer Bilderhandschrift »gelesen« werden können. In ihrer Ausführung sind sie den Reliefs in Oaxaca überlegen, denn es stand hier ein geeigneteres Steinmaterial zur Verfügung (Abb. S. 278, 279).
Die Steinplastik des nördlichen und zentralen Golfküstengebietes von Veracruz zeichnet sich einerseits durch kunstvoll verschlungene, kursive und doppelt konturierte Bandornamente aus und andererseits durch eine Gruppe tragbarer Skulpturen: die sogenannten Yugos, Hachas und Palmas. Obwohl diese eigenartigen Erzeugnisse und die Bandornamentik in dem Gebiet entstanden sind, das die Totonaken zur Zeit der spanischen Eroberung bewohnten, wird die fragliche ethnische Bezeichnung »totonakisch« vermieden; sie werden dem klassischen Veracruz-Stil zugeordnet.
Bei den Yugos handelt es sich um hufeisenförmige steinerne Joche von rautenförmigem Querschnitt mit leicht ausgewölbten Seiten (Abb. S. 278). Die ungefähr 30 Kilogramm schweren Objekte sind für eine horizontale Lage bestimmt, wie aus der in starkem Relief ausgeprägten Verzierung, welche die Außenseite bedeckt und nahtlos auf die Oberseite übergeht, ersichtlich ist. Ein oft vorkommendes Motiv stellte eine groteske mythische Erdkröte dar, deren Körper mit komplizierten Bandmustern reliefiert ist. Andere Joche zeigen eine menschliche Figur, den Körper in flacherem Relief, das Gesicht stärker herausgearbeitet. Auch dieser Typus ist in vielen Varianten kunstvoll mit Voluten sowie anderen ornamentalen und symboli-

schen Elementen modifiziert. Beachtenswert ist die phantasievolle, zur Abstraktion tendierende Stilisierung der oft bis ins feinste Detail ausgearbeiteten Darstellungen. Die meisterhafte Handhabung des harten Gesteins läßt auf den Einfluß von Kunstschulen schließen, die sich strikt an die traditionellen Formen hielten. Diese kennzeichnet besonders die Streuung einzelner, teils grotesker, teils naturnaher Motive. Derartige Dissoziationen von Elementen sind in der Mayakunst selten. Das weitverbreitete Vorkommen der Joche, die – teilweise unverziert – auch im mexikanischen Hochtal, in Chiapas, Copán, an der pazifischen Küste Guatemalas und im westlichen El Salvador angefertigt wurden, hängt mit der Ausbreitung des Ballspielkultes im Mittel-Klassikum zusammen.
Eine ähnliche geographische Verbreitung ist bei den Hachas festzustellen. Der Name dieser schmalen Objekte aus Stein kommt von dem an eine Axt erinnernden Umriß. Sie sind auf beiden Seiten mit identischen Profildarstellungen eines Menschen- oder Tierkopfes verziert. Die in Veracruz übliche Form hat einen stumpfwinkligen Einschnitt an der Basis, die von Oaxaca und Chiapas besitzt dagegen einen Zapfen, während die Exemplare aus Guatemala und El Salvador rechteckig sind. Tatiana Proskouriakoff nimmt an, daß breitere, rundlichere Hachas bereits aus dem Früh-Klassikum stammen, dünnere sowie vollfigürliche Formen hingegen aus dem Spät-Klassikum. Zur Gruppe der Hachas gehören auch Rundplastiken menschlicher Köpfe mit geschlossenen Augen oder großen Augenhöhlen, die Tote, vielleicht Geopferte, darstellen.
Menschen und Tiere, besonders Vögel, sind die üblichen Motive der fächerförmigen Palmas, deren Höhe zwischen 15 und 80 Zentimetern liegt. Auch hier werden groteske und naturgetreue Formen sowie Bandmuster vermischt; sie sind symmetrisch und in rhythmisch repetitiven Mustern angeordnet. Die Bildhauer ließen ihrem schöpferischen Können bei der Ausgestaltung der kompakten Form freien Lauf. Diese war funktionsbedingt. Wie in den szenischen Reliefs von El Tajín ersichtlich, wurde die Palma auf das Steinjoch, das der Zelebrant vermutlich in einer leichter tragbaren Version aus Holz um die Hüfte trug, aufgesetzt. Daher hat sie eine entsprechende runde Aushöhlung an der breiten Basis und kann ohne Untersatz nicht frei stehen.
Im südlichen Veracruz kam im frühen Klassikum die auf die Olmeken zurückgehende Bildhauerkunst unter dem Einfluß verschiedener Kulturen zu erneuter Entfaltung. In Tres Zapotes und Cerro de las Mesas entstanden stelenartige Flachreliefs mit Profildarstellungen von Würdenträgern in großem Ornat (Abb. S. 58), die einen erstaunlichen ikonographischen Eklektizismus aufweisen. So sind in dem überladenen Kopfschmuck auf den Stelen Nr. 3, 6, 8 und 9 von Cerro de las Mesas symbolische Elemente olmekischer Herkunft erkennbar. Der Monsterrachen, auf dem die Person auf den dortigen Stelen Nr. 5 und 8 steht, ist der Izapa-Kultur entlehnt. Antlitz, »Sprechvolute« und Beinstellung in den Stelen Nr. 5, 6 und 8 entsprechen

»The New York Relief Panel«, unter diesem Namen ist das noch mit Resten der farbigen Fassung versehene Relief aus dem zentralen Mayagebiet in der Fachwelt bekannt. Rechts sitzt ein Priesterfürst auf einem Thron und empfängt von *zwei stehenden Priestern ein Zeremonialgewand. Über seinem Kopf sind mehrere Glyphen angebracht. Wahrscheinlich aus La Posidata (15 km nördlich Yaxchilán), Spät-Klassikum, Höhe 89 cm. New York, E. Merrin Gallery*

Strichen und Punkten, die kalendarische Bedeutung haben. So bezeichnet die Inschrift der Stele Nr. 6 von Cerro de las Mesas auf Grund ihrer dem Mayakalender entsprechenden Zahlenangabe das Jahr 468 n. Chr.

Klassische Mayaskulptur

gleichzeitigen Wandmalereien in Teotihuacán. Die rechteckige Mundmaske auf den Stelen Nr. 3 und 9 kommt öfters auf Reliefgefäßen von Río Blanco im mittleren Veracruz vor. Die thronende Gestalt auf Stele Nr. 4 schließlich zeigt große Ähnlichkeit mit einer Skulptur aus der Gegend von Cotzumalhuapa (Bilbao, Monument Nr. 9). Bemerkenswert sind weiterhin die glyphischen Zeichen der Stelen, die sich in einem senkrechten Band vor dem Würdenträger befinden. Es handelt sich um ein Zahlensystem aus

Aus dem Mayaklassikum sind Hunderte von aufrecht- und freistehenden reliefierten Monumenten erhalten, die mit dem aus der klassischen Altertumskunde übernommenen Begriff Stele bezeichnet werden. Zu ihnen gehören meist niedrige Steinblöcke oder -trommeln, die Altäre genannt werden, obwohl sie keine Opfertische gewesen sind (George Kubler). Das Hauptmotiv der Stelen sind stehende menschliche Gestalten mit helmartigem Kopfschmuck, einer Federkrone und kostbaren Attributen. Nie fehlt ein hieroglyphischer Text. Gelegentlich erscheinen im unteren Feld Begleitfiguren wie Gefangene und Zwerge in kleinerem Maßstab, der ihre untergeordnete Stellung anzeigt. Zunächst sind die Hauptfiguren oft ganz im Profil skulptiert, wobei ein Fuß den anderen teilweise verdeckt. Seit etwa 650 n. Chr. wurde der Körper frontal dargestellt und nur noch der Kopf mit den typischen mandelförmigen Augen im Profil; die Füße sind dabei nach rechts und links ausgerichtet. Schräg oder horizontal vor der Brust halten die Würdenträger einen Zeremonialstab, der an beiden Enden in Schlangenköpfe ausläuft, oder ein Zepter, das aus einer kleinen grotesken Götterfigur mit einem Schlangenleib als Griff besteht. An den mit Ornamenten überladenen Stelen von Copán und Quiriguá sind Kopf und Körper fast vollplastisch herausgearbeitet und mit zahlreichen kleinen Begleitfiguren in gerundeter Form versehen (Abb. S. 184).

Tatiana Proskouriakoff hat aufgrund der Formentwicklung und der Veränderungen von Haltung, Ornat und zeremoniellen Gegenständen bei den Mayastelen des Mittel- und Spätklassikums vier Stilphasen unterschieden, deren Daten auf den kalendarischen Inschriften maßgebender

Monumente basieren. In der Formativen Phase (593 bis 652 n. Chr.) entwickelte sich der aus lokalen Traditionen amalgamierte, typisch spätklassische Mayastil in noch einfacher Form. Die Verzierte Phase (692 bis 751 n. Chr.) ist durch prunkhafte Ausarbeitung der Ornamente gekennzeichnet, doch blieb der starre Aufbau der Figuren unverändert. In der Dynamischen Phase (751 bis 810 n. Chr.) wurden die Ornamente durch ausdrucksvollere Formen und elegantere Linien betont, und die axiale Symmetrie der Komposition wich einer elastischeren, flüssigeren Ausdrucksform. Diese Qualitäten wurden in der Dekadenten Phase (810–889 n. Chr.) beibehalten, jedoch unter Vernachlässigung der Details, der sorgfältigen Linienführung sowie der Formgebung. Verzerrungen, Übertreibungen und artfremde Elemente traten in einzelnen Regionen in zunehmendem Maße bis zum Ende der klassischen Mayakultur auf. Ein Beispiel für den fremden Einfluß und den gesteigerten Manierismus sind die Gesichtszüge und der mexikanische Nasenstab des Würdenträgers auf der 849 n. Chr. datierten Stele Nr. 10 in Seibal.

Seit der Veröffentlichung der Studie Tatiana Proskouriakoffs im Jahre 1950 wurden bedeutende Fortschritte in der Entzifferung der Hieroglyphen und in der Deutung des ikonographischen Gehalts der Stelen gemacht. Man erkannte, daß die Personen Herrscher darstellen, deren Lebensgeschichte aus den hieroglyphischen Begleittexten ablesbar ist.

Um Macht und Ansehen des Herrschers zu betonen, errichtete man im 8. Jahrhundert Monumente gigantischen Ausmaßes. Auf Stelen von Copán wurde das Herrscherbild zur Überlebensgröße gesteigert. Stele Nr. 1 in Bonampak (um 770 n. Chr.) ist fünf Meter hoch; die etwa gleichzeitig entstandene Sandsteinstele E in Quiriguá mißt sogar über zehn Meter und ist damit der größte Monolith im Mayagebiet.

Einen monumentalen Eindruck erwecken auch die tonnenschweren sogenannten Zoomorphen von Quiriguá mit den dazugehörigen Altären (Abb. S. 363). Hier wurde die natürliche Form großer Sandsteinblöcke beibehalten und die von doppelköpfigen Tieren und von Glyphen umgebene Darstellung des Herrschers virtuos der unregelmäßigen Oberfläche angepaßt. Auf ähnliche Weise hat man in viel kleinerem Ausmaß wertvolles Rohmaterial bei der Bearbeitung von Jade, Bein und Muscheln genutzt.

Eine Ausnahmestellung nimmt Palenque ein, wo, abgesehen von einigen Flachreliefs mit dynastischen Themen

Links: Anthropomorphes Tongefäß, das einen Priester darstellt, möglicherweise einen Priester des Regengottes Chac. In der Hand hält er eine brennende Kautschukkugel. Farbreste lassen noch die Bemalung in kräftigem Rot und Blau erkennen. Aus Mayapán, Postklassikum, Höhe 54 cm.
Mérida, Museo de Antropología

Rechts: Figürliches Räuchergefäß aus Ton in dem üppigen Stil der Mayaplastik des Spät-Klassikums. Im Zentrum sitzt eine menschliche Gestalt; ihr Kopfschmuck und der Schemel, auf dem sie sitzt, bestehen aus Göttermasken. Sie symbolisieren den Regengott und den Herrn der Unterwelt. Aus Teapa, Höhe 60 cm.
Villahermosa, Museo de Tabasco

Zahlreich sind die Prüfungsstätten von Xibalba, und vielerlei Art sind die Prüfungen: Die erste ist das Haus der Finsternis; völlige Finsternis herrscht in ihm.

Die zweite ist das Haus, das Xuxulim heißt; grimmige Kälte herrscht in ihm, ganz unerträgliche, schandbarste, unausstehlichste Kälte dringt da hinein.

Die dritte heißt das Jaguarhaus; lauter Jaguare sind darinnen. Sie mengen und drängen sich vor Verzweiflung, sie fletschen die Zähne, die da im Haus gefangengehaltenen Jaguare.

Fledermaushaus hießt die vierte Prüfungsstätte; lauter Fledermäuse sind drinnen im Hause. Sie pfeifen, sie piepsen, sie flattern im Hause, die gefangenen Fledermäuse, die nicht herauskönnen.

Der Name der fünften (Prüfungsstätte) ist das Dolchmesserhaus; lauter Dolchmesser sind darinnen, schimmernd aufgereiht, bald zum Ruhen, bald zum Zerstören hier im Hause bestimmt.

Beschreibung der Unterwelt im »Popol Vuh«

Photographische Abrollung einer polychromen Mayavase. Neun Gestalten sind in drei gleichartigen Szenen gruppiert. Jede Szene besteht aus einem Tänzer, einer am Boden liegenden Tiergestalt, zweimal ein Jaguar, einmal ein menschengestaltiger Affe, und einer darüber schwebenden Gestalt. Jede dieser Gestalten, ob Mensch, Tier oder Mischwesen, ist durch eine winkelförmige, waagrechte oder senkrechte Beischrift identifiziert und als »toter Fürst« oder »Fürst der Totenwelt« durch die mittlere Hieroglyphe gekennzeichnet. Mit der letzten Hieroglyphe dieser Beischriften wird sie einer Mayastadt zugeordnet. Zwei dieser Städte, El Perú und Seibal, sind als archäologische Fundorte identifiziert.

Im Mittelpunkt des Rituals, das die Vase illustriert, stehen Selbstkasteiung, Opfer und Tanz. Der lange, am oberen Rand umlaufende Hieroglyphentext beginnt mit dem Mayadatum 4 ix 12 cumku, das entweder ins Jahr 703 oder 755 n. Chr. fällt. Es ist vielleicht das Todesdatum des Fürsten oder Adeligen, für den die Vase bestimmt war und aus dessen Grab sie durch Grabräuber geborgen wurde. An das Datum schließt sich ein Totengesang an, den die meisten Vasen in stark abgekürzter Fassung tragen. Den Schluß bilden Titel des Verstorbenen. Spät-Klassikum, Höhe 20 cm.

Privatsammlung

(Abb. S. 170, 376), die Herrscher nicht in prismatischen Stelen und Rundplastiken, sondern in erhabenen Stuckreliefs an den Pfeilern des Palastes wiedergegeben wurden (Abb. S. 35). Diese Bildnisse zeichnen sich durch feine Abstufungen der modellierten Flächen und durch lebensvolle Gestaltung aus. Ihre Bemalung, von der nur Reste erhalten sind, hatte symbolische und kosmologische Bedeutung, wie Merle Robertson feststellen konnte. Rot diente wie in den Fresken von Teotihuacán als Hintergrund und bezeichnet die Welt der Lebenden sowie den Osten, Gelb die Unterwelt und die südliche Region, Blau die Himmelsregionen. Ein ähnliches Farbenschema ist auch an der Stuckfassade von Acanceh in Yukatan zu erkennen, jedoch blieben die stärker erhabenen Stuckfriese eines Tempels in Dzibilchaltún stets unbemalt (Clemency Coggins).

Eine verblüffende Ähnlichkeit des Gesichtsausdrucks mit dem der heutigen indianischen Bevölkerung im Mayagebiet zeigen die lebensgroßen Porträtköpfe aus dem Umkreis von Palenque (Abb. S. 172/173). Die Rundplastiken waren teils an Fassaden angebracht, teils dienten sie als Grabbeigaben. Sie stellen ein geköpftes Menschenopfer dar, denn den Maya galt der Kopf als Sitz der menschlichen Persönlichkeit oder Seele (Klaus Helfrich). Auch aus Copán und Quiriguá sind Porträtköpfe bekannt, die jedoch aus Stein gemeißelt sind; ein massiver Zapfen kennzeichnet sie als Architekturelement. Trotz der sensuellen Weichheit der Züge sind diese Gesichter mit sorgfältig zurückgekämmtem Haar keine Abbilder vermeintlich singender Mädchen aus Copán, sondern Ausdruck eines Schönheitsideals. Sie stellen den jungen Maisgott dar (Abb. S. 262).

Tula und Chichen Itzá

Im toltekischen Tula kommen erstmals buntbemalte Steinreliefs vor. Sie stellen Krieger, Federschlangen und Todessymbole in friesartiger Reihung dar (Abb. S. 332). Mit ihren groben Einkerbungen und der steifen Linienführung erreichen sie nicht die künstlerische Qualität ähnlicher Werke in Chichen Itzá. An beiden Orten findet sich darüber hinaus noch eine ganze Anzahl weiterer Bildwerke, die unverkennbare Analogien aufweisen: Atlanten in verschiedener Größe (Abb. S. 101, 244/245), sitzende Standartenträger (Abb. S. 335), mit aufgestützten Ellenbogen auf dem Rücken liegende Chac-Mool-Figuren (Abb. S. 92, 93), Friese schreitende Jaguare und Pumas, Adler mit einem blutigen Herzen im Schnabel (Abb. S. 91) und Pfeiler mit reliefierten Kriegergestalten. Auch die Architektur ist eng verwandt.

Diese Übereinstimmungen werden üblicherweise mit der historisch belegten Machtübernahme durch toltekische Krieger in Chichen Itzá begründet: Diese hätten den einheimischen Maya einen ihnen fremden Kunststil vorgeschrieben. Da jedoch die Maya in der Ausführung von Bildwerken den Tolteken von Tula künstlerisch überlegen waren, hat George Kubler wiederholt eine umgekehrte Richtung des Kultureinflusses in Betracht gezogen. Demnach wären es die mexikanischen Eindringlinge in Yukatan gewesen, die Darstellungsformen der Maya, welche sie in Chichen Itzá kennengelernt hatten, übernahmen und in Tula einführten. Damit sei aber nicht der direkte Import von Objekten oder die Übersiedlung von Kunst-

handwerkern ins mexikanische Hochland verbunden gewesen; lediglich Stil und Methode seien übertragen worden. Diese Ansicht eines Kunsthistorikers hat bisher wenig Anklang in archäologischen Kreisen gefunden, verdient jedoch ernsthafte Erwägung. Denn nicht nur, was die Anzahl der Skulpturen betrifft, sondern auch hinsichtlich der künstlerischen Qualität gebührt zweifellos Chichen Itzá der Vorrang.

Aztekische Bildwerke

Besonders zahlreich und verschiedenartig sind die von den Azteken oder Mexica hinterlassenen Steinbildwerke. Erst seit 1450 n. Chr. hebt sich der aztekische Stil deutlich von anderen mesoamerikanischen Stilen ab, und zwar in der Skulptur wie in der Keramik. Zu seiner Entfaltung trugen einerseits Künstler und Traditionen aus den eroberten südlichen und östlichen Provinzen bei, andererseits wurde er durch die religiösen und politischen Anschauungen der Azteken bestimmt. Die Mehrzahl der großen Skulpturen wurde durch Zufall bei Bauarbeiten in der Hauptstadt im Bereich des Großen Tempels von Tenochtitlán entdeckt. Eine bedeutende Anzahl kam auch in Tetzcoco zum Vorschein, und hervorragende Werke sind aus der Gegend von Chalco bekannt. Aber nicht nur in diesen drei Zentren entstanden Bildwerke aztekischen Stils, sondern auch in der Provinz, zum Beispiel in Castillo de Teayo, wo sie teilweise lokale Stileigenarten aufweisen. Obwohl der Großteil der Skulpturen dem Kult der zahlreichen Götter diente, waren sie nicht ausschließlich in Tempelbezirken aufgestellt, sondern wurden auch als Kultobjekte in den Andachtsräumen der Häuser, an Kreuzwegen, auf Bergen und anderen bedeutungsvollen Plätzen verehrt.

George Kubler hat die Möglichkeit erwogen, daß die olmekische Bildhauerkunst, wenn auch indirekt und bisher nicht konkret nachweisbar, die aztekische als Vorbild beeinflußte, denn beide zeichnen sich durch Monumentalität sowie kompakte, kraftvolle Gestaltung in meisterhafter Ausführung aus. Es ist nicht anzunehmen, daß aztekische Bildhauer die längst verschütteten olmekischen Werke kannten. Doch wurde kürzlich in einer steinernen Opferkiste im Haupttempel von Tenochtitlán eine olmekische Grünsteinmaske aus der Zeit um 900 v. Chr. entdeckt, die als verehrtes Erbe vieler Generationen gut erhalten geblieben ist. Auch im Mayagebiet sind vereinzelt olmekische

Links: Seit dem frühen Postklassikum fanden immer häufiger Kriegerdarstellungen Eingang in die Kunst Zentralmexikos. Der Fries einer Prozession von Kriegern wurde im Zeremonialbezirk der Toltekenstadt Tula freigelegt. Über den Kriegern windet sich eine Federschlange. Die Friese aus Lehm oder Stuck waren in leuchtenden Farben bemalt.

Rechts: Reliefiertes Gefäß mit Glockenbasis. Orangefarbene Keramik dieser Art (»Fine Orange Ware«), oft mit ausgehobenem Dekor, war seit dem Ende des Klassikums und während des gesamten Postklassikums im Mayagebiet verbreitet. Südliche Golfküste, toltekisch, frühes Postklassikum, Höhe 28 cm. Villahermosa, Museo de Tabasco

Jadearbeiten aufgefunden worden, welche die Wertschätzung alter Kunstwerke bezeugen.

Die Monumentalskulpturen in Teotihuacán waren den Azteken ebenso bekannt wie die Bildwerke der Tolteken. Ähnlich wie die Römer, die sich Statuen aus Griechenland holten, brachten die Azteken Monumente aus Tula in ihre Hauptstadt Tenochtitlán und benutzten sie als Vorbilder. Auch gewisse Ähnlichkeiten mit Terrakotten aus Veracruz und Oaxaca lassen sich feststellen (Esther Pasztory). Trotzdem besitzen aztekische Skulpturen einen unverkennbar eigenen Charakter, der sie von Bildwerken früherer Kulturen deutlich unterscheidet.

Da man sich die Götter in menschlicher Gestalt vorstellte, sind ihre idealisierten Abbilder dem Geschlecht und Rang entsprechend bekleidet und mit Schmuck versehen. Hinzu kam eine polychrome, attributiv bedeutsame Bemalung. Sie ist an den Statuen und großen Schlangenköpfen, die im Haupttempel ausgegraben wurden, noch gut erhalten (Abb. S. 93), was bei Skulpturen, die der Witterung ausgesetzt waren, nicht der Fall ist. Gelegentlich findet sich eine Aushöhlung in der Brust für eine Obsidian-, Muschel- oder Jadeeinlage, die das Herz als Sitz des Lebens symbolisierte (Abb. S. 28). Dem liegt die Vorstellung zugrunde, daß jedes Bildwerk beseelt ist.

Die rituelle Funktion der Bildwerke war unabhängig von ihrer Qualität und Gestaltungsweise. So kommen bei vielen Skulpturen aus Tenochtitlán und dem weiteren aztekischen Gebiet nur die wesentlichen Merkmale ohne detaillierte Ausarbeitung in schematischem Realismus oder in abstrakter Form zur Geltung.

Die zahlreichen männlichen und weiblichen Götterstatuen mittlerer Größe haben im allgemeinen eine sorgfältig geglättete Oberfläche und sind mit bestimmten Attributen versehen, die dem ikonographischen Inventar der Bilderhandschriften entsprechen und auf Namen und Funktionsbereich der jeweils personifizierten Gottheit hinweisen. Der Gesichtsausdruck ist kontemplativ, oft starr, bisweilen freundlich. Die Haltung entspricht der aztekischen Sitte: Männer sitzen mit hochgezogenen Knien, auf denen die Arme verschränkt sind; sie tragen den allgemein üblichen Lendenschurz, der sich bei den Azteken durch eine besondere Art des Knotens auszeichnet. Frauen knien und legen die Hände auf die Knie, wenn sie nicht einen Gegenstand halten, denn kniend wurden die weiblichen Obliegenheiten wie das Maismahlen und das Weben ausgeführt. Eine stehende Position ist bei größeren männlichen Statuen üblich, seltener bei weiblichen, und bedeutet höheren Rang. Ob sitzend, kniend oder stehend, zeichnen sich die Figuren durch naturgetreue, kunstvoll detaillierte For-

Links: Die lapidar stilisierte Statue der Muttergöttin Xochiquetzal aus Coatepec Harinas ist eine der wenigen erhaltenen aztekischen Holzplastiken. Höhe 39 cm. Mexiko, Museo Nacional

Rechts: Bannerträger aus Chichen Itzá. Solche Steinfiguren standen auf den Absätzen der Pyramidenaufgänge; in ihren Händen steckten Banner oder Fackeln. Höhe 95 cm. Mérida, Museo Antropológico

men und, wenn es sich um Frauen handelt, durch elegante Verzierungen aus. Häufig sind auf der Rückseite die Namen durch ideographische Kalenderzeichen ausgedrückt. Nur die Todesgötter und -göttinnen haben, ihrer Funktion gemäß, brutale, abschreckende Ausdrucksformen.

Skulpturen von gigantischen Ausmaßen, wie die Statuen der Coatlicue (»Die mit dem Schlangenrock«) und ihres Gegenstücks, der Yollotlicue (»Die mit dem Herzensrock«), überwältigen den Betrachter durch ihre groteske, unheilvolle Todessymbolik und die Kompliziertheit der aufs feinste ausgearbeiteten Einzelheiten (Abb. S. 249). Beide verkörpern das Dualitätsprinzip, die Grundlage der mexikanischen Weltanschauung. Die Bedeutung eines anderen, kürzlich im Templo Mayor ausgegrabenen Großreliefs konnte durch die in Quellen überlieferten Mythen erklärt werden. Es stellt die geköpfte und zerstückelte Coyolxauhqui, Schwester des Stammesgottes Huitzilopochtli, dar. Ihr nackter Körper – ein Zeichen der Demütigung – ist in erhabenem Relief frontal ausgeprägt, Kopf und Füße erscheinen im Profil. Die Körperteile sind in einem großen Oval komprimiert, ohne sonderliche Beeinträchtigung ihrer natürlichen Lage. Durch das Fehlen der bei Flachskulpturen üblichen Randborte kommen die an der Peripherie konzentrierten Symbole gut zur Geltung.

Als bedeutendstes Meisterwerk in Konzeption und Ausführung kann der »Sonnenstein«, der auch als »Aztekischer Kalenderstein« bekannt ist, angesehen werden (Abb. S. 339). Seine kalendarischen Ideogramme, deren Bedeutung aus den Bilderhandschriften ersichtlich ist, verzeichnen die vorausgegangenen vier »Sonnen« oder kosmischen Weltalter sowie den Beginn der fünften »Sonne«, des Zeitalters der Azteken. Es ist ein einzigartig grandioses Monument, »eine Hymne aus Basalt an die Sonne« (H. B. Nicholson).

Das Abbild der Sonne, bei dem die Azteken älteren Vorbildern folgten, krönt auch das steinerne Tempelmodell, das der »Neufeuerzeremonie« von 1507 gewidmet ist (Abb. S. 234, 235). Dieser sogenannte »Teocalli de la Guerra Sagrada« (Tempel des Heiligen Krieges) zeigt an den Außenseiten reliefierte Göttergestalten und religiöse Motive, die verschiedenen Vorlagen entnommen sind, denn sie unterscheiden sich voneinander in Größe und Stil. An

Links: Der spitze Hut und die hakenförmigen Ohrgehänge der ventral ausgebreiteten Gestalt sind Attribute Quetzalcoatls, der hier in seiner Erscheinungsform als herabsteigender Abendstern dargestellt ist. Die beiden seitlichen Profilköpfe des Windgottes Ehecatl erscheinen bei dieser Ansicht auf dem Kopf; möglicherweise war das Bildwerk horizontal aufgestellt. Huaxtekische Skulptur aus der Übergangszeit zwischen Klassikum und Postklassikum, Höhe 1,70 m. Mexiko, Museo Nacional

Rechts: Der Priester mit einer aufgeschnittenen Schneckenschale als Brustschmuck wird durch die konische Mütze und die charakteristischen Ohrpflöcke als Diener des Gottes Quetzalcoatl gekennzeichnet. Seine Zunge ist von einem Stab durchbohrt, mit dem er sich selbst Blut abzapft, das das Erdmonster trinkt. Zwischen den Beinen erscheint ein kleiner Hund, ein weiteres Attribut des Gottes, verbunden mit der Welt der Toten. Golfküste, Postklassikum. Mexiko, Museo Nacional

der Rückseite befindet sich in naturgetreuer Ausführung ein Adler auf einem Kaktus als Namenshieroglyphe von Tenochtitlán – heute das Staatsemblem der Republik Mexiko. Das rund 1,20 Meter hohe Monument mit seiner steilen Treppe an der Frontseite und dem wie eine Rückenlehne wirkenden Aufbau mit dem Bild der Sonne auf der Plattform wird auch als Thron und Symbol der königlichen Macht gedeutet (Emily Umberger).

Nicht alle Statuen stellen Götter dar. Auch Vertreter verschiedener Gesellschaftsschichten wurden wiedergegeben: Männliche Gestalten jugendlichen oder unbestimmbaren Alters (Abb. S. 215), Greise in gebückter Haltung mit Gesichtsfalten und zahnlosem Mund, die an den Alten Feuergott von Teotihuacán erinnern, Personen, die Lasten mittels des *mecapal*, des an der Stirn liegenden Traggurts, auf dem Rücken tragen.

Tierskulpturen bezeugen, daß die Azteken, wie auch ihre Vorgänger, hervorragende Beobachter der Natur waren und es verstanden, die besonderen Merkmale lebensecht, wenn auch in geometrisch vereinfachter Form, zu gestalten. Federn, Schuppen oder das Fell wurden sorgfältig herausgearbeitet (Abb. S. 49).

Zu den Aufgaben der Bildhauer gehörte auch die Gestaltung einer Reihe steinerner Ritualobjekte, von runden Gefäßen und Steinkisten für Opfergaben, von Nachahmungen hölzerner Zungentrommeln, Schildern und »Jahresbündeln« (zusammengebundene Holzstäbe als Symbol eines 52jährigen Zyklus'), die mit symmetrisch verteilten Götterattributen oder Kalenderzeichen zweckentsprechend verziert wurden. Außerdem gibt es eine Anzahl figürlicher Meisterwerke, die nur einmalig vorkommen. Zu ihrer Herstellung wurden besonders geschätzte Gesteinsarten wie Onyx, Serpentin und Diorit eingeführt, die Seltenheitswert verliehen und deren Kolorit die ästhetische Formgebung betonte.

Tonplastiken

Handmodellierte Tonfigurinen, insbesondere junge Frauen darstellend, wurden in allen präklassischen Kulturen in großen Mengen hergestellt. Die Verarbeitung des Tons weist zwar große Schwankungen auf, jedoch sind bestimmte Merkmale allen keramischen Erzeugnissen gemeinsam. Schon in frühester Zeit wurde die Blockmodellierung durch Auflegen von Tonstreifen und Einkerbungen verziert, was vielseitige Varianten der Körper und Gesichter ergab. Allein die Form des Auges – ob oval, rund, länglich oder schräg – war einer Stilentwicklung unterworfen, die zur Bestimmung regionaler Kulturabfolgen beitragen konnte. Das Vorkommen vieler Misch- und Zwischentypen aus dem Hochtal von Mexiko hat jedoch die von George Vaillant konzipierte und von Miguel Covarrubias und Michael D. Coe weitergeführte Klassifizierung in ein überkompliziertes System ausarten lassen. Die Skala der Figürchen reicht von primitivster bis zu verfeinertster Ausdruckskraft, wie sie die »pretty ladies« von Tlatilco und die anmutigen jungen Mädchen von Xochipala veranschaulichen (Abb. S. 64, 65).

Seit dem 3. Jahrhundert n. Chr. wurden die Tonfiguren in Modeln geformt, eine Erfindung, die Teotihuacán zuzuschreiben ist. Da diese Methode zu fließbandartiger Massenproduktion führte, ging die Individualität der Formen verloren. Männliche und weibliche Figurinen zeigen gleichartige Gesichtszüge mit teilnahmslosem Ausdruck, die über Jahrhunderte unverändert blieben, wahrscheinlich, weil sie als Schönheitsideal galten. Dagegen zeigen die Ornamente eine fortschreitend komplizierte Ausarbeitung bis zum Ende der Teotihuacán-Kultur um 750 n. Chr. Die ausschließliche Verwendung der Model im Postklassikum führte zu flachen, schematischen Erzeugnissen, die, selbst wenn sich noch ihre grellfarbige Bemalung erhalten hat, ästhetisch unbedeutend sind. Lediglich in den huaxtekischen Randgebieten hat sich, obwohl auch dort das Modelverfahren bekannt war, die Anfertigung handmodellierter Figurinen bis zur spanischen Eroberung beharrlich fortgesetzt. Sie ähneln den frühen Typen des Hochlandes, auch in der Verwendung des applizierten »Kaffeebohnenauges«. Ihre archaisierende Stilentwicklung enthält Varianten von primitivsten bis zu realistischen Ausdrucksformen. Ja, es finden sich unter ihnen »Beispiele, die fast die Kraft einer expressionistischen Arbeit der Käthe Kollwitz haben« (Alexander von Wuthenau).

Links: Aztekische Schlitz- oder Zungentrommel (teponaztli) aus Malinalco. Das Tier stellt wahrscheinlich einen Fischotter dar. Die hölzernen Trommeln wurden auf einem Gestell liegend mit Schlegeln, die mit Kautschukkugeln bestückt waren, zum Tönen gebracht. In der aztekischen Musik wurden neben Trommeln große Tamburine, Flöten und Okarinas verwendet. Sie wurde in eigenen Schulen gelehrt und begleitete vor allem religiöse Feste. Länge 87 cm. Mexiko, Museo Nacional

Oben: Bei der Neugestaltung des Hauptplatzes der Stadt Mexiko kam 1790 ein Steinblock von fast vier Metern Durchmesser ans Tageslicht. Zusammen mit anderen aztekischen Monumenten war er als Füllmaterial für den Neubau der kolonialen Stadt verwendet worden. Der »Sonnenstein«, fälschlich »Kalenderstein« genannt, ist eine steingewordene Huldigung an den Sonnengott Tonatiuh, dessen Gesicht im Mittelpunkt der Scheibe zu sehen ist. Wie der ganze Stein, war der nach Menschenblut

dürstende Gott einst bunt bemalt. Zu beiden Seiten des Gesichtes erscheint je eine Klaue, die ein menschliches Herz gepackt hat. Durch ein hinzugefügtes Auge sind die Klauen gleichzeitig als Gesichter gestaltet. Diese sind Teil des größeren Zeichens, zu dem auch das zentrale Gesicht gehört, von dem je zwei rechteckige Flügel nach oben und unten ausgehen. Es ist das Zeichen olin; ergänzt durch die vier Scheiben neben den Klauen ergibt sich das Datum 4 olin. An diesem Tag sollte die Welt der Azteken, die

fünfte nach ihrer Vorstellung, zugrunde gehen. Die vier vorangegangenen Welten sind in den Flügeln des Zeichens dargestellt. Drei weitere Daten und eine Symbolgruppe innerhalb des Zeichens geben die vier Himmelsrichtungen an. Den folgenden Ring nehmen die zwanzig Tageszeichen ein, beginnend im Scheitel und nach links fortlaufend. Den Rand der Sonnenscheibe bilden die Attribute Tonatiuhs mit Schlangen und Götterdarstellungen. Mexiko, Museo Nacional

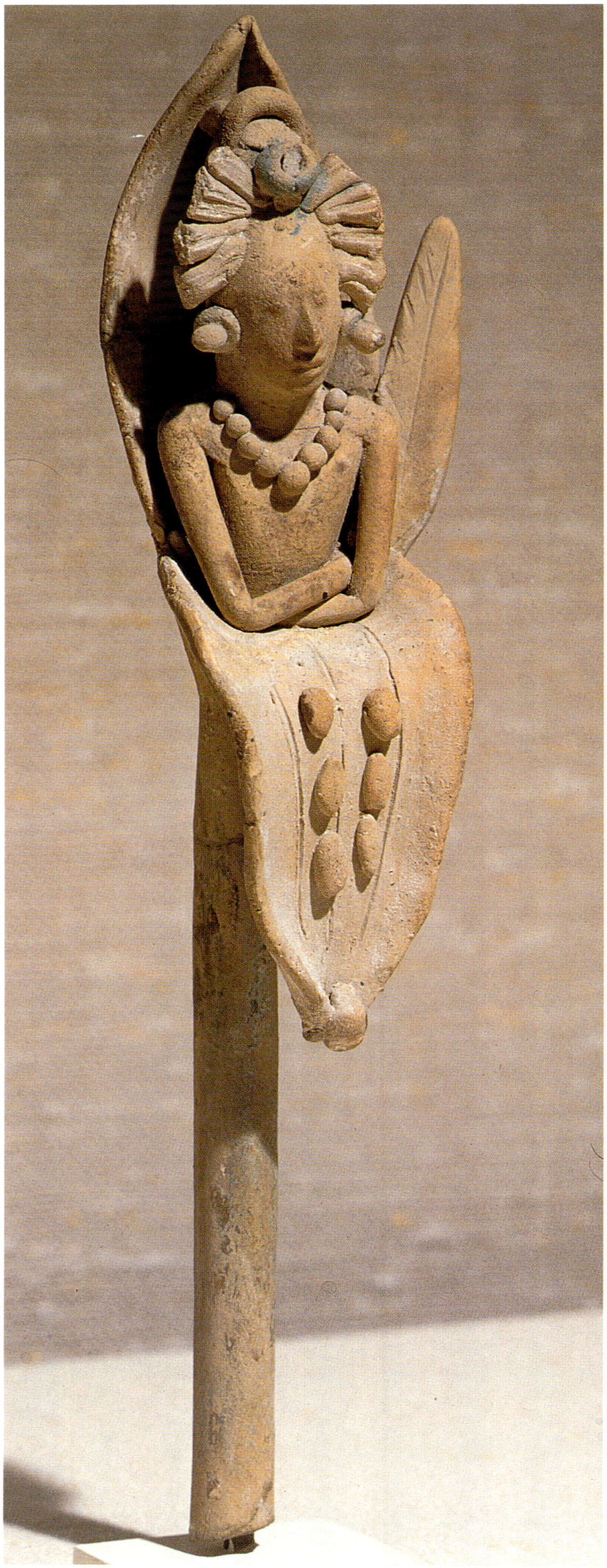

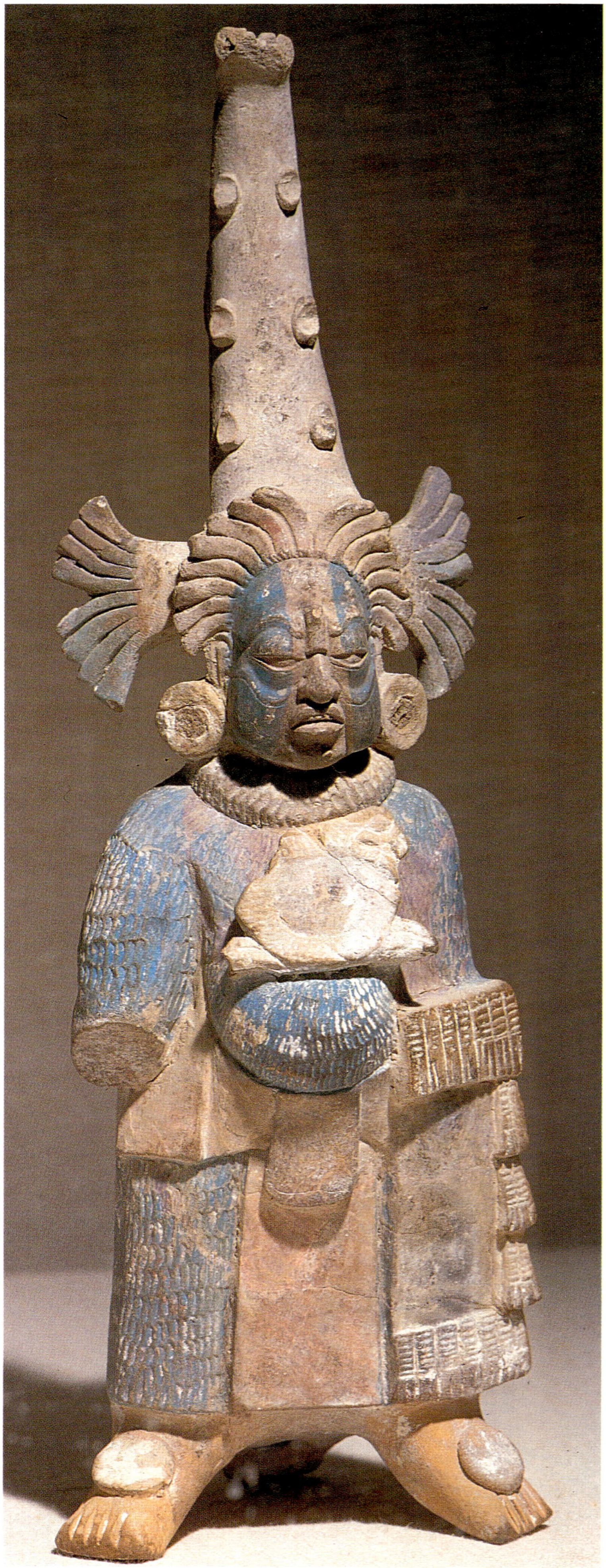

Jaina und Uaymil

Die spätklassischen Mayafigurinen der Nekropolen von Jaina und Uaymil sind wegen ihrer virtuosen Ausführung und reichen Ornamentik beliebte Sammlerobjekte. Sie erinnern an die altgriechischen Tanagrafiguren. Frei modellierte Exemplare in graziösen Posen und mit ausdrucksvollen Köpfen unterscheiden sich jeweils voneinander. Den Künstlern waren keine Beschränkungen innerhalb des traditionellen Mayastils gesetzt. Da es sich um Grabbeigaben handelt, ist anzunehmen, daß die Einzeldarstellungen trotz ihrer betonten Individualität keine persönlichen Porträts von Verstorbenen sind, sondern Angehörige verschiedener Gesellschaftsschichten typisieren. Die zahlreichen in Modeln hergestellten Figurinen verkörpern je nach Haltung, Kleidung und Attributen verschiedene Typen. Männer im Schneidersitz mit gekreuzten Armen bekunden ihre Würde durch eine Muschel auf der Brust. Büsten auf thronartigem Untersatz nehmen mit ihrem großen Kopfschmuck einen höheren Rang ein als nur mit dem Lendenschurz Bekleidete. Frauen in schulterfreiem Hemd, mit doppelten Jadeperlketten, sitzen züchtig mit untergeschlagenen Beinen, oder sie stehen, bekleidet mit langen Gewändern, die auf eine hochentwickelte Webkunst schließen lassen, und halten eine Tasche oder ein Spinngerät in den Händen. Zwerge sind keineswegs selten. Sie wurden auch in Colima dargestellt und spielten später eine angesehene Rolle im königlichen Hofstaat der Azteken. Alle Erzeugnisse beeindrucken durch die würdevolle Haltung und den ernsten, kraftvollen Gesichtsausdruck.

Nayarit, Jalisco, Colima

Die figürliche Keramik Westmexikos kam in der Schachtgräberperiode (etwa 200 v. Chr. bis 400/500 n. Chr.) zu voller Blüte, zu einer Zeit, als diese Provinzen vom Strom der Kulturentwicklung Mesoamerikas abgesondert blieben, was sich im Fehlen von Steinskulptur und Steinarchitektur ausdrückt. Die Bewohner konzentrierten ihr künstlerisches Schaffen auf die massenhafte, aber jeweils individuelle Herstellung großer Hohlfiguren und kleinerer, solider Flachfiguren, die dem präklassischen Modellierverfahren entsprechen und deren Motive dem täglichen Leben entnommen sind. Bei allen Figuren fällt auf, daß sie eine Geste oder Handlung in einem präzisen Moment ihrer Bewegung festhalten. Die Herstellungsweise unterscheidet sich zwar in den drei Gebieten, und es gibt regionale Stilvarianten, aber die Mehrzahl der Themen ist gemeinsam: bewaffnete Männer mit helmartiger Kopfbedeckung, stehende oder sitzende Frauen, die ein Gefäß halten, realistisch porträtierte Krankheitserscheinungen, Figurenpaare (Abb. S. 67) und Tiere. Ethnographisch besonders aufschlußreiche Gestaltungen kommen in Nayarit vor: Hausmodelle mit ihren Bewohnern sowie groß-

Linke Seite, außen: Gottheit in einer Blüte. Campeche, Spät-Klassikum, Höhe 20 cm. New York, Metropolitan Museum

Linke Seite, innen: Würdenträger in gestepptem Gewand, Uaymil, Spät-Klassikum, Höhe 29 cm. New York, Metropolitan Museum

Oben: Jainafigurine eines Mannes mit Fächer und rituellen Gesichtsritzungen, Spät-Klassikum. Mexiko, Museo Nacional

Unten: Jainafigurine eines einfachen Mannes im Lendenschurz. Spät-Klassikum. Mexiko, Museo Nacional

angelegte Dorfszenen mit Hütten und bis zu sechzig kleinen Figuren, die alltäglichen Obliegenheiten nachgehen (Abb. S. 274/275). Selten sind Kompositionen, die an das rituelle Fliegerspiel erinnern, wie es heute noch in Veracruz vorgeführt wird. Aus Colima stammen naturgetreu modellierte Hundefiguren, die an die Rolle der Hunde als Begleiter der Toten bei den Mexikanern und Maya erinnern, aber auch daran, daß gemästete Hunde auf dem Markt von Tenochtitlán feilgeboten wurden, um als Delikatesse verspeist zu werden.

Im großen und ganzen sind es profane und anekdotische Kunsterzeugnisse, die für die Toten als Grabbeigaben bestimmt waren. Götterabbilder mit determinativen Attributen des ikonographischen Systems Mesoamerikas sind in dieser Periode nicht vorhanden, was damit begründet werden kann, daß in Westmexiko während der jahrhundertelangen Isolierung der Übergang vom Schamanentum zum Polytheismus mit einer institutionellen Priesterschaft nicht stattgefunden hat. Erst spät treten in Ritzungen und Figurinen Attribute auf, die auf den zentralmexikanischen Gott Xipe Totec verweisen.

Kunsthandwerk

Neben den Keramikfigurinen umfaßte die Kleinkunst zu allen Zeiten einen weiten Bereich von Gegenständen, die in kunstvollster Ausführung für den rituellen und profanen Gebrauch hergestellt wurden. Mosaikinkrustation auf Holz oder Stein und die technisch damit verwandten buntfarbigen Federmosaikarbeiten bildeten eine besonders bemerkenswerte Sparte, sind aber nur in kleinem Umfang erhalten geblieben. Bei den Kleinkunstarbeiten in Stein war das Material im allgemeinen kostbarer und härter als bei der Großplastik. Neben Obsidian, Jade, Grünstein und anderen als kostbar angesehenen Steinen wurden Muschel, Perlmutt und Knochen verarbeitet. Im Postklassikum traten Metalle, vor allem Gold, hinzu. Inhaltlich und formal unterscheiden sich die Erzeugnisse des Kunsthandwerks, dessen technische Aspekte im Kapitel »Handwerk und Techniken« behandelt werden, nicht von den Werken der Skulptur und Malerei.

Vorhergehende Doppelseite, links: Tonfigur einer Priesterin der Göttin Tlazolteotl. Sie trägt einen großen Quechquemitl, das traditionelle Kleidungsstück der Region. Der Kopfschmuck ist mit Erdpech bemalt. Remojadas-Stil, Veracruz. Höhe 45 cm. Jalapa, Museo de Antropología

Vorhergehende Doppelseite, rechts: Polychrom bemalte Tonfigur einer Priesterin, aus Acayucán, Veracruz. Mayoider Nopiloa-II-Stil. Höhe 23 cm. Jalapa, Museo de Antropología

Links oben: Weibliche Figur mit Hals- und Ohrenschmuck. Jalisco, Proto-Klassikum. New York, E. Merrin Gallery

Links: Weibliche Gestalt mit Nasenring und gestreiftem Gewand. Nayarit, Proto-Klassikum, Höhe 38 cm. Privatsammlung

Rechts: Krieger mit Helm und Panzer in Angriffshaltung. Jalisco, Proto-Klassikum, Höhe 44 cm. Privatsammlung

Handwerk und Techniken

In Mesoamerika waren alle Arbeitsprozesse durch das Fehlen von Rad und Eisenwerkzeugen geprägt. Das Fehlen von Metallgerät während der längsten Zeit kultureller Entwicklung in Mesoamerika hat häufig zu der Aussage geführt, die Europäer hätten in Amerika eine Steinzeitkultur angetroffen. Wenn dies auch bezüglich der Werkzeuge zutrifft, so wird dabei doch übersehen, daß die anderen Bereiche der indianischen Hochkulturen, die Religion, die gesellschaftlich-politischen Organisationsformen, die Entwicklung der Schrift, die Bauten und auch die künstlerische und handwerkliche Qualität der hergestellten Objekte, einen solchen Vergleich mit der Steinzeit der Alten Welt verfehlt erscheinen lassen.

Steinwerkzeuge

Die Herstellung der steinernen Handwerksgeräte erfolgte, wie es auch aus dem Neolithikum der Alten Welt bekannt ist, mittels Schlag- und Drucktechniken und durch Schleifen. Der feuersteinähnliche Kieselschiefer war das wichtigste Rohmaterial. Feine, sehr scharfe Klingen wurden aus Obsidian, einem vulkanischen Glas, hergestellt; von einem Rohmaterialknollen konnte man sie mittels eines speziellen Druckstabes in schneller Folge abspalten. Sowohl aus Obsidian wie Kieselschiefer wurden Stech- und Schneidwaffen und Pfeil- und Lanzenspitzen hergestellt. Während die Zurichtung einfacher Steingeräte wohl von den meisten Männern beherrscht wurde, war die Verarbeitung von Obsidian Spezialistensache. Kleinere Geräte wie Schaber, Stichel und Ahlen wurden aus Bein angefertigt. Die Techniken der Geräteherstellung und weitgehend auch das Inventar an Geräten waren bereits früh vorhanden und hatten danach keine wesentliche Weiterentwicklung erfahren. Die im Laufe der Zeit akkumulierten Arbeitserfahrungen führten jedoch zu immer größerer handwerklicher Beherrschung der Arbeits- und Gestaltungstechniken. Das in später Zeit aufkommende Kupferwerkzeug zur Holzbearbeitung hat keine Veränderung gebracht, die sich in der Qualität der – allerdings nur selten erhaltenen – Kunstwerke aus Holz nachweisen ließe.

Transport

Das Rad und seine Funktion als drehende Scheibe oder fortbewegende Rolle waren zwar bekannt, wie Tontiere mit Rädern belegen, doch wurde diese Kenntnis nicht in die Praxis der täglichen Arbeitsabläufe übertragen. Der Grund hierfür wird in dem Fehlen von Zugtieren gesehen. In Nord- und Mittelamerika hatten die Menschen nämlich keine Wildtierformen angetroffen, die sich zur Domestizierung als Trag- oder Zugtiere geeignet hätten. Die Menschen selbst stellten somit die kräftigsten Lebewesen zum Tragen und Ziehen dar, doch offensichtlich hatte man in vom Menschen gezogenen Gefährten keinen erstrebenswerten technischen Vorteil gesehen. Hohe Persönlichkeiten, besonders im Mayagebiet, benutzten zur Fortbewegung Tragsessel, die von mehreren Männern getragen wurden.

Jeder Transport kleiner, abpackbarer oder teilbarer Güter und Materialien mußte von einzelnen Menschen ausgeführt werden, die eine bis zu einem halben Zentner schwere Last am Stirnband trugen. Das Fortbewegen großer und schwerer Stücke, seien es Bauteile von Gebäuden wie Türstürze, zyklopische Steine und monolithische Säulen oder steinerne Monumente wie Stelen, Opferblutschalen und Götterstatuen, war jeweils von einer größeren Anzahl von Männern gemeinsam zu bewältigen. Unter Zuhilfenahme von Zug- und Halteseilen, Bremskeilen und Gegengewichten bewegten sie die Objekte auf Rollen über

Das virtuos gearbeitete zeremonielle Gerät aus Feuerstein wurde von einem Mayakünstler in der Technik der Druckretusche hergestellt. Derartige extravagante Objekte aus Silex oder Obsidian stammen aus Opferdepots, die unter Gebäuden oder Stelen angelegt wurden. Aus El Palmar (Campeche), Spät-Klassikum, Höhe 27,5 cm. Mexico, Museo Nacional

größere Strecken und schafften sie auf schiefen Ebenen und Gerüsten an den Ort der Aufstellung, zum Beispiel auf die Pyramiden.

Auf diese Weise konnten Objekte von beachtlichem Gewicht befördert werden. Stücke wie der große, 170 Tonnen schwere sogenannte Tlaloc (Abb. S. 363), der heute vor dem Museo de Antropología in Mexiko-Stadt steht und in einer Schlucht an einem Berghang halbfertig gefunden wurde, lassen darauf schließen, daß man große Blöcke schon im Steinbruch weitgehend bearbeitete, um das Transportgewicht zu reduzieren.

Wo geeignete Gewässer vorhanden waren, wurden sie zum Transport genutzt. Auf den Seen im Tal von Mexiko, im Gebiet der südlichen Golfküste und im Mayagebiet waren Einbäume üblich, deren breiter und flacher Boden dem niedrigen Wasserstand der Seen und den Sumpfgebieten angepaßt war und die mit Paddeln bewegt oder auch gestakt wurden. Miniaturboote aus Gräbern und Opferkisten sowie bildliche Darstellungen aus der vorspanischen Zeit zeigen, daß sich ihre Form in funktionaler Hinsicht seit olmekischer Zeit nicht gewandelt hat. Die Boote erreichten eine Länge von fünf bis sechs Metern; Bug und Heck waren meistens gleich gestaltet, ein Vorteil beim Manövrieren im Schilf. Die seegängigen Handelsboote, mit denen vor allen Dingen auf der atlantischen Seite eine intensive Küstenschiffahrt bis nach Honduras betrieben wurde, waren größer und faßten mehr Personen oder Waren; Hilfssegel aus Matten oder vielleicht Baumwolle konnten auf ihnen gesetzt werden. Für den Flußtransport von schweren Gütern wie Baumaterial benutzte man Flöße.

Rohmaterial Fasern

Wie wir aus aztekischer Zeit wissen, wurden die meisten handwerklichen Tätigkeiten in streng geschlechtlicher Arbeitsteilung durchgeführt, die in vieler Hinsicht den uns einst geläufigen Vorstellungen von typisch männlichen und typisch weiblichen Betätigungen entsprach. Frauenhandwerk par excellence war die Herstellung von Stoffen und Kleidungsstücken. Dies lernten die Mädchen und Frauen aller Bevölkerungsschichten von Kind an, und es war auch für Frauen aus adligem Haus eine Auszeichnung, eine versierte Weberin zu sein.

Die aus Baumwolle – in Mexiko waren eine weiße und eine braune Art heimisch – oder Agaven gewonnenen Fasern wurden mit einer Handspindel gesponnen, die aus einem Holzstab mit unten aufgesteckter Schwungmasse, dem Spinnwirtel, bestand. Der Spinnwirtel aus Ton war eine späte Erfindung, die sich erst gegen Ende des Klassikums von Veracruz aus verbreitete. Die Spindel wurde mit der rechten Hand, hängend oder in einer kleinen Tonschale, gedreht, die linke Hand führte den Faden. Für wärmere Stoffe wurden Federdaunen und Kaninchenhaar mitgesponnen. Die Fäden färbte man mit allerlei Naturfarben,

Linke Seite: Die Hohlfigur aus Colima zeigt den charakteristischen Griff des Tragenden ans Stirnband und betont die unter der Last kräftig gestemmten Beine. Höhe 31,6 cm. Berlin, Museum für Völkerkunde

Unten: Graffito in Río Bec B mit der Darstellung einer Sänfte.

Oben: Die Tonfigur aus der Huaxteca beweist, daß das Rad im Alten Amerika zwar als Transportmittel, nicht aber prinzipiell unbekannt war. Solche Tierfiguren auf Rädern treten seit dem frühen Klassikum in vielen Regionen Mesoamerikas auf. Länge 19 cm. Jalapa, Museo de Antropología

Die Verkäuferin von gesponnenen Federn pflegt viele Vögel zu halten, denen sie die Federn ausreißt, die sie dann mit Kreide behandelt. Sie reißt die Federn am Rücken und unten aus, wo diese so weich wie Baumwolle sind. Sie kann das Folgende: Sie spinnt gespaltene Federn, spinnt sie zu einem regelmäßigen Faden, sie spinnt gut gezwirnt, manchmal auch schlecht, sie dreht die Federn. Sie spinnt auch mit Agavefaser und mit einem Spinnwirtel wie die Otomífrauen...
Fray Bernardino de Sahagún, Historia General, Buch X, Kapitel 25

unter denen das Rot aus der Koschenillelaus, die auf dem Feigenkaktus lebt, und das dunklere Rot der Purpurschnecke aus dem Pazifik die auffallendsten Farbtöne lieferten. Durch Abbinden von bestimmten Garnpartien während des Färbens (Ikat) wurden mehrfarbige Stoffmuster erzielt.

Gewebt wurde mit dem Rückengurtwebgerät, bei dem man die Kettfäden zwischen Kettbaum und Brustbaum spannte und den Kettbaum an einem Baum oder Hausbalken befestigte. Am Brustbaum befand sich ein Gurt, den sich die kniende Weberin um den Rücken legte und mit dem sie durch Zurücklehnen die Kettfäden spannte. Der Schuß wurde von Hand, mit einem Schützen, eingetragen und mit dem Webschwert aus besonders hartem Holz fest angeschlagen. Zum Weben von Mustern konnten durch Trennstäbe und bis zu vier Litzenstäbe (mit Schnurlitzen) ein oder mehrere Fächer gebildet werden, wodurch sich die Kettfäden in unterschiedlichen Gruppen bewegen ließen. Verschiedene Web- oder Eintragtechniken kamen zur Verwendung: Köper, Leinen-, Dreherbindung, Doppelgewebe, Gobelin sowie die Kombination mehrerer Webtechniken. Häufig wurden andersfarbige Muster während des Webens mit besonderen Webnadeln eingetragen (broschiert).

Leider sind aufgrund des feuchtheißen Klimas kaum Textilien aus der vorspanischen Zeit erhalten geblieben. Die spärlichen Reste entsprechen jedoch den Darstellungen in Codices und auf Skulpturen, die reichverzierte und kompliziert gewebte Kleidungsstücke zeigen. Besonders kostbare Stoffe entstanden, wenn bunte Federn tropischer Vögel darin eingearbeitet wurden. Neben den hauptsächlich mit geometrischen oder floralen Motiven gemusterten Tuchen, die für die Kleidung und zur Ausstattung der Paläste angefertigt wurden, gab es für den kultischen Bereich bestimmte Gewebe mit komplizierten und phantasiereichen Darstellungen aus der Götterthematik. Textilfunde belegen, daß solche Motive aufgemalt wurden, entweder aus freier Hand oder in Reservetechnik (Batik, Schablonen). Die Stempel, die seit dem Mittel-Präklassikum auftreten, wurden höchstwahrscheinlich auch zum Stoffmusterdruck verwendet. Sie waren meistens aus Ton — Steinstempel sind selten — und entweder plan, mit einem einfachen kleinen Griff, oder Rollstempel, durch deren Längsachse man einen Stock stecken und dann eine durchlaufende Musterfolge abrollen konnte.

Während mit dem Rückengurtwebgerät Stoffe beträchtlicher Länge hergestellt werden konnten, war die Stoffbreite durch die Reichweite der Arme beim Durchführen des Schützen beschränkt. Für größere Stoffstücke mußten deshalb mehrere Webbahnen aneinandergenäht werden. Die Anfertigung der Kleidungsstücke erforderte wenig Geschicklichkeit, da sowohl die Männer- wie die Frauenkleidung nicht oder kaum zugeschnitten, sondern allenfalls aus geraden Teilen zusammengenäht werden mußte.

Wesentliche Artikel des täglichen Lebens wurden durch Flechten hergestellt: Schlaf- und Sitzmatten, Sitze mit Rückenlehne, Körbe in vielerlei Form, Behälter zum Aufbewahren von Gegenständen und Materialien im Haus, Feuerfächer, Tragtücher, Sandalen. Je nach Funktion und lokaler Flora wurden hierzu Rohr, Bambus und Schilf verwendet oder die Blätter verschiedener Palmenarten. Die Arbeiten mit Palmblatt wurden bevorzugt im Inneren der Wohnstätten oder auch in Höhlen ausgeführt, weil sich das Material dort länger feucht hält. Analog zur Weberei (Leinen-, Köperbindung) wurde auch bei der Mattenflechterei und bei Körben aus Palmblatt mit verschiedenen Bindungsformen gearbeitet. Da alle Volksschichten den gleichen Hausrat benutzten, drückte sich soziale Schichtung nur in der farblichen Gestaltung der Gegenstände und in der Feinheit von Material und Bearbeitung aus.

Auch beim Hausbau spielten die Flechttechniken eine wichtige Rolle, da die Häuser der einfachen Leute in den wärmeren Gebieten Wände aus Geflecht hatten. Dächer aus Palmblatt waren weithin üblich, bis ins 16. Jahrhundert wurden die Dächer vieler Tempel, in jedem Fall die der Rundtempel, auf diese Weise gedeckt.

Das im Kult und für die Bilderhandschriften benötigte Papier wurde aus dem Rindenbast verschiedener Bäume, vor allem der Pflanzenfamilie Ficus, hergestellt. Die Rinde wurde im Frühjahr in langen Streifen von den Bäumen geschält, in fließendem Wasser gespült und von den harten äußeren Teilen befreit. Nach dem Trocknen wurde der Bast dreimal nacheinander in Kalkwasser gekocht und kalt ausgewaschen. Die nun weiche Faser wurde in Streifen auf einem Brett ausgebreitet und dort mit einem biegsam geschäfteten Bastklopfer aus Stein geschlagen, bis Papier der gewünschten Qualität und Stärke entstand.

Gestalten mit Ton und Farbe

Die Töpferei muß – nach der Menge ganz oder fragmentarisch erhaltener Stücke zu urteilen – eine besonders große Rolle gespielt haben. Bei den Azteken war Töpferei ein Männerberuf. Ton wurde örtlich abgebaut und dann vorbereitet, insbesondere gereinigt. Gelegentlich fügte man Zusätze bei, die dem Material größere Plastizität verliehen. In den meisten Fällen mußte der Ton jedoch durch eine Zugabe von unplastischen Stoffen wie Sand, vulkanische Aschen, zermahlene Tonscherben, Fasern und Muschelschalen gemagert werden, um ein Reißen oder Verziehen beim Trocknen vor dem Brand zu verhindern. Ungemagert war die als »Fine Paste Wares« bezeichnete Keramik aus dem nördlichen Mayagebiet, die im Spätklassi-

kum aufkam. Wollte man poröse Waren erzielen, mengte man organische Stoffe bei, die beim Brennen verkohlen und Hohlräume hinterlassen.

Die Gefäße wurden ohne Töpferscheibe mit freier Hand aufgebaut, sowohl aus flachen Teilen wie in Varianten der Wulsttechnik oder durch Treiben und Hochziehen aus einem Tonklumpen; bisweilen halfen die Füße beim Halten. Die Art der angewandten Verfahren richtete sich oft nach dem Gefäßtyp. Vielfach wurden Hilfsgeräte beim Hochziehen, Verstreichen und Glätten der Gefäßwände zur Hand genommen. Vermutlich benutzte man bisweilen auch Hilfsmittel, auf die das in Arbeit befindliche Gefäß gestellt wurde und die erlaubten, es bei der Bearbeitung mit einer Hand oder dem Fuß zu drehen, während die andere formte. Füße, Griffe, Standringe und dergleichen wurden nachher angesetzt.

Zwei Arten von Modeln (Formen) fanden in der Töpferei Verwendung, bei beiden gebrauchte man gelegentlich einfache tönerne Geräte, um den Ton fest anzudrücken. Konvexe oder Innenmodeln dienten zur Herstellung von Tellern und flachen Schalen ebenso wie von unteren Partien oben stark eingezogener Gefäße; die weiteren Gefäßteile wurden modelliert oder ebenfalls vorgeformt. Konkave oder Außenmodeln bestanden nur selten aus zwei vertikal geteilten Hälften, doch konnte man zwei Gefäßhälften nacheinander mit einer Model formen, sowohl mit vertikaler wie horizontaler Naht. Außenmodeln beschleunig-

ten vor allem die Anfertigung von plastisch verzierter Keramik, von plastischen Dekorelementen zum Applizieren, Gefäßfüßen, Spinnwirteln und Musterstempeln.

Die Ware wurde vor dem Brand mit der feuchten Hand oder bei feintonigen Gefäßen auch mit Holz, Kürbisschale oder einem Stein geglättet. Das fertig geformte Gefäß wurde außerdem oft vollständig mit einer feinen Tonsuspension überzogen, die auf den lederhart getrockneten, aber auch auf den frisch gebrannten Scherben durch Eintauchen oder andere Verfahren gleichmäßig aufgetragen wurde. Je nach Tonqualität und Färbung sollte entweder eine bessere Oberflächenstruktur der Scherbe oder eine regelmäßige Farbschicht erzielt werden. Bei hochwertigen Gefäßen wurde die Oberfläche mit gleichen oder ähnlichen Instrumenten wie beim Glätten noch stark glänzend poliert. Durch den Wechsel von matten und polierten Feldern konnten Muster gebildet werden.

Plastischer Dekor wurde vor dem Brennen auf den noch feuchten oder schon lederhart getrockneten Gefäßen angebracht, und zwar entweder durch verschiedene Arten des Ritzens, Gravierens und Stempelns (mit Wiege-, Roll- oder Flachstempel) oder als Applikation, auch durch Kombination dieser Techniken, zu denen unter Umständen noch Bemalung kam. Einige besonders qualitätvolle Gefäße weisen künstlerisch anspruchsvolle Reliefdarstellungen auf, die in den feuchten Ton geschnitzt wurden. Inkrustationen von anderem Material, meist Muschel, treten selten auf.

Die vorspanische Keramik war grundsätzlich nicht glasiert. Die einzige bekannte Ausnahme stellt die fälschlich Bleiglanz (Plumbate) genannte Ware dar, die im Gebiet der pazifischen Wasserscheide im Grenzgebiet von Guatemala und El Salvador angefertigt und weit verhandelt

Links außen: Zwei postklassische Tonstempel mit beliebten, oft auftretenden Motiven. Der obere Stempel mit Farbresten ist 18 cm lang, der untere 6,5 cm.
Mexiko, Proyecto Templo Mayor
Cuernavaca, Museo Cuauhuahuac

Links: In der Form gefertigte flache Figur einer Frau mit Kind im Tragtuch. Aus Acayucan (Veracruz), Spät-Klassikum, Höhe 21 cm.
Jalapa, Museo de Antropología

Rechts oben: In dem unten abgebildeten Model gefertigte und danach in Details vervollständigte Gliederfigur aus Veracruz. Figuren mit beweglichen Gliedern treten seit dem Präklassikum regional wechselnd auf.
Ihre Funktion ist noch nicht eindeutig geklärt. Spät-Klassikum, Höhe 22 cm.
Jalapa, Museo de Antropología

Rechts: Model für die Vorderseite der oben abgebildeten spätklassischen Tonfigur.
Jalapa, Museo de Antropología

Folgende Doppelseite: Das große, einst glänzend polierte Gefäß ist durch applizierte Körperteile, Kleidungs- und Schmuckelemente auf einer Seite als Maisgöttin, die in jeder Hand zwei Maiskolben hält, gestaltet und im Stil der polychromen Mixteca-Puebla-Keramik bemalt. Beherrschendes Motiv ist auf orangefarbenem Grund die konventionalisierte Darstellung von Grünedelsteinen mit Federn. Das Gefäß wurde zusammen mit einem identischen in einer Opferkammer am Haupttempel von Tenochtitlán gefunden. Beide waren bis oben hin mit Perlen, Schmuckstücken und Figurenfragmenten angefüllt. Höhe 60 cm.
Mexiko, Proyecto Templo Mayor

Oben: Zylindergefäß mit einge-schnittenem Relief zweier Männer in toltekischer Tracht. Höhe 27,5 cm. Wien, Museum für Völkerkunde

Unten: Teotihuacán-Dreifußgefäß, bei dem in Schabtechnik das Gesicht des Regengottes sowie andere Motive herausgearbeitet wurden. Höhe 11,5 cm. Wien, Museum für Völkerkunde

Rechte Seite: Bei den oft falsch als Urnen bezeichneten zapotekischen Figurengefäßen ist einem Ton-zylinder eine menschliche Figur vorgesetzt, die aus vielen, in Modeln geformten Einzelteilen zusammen-gebaut ist. Das Täschchen in der Hand kennzeichnet die Gestalt dieses Gefäßes als Priester. Oaxaca, Klassikum, Höhe 36 cm. Wien, Museum für Völkerkunde

wurde. Der zur Herstellung der Gefäße verwendete eisen-haltige Ton ergibt beim Brennen eine außerordentlich har-te glasartige Oberfläche mit einem orange bis graugrünen metallisch glänzenden Farbton, der im einzelnen von der Brenntemperatur, die hier bis zu 940°C erreichte, abhing. Lange Zeit hat man angenommen, daß das Brennen aus-schließlich im offenen Holzfeuer erfolgte. Mit den ver-schiedenen Formen dieses Brennverfahrens ohne künstli-che Luftzufuhr erreichte man jedoch nur schwankende Temperaturen von höchstens 900°C. Deshalb findet sich häufig Keramik, die beim Brand nicht gleichmäßig oxy-dierte und außen schwarze Flecken aufweist. Noch häufi-ger entspricht einer oxydierten, orange bis roten Oberflä-che des Scherbens ein grauschwarzer Kern. Gezielt einge-setzt, führte reduzierte Luft- beziehungsweise Sauerstoff-zufuhr zu einer einheitlich grauschwarzen Keramik, wie sie in Oaxaca häufig war. Inzwischen kennt man archäolo-gisch gefundene rudimentäre Brennöfen und nimmt an, daß vor allem die hochwertigere Keramik in diesen in den Boden eingesenkten, oben offenen Öfen gebrannt wurde. Nach dem Brennen wurde vor allem Bemalung als Verzie-rung auf den Gefäßen angebracht, obgleich dies in be-stimmten Fällen auch vor dem Brand geschehen konnte. Über den komplizierten Bereich der Herstellung und Zu-richtung der vorwiegend mineralischen Farben für die Ge-fäßmalerei ist längst nicht alles bekannt. Vielleicht haben Zusatzstoffe tierischen Ursprungs oder Ölbeimischungen teilweise eine Rolle gespielt. Die Zusammensetzung des auf der Welt einmaligen Mayablaus – dessen Verbreitung allerdings über das Mayagebiet hinausgeht – hat lange die Wissenschaft beschäftigt. Erst seit kurzem weiß man, daß es sich dabei um durch Erhitzen in Attapulgit-Ton fixierten Indigo handelt. Erdpech war vor allem als schwarzer Ge-sichtsauftrag bei Figurinen im Gebiet des mittleren und nördlichen Veracruz beliebt.

Beim Verfahren der Negativmalerei, einer Reservetechnik, werden die erwünschten Muster vor dem Einfärben des Gefäßes mittels Wachs oder einer anderen Masse abge-deckt, die beim Erhitzen – sei es beim Brand der Keramik oder bei einem gesonderten Arbeitsgang – wegschmilzt. Das beim Färben ausgesparte Muster steht dann in der Farbe des Scherbens oder einer vorher aufgetragenen Far-be gegen die andersfarbige Umgebung. Für die hierbei meist vorherrschenden Punkt- oder sonstigen repetitiven Muster stellt die Reservetechnik eine Arbeitsverein-fachung dar.

Bei der weitverbreiteten sogenannten Cloisonnétechnik wurde das Gefäß nach dem Brand mit einer mehrere Mil-limeter dicken Tonschicht überzogen, aus der man mit einem scharfen Instrument Teile aushob. Die vertieften Partien wurden dann mit verschiedenen Farbpigmenten ausgefüllt, und anschließend wurde das Gefäß nochmals gebrannt – vielleicht sogar nach jeder weiteren Farbe. Es entstand ein flächig wirkendes Muster, da die Farbfelder durch Felder oder Stege aus Ton getrennt sind.

Polychrome Bemalung wurde sehr häufig auf einer dünnen Stuckschicht aufgetragen, mit der man das Gefäß vorher überzogen hatte, ein Verfahren, das von der Wandmalerei übernommen worden war und auch bei der Codexmalerei Verwendung fand. Bei der sogenannten Mixteca-Puebla-Keramik waren die Gefäße vor dem Brennen bereits poliert worden; deshalb fand die danach aufgelegte Stuckschicht wenig Halt und mit ihr die eigentliche Farbe, ein Lack, der dick aufgetragen wurde und eine hochglänzende Oberfläche ergab. Ein zweiter Brand folgte. Bei figürlichen Darstellungen wurden zuerst Umrißlinien gezogen und diese dann ausgemalt, vielleicht auch später nochmals nachgezogen.

Bei den polychrom bemalten Gefäßen ergibt sich die Frage, wieweit wir hier noch Gegenstände vor uns haben, die ausschließlich handwerklich gestaltet wurden, oder ob nicht eine andere Art von Spezialisten beteiligt war. Bei den zahlreichen Tiermotiven, die lange zuvor auch schon als Ritzdekor aufgetreten waren, können wir vermuten, daß künstlerisch veranlagte Töpfer selbst am Werk waren. Gleiches gilt für konventionalisierte geometrische und stark repetitive Muster. Bei den polychromen Gefäßen der Teotihuacánzeit und der postklassischen Keramik im Codexstil, die beide esoterische Inhalte haben, müssen – falls besonders qualifizierte Töpfer selbst die Motive auftrugen – zumindest Vorlagen aus dem Kreis der Priester verwendet worden sein. Bei der Vasenmalerei des Mayaklassikums setzen sowohl der Inhalt wie die Hieroglypheninschriften in jedem Fall einen Ausführenden voraus, der der Elite angehörte und auf Schrift und Malerei spezialisiert war. Michael D. Coe unterscheidet bei den Vaseninschriften die Arbeit von Kalligraphen von der reiner Gefäßmaler. Die Vasenmalerei der Mayaklassik ist auch der bisher einzige Fall in Mesoamerika, wo das Studium stilistischer Einzelheiten zum Erkennen von lokalen Schulen und individuellen, wenn auch anonymen, Künstlern geführt hat.

Ein anderes großes Feld des Schaffens in Ton war die Anfertigung ungezählter Figuren, vor allem von Göttern, Menschen und Tieren; sie kommen fast überall in Mesoamerika zu allen Zeiten vor. Ihre unterschiedlichen Stilmerkmale haben sie zu einem wichtigen Erkenntnismittel der Archäologen gemacht. Die frühen Typen sind durchwegs frei modelliert, wobei Augen und Haar, Schmuckstücke und Elemente der Tracht teilweise appliziert wurden. Vor allem die Figuren aus Westmexiko und dem frühen Veracruz zeigen den Menschen in einer Vielzahl von alltäglichen Verrichtungen und Situationen, die den vollendeten Umgang der Töpfer mit dem Ton und ihre sich nie erschöpfende kreative Phantasie bezeugen. Technisch besonders schwierig war die Herstellung großformatiger Stücke, die hohl sein und eine Öffnung haben mußten, um beim Brennen nicht zu platzen. Diese Öffnung wurde bei Tierfiguren aus Colima oft als Ausgußstutzen eines Gefäßes gestaltet. Wahrscheinlich ging man bei der Anferti-

Oben: Zweiteilige Hohlfigur eines Kriegers in Bleiglanzkeramik, Höhe 35 cm. Los Angeles, Natural History Museum

Unten: In Negativtechnik bemalte Dreibeinschale aus der Gegend von Zacapu, Spät-Postklassikum. Guadalajara, Museo de Jalisco

Rechte Seite oben und Mitte: Keramik aztekischer Zeit. Der Teller mit rotem Grund stammt aus Chalco.   Privatsammlung

Rechte Seite unten: Postklassischer Teller aus Veracruz (Isla de Sacrificios). Jalapa, Museo de Antropología

gung der Hohlfiguren schrittweise vor, indem Körper, Kopf und Glieder jeweils getrennt geformt wurden, vielleicht auch über einem aus mehreren Teilen bestehenden Holzkern.

Mit Ausnahme von Westmexiko überwiegen seit dem Klassikum Figuren, die in Modeln geformt wurden. Das Verfahren, das man anscheinend im frühen Teotihuacán erfunden hat, ermöglichte eine schnelle Massenproduktion, mit der der Bedarf einer zahlreichen Bevölkerung gedeckt werden konnte. In Zentralmexiko und Oaxaca formte die Model meist nur die Vorderseite, während die Rückseite unsauber verstrichen blieb. Im Mayagebiet und in Veracruz verwendete man hingegen Modeln auch für die Rückseite von Figuren und Köpfen; die unvollständig verstrichene Naht zwischen beiden Hälften ist gelegentlich noch zu erkennen.

Ein für zahlreiche Kulturen Mesoamerikas charakteristischer Gegenstand aus Ton, der zwischen Gefäß und Figur steht, sind die meist großen Figurengefäße, die als Räuchergefäße oder zu anderen, oft noch unbekannten Zwecken verwendet wurden und auf der Vorderfront die Darstellung göttlicher Wesen trugen. Vor allen Dingen in Oaxaca läßt sich die Entwicklung von frühen frei modellierten Formen bis zur Anwendung der Model gut verfolgen. Während frühe Gefäße nur sparsam applizierte Gesichtszüge zeigen, wurden die späteren aus einer großen Anzahl von in Formen vorfabrizierten Einzelteilen zusammengesetzt, die das ebenfalls vorgeformte Gesicht fast unter ihrer Masse verschwinden lassen.

Schlagen, Schneiden, Glätten – die Steinbearbeitung

Für das große und in Mesoamerika so wichtige Gebiet der Steinarbeiten liegen leider kaum direkte Zeugnisse über die Techniken vor, mit denen zum Teil bewundernswerte Stücke hergestellt wurden. Viele Erkenntnisse müssen archäologisch gewonnen werden, manches läßt sich überhaupt nicht erschließen. Haushaltsgeräte wie die Mahlsteine und die dazugehörigen Läufersteine, Mörser und Stößel, die aus vulkanischem Gestein gefertigt wurden, sowie in der Architektur zur Fassadenverkleidung und -ausschmückung verwendete Steine waren die Domäne einfacher Handwerker. Daneben gab es die Steinmetzen und Steinschneider, die auf die Herstellung der Skulpturen, das Schneiden der Stuckreliefs und die zahlreichen kleinen Objekte, die im Kult oder als Schmuck Verwendung fanden, spezialisiert waren.

Seit frühester Zeit war in Mesoamerika grüner oder grünlicher Stein der am höchsten geschätzte Werkstoff für feine Steinarbeiten, der wegen seiner Farbe in symbolischer Beziehung zum Wasser, dem lebenspendenden grünblauen Naß, und vielleicht auch zu dem zarten Grün der jungen Maispflanze gesehen wurde. Die im allgemeinen unter der Bezeichnung »Grünstein« zusammengefaßten Ge-

steine – Steine, die farblich an fernöstliche Jade erinnern, und andere, die nur grüne Einschüsse aufweisen – bilden ein äußerst hartes Material, das hohe Anforderungen an seine Bearbeiter, die ja über keine Metallwerkzeuge verfügten, stellte. Aber auch andere Gesteine wie der harte Bergkristall, der spröde Obsidian und der weichere Onyx wurden verarbeitet, ebenso Muscheln und Knochen, die durchbrochen, geschnitten oder mit feinen Ritzzeichnungen versehen wurden. Eine zunehmende technische Vervollkommnung der Jadeverarbeitung läßt sich bei den Kleinobjekten mit Reliefverzierung erkennen, so daß im Mayaklassikum schließlich Stücke entstehen konnten, die in ihrem weich gerundeten Relief an die aus Ton modellierten Darstellungen auf Gefäßen erinnern.

Bei allen Arbeitsgängen spielte Sand verschiedener Korngröße als Schleifmittel eine wesentliche Rolle, nicht nur, um die Oberfläche grob zu bearbeiten, sondern auch schon bei den vorausgehenden Arbeitsschritten. Bei der Herstellung von Grünsteinobjekten wurde mit einer Schnur und Sand als Schleifmittel von beiden Seiten gesägt und dann mit leichten Hammerschlägen die dünne Stelle zwischen beiden Sägekerben vorsichtig durchgetrennt; dies ist an linsenförmigen Bruchspuren noch zu erkennen. Bei den Maya benutzte man anstelle der Schnur ein flaches Holzstück oder Stein. Gerundete Trennspalten oder Linien erzielte man besser durch das Bohren fast ineinander übergehender Löcher, deren Zwischenwände später entfernt wurden. Die gleiche Methode wurde beim Aushöhlen von Gefäßen oder beim Entfernen der vertieften Partien eines Reliefs angewandt. Für große Bohrlöcher wurde vielleicht ein Bogenbohrer benutzt, dessen Schaft durch eine Bogensehne in Rotation versetzt wird. Für lange Löcher mit kleinem Durchmesser zog man wahrscheinlich einen Pumpenbohrer vor, dessen Mechanik unserem Drillbohrer vergleichbar ist. Als Schleifmittel gab man Sand oder Obsidianstaub ins Bohrloch. Dieser verteilte sich während des Bohrens nach oben, das Bohrloch erhielt deshalb eine sich nach unten verjüngende konische Form. Einige Jadeanhänger zeigen, daß man, um die Vorderseite möglichst wenig zu beschädigen, von der Rückseite her mit einem breiten Bohrer das Loch bis knapp unter die Oberfläche bohrte und dann das Loch von vorn mit einem sehr dünnen Bohrer durchstieß.

Als Hohl- oder Kronenbohrer wird eine ringförmige Bohrspitze bezeichnet, die aus Bambus oder Knochen – Vogelknochen bei den feinen Arbeiten – bestand und beim Boh-

Links: Die Jademaske aus einem Grab von Monte Albán im Stil der Periode II ist aus zweiunddreißig Segmenten über einer Unterlage sorgfältig zusammengefügt. Augen und Zähne sind aus Muschelschale. Das Gesicht hat die Züge der zapotekischen Fledermausgottheit. Höhe 24 cm. Mexiko, Museo Nacional

Rechts: Anhänger und Schmuckplaketten aus Jade mit Darstellungen in gerundeter, flüssiger Linienführung sind Meisterleistungen der Steinschneidekunst der Maya. Oben und Mitte: Mérida, Museo de Antropología Unten: Würdenträger mit Zeremonialstab, Breite 6 cm. Mexiko, Museo Nacional

ren eine ringförmige Aushöhlung mit einem Kern in der Mitte ergab. Man verwendete sie unter anderem zur Herstellung von Steinperlen und zur Aufbringung kreisförmiger Ritzverzierungen.

Der Hochglanz, den manche Jadeobjekte noch heute zeigen, wurde durch Reiben mit Hämatit erzielt oder durch Polieren mit Steinstaub des gleichen Ausgangsmaterials wie das zu bearbeitende Objekt; hierbei ist die Gefahr des Verkratzens besonders gering. Aber auch der kieselsäurehaltige Bambus oder bestimmte Holzstücke wurden zum Polieren benutzt. Die Wahl des Poliermittels hing von der Härte des Werkstoffes und dem angestrebten Effekt ab.

Ein Schmucktyp, der besonders hohe handwerkliche Ansprüche an die Steinschneider stellte, waren die runden Ohrspulen, die aber auch gelegentlich am Gürtel oder an anderen Körperpartien hängend getragen wurden. Sie sind aus Grünstein, Obsidian und Bergkristall. Adrian Digby beschreibt den Vorgang für die Maya: Im allgemeinen wurde ein Paar Ohrspulen aus einem fast kugelförmigen Materialstück hergestellt. Dieses wurde zunächst in der Mitte von beiden Seiten mit einem Hohlbohrer im gewünschten Durchmesser von zirka 1-2,5 Zentimeter durchbohrt und danach im rechten Winkel zum Bohrloch durchgesägt. Von jeder Hälfte wurden dann in Vierteln Stücke derart abgeschnitten, daß an der breiten Stelle unten ein dünner, breiter Flansch und um das Bohrloch in der Mitte ein außen etwa quadratischer Block stehenblieben. Von letzterem entfernte man dann vier kleine dreieckige Stücke, so daß ein Achteck um das Bohrloch übrigblieb, dessen Ecken wie auch die anderen scharfen Kanten mit Schleifmitteln geglättet wurden. Da schöngefärbter Grünstein unermeßlich wertvoll war, wurden auch die Abfallstücke weiter verarbeitet: Der Bohrkern aus der Mitte wurde zu einer zylindrischen Steinperle ausgebohrt (die innen wegen des Anbohrens von beiden Seiten her die charakteristische Sanduhrform zeigte), aus den abgeschnittenen eckigen Stücken gestaltete man figürlich geschnittene Miniaturanhänger.

Mosaik und Federschmuck

Kunstvolle Arbeiten aus Federn und Mosaik wurden im Alten Mexiko in großer Zahl angefertigt, aber nur wenige Stücke – und diese oft im Zustand starker Zerstörung – sind erhalten geblieben. Das empfindliche Federmaterial selbst, die sich in der feuchten Witterung lösende Haft- und Klebemasse der Mosaiken, die Gier der Eroberer nach dem oft mitverarbeiteten Gold und ihre Mißachtung des Kunstwerkes an sich haben hierzu beigetragen.

Unter den Federn standen die des Quetzalvogels (eine Art Paradiesvogel) wegen ihrer symbolhaften blaugrünen Farbe in der Wertschätzung im Vordergrund. Man berichtete, die Indianer hätten den Quetzal nicht getötet, um seiner langen Schwanzfedern habhaft zu werden, sondern den

eingefangenen Vögeln nur einige Federn ausgerissen und sie dann wieder fliegen gelassen. Aber auch andere bunte Federn standen hoch im Kurs und mußten, da sie vorwiegend von tropischen Vögeln stammten, oft über weite Entfernungen ins Hochland eingehandelt werden. War dies nicht möglich, begnügte man sich auch mit den weniger farbenprächtigen Federn heimischer Vögel wie Reiher oder Enten.

Während die Verarbeitung von Federn als Kopfschmuck schon früh durch figürliche Darstellungen belegt ist, läßt sich der Beginn der Anfertigung von Federmosaik nicht feststellen; doch ist es sicher früher anzusetzen als Steinmosaik, das im Spät-Postklassikum seine weiteste Verbreitung gefunden zu haben scheint.

Zu aztekischer Zeit herrschte innerhalb der Gruppe der Federarbeiter eine Arbeitsteilung, die auf teilweise unterschiedliche Arbeitsmethoden hinweist. Die einen fertigten nämlich nur Mosaikschilde an, wie sie den besonders verdienstvollen Kriegern verliehen wurden, andere nur die Rückendevisen der Krieger sowie Tanzausrüstung und Schmuck für den Herrscher, eine andere Gruppe wiederum die Göttergewänder für den Stammesgott Huitzilopochtli. Mit Federmosaik bedeckt waren auch die Abzeichen, die Boten und Kaufleute auf diplomatischer Mission in den Händen trugen und die wohl eine Art Immunität der Träger anzeigten.

Werkzeuge der Federmosaikarbeiter waren in erster Linie ein Arbeitsbrett, ein Obsidianmesser zum Schneiden und ein Falzbein, das beim Kleben zu Hilfe genommen wurde; letzteres war im Spät-Postklassikum schon oft durch ein Kupfergerät ersetzt. Sahagún beschreibt den Arbeitsprozeß: Von einem Maler oder Schriftkundigen wurde eine Vorlage auf einem Stück Baumwollstoff vorgegeben. Mit Hilfe von Baumwollstoff, Agavefasern und Klebmasse wurde nach dieser Vorlage eine steife Schablone hergestellt und mit ihr das Muster in Farbe auf Agavepapier übertragen. Nachdem diese Unterlage entsprechend dem Verfahren bei der Herstellung der Schablone verstärkt worden war, wurden die vorher zugeschnittenen Federn aufgeklebt. Zunächst trug man eine Schicht billiger, mit Klebstoff gehärteter Federn auf, die die vorgesehene Farbe von Natur aus besaßen oder passend eingefärbt worden waren, um die harte Materialgrundlage zu überdecken. Begonnen wurde dabei mit den schwarzen Umrißlinien. War diese Federunterlage getrocknet, brachte man die eigentliche Oberfläche aus edlen Federn auf, bei deren Auflegen immer wieder mit der Vorlage verglichen wurde. Der Klebstoff für die Federmosaiken wurde aus einer Orchideenwurzel gewonnen.

Anders verlief die Herstellung der Fächer, des Federkopfschmucks, der Rückendevisen oder Federarmbänder, wo lange Federn sich locker bewegen sollten. Hier wurde zuerst ein passendes Gestell angefertigt, das man zur Festigung mit einfachem Baumwollstoff überzog. Die Federn wurden am Kiel mit Bambusstückchen verstärkt, an die man Schnüre und Schlingen aus Agavefasern anbrachte und verknüpfte. Mit weiter oberhalb befestigten Schlingen verband man die Federn untereinander. Wenn sich das Arrangement nicht verdrehte, sich genügend leicht und doch nicht zu leicht bewegte, wurde es am Gerüst angenäht. Federkiele und Bambusverstärkung überdeckte man mit kleineren Federn und Flaum. Auch hier waren Kupfermesser und Falzbein das Handwerkszeug.

Bei Steinmosaikarbeiten wurde ähnlich dem Federmosaik verfahren. Ein vom Auftraggeber vorgegebenes Muster wurde übertragen und zur Grundlage eines flachen Mosaiks gemacht, bei dem feine Plättchen mittels einer harzähnlichen Paste auf einer Unterlage befestigt wurden. Türkis in verschiedenen Farbschattierungen ist das am häufigsten gefundene Material, doch kam auch anderes zur Verarbeitung: die orangefarbene Spondylusmuschel, weiße Muscheln aller Art, Korallen, Schwefelkies, Obsidian und andersfarbige Gesteine.

Neben der Anbringung auf Schmuck, in späterer Zeit meist zusammen mit Gold, lassen sich zwei Hauptanwendungsgebiete für Steinmosaik feststellen. Einmal als planes Mosaik auf runden Zierschilden oder anderen Scheiben, wo geometrische Muster oder figürliche Darstellungen im spät-postklassischen Codexstil auftreten und zum anderen als Oberflächenbedeckung plastischer Objekte; hier nehmen Masken, deren Funktion nicht immer bekannt ist, die wichtigste Stelle ein. Im Einflußbereich von Teotihuacán waren die Masken mit Mosaikbelag aus Stein, im spät-postklassischen Mexiko aus Holz. An die Stelle einer Maske konnte auch ein natürlicher Totenschädel treten. Bei den Maya und Zapoteken der klassischen Zeit wurden Masken häufig aus größeren Jadesegmenten zusammengesetzt, so daß kaum noch von Mosaik die Rede sein kann.

Späte Entdeckungen – Kupfer und Gold

Obgleich die Bergländer Mesoamerikas reich an Erzvorkommen sind, war bis in die späte Zeit hinein Metall, genauer wohl seine Nutzung, unbekannt. Erst im End-Klassikum, um 900 n. Chr., lassen sich Metallobjekte fast überall in Mesoamerika nachweisen. Die Metalltechniken sind keine bodenständige Entwicklung, sondern wurden von den metallverarbeitenden Kulturen des südlichen Mittelamerika, wo sie einen hohen Stand hatten, übernommen.

Ein allmähliches Eindringen von Metallobjekten und -techniken aus dem Süden ins Mayagebiet ergab sich über den Handel mit südlichen Völkern. Bei Ankunft der Spanier war die Metallverarbeitung beziehungsweise -benutzung im Mayagebiet fest verankert, wenn auch Herstellungszentren bisher kaum lokalisiert werden konnten. In Yukatan wurden Kupferäxte zum Roden, zur Holzbearbeitung und als Waffen verwendet; zahlreiche Kleingeräte wie Ahlen, Nadeln und Pinzetten sowie Schmuckstücke aus Kupfer waren in Gebrauch; kleine Kupferschellen gal-

Oben: Die mächtige, über 6 m hohe Statue einer Regengottheit aus der Teotihuacán-Zeit ist nur auf der Vorderseite, die heute teilweise beschädigt ist, mehr oder weniger fertiggestellt. Auf der Rückseite wurde der 170 Tonnen schwere Steinblock nur umfangsmäßig reduziert, um den Transport vom Steinbruch zum Aufstellungsort zu erleichtern. Aus Coatlichán. Mexiko, Museo Nacional

Unten: Bei der Herstellung der dem klassischen Mayazentrum Quiriguá in Guatemala eigenen zoomorphen Monumente wurden die von der Natur vorgegebenen Formen der tonnenschweren Steinblöcke genutzt. Der Sandsteinaltar P ist mit dem Relief eines Tänzers und mit Hieroglyphen bedeckt (etwa 795 n. Chr.). Die 10 m hohe Sandsteinstele E in Quiriguá ist der größte Monolith im Mayagebiet.

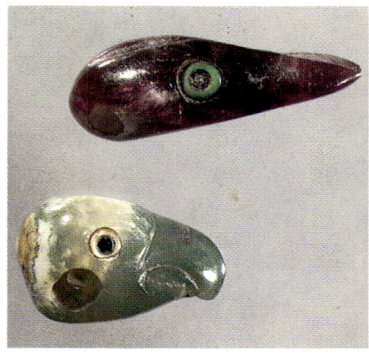

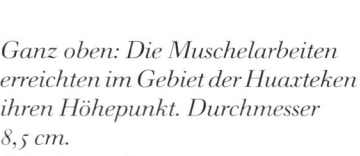

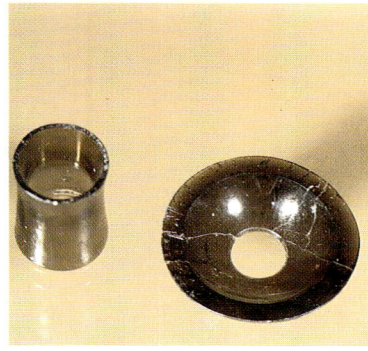

Ganz oben: Die Muschelarbeiten erreichten im Gebiet der Huaxteken ihren Höhepunkt. Durchmesser 8,5 cm.
Privatsammlung

Links oben: Entenköpfchen aus Amethyst (Länge 3,1 cm) und Papageienköpfchen aus Moosachat (Länge 2,2 cm), beide mit eingelegten Augen.
Wien, Museum für Völkerkunde

Oben: Ohrspulen aus dünngeschliffenem Obsidian. Wandstärke 1 mm, Durchmesser der rechten 5,1 cm. Haupttempel von Tenochtitlán.
Mexiko, Proyecto Templo Mayor

Unten: Obsidiangefäß in Gestalt eines Affen, dessen Schwanz um den Gefäßrand gelegt ist. Aus Tetzcoco, Höhe 14 cm.
Mexiko, Museo Nacional

ten in Yukatan als Zahlungsmittel. Das Metall wurde von außerhalb bezogen. Kupfer erhielt man aus Honduras über den Großhandelsplatz Naco von Kaufleuten, die vielleicht auch selbst Schmiede waren. Sowohl Gold wie Kupfer, Legierungen und Metallobjekte wurden auch aus Mexiko in das Mayagebiet eingehandelt. Gold diente in erster Linie als Schmuck, es wurde aber auch zu Gebrauchsgegenständen wie Pinzetten und zu Prestigeobjekten wie Schuhsohlen verarbeitet.

Westmexiko muß als ein zweites, unabhängiges Einfallstor für die Kenntnis der Metallverarbeitung angesehen werden, die hier über See durch direkte Handelskontakte aus dem südlichen Mittelamerika eingeführt wurde. Von hier ausgehend ist im ganzen westlichen Mesoamerika zur toltekischen Zeit die Metallverarbeitung bekannt und üblich, wenn auch in unterschiedlicher Intensität. Westmexiko, reich an Kupfervorkommen, blieb bis zur Ankunft der Spanier führend in Herstellung und Gebrauch von Gegenständen und Schmuck aus diesem Metall. In Zentralmexiko und vor allem in Oaxaca herrschten die Arbeiten aus Edelmetall vor, es wurde Goldschmuck hoher Qualität angefertigt, aber auch Kupfer zu Lanzenspitzen und flachen Beilklingen, die als Zahlungsmittel galten, verarbeitet (Abb. S. 368).

Gold, Silber und Kupfer kommen in der Natur gediegen oder in leicht abbaubarer Form vor und sind deshalb auch ohne oder mit nur einfacher Bergbau- und Verhüttungstechnik zu gewinnen. Ihre Härte ist gering (Gold 2,5, Silber 2,7, Kupfer 3), der Schmelzpunkt niedrig (Silber 960°C, Gold 1063°C, Kupfer 1083°C). Durch Hämmern läßt sich die Form verändern, sie können zu Draht gedehnt werden und besitzen eine hohe Biegsamkeit. Gegenüber Kupfer und Gold trat die Verarbeitung von Silber in Mexiko, auch zeitlich, zurück.

In nur sehr geringem Umfang wurde das schwieriger zu gewinnende Zinn verarbeitet. Im Umkreis von Taxco (Guerrero), wo Zinn- und Kupfererze vorkommen, wurden dünne Plättchen aus metallischem Zinn als Zahlungsmittel benutzt. Auch wurden Lippenpflöcke und Schellen aus Zinn gefunden. Darüber hinaus wurde Zinn in Legierung mit Kupfer verarbeitet, allerdings nicht in Form der sehr harten und für Werkzeuge wichtigen Bronze, sondern zu silberweiß glänzenden Schmuckstücken.

Rechte Seite: Die drei Federarbeiten im Wiener Museum für Völkerkunde gehören zu den schon im 16. Jahrhundert in Europa nachgewiesenen mexikanischen Objekten und stammen zum Teil aus den ersten Sendungen des spanischen Eroberers Cortés an Kaiser Karl V. Der goldverzierte Federkopfschmuck (oben) mit langen Schwanzfedern des Quetzalvogels wurde im vergangenen Jahrhundert stark zerstört aufgefunden und ohne zuverlässige Vorbilder restau-

riert. Höhe 166 cm, Breite 175 cm. Authentischer in seiner Gestalt ist der Prunkschild aus Federmosaik (rechts). Der mit Goldblech besetzte Koyote trägt die Hieroglyphe »Krieg« vor dem Maul. Durchmesser 70 cm. Der an einer langen Stange befestigte Fächer (rechts außen) ist auf beiden Seiten mit feinsten Federarbeiten bedeckt. Die hier nicht sichtbare Seite trägt eine Blume im Mittelfeld. Durchmesser 68 cm.

Meistens wurde nicht das gediegene Kupfer als Rohstoff verwendet, sondern man verhüttete mit einfachen Methoden Erze. Kupfererz wird in Westmexiko als Knollen, als alluviale Seifen und in offen oder seicht liegenden Adern gefunden. Obgleich bisher noch keine Untersuchungen vorspanischer Kupferminen bekannt sind, kann man aus indianischer Bergbautätigkeit zur Gewinnung von Schmucksteinen auf die geringen bergbautechnischen Möglichkeiten im allgemeinen schließen: Stollen zum Abbau von Knollen wurden nicht im Fels vorgetrieben, sondern nur in weicherem Material, in dem Stollenlängen bis zu 1000 Metern nachgewiesen wurden. Die Stollen wurden nicht mit Holz abgestützt, aber man vermied, Decken und Wände flach oder rechteckig auszuhauen, und ließ Bögen, in größeren Kammern auch Pfeiler zur Abstützung stehen. Zwei Ausgänge und gelegentliche Luftschächte sorgten in längeren Stollen für Luftzirkulation. Das Gestein wurde mit Steinhämmern gebrochen und wahrscheinlich in Körben oder Netzen ins Freie gebracht.

Durch einfache mechanische Prozesse wie Zerkleinern kann Kupfererz von anhaftendem tauben Gestein geschieden werden. Das Metall wurde entweder in großen tönernen Schmelzgefäßen ausgeschmolzen oder in flachen Schmelzbetten auf dem Boden, wo mit Holzkohlenfeuerung bei entsprechender Luftzufuhr durch Wind oder Blasen mit Ton- oder Kupferrohren die notwendigen Temperaturen erzielt werden konnten. Mexikanisches Kupfer enthält Oxyde und Karbonate, die Reduktion erfolgte beim Schmelzvorgang oder indem man das Erz direkt den Flammen aussetzte. Die Eigenschaft des Kupfers, bei Hämmern in kaltem Zustand härter zu werden, wurde für Geräte zum Hacken und Schneiden ausgenutzt.

Links: Zierscheibe mit Mosaik aus Türkis und Muschelschale mit Schlangenmotiven aus dem durch den Kriegertempel in Chichen Itzá überbauten älteren Tempel. Mexiko, Museo Nacional

Oben: Zierscheibe aus Türkismosaik und Goldblech, das mit szenenartigen, von der Rückseite her gepunzten Darstellungen bedeckt ist. Aus Zaachila (Oaxaca). Mexiko, Museo Nacional

Gold wurde nur als Waschgold aus den Flüssen verschiedener Regionen gewonnen; es hat in Mexiko einen hohen natürlichen Silbergehalt (bis zu 20 Prozent). Eine bewußt herbeigeführte Legierung (Tumbaga) bestand aus einem Teil Kupfer auf drei bis vier Teile Gold; diese rotgoldene Legierung hat mit einen deutlich niedrigeren Schmelzpunkt als die beiden reinen Metalle.

Mit Steinhämmern schlug man dünne Bleche aus, aus denen Formen und Figuren ausgeschnitten wurden. Meißelartige Punzen oder Graviernadeln dienten zur Anbringung von Mustern, meist negativ von der Rückseite her. Oder die Metallfolien erhielten durch Prägen über einer geformten Unterlage Form und Muster.

Die anderen Verfahren setzen geschmolzenes Metall voraus und wurden offensichtlich erst später angewandt. Mit Röhren blies man das Feuer an, um die notwendige Temperaturhöhe zu erreichen; bei den aztekischen Goldschmieden war dies Aufgabe der Lehrlinge. Als Gußtechnik wurde der sogenannte offene Herdguß in einer Form aus Ton oder Stein zur Herstellung von Geräten aus Kupfer oder – mittels einer Negativform – für figürlich verzierte Schmuckstücke verwendet.

Sehr viel größerer Beliebtheit bei der Herstellung von Schmuckstücken erfreute sich der technisch komplizierte Guß in der verlorenen Form (Wachsausschmelzverfahren), bei dem jede Form nur einmal verwendet werden konnte und mit dem sowohl massive wie hohle Stücke hergestellt wurden. Ein Modell aus einem Wachs-Copalharz-Gemisch wurde mit einem Mantel umgeben, der aus Ton mit Beimengungen eines organischen Materials, häufig Holzkohle, bestand und mindestens eine Öffnung haben mußte.

Sollte ein Hohlguß entstehen, mußte das Modell um einen Tonkern des gleichen Materials gearbeitet sein, der durch feine Stege mit dem Tonmantel verbunden wurde. Nach einer Zeit des Trocknens wurde die Form ins Feuer gebracht, damit der Wachskern schmolz und das Wachs durch die Öffnung auslaufen konnte. Nun wurde das flüssige Metall durch die Öffnung eingefüllt. Nach seinem Erkalten wurde die Tonform zerschlagen und der gegossene Gegenstand gereinigt und mit Steinen poliert. Die Tonkerne hohler Produkte wurden durch ein Loch zerkleinert und dann entfernt. Durch Guß wurden auch Gold und Silber nebeneinander verarbeitet.

Oft erhielt das Schmuckstück nach dem Gießen erst durch Aufbringen von Draht (Filigran) und Kügelchen (Granulation) seine endgültige Gestalt; Aufhänger oder andere Teile wurden angefügt. Löten erfolgte meistens, indem man die zu verbindenden Teile mit einer Paste aus brennbarem Material (Harz, Kautschuk) und Kupferoxyd oder Tumbaga zusammenklebte und dann alles zusammen erhitzte. Dabei verkohlten die organischen Bestandteile, und das Kupferoxyd wurde gleichzeitig zu metallischem Kupfer reduziert, das mit dem Gold einen Austausch einging. Eine solche Lötstelle unterscheidet sich weder farblich noch in der Zusammensetzung von dem umgebenden Metall. Es gab jedoch auch Methoden, »falsches« Filigran und Granulat – also nicht mit aufgelöteten Teilen – herzustellen.

Um die Oberfläche fertiger Gegenstände weiter zu veredeln und Farbnuancen auf ihr zu erzielen, kannte man das Verfahren der Abreicherung oder Mise en couleur, bei dem aus Tumbagastücken durch Behandlung mit einer organischen Säure das Kupfer aus der Oberfläche gelöst wird, die danach golden strahlt. Auf silberhaltigem Gold erzielte man mit einer Alaun-Erde-Mischung und Erhitzen ein entsprechendes Resultat.

Gold hatte in Mesoamerika in keiner Weise den hohen wirtschaftlichen Wert wie in Europa, es wurde nicht höher eingeschätzt als Grünstein und die Federn des Quetzalvogels. In indianischen Augen lag der Vorteil des Schmucks aus Metall sicher darin, daß man hier ein Medium besaß, das ganz neuartige Formgebungen erlaubte. Die Azteken bewunderten die legendären Tolteken als Erfinder des Federmosaiks und große Meister der Kleinkunst, *tolteca* nannte man deshalb die Kunsthandwerker. Edelsteinschneiden, Mosaikarbeiten und Goldgießen – so glaubten die Maya-Quiché in Guatemala – waren in mythischer Vorzeit zusammen mit der Kunst des Schreibens, des Flötenspiels und des Gesanges den halbgöttlichen Vorfahren gelehrt worden. Gerade gebildete und sachverständige Europäer wie Albrecht Dürer 1520 auf der Reise in die Niederlande standen staunend und bewundernd vor den ersten Kunstwerken aus Gold, Steinen und Federn, die den alten Kontinent erreichten.

Unten links: Drei Kupferschellen mit unterschiedlichen Verzierungen, die in verlorener Form gegossen wurden. Schellen sind in Mesoamerika die am häufigsten gefundenen metallenen Schmuckelemente. Höhe 2 bis 4,5 cm. Wien, Museum für Völkerkunde

Unten: Flache, T-förmige Beilklingen aus Kupfer, auch in Miniaturform, dienten vor allem in Oaxaca als Zahlungsmittel; zur Verwendung als Arbeitsgerät waren sie nicht hart genug. Die Herstellung erfolgte durch Kalthämmern mit kurzzeitigem Tempern. Höhe 12 cm. Wien, Museum für Völkerkunde

Rechts: Der goldene, in der verlorenen Form (Wachsausschmelzverfahren) gegossene Brustschmuck hat die häufig vorkommende Gestalt einer breiten, mittig geteilten Platte, über die ein Wesen mit üppigem Blumen- und Federkopfschmuck ragt. Die geschlossenen Augen, die Gestaltung der Mundpartie und Details des Brustschmucks weisen auf den Gott Xipe Totec hin. Das in Papantla (Veracruz) gefundene Schmuckstück ist weniger sorgfältig gearbeitet als entsprechende Stücke aus dem Gebiet der Mixteken, die als Goldschmiede berühmt waren. Höhe 10,6 cm. Mexiko, Museo Nacional

Schrift, Kalender und Wissenschaft

Es SCHEINT für fast alle Hochkulturen der Menschheit zu gelten, daß ab einem bestimmten Punkt in ihrer Entwicklung die Einführung eines schriftlichen Aufzeichnungssystems unvermeidlich wird. Schrift in irgendeiner Form wird deshalb sogar als wesentliches Kennzeichen für Hochkulturen bezeichnet. Als Schrift ist hierbei ein auf graphischen Zeichen beruhendes Aufzeichnungssystem zu verstehen, das Aussagen inhaltlich oder in sprachlicher Gestalt festhalten kann. Diese Inhalte müssen für alle des Systems Kundigen sicher wiedergewinnbar (lesbar) sein, auch und gerade wenn sie den Inhalt der Aufzeichnung nicht kennen. Viele der frühen Schriftsysteme sind allerdings nur Partialschriften, denen die Fähigkeit fehlt, einen Text (eine längere Reihe von Worten oder von Inhalten, die in einem bedeutungsvollen Zusammenhang zueinander stehen) vollständig, verläßlich und eindeutig wiederzugeben. Andererseits sind Partialschriften oft auf einen Aussagenbereich spezialisiert und dort vielleicht leistungsfähiger als eine universell verwendbare Schrift. Der Leistungsumfang einer frühen Schrift, am besten an ihrer Textfähigkeit zu erkennen, läßt sich allerdings besonders für die frühen mesoamerikanischen Schriften, von denen nur wenige Bruchstücke vorhanden sind und deren zugehörige Sprachen unbekannt sind, nur schwer abschätzen.

Die Anfänge der Schrift

In Mesoamerika reichen die frühesten Belege von Schriftsystemen in die Spätzeit des olmekischen Horizonts, also in die letzten Jahrhunderte vor der Zeitwende, zurück. Aus dieser Zeit stammen Bruchstücke von Steinmonumenten, aber auch einzelne Tonscherben, die Zeichen von eng verwandten Schriftsystemen tragen. Sie fin-

Die Beobachtung der Gestirne war Voraussetzung für die Entwicklung des Kalenders. Nur selten wurden dafür eigene Observatorien errichtet, wie in Chichen Itzá, wo Fensteröffnungen im oberen Teil des sogenannten »Caracol« das Anvisieren markanter Himmelspositionen erleichterten.

den sich über einen weiten Raum verteilt, der ungefähr einem langgestreckten Dreieck entspricht, mit den Eckpunkten an der Pazifikküste nahe der Nordgrenze des heutigen San Salvador, dem Tal von Oaxaca und der Vulkangruppe von Tuxtla. Die Mehrzahl dieser Inschriften ist zumindest teilweise kalendarischen Inhalts, so daß spätestens zu dieser Zeit die wesentlichen Elemente des mesoamerikanischen Kalenders entwickelt waren.

Aus diesem frühesten Komplex von Schriften, die vermutlich auf eine gemeinsame unbekannte Wurzel zurückgehen, haben sich in den folgenden Jahrhunderten drei getrennte Schriftsysteme entwickelt. Im Becken von Oaxaca und einigen angrenzenden Talregionen entstand die Monte-Albán-Schrift, in der Küstenebene des südlichen Veracruz die offenbar nur auf einen kleinen Raum begrenzte Schrift von Cerro de las Mesas und vor allem die Mayaschrift mit ihrer späteren Verbreitung im Gebiet der Halbinsel Yukatan. Es ist bemerkenswert, daß die beiden westlichen Schriften nur bis zum mittleren Klassikum Bestand hatten und dann von einfacheren Schriftsystemen abgelöst wurden, wobei auch die bis dahin vermutlich bestehende Textfähigkeit abhanden kam. Damit ist ein scharfer Trennstrich gezogen zwischen den verarmten Nachfolgesystemen im Westen Mesoamerikas und der sich stetig vervollkommnenden Mayaschrift im Osten.

Aus der Schrift von Monte Albán entstand die zapotekische Schrift, die in einer großen Anzahl von Inschriftenmonumenten erhalten geblieben ist. Obwohl hier die zugrundeliegende Sprache bekannt ist, bleibt auch für diese Schrift die Lesung auf die kalendarischen Angaben beschränkt. Umstritten ist immer noch, ob Teotihuacán, das mächtigste kulturelle Zentrum Mesoamerikas überhaupt, wirklich so ohne jede Schrift war, wie es das Fehlen von eindeutigen Inschriften anzunehmen zwingt. Dies wäre umso erstaunlicher gewesen, als es in bestimmten Stadtvierteln von Teotihuacán eine Zapotekenkolonie gab, in der die Verwendung der zapotekischen Schrift nachweisbar ist.

Spätindianische Bilderschriften

Nach dem Ende von Teotihuacán finden sich spärliche Schriftzeichen in nahezu allen nachfolgenden Epigonenzentren, vor allem in dem deutlich nach dem Süden orientierten Xochicalco. Dort, wie an vielen anderen Orten, läßt sich der Übergang zur letzten Phase der Schriftentwicklung im westlichen Mesoamerika verfolgen. Diese hat vor allem in den Bilderhandschriften ihren Niederschlag gefunden. In ihnen ist die Einschränkung dessen, was durch Schriftzeichen ausgedrückt werden konnte, auf wenige thematische Bereiche besonders deutlich, während die überwiegende Menge der Informationen in einer erzählenden Bilderschrift gleichsam abgebildet wurde. Dies war deshalb möglich, weil beim überwiegenden Teil der Informationen eine inhaltliche Aussage zu übermitteln war, deren wörtliche Formulierung so sehr als zweitrangig empfunden wurde, daß man sie nicht für festlegenswert betrachtete. Hingegen bediente man sich, um die Übermittlung des Aussageinhaltes möglichst eindeutig zu gestalten, eines Schatzes von traditionell festgelegten, normierten Darstellungsformen.

Das Verfahren der Abbildung von Inhalten hat gegenüber der auf der sprachlichen Formulierung beruhenden Schrift den großen Vorteil, nicht an das Verständnis einer bestimmten Sprache gebunden zu sein. Und da die normierten Formen vielfach einheitlich waren, bildete dieses Darstellungsverfahren eine Verständigungsmöglichkeit über Sprachgrenzen hinweg. Andererseits ließen sich trotz der Normierung Unklarheiten nicht vermeiden – und diese führten zu Verständnisschwierigkeiten nicht nur der modernen Forscher, sondern auch der zeitgenössischen Indianer selbst. Dies gilt nicht nur für Themenbereiche

wie Herrschergenealogien, die von der geschichtlichen Zeit in die mythische Vergangenheit zurückreichen und durch die Menge der Informationen schwer zu bewältigen sind. Es ist noch weit stärker der Fall bei Sachverhalten, deren genaue Kenntnis niemals weit verbreitet war, wie den Darstellungen geheimnisvoller kultischer Handlungen, die mit einer Vielzahl von bildlichen Anspielungen so überfrachtet sind, daß sie nur dem voll Eingeweihten verständlich sein konnten. Aber auch bei eher einfachen historischen Schilderungen ist nur der Handlungsrahmen aus der bildlichen Darstellung unmittelbar zu entnehmen, während die Details, die über die knappe Aufzählung hinausgehende Schilderung, nur mündlich weitergegeben wurden, dem Leser also bereits bekannt sein mußten. Ergänzende Hinweise sind durch eine Vielzahl von graphischen Attributen, die heute meist nicht mehr zu entschlüsseln sind, ausgedrückt. Kleidung, Schmuck, Abzeichen, Körperbemalung, Werkzeuge und kultische Geräte, Sitze und Gebäude sowie versatzstückartig angedeutete Landschaftselemente sind sämtlich bedeutungsvoll.

Die aztekische Schrift

Die Arbeitsweise einer mesoamerikanischen Hieroglyphenschrift – wie die präkolumbischen Schriften irreführend genannt werden – läßt sich am besten an den aztekischen Zeichen deutlich machen. Diese können wir am leichtesten verstehen, weil einerseits ihre Sprache nach der Eroberung Mexikos durch die Spanier zur Schriftsprache wurde und ausführlich dokumentiert ist und andererseits Anzahl und Umfang der erhaltenen aztekischen Schriftdokumente, die zwar zum größten Teil erst nach der spanischen Eroberung, aber in alter Tradition angefertigt wurden, bei weitem am größten sind.

Die aztekischen Schriftzeichen hatten nur einen beschränkten Anwendungsbereich: lediglich Namen von Personen und Orten, kalendarische Angaben, Bezeichnungen von Waren und Mengenangaben konnten wiedergegeben werden. Selbst innerhalb dieser Begrenzung kann man nicht von einem geschlossenen System im strikten Sinn des Wortes sprechen. Es bestand nämlich weder ein festgelegter Zeichenschatz, noch gab es eindeutige Regeln für die Schreibung. Nur für häufig benutzte kalendarische Angaben und eine Reihe von besonders geläufigen Namen von Personen und Orten waren Standardformen entstanden. Für alles andere hatte der Schreiber im Rahmen seiner eigenen Erfahrungen die erforderlichen Schreibungen jeweils neu zu entwickeln. Es versteht sich von selbst, daß diese Flexibilität den Leser vor große Probleme stellen mußte und Fehlleistungen recht häufig waren. Funktionsfähig war das Aufzeichnungsverfahren der Azteken und ihrer unmittelbaren Nachbarn deshalb nur durch die Kombination mit dem bildlichen Aufzeichnungsverfahren für die Inhalte, die durch die Hieroglyphenzeichen nicht wiederzugeben waren.

Die Funktionsweise der aztekischen Schrift beruhte auf einer wesentlichen Voraussetzung: durch die hieroglyphischen Zeichen wurden in erster Linie Namen von Personen und Orten geschrieben. Diese Namen waren fast ausnahmslos »redende« Namen, Namen, deren Bedeutung sich klar verstehen ließ. Es genügte also, den Inhalt dieses Namens abzubilden: für eine Person namens Obsidian-Schlange eine mit Obsidiansplittern besetzte Schlange, für einen Ort namens Adlerberg einen Adlerkopf auf der Kontur eines Berges. Auf die phonetische Gestalt der Namen wurde nur hingewiesen, wenn die Gefahr von Mißverständnissen vorhersehbar war.

Die Mayaschrift

Im ganzen Mayatiefland ist der Gebrauch von Schrift verbreitet. Doch unterscheiden sich die Texte im nördlichen und im südlichen Tiefland in den Formen der Zeichen und in der Syntax voneinander. Das spiegelt vermutlich nicht nur künstlerische, sondern auch sprachliche und historische Unterschiede wider. Aus der historischen Linguistik wissen wir, daß in diesen beiden Regionen die verwandten, aber deutlich verschiedenen Sprachen Yukatekisch im Norden und Proto-Chol im Süden gesprochen wurden und daß verschiedene Nachbarsprachen, zuerst das Mixe und in späterer Zeit eine Nahuavariante von der mexikanischen Golfküste, ihren Einfluß geltend gemacht haben.

Die frühesten Inschriften haben sich im südlichen Tiefland gefunden. Stele 29 aus Tikal wird auf 290 n. Chr. datiert, und die Leydener Grünsteinplatte, deren Herkunft aus derselben Gegend vermutet wird, auf 320 n. Chr. Erhalten hat sich der Gebrauch der Schrift bis zur spanischen Eroberung aber nur im Norden. Aus der frühen Kolonialzeit verfügen wir von dort sogar über eine allerdings lückenhafte und mißverständliche Beschreibung des Mayaschriftsystems, und zwar in der Abhandlung über Yukatan von Diego de Landa (um 1566).

Die Schrift ist in vielfältiger Ausformung auf freistehenden steinernen Denkmälern (Stelen und Altäre), auf Treppenstufen, Türstürzen und -laibungen, auf Wandtafeln aus Stein, Stuck und Holz, in Wandmalereien und Codices sowie auf Grabkeramik, Kleingeräten und Schmuck zu finden.

Für die Forschung relevant sind vor allem die Steindenkmäler, die in die Tausende zählen und oft gut genug erhalten sind; ferner wegen der Dichte und Komplexität ihrer Informationen die vier Buchhandschriften (Codex Dresden, Codex Paris, Codex Madrid und Codes Grolier) sowie die zahlreichen, vor allem durch moderne Grabplünderungen hervorkommenden polychromen Keramiken.

Die Mayaschrift steht schon äußerlich in deutlichem Kontrast zu den anderen mesoamerikanischen Schriften. Mayahieroglyphen haben einen hohen Grad von Standardisierung und Abstraktion erreicht. Hieroglyphische Texte

Linke Seite: Zu den frühesten und noch unentzifferten Inschriftenmonumenten gehören die Stelen Nr. 11 und 12 in Monte Albán. Die kalendarischen Zeichen sind an ihren abgerundeten Umrahmungen und den Zahlzeichen aus Punkten zu erkennen. Spät-Präklassikum.

Unten: Aztekische Jahresangaben, links 3 tecpatl (Feuersteinmesser), rechts 3 acatl (Binsenrohr). Mexiko, Museo Nacional

Oben: Die stark erzählerische Darstellung von Szenen ist charakteristisch für Bilderhandschriften und kommt auf Steinmonumenten nur selten vor. Eine weitere Besonderheit der im mittleren Klassikum entstandenen Stele aus Zaachila (Oaxaca) ist der außerhalb des Bildfeldes angeordnete lange Hieroglyphentext, der allerdings noch nicht entziffert werden konnte. Höhe 60,5 cm. Mexiko, Museo Nacional

der Mayaschrift sind außerdem sehr kompakt in geraden Zeilen und Spalten geschrieben und oft völlig losgelöst von erläuternder bildlicher Darstellung. Hierin spiegelt sich zweierlei wider: zum einen die Tatsache, daß sich die Mayaschrift nach ihrer Entstehung auf postolmekischer Grundlage schnell und unabhängig von anderen meso-amerikanischen Schriften entwickelt hat, und zum zwei-ten, daß sie schon seit etwa 400 n. Chr. eine voll funktions-fähige Schrift ist, die nicht mehr der Stütze mündlicher Er-läuterungen und bildlicher Erklärungen bedarf. Diese Entwicklung spielte sich in einer Zeitspanne von rund 500 Jahren ab. Das will uns, in Anbetracht der langen Tradi-tion und Beständigkeit unserer heutigen Schriftsysteme, unwahrscheinlich kurz erscheinen, ist aber ebenso zum Beispiel für die Entwicklung der sumerischen Schrift be-legt und scheint damit in gewissem Grade eine system-immanente Zeitspanne zu sein.

Sprachen

Im Hinblick auf die Entwicklung der Hieroglyphenschrift und ihre Entzifferung ist es wichtig zu wissen, welche Sprache oder Sprachen damals in der Region gesprochen wurden und welchen Fremdeinflüssen sie im Laufe der Jahrhunderte unterlagen. Die Forschungsmethoden der Sprachgeschichte, allen voran die Glottochronologie, die Sprachgeographie und Kulturvokabularstudien, erlauben eine grobe Rekonstruktion.

Mit der Seßhaftwerdung am Anfang des Präklassikums bildete sich die Proto-Mayasprache heraus. Sie zerfiel all-mählich in einzelne Sprachen und erreichte im 16. Jahr-hundert mit etwa dreißig verschiedenen Sprachen ihren höchsten Zersplitterungsgrad.

Ihren Ursprung hatte die Proto-Mayasprachgemein-schaft, wenn man hier glottochronologischen Rekonstruk-tionen zu folgen bereit ist, in Gebirgstälern an der Grenze von Guatemala und Chiapas. Von dort splitterten sich ein-zelne Gruppen laufend ab. Eine davon, die Huaxteken, wanderte so weit nach Norden, daß sie den Zusammen-halt mit den übrigen Mayagruppen für immer verlor. Die meisten aber nahmen nur ihre unmittelbare Umgebung langsam in Besitz.

Nordöstlich der Maya wurde zur selben Zeit eine andere Sprache, das Proto-Mixe-Zoque, gesprochen. Auch diese Sprachgruppe hat in entlegenen Berggebieten des Isth-mus' von Tehuantepec bis heute überlebt. Mit hoher Wahr-scheinlichkeit war dies die Sprache der Olmeken. Wir se-hen also, daß von den Olmeken zu den Maya keine Sprachkontinuität besteht, die Hieroglyphenschrift daher, wenn sie ihren Ursprung bei den Olmeken hatte, sich sprachlich ganz anderen Verhältnissen anpassen mußte. Andererseits dürften sich in den Mayasprachen und in ih-ren Schriftzeugnissen einige olmekische Entlehnungen erhalten haben, die die führende Rolle dieser Kultur im Präklassikum widerspiegeln.

Schließlich muß man damit rechnen, und das hat die Ent-zifferung der Mayaschrift bis heute erschwert, daß ver-schiedene Regionen in ihren Inschriften unterschiedliche Mayasprachen wiedergeben, und vor allem, daß spätere Fremdeinflüsse, je nach Region, in der sie wirksam waren, unterschiedlich verarbeitet worden sind. So vermuten wir für das Mittel-Klassikum einen bedeutenden Einfluß des Totonakischen und im Postklassikum noch stärkere Ein-flüsse des Nahua von der Golfküste.

Charakteristika der Mayaschrift

Einige ausgewählte Beispiele sollen wesentliche Charak-teristika der Mayaschrift erläutern. Als Hauptcharakter-istikum und Ansatz für die erfolgreiche Entzifferung (die noch nicht abgeschlossen ist) erweist sich die Tatsache, daß es für die meisten Silben von Mayawörtern hierogly-phische Zeichen gibt. Ein Wort kann also vollständig und eindeutig mit solchen Zeichen geschrieben werden. Ka-kao, ein einheimisches Produkt des präkolumbischen Amerika, heißt auf Maya *kakaw*. Hieroglyphisch wird das Wort durch die Aneinanderreihung der Silbenzeichen *ka - ka - wa* gebildet. Die Art der Aneinanderfügung, also die Leseabfolge, gehorcht bestimmten Regeln, so daß die Sil-ben nicht vertauscht werden können. Da wortabschließen-de Vokale eines Silbenzeichens nicht gelesen werden müs-sen, gibt die dreisilbige Hieroglyphe das Wort *kakaw* kor-rekt wieder.

Neben dieser Silbenschreibung, meist mit ihr kombiniert, verfügt die Mayaschrift aber auch noch über eine große Zahl von Bildzeichen, die als ganzes Wort beziehungswei-se als Begriff aufzufassen sind, und zwar weitgehend un-abhängig von einer bestimmten Sprache. Ein besonders klares und auch für uns verständliches Bild zeigt eine Son-derhieroglyphe für den Begriff »Tag«. Bei ihr ist bildlich zwischen abstrakten Zeichen für Himmel und Erde das Zeichen für Sonne eingefügt, so daß gewissermaßen die untergehende oder aufgehende Sonne, also das Haupt-charakteristikum eines jeden Tages, dargestellt ist.

Die Schriftgelehrten der Maya haben es jedoch nicht bei diesen relativ einfachen Regeln und Zeichen bewenden lassen, sondern aus ästhetischen Gründen, vielleicht auch, um die Kunst des Schreibens und Lesens nicht je-dem leicht zu machen, noch zu anderen Mitteln gegriffen. Wenn nicht genug Platz auf der Schreibfläche vorhanden war, haben sie oft zwei Zeichen ineinander komponiert, so daß auf den ersten Blick ein ganz neues entsteht, das man

Thema der Seite 33 des Codex Borgia ist ein Tempelritual. Wegen der wenig leistungsfähigen Hieroglyphenschrift konnten sehr komplexe, inhaltsreiche Sachver-halte dieser Art nur durch Abbildung schriftlich niedergelegt werden. Zur Steigerung der Wiedergabesicher-heit wurden hierbei fast durchweg *stark konventionalisierte Darstel-lungsformen verwendet. Der Aus-schnitt zeigt einen Tempel mit kegelförmigem Strohdach, der von einer Schlange umwunden ist und von dessen First sich eine Spinne (links) herabläßt. Spät-Postklassikum. Rom, Biblioteca Apostolica Vaticana*

aber bei genauem Studium wieder in seine ursprünglichen Bestandteile zerlegen kann. Für die am häufigsten
gebrauchten Zeichen, also die des Kalenders, haben sie
sogar drei oder vier verschiedene Formen entwickelt: ein
abstraktes Zeichen, das von der Forschung wegen seiner
häufigen Verwendung als Normalform bezeichnet wird,
eine sogenannte Kopfform, meist der Kopf eines Tieres,
eines Menschen oder eines grotesken Mischwesens, und
gelegentlich eine ganze Menschen- oder Tiergestalt. Oft
ist bei diesen Figuren nur ein kleines Detail wie die Verzierung auf der Backe oder die Form des Unterkiefers das un-
terscheidende Merkmal, an dem man erkennt, welches
Zeichen gemeint ist.

Da Mayahieroglyphen, wie bereits erwähnt, meist ganze
Texte bilden, ist auch die Syntax erforscht und mit der
noch lebender Mayasprachen verglichen worden. Sowohl
im Großen, also auf der Ebene ganzer Texte, als auch auf

der Ebene einzelner Sätze und Wörter zeichnen sich die
Hieroglyphentexte durch eine strenge Ordnung aus.

Der aus vier Hieroglyphen bestehende Text rechts unten
auf Seite 30 des Codex Dresden (Abb. S. 378, linke Hälfte)
beginnt mit einem Verb, gefolgt vom Subjekt dieses Verbs
und zwei lokativen Ergänzungen. Dies entspricht genau
der Abfolge von Satzteilen in erzählenden Texten der yukatekischen Mayasprache. Die Abfolge der einzelnen Sil-
ben- und Wortzeichen innerhalb jeder Hieroglyphe ist
ebenfalls streng geregelt. Man beginnt links, liest dann
das rechte obere Zeichen, danach das darunterstehende
und zuletzt das am weitesten rechts stehende Zeichen.
Unter Befolgung dieser Regel erhalten wir den Text

u + chum +	*uchum...*	Es läßt sich nieder
chāk + k(i)	*chāk*	Chāk (der Regengott)
chāk + l(a) + te'	*chakal te'*	auf dem roten Baum
ti + la + kin + n(e)	*ti lakin*	im Osten.

Das darunter gemalte Bild zeigt den Regengott Chak, auf einem Baum sitzend, mit einer Räuchertasche in der Rechten und einem Beil in der erhobenen Linken; mit diesem spaltet er die Wolken und erzeugt Gewitter.

Der Inhalt von Mayatexten

Obwohl das Schriftsystem der Maya sich für alle Inhalte sprachlicher Art eignet, wurde es, soweit die erhaltenen Zeugnisse das belegen, nur sehr begrenzt angewendet. Ein inhaltlicher Bereich, für den vor allem die Schrift in Buchform Anwendung fand, ist die Wahrsagerei. Sie oblag spezialisierten Wahrsagepriestern, *ahkin*, die sowohl für private Kundschaft als auch im öffentlichen Auftrag tätig waren. Der Wahrsager benutzte dabei Handbücher, in denen die Kalenderdaten, die einflußnehmenden Götter, die Prognosen für die Klienten und die zur Beschwichtigung der Götter angezeigten Opfergaben verzeichnet waren. Er zählte mit Steinchen und Samen des Tzitebaumes die Tage ab, sprach Gebete und vollzog verschiedene rituelle Handlungen. Von der Verwendung hieroglyphischer Wahrsagebücher abgesehen, lebt diese Art der Wahrsagerei bis in die Gegenwart fort. Mayainschriften, die sich auf Stelen, Altären und Bauwerken finden, haben in erster Linie biographischen Inhalt. In ihrem Mittelpunkt steht der Herrscher des Ortes mit seinen Namen und Titeln, den wichtigsten Ereignissen aus seinem Leben (Geburt, Thronbesteigung. siegreiche Kriege) und religiösen Pflichten (Selbstkasteiung, Opfer an die Götter). Außerdem wird oft seine Abstammung von berühmten Vorgängern oder sogar von den Göttern erwähnt, was sicherlich zur Legitimation der Herrschaft wichtig war. Erst seit zehn Jahren ist bekannt und allgemein anerkannt, daß der Dekor der bemalten Grabkeramik mit seinen lebhaften bunten Szenen und begleitenden kurzen Hieroglyphentexten oft einen mythischen Inhalt besitzt.

Links: Wandtafel aus einem Korridor an der Nordseite des Palastes von Palenque. Dargestellt ist die für den Ort typische Inthronisationsszene mit dem Herrscher in der Mitte, dem als Zeichen seiner Würde Helm und Schild gereicht werden. Der einrahmende Hieroglyphentext gibt die Genealogie des neuen Herrschers wieder.

Rechts: Drei Hieroglyphen aus der Initialserie der Palasttafel von Palenque. Das Menschen-Tier-Paar jeder Hieroglyphe stellt eine Zeiteinheit dar. Oben 17 uinal (340 Tage), in der Mitte 0 kin (Null Tage) und unten 11 ahaw (der 20. Tag des Wahrsagekalenders).

Folgende Doppelseiten: Die Seiten 9, 10, 30, 31, 40, 41, 59 und 60 des Dresdener Codex, einer der drei erhaltenen Mayahandschriften. Die ersten beiden Seiten illustrieren den Wahrsagekalender und die Götter, denen guter oder schlechter Einfluß auf bestimmte Tage zugeschrieben wird. Die dritte Seite gehört zu einem Kapitel über den Planeten Venus. Sein schädlicher Einfluß auf die Menschheit wird durch die Speere schleudernde Gestalt symbolisiert. Die vierte Seite ist ein Auszug aus dem Kapitel über Sonnenfinsternisse. Auf den letzten Seiten werden im unteren Drittel Wohnsitze des Regengottes Chac aufgezählt. In den beiden oberen Teilen sind Wahrsagetexte und Kalenderberechnungen enthalten.

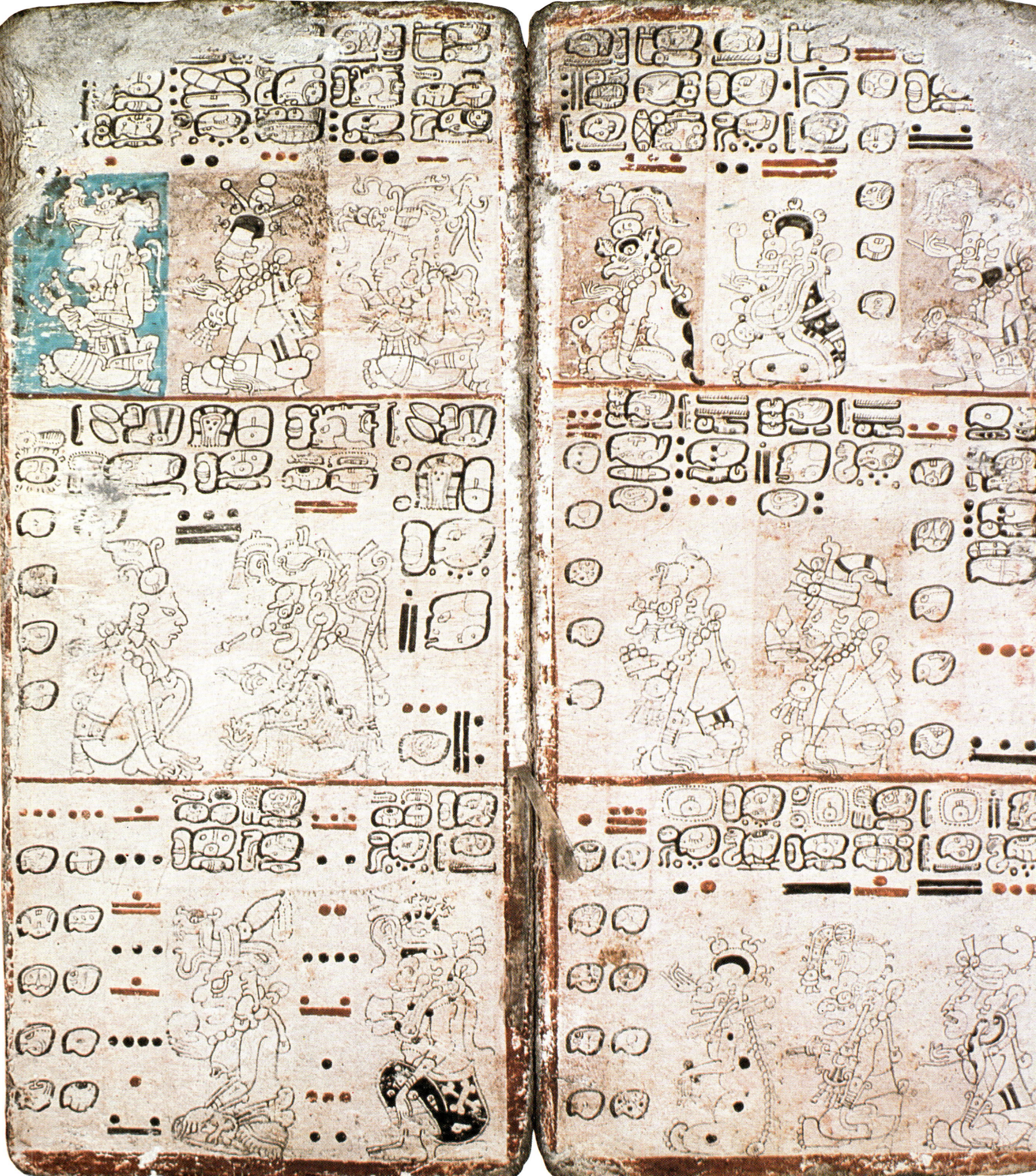

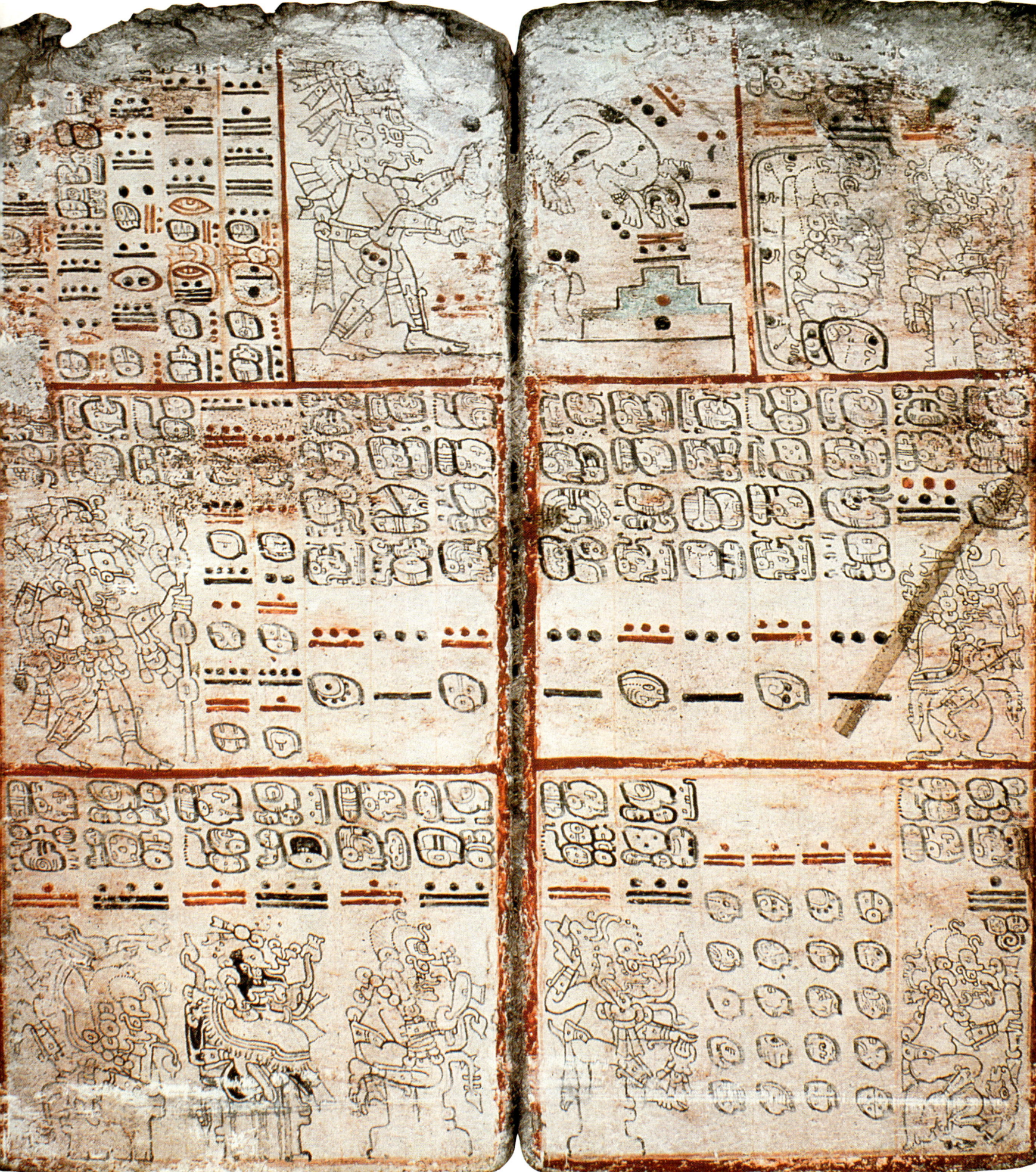

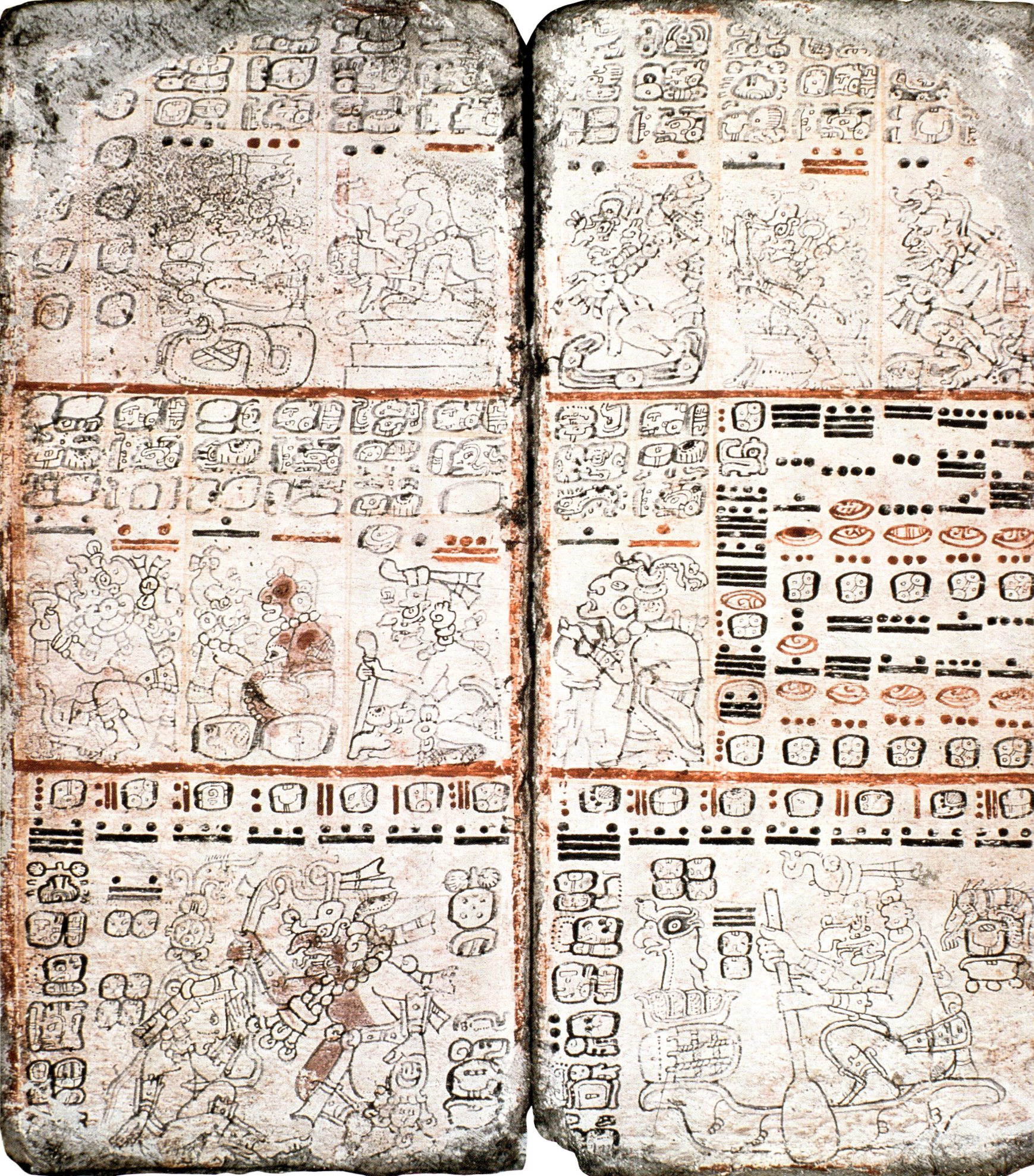

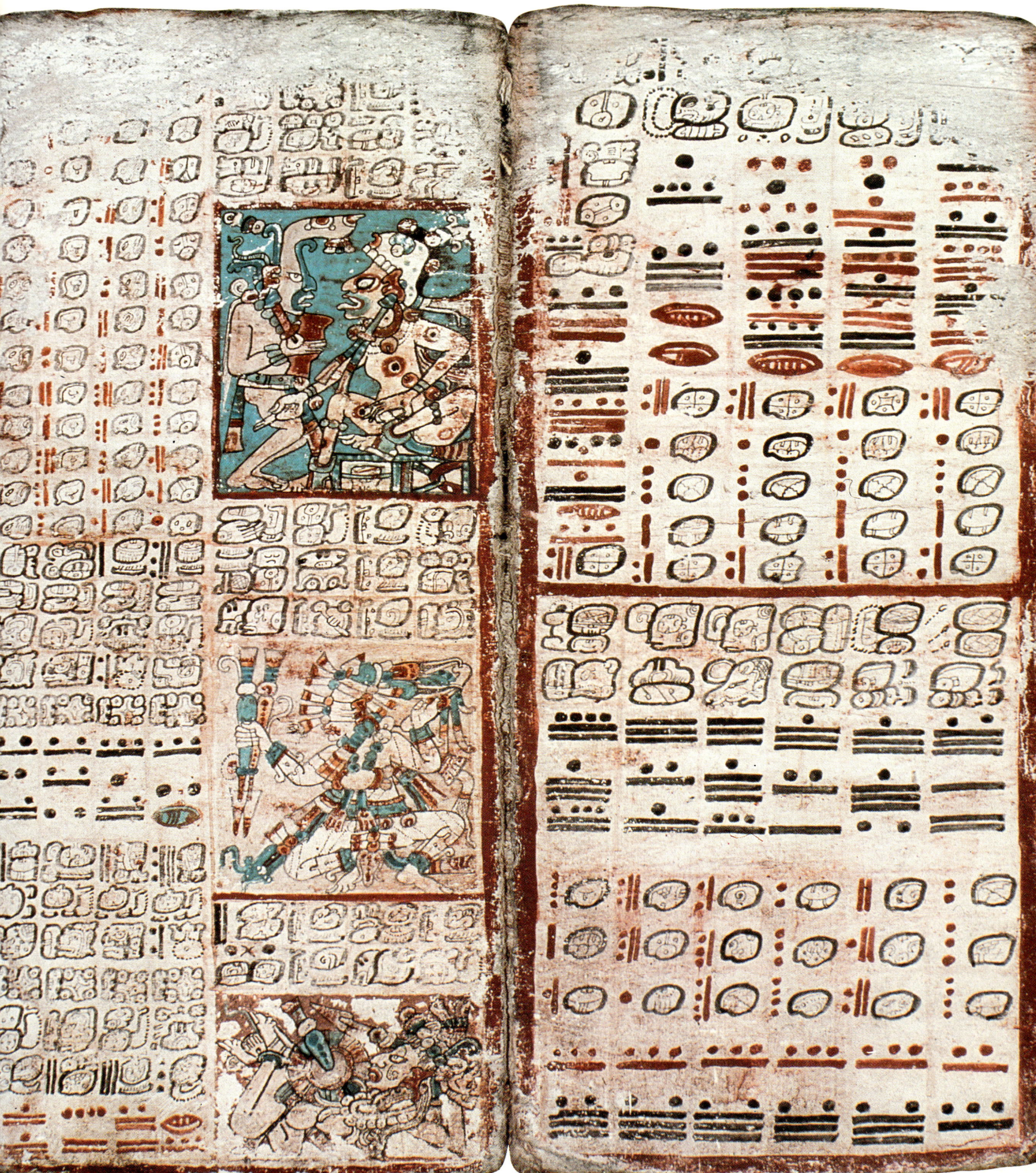

Vielleicht handelt es sich um Kurzfassungen von Totengesängen oder um Mythen vom Tod und von der Wiedergeburt von Gestalten aus dem reichen Pantheon der Indianer, wie sie im Popol Vuh der Quiché-Indianer überliefert sind. Hier steht die Forschung noch am Anfang.

Der Kalender

Eine der charakteristischen Gemeinsamkeiten der mesoamerikanischen Kulturen – über alle sprachlichen und kulturellen Grenzen hinweg – ist das kalendarische System. Der mesoamerikanische Kalender beruht auf der Kombination von zwei unterschiedlich langen Zyklen. Der erste Zyklus war das Jahr, wenngleich seine Dauer mit 365 Tagen ohne die Verwendung von Schalttagen nicht genau mit dem astronomischen Sonnenjahr übereinstimmte. Entsprechend dem in Mesoamerika üblichen Zahlensystem auf der Basis 20 (Vigesimalsystem) war das Jahr in 18 Perioden zu je 20 Tagen eingeteilt, die restlichen 5 Tage wurden als besonderer, gefährlich erachteter Abschnitt am Ende des Jahres angehängt. Jede Periode war durch ein Fest geprägt, dessen Vorbereitung mindestens den ganzen Abschnitt in Anspruch nahm und das seinen Höhepunkt am letzten Tag erreichte.

Der zweite Zyklus von 260 Tagen Länge hat seinen natürlichen Ursprung wahrscheinlich in der Schwangerschaftsperiode. Rechnerisch wurde er durch die Kombination von zwei Unterzyklen zu 13 und 20 Tagen gebildet. Die 13 Tage des einen Unterzyklus wurden lediglich mit den Zahlen von 1 bis 13 durchgezählt, die 20 Tage des anderen dagegen jeweils nach Tieren, Pflanzen, Naturerscheinungen oder abstrakten Begriffen benannt, wobei die Bedeutung dieser Namen in den verschiedenen mesoamerikanischen Sprachen nicht immer dieselbe war.

Links: Stuckhieroglyphen aus Palenque. Die ersten drei geben Tage des 260tägigen Wahrsagekalenders wieder: 11 imix, der 241. Tag, 5 edznab, der 118. Tag, und 9 ahaw, der 200. Tag. Danach folgt die Hieroglyphe »B«. Die fünfte bis achte stellen Tage im Jahreskalender dar: den 1. Tag des Monats Yaxkin, den 14. Tag des Monats Mol, den 7. Tag des Monats Yax und den 9. Tag des Monats Muwan. Man beachte, daß die Zählung der Tage im Monat mit 0 beginnt, im letzten Beispiel also das Zahlzeichen 8 (3 Punkte für die Einer und ein Balken für 5) für den 9. Tag steht. Die letzten vier Hieroglyphen illustrieren Distanzzahlen, mittels derer verschiedene Daten einer Inschrift verknüpft werden. Die erste ist die Einführungshieroglyphe, die keinen Zahlenwert besitzt; die nächste verbindet durch eine vor und eine über sie gestellte Zahl (jeweils 13) die beiden untersten Stellen der Langen Zählung, nämlich kin (Wert: 1 Tag) und uinal (Wert: 20 Tage). 13 kin und 13 uinal entspricht 273 Tagen. Die beiden letzten Hieroglyphen repräsentieren den Stellenwert katun (Wert: 7200 Tage) jeweils mit verschiedenen Zahlenkoeffizienten: mit einem Götterkopf für die Zahl 2, mit einem Daumen für die Zahl 1.

Rechte Seite: Stele aus einer 3 km südlich Seibal gelegenen Ruinengruppe. Die einleitende, quadratisch gerahmte Hieroglyphe zeigt deutlich den Einfluß des zentralmexikanischen Schriftsystems auf die Mayaschrift des ausklingenden Klassikums. Im ansonsten traditionell in Mayahieroglyphen geschriebenen kurzen Text bilden Namen und Titel des abgebildeten Herrschers die wesentliche Information.

Die beiden großen Zyklen, der Festzyklus des Jahres (bei den Azteken *xihuitl*, bei den Maya *haab*) und der Wahrsagezyklus von 260 Tagen Dauer (bei den Azteken *tonalpohualli*), waren durch mathematische Gesetzmäßigkeiten miteinander verknüpft. Genauso wie man die dreizehntägigen Perioden innerhalb des Wahrsagezyklus nach jedem der 20 Tageszeichen benannte, das mit ihrem Anfang zusammenfiel, bezeichnete man auch das Jahr nach dem Tag des Wahrsagezyklus', der auf seinen Anfangstag beziehungsweise bei manchen Kulturen auf seinen Endtag fiel. Hier waren 52 verschiedene Möglichkeiten gegeben, bis sich die Reihe der Jahresnamen wiederholte. Der dadurch gebildete Zyklus von 52 Jahren war die höchste Einheit der Zeitrechnung bei den meisten mesoamerikanischen Völkern, so auch bei den Azteken.

Während auf diese Weise 52 Jahre eindeutig unterschieden werden konnten, gab es bei der Benennung der Tage innerhalb des Jahres, die mittels der Tage des Wahrsagezyklus erfolgte, eine größere Anzahl doppelt vorkommender Bezeichnungen. Es ist erstaunlich, daß diese geringe Präzision offenbar nicht als nachteilig empfunden wurde und der naheliegende Ausweg, die Tage nach ihrer Stellung im Festabschnitt zu bezeichnen, nur von den Maya beschritten wurde.

Schon früh, spätestens im postolmekischen Horizont, war eine Zeitrechnung entwickelt worden, der diese Nachteile nicht anhafteten. Zusätzlich zu den erwähnten Zyklen bediente man sich dabei eines absolut eindeutigen, in seiner Abstraktion modern anmutenden Verfahrens der Tageszählung, das von einem fiktiven, weit in die Vergangenheit verlegten Nullpunkt aus die Tage einzeln durchzählte. Dieses Verfahren, das im Präklassikum und frühen Klassikum in der großen Zone zwischen dem südlichen Veracruz und dem südlichen Guatemala angewandt wurde, findet sich später nur noch bei den klassischen Maya. Dort wurde es weiter ausgebaut und vervollkommnet.

Anfänge exakter Wissenschaft bei den Maya

Bereits die erwähnten gesamtmesoamerikanischen Kalendersysteme mit ihren verzahnten Wahrsage- und Jahreszyklen, vor allem aber die in den postolmekischen Kulturen aufkommende Tageszählung stellen hohe Leistungen mathematischer Abstraktion dar. Die Maya haben auf dieser Grundlage systematisch aufgebaut und verschiedene weitere Zyklen, die ihnen aus religiösen Gründen wichtig erschienen, in dieses bereits komplexe System eingebaut. Die wichtigsten sind ein Zyklus von neun Göttern, der in ähnlicher Form auch in Zentralmexiko bekannt war, sowie ein Zyklus von 819 Tagen, der für die Maya die interessante numerologische Eigenschaft besaß, ein gemeinsames Vielfaches der Zahl 9 des Götterzyklus', der Zahl 13 des einen der beiden Unterzyklen des 260tägigen Kalenders und der Zahl 7 zu sein. Solche Spekulationen und das Bestreben, verschiedene Zyklen in Einklang zu brin-

gen, indem ihre (kleinsten) gemeinsamen Vielfachen berechnet wurden, sind ein besonderer Zug der Maya-Mathematik.

Die genannten Zyklen dienten auch praktischen Zwecken, und zwar im Zusammenhang mit der beobachtenden und berechnenden Astronomie. Wie viele Natur- und Kulturvölker haben die Maya die Mondphasen und das Verhalten der erdnahen Planeten beobachtet. Für sie bestand die Aufgabe darin, ganzzahlige Vielfache der Mond- und Planetenphasen (vor allem der Venus) zu finden, die mit ihrem 260- und 365-Tageskalender in Einklang standen, um so in diesen Kalendern Voraussagen über die Sichtbarkeit der Gestirne machen zu können.

Es gelang den Maya-Astronomen schließlich, vermutlich nach langem Experimentieren an verschiedenen Orten, mit diesen Mitteln und bloßer Beobachtung der Gestirne nicht nur Sonnenfinsternisse, sondern auch die Sichtbarkeitsphasen der Venus und vermutlich einiger anderer Planeten und Fixsterne zu berechnen und auf Jahrhunderte genau vorherzusagen. Ausdruck dieses beachtlichen astronomischen Wissens und der Formen seiner Berechnung und Darstellung sind die Mondserien der Steininschriften des Klassikums sowie astronomische Tafeln in den späteren Bilderhandschriften.

Die Nachbarn Mesoamerikas

MESOAMERIKA war, wie alle Kulturgebiete der Erde, keine isolierte Einheit, sondern umgeben von anderen Kulturarealen, mit denen es in Wechselbeziehungen stand: dem Südwesten und Osten Nordamerikas im Norden, den Großen Antillen im Osten und dem zentralamerikanischen Teil des Zwischengebietes (Intermediate Area) auf der Landbrücke im Süden und Südosten. Die kulturelle Höhe Mesoamerikas brachte es allerdings mit sich, daß die von ihm ausgehenden Einflüsse kräftiger waren als jene, die von außen auf es einwirkten, so daß man in gewissem Sinne von einer mesoamerikanischen Einflußsphäre, vor allem im Süden, sprechen kann. Solche Einflüsse sind archäologisch oft nur schwer nachzuweisen. Keinesfalls läßt sich jede Ähnlichkeit, jede (scheinbare) Entsprechung in Ornamentik, Form oder Technik auf eine Beeinflussung zurückführen. Viele Dinge wurden an verschiedenen Stellen unabhängig voneinander entwickelt: Töpfern, Weben und Metallverarbeitung, Pflanzenbau und Tierzucht kamen in der Alten wie in der Neuen Welt auf, Pyramiden, luftgetrocknete Lehmziegel und das falsche Gewölbe gab es hier wie dort, ebenso zahlreiche identische Ornamente und Gegenstände. Nur wenige glauben heute noch, daß sie einen gemeinsamen Ursprung gehabt haben, daß sie nur einmal »erfunden« wurden. Die manchmal verblüffenden Parallelen lassen sich meist aus dem verwendeten Material und dem beabsichtigten Zweck erklären, aus der Tatsache, daß es nur wenige ideale Formen für bestimmte Geräte gibt, auf die man zwangsläufig im Lauf der Zeit kommt.

Auch in den verschiedenen Kulturgebieten Amerikas hat es zahlreiche Parallelentwicklungen gegeben, zum Beispiel beim Töpfern und Weben. Wenn man also in benachbarten Arealen ähnliche Dinge findet, so ist es keineswegs gesagt, daß hier eine Beeinflussung vorliegt. Je komplizierter allerdings ein Gegenstand, eine Technik, ein Ornament sind, desto größer ist die Wahrscheinlichkeit, daß sie nur einmal erfunden wurden, zumal, wenn sie in einem Bereich unvermittelt, ohne einfachere Vorformen auftauchen. Ein Beweis ist das allerdings nicht, es sei denn, man könnte zeigen, daß der Gegenstand selbst importiert wurde oder daß er Teil eines größeren Komplexes ist, dessen geistige Grundlagen sich nur in einem anderen Raum nachweisen lassen. Es ist also sehr schwer, archäologisch zweifelsfrei zu belegen, daß etwas von außen in eine Kultur hineingetragen worden ist.

Dieses Hineintragen kann auf verschiedene Weise erfolgen: durch Beeinflussung, Handel oder Wanderbewegungen. Handel ist am einfachsten nachzuweisen, vor allem, wenn durch ihn Objekte oder Rohmaterialien in Gegenden verbracht wurden, in denen sie natürlich nicht vorkommen. Man sollte glauben, daß auch Wanderungen ganzer Gruppen deutlich zutage treten. Das ist jedoch nur sehr bedingt der Fall, da in einer neuen Umgebung sich die – archäologisch allein nachweisbare – materielle Kultur augenscheinlich schnell verändert. Es gibt historisch bekannte Wanderungen, die sich bis heute archäologisch nicht oder nur unter großen Mühen belegen lassen. Die nahuasprechenden Nicarao (nach denen sich der moderne Staat Nicaragua nennt) sind so ein Fall. Bei einem Fehlen historischer Nachrichten können solche Bewegungen leicht übersehen werden. Andererseits muß man aber auch festhalten, daß vielfach Wanderungen angenommen werden, um Phänomene zu erklären, die auch auf andere Weise zustande gekommen sein können. Am schwersten sind Einflüsse festzustellen, Übernahmen, die durch Kontakte zweier benachbarter Kulturräume oder Gruppen hervorgerufen wurden, da bei der Inkorporierung des fremden Kulturgutes dieses so verändert, den örtlichen Gegebenheiten und anderen Rohmaterialien angepaßt werden konnte, daß es oft kaum noch zu erkennen ist.

Schwarz und rot bemaltes Dreifußgefäß aus Ton in Form eines sitzenden Jaguars. Nicoya-Kultur, Costa Rica. Papagayo, Mittel-Spätpolychrom-Periode (800-1200 n. Chr.), Höhe 26,7 cm.
Berlin, Museum für Völkerkunde

Zusammenfassend kann gesagt werden, daß es sehr schwierig ist, auf archäologischer Grundlage die Beziehungen und vor allem die Natur der Beziehungen eines Raumes zu den umliegenden Gebieten festzustellen. Das ist auch der Grund dafür, daß es so viele unterschiedliche Interpretationen gibt, denn gerade auf diesem Gebiet scheinen die individuellen Ansichten der einzelnen Forscher immer wieder durch.

Die Karibischen Inseln

Die Herkunft der archaischen Komplexe auf den Großen Antillen ist noch strittig. (Die paläoindianische Zeit soll hier wie bei den anderen Gebieten unberücksichtigt bleiben.) Um die Zeitenwende erreichte eine neue Besiedlungswelle von Venezuela aus die Inselwelt. Sie brachte Keramik und die Idee des Feldbaues mit. Obwohl einige Feldfrüchte wie Mais, Bohnen und Kürbisse mesoamerikanischen Ursprungs sind, nimmt man an, daß diese nicht direkt, sondern über Venezuela auf die Antillen gelangt sind. Aus diesen Grundlagen entwickelte sich ab 800 n. Chr. auf Hispaniola (heute Staatsgebiet von Haiti und der Dominikanischen Republik) die Taino-Kultur. Sie breitete sich nach Puerto Rico, den Jungferninseln, Jamaika und Ostkuba aus, wo Kolumbus sie auf seiner ersten Reise 1492 vorfand.

Ganz ohne Einflüsse aus Mesoamerika scheint die Taino-Kultur jedoch nicht geblieben zu sein. Einer ihrer Bestandteile war ein zeremonielles Ballspiel, für das jedes Dorf einen rechteckigen, mit Erdwällen oder aufrechtstehenden Steinplatten begrenzten Platz besaß. Da solche Plätze in Südamerika bisher unbekannt sind, glaubt man, daß das Vorbild aus Mesoamerika stammte. Diese Vermutung wird noch durch die sogenannten Steinhalsringe der Taino verstärkt. Diese aus Stein geschliffenen ovalen Ringe mit einem inneren Durchmesser von etwa 32 x 22 Zentimetern sind verzierte steinerne Abbilder gebogener dicker Äste, die man beim Ballspiel um die Hüften getragen haben dürfte. Damit entsprechen sie den Yugos des mexikanischen Ballspiels. Nimmt man ferner hinzu, daß Spieler der Taino wie in Mexiko den Ball nur mit Hüften, Gesäß, Schultern, Ellenbogen oder Knie berühren durften, so sind die Parallelen zu groß, um eine eigenständige Entwicklung annehmen zu können. Wie dieser Komplex — und augenscheinlich nur dieser — von Mesoamerika auf die Antillen gewandert ist, konnte bisher noch nicht geklärt werden. Ein zufälliger Kontakt, zum Beispiel ein verschlagenes Handelskanu, dürfte kaum zur Übertragung ausgereicht haben.

Der Südwesten Nordamerikas

Früher, stärker und länger andauernd waren Einflüsse aus Mesoamerika in den Südwesten Nordamerikas. Mais und Kürbisse (Cucurbita pepo) wurden während der Chirica-hua-Phase (3500-1500 v. Chr.) der Cochise-Tradition im Südosten Arizonas und im Südwesten New Mexicos eingeführt. Sie veränderten jedoch kaum die Lebensweise der Bewohner, die in jahreszeitlichem Wechsel in verschiedenen Gegenden ihre Lager aufschlugen. Auf welchem Wege und durch welche Mechanismen diese Kulturpflanzen dorthin gelangten, ist noch unklar. Die Sierra Madre Occidental könnte eine Leitlinie gewesen sein. Unbekannt ist auch, ob gleichzeitig noch andere Kulturgüter aus Mesoamerika in den Südwesten gelangten. Bohnen lassen sich hier erst während der folgenden San-Pedro-Phase (1550 bis 200 v. Chr.) der Cochise-Tradition nachweisen.

Um 300 v. Chr. traten im südlichen Arizona, vor allem in den Tälern des Gila und Salt River, plötzlich seßhafte Gruppen mit starkem mesoamerikanischen Einschlag auf. Sie bilden den Beginn einer Hohokam genannten Kulturtradition. Ihre Dörfer lagen entlang der Flußauen, in denen, teilweise mit Hilfe von Bewässerungskanälen, Mais, Bohnen (Phaseolus vulgaris) und Kürbisse angebaut wurden. Die ovalen und rechteckigen Häuser waren bis zur halben Höhe im Boden versenkt. Typisch für die Hohokam-Tradition war das Verbrennen der Toten. Die Töpferei der Vahki-Phase, des bis zur Zeitenwende dauernden ersten Abschnitts der Pionier-Periode (300 v. Chr. bis 550 n. Chr.), zeigt rote geometrische Muster auf einem sandfarbenen Grund. Aus Ton wurden auch stehende Frauenfiguren hergestellt, die an jene der präklassischen Zeit Mexikos erinnern.

Tonfiguren, Töpferei und Bewässerungskanäle, für die es keine einheimischen Vorbilder gibt, deuten zusammen mit anderen Kulturelementen auf eine Herkunft aus Mexiko hin. Die Frage ist, wie diese Elemente nach Südarizona gelangt sind. Man hat lange geglaubt, daß direkte oder indirekte Beeinflussungen einheimische Gruppen dazu gebracht hätten, eine seßhafte Lebensweise mit Feldbau und Töpferei zu übernehmen. Aufgrund der unter Leitung von Emil W. Haury erfolgten Ausgrabungen in dem Hohokam-Zentrum Snaketown nimmt man jetzt an, daß um 300 v. Chr. eine aus Mesoamerika stammende Gruppe einwanderte, die bereits mit intensivem Bewässerungsfeldbau vertraut war und als Innovationsvermittler für die einheimische Bevölkerung wirkte. Diese Interpretation scheint augenblicklich die überzeugendste zu sein, wenn auch viele Fragen noch offenbleiben, vor allem über die Herkunft dieser »Mexikaner«, denn bislang fehlen genaue Vorbilder im Süden. Das kann allerdings durch unsere unzureichenden Kenntnisse gerade der nordmexikanischen Gebiete und Kulturen bedingt sein.

Daß zwischen den Hohokam und Mexiko Beziehungen bestehen blieben, zeigt unter anderem die Tatsache, daß während der Sweetwater-Phase (200-350 n. Chr.) nicht nur neue, verbesserte Maissorten, sondern auch Baumwolle zum Anbau gelangten und daß man begann, Papageien aus dem Süden einzuführen. Sitzende Tonfiguren mit einer Schale auf dem Kopf erinnern an die gleichzeitigen steinernen Räucherbecken der Teotihuacán-Kultur. In dieser Zeit begannen zwei weitere Kulturtraditionen des Südwestens: Mogollon und Anasazi. In der im Plateaugebiet von Arizona und New Mexico beheimateten Mogollon-Tradition wurde um 250 n. Chr. (nach anderen Ansichten schon 400 Jahre früher) die erste Keramik angefertigt. Sie ist einfarbig braun oder rot, unterscheidet sich also deutlich von der Hohokam-Töpferei. Man glaubt daher, daß sie auf direkte Anregungen aus Mesoamerika zurückgeht. Das scheint aber auch der einzige mexikanische Einfluß während der ersten beiden Phasen von Mogollon (250-750 n. Chr.) gewesen zu sein. In der frühesten Phase der Anasazi-Tradition, Basketmaker II (Zeitenwende bis 450 n. Chr.), fehlt solcher Einfluß überhaupt. Töpferei war noch unbekannt; sie trat erst während der Phase Basketmaker III (450-750 n. Chr.) durch Vermittlung der Mogollon auf. Ob die Truthühner dieser Phase selbständig domestiziert waren oder einen Import aus Mexiko (Nordmexiko?) darstellen, ist noch ungeklärt.

Wir können also feststellen, daß um 500 n. Chr. im Südwesten Nordamerikas die Hohokam-Tradition starke mesoamerikanische Züge aufwies, möglicherweise durch Einwanderungen hervorgerufen, die Mogollon-Tradition einige Anregungen aus Mexiko empfangen hat, die Anasazi-Tradition dagegen nicht davon berührt wurde. Diese Differenzierung setzte sich auch in den folgenden Jahrhunderten fort. Hohokam wies weiterhin die meisten mesoamerikanischen Kulturelemente auf. Als Gründe dafür kann man nennen: die größere Nähe des mesoamerikanischen Gebietes, die bessere Erreichbarkeit für die Händler und mögliche alte Verwandtschaftsbeziehungen zum Süden.

In der Kolonial-Periode (550-900 n. Chr.) der Hohokam-Tradition traten zahlreiche Neuerungen mexikanischen Ursprungs auf. Ballspielplätze wurden zu einem integralen Bestandteil der größeren Siedlungen. Sie sind im Unterschied zu den mesoamerikanischen ein bis zwei Meter in den Boden eingetieft, wobei die ausgehobene Erde an den Längsseiten des Ovals wallartig aufgehäuft wurde. Die auf Oberflächenniveau ansteigenden Schmalseiten waren durch niedrige Steinwälle abgeschlossen. Die Größe dieser schüsselförmigen Anlagen war teilweise, besonders in der Frühzeit, erheblich: Ein Ballspielplatz in Snaketown hatte eine Länge von 56,25 Metern und eine größte Breite von 18,75 Metern. Die Idee für Plätze und Spiel stammte aus Mexiko. Die Kautschukbälle mußte man weit aus dem Süden importieren, da das Rohmaterial im Südwesten fehlte. Ein anderes neues Element stellten pyramidenförmige Plattformen dar. Sie bestanden im Kern meist aus dem Abfall der Siedlung und waren mit Lehm ummantelt. Ihre Funktion ist noch unbekannt. Weitere Neuerungen mesoamerikanischen Ursprungs waren die Teparybohne (Phaseolus acutifolius), drei- und vierfüßige Tongefäße, das Motiv der Federschlange und des Lastenträgers mit einem Stirntragband. Letzteres ist

Oben: Casa Grande, bei Phoenix (Arizona) gelegen, ist das besterhaltene Bauwerk der Hohokam-Kultur. Das aus großen Lehmblöcken errichtete Gebäude dürfte auch als Observatorium gedient haben, wie die Peillöcher beweisen.

Unten: Ballspielplatz im Pueblo Wupatki, bei Flagstaff (Arizona).

Folgende Doppelseite: In steppenartiger Landschaft Neumexikos liegt der Chaco Canyon. Zwischen 700 und 1200 n. Chr. lebten hier viele tausend Menschen in kleinen und großen Dörfern wie Pueblo Bonito. Innerhalb der D-förmigen Grundfläche finden sich mehrstöckige Wohnräume und zahlreiche Kivas (rituelle Versammlungsräume).

vielleicht ein Hinweis auf die mexikanischen Träger, die auch direkte Importe in das Gebiet der Hohokam brachten, wie zum Beispiel scheibenförmige Spiegel aus Pyritmosaik. Welche Waren als Gegenleistungen nach Süden wanderten, ist schwer festzustellen, da man bisher kaum Importe aus dem Südwesten in mexikanischen Fundplätzen identifiziert hat. Türkis dürfte ein wichtiger Export gewesen sein, vielleicht auch Schmuck aus Muschelschale, in dessen Herstellung die Hohokam Meister waren. Das Rohmaterial dafür mußten sie von der kalifornischen Pazifikküste beziehen.

In den entsprechenden Phasen der beiden anderen Traditionen des Südwestens fehlen neue mexikanische Einflüsse, obwohl gerade in der Anasazi-Tradition sich ein bedeutender Wandel vollzog: Man begann während der Phase Pueblo I (700-900 n. Chr.) mit dem Bau rechteckiger oberirdischer Räume aus Stein, die an- und übereinandergebaut (agglutiniert) wurden. Es sind die Anfänge der bekannten Pueblos, die bis heute benutzt werden. Sie scheinen aus eigenem Antrieb und ohne äußeren Einfluß entstanden zu sein.

Während der Seßhaften Periode (900-1100 n. Chr.) lassen sich in der Hohokam-Tradition weitere mesoamerikanische Elemente erkennen. Es handelt sich teils um direkte Importe aus Mexiko, zum Beispiel von Kupferschellen, teils um das Aufgreifen südlicher Ideen wie der Tonfiguren mit beweglichen Gliedern oder der spulenförmigen Ohrpflöcke. Erstmalig lassen sich nun auch direkte Kontakte der Anasazi-Tradition mit Mesoamerika nachweisen. Besonders deutlich sind sie in einem der herausragenden Zentren der Phase Pueblo II (900-1100 n. Chr.), dem Chaco Canyon. Seit 850 n. Chr. war hier eine Anzahl großer Pueblos mit jeweils mehreren hundert Räumen entstanden, miteinander durch Straßen verbunden. Straßen führten auch zu einigen der vielen kleineren Siedlungen sowie zu Pueblos außerhalb des eigentlichen Areals. Ob bei dieser sonst im Südwesten nicht wiederholten Entwicklung mexikanische Einflüsse eine Rolle spielten, ist umstritten. Sicher ist, daß in den Großpueblos, vor allem in dem bedeutendsten, Pueblo Bonito, Importe aus Mexiko, Kupferschellen und Papageienfedern, gefunden wurden. Die jüngst als solche erkannten Stationen zur Sonnenbeobachtung könnten ebenfalls auf mesoamerikanische Anregungen zurückgehen.

Astronomische Beobachtungen wurden auch bei den Hohokam während der Klassischen Periode (1100 bis 1450 n. Chr.) betrieben. Von den dazu errichteten Gebäuden ist jenes von Casa Grande in Arizona am bekanntesten. Der vierstöckige Bau steht in einem umwallten Komplex, der ursprünglich etwa sechzig Wohnräume umschloß. Der ehemals zirka zwei Meter hohe Wall wurde wie die Mauern der Gebäude aus gestampftem Lehm aufgeführt. Ob diese Bautechnik und die Art der Anlage, die sich von der früheren Bauweise unterscheiden, auf Anregungen aus Mesoamerika beruhen, ist umstritten.

Unten: Mythologische Wandmalerei aus einem Kiva in Awatovi im Jedittotal. Zu den bedeutendsten künstlerischen Schöpfungen der Pueblo-Indianer des Südwestens zählen solche Darstellungen. Rechts ist ein Krieger mit pfeilgefülltem Köcher auf dem Rücken zu sehen, er hält Bogen und Schild in der Hand. Daneben ein Kürbis, der als tanzendes Mädchen personifiziert ist. Links ist das Bild von einem Rahmen eingefaßt, der in einem »Wolkenterrassen«-Motiv endet. Etwa 13. Jahrhundert n. Chr. Flagstaff, Museum of Northern Arizona

Oben: Der Stil der aus der historischen Zuni-Siedlung stammenden Schale erinnert an die gleichzeitigen Malereien an den Wänden der Kivas. Papageien wurden damals in größerer Zahl zu Kultzwecken aus Mexiko in den Südwesten importiert. Pueblo IV (1300-1600 n. Chr.) New York, Museum of the American Indian

Rechte Seite: Gemeinschaftskiva Casa Rinconada im Chaco Canyon. Diese großen Ritualräume von 20 m Durchmesser entwickelten die Chaco-Bewohner als besondere Architekturform. Sie lagen außerhalb der eigentlichen Siedlungen.

Die mesoamerikanischen Einflüsse jener Zeit könnten auch von der Casas Grandes genannten Siedlung im nördlichen Chihuahua ausgegangen sein, die zwischen 1060 und 1340 n. Chr. existierte. Ihr Ausgräber, Charles C. Di Peso, glaubt, daß dieser Ort während seines Höhepunktes in der Paquimé-Phase (1200-1260 n. Chr.) ein Verwaltungs- und Handelszentrum mit mexikanischen Bewohnern war. Darauf deuten zum Beispiel Pyramiden und Ballspielplätze sowie eine entwickelte Bewässerungstechnik hin. Die etwa 1600 Wohnräume erinnern jedoch in ihrer mehrstöckigen Bauweise eher an jene der Anasazi-Tradition. Türkis und andere Mineralien, Muscheln, Muschelschmuck, Keramik und tropische Vögel beziehungsweise ihre Federn scheinen die Haupthandelsartikel gewesen zu sein.

Die Auswirkungen dieses Zentrums auf die Phase Pueblo III (1100-1300 n. Chr.) der Anasazi-Tradition waren augenscheinlich gering. Kupferschellen und Papageien wurden weiterhin importiert, neue Anregungen lassen sich aber nicht nachweisen, denn die damals aufkommende vielfarbige Keramik entwickelte sich folgerichtig aus der vorhergehenden und benötigte keine fremden Vorbilder. Die gegen Ende der Phase beginnende Al-secco-Bemalung der unterirdischen Kulträume (Kivas) wird manchmal auf südlichen Einfluß zurückgeführt. Beweise dafür fehlen jedoch sowohl hinsichtlich der Technik als auch der Motive. Ob die Papageiendarstellungen der Phase Pueblo IV (1300-1600 n. Chr.) als Indiz für eine verstärkte mexikanische Einflußnahme anzusehen sind, muß bezweifelt werden.

Zusammenfassend kann man feststellen, daß der nordamerikanische Südwesten seit 2000 v. Chr., verstärkt seit 300 v. Chr. mesoamerikanische Einflüsse erhielt. Meist waren es Handelsbeziehungen, die neue Elemente und Ideen nach Norden brachten, aber auch eine Einwanderung (um 300 v. Chr.) ist nicht auszuschließen. Sie hat nach heutiger Ansicht zur Ausbildung der ersten seßhaften Feldbaukultur, der Hohokam-Tradition, geführt. Diese war bis etwa 900 n. Chr. das Haupteinfallstor südlicher Kulturelemente. Erst danach scheint es direkte Kontakte der allmählich den Südwesten dominierenden Anasazi-Tradition mit Mexiko gegeben zu haben, vielleicht gefördert durch einen mesoamerikanischen Außenposten (Casas Grandes) an der Südgrenze des südwestlichen Kulturgebietes.

Der Osten Nordamerikas

Man wollte lange nicht glauben, daß die hohe Kulturentwicklung im Osten Nordamerikas, vor allem im Südosten und im Gebiet des Ohio, das fortgeschrittene Kunsthandwerk, die komplizierten Gesellschaftsstrukturen, die hohen Pyramiden inmitten städtischer Siedlungen von »Wilden« hervorgebracht worden seien. Nahm man zunächst an, daß außeramerikanische Einwanderer, von den verlorenen Stämmen Israels und Ägyptern bis zu Wikingern und Iren, diese Kulturen geschaffen hätten, so suchte man später, Einflüsse aus Mesoamerika als Grundlage der Entwicklung nachzuweisen. Heute sieht man diese Beziehungen differenzierter, glaubt man, daß Mesoamerika höchstens indirekt als Quelle eine Rolle spielte.

Als Beispiel können die Pyramiden dienen, die hier »mounds« (Hügel) genannt werden. Aus Erde aufgeschüttet und oben abgeflacht, sind sie ein Kennzeichen der Mississippi- oder Tempelhügel-Periode (700-1550 n. Chr.). Der größte ist der Monks Mound von Cahokia (Illinois)

mit einem Inhalt von über 600000 Kubikmetern. Sie dienten als Basis für Tempel und/oder Herrscherresidenzen und erfüllten damit die gleiche Funktion wie in Mesoamerika. Was lag näher, als anzunehmen, daß die Idee von dort stammt? Solche Pyramiden gab es jedoch auch schon früher in Georgia und Florida, zum Beispiel in dem zur Weeden-Island-Kultur gehörenden Kolomoki, sowie in Louisiana. Sie datieren hier um 400 n. Chr. und kommen zusammen mit Grabhügeln vor. Diese wiederum wurden im östlichen Nordamerika seit mindestens 1000 v. Chr. errichtet und lassen sich mühelos aus einem Begräbnisritual des spätarchaischen Horizontes (4000-1000 v. Chr.) herleiten. Es besteht also eine kontinuierliche Entwicklung vom Grab über den Grabhügel zum Tempelunterbau, so daß eine Herkunft aus Mesoamerika unnötig erscheint. Selbst die umfangreiche Anlage von Poverty Point (Louisiana), die um 1200 v. Chr. angesetzt wird, läßt sich in diese Entwicklung einfügen.

Die Keramik des östlichen Nordamerika dürfte ebenfalls selbständig entstanden sein. Ihre ersten Anzeichen lassen sich in Georgia um 2500 v. Chr. und in Florida um 2140 v. Chr. datieren. Die Formen imitieren Steatitgefäße, die vorher und teilweise auch gleichzeitig in Gebrauch waren. Auch die Magerung mit Pflanzenfasern unterscheidet sich grundsätzlich von der sandgemagerten mesoamerikanischen Keramik.

Es würde zu weit führen, alle Vermutungen über Anregungen, die aus Mesoamerika in den nordamerikanischen Osten gekommen sein sollen, wie zum Beispiel spulenförmiger Ohrschmuck, Tonfiguren, Reibsteine und bestimmte Formen, Verzierungstechniken und Muster von Tongefäßen, zu widerlegen. Es muß als Feststellung genügen, daß in keinem Fall eine Herkunft aus Mesoamerika auch nur einigermaßen gesichert ist.

Und doch gab es auch im östlichen Nordamerika kulturelle Importe aus Mesoamerika! Von dort kam letztlich der Mais, der wahrscheinlich ab 300 v. Chr. angebaut wurde, kamen die Kürbisse und Flaschenkürbisse, die schon um 2000 v. Chr. vorhanden waren, und die Bohnen, die erst ab 700 n. Chr. nachgewiesen werden können. Das zeitlich differenzierte Auftreten wie auch andere Hinweise legen nahe, daß diese Pflanzen nicht auf direktem Wege, sondern durch Vermittlung Dritter eingeführt wurden.

Schließlich muß im Zusammenhang mit dem nordamerikanischen Südosten noch auf eine Gruppe von Kunstmotiven eingegangen werden, die zu dem zwischen 1000 und 1400 n. Chr. weit verbreiteten »Southern Ceremonial Complex« gehören. Welcher Art dieser Komplex war, ob er als Bestandteil eines religiösen Kultes zu deuten ist, als Ausdruck eines weitgespannten Handelsnetzes, als Kennzeichen einer herrschenden Elite, als Teil eines aufwendigen Totenrituals oder der Ahnenverehrung, ist immer noch umstritten. Hier interessiert der Umstand, daß man glaubt, verschiedene der Symbole beziehungsweise Motive aus Mesoamerika herleiten zu müssen. Eine genauere Betrachtung scheint das jedoch nicht zu bestätigen. So läßt die geflügelte Schlange zwar in ihrer Kombination an die Federschlange Mesoamerikas denken, ikonographisch besteht jedoch ein großer Unterschied: Die Schlangen im »Southern Ceremonial Complex« weisen nur Flügel, gelegentlich auch Schwanzfedern auf, aber kein Federkleid wie in Mexiko. Das Hand-Augen-Motiv (eine menschliche Hand mit einem Kreis oder Auge auf Handfläche oder -rücken) kommt zwar gelegentlich auch in Mesoamerika vor, doch gibt es im Osten Nordamerikas bereits in der Hopewell-Zeit (200 v. Chr. bis 400 n. Chr.) ähnliche Motive. Abbildungen von Schädeln und Langknochen endlich, jenen Skeletteilen, die sich am längsten erhalten, erscheinen gerade im Zusammenhang mit einem Totenritual logisch und bedurften nicht einer besonderen Beeinflussung. Kurz gesagt: Alle Parallelerscheinungen lassen sich durch unabhängige Entwicklungen erklären, auch wenn man die Möglichkeit einer Einflußnahme aus dem mesoamerikanischen Kulturbereich nicht ganz ausschließen kann.

Zentralamerika

Während der Ideenfluß nach Osten und Norden augenscheinlich sehr einseitig war, kann man im Süden von einem gewissen, wenn auch nicht ausgeglichenen Kulturaustausch reden. Partner war Zentralamerika. Seine archäologische Südgrenze hat sich, wie alle Kulturgrenzen, im Laufe der Jahrtausende stark verändert. Sie schloß zunächst die westlichen Teile der panamaischen Provinz Chiriquí mit ein und verlief ungefähr entlang der Linie Estero de Horconcito – Río Chulará. Um 600 n. Chr. hatte sie sich in den Südosten des Hochlandes von Costa Rica etwa auf die Linie Dominical – Puerto Limón verlagert. Das sind allerdings nur Annäherungswerte, da die archäologischen Forschungen in Zentralamerika, vor allem an der atlantischen Abdachung, noch sehr mangelhaft sind. Sieht man wieder von der paläoindianischen Zeit ab, so waren die ersten Kontakte zwischen Zentral- und Mesoamerika Einflüsse aus dem Norden, die Mais, vielleicht auch Bohnen und Kürbisse nach Süden brachten. Die Tatsache ist sicher, nicht jedoch der Zeitpunkt, da Maisfunde in Zentralamerika selten und dann meist spät sind. Pflanzenreste erhalten sich eben unter tropischen Bedingungen nur schlecht. In Zentralpanama läßt sich Mais um 1500 v. Chr. nachweisen. Möglicherweise war er sogar schon viel früher dort (um 3000 v. Chr.?). Mit dem Mais hängt möglicherweise das Auftreten der ersten zentralamerikanischen Keramik zusammen, die am Vulkan Arenal (Tronadora) und in den Llanuras de San Carlos (Chaparrón), beide in Costa Rica, sowie auf der nicaraguanischen Insel Ometepe (Dinarte) gefunden wurden. Idee und Technik dieser eng miteinander verwandten Keramiken müssen importiert worden sein. Die Formen, vor allem die Tecomateform, ebenso wie die Verzierung durch Einstiche und zweifarbige Bemalung mit Zonierung deuten auf eine Verwandtschaft mit den Tongefäßen von der Pazifikküste Guatemalas und Chiapas'. Diese werden um 1500 v. Chr. datiert und könnten zusammen mit dem Mais nach Süden gelangt sein. Im Gegenzug könnte der aus Südamerika stammende Maniok, vielleicht zusammen mit dem Furchenfeldbau, über Zentralamerika das südliche Mesoamerika in dieser Zeit erreicht haben.

Aus diesen Anfängen entwickelten sich in Zentralamerika eigene Stile. Besonders gut bekannt sind jene in dem Großnicoya genannten Gebiet, das Guanacaste und Nicoya in Costa Rica sowie den Isthmus von Rivas und Ometepe in Nicaragua umfaßt. Die anderen Räume in Nicaragua, Honduras und El Salvador sind bisher kaum erforscht.

Intensive Beziehungen zwischen Großnicoya und Mesoamerika bestanden während des Mittel- und Spät-Präklassikums. Das geht aus einer Reihe von kleinen Jadeskulpturen im olmekischen Stil hervor, die in Costa Rica gefunden wurden, leider bis auf einen Fall in Raubgrabungen, so daß der keramische und damit der zeitliche

Linke Seite: Casas Grandes, im mexikanischen Bundesstaat Chihuahua gelegen, war eine bedeutende indianische Siedlung. Eng verschachtelte Häuserkomplexe, die teilweise sieben Stockwerke aufwiesen, flache Pyramiden, Ballspielplätze und andere Zeremonialanlagen bildeten die Stadt. Paquimé, wie es indianisch hieß, war das Handelszentrum zwischen Zentralmexiko und den nördlichen Ländern. Fernhändler brachten Keramik, tropische Vögel und Schmuck, die sie gegen Türkise, Felle und Salz tauschten. Die lokalen Keramiker stellten Gefäße von ganz eigenem Typus her. Die meist rot und schwarz auf beigem Grund bemalten Keramiken haben keine Ähnlichkeit mit mesoamerikanischen Formen.

Oben und unten: Keramiken aus Casas Grandes. Höhe des anthropomorphen Gefäßes 20 cm, Höhe der bauchige Vase 13 cm. Villahermosa, Museo de Tabasco

Links: Der aus San Jorge in Nicaragua stammende präklassische Brustschmuck aus Grünstein zeigt die für die La-Venta-Kultur so typischen aufgeworfenen Lippen. Höhe 11,2 cm.
Berlin, Museum für Völkerkunde

Rechts: Eine lokale Sonderentwicklung des Gebietes am Río Ulua in Honduras sind Marmorgefäße mit Griffen in Tiergestalt und stilisierten Tiermotiven auf der Wandung. Höhe 14 cm.
Berlin, Museum für Völkerkunde

Wie dem auch sei, angeregt durch die olmekischen Kontakte entwickelte sich in Großnicoya eine Grünsteinindustrie, bei der sowohl einheimische grüne Steine als auch importierte Jade verwendet wurde. Man stellte vor allem beilklingenförmige Anhänger her, deren Oberteil meist reliefartig gestaltete Menschen- oder Vogelmotive zeigt. Es waren Prestigeobjekte für eine Elite, in deren zwischen der Zeitenwende und 500 n. Chr. datierten Gräbern sie sich zusammen mit »Thronen« und »Keulenknäufen« aus Stein finden. In späterer Zeit wurden diese Anhänger, vielleicht aus Rohmaterialmangel, teilweise gespalten und umgearbeitet. Solche Stücke hat man in Mesoamerika, zum Beispiel im Cenote von Chichen Itzá, gefunden, beilförmige Anhänger auch in Guatemala.

In El Salvador war ab etwa 600 v. Chr. eine Verzierungsart der Keramik entstanden, die man als Usulután-Technik bezeichnet. Sie trat in vielen Varianten und über einen langen Zeitraum auf. Ein typisches Usulután-Gefäß wurde zunächst in ein beige Farbbad gesteckt. Nach dem Trocknen trug man mit einem Mehrfachpinsel senkrechte Bänder mit bis zu fünf parallelen Wellenlinien in Wachs auf. Danach erhielt das Gefäß ein orange Farbbad. Beim Brennen schmolz das Wachs ab, und das Muster erschien in der hellen Untergrundfarbe. Die Usulután-Technik ist also ein Negativverfahren, ähnlich dem Batik bei Stoffen.

Man hat lange angenommen, daß das Zentrum dieser Technik in Ost-El-Salvador, besonders in der Provinz Usulután, lag und daß die Erzeugnisse von dort in das südliche Mesoamerika exportiert wurden. Heute glaubt man, daß es in der Gegend von Chalchuapa in West-El-Salvador zu suchen sei und die Ware von hier in das nördliche Zentralamerika sowie nach Guatemala und zu den Maya gelangte. Sicher ist das jedoch nicht, denn unsere Kenntnisse über Ost-El-Salvador sind recht gering. In Zentralamerika wurden Usulután-Gefäße bis Großnicoya gehandelt, wenn auch in kleinen Mengen.

Die Konsolidierung und Herausbildung dominanter kultureller Einheiten in Mesoamerika ab 100 v. Chr. waren auch für Zentralamerika von großer Bedeutung. Teotihuacán bediente sich offenbar der alten Routen, die von dem von ihm beherrschten Kaminaljuyú im Hochland von Guatemala aus der pazifischen Küste entlang verliefen. Hier scheinen zum Beispiel die handgeformten Tonfiguren eines Komplexes am unteren Río Lempa in El Salvador eine Beeinflussung durch Teotihuacán widerzuspiegeln, vor allem in ihrer ikonographischen Ausgestaltung, etwa den großen Kopfschleifen, die für die mexikanischen Figuren der Miccaotli-Phase typisch sind. Direkte Impor-

Zusammenhang unbekannt ist. Die in einem Elitegrab bei Talamanca de Tibias im Hochland von Costa Rica geborgene muschelförmige Jade ist dort am Ende der Periode IV (Zeitenwende bis 500 n. Chr.) niedergelegt worden, das heißt mehrere hundert Jahre nach ihrer vermutlichen Herstellung. Die Erklärung dieses Zeitunterschiedes fällt schwer. Möglicherweise handelte es sich um ein Erbstück oder um ein Objekt, das lange von Hand zu Hand ging. Man hat bis vor kurzem angenommen, daß das Interesse der Olmeken an Costa Rica auf einem dortigen Jadevorkommen beruhte und sie von ihrer südlichsten Faktorei Las Victorias bei Chalchuapa in West-El-Salvador Handelskarawanen aussandten, um diesen begehrten Rohstoff zu erwerben. Heute wissen wir, daß es in Costa Rica allem Anschein nach keine Jade gab, daß vielmehr umgekehrt Jade aus dem Motaguatal in Guatemala dorthin exportiert wurde. Was aber regte dann den Handel der Olmeken mit Großnicoya an, der offensichtlich die dazwischenliegenden Gebiete nicht berührte? Man glaubt heute, daß er auf dem Seeweg erfolgte und einer der Anreize das Vorkommen der Purpurschnecke (Purpura patula) im Golf von Nicoya war, deren Farbstoff bis in die Eroberungszeit nach Mexiko exportiert wurde. Ein weiterer Handelsartikel könnte Kakao gewesen sein, der, aus Südamerika kommend, damals schon in Costa Rica angebaut wurde. Möglicherweise haben ihn die Olmeken nach Mesoamerika gebracht und mit seinem Anbau begonnen.

te aus Teotihuacán sind in Zentralamerika jedoch selten: Zwei kleine Steinfiguren der Miccaotli-Phase sowie zwei stucküberzogene Zylindergefäße in Costa Rica und einige kleine »Kerzenhalter«, die angeblich aus Ost-El-Salvador stammen, stellen bisher die einzigen Nachweise dar. Klassische Teotihuacán-Gefäße hat man überhaupt nicht festgestellt. Diese Beschränkung auf die frühe Zeit Teotihuacáns mag mit dem katastrophalen Ausbruch des Ilopango im 3. Jahrhundert n. Chr. zusammenhängen, der Teile West- und Zentral-El-Salvadors unbewohnbar machte und die alten Handelsrouten für lange Zeit unterbrach.

In diese Lücke stießen Händler aus dem südöstlichen Mayagebiet. Sie hatten bereits vorher Handel mit Zentralamerika getrieben und scheinen dabei die alten Routen in der pazifischen Ebene benutzt zu haben, mit Chalchuapa als wichtiger Zwischenstation. Nun erschloß man einen direkten Weg, vielleicht entlang der Flußläufe des Uloa und Comayagua zur Fonsecabucht an der pazifischen Küste oder auf dem – allerdings langen – Seeweg bis zur Mündung des San Juan, über den man den Nicaraguasee und damit Großnicoya, immer noch ein wichtiger Handelspartner, erreichte. Daß diese Möglichkeit genutzt wurde, zeigen Jadeanhänger mit Mayaglyphen, die an der atlantischen Abdachung von Costa Rica, vor allem in den Llanuras de San Carlos, gefunden wurden. Copán und Quiriguá scheinen die Haupthandelszentren der Maya gewesen zu sein, besonders nach 600 n. Chr., als die Wege

entlang der pazifischen Küste wieder gangbar waren. Interessant ist, daß um diese Zeit der Jadeimport in Costa Rica aufhörte. Damals drang nämlich Gold von Süden vor und verdrängte die Jade als Prestigeobjekt. Schon relativ bald tauchte Gold als Handelsware auch im Süden Mesoamerikas auf: vor 500 n. Chr. in Altun Ha (Belize), 751 in Tazumal (El Salvador), 782 in Copán; in den beiden letzten Fällen ist die Herstellung in Südost-Costa-Rica oder Westpanama wahrscheinlich.

Mayagefäße wurden anscheinend nicht exportiert, wohl aber in den Nachbargebieten kopiert, so in der als Copador Polychrome bezeichneten Keramik mit ihren Pseudohieroglyphen, die wahrscheinlich in West-El-Salvador hergestellt wurde, und in der Babilonia-Polychrome-Keramik mit ihren figürlichen Darstellungen in Nordwesthonduras. Während Copador auf das südliche Mesoamerika beschränkt blieb, läßt sich Babilonia in ganz Honduras und El Salvador sowie in Westnicaragua nachweisen, nicht aber in Großnicoya. Dort hat man Babilonia in Phase V (500-800 n. Chr.) der Frühen Periode jedoch imitiert (Galo Polychrome).

Ballspielplätze nach mesoamerikanischem Muster gab es ab 600 n. Chr. in Ost-El-Salvador, etwa in Quelepa und Los Llanitos, sowie in Honduras, zum Beispiel in Los Naranjos und Tenampua. Joche und Palmas sind in El Salvador verschiedentlich gefunden worden, unter anderem in einem Depot in Quelepa. Sie sind keine lokalen Imitationen, sondern Importe aus Veracruz.

Die großen Veränderungen in Mesoamerika während des 9. Jahrhunderts n. Chr. hatten auch auf Zentralamerika Auswirkungen. Allerdings scheint der Handelsverkehr aus dem Mayagebiet in beiden Richtungen keine wesentliche Unterbrechung erlitten zu haben. Die Putún-(Chontal-) Maya fuhren weiterhin von der Laguna de Terminos um Yukatan herum, mindestens bis zur Uloamündung. Ob sie die zentralamerikanischen Waren hier in einem Handelszentrum, ähnlich dem späteren Nito, erwarben oder selbst bis Costa Rica und Panama fuhren, ist ungeklärt. Auf jeden Fall brachten sie Waren aus diesen Gegenden nach Yukatan, etwa Fertig- und Halbfertigprodukte aus Gold und Tumbaga, die man im Cenote von Chichen Itzá opferte.

In diese Zeit um 900 n. Chr. fällt auch die Einführung der Metallbearbeitungstechniken aus dem Süden nach Mexiko. Ob sie nach Michoacán und zu den Mixteken in Oaxaca gleichzeitig kamen, ist ungeklärt. Techniken und Formen legen nahe, daß die Ursprungsgebiete sowohl Ecuador als auch Panama waren. Man glaubt heute, daß die Übertragungen auf dem Seeweg erfolgten.

Großnicoya erlebte im 9. Jahrhundert n. Chr. eine bedeutende Veränderung, bei der die alte Tradition abriß und sich ziemlich alles wandelte. So wurden die rot- und braunorangegrundigen polychromen Keramiken durch weiß- bis cremegrundige ersetzt, wie zum Beispiel Papagayo Polychrome. Dieser Wandel hing mit der Einwanderung einer mexikanischen Gruppe, der Chorotegen, zusammen, die noch zur Eroberungszeit Großnicoya beherrschten. Über den Wanderweg ist wenig bekannt. Das Vorkommen einer mit Papagayo fast identischen Keramik, des Las Vegas Polychrome, im Uloatal und an der Fonsecabucht könnte den Weg andeuten. Vier solche Gefäße hat man übrigens in einem Depot in Tula (Hidalgo) gefunden. Sie lagen dort zusammen mit fünf Plumbate-(»Bleiglanz«-) Gefäßen, die in Südwestguatemala hergestellt und in der früh-postklassischen Zeit bis nach Großnicoya einerseits und in das Hochtal von Mexiko andererseits verhandelt wurden. Plumbate, Las Vegas, Papagayo und andere Keramiken müssen einer gemeinsamen Wurzel entstammen.

Das beweist zum Beispiel die »Lampenzylinderform«, die bei allen vorkommt. Mexikanische Motive, etwa eine abgewandelte Federschlange, lassen sich bei Papagayo und verwandten Keramiktypen erkennen, jedoch weniger deutlich, als man vermuten sollte. Am offensichtlichsten sind die Bezüge bei dem in Phase VI (1200- 1550 n. Chr.) der Späten Periode gehörenden Vallejo Polychrome, dessen Motive an den Puebla-Mixteca-Stil erinnern.

Diese Verbindungen wurden auch durch neuerliche Invasionen aus dem Norden nicht unterbrochen. Sie brachten im 14. Jahrhundert n. Chr. nahuasprechende Gruppen nach Süden, unter ihnen die Pipil, die sich in Zentral-El-Salvador festsetzten, und die Nicarao, die bis Nicaragua gelangten. Letztere wurden von spanischen Chronisten wie Gonzalo Fernandez Oviedo y Valdés als das beherrschende Volk Nicaraguas beschrieben, ausgestattet mit einer fast aztekisch anmutenden Kultur. Archäologisch lassen sich diese Angaben bisher nicht bestätigen, auch nicht das angebliche Herrschaftsgebiet, das unter anderem die Insel Ometepe umfaßt haben soll. Hier gab es zwar um 1400 n. Chr. große Veränderungen, die neuauftretende Luna-Polychrome-Keramik zeigt jedoch keine mexikanischen Motive, sondern solche, die eher nach Südamerika weisen. Eine zentralmexikanisch beeinflußte Keramik, Managua Polychrome, findet sich zur Eroberungszeit nur in der Umgebung des Sees von Managua. Sie dürfte mit ihren grob gemalten Federschlangen und Adlern und den an Pipil-Keramik von El Salvador erinnernden Formen die Hinterlassenschaft der Nicarao darstellen und somit den letzten großen Einfluß Mesoamerikas auf Zentralamerika widerspiegeln, denn die aztekischen Siedler in Panama sind nur eine Legende.

Unten: Aus abgerundeten Felsbrocken reliefartig herausgearbeitete, dickbäuchige Figuren mit olmekoiden Zügen kommen im späten Präklassikum entlang der Pazifikküste von Chiapas bis El Salvador vor. Santa Leticia (El Salvador, Ahuachapán).

Rechts: Das Motiv des polychrom bemalten Pokals aus der Nicoya-Region ist eine Federschlange, die Merkmale des Leguans aufweist. Papagayo, Mittel-Polychrom-Periode (800- 1000 n. Chr.), Höhe 24,5 cm. Mannheim, Reiß-Museum

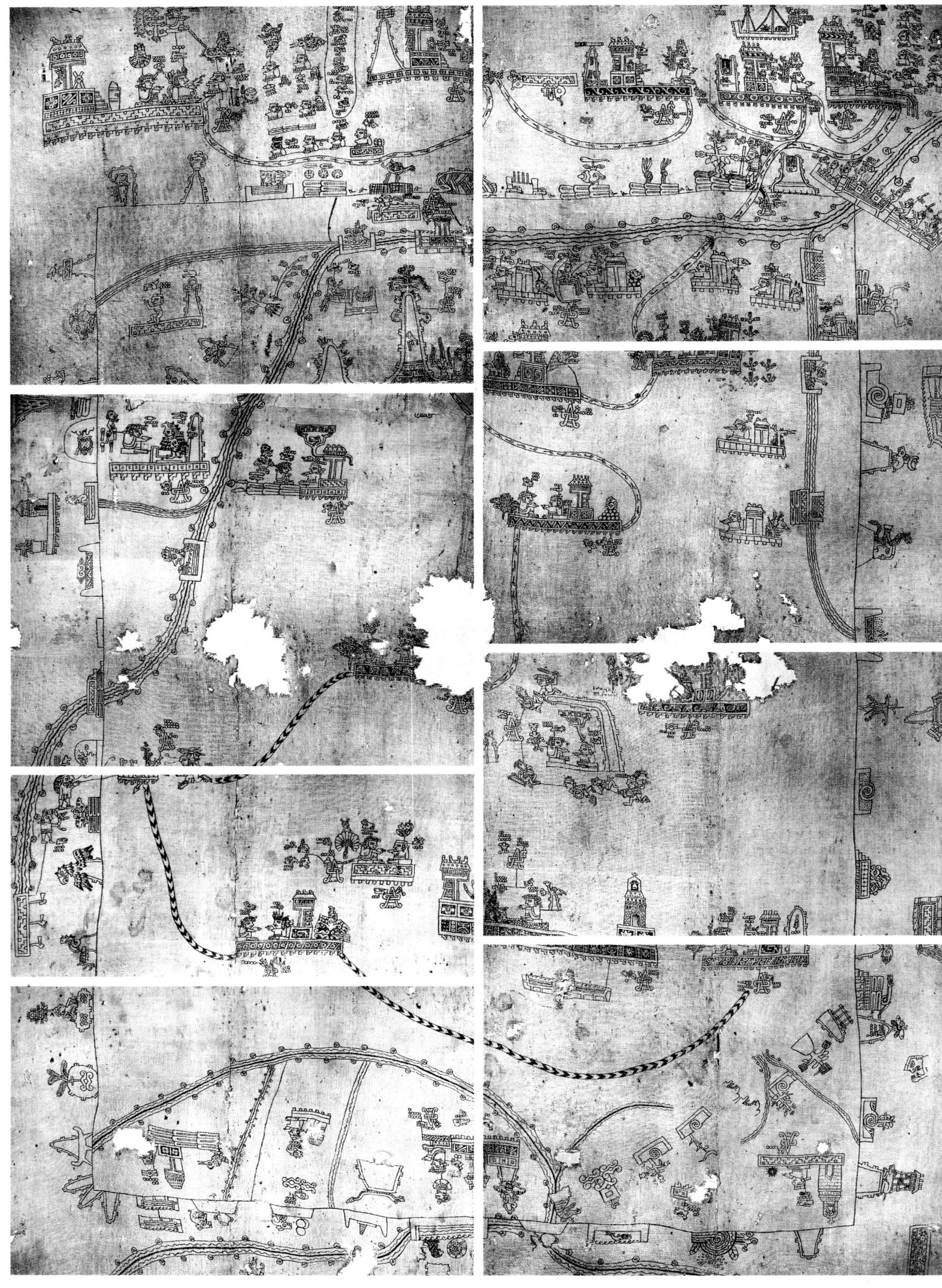

ANHANG

Der aus drei vertikalen Stoffbahnen zusammengenähte, 3,25 m hohe und 2,25 m breite Lienzo von Zacatepec, eine Karte aus der frühen Kolonialzeit, zeigt das Gebiet der Stadt Zacatepec in der Mixteca Costa. An der rechteckigen Begrenzung sind die Namensglyphen der Grenzorte aufgereiht. Der Lienzo berichtet außerdem über drei Herrschergenerationen Zacatepecs. Die historische Schilderung beginnt in der linken oberen Ecke mit der Einsetzung des ersten Herrschers der Stadt: Vier Wind verleiht Elf Jaguar »Regengottheit-Plattform mit Rauch« die Herrscherwürde von Zacatepec. Hinter Vier Wind sitzt seine Frau Zehn Blume »Regengottheit-Spinngewebe«, die älteste Tochter der ersten Frau von Acht Hirsch »Jaguarkralle«. Über Vier Wind und mit diesem durch eine Linie verbunden ist Elf Jaguars Mutter, Zehn Geier »Baum mit Kopfwolke aus Sand«, dargestellt. Die Mutter-Sohn-Beziehung wird durch die Nabelschnur ausgedrückt, die Zehn Geier mit dem Namenszeichen Elf Jaguars verbindet. Das Verhältnis von Zehn Geier zu Vier Wind ist unklar; Alfonso Caso nimmt an, daß sie dessen Ehefrau war. Die Schilderung verläuft dann nach rechts weiter und setzt sich in das Innere der Karte fort. In der oberen Hälfte des Lienzo sind die Ereignisse durch parallele Linien, die »Weg« symbolisierende Fußspuren enthalten, miteinander verbunden. In der unteren Hälfte weisen die Parallellinien ein Winkelmuster auf, das das Mixtekenwort yecu, »Feind«, darstellt. Durch die Kombination der Motive »Weg« und »Feind«, die man als »Kriegspfad« bezeichnen könnte, wird in den Manuskripten ausgedrückt, daß Herrscher in den Krieg oder in Feindesland ziehen.

Mexiko, Museo Nacional

Archäologische Stätten

Das alphabetische Verzeichnis enthält die sehenswerten, öffentlich zugänglichen Ruinenplätze der präkolumbischen Kulturen Mesoamerikas innerhalb der heutigen Staaten Mexiko, Guatemala, Belize, Honduras und El Salvador. Dem Namen des Fundortes folgt jeweils eine geographische Lagebeschreibung. In Klammern stehen Staat und Bundesstaat beziehungsweise Departamento oder Distrikt. Der genaueren Lokalisierung dient die Angabe der Entfernung in Straßenkilometern, Flußkilometern oder Luftlinie sowie der Himmelsrichtung von einem nahe gelegenen bekannten, zumindest auf Landkarten markierten Ort.

Die kurzgefaßte Beschreibung der einzelnen Fundorte nennt zunächst deren kulturelle Zugehörigkeit, zum Beispiel olmekisch, Maya, zapotekisch oder aztekisch, sowie die chronologische Zuordnung, zum Beispiel Präklassikum, Klassikum, Postklassikum. Bei sehr langer Besiedlungszeit beziehen sich diese Angaben auf die jeweils prägende Kultur beziehungsweise die Blütezeit eines Ortes. Die Hinweise auf wichtige Bauwerke und andere Monumente werden durch Informationen über Bedeutung, Schicksal, Entdeckung und archäologische Erforschung ergänzt. Die Beschreibung endet mit einer standardisierten Kennzeichnung des Schwierigkeitsgrades des Zuganges durch folgende Begriffe:

verkehrserschlossen Fundort mit Bus oder PKW auf Asphaltstraßen mühelos erreichbar und bereits touristisch stark frequentiert.

gut zugänglich Fundort zumindest mit PKW auf Asphaltstraßen oder gut befestigten Wegen, die bis zum Eingang oder in dessen Nähe führen, leicht erreichbar.

zugänglich Fundort auf befestigten, jedoch oft nur mit geländegängigen Fahrzeugen befahrbaren Wegen erreichbar.

bedingt zugänglich Fundort nur mit geländegängigem Fahrzeug, bei entsprechenden Wetterbedingungen und mit einem ortskundigen Führer erreichbar. Oft ist ein längerer, auch beschwerlicher Fußmarsch in Kauf zu nehmen. Zu dieser Kategorie zählen auch solche Fundorte, die nur (oder bequemer) auf dem Luftweg mit Kleinflugzeugen beziehungsweise auf dem Wasserweg per Boot erreichbar sind.

Fundorte, die unter touristischen Bedingungen nicht erreichbar sind, sondern eine entsprechend ausgerüstete, unter erfahrener Leitung durchgeführte Expedition voraussetzen, sind nicht aufgenommen.

Es sei jedoch darauf hingewiesen, daß selbst als »zugänglich« bezeichnete Fundorte während der Regenzeit unerreichbar sein können und daß die Ausrüstung dem Grad der Zugänglichkeit angepaßt werden muß. Besonders in unbewohnten Urwaldregionen ist die Mitführung von ausreichendem Trinkwasser oder ungesüßter Limonade sowie von Schutzmitteln gegen Insektenstiche und Zeckenbisse dringend erforderlich. Vor längeren Fußmärschen in von Giftschlangen bevölkerten Gebieten sollte man sich bei Einheimischen nach ambulanten und stationären Behandlungsmöglichkeiten sowie nach Gegengiftdepots erkundigen. Feste, bis über die Knöchel reichende Stiefel und auch gegen Insekten und Zecken schützende lange Hosen und lange Hemd- oder Jackenärmel sind zu empfehlen. Im übrigen wird der ortskundige einheimische Führer auf mögliche Gefahren hinweisen. Ausdrücklich gewarnt wird vor Versuchen, die als »bedingt zugänglich« bezeichneten Plätze auf eigene Faust zu erreichen. Die Gefahr, sich in dem unübersichtlichen, von Trockenbusch oder Regenwald bestandenen Gelände zu verirren, sollte nicht unterschätzt werden. Die hier gegebenen Lageangaben sind keineswegs ausreichend.

Acanceh (Mexiko, Yukatan) 25 km südöstlich Mérida. Maya, Klassikum. Vierstufige Pyramide am Dorfplatz; im südöstlichen Ortsteil palastartiges Gebäude auf hoher Basis mit Stukkaturen mythischer Tiere. Vermutlich war Acanceh noch im Postklassikum eine bedeutende Mayasiedlung. Gut zugänglich.

Acozac (Mexiko, Mexiko) 35 km östlich Mexiko-Stadt bei der Ortschaft Ixtapaluca. Aztekisch, Postklassikum. Ruinenzone auf dem Cerro de Montezuma mit einer gemauerten Rundpyramide, einem kleinen Palastbau, einem Ballspielplatz und anderen Gebäuderelikten auf künstlich geebneter Fläche. Gut zugänglich (innerhalb einer modernen Landhauskolonie).

Aguateca (Guatemala, Petén) 15 km Luftlinie südlich Sayaxché, 40 km Wasserweg. Maya, Spät-Klassikum. Kleineres Zeremonialzentrum, von dessen Bauwerken unter dichter Vegetation nur einzelne Treppen sichtbar sind, doch gibt es einige Stelen mit vorzüglichen Reliefs, die zum Teil allerdings zerbrochen oder infolge illegaler Abtransporte unvollständig sind. Bedingt zugänglich (drei- bis vierstündige Motorbootfahrt ab Sayaxché).

Aké (Mexiko, Yukatan) 35 km östlich Mérida. Maya, Früh-Klassikum. Ausgedehntes, nur teilweise freigelegtes Zeremonialzentrum. Bedeutendstes Bauwerk ist ein Palast, auf dessen mächtiger Plattform mit gestufter Front noch rund drei Dutzend wuchtige Säulen stehen. Gut zugänglich (auf dem Gelände der Sisal-Hazienda Aké).

Altar de Sacrificios (Guatemala, Petén) 40 km Luftlinie westlich Sayaxché, 60 km Wasserweg, am Zusammenfluß von Río de la Pasión und Río Chixoy. Maya, Klassikum. Strategisch günstig auf Felsen über dem Río Pasión gelegenes Zeremonialzentrum mit drei Baukomplexen. Bedeutend sind die dort entdeckten, zum Teil in das Nationalmuseum von Guatemala-Stadt gebrachten Monumente (13 Altäre und 11 Stelen) mit größtenteils vorzüglichen Skulpturen aus dem Klassikum (nach den Glyphendaten 475 bis 770 n. Chr.). Bedingt zugänglich (fünf- bis sechsstündige Bootsfahrt ab Sayaxché).

Altún Ha (Belize, Belize District) 50 km nördlich Belize-Stadt. Maya, Klassikum. Weitgehend freigelegte Ruinenanlage im peripheren, Bereich der Mayakultur. Die wichtigsten Bauwerke säumen zwei aneinandergrenzende Plätze: der »Tempel des grünen Grabes«, benannt nach einem Fund von über 300 Jadeartefakten, und der »Tempel des gemauerten Altares«, in dem ein über 4 kg schwerer Götterkopf aus Jade geborgen wurde. Beide Tempel wurden mehrfach überbaut. Beigabenfunde aus rund 400 Gräbern und Reste von über 500 Gebäuden lassen auf ein großes Handelszentrum schließen. Gut zugänglich.

Balankché (Mexiko, Yukatan) 5 km östlich Chichen Itzá. Maya und toltekisch, Postklassikum. Naturhöhlensystem im Kalkstein, welches nach zum Teil in situ verbliebenen Artefakten, besonders Räuchergefäßen und Schmuckstücken, Opferkultstätte für den Regengott Chac war. Gut zugänglich; anstrengende Begehung.

Becán (Mexiko, Campeche) 126 km westlich Chetumal, 6 km westlich Xpuhil. Maya, Spät-Klassikum. Ursprünglich vermutlich von einem Schutz bietenden Graben umschlossenes Zeremonialzentrum mit zahlreichen Baugruppen, vorwiegend Tempelpyramiden und palastartige Gebäude, die um größere Höfe angeordnet waren. Nach intensiver Ausgrabung in den letzten Jahren sind vor allem die Bauten um die Ost-Plaza freigelegt: ein Tempel im Río-Bec-Stil mit flankierenden Türmen (Gebäude Nr. 1) und eine Tempelpyramide mit Raumetagen an der Nordseite (Gebäude Nr. 4) sowie weitere Bauten mit interessantem Steindekor; nördlich der Ost-Plaza ein Gebäude mit sechs Räumen und ein Tempel mit Dachkamm und Palast an der Westseite. Gut zugänglich.

Bonampak (Mexiko, Chiapas) 130 km Luftlinie südöstlich Palenque, 155 km Luftlinie östlich San Cristóbal de Las Casas. Maya, Spät-Klassikum. Kleineres Zeremonial- und Herrschaftszentrum in der Selva Lacandona mit meist einräumigen Tempeln auf einem terrassierten Hügel, dem ein von noch nicht freigelegten Gebäuden gesäumter Platz vorgelagert ist. Dort ist vor allem Stele Nr. 1 wegen des einzigartigen Figurenreliefs sehenswert. Die 1946 entdeckten, außerordentlich bedeutenden Wandmalereien in den drei Kammern eines der Tempel erlitten mangels sofortiger Konservierungsmaßnahmen durch Witterungseinfluß beträchtliche Schäden, die jedoch durch die kürzliche Restaurierung gemildert werden konnten (Kopie im Nationalmuseum von Mexiko-Stadt). Bedingt zugänglich.

Cacaxtla (Mexiko, Tlaxcala) 2 km nordwestlich San Miguel del Milagro, 24 km südwestlich Tlaxcala. Cholula, Spät-Klassikum. Unlängst freigelegtes Zeremonialzentrum, dessen Attraktion teilweise vorzüglich erhaltene Wandmalereien sind. Diese wurden stilistisch durch Teotihuacán und die Mayakunst beeinflußt und stellen mythische Gestalten bei Kulthandlungen (Gebäude A) sowie Kampfszenen dar (Gebäude B). Weitere Fresken wurden kürzlich entdeckt. Bauwerke um versenkte Höfe und auf Plattformen sind nur in Fundamentresten erhalten. Der Platz wurde offensichtlich um das 10. Jahrhundert zur Abwehr einer toltekischen Invasion mit Mauern und tiefen Gräben befestigt. Gut zugänglich.

Calixtlahuaca (Mexiko, Mexiko) 15 km nordwestlich Toluca. Matlatzinca (Regionalkultur), Postklassikum. Archäologische Zone (offizielle Bezeichnung: Tecaxic-Calixtlahuaca), bestehend aus vier Baukomplexen auf künstlich terrassierten Flächen am Fuß und an den Hängen eines Hügels. Bemerkenswert sind eine mehrfach überbaute Rundpyramide, ein teils rechteckiger, teils runder, gemauerter Sockel mit skulptierten Totenköpfen sowie weiter nördlich ein Komplex aus Lehmziegeln und Stein, der als Priesterseminar *(calmecac)* während der aztekischen Okkupationszeit angesehen wird. Zugänglich.

Castillo de Teayo (Mexiko, Veracruz) 34 km nordwestlich Poza Rica. Toltekisch und aztekisch, Postklassikum. 13 m hohe Stufenpyramide mit originalem Tempel inmitten des Dorfplatzes. Vermutlich ursprünglich ein frühtotonakisches Heiligtum, das von den Tolteken überbaut und später nach neuerlicher baulicher Veränderung von den Azteken verwendet wurde. Darauf deuten zahlreiche einst um das Bauwerk errichtete, heute unter einem Schutzdach versammelte Rundplastiken und Stelen. Gut zugänglich.

Cerro de las Mesas (Mexiko, Veracruz) 60 km südlich Veracruz bei San Ignacio de la Llave (Region Mixtequilla). Vermutlich postolmekische Regionalkultur, spätes Präklassikum und Früh-Klassikum. Archäologische Zone mit Grabhügeln und Plattformen sowie darauf errichteten Monumenten mit Darstellungen in Flachrelief, die mehr Verwandtschaft mit Werken des Izapa- und Cotzumalhuapa-Stils als mit olmekischen aufweisen, aber auch Einflüsse aus Teotihuacán und El Tajín erkennen lassen. Das gilt besonders für einen Opfergabenfund von fast 800 Kleinkunstwerken aus Jade. Am Ort sind nur noch zwei überwachsene Grabhügel sowie Stelenfragmente sichtbar. Bedingt zugänglich.

Cerro de Tepozteco (Mexiko, Morelos) 33 km nördlich Cuernavaca, etwa 600 m oberhalb Tepoztlán. Tlahuica (Regionalkultur), danach aztekisch, spätes Postklassikum. Bergheiligtum des Pulquegottes mit Tempelpyramide. Bemerkenswert sind auf Steinbänken, Türpfosten und Innenwänden des Sanktuariums angebrachte Flachreliefs. Bedingt zugänglich (einstündiger sehr steiler Aufstieg).

Cerro Negro, Cerro Yucuñudahui (Mexiko, Oaxaca) 118 km nordwestlich Oaxaca, 14 km nördlich Nochixtlán, bei Chachoapán. Mixtekisch, Klassikum. Archäologische Zone auf den beiden benachbarten Bergen mit schlecht erhaltenen Bauresten des antiken Chachoapán, einer der Städte des mixtekischen Reiches von Tilantongo. Bedingt zugänglich.

Cerros (Belize, Corozal District), 5 km südöstlich Corozal am südlichen Steilufer der Bucht von Corozal. Maya, spätes Präklassikum. Großflächige Siedlung mit künstlichem Wassergraben und mehreren hohen Pyramiden, die teilweise mit nicht freiliegenden Stuckmasken dekoriert sind. Infolge frühzeitiger Aufgabe des Ortes blieb die ursprüngliche Architektur erhalten. Gut zugänglich.

Chacmultún (Mexiko, Yukatan) 8 km südwestlich Tekax, 65 km südöstlich Uxmal. Maya, Spät-Klassikum. Vermutlich regionales Zentrum mit drei räumlich voneinander getrennten Baugruppen (Hauptgruppe Chacmultún, Xet Pol und Capal Pak). Die meist langgestreckten Gebäude mit Fassaden in reinem Puuc-Stil haben teilweise mehrere Stockwerke, die terrassenartig zurückversetzt sind. In einigen Räumen, vor allem in der Hauptgruppe, sind Reste mit feinem Pinselstrich ausgeführter polychromer Malereien erhalten (ergänzte Nachbildung im Archäologischen Museum von Mérida). Das kompakte palastartige Gebäude Nr. 1 der Hauptgruppe ist wegen seiner ausdrucksvollen, stilreinen Fassade mit säulengestützten Eingängen besonders bemerkenswert. Zugänglich.

Chakalal (Mexiko, Quintana Roo) 36 km nördlich Tulúm. Maya, Postklassikum. Sehenswerter, gut erhaltener einräumiger Tempel an malerischer Bucht. Zugänglich.

Chalcatzingo (Mexiko, Morelos) 28 km südöstlich Cuautla. Olmekisch, mittleres Präklassikum; Tlahuica (Regionalkultur), Klassikum. Zwei Kultplätze mit jeweils etwa einem halben Dutzend fein gemeißelter, teilweise großflächiger Flachreliefs auf anstehendem Fels oder Findlingen am unteren Hang des Cerro de la Cantera. Die Darstellungen von wilden Tieren, einige davon im Kampf mit menschlichen Wesen, von sprießenden Pflanzen und anthropomorphen Gottheiten lassen auf Fruchtbarkeitskulte schließen. Weitere gravierte Monolithe im Umkreis. Außerdem Reste eines Zeremonialzentrums aus dem Klassikum mit Pyramiden und einem Ballspielplatz am Fuß des Berges. Zugänglich.

Chalchihuites (Mexiko, Zacatecas) 150 km nordwestlich Zacatecas, 51 km südwestlich Sombrerete. Regionale Übergangskultur, Klassikum und frühes Postklassikum. Befestigtes Zeremonialzentrum an der Nordgrenze Mesoamerikas. Eingesenkte Höfe, kleine Pyramiden, niedrige Tempel und eigenartige Anlage mit 28 in vier Reihen angeordneten Säulen (Durchmesser bis zu 2,80 m), die ein Holzdach trugen, sowie Sonnenobservatorium. Die Architektur zeigt Ähnlichkeit mit der des weiter südlich gelegenen La Quemada. Zugänglich.

Chiapa de Corzo (Mexiko, Chiapas) 16 km östlich Tuxtla Gutiérrez. Vermutlich postolmekische Regionalkultur, spätes Präklassikum und Früh-Klassikum. Reste eines ausgedehnten Zentrums, das wegen seiner Schichtenfolge und der stilistischen Verwandtschaft zu anderen Kulturen (Izapa, Maya, Monte Albán und El Tajín) zwar wichtiges archäologisches Erkenntnisobjekt ist, aber kaum Sehenswertes bietet. Zugänglich.

Chicanná (Mexiko, Campeche) 128 km westlich Chetumal, 8 km westlich Xpuhil. Maya, Spät-Klassikum. Ein aus fünf räumlich getrennten Baukomplexen mit sehr elegant wirkendem und großartigem Fassadenschmuck bestehendes Zeremonialzentrum. Bei der Zentralgruppe (A) sind ein einstöckiger Palast (Gebäude Nr. 1)

mit vorzüglich erhaltener, vollständig skulptierter Fassade im typischen Chenes-Stil, deren Portal als Reptilrachen gestaltet ist, sowie ein ebenfalls zahlreiche Räume enthaltender Tempel mit flankierenden Türmen (Gebäude Nr. 2) im Río-Bec-Stil besonders bemerkenswert. In der Gruppe B verdient Gebäude Nr. 6 wegen des perforierten Dachkammes und eines Reliefpaneels an der Fassade Beachtung. Eindrucksvoll ist weiterhin Gebäude Nr. 20 (Gruppe D) mit Reptilgesichtern in Vorder- und Profilansicht. Gut zugänglich.

Chichen Itzá (Mexiko, Yukatan) 120 km östlich Mérida. Maya beziehungsweise maya-toltekisch, Spät-Klassikum und frühes Postklassikum. Außerordentlich bedeutendes, vielbesuchtes Zeremonialzentrum, das sich über ein Areal von etwa 3 qkm ausbreitet. Vorwiegend vom toltekischen Architektur- und Reliefstil geprägt. Seine Enstehung verdankt es vermutlich einer Grundwasserdoline, die als Opferstätte für den Regengott diente, wie zahllose Weihegaben von Pilgern und die Skelette von Menschenopfern beweisen. Die rund zwanzig teils gut erhaltenen, teils restaurierten oder konsolidierten Bauwerke und Gebäudekomplexe lassen sich räumlich in drei Sektoren gliedern, die jeweils auch eine verschiedene zeitliche und stilistische Dominanz aufweisen: den Nord- und Südsektor und Chichen Itzá Viejo.

Im Nordsektor (toltekische Stildominanz) befinden sich die 24 m hohe K'uk'ulkan-Tempelpyramide (»El Castillo«), die über einer älteren errichtet wurde, ein ungewöhnlich großer Ballspielplatz mit zwei Tempeln (Tempel der Jaguare) und eindrucksvollen Flachreliefs sowohl entlang des Spielfeldes als auch in den Tempeln sowie der von Säulenhallen umgebene Kriegertempel; außerdem neben kleineren Altarplattformen und peripher gelegenen Säulenbauten (»Mercado«) ein Tzompantli.

Im Südsektor (Dominanz des end-klassischen Mayastils) stehen neben weiteren verstreut liegenden Bauten die ihrer reich skulptierten Fassaden wegen bemerkenswerten Gebäude »La Iglesia« (Puuc-Stil) und der östlich an die »Casa de las Monjas« anschließende »Annexo A« (nachgeahmter Chenes-Stil) sowie der aus der toltekischen Epoche stammende »El Caracol«, ein von mächtigen Plattformen getragener Rundturm zur Himmelsbeobachtung.

Chichen Itzá Viejo umfaßt Monumente sowohl im Maya- als auch im toltekischen Stil: den »Phallustempel«, die »Datumsgruppe« mit toltekischen Atlanten und den rekonstruierten »Tempel der drei Türstürze« im dichten Buschwald.

Chinkultic (Mexiko, Chiapas) 48 km nordöstlich Comitán am Rande des Nationalparks Lagunas de Montebello. Maya, Spät-Klassikum. Nach Ausdehnung und Anzahl der zum Teil noch überwachsenen Baukomplexe ein sehr bedeutendes Zentrum, das vielleicht auch Herrschafts- und Verwaltungssitz war. Lage am vermuteten Schnittpunkt wichtiger Handels- und Migrationsrouten. Sehenswert sind die freigelegte Akropolis »El Mirador« mit den Resten der Haupttempelpyramide und Fundamenten weiterer Sakralbauten auf der planierten Kuppe eines Kalkfelsens hoch über dem wassergefüllten Cenote »Agua Azul« und die einst durch eine Treppe damit verbundenen Ruinen am Fuß des Berges; außerdem ein etwa 50 m langer Ballspielplatz mit kleinen Stelen und am Rande gelagerte viel größere Monumente mit Flachrelief-Darstellungen reich gekleideter Personen. Weitere Skulpturen sowie Artefakte aus Gräbern im Museum Casa de Cultura in Comitán. Zugänglich.

Cholula (Mexiko, Puebla) 13 km westlich Puebla. Regionale Kulturentwicklung seit dem Präklassikum, im Postklassikum (vermutlich »historische« Olmeken) unter toltekischem Einfluß. Über einen langen Zeitraum ein bedeutendes religiöses und merkantiles Zentrum im Hochland. Den Mittelpunkt der archäologischen Zone bildet die von einer Kirche aus der Kolonialzeit bekrönte Pyramide. Ihr Kern ist eine vermutlich zu Beginn unserer Zeitrechnung errichtete Lehmpyramide von 70 m Seitenlänge, die durch mindestens drei Überbauungen aus Lehmziegeln und Feldsteinen auf eine Höhe von fast 70 m und Seitenlängen von 400 und 300 m erweitert wurde. Nach systematischer Durchtunnelung auf einer Gesamtstrecke von rund 6 km, Konsolidierung und partieller Rekonstruktion, besonders der Westseite, konzentrierte sich die Freilegung in jüngster Zeit auf die Schichtenfolge von Bauten im südlichen Vorfeld der Pyramide. Bemerkenswert sind dort diagonal über Gebäudeecken verlaufende Treppen, das aus Teotihuacán übernommene Tablero-Talud-Motiv mit geometrischem Dekor oder figürlicher Malerei, insbesondere dem fast 50 m langen Gemälde »Die Pulquetrinker«, sowie die weiträumige Platzanlage »Patio de los Altares« mit Skulpturen und reliefierten Monumenten. Verkehrserschlossen.

Cobá (Mexiko, Quintana Roo) 48 km nordwestlich Tulúm (Parque Natural e Arqueológico de Cobá). Maya, Spät-Klassikum und Postklassikum. Großes städtisches Zentrum, das wegen seiner Lage an zwei größeren Seen und einiger eindrucksvoller Bauwerke sehenswert ist. Die im Umkreis von 60 qkm entdeckten rund 20000 Gebäude sowie ein Straßennetz (*sacbeob*) zwischen einzelnen Kultkomplexen und auch zu entfernteren Orten Nordyukatans lassen darauf schließen, daß Cobá ein bedeutendes Bevölkerungs- und Handelszentrum war. Sehr bemerkenswerte Monumente innerhalb der zugänglichen Ruinenkomplexe sind die beiden etwa 40 m hohen Pyramiden »El Castillo« und »Nohoch Mul«, letztere mit intaktem Tempel und bemalter Skulptur des Herabstürzenden Gottes; außerdem die Baugruppe »Las Pinturas« mit Säulenhallen und Resten von Fassadenmalerei, eine Ansammlung von acht Stelen mit Darstellungen von Würdenträgern, die auf dem Rücken von Gefangenen stehen, sowie in der »Langen Zählung« datierte Glyphen in der Gruppe »Macanxoc«. Verkehrserschlossen.

Comalcalco (Mexiko, Tabasco) 35 km nordwestlich Villahermosa. Maya, Spät-Klassikum. Die im Küstenschwemmland gelegene Stätte ist der westlichste Ausläufer der Mayakultur. Seine Bauwerke bestehen aus gebrannten Ziegeln. Eindrucksvolle Komplexe sind die »Große Akropolis«, eine auf künstlichen Terrassen errichtete Palast- und Tempelanlage mit bedeutenden Stuckdekorationen (Maske des Sonnengottes am Tempel Nr. 6; Fragmente von Figuren, die vielleicht die »Neun Herren der Unterwelt« darstellten, in einer Grabkammer) sowie die über 20 m hohe Stufenpyramide mit interessanten Resten von einst bemalten Stuckreliefs an der Basis. Verkehrserschlossen.

Copán (Honduras, Copán) 185 km südwestlich San Pedro Sula, 243 km östlich Guatemala-Stadt. Maya, Klassikum. Architektonisch und künstlerisch erstrangige archäologische Zone im äußersten Osten der Mayakultur, die mit Sicherheit auch Mittelpunkt der astronomischen Forschung war. Die harmonisch gegliederten Baukomplexe erheben sich auf künstlichen Plattformen über dem Río Copán. Den Nordteil bildet ein an drei Seiten von Steintribünen gesäumter weiträumiger Platz, der Standort von über einem Dutzend Stelen und Zoomorphen ist. Die meist vollplastisch skulptierten Stelen, die vereinzelt mit unterirdischen Opferkisten und häufig mit Altären verbunden sind, stellen im allgemeinen bedeutende Persönlichkeiten in vollem Ornat dar und enthalten neben Reihen von Kalenderglyphen hervorragend gestaltetes Beiwerk mythischer Bedeutung. Das Zentrum der Anlage wird von einem klassischen Ballspielplatz und der ebenfalls sehr bemerkenswerten »Hieroglyphentreppe« mit Resten vorzüglicher Reliefs (ursprünglich rund 2500) bestimmt. Die erhöht und weiter südlich anschließende »Akropolis« enthält zahlreiche um Höfe und Passagen angeordnete Tempelbauten mit teilweise erhaltenem Fassadenschmuck sowie zahlreiche im Umkreis verstreut lagernde Skulpturen. Beachtung verdient auch der am Fuß der noch nicht freigelegten Hauptpyramide gelegene »Westhof« mit dem berühmten Altar Q und dem hoch über einem terrassierten Kammergebäude mit interessanten Skulpturen thronende »Inschriftentempel«. Museum im benachbarten Santa Rosa de Copán. Zugänglich (Flugplatz neben der archäologischen Zone).

Cuahtetelco (Mexiko, Morelos) 50 km südwestlich Cuernavaca. Tlahuica (Regionalkultur), frühes Postklassikum. Teilweise freigelegtes Zeremonialzentrum am Rande der Lagune mit mehreren gestuften Plattformen und Gebäuderesten sowie einem Ballspielplatz. Fundstücke im örtlichen Museum. Zugänglich.

Cuicuilco (Mexiko, Bundesdistrikt) im Süden von Mexiko-Stadt (südlich der Universität). Präklassikum. Die vierstufige Rundpyramide aus mit Feldsteinen befestigter Erde (Basisdurchmesser rund 120 m, Höhe etwa 20 m) gehört zu den frühesten Großbauten Mesoamerikas; Reste eines Sanktuariums mit rekonstruiertem Altar. Durch einen Vulkanausbruch kurz vor Beginn unserer Zeitrechnung wurde die Pyramide zu fast einem Drittel der Höhe von Lava eingeschlossen und somit an der Basis konserviert. Interessante Fundstücke im Museum am Ort. Verkehrserschlossen.

Culubá (Mexiko, Yukatan) 35 km östlich Tizimin (Rancho Culubá). Maya, Klassikum. Zumeist überwuchertes Regionalzentrum. Freigelegt wurde ein palastartiges Bauwerk, dessen rückwärtige Fassade in dem für die Gegend ungewöhnlichen Puuc-Stil mit Regengottmasken, Balustersäulen, Andreaskreuzen und anderen Motiven dekoriert ist. Bedingt zugänglich.

Dainzú (Mexiko, Oaxaca) 22 km östlich Oaxaca. Spätes Präklassikum und Klassikum (entspricht Monte Albán I). Westseitig an isoliertes Bergmassiv angelehntes kleineres, dem rituellen Ballspiel gewidmetes Heiligtum mit bemerkenswertem mehrstufigen Pyramidenbau, dessen senkrechte Fassadenwände auf darin eingepaßten unregelmäßigen Sandsteinblöcken großflächige Reliefs von Ballspielern in dynamischen Bewegungen zeigen und die frühe Existenz dieses Rituals bezeugen. Neben einem zeitlich viel jüngeren, rekonstruierten Ballspielplatz sowie Resten von Gebäudefundamenten sind mehrere Grabeingänge mit Skulpturen- oder Reliefschmuck sehenswert. Zugänglich.

Dos Pilas, örtlich auch Dos Pozos (Guatemala, Petén) 15 km Wasserweg (Río Petexbatún) südlich Sayaxché (Startplatz). Maya, Spät-Klassikum. Kleines, nur teilweise gesäubertes, kaum freigelegtes Zeremonialzentrum. Von besonderer Bedeutung sind einige Stelen mit hervorragenden Flachreliefs, die aber teilweise nur in Fragmenten vorhanden sind, sowie ebenso vorzügliche Figuren- und Glyphenreliefs als Dekor von Treppenstufen. Kaum zugänglich; eineinhalbstündige Bootsfahrt und 4-5 Stunden anstrengender Fußmarsch auf Urwaldpfaden.

Dzibilchaltún (Mexiko, Yukatan) 18 km nördlich Mérida. Maya, Klassikum. Über lange Zeiträume gewachsene, großflächige Stadt inmitten eines einst dichtbevölkerten, wirtschaftlich zum Meer orientierten Siedlungsraumes, dessen heute sichtbare Bauten meist aus spätklassischer Zeit stammen. Von den wenigen originalen Bauten, die nach der Zerstörung durch die Spanier, später der Abtragung des Steinmaterials für den Straßenbau und nach langer archäologischer Vernachlässigung noch erhalten blieben, sind nur der unter einer heute abgetragenen Überbauung freigelegte und restaurierte »Tempel der sieben Puppen« mit selten großen Fenstern und Resten von Dekoration sowie einige Stelen – im örtlichen Museum – sehenswert. Verkehrserschlossen.

Dzibilnocac (Mexiko, Campeche) 22 km nordöstlich Dzibalchén am Ortsrand von Iturbide. Maya, Spät-Klassikum. Großes, leider infolge Abbau von Baumaterial sehr verfallenes Zeremonialzentrum. Vom ursprünglichen Glanz zeugt immerhin ein etwa 70 m langer, dreitürmiger, kürzlich teilweise restaurierter Tempelpalast (ähnlich Río-Bec-Stil), dessen ostseitig flankierende kleine Pyramide einen Scheintempel mit vorzüglich erhalten gebliebenem plastischen Ornamentwerk in Gestalt stilisierter Regengottmasken (Chenes-Stil) trägt. Zugänglich.

Edzná (Mexiko, Campeche) 65 km südöstlich Campeche. Maya, Klassikum. Beachtliche Reste eines Zeremonialbezirks auf etwa 1 qkm Fläche inmitten einer durch zahllose Hausplattformen und ein System zur Be- und Entwässerung nachgewiesenen Großsiedlung (etwa 6 qkm). Sehenswert ist besonders eine fünfstöckige Pyramide als Krönung der auf hohem, mächtigem Fundament angelegten »Großen Akropolis« mit monumentaler Fronttreppe, über welche sowohl die zahlreichen Räume auf allen Etagen mit teils säulengeschmückten Eingängen in stilistisch unterschiedlichen Versionen als auch das von einem 6 m hohen, vielfach gegliederten Dachkamm überragte mehrräumige Sanktuarium auf der obersten Plattform erreichbar ist. Die übrigen das etwa 60 x 60 m große Platzareal umsäumenden Bauwerke sind zum Teil rekonstruiert oder in ruinösem Zustand. Gut zugänglich.

Ekbalam (Mexiko, Yukatan) 23 km nördlich Valladolid. Maya, Klassikum. Nicht freigelegte Reste eines einst offensichtlich bedeutenden Ortes. Bedingt zugänglich.

El Baúl (Guatemala, Escuintla) 43 km westlich Escuintla. Cotzumalhuapa-Kultur, vermutlich spätes Präklassikum bis mittleres Klassikum. Von Zuckerrohr- und Kaffeeanpflanzungen bedeckte archäologische Zone, in der neben Resten von Kultbauten vorwiegend monolithische, meist rundplastische Skulpturen, wie groteske Menschenköpfe, anthropomorphe und zoomorphe Figuren oder Stelen, entdeckt wurden. Stileinflüsse aus Izapa (Südwestmexiko), Teotihuacán und der Golfküstenregion sind deutlich. Die Skulpturen wurden überwiegend am Hauptgebäude der Finca El Baúl aufgestellt. Zugänglich.

El Meco (Mexiko, Quintana Roo) 6 km nördlich Puerto Juárez. Maya, Postklassikum. Einzeln stehende kleine Tempelpyramide in Küstennähe südlich des Leuchtturms Punto Sam. Zugänglich.

El Mirador (Guatemala, Petén) 55 km nordwestlich Tikal, nahe der mexikanischen Grenze. Maya, Prä- bis Spät-Klassikum. 1926 entdeckte weiträumige, offenbar sehr bedeutende Ruinenzone mit Tempelpyramiden von größerer Höhe und Basis als jene von Tikal. Vorerst kaum zugänglich.

El Tabasqueño (Mexiko, Campeche) 35 km südlich Hopelchén, etwa 6 km nordwestlich Dzibalchén. Maya, Spät-Klassikum. Regionales Zeremonialzentrum mit bemerkenswerten Resten eines zweistöckigen, 35 m langen Tempelpalastes mit Dachkamm und figürlichen Stuckdekorationen an den Fassaden. Bedingt zugänglich. Führer ab Dzibalchén.

El Tajín (Mexiko, Veracruz) 20 km südöstlich Poza Rica, 245 km nordwestlich Veracruz. Huaxtekische oder frühe totonakische Kultur, zuletzt unter toltekischem Einfluß, Klassikum bis Anfänge Postklassikum. Vermutlich wichtigstes religiöses und politisches Zentrum im 6. bis 8. Jahrhundert an der Ostküste Mexikos. Der Überlieferung nach Kultstätte für den Wettergott (totonakisch *tajin*, »Blitz«). Die in Tallage auf etwa 10 qkm Fläche einst ausgebreitete glanzvolle Zeremonial- und Residenzstadt zählte vielleicht mehr als hundert Bauwerke, von denen jedoch ab 1934 lediglich rund ein Dutzend – meist Pyramiden, palastartige Kammergebäude und Ballspielplätze – freigelegt und konsolidiert wurden. Die eindrucksvollsten, gut erhaltenen Bauwerke sind die als Wahrzeichen geltende, 18 m hohe »Nischenpyramide«, der südlichste mehrerer Ballspielplätze mit vorzüglichen Reliefdarstellungen von rituellen Szenen sowie die ihres vortrefflichen Fassadendekors wegen bemerkenswerten Palastbauten A und C in der auf einer künstlich planierten Erhebung errichteten Gebäudegruppe Tajín Chico. Von der den Kultort einst überragenden Akropolis auf etwa 130 x 90 m Fläche sind nur die heute am Eingang aufeinandergesetzten Säulentrommeln eines vermutlich monumentalen Peristyls mit künstlerisch hervorragenden Reliefszenen sehenswert. El Tajín weist eine Reihe architektonischer Eigenarten auf: Gebäude mit hohem, schrägem Unterbau (Talud), vertikalem, von Nischen gegliedertem Oberbau (Tablero) und stark vorspringenden Gesimsen sowie aus Kalkmörtel geschütteten Flachdächern, Treppen, die nicht integriert sind, Säulen, Pilaster und anderes. Die Beschränkung auf die Farben Rot und Türkisblau sowie die unterschiedliche Kombination nur weniger Formelemente, ganz besonders des Stufenmäanders, in zahlreichen Variationen innerhalb der Nischen und auf Tableroflächen bewirkten abwechslungsreiche Licht- und Schatteneffekte. Verkehrserschlossen.

El Zapotal (Mexiko, Veracruz) 60 km südlich Veracruz nahe Tlalixcoyán. Postklassische Nekropole, in deren Gräbern fast natürliche Größe erreichende Tonfiguren gefunden wurden. Ein Altar mit einer unüblicherweise aus ungebranntem Ton gefertigten großen Todesgottheit wurde am Ort konserviert. Gut zugänglich.

Finca las Palmas (Mexiko, Tabasco) 60 km südlich Cardenas beim Ort Lopez Mateos.

Regionalkultur, Spät-Klassikum. Zone mit rund 110 gravierten Felsblöcken. Neben geometrischen, zoomorphen und anthropomorphen Motiven sich auch Menschenopferungen dargestellt. Die benachbarte archäologische Zone, örtlich als »Lopez Mateos« bezeichnet, enthält auch Bautenreste und einige Plastiken mit Mayaglyphen. Bedingt zugänglich.

Guiéngola (Mexiko, Oaxaca) 15 km westlich Tehuantepec. Zapotekisch, Postklassikum. Vermutlich als Fluchtburg fungierende, durch kilometerlange Mauern auf steil über dem Flußtal (Río Tehuantepec) ansteigenden Hängen geschützte Anlage von Wohnkomplexen mit Resten von rund 40 mit Patios, Passagen und Treppen ausgestatteten Räumen sowie Zeremonialbauten, und zwar zwei gestufte Pyramiden von 9 und 7 m Höhe mit breiten Fronttreppen (Tempel nicht mehr lokalisierbar) und ein Ballspielplatz, die sich neben kleinen Plattformen, eventuell Altären, und anderen Bauten um einen versenkten Platz gruppieren. Bedingt zugänglich.

Hochob (Mexiko, Campeche) 13 km südöstlich Dzibalchén. Maya, Spät-Klassikum. Kleines, auf einem Naturhügel angelegtes Zeremonialzentrum mit einem Platz, den rundum weitgehend rekonstruierte Bauten säumen. Der von Resten eines vermutlich mit großen Figuren geschmückten und vielfach durchbrochenen Dachkammes bekrönte und in seiner Substanz weitgehend erhaltene Haupttempel gilt seiner einzigartig ornamentierten Fassade wegen als Prototyp des Chenes-Stiles. Der Haupteingang zum Tempel ist als Reptilrachen gestaltet (ursprünglich mit roter Bemalung). Bedingt zugänglich.

Hormiguero (Mexiko, Campeche) 22 km südwestlich Xpuhil. Maya, Spät-Klassikum. Versteckt im Urwald gelegene Ruinenstätte. Bisher sind zwei Bauten (II und V) freigelegt und restauriert. Bemerkenswert Gebäude II im Stil von Río Bec mit palastartigen Räumen und flankierenden pyramidenartigen Türmen (an der Spitze ehemals Scheintempel), vorzüglich erhaltene Fassade im Chenes-Stil in Gestalt eines Reptilrachens. Eindrucksvoll sind außerdem flachreliefierte Paneele an den Abschlüssen der Frontmauer. Bedingt zugänglich; Führer ab Xpuhil.

Huapalcalco (Mexiko, Hidalgo) 4 km nördlich von Tulancingo. Postklassikum. Kleines Zeremonialzentrum, dessen Baureste sowohl Einflüsse aus Teotihuacán (Tablero-Talud) als auch aus der toltekischen Epoche erkennen lassen. Gut zugänglich.

Huatusco (Mexiko, Veracruz) 25 km östlich Córdoba beim Dorf Santiago Huatusco. Aztekisch beeinflußte Regionalkultur, spätes Postklassikum. 23 m hohe Tempelpyramide mit gut erhaltenem gemauerten Sanktuarium. Auch als »Teocalli (Tempel) von Quautochco« bezeichnet. Zugänglich.

Huexotla (Mexiko, Mexiko) 4 km südöstlich Texcoco. Aztekisch, spätes Postklassikum. Teilstück (etwa 60 m) der fast 5 m hohen, zinnengekrönten Umfassungsmauer des Zeremonialbezirks, eines von Texcoco beherrschten kleinen Stadtstaates mit Resten von Plattformen und einer Rundpyramide. Gut zugänglich.

Huitzo (Mexiko, Oaxaca) 32 km nördlich Oaxaca. Zapotekisch/mixtekisch, spätes Klassikum und Postklassikum. Einst die Großsiedlung Cuauhxilotitlán mit durch Fundamente vieler Gebäude nachgewiesenem Zeremonialbezirk. Sehenswert am noch heute besiedelten Platz ist ein zapotekisches Doppelkammer-Grab mit fi-

gürlich reliefierten, einst bemalten Platten zu beiden Seiten des Eingangs. Gut zugänglich.

Ihuatzio (Mexiko, Michoacán) 16 km nördlich Pátzcuaro. Taraskisch, Postklassikum. Große Anlage auf dem Plateau am Ostufer des Pátzcuarosees mit vorerst einem konsolidierten Zwillingspyramidenkomplex sowie drei nicht freigelegten Yácata-Pyramiden. Zugänglich.

Ikil (Mexiko, Yukatan) 35 km südwestlich Chichen Itzá. Maya, Spät-Klassikum. Weitgehend überwachsenes Zeremonialzentrum mit einer 27 m hohen, den Buschwald überragenden Pyramide. Der aus behauenen Steinquadern auf der Gipfelplattform errichtete, zum Teil eingestürzte Tempel enthält bemerkenswerte reliefierte Glyphenreihen. Zugänglich.

Isla Cancún (Mexiko, Quintana Roo) 10 km südlich der Hotelzone. Maya, Postklassikum. Die Insel enthält mehrere archäologische Zonen und einzeln stehende Tempel. Freigelegt und sehenswert sind nur die Gruppen »El Rey« (Kin Ich Ahau-Bonil) und »Pok Ta Pok« sowie ein Küstentempel. Gut zugänglich.

Isla Cozumel (Mexiko, Quintana Roo) vor der Ostküste Yukatans (Abfahrtshafen unter anderen Playa del Carmen). Maya, Postklassikum. Einst vielbesuchter Wallfahrtsort zu Ehren der Mondgöttin Ixchel mit kaum sehenswerten Resten zahlreicher Heiligtümer, meist ein- oder zweiräumige Tempel. Bedingt zugänglich.

Isla Jaina (Mexiko, Campeche) 40 km nördlich Campeche. Maya, Spät-Klassikum. Der Westküste Yukatans unmittelbar vorgelagerte kleine Friedhofsinsel, die wegen der aus über 200 Gräbern (anfangs illegal) geborgenen, außergewöhnlich qualitätvollen Keramik bekannt wurde (realistisch modellierte, teilweise bemalte Figurinen). Bedingt zugänglich (nur mit Genehmigung der Altertumsbehörde).

Iximché (Guatemala, Chimaltenango) 88 km westlich Guatemala-Stadt, 4 km südwestlich Tecpán. Hochlandmaya, spätes Postklassikum. Zeremonial- und Machtzentrum, vermutlich auch Fluchtburg der Cakchiqueles auf einem durch Schluchten geschützten und durch Mauern befestigten Plateau. Von zahlreichen auf Plattformen und um Plätze angeordneten Bauwerken, aus Lehm oder Stein und mit Kalkmörtel verputzt, sind eine vierstufige, 9 m hohe Tempelpyramide (Gebäude II) mit Fronttreppe und Resten polychromer Malerei an den Wänden sowie einer der beiden 40 m langen Ballspielplätze sehenswert. Zugänglich.

Ixtlán del Río (Mexiko, Nayarit) 135 km nordwestlich Guadalajara/Jalisco, 88 km südöstlich Tepic/Nayarit. Klassikum und Postklassikum. Ruinenzone mit wenigen freigelegten Bauwerken, sehenswert ein Rundgebäude (30 m Durchmesser, von einer mit kreuzförmigen Perforationen dekorierten Mauer eingefaßt). Ein gepflasterter Prozessionsweg führt von hier zu einem der für Ixtlán del Río typischen Säulenbauten. Gut zugänglich.

Izamal (Mexiko, Yukatan) 70 km östlich Mérida. Maya, Klassikum und Postklassikum. Altes Pilgerzentrum mit ursprünglich etwa einem Dutzend auf hohen Plattformen stehenden Heiligtümern, die vor allem dem Schöpfergott Itzamná und dem Sonnengott Kinich-Kakmo geweiht waren. Weitgehend erhalten ist nur die mächtige Pyramide für den Sonnengott mit Seitenlängen von rund 200 m und etwa 20 m Höhe. Nach der Conquista wurde Izamal christlicher Wallfahrtsort (Franziskanerkloster auf einer der Pyramiden). Gut zugänglich.

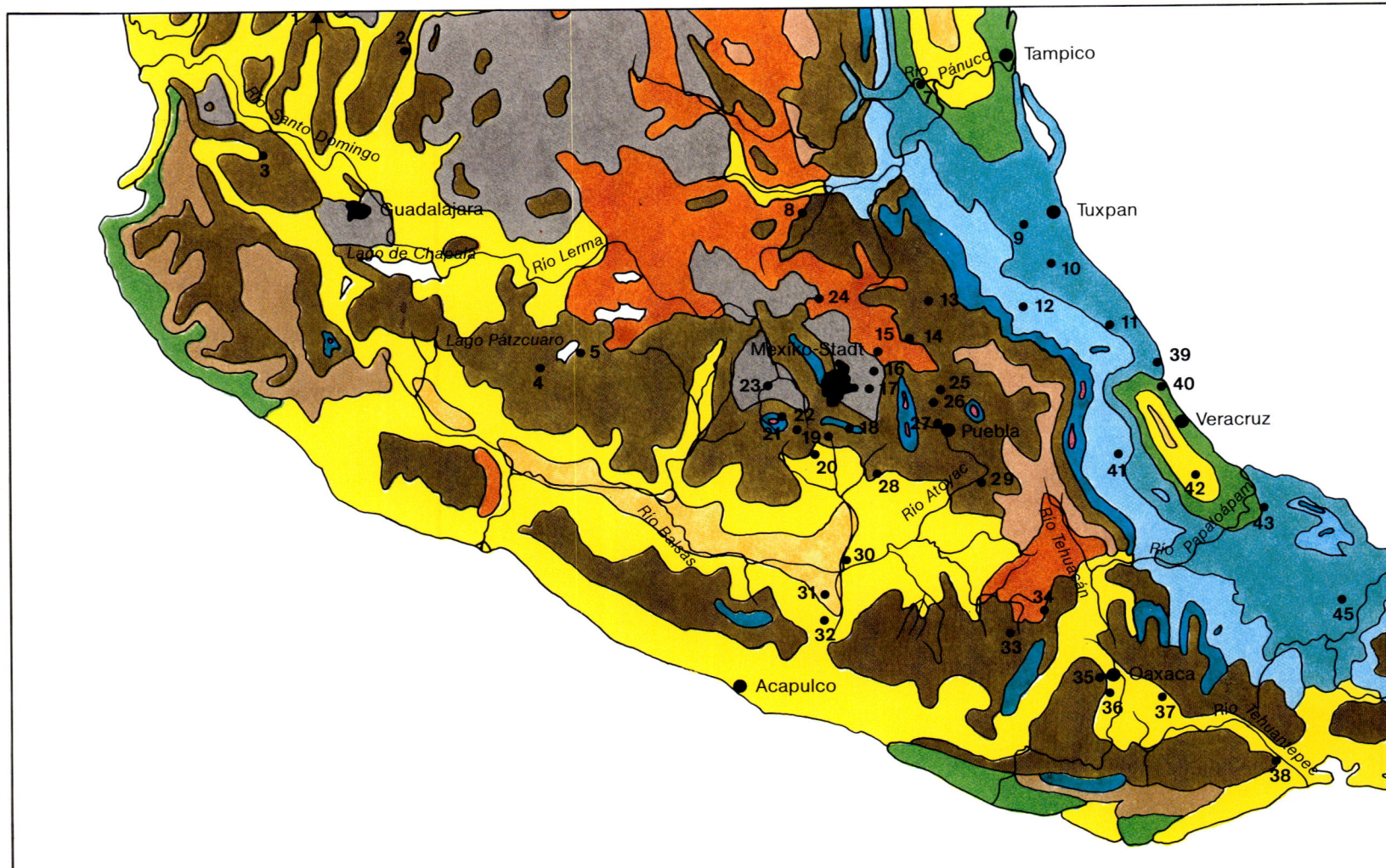

Archäologische Stätten des Kulturraumes Mesoamerika

Acanceh (105)	Dzibilnocac (93)	Malinalco (21)	Tepexi El Viejo (29)
Acozac (17)	Edzná (95)	Mayapán (103)	Tikal (79)
Aguateca (59)	Ekbalam (111)	Misantla (11)	Tingambato (4)
Aké (106)	El Baúl (66)	Mitla (37)	Tizatlán (25)
Altar de Sacrificios (57)	El Mirador (81)	Mixco Viejo (63)	Tlalcozotitlán (30)
Altun Ha (84)	El Tajín (10)	Monte Albán (35)	Tohcok (94)
Bonampak (56)	Guiéngola (38)	Muyil (120)	Tonalá Viejo (49)
Cacaxtla (26)	Hochob (92)	Naachtún (82)	Toniná (52)
Calixtlahuaca (23)	Huamelulpán (33)	Nakum (78)	Tres Zapotes (43)
Cancún (113)	Huapalcalco (13)	Naranjo (76)	Tula (24)
Castillo de Teayo (9)	Huatusco (41)	Nohmul (87)	Tulum (119)
Cerro de las Mesas (42)	Huexotla (16)	Oxkintok (102)	Tzintzuntzán (5)
Cerro de Tepozteco (18)	Ikil (108)	Oxtotilán (31)	Uaxactún (80)
Cerro Negro (34)	Iximché (64)	Palenque (53)	Utatalán (62)
Cerros (85)	Ixtlán de Río (3)	Piedras Negras (54)	Uxmal (101)
Chacalal (117)	Izamal (107)	Quelepa (73)	Xcaret (115)
Chacmultún (98)	Izapa (60)	Quiahuiztlán (39)	Xelha (118)
Chalcatzingo (28)	Jaina (96)	Quiriguá (68)	Xkichmook (97)
Chalchihuites (1)	Juxtlahuaca (32)	Río Bec B (89)	Xochicalco (20)
Chiapa de Corzo (50)	Kabah (100)	San Andres (72)	Xpuhil (90)
Chicanna (91)	Kaminaljuyú (65)	San Lorenzo (45)	Xunantunich (75)
Chichen Itzá (110)	Kohunlich (88)	Santa Rita (86)	Yaxchilán (55)
Chinkultic (51)	Labná (99)	Seibal (58)	Yaxhá (77)
Cholula (27)	La Democracia (67)	Sihuatán (71)	Yaxuná (109)
Cobá (114)	Lamanai (83)	Tamuin (7)	Yohualichán (12)
Comalcalco (47)	La Quemada (2)	Tazumal (70)	Zaachila (36)
Copán (69)	Las Ranas (8)	Teopanzolco (19)	Zaculeu (61)
Cozumel (116)	La Venta (46)	Teotenango (22)	Zempoala (40)
Culubá (112)	Los Alzati de Felipe (6)	Teotihuacán (15)	
Dzibilchaltún (104)	Lubaantún (74)	Tepeapulco (14)	

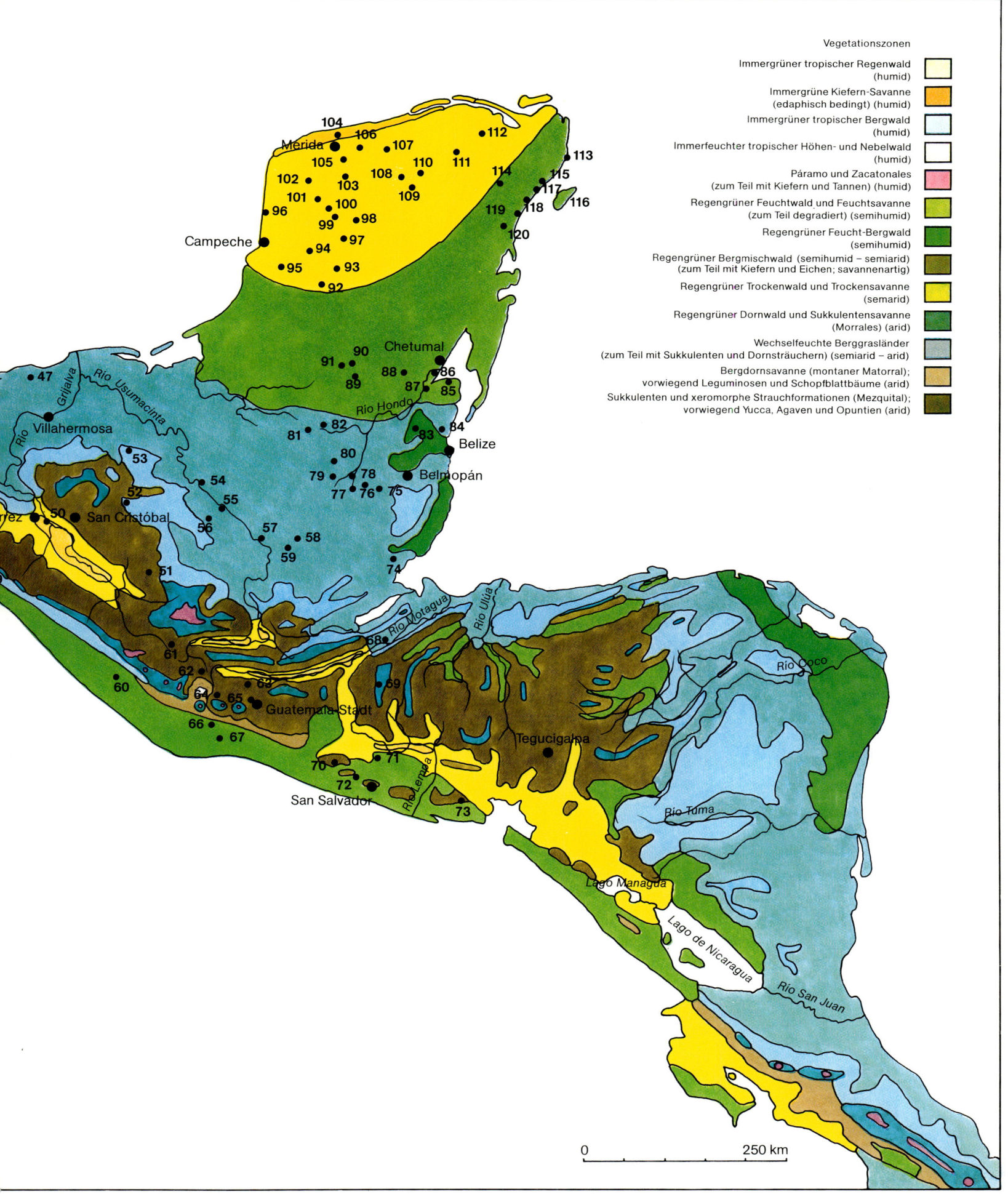

Vegetationszonen

Immergrüner tropischer Regenwald (humid)

Immergrüne Kiefern-Savanne (edaphisch bedingt) (humid)

Immergrüner tropischer Bergwald (humid)

Immerfeuchter tropischer Höhen- und Nebelwald (humid)

Páramo und Zacatonales (zum Teil mit Kiefern und Tannen) (humid)

Regengrüner Feuchtwald und Feuchtsavanne (zum Teil degradiert) (semihumid)

Regengrüner Feucht-Bergwald (semihumid)

Regengrüner Bergmischwald (semihumid – semiarid) (zum Teil mit Kiefern und Eichen; savannenartig)

Regengrüner Trockenwald und Trockensavanne (semarid)

Regengrüner Dornwald und Sukkulentensavanne (Morrales) (arid)

Wechselfeuchte Berggrasländer (zum Teil mit Sukkulenten und Dornsträuchern) (semiarid – arid)

Bergdornsavanne (montaner Matorral); vorwiegend Leguminosen und Schopfblattbäume (arid)

Sukkulenten und xeromorphe Strauchformationen (Mezquital); vorwiegend Yucca, Agaven und Opuntien (arid)

Izapa ((Mexiko, Chiapas) 12 km östlich Tapachula. Olmekoide frühe Mayakultur, spätes Präklassikum und Klassikum. Innerhalb von Kakao- und Maisanpflanzungen teilweise freigelegtes, aus mehreren Gruppen unterschiedlichen Alters bestehende Anlage. Sehenswert sind (südlich der Straße von Tapachula zur guatemaltekischen Grenze) ein von 14 Monumenten (Stelen mit Altären) gesäumter, einst umbauter Kultplatz (Gruppe A), eine überwachsene Pyramide mit davor aufgestellten Monumenten vermutlich astronomischer Bedeutung (Gruppe B) sowie (nördlich der Straße) ein aus dem mittleren Klassikum stammender Zeremonialbautenkomplex mit Plattformen, Treppen, Rampen und einem Ballspielplatz (Gruppe F). Zugänglich.

Juxtlahuaca (Mexiko, Guerrero) 55 km südöstlich Chilpancingo, 5 km nördlich Colotlipa. Olmekisch, Präklassikum. Ausgedehntes Grottensystem mit drei im Inneren (1200 m vom Eingang entfernt) entdeckten größeren Felsbildern in kräftigen, leuchtenden Farben. Die mythologischen Motive enthalten menschliche und tierische Darstellungen (Schlange, Jaguarwesen). Die Malereien sind qualitativ denen der Oxtotitlán-Grotten überlegen. Zugänglich (nur mit einem Wächter, der in Colotlipa wohnt); Anfahrt vorerst noch mit geländegängigem Fahrzeug.

Kabah (Mexiko, Yukatan) 22 km südöstlich Uxmal, 98 km südlich Mérida. Maya, Spät-Klassikum. Eindrucksvolles städtisches Zentrum beiderseits der Carretera 261 mit mehreren freigelegten Bauwerken, vor allem östlich der Straße. Besonders bemerkenswert ist der etwa 46 m lange »Palast der Masken«, nach den Treppenstufen in Form runder Maskenelemente auch Codz-Pop (»eingerollte Matte«) genannt, dessen Fassade mit rund 250 Regengottmasken aus jeweils fast 30 skulptierten Elementen dekoriert ist; außerdem ein weiterer palastartiger Bau mit Mansardendach und säulengeschmückten Eingängen (»Las Columnas«) sowie westlich der Straße ein Torbau mit dem höchsten Kraggewölbe im Mayagebiet. Die rund 25 m hohe Hauptpyramide sowie andere Bauten warten noch auf Freilegung. Verkehrserschlossen.

Kaminaljuyú (Guatemala) Guatemala-Stadt, Zona 7. Protomaya und mexikanischer Einfluß (Teotihuacán), Präklassikum und Klassikum. Wissenschaftlich erkenntnisreiche, jedoch touristisch weniger ergiebige archäologische Zone, die von modernen Baumaßnahmen zum Teil überdeckt und zerstört wurde. Von den über 300 Gebäuden des bedeutenden Bevölkerungs- und vor allem Handelszentrums mit Kultbauten stammen alle noch heute sichtbaren aus der Zeit um oder nach Christi Geburt, wobei die anfängliche Lehmziegel-Architektur (Miraflores-Phase 200 v. Chr.-200 n. Chr.) bei späterer Überbauung durch festere Materialien ergänzt und durch Tablero-Talud-Bauweise mit kalkverputzten, sogar bemalten Fassaden verbessert wurde (Esperanza-Phase ab 400 n. Chr.). Neben zahlreichen Tempelpyramiden wurden 13 Ballspielplätze, viele reich mit Beigaben gefüllte Gräber sowie Skulpturen und Steinreliefs entdeckt. Gut zugänglich.

Kohunlich (Mexiko, Quintana Roo) 75 km westlich Chetumal. Maya, Spät-Klassikum. Bedeutendes Zeremonialzentrum mit 180 überwiegend noch nicht ausgegrabenen oder konsolidierten Bauwerken. Attraktion des Ortes ist die »Pyramide der Masken« mit sechs (ursprünglich wohl acht) plastischen Stuckgesichtern. Sie

schmücken eine zum Tempel führende Treppe und stellen vermutlich die beiden maßgeblichen Manifestationen des Schöpfergottes Itzamná, nämlich den Sonnen- und den Regengott, als menschliche Gesichter dar. Weitere Baukomplexe, so die Akropolis und ein Ballspielplatz, sind für den Besucher von sekundärer Bedeutung. Gut zugänglich.

Labná (Mexiko, Yukatan) 40 km südöstlich Uxmal, 117 km südlich Mérida. Maya, Spät-Klassikum. Sehr eindrucksvolle, gut erhaltene Bauwerke eines regionalen Zentrums. Größter Bau ist ein fast 100 m langer, aus ursprünglich einzeln stehenden, später verbundenen Kammergebäuden bestehender Palast mit bemerkenswertem Fassadendekor (Halbsäulenfriesen, Regengottmasken, skulptierten Säulen an den Eingängen). Im Süden des ausgedehnten Zeremonialplatzes finden sich die Tempelpyramide »El Mirador« mit hohem perforierten Dachkamm sowie der berühmte Torbogen, der zwei einst von Gebäuden umsäumte Höfe verbindet. Verkehrserschlossen.

La Democracía (Guatemala, Escuintla) 92 km südlich Guatemala-Stadt, 36 km südwestlich Escuintla. Spätes Präklassikum. Standort (Dorfplatz) von Felsblockskulpturen des nahe gelegenen Fundplatzes Monte Alto in Gestalt meist grober anthropomorpher Figuren mit dicken Bäuchen, breiten Köpfen und um den Leib geschlungenen Gliedmaßen, die olmekischen Einfluß erkennen lassen. Gut zugänglich.

Lamanai, ehemals Indian Church (Belize, San José) 50 km südlich Orange Walk. Maya, Präklassikum bis zum 17. Jahrhundert. Großer, am Westufer der Río-Nuevo-Lagune gelegener Siedlungsplatz mit eingestreuten Zeremonialbauten, darunter einer etwa 33 m hohen präklassischen Pyramide mit großen Stuckmasken. Bedingt zugänglich.

Lambityeco (Mexiko, Oaxaca) 29 km südöstlich Oaxaca, 3 km westlich Tlacolula. Zapotekisch und mixtekisch, Spät-Klassikum. Ausgedehnte archäologische Zone mit zwei freigelegten benachbarten Zeremonialkomplexen unmittelbar an der Carretera 190. Bemerkenswert sind dort einige hervorragend gestaltete Stuckplastiken und -reliefs. Sie schmücken den Eingang eines unter einem Patio entdeckten Grabes sowie zwei Tableros an den Begrenzungswänden desselben Innenhofes und zeigen jeweils eine männliche und weibliche Person zum Teil mit ihren glyphischen Namen. Im benachbarten Gebäude finden sich zwei mit aufwendigem Federkopfschmuck dargestellte Stuckmasken des zapotekischen Fruchtbarkeitsgottes Cocijo. Gut zugänglich.

La Quemada oder Chicomoztoc (Mexiko, Zacatecas) 50 km südwestlich Zacatecas. Chalchihuites/La-Quemada-Übergangskultur, frühes Postklassikum. Befestigter, vermutlich der im Umkreis lebenden Bevölkerung als Fluchtburg dienender Platz in strategisch günstiger Berglage an der Nordgrenze des mesoamerikanischen Kulturraumes. Reste von Wohn- und Kultbauwerken, besonders ein Säulenpalast und eine steilwandige Pyramide, innerhalb einer äußeren sowie einer enger gezogenen Schutzmauer. Gut zugänglich.

Las Pilas (Mexiko, Mexiko) 26 km südöstlich Cuautla, auf dem Gelände Balneario de Jonacatepec. Tlahuica-Regionalkultur, Klassikum. Stark zerstörtes kleines Zentrum mit Resten von Plätze säumenden Gebäuden auf Plattformen und kleineren Pyramiden. Bemerkenswert ist

ein Kanalsystem, in welchem Skelette von dort Bestatteten gefunden wurden. Gut zugänglich.

Las Ranas (Mexiko, Querétaro) 140 km nordöstlich Querétaro beim Dorf San Joaquín. Toltekisch, frühes Postklassikum. Zahlreiche teils gut erhaltene Sakralbauten, die in Linie auf zwei schmalen, rechtwinklig zueinander verlaufenden, jeweils 500 m langen planierten Achsen eines befestigten Berggrats angeordnet sind. Darunter befinden sich allein fünf Ballspielplätze sowie kleinere, gestufte Pyramiden. Größtenteils stark überwachsen. Zugänglich (Führer ab San Joaquín).

La Venta (Mexiko, Tabasco) 50 km östlich der Hafenstadt Coatzacoalcos, nahe dem Ort La Venta. Olmekische La-Venta-Kultur, mittleres Präklassikum. Erodierte Reste der ursprünglich 30 m hohen Erdpyramide innerhalb eines vermutlich sehr bedeutenden, auf einer Schwemmlandinsel gelegenen Zeremonialzentrums. Die 40 dort entdeckten skulptierten Monolithe, darunter vier Kolossalköpfe sowie zahlreiche kleine Artefakte, insbesondere aus Jade, befinden sich heute in den Museen von Villahermosa und Mexiko-Stadt. Zugänglich.

Loltún (Mexiko, Yukatan) 60 km östlich Uxmal (über Kabah), 110 km südlich Mérida (über Oxkutzcab). Maya, Klassikum. Unterirdisches, teilweise gigantisches Karsthöhlensystem mit Petroglyphen, Malereien, steinernen und keramischen Artefakten, die Loltún als Kultstätte ausweisen. Besonders bemerkenswert ist das vor dem Haupteingang (Nahkab) am Fels gestaltete Flachrelief eines Kultpriesters oder Kriegers. Verkehrserschlossen (mehrmals täglich Führungen durch die künstlich beleuchtete Anlage).

Los Alzati de Felipe (Mexiko, Michoacán) 12 km nordwestlich Zitacuaro. Otomí, Postklassikum. Nur teilweise freigelegte Ruinenstätte mit mehreren räumlich getrennten Baugruppen, die harmonisch in die Hügellandschaft eingefügt sind und überwiegend aus großen, auf weiten Plattformen mit Treppenaufgängen errichteten Pyramiden bestehen. Zugänglich.

Lubaantún (Belize, South Toledo) 26 km Luftlinie nordwestlich des Hafens Punta Gorda, am Río Colombia nahe San Pedro. Maya, Spät-Klassikum. Kaum freigelegtes Zeremonialzentrum mit mehrstufigen, steinverkleideten Plattformen auf großer, künstlich angelegter Terrasse (etwa 275 x 65 m) und meist noch unter Vegetation und Erde verborgenen Tempelgebäuden und Pyramidenstümpfen. Bedingt zugänglich (Führer ab San Pedro).

Malinalco (Mexiko, Mexiko) 110 km südwestlich Mexiko-Stadt. Aztekisch, spätes Postklassikum. Bergheiligtum der aztekischen Kriegerorden am »Cerro de los Idolos« oberhalb des Dorfes Malinalco. Unter den sechs Kultbauten ist der einschließlich seiner vorzüglichen Skulpturen völlig aus dem Fels geschnittene Tempel der Adler- und Jaguarkrieger mit runder Cella am bemerkenswertesten. Das Heiligtum blieb infolge der spanischen Conquista unvollendet. Zugänglich.

Manos Rojas (Mexiko, Campeche) 132 km östlich Francisco Escárcega, 22 km westlich Xpuhil. Maya, Spät-Klassikum. Mehrere überwachsene Gebäudegruppen mit sehenswerten Resten von Regengottmasken und mosaikartigen Steinreliefs an freigelegter Gebäudeecke (Gruppe C nahe Carretera 186). Bedingt zugänglich.

Manzanilla (Mexiko, Puebla) 18 km nordöstlich Puebla-Zentrum beim Ort Resurreción. Teotihuacán-Kultur, Klassikum. Einst ausgedehntes Zeremonialzentrum, von dem lediglich ein restaurierter Bezirk mit gestuften Plattformen und einem kleinen Ballspielplatz innerhalb einer modernen Parkanlage (Bosque de Manzanilla) sehenswert ist. Gut zugänglich.

Mayapán (Mexiko, Yukatan) 50 km südlich Mérida, 2 km südlich des Dorfes Telchaquillo. Maya, Postklassikum. Einst mauernumsäumte, etwa 6,5 qkm große Stadt, die bei über 2000 Hausplattformen vermutlich 10000 bis 15000 Einwohner zählte und im 13. und 14. Jahrhundert Yukatan politisch kontrollierte. Nur von dem im Zentrum gelegenen Kultbezirk mit rund 140 Gebäuden sind einige Bauten, so die »K'uk'ulkan-Pyramide«, eine dekadente Nachahmung des »Castillo« von Chichen Itzá, und mehrere langgestreckte, für Mayapán typische Säulenhallen mit wenigen Dekorationen, darunter eine eindrucksvolle Regengottmaske, sehenswert. Wie die Architektur zeigen auch die Artefakte in Gräbern, vor allem keramische Räuchergefäße, nur künstlerische Mittelmäßigkeit. Gut zugänglich.

Mexiko-Stadt Archäologische Stätten im Bereich der heutigen Hauptstadt finden sich unter den Ortsnamen Tenochtitlán (Templo Mayor), Tlatelolco (Platz der Drei Kulturen), Cuicuilco und San Pedro de los Pinos.

Misantla (Mexiko, Veracruz) 82 km nördlich Jalapa, 30 km südöstlich Martínez de la Torre. Totonakisch, Spät-Klassikum. Reste eines örtlich als »Los Idolos« bezeichneten Zeremonialbezirks. Am Hauptplatz des nahe gelegenen Städtchens Misantla kleines Freilichtmuseum mit besonderen zoomorphen Basaltskulpturen aus der archäologischen Zone. Bedingt zugänglich.

Mitla (Mexiko, Oaxaca) 43 km östlich Oaxaca. Zapotekisch und mixtekisch, Spät-Klassikum und frühes Postklassikum. Ursprünglich zapotekische Siedlung und Begräbnisstätte, die vermutlich um 1000 n. Chr. von den Mixteken baulich umgestaltet, aber als »Ort der Toten« (Mictlan) beibehalten wurde und möglicherweise Residenz des höchsten Priesters war. Von den fünf verstreut, zum Teil mitten in der Ortschaft, liegenden Baugruppen sind nur die drei in der Umgebung der Kirche sehenswert. Auf Plattformen stehende, einst flachgedeckte Gebäude umsäumen quadratische Plätze. Eine Besonderheit ist die einzigartige Dekoration der Fassaden- und Raumwände sowie der kreuzförmigen Mehrkammerkrypten unter verschiedenen Bauten mit Mosaikbändern und -feldern in 14 verschiedenen Mustern, die wie steinerne Gobelins wirken. Kleines Museum. Verkehrserschlossen.

Mixco Viejo (Guatemala, Chimaltenango) 50 km nordwestlich Guatemala-Stadt. Maya, spätes Postklassikum. Befestigtes Zentrum der Pokomam über dem Motagua-Flußtal. Von rund 120 Gebäuden, meist kleinen Pyramiden, Plattformen, Höfen mit säumenden Gebäuden und Altären, sind nur zwei Ballspielplätze sowie eine mehrfach überbaute Pyramide mit Resten eines Tempels freigelegt, deren Stuckverputz Spuren von Bemalung enthält. Zugänglich.

Monte Albán (Mexiko, Oaxaca) 8 km südwestlich Oaxaca. Zapotekisch. Klassikum. Einst beherrschendes, glanzvolles und selbst im ruinösen, teilweise restaurierten Zustand noch höchst eindrucksvolles städtisches Zentrum, das auf dem planierten und terrassierten Kamm des als Monte Albán bezeichneten Bergmassivs bis etwa Mitte des 1. Jahrhunderts n. Chr. durch ständige

Erweiterung und Überbauung vorhandener Gebäude die heute noch erkennbare monumentale, streng symmetrische Gestalt erhielt. Bemerkenswerte Bauwerke entlang oder inmitten eines 300 x 150 m großen Zeremonialplatzes, der nordseitig von einer mächtigen, hohen Plattform mit zum Teil noch nicht freigelegten Gebäuden und im Süden von einer hohen, ebenfalls kaum berührten Pyramidenbasis begrenzt wird, sind drei mehrfach überbaute Stufenpyramiden, die Gebäude M und IV sowie der »Palast der Danzantes«, auf Plattformen mit den für Monte Albán typischen breiten Treppen ruhende Relikte von Sakral- oder Wohnbauten, ein eventuell als Observatorium dienendes asymmetrisch angelegtes Gebäude sowie ein Ballspielplatz. Abgesehen von einer Reihe von Monolithen mit zum Teil nicht entzifferbaren Glypheninschriften sind die olmekischen oder olmekisch beeinflußten Reliefs der »Danzantes« von besonderer Bedeutung. Seit 1985 werden die Originale aus Erhaltungsgründen zunehmend durch Kopien ersetzt. Die an den Berghängen entdeckten fast 200 Grabanlagen, von denen nur wenige zugänglich sind, darunter das berühmte Grab Nr. 7 mit dem bedeutenden Fund an goldenen und anderen Artefakten (über 500 Objekte, heute im Museum Oaxaca), repräsentieren die mixtekische Spätphase des Monte Albán. Verkehrserschlossen.

Mul Chic (Mexiko, Yukatan) 12 km östlich Uxmal, 3 km westlich des Dorfes Santa Elena. Maya, Spät-Klassikum. Kleines Zeremonialzentrum mit einem freigelegten Tempel, in dem Wandmalereien (heute im Archäologischen Museum Mérida) entdeckt wurden. Zugänglich.

Muyil (Mexiko, Quintana Roo) 25 km südwestlich Tulúm, 72 km nordöstlich Felipe Carrillo Puerto. Maya, Spät- und Postklassikum. Mehrere Gruppen bildende Reste eines Zeremonialzentrums mit zumindest einer bemerkenswerten, ziemlich hohen und steilen Tempelpyramide sowie zahlreichen der für die Karibikküste typischen Miniaturtempel. Gut zugänglich.

Nakum (Guatemala, Petén) 13 km Luftlinie nördlich der Lagune Yaxhá (20 km Urwaldpiste). Maya, Spät-Klassikum. Kleines Zeremonialzentrum mit zumindest einem wegen der fragmentarisch erhaltenen Fassadendekoration sehenswerten Bauwerk (Tempel A an der Ostseite der Plaza). Bedingt zugänglich (Exkursionen mit geländegängigem Fahrzeug ab Asphaltstraße etwa 6 Stunden).

Nohmul (Belize, San José) 25 km nördlich Orange Walk. Maya, Prä- bis Spät-Postklassikum. Sehr ausgedehnte archäologische Zone mit einer das nördliche Flachland von Belize weit überragenden Pyramide. Zugänglich.

Oxkintok (Mexiko, Yukatan) 70 km südwestlich Mérida, 5,5 km westlich der Ortschaft Calcehtok. Maya, Früh-Klassikum und später. Auf über 1 qkm verstreute, teilweise überwachsene und weitgehend zerfallene früh- und spätklassische Bauten (Puuc-Stil) und einige Stelen. Zugänglich.

Oxtotitlán (Mexiko, Guerrero) 66 km östlich Chilpancingo, 12 km nördlich Chilapa beim Dorf Acatlán. Olmekisch, Präklassikum. Felsgrotten, örtlich »Cueva de Acatlán« genannt, mit meist schwer erkennbaren Resten polychromer und einfarbiger Malerei. Das am besten erhaltene Gemälde befindet sich oberhalb des Eingangs zur südlichen Grotte und zeigt eine auf einem stilisierten Monster sitzende menschliche Gestalt mit Vogelmaske. Bedingt zugänglich

(einstündiger Fußmarsch ab Acatlán, nur in trockener Jahreszeit und bei niedrigem Wasserstand möglich).

Palenque (Mexiko, Chiapas) 150 km südöstlich Villahermosa (Tabasco), 8 km südwestlich der Ortschaft Palenque. Maya, Spät-Klassikum. Außergewöhnlich beeindruckende, relativ gut erhaltene und teilweise rekonstruierte Gebäude eines einst glanzvollen Herrschaftszentrums, das auf einer weiten Terrasse vor steil ansteigenden urwaldbewachsenen und von weiteren Ruinen bedeckten Bergen liegt. Die Bauten stehen auf künstlichen Plattformen, zum Teil auch auf terrassierten Naturhügeln. Alle Tempel- und Palastgebäude tragen reliefgeschmückte, von durchbrochenen Dachkämmen bekrönte Mansardendächer. Im Inneren der Tempel befindet sich ein kleineres Gebäude mit eigenem Dach und Eingang. Eine weitere Besonderheit von Palenque bilden die in großer Zahl erhaltenen, künstlerisch vollendeten Stuck-, mitunter auch Steinreliefs an Fassaden und Raumwänden. Diesbezüglich wie architektonisch von besonderer Bedeutung sind der Palastkomplex mit Turm sowie die »Tempel der Sonne«, des »Blattkreuzes«, des »Kreuzes« und Gebäude XIV. Im Inneren der 21 m hohen, den »Tempel der Inschriften« tragenden Pyramide gelang 1952 die sensationelle Entdeckung der Grabkammer eines Herrschers. Kleines Museum. Verkehrserschlossen.

Piedras Negras (Guatemala, Petén) 60 km den Usumacinta stromabwärts nordwestlich Yaxchilán (Mexiko), 140 km Luftlinie westlich Flores (Petén). Maya, Spät-Klassikum. Zwar untersuchte und teilweise freigelegte, jedoch heute fast völlig überwachsene und von Raubgräbern zerstörte Ruinen. Bedingt zugänglich (Flußfahrt ab Sayaxché auf dem Río Pasión oder ab Yaxchilán auf dem Río Usumacinta; bei Niedrigwasser auf dem Landweg ab El Subín, Petén, mit geländegängigem Fahrzeug; auch per Kleinflugzeug erreichbar).

Playa del Carmen (Mexiko, Quintana Roo) 55 km südwestlich des Internationalen Flughafens von Cancún, 60 km nordöstlich Tulúm. Maya, Postklassikum. Südlich des Ortes in Strandnähe einzeln oder gruppiert kleine Tempel mit säulengestützten Eingängen. Gut zugänglich.

Quelepa (El Salvador, San Miguel) 133 km östlich San Salvador, 5 km nordwestlich der Stadt San Miguel beim Dorf Quelepa. Kultur nicht eindeutig, Einflüsse der Golfküste erkennbar, Klassikum. Kaum freigelegtes, überwachsenes Zeremonialzentrum mit rund 40 Gebäuden. Zugänglich (Lage auf privatem Besitz, Führer ab Dorf Quelepa).

Quiahuiztlán (Mexiko, Veracruz) 64 km nördlich Veracruz, 23 km nördlich der archäologischen Zone Zempoala. Totonakisch, Postklassikum. Sehenswerter präkolumbischer Begräbnisplatz mit über 30 Miniaturtempeln, die sich auf drei benachbarte Standorte verteilen, sowie freigelegter Ballspielplatz und Zeremonialbauten unterhalb der Friedhöfe. Zugänglich.

Quiriguá (Guatemala, Izabal) 210 km nördlich Guatemala-Stadt, 3 km südöstlich des Dorfes Quiriguá. Maya, Spät-Klassikum. Kleines Zeremonialzentrum im Motagua-Flußtal, in ehemaligen Plantagengebiet der United Fruit Company, dessen Attraktion weniger der kürzlich freigelegte und restaurierte Baukomplex im Südteil als vielmehr die zahlreichen skulptierten Monumente sind. Die neun Stelen mit Höhen bis zu 10 m (Stele E) zeigen religiöse und weltliche Herrscher in Voll- oder Flachrelief. Die übrigen Flächen sind mit Glyphen bedeckt, aus denen die Aufstellungszeiten ablesbar sind (Fünf-Jahres-Turnus während der zweiten Hälfte des 8. Jahrhunderts). Die vier Felsblöcke in Gestalt kauernder tierischer Ungeheuer mit menschlichen Wesen oder Köpfen im Rachen, sogenannte Zoomorphe, deren Oberflächen vollständig mit mythischen Motiven und Datumsglyphen reliefiert und die zum Teil mit ebenso bearbeiteten Altarplatten verbunden sind, ersetzten zwischen 780 und 795, also kurz vor dem Untergang des Ortes um 810, den Stelenkult. Trotz der Nähe zu Copán (Honduras) und zeitweiser Abhängigkeit repräsentieren die eindrucksvollen Monumente von Quiriguá stilistische Eigenständigkeit. Gut zugänglich.

Río Bec (Mexiko, Quintana Roo) weitverstreute Zone (etwa 7 x 10 km) südöstlich Xpuhil. Maya, Spät-Klassikum. Gruppe B, Gebäude I: Eindrucksvoller, gut erhaltener Tempelpalast, Prototyp des danach benannten regionalen Baustiles; konnte nach seiner Entdeckung 1912 bis 1973 nicht mehr wiedergefunden werden. Bemerkenswert sind die beiden flankierenden Pyramidentürme mit Regengottmasken und krönenden Scheintempeln, der Dachkamm, der Gitterwerkdekor an den Fassaden und originale Graffiti im Stuck der Raumwände. Andere Gruppen schwierig erreichbar. Bedingt zugänglich (Exkursionsdauer ab Xpuhil 6-7 Stunden).

San Andrés, auch Campana San Andrés (El Salvador, La Libertad) 33 km nordwestlich San Salvador bei Ciudad Arce. Maya (Randkultur), Klassikum und später. Teilweise freigelegte archäologische Zone mit mehrstufiger Adobepyramide sowie weiteren Bauten auf großer Plattform. Gut zugänglich.

San Lorenzo (Mexiko, Veracruz) 40 km Luftlinie südwestlich Minatitlán. Olmekisch, Präklassikum. Bedeutendes Zeremonialzentrum. Die zahlreichen megalithischen Monumente, unter anderem acht Kolossalköpfe, befinden sich überwiegend in den Museen von Jalapa und Mexiko-Stadt, so daß der Besuch kaum lohnt. Bedingt zugänglich.

San Martín Huamelulpán (Mexiko, Oaxaca) 98 km südöstlich Huajuapán de León. Mixtekisch, Klassikum. Ausgedehnte archäologische Zone mit fünf isoliert stehenden mehrschichtigen Terrassen aus tonnenschweren Monolithen, die zum Teil figürliche Reliefs und Glyphen mit Zahlzeichen enthalten, besonders die Gruppe »Las Lápidas«. Das Museum in Huamelulpán enthält bemerkenswerte Fundstücke. Gut zugänglich.

San Pedro de los Pinos (Mexiko, Bundesdistrikt) nahe der westlichen Stadtautobahn (Ausfahrt Mixcoac). Toltekisch, Postklassikum. Rekonstruierter Baukomplex, der vielleicht Herrschersitz war. Gut zugänglich.

Santa Cecilia (Mexiko, Bundesdistrikt) 14 km Luftlinie nördlich des Chapultepec-Parkes in Mexiko-Stadt, 3 km nordwestlich San Bartolo Tenayuca im Dorf Santa Cecilia Acatitlán. Aztekisch, spätes Postklassikum. Partiell restaurierte Doppelpyramide und vollständig rekonstruiertem Tempelgebäude aus Stein. Kleines Museum am Ort. Gut zugänglich.

Sayil (Mexiko, Yukatan) 32 km südöstlich Uxmal. Maya, Spät-Klassikum. Ausgedehnte archäologische Zone, deren bedeutendstes freigelegtes Bauwerk, der Große Palast, als Juwel der Mayaarchitektur gilt. Anbauten aus unter-schiedlicher Zeit lassen das 90 m lange Gebäude mit massivem Kern dreistöckig erscheinen. Bemerkenswerte Details finden sich an der Fassade des mittleren Niveaus, nämlich paarweise angeordnete dekorierte Säulen in den Eingängen, mit Halbsäulen dekorierte Wandflächen sowie auf dem oberen Fries Masken des Regengottes und die stilisierte Darstellung des »Herabstürzenden Gottes«. Verkehrserschlossen.

Seibal/Ceibal (Guatemala, Petén) 83 km südwestlich Flores, 16 km östlich Sayaxché. Maya, Spät-Klassikum. Am Río Pasión gelegenes kleines Zentrum mit bisher nur wenigen freigelegten Bauten, einer kleinen Tempelpyramide sowie einem Rundgebäude mit Jaguaraltar. Bemerkenswert 15 zum Teil perfekt erhaltene Stelen aus resistentem Kalkstein. Die in Basrelief dargestellten Gestalten, Priester oder örtliche Herrscher, und für das Mayagebiet untypische Stilelemente deuten auf zeitweilige fremde Beherrschung aus Richtung Zentralmexiko. Zugänglich (ab Sayaxché auch per Boot).

Sihuatán/Cihuatán (El Salvador, Cuscatlán) 37 km nördlich San Salvador. Maya (mexikanisch beeinflußte Randkultur), Postklassikum. Größere archäologische Zone mit wenigen freigelegten Gebäuden, unter anderem einem Ballspielplatz. Zugänglich.

Tamuín (Mexiko, San Luis Potosí) 37 km östlich Ciudad Valles, 9 km südöstlich vom Ort Tamuín. Huaxtekisch, frühes Postklassikum. Ausgedehnte Ruinenzone mit Resten von Gebäuden mit gestuften Sockeln aus Erde und Flußsteinen. Bemerkenswert sind zwei konische, sich entgegengesetzt verjüngende Rundaltäre inmitten des Platzes, die ebenso wie die sie verbindende niedrige Mauer (Zeremonialbank?) Fragmente von Fresken in Rottönen enthalten. Ähnlichkeit mit mixtekischen Bilderschriften. Gut zugänglich.

Tancah (Mexiko, Quintana Roo) 5 km nördlich Tulúm. Maya, Klassikum und Postklassikum. Kleine Tempelpyramide und Bauwerke mit Fragmenten von Wandmalerei. Zugänglich.

Tantok/Tantoque (Mexiko, San Luis Potosí) 6 km südwestlich Tamuín. Huaxtekisch, frühes Postklassikum. Ruinenzone im Zustand der Freilegung und wissenschaftlichen Untersuchung durch französische Archäologen; offensichtlich sehr bedeutende Bausubstanz, unter anderem Pyramiden. Vorerst nicht zugänglich.

Tazumal (El Salvador, Santa Ana) 77 km nordwestlich San Salvador. Maya (mexikanisch beeinflußte Randkultur), Klassikum und Postklassikum. Erheblich rekonstruierte Gebäude, die zusammen mit benachbarten Ruinengruppen, die archäologische Zone Chalchuapa bilden. Dominierendes Bauwerk ist eine vielfach gestufte Pyramide aus Lehmziegeln, auf der ein Tempel mit Säulen stand. Die Fronttreppe wird von einem etwa auf halber Höhe errichteten, rekonstruierten einräumigen Tempel unterbrochen. Kleines Museum am Ort. Verkehrserschlossen.

Tenayuca (Mexiko, Bundesdistrikt) 11 km Luftlinie nordöstlich des Chapultepec-Parks in Mexiko-Stadt im Zentrum von San Bartolo Tenayuca. Aztekisch, spätes Postklassikum. Von rund 140 gemauerten Schlangenleibern mit skulptierten Köpfen dreiseitig umsäumte Doppeltempelpyramide, die fünfmal überbaut wurde. Kleines Museum. Gut zugänglich.

Tenochtitlán (Mexiko, Bundesdistrikt) Altstadtbezirk von Mexiko-Stadt, Plaza de la Constitución (Zócalo). Aztekisch, spätes Postklassikum. Im wesentlichen ab 1978 im Zuge des »Proyecto Templo Mayor« freigelegte Reste des aztekischen Hauptheiligtums mit älteren, durch Überbauung zum Teil vorzüglich erhaltenen Teilen sowie weitere Sakralbauten in unmittelbarer Umgebung. Der die Ausgrabungen auslösende Fund war ein 8 Tonnen schwerer runder Monolith von 3 m Durchmesser mit der Reliefdarstellung der geköpften und gevierteilten Göttin Coyolxauhqui. Freigelegt wurden ein fast intakter, vermutlich sehr früher Doppeltempel mit einer polychromen Chac-Mool-Skulptur und einem Menschenopferblock, ein Schädelaltar und Zeremonialbänke mit gut erhaltener figürlicher Wandmalerei. Rund 7000 Artefakte aus etwa 100 Opfergruben werden im angegliederten Museo del Sitio (im Aufbau) präsentiert.

Teopanzolco (Mexiko, Morelos) im nördlichen Stadtteil (Bahnhofsnähe) von Cuernavaca. Aztekisch, spätes Postklassikum. Von den Tlahuica gegründetes, später von den Azteken umgestaltetes Zeremonialzentrum mit unvollendet überbauter Doppelpyramide und Resten von Tempeln des Regen- und Kriegsgottes. Weitere Gebäude, darunter Plattformen und ein restaurierter Rundbau, säumen den Platz. Gut zugänglich.

Teotenango (Mexiko, Mexiko) 30 km südlich Toluca, oberhalb des Ortes Tenango de Valle. Teotenanca und Matlatzinca (Regionalkulturen) und aztekische Okkupation, Postklassikum. Befestigte Stadtanlage in strategisch günstiger Berglage mit zumeist rekonstruierten Bauwerken, vor allem gestuften Plattformen, Pyramiden, Treppen und Mauern, die unterschiedlich große Plätze und Höfe säumen, sowie ein Ballspielplatz von 50 m Länge. Kleines Museum am Fuß des Bergmassivs. Gut zugänglich.

Teotihuacán (Mexiko, Mexiko) 50 km nördlich Mexiko-Stadt. Teotihuacán-Kultur, Klassikum. Einst größte Stadtanlage Amerikas. Die Bauten säumen eine 2 km geradlinig von Norden nach Süden verlaufende Prozessionsstraße (Miccaotli, »Straße der Toten«): Sonnenpyramide (Höhe 63 m), Mondpyramide (Höhe 46 m), »Ciudadela« mit dem Quetzalcoatl-Tempel, Quetzalpapalotl-Palast, Wohnkomplexe mit zahlreichen Resten von Wandmalereien. Auch abseits der »Straße der Toten« wurden solche Wohnkomplexe freigelegt (Tepantitla, Atetelco, Tetitla, Zacuala, Yayahuala). Bedeutendes Museum. Verkehrserschlossen.

Tepeapulco (Mexiko, Hidalgo) 47 km südöstlich Pachuca. Teotihuacán (Spätphase), Spät-Klassikum. Kleiner Tempelbezirk mit freigelegter Pyramide 3 km nördlich des Ortes. Gut zugänglich.

Tepexi el Viejo (Mexiko, Puebla) 95 km südöstlich Puebla, 6 km von dem Ort Tepexi de Rodriguez. Aztekisch, spätes Postklassikum. Grenzfeste mit hohen Mauerbastionen und Sakralbauten. Bisher kaum freigelegt. Bedingt zugänglich.

Tequixtepec (Mexiko, Oaxaca) 40 km nördlich Huajuapán de León. Ñuiñe (Regionalkultur), Klassikum. Ansammlung zahlreicher eigenwillig reliefierter Monolithe, vor allem am Dorfplatz von Tequixtepec und im Umfeld der Kirchen. Gut zugänglich.

Texcotzingo (Mexiko, Mexiko) 4 km östlich Texcoco, 50 km östlich Mexiko-Stadt im Nationalpark Molino de Flores. Aztekisch, spätes Postklassikum. Zur Sommerresidenz des Herrschers von Texcoco gehörender Felsenpark mit künstlich angelegten Terrassen, Wasserkanälen und -becken sowie Resten eines Palastes. Gut zugänglich.

Tikal (Guatemala, Petén) 315 km Luftlinie, 535 km Straße nördlich Guatemala-Stadt. Maya, Klassikum. Überwältigende Tempelstadt im tropischen Regenwald 16 qkm großer Zentralzone. Freilegung, Konsolidierung und Restaurierung von Tikal erfolgten hauptsächlich 1956-67 durch die University of Pennsylvania. Neben fünf den Urwald überragenden Tempelpyramiden (maximale Höhe 65 m) wurden zahlreiche Baukomplexe sowie verbindende Dammstraßen freigelegt. Darüber hinaus wurden über 200 skulptierte Monumente, meist Stelen und Altäre, geborgen sowie Hunderte von Gräbern und Opferniederlegungen mit insgesamt über 100000 Artefakten und Geräten entdeckt. Mittelpunkt und architektonische Attraktion von Tikal ist ein Zeremonialplatz mit zwei hohen Tempelpyramiden, der Nordakropolis, einem Konglomerat von seit dem späten Präklassikum mehrmals überbauten Tempeln, und der Zentralakropolis, einem Palastkomplex mit hoher Plattform. Unter den verstreut im Umkreis gelegenen Baugruppen sind die neun gleichartig gestalteten Zwillingspyramiden, der »Inschriftentempel«, der »Platz der sieben Tempel« mit drei Ballspielplätzen, der »Fledermauspalast« und die kürzlich ausgegrabene Pyramide »Mundo Perdido« bemerkenswert. Die insgesamt 13 riesigen Regenwasserreservoirs und zahllosen Hausplattformen lassen auf eine Bevölkerung von 50000-100000 Menschen schließen. Sehenswertes Museum am Ort. Das Gebiet wurde zum Nationalpark erklärt. Verkehrserschlossen.

Tingambato (Mexiko, Michoacán) 35 km westlich Pátzcuaro, am Südrand des Dorfes Tingambato. Taraskisch, Klassikum. Teilweise freigelegte Ruinenzone (Tinganio Antigua) mit Tempelplattformen, gestufter Pyramide, eingesenktem Ballspielplatz sowie Grufthöhle mit über 30 Skeletten. Zugänglich.

Tlalancaleca (Mexiko, Puebla) südlich der Autobahn von Mexiko-Stadt nach Puebla bei San Martín Texmelucán. Präklassikum. Zwar untersuchte, aber kaum freigelegte ausgedehnte Ruinenzone mit Resten zahlreicher Gebäude und reliefierten Monolithen. Bedingt zugänglich.

Tlalcozotitlán (Mexiko, Guerrero) 75 km südöstlich Iguala, 15 km südlich Copalillo. Olmekisch, Präklassikum. Noch im Zustand der wissenschaftlichen Untersuchung und Freilegung befindliches. Wichtigstes Bauwerk scheint ein 20 x 15 m großes Sanktuarium aus behauenen Steinen zu sein. Mehrere reliefierte Monolithe zeigen olmekische Stilelemente. Zahlreiche Hausplattformen und Bewässerungskanäle lassen auf ein großes Siedlungszentrum schließen. Zugänglich.

Tlapacoya (Mexiko, Mexiko) 30 km Luftlinie südöstlich Mexiko-Stadt im Südteil des Dorfes Tlapacoya. Olmekisch und spätere Hochlandkulturen. Spätes Präklassikum und frühes Klassikum. Pyramide, pyramidenartig wirkende Anlage aus zahlreichen periodisch erweiterten oder hinzugefügten Plattformen, die durch Treppen verbunden sind und vermutlich Tempel trugen. Anlage stark rekonstruiert. Gut zugänglich.

Tlatelolco (Mexiko, Bundesdistrikt) Mexiko-Stadt, »Platz der Drei Kulturen«. Aztekisch, spätes Postklassikum. Eindrucksvolle konsolidierte Reste des Haupttempelbezirks, der anfangs mit dem benachbarten Tenochtitlán rivalisierenden, 1473 unterworfenen und besonders als Handelszentrum bekannten Stadt. Neben den wie gestaffelt wirkenden, jedoch aus periodischen Über-

bauungen und Erweiterungen resultierenden gestuften unteren Frontfassaden der Doppelpyramide über ein Dutzend rechteckiger und runder Plattformen und Adoratorien aus Vulkangestein.

Tohcok (Mexiko, Campeche) 3 km westlich Hopelchén, 83 km östlich Campeche. Maya, Spät-Klassikum. Unmittelbar an der Carretera 261 gelegener Tempelbau mit Säuleneingang und falschen Gewölben sowie weitere Ruinen im Umkreis. Zugänglich.

Toluquilla (Mexiko, Querétaro) im Raum von San Joaquín, 140 km nordöstlich Querétaro. Vermutlich toltekisch, frühes Postklassikum. Ruinen eines befestigten Ortes mit zwei Ballspielplätzen. Bedingt zugänglich.

Tonalá Viejo (Mexiko, Chiapas) 13 km nordwestlich Tonalá (südliche Pazifikküste). Olmekisch, später durch die Mayakultur beeinflußte Regionalkultur, spätes Präklassikum und frühes Klassikum. Ausgedehnte Ruinenzone auf einem Vorgebirgsrücken der Sierra Madre mit zum Teil meterhohen, über Treppen oder Rampen erreichbaren Plattformen, auf denen sich Reste von Sanktuarien fanden. Unter den monolithischen Monumenten sind ein Altar mit einem Jaguarkopf und ein weiterer mit einem Alligatorkopf sowie Stelen mit Zahlensymbolen bemerkenswert. Bedingt zugänglich.

Toniná (Mexiko, Chiapas) 12 km östlich Ocosingo. Maya, Spät-Klassikum. Ruinen einer Stadt, deren zahlreiche Bauwerke teilweise auf der Kuppe und den künstlich angelegten Terrassen eines Naturhügels errichtet waren. Freigelegt sind zwei Tempel im Gipfelbereich, eine Grabkammer mit monolithischem Sarkophag sowie – auf einer unteren Terrasse – ein kleiner verschachtelter Baukomplex, vor dem ein stukkierter Altar steht. Die Besonderheit von Toniná sind vollplastische Monumente, die neben Fragmenten vorzüglicher Reliefs und mehreren runden Altarplatten im Gelände sowie im Museum am Ort anzutreffen sind. Zugänglich.

Topoxté (Guatemala, Petén) 78 km nordöstlich Flores, heute infolge des gestiegenen Wasserstandes auf einer Insel im Yaxhásee. Maya, Postklassikum. Sehenswert ist nur der Haupttempelbezirk mit den Resten von fünf auf hohen Plattformen stehenden Bauwerken. Einzelne Stelen, teils mit Altären verbunden, stammen aus dem Spät-Klassikum. Bedingt zugänglich (bei hohem Wasserstand mit Boot).

Totimehuacán (Mexiko, Puebla) 12 km südöstlich Puebla beim Dorf Totimehuacán, nahe dem Stausee Valsequillo. Olmekoid und frühe Teotihuacán-Kultur, spätes Präklassikum. Nur partiell untersuchte archäologische Zone mit vier Pyramiden. Im Unterbau der Nordpyramide befindet sich eine aus einem Basaltblock gemeißelte runde Wanne mit vier Fröschen in Hochrelief, offensichtlich ein Wasserheiligtum. Zugänglich mit autorisiertem Führer.

Tres Zapotes (Mexiko, Veracruz) 24 km südwestlich Santiago Tuxtla beim Dorf Tres Zapotes. Olmekisch, spätes Präklassikum, eventuell noch frühes Klassikum. Die aus der nicht sehenswerten archäologischen Zone stammenden Steinskulpturen befinden sich heute im Nationalmuseum, im Museum in Santiago Tuxtla oder in einem kleinen Freilichtmuseum im Ort. Zugänglich.

Tula (Mexiko, Hidalgo) 92 km nördlich Mexiko-Stadt, nahe Tula de Allende. Toltekisch, frühes Postklassikum. Kulturhistorisch bedeutende archäologische Zone – Hauptstadt und

Machtzentrum der Tolteken – mit trotz Zerstörung im 12. Jahrhundert sehenswerten Resten des Zeremonialzentrums. Auf einer fragwürdigen Rekonstruktion beruht die heutige Form der Tlahuizcalpantecutli-Pyramide, des Standortes der von weither sichtbaren Atlanten, mit vorgebauter Säulenhalle, Reliefs schreitender Jaguare, Koyoten, Herzen vertilgender Adler und des Quetzalcoatl. Die ursprünglich etwa 130 m lange Schlangenmauer (Coatepantli) ist unter anderem mit Menschen fressenden Reptilien reliefiert. Westlich anschließend steht der Palast mit heute dachlosen Säulenkolonnaden und Zeremonialbänken, die Relieffriese mit Kriegerprozessionen aufweisen. Außerdem zwei große Ballspielplätze und in 1,5 km Entfernung ein Rundbau mit rechteckigen Anbauten, der als Heiligtum des Windgottes gilt. Neues Museum am Ort. Verkehrserschlossen.

Tulúm (Mexiko, Quintana Roo) 136 km südlich Cancún, unmittelbar an der Karibik. Maya, Postklassikum. Landseitig von Mauern mit fünf Durchlässen umschlossene Stadt. Hauptbau ist eine von Mauern umsäumte Tempelpyramide auf einem steil zum Meer abfallenden Felsen. Weiterhin sind zwei palastartige Gebäude mit Resten einst flachgedeckter Säulenvorhallen erhalten sowie der »Freskentempel« mit Wandmalereien, imposanten Masken an den Gebäudeecken und einem in Tulúm wiederholt an Fassaden angebrachten Stuckrelief des »Herabstürzenden Gottes«. Verkehrserschlossen.

Tzintzuntzán (Mexiko, Michoacán) 50 km südwestlich Morelia, am Ostufer des Pátzcuarosees beim Dorf Tzintzuntzán. Taraskisch, spätes Postklassikum. Die eindrucksvollste vorspanische Ruinenanlage in Westmexiko (Zona Arqueológica de Yácatas) besteht aus einer mächtigen, an einen Berg gelehnten künstlichen Plattform von 425 m Länge und 250 m Breite, auf der die Reste von fünf sogenannten Yácatas stehen. Gut zugänglich.

Uaxactún (Guatemala, Petén) 80 km nordöstlich Flores, 20 km nördlich Tikal beim Dorf Uaxactún. Maya, Klassikum. Wegen der Entdeckung des sehr frühen Sakralbaues der Maya, der gestuften, mit Masken dekorierten Pyramide E VII-sub (um 200 n. Chr.) und der dort nachgewiesenen kontinuierlichen architektonischen Entwicklung und Ausdehnung durch wiederholte Überbauungen ist Uaxactún wissenschaftlich bedeutend und auch sehenswert. Bedingt zugänglich (Flugverbindung ab Flores).

Utatlán (Guatemala, Quiché) 160 km nordwestlich Guatemala-Stadt, 3 km westlich Santa Cruz del Quiché. Maya (Quiché), Postklassikum. Reste der von den Spaniern zerstörten Hauptstadt der Quiché mit kaum noch erkennbaren Bauten (Pyramide, Ballspielplatz). Zugänglich.

Uxmal (Mexiko, Yukatan) 78 km südlich Mérida. Maya, Spätklassikum. Besonders eindrucksvolles, überschaubares und geschlossenes städtisches Zentrum, dessen teilweise rekonstruierten Gebäude vornehmlich im Puuc-Stil mit vielfältigem Fassadenschmuck gestaltet sind. Die bedeutendsten davon sind: die ovale »Pyramide des Zauberers« (Höhe 31 m) mit insgesamt fünf, zum Teil aus früheren Perioden stammenden und überbauten Tempel; das aus vier langgestreckten Kammergebäuden, die einen vertieften Platz umschließen, bestehende »Nonnenkloster« mit reichem plastischen Fassadendekor; die kürzlich freigelegte und konsolidierte neunstufige »Große Pyramide« mit einem vielfältig dekorierten Tempel; der auf mächtiger Plattform ruhende, fast 100 m lange »Gouverneurspalast«, dessen obere Fassadenteile mosaikartig mit Stufenmäandern, Chacmasken und Andreaskreuzen geschmückt sind; das benachbarte, mit Schildkrötenskulpturen dekorierte »Haus der Schildkröten«; eine als »Taubenhaus« bezeichnete Gebäuderuine mit perforierten Dachkämmen. Verkehrserschlossen.

Xaaga (Mexiko, Oaxaca) 6 km östlich Mitla. Mixtekisch, Spät-Klassikum. Kreuzförmig angelegtes Grab mit Steinmosaikdekor, wie er typisch ist für Paläste und Grabkammern in Mitla. Zugänglich.

Xcaret (Mexiko, Quintana Roo) 50 km nördlich Tulúm, 8 km südlich Playa del Carmen (Karibikküste). Maya, Postklassikum. Standort von acht kleinen Tempeln im Bereich einer Siedlung mit Naturhafen und Süßwasserbrunnen (Cenotes). Gut zugänglich.

Xcavil de Yaxché (Mexiko, Campeche) 44 km südlich Uxmal. Maya, Spät-Klassikum. Ruine eines zweistöckigen palastartigen Baues im Puuc-Stil mit Resten von Fassadenschmuck. Bedingt zugänglich (nur mit Führer).

Xelha (Mexiko, Quintana Roo) 14 km nördlich Tulúm. Maya, Spät-Klassikum. Kürzlich freigelegte Ruinenzone. Eines der zahlreichen Bauwerke ist ein Tempel mit polychromen Malereien. Kleines Museum im Touristenzentrum an der malerischen Lagune von Xelha. Gut zugänglich.

Xkichmook (Mexiko, Yukatan) 30 km südlich Xul, 62 km südlich Oxkutzcab, nahe der Siedlung Benito Juárez. Maya, Spät-Klassikum. Architektonisch bedeutendes Zentrum mit Tempelpyramide und mehreren, einen Platz säumenden palastartigen Gebäuden. Der filigrane Fassadendekor im Puuc-Stil zeigt sonst ungebräuchliche Motive (stark abstrahierte Variationen von Regengottmasken). Zugänglich (ortskundiger Begleiter empfehlenswert).

Xlabpak, auch Maler-Xlabpak (Mexiko, Yukatan) 38 km südöstlich Uxmal, 4 km östlich Sayil (an der »Corretera Zona Puuc«). Maya, Spät-Klassikum. Tempel mit reich dekorierten Fassaden im Puuc-Stil. Gut zugänglich.

Xochicalco (Mexiko, Morelos) 43 km südwestlich Cuernavaca. Regionalkultur, Spät-Klassikum. Auf planierten und aufgeschütteten Terrassen eines Bergmassivs mit weitem Talblick und in günstiger Verteidigungsposition gelegenes Zeremonialzentrum, das von einer Ringmauer und einer Festungsanlage (Cerro de la Bodega) im Nordosten geschützt war. Die Hauptpyramide wurde noch nicht freigelegt. Das wichtigste Bauwerk ist der auf der oberen Terrasse gelegene sogenannte Quetzalcoatl-Tempel mit seinen die hohen Taludwände füllenden Federschlangenreliefs. Zwischen den Schlangenleibern erscheinen reich gekleidete Würdenträger und die Glyphen für »Feuer« und die Zahl »Neun«, welche zusammen mit weiteren Schriftzeichen möglicherweise auf eine in Xochicalco vorgenommene Kalenderkorrektur hinweisen. Neben zahlreichen anderen Bauten befindet sich auf den tiefer liegenden Terrassen ein über 60 m langer Ballspielplatz. Ein Naturhöhlensystem im Norden der Anlage scheint, wie ein künstlich gebohrter Schacht vermuten läßt, unter anderem auch der Feststellung des Zenitstandes der Sonne gedient zu haben. Verkehrserschlossen.

Xpuhil (Mexiko, Campeche) 120 km westlich Chetumal (Quintana Roo). Maya, Spät-Klassikum. Freigelegter und rekonstruierter Baukomplex westlich des Dorfes Xpuhil. Sehenswert Gebäude I im Stil von Río Bec mit drei hohen, gut erhaltenen Pyramidentürmen, die mit großen Göttermasken geschmückt sind. Etwas östlich Gruppe II mit palastartigen Bauten. Gut zugänglich.

Xunantunich/Benque Viejo (Belize, Cayo District) 135 km südwestlich Belize-Stadt, nahe Grenzübergang nach Guatemala. Maya, Klassikum. Bedeutendstes Bauwerk der teilweise freigelegten Ruinenzone ist ein von weither sichtbarer, auf hohem Pyramidensockel thronender, vielräumiger Bau (»El Castillo«) mit Resten von Stuckreliefs, die Sonnengottmasken, Mond, Venus und andere Motive darstellen. Gut zugänglich.

Yagul (Mexiko, Oaxaca) 35 km südöstlich Oaxaca. Zapotekisch und mixtekisch, Klassikum und Postklassikum. Reste einer Palastanlage mit sechs Innenhöfen, ein 38 m langer restaurierter Ballspielplatz und mehrere Plätze mit Sakralbauten. Verteidigungsanlagen auf einem angrenzendem Felsmassiv. Archäologisch bedeutsam sind rund 30 entdeckte Gräber, die umfangreiche Beigaben enthielten. Zugänglich ist eine Anlage mit drei Kammern und Mosaikdekor in der Art des benachbarten Mitla. Verkehrserschlossen.

Yaxché-Xlapbak (Mexiko, Yukatan) 42 km südlich Uxmal. Maya, Spät-Klassikum. Ursprünglich offenbar zweistöckiges palastartiges Gebäude auf Bergkuppe mit Fassaden im Puuc-Stil. Bedingt zugänglich.

Yaxchilán (Mexiko, Chiapas) am Río Usumacinta, 125 km südöstlich Palenque, 175 km östlich San Cristóbal de las Casas (Luftlinie). Maya, Spät-Klassikum. Innerhalb einer 11 km langen Flußschleife des Río Usumacinta auf einer Uferterrasse sowie landeinwärts auf den Kuppen natürlicher Erhebungen gelegen. Bedeutend der »Königspalast« mit einem ursprünglich 14 m, heute noch 7 m hohen durchbrochenen Dachkamm. Sehenswert sind weiterhin das »Labyrinth«, ein mit seinen durch Treppen verbundenen Korridoren und Kammern auf zwei Ebenen verwirrendes Bauwerk in Flußnähe, sowie die als »Südakropolis« bezeichnete höchstgelegene Gebäudegruppe. Künstlerisch bedeutend sind neben den relativ wenigen am Ort verbliebenen Stelen und Altären sowie figürlichen Skulpturen an Gebäuden vor allem die zahlreichen in situ belassenen, an der Unterseite reliefierten Architrave in den Eingängen der Bauten. Aus den die vorzüglichen Flachreliefs mit dramatischen Szenen begleitenden Hieroglypheninschriften konnten die Geschichte und Dynastienfolge des Ortes rekonstruiert werden. Zugänglich auf dem Luftweg (Startplätze: Palenque, San Cristóbal de las Casas, Villahermosa, Tuxtla Gutiérrez). Bedingt zugänglich auf dem Landweg (Palenque-Lacanjas-Frontera Echeverria und weiter per Boot auf dem Río Usumacinta).

Yaxhá (Guatemala, Petén) 75 km nordöstlich Flores, auf einem Höhenzug nördlich der Lagune Yaxhá. Maya, Klassikum. Ruinenzone mit etwa 500 bisher kaum freigelegten Gebäuden. Sehenswert die Ostakropolis mit hoher Pyramide, die »Plaza B« mit Stele Nr. 11 (Darstellung des Regengottes im Teotihuacán-Stil) und einem ebenfalls auf fremden Einfluß deutenden Säulenbau. Bedingt zugänglich (mit Führer per Boot vom Südufer der Lagune oder über die Landbrücke zwischen den Lagunen Yaxhá und Sacnab).

Yaxuná (Mexiko, Yukatan) 26 km östlich San Pedro Yaxcabá. Maya, Klassikum. Bisher fast unberührte, meist überwachsene Ruinen, unter anderem hohe Tempelpyramiden. Bedingt zugänglich (Führer und geländegängiges Fahrzeug ab Yaxcabá).

Yohualichán (Mexiko, Puebla) 8 km nordwestlich der Kleinstadt Cuetzalán (Sierra de Puebla). El-Tajín-Kultur, Spät-Klassikum. Ruinenzone mit fünf erst kürzlich freigelegten und konsolidierten Nischenpyramiden, dekoriert im Tajín-Stil, und einem schlichten Ballspielplatz. Zugänglich.

Zaachila (Mexiko, Oaxaca) 16 km südlich Oaxaca im Ort Villa de Zaachila. Zapotekisch und mixtekisch. Spät-Klassikum und Postklassikum. Vermutlich letzte Herrscherresidenz der Zapoteken nach der Aufgabe des Monte Albán bis zur mixtekischen Überfremdung. Die durch Wiederverwendung das Baumaterials stark zerstörten Ruinen konnten aufgrund des Widerstandes der Dorfbevölkerung weder freigelegt noch saniert werden. Sehenswert sind lediglich zwei benachbarte Grabkammern inmitten eines einst von Palastgebäuden umsäumten Patios (Plattform A). Grab Nr. 1 enthält eindrucksvolle Stuckdekorationen in Gestalt menschlicher und tierischer Wächterfiguren. In beiden Krypten wurden neben zapotekischer Keramik, die in die Vorkammern geräumt worden war, wertvolle Beigaben der späteren mixtekischen Gräberbelegung gefunden (heute in den Museen von Oaxaca und Mexiko-Stadt). Gut zugänglich.

Zaculeu (Guatemala, Huehuetenango) 270 km nordwestlich Guatemala-Stadt, nahe der Stadt Huehuetenango. Maya (Mam), frühes Postklassikum. Auf einem von Schluchten umgebenen Bergplateau gelegenes Zeremonialzentrum. Die Gebäude, darunter zwei Tempelbauten und ein Ballspielplatz, wurden 1945 auf Initiative der United Fruit Company stark verfremdend rekonstruiert. Trotz Substitution der einst stucküberzogenen rot bemalten Bauten durch grauen Beton ist zumindest die 12 m hohe achtstufige Hauptpyramide mit einem auf der oberen Plattform flachgedeckten Tempel und geteilten Fronttreppen (mexikanischer Einfluß) sehenswert. Fundstücke im Museum der archäologischen Zone. Gut zugänglich.

Zempoala/Cempoala (Mexiko, Veracruz) 44 km nördlich Veracruz im und am Rand des gleichnamigen Dorfes. Totonakisch, Postklassikum. Die erste von den Spaniern 1519 besuchte indianische Stadt, die damals vermutlich rund 30000 Einwohner hatte und etwa 8 qkm groß war. Zwischen von Wasserkanälen durchzogenen Hüttensiedlungen lag ein Dutzend meist mauerumsäumter Kultzentren. Neben einzelnen Gebäuden im Umkreis wie einer Rundpyramide (»Dios del Aire«) und dem »Templo de las Caritas« mit interessanten astronomischen Wandmotiven ist vor allem der Haupttempelbezirk sehenswert. Innerhalb dieses von einer zinnengekrönten Mauer umschlossenen Areals befinden sich außer einer Reihe kleinerer Adoratorien drei imposante, wiederholt überbaute Großbauten, nämlich der Haupttempel, die »Große Pyramide« und ein irreführend als »Las Chimeneas« (»Die Kamine«) bezeichneter Bau. Der Lage im küstennahen Schwemmland wegen bestehen alle Bauwerke aus mit Flußgeröll ummantelten Mergelmassen, denen der ursprünglich vielfarbig bemalte Verputz aus Muschelkalk heute weitgehend fehlt. Kleines Museum im Haupttempelbezirk. Gut zugänglich.

Glossar

Adobe luftgetrocknete Ziegel aus Lehm, die in Mexiko bis heute als Baumaterial verwendet werden und im Regen wieder zu Erde zerfallen, wenn sie nicht abgedeckt sind.

Affixe Bezeichnung für kleinere Hieroglyphen der Mayaschrift, die dem zentralen Zeichen (Hauptzeichen) auf einer oder mehreren Seiten angefügt sind.

Annalen der Cakchiquel die Geschichte des Mayavolkes der Cakchiquel im Hochland von Guatemala von den mythischen Anfängen bis zur spanischen Conquista, von mehreren Angehörigen dieses Volkes in ihrer Sprache, aber in lateinischer Schrift aufgezeichnet.

Atlatl → Speerschleuder

Bacab (yukatekisches Maya) vier mythische Brüder, die die Sintflut überlebten, in der die dem Mayazeitalter vorangehende Welt unterging. Die Bacab tragen den Himmel und werden häufig in Tiergestalt dargestellt.

Baktun Zeitphase des Mayakalenders von 400 Jahren *(tun)* zu jeweils 360 Tagen.

Balché (yukatekisches Maya) Zeremonialgetränk der Maya aus vergorenem Honig und der Rinde des Balchébaumes.

Brasero (spanisch »Kohlebecken«) steinerne oder tönerne Gefäße unterschiedlicher Größe, die zum zeremoniellen Abbrennen von Copalharz verwendet wurden.

Bücher des Chilam Balam heilige Bücher der yukatekischen Maya, die nur aus Transkriptionen in lateinischer Schrift aus dem späten 17. und dem 18. Jahrhundert bekannt sind. Die einzelnen Bücher sind nach den Orten ihrer Herkunft benannt.

Cabecera (spanisch) Hauptort eines Verwaltungsbezirkes in der Kolonialzeit Mexikos, meist Sitz des vorspanischen Herrschers.

Cakchiquel Sprache und Volksgruppe der Maya im Bergland von Guatemala.

Calmecac (nahuatl »Häuserzeile«) Schule, in der man die Söhne der adligen Mexica erzog.

Cenote (yukatekisches Maya *tsʼonot*) Dolinen in Nordyukatan, durch Einbruch der Kalksteindecke entstanden. Dadurch wurden die unterirdisch fließenden Ströme zugänglich. Diese Brunnen waren bereits in vorspanischer Zeit ausschlaggebend für menschliche Ansiedlungen.

Chac Mool das Wort bedeutet »roter Jaguar« und wurde von Auguste Le Plongeon aus unbekannten Gründen 1875 als Bezeichnung für die Skulpturen halb liegender, lebensgroßer toltekischer Krieger gebraucht; es hat sich, obwohl unzutreffend, seither für diesen Skulpturtypus eingebürgert.

Chenes von dem yukatekischen Mayawort *chʼeʼen* (Brunnen) abgeleiteter Name einer Region im mexikanischen Bundesstaat Campeche und Bezeichnung für einen dort beheimateten Baustil des End-Klassikums.

Chía (nahuatl *chian*) Samen der Salvia hispanica L., im präkolumbischen Mexiko angebaut.

Chicle (nahuatl *tzictli*) Saft des Sapodillabaumes (Achras zapota), der zu Kaugummi verarbeitet wird.

Chilam (yukatekisches Maya) Wahrsager, Dolmetscher.

Chinampa (nahuatl) in seichten Bereichen von Süßwasserseen aus Schichten von Pflanzenteilen und Seeschlamm aufgeworfene und mit Weiden befestigte künstliche Inseln. Meist schmale Rechtecke, von Kanälen getrennt, später vielfach verlandet.

Chocho-Popoloca zwei eng verwandte Sprachen, die zur Otomangue-Familie gehören. Popoloca ist im südlichen Puebla, Chocho im nördlichen Oaxaca beheimatet.

Chultun (yukatekisches Maya) flaschenförmige Aushöhlung im porösen Kalkgestein Yukatans und des Petén (Guatemala). Chultunes wurden besonders in den Zeremonialzentren als Wasserzisternen genutzt.

Codex präkolumbische Bilderhandschrift religiösen, astronomisch-kalendarischen, administrativen und historischen Inhalts. Die Bücher bestanden aus Rindenpapier oder Leder, waren Seite an Seite geklebt und nach Art eines Leporelloalbums zusammenfaltbar. Die Malerei – Figurenbilder oder Glyphen – wurde auf eine dünne, geglättete Stuckgrundierung aufgetragen.

Comal (nahuatl *comalli*) großer, flacher Tonteller mit leicht aufgebogenem Rand, zur Herstellung von Tortillas verwendet.

Conquista → Eroberung

Copal Harz verschiedener tropischer Bäume, insbesondere des Protium copal, das in den mesoamerikanischen Kulturen als Weihrauch verbrannt wurde.

Cuauhxicalli (nahuatl »Adlerschale«) Gefäß zur Aufnahme des Blutes von Menschenopfern.

Dachkamm (spanisch *cresteria*) Dachaufsatz in Form einer durchbrochenen Mauer auf Tempel- und Palastbauten, besonders der Maya.

Eroberung (spanisch *conquista*) wurde nach der Landung Hernán Cortés' am Gründonnerstag 1519 eingeleitet und war in Zentralmexiko nach dem Fall und der Zerstörung Tenochtitlán-Tlatelolcos am 13. August 1521 beendet. Pedro de Alvarado eroberte Guatemala (aztekisch *Cuauhtemallan*) in den Jahren 1523-1526, Nuño de Guzmán unterwarf das Gebiet der Huaxteca 1526/27 sowie 1529-1532 Michoacán und Westmexiko. Die Halbinsel Yukatan wurde erst nach mehreren Feldzügen zwischen 1527 und 1542 unter Vater und Sohn Francisco de Montejo erobert.

Florero (spanisch »Blumenvase«) Tongefäß mit kleinem runden Körper, langem geraden Hals und waagrechter Lippe. Typisch für die klassische Teotihuacán-Kultur.

Glyphe (Hieroglyphe) Einzelzeichen einer Bilderschrift, den Wortinhalt angebend (ideographisch) oder den Wortlaut schreibend (phonographisch).

Grünstein zusammenfassende Bezeichnung für die verschiedenen grünen und grünlichen Steine (→ Jade), die in Mesoamerika als besonders wertvoll galten.

Haʼab (yukatekisches Maya) Sonnenjahr der Maya mit 360 regulären und 5 zusätzlichen Tagen.

Hacha (spanisch »Axt«) willkürliche Bezeichnung für eine bestimmte Form von Steinplastiken aus dem Klassikum in Veracruz. Meist handelt es sich um im Profil dargestellte Menschen- oder Tierköpfe, deren feine, durchbrochene Reliefs wie Scherenschnitte wirken. Ebenso wie die → Palmas und → Joche standen auch die Hachas mit dem Ballspiel im Zusammenhang.

Halach uinic (yukatekisches Maya) Bezeichnung für politische und religiöse Würdenträger der postklassischen Maya in Yukatan.

Heiliges Bündel Behälter oder Umwicklungen aus Leder, Fell oder Tuch, welche heilige Objekte enthielten: Maiskolben, getrocknete Tiere, Steine, Tabak. Diesen Bündeln wohnte eine magische Kraft inne, die für das Wohl der Gruppe, die sie besaß, wichtig war. Sie wurden häufig mit einer bestimmten Gottheit identifiziert.

Hieroglyphe → Glyphe

Hotun Zeitabschnitt des Mayakalenders, der dem vierten Teil eines *katun* entspricht, das heißt fünf Jahren *(tun)*.

Huautli (nahuatl) Samen der Amaranthus paniculathus, in voreuropäischer Zeit in Mexiko angebaut.

INAH Abkürzung für »Instituto Nacional de Antropología e Historia«, die staatliche Altertumsbehörde in Mexiko.

Jade Sammelbezeichnung für Nephrit und Jadeit sowie jadeähnliche Minerale. In den mesoamerikanischen Kulturen galt Jade als kostbarstes Material und wurde zu Schmuckstücken für den profanen und kultischen Gebrauch verarbeitet (→ Grünstein).

Jahresbindung (nahuatl *xiuhmolpilli*) das Ende eines Abschnittes von 52 Jahren, der größten Periode des zentralmexikanischen Kalenders. Der Bezeichnung liegt die Vorstellung zugrunde, daß zu diesem Zeitpunkt ein »Bündel« von 4 x 13 Jahren komplett war. Zahlreiche Steinskulpturen von »Jahresbündeln« sind aus aztekischer Zeit gefunden worden. Die Azteken befürchteten am Ende einer 52-Jahresperiode eine Krisensituation, in der die Welt untergehen könnte.

Joch (spanisch *yugo*) willkürlich gewählte Bezeichnung für Steinskulpturen, meist in Hufeisenform. Die Reliefierung zeigt häufig ein gleichsam um die äußere Form herumgelegtes,

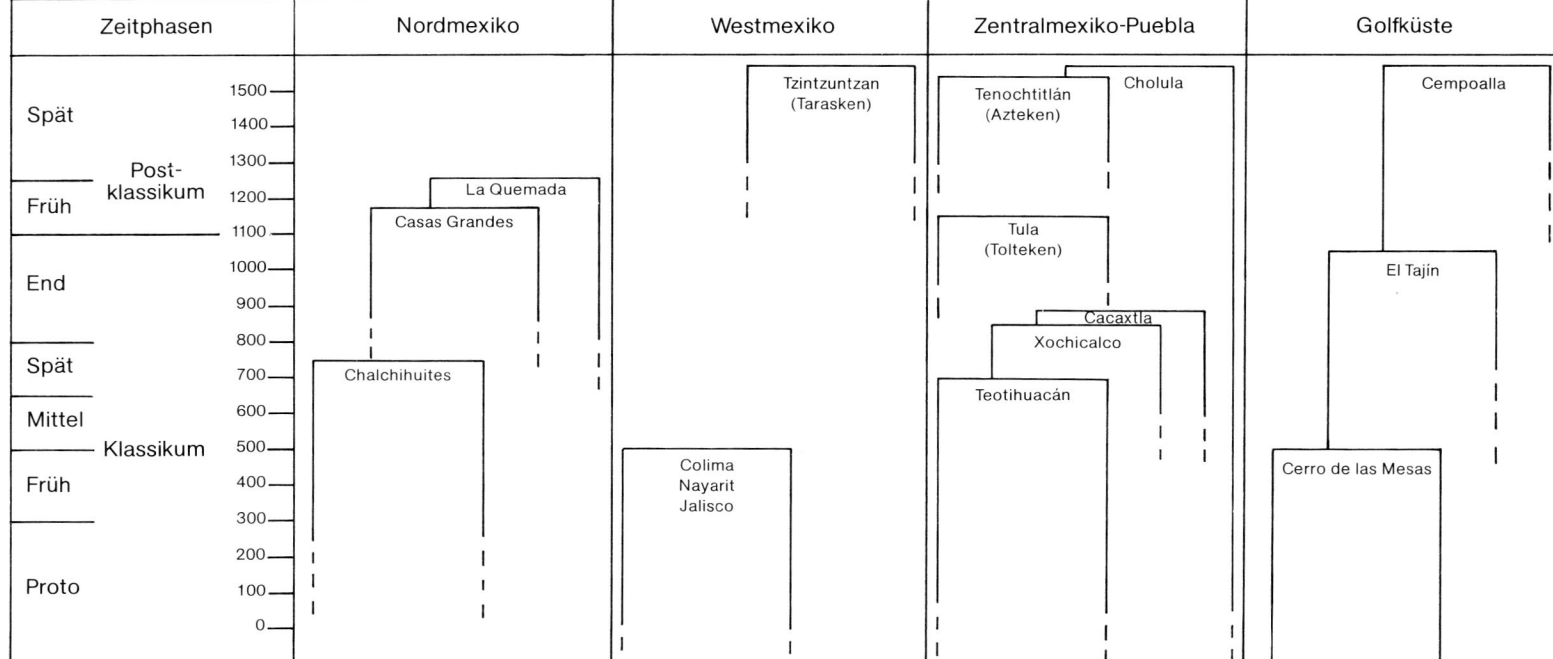

Zeitphasen			Nordmexiko	Westmexiko	Zentralmexiko-Puebla	Golfküste
Spät		1500		Tzintzuntzan (Tarasken)	Tenochtitlán (Azteken) — Cholula	Cempoalla
		1400				
	Post-	1300				
Früh	klassikum	1200	La Quemada			
		1100	Casas Grandes		Tula (Tolteken)	El Tajín
End		1000				
		900			Cacaxtla	
		800			Xochicalco	
Spät		700	Chalchihuites		Teotihuacán	
Mittel		600				
	Klassikum	500		Colima		Cerro de las Mesas
Früh		400		Nayarit		
		300		Jalisco		
Proto		200				
		100				
		0				

kunstvoll gemeißeltes Tier (Raubkatze, Vogel). Die *yugos* standen im Zusammenhang mit dem rituellen Ballspiel.

Katun Zeitabschnitt des Mayakalenders von zwanzig Jahren zu je 360 Tagen.

Kin (yukatekisches Maya *k'in*) Sonne, kürzester Zeitabschnitt des Mayakalenders, entspricht einem Tag.

Kolonialzeit die rund dreihundertjährige Epoche nach der Eroberung, in der Mesoamerika als Kolonie Teil des spanischen Weltreiches war. Sie endete nach den 1810 ausgebrochenen Befreiungskriegen.

Kokom Herrscherhaus von Mayapán in Yukatan während der postklassischen Epoche.

Kopal ➔ Copal.

Kopfdeformation ➔ Schädeldeformation.

Kraggewölbe Raumdeckenkonstruktion, bei der zwei parallele Mauern ab einer bestimmten Höhe durch auf beiden Seiten nach innen zunehmend vorkragende Steinlagen einander angenähert werden, bis der Zwischenraum durch Decksteine überbrückt werden kann.

Kukulcan (yukatekisches Maya *k'uk'ulkan*) Übersetzung des Nahua-Namens Quetzalcoatl, »Gefiederte Schlange«.

Lange Zählung (englisch *long count*) Zeitberechnung der klassischen Maya, in der die seit dem 6. September 3114 v. Chr. vergangenen Tage in Stellenwertzahlen ausgedrückt werden.

Maguey (Sprache der Insel-Aruak) Agave atrovirens (americana). Blüht etwa zehnjährig. Der Blütenstand wird abgeschnitten und der mittlere Teil ausgekratzt. Der sich dort sammelnde Saft (*agua miel*), von dem die Pflanze etwa 250 Liter innerhalb von 3-4 Monaten liefert, wird zu einem leicht säuerlichen Getränk gegoren, das 5-6 Prozent Alkohol enthält (➔ Pulque).

Manikin (englisch »Männchen«) Zeremonialstab oder -zepter, von kleiner, langnasiger Figur gekrönt. Manikinstäbe sind häufig Attribute von Würdenträgern der Maya.

Mano (nahuatl *metlapilli*) Handreibstein zum Zermahlen von Mais und anderen Nahrungsmitteln (➔ Metate).

Mesoamerika kulturell definierter Raum, dessen Grenzen nicht mit der geographischen Einteilung der Region übereinstimmt (Karte S. 30).

Metate (nahuatl *metlatl*) steinerne Reibplatte, auf der man den gekochten Mais mit einer Handwalze mahlt (➔ Mano). Metates haben teils keine, teils drei oder vier meist niedrige Füße.

Mittelamerika geographischer Name, der das Gebiet der Landbrücke zwischen Nord- und Südamerika (Zentralamerika) zusammen mit den Westindischen Inseln bezeichnet.

Monticulo (spanisch »Hügel«) archäologische Bezeichnung für ein überwachsenes, hügelartig erscheinendes und noch nicht (oder kaum) freigelegtes Gebäude.

Nahual, Nahualismus (von nahuatl *nahualli*) Vorstellung der mesoamerikanischen Indianer, daß Menschen sich unter besonderen Umständen in bestimmte Tiere verwandeln können.

Nahuatl Sprache der uto-aztekischen Gruppe, unter anderem von den Tolteken und Azteken gesprochen.

Neufeuer, Neufeuerzeremonie bei den Azteken das feierliche, mit einem Menschenopfer verbundene Entzünden des Feuers mit einem Feuerquirl zu Beginn einer 52-Jahresperiode (➔ Jahresbindung), nachdem zuvor alle Feuer gelöscht worden waren und man den Weltuntergang befürchtet hatte. Die Neufeuerzeremonie, von den Atzeken »Der Feuerbohrer kommt herab« genannt und dementsprechend in den Codices dargestellt, fand auf dem heute »Cerro de la Estrella« genannten Hügel bei Iztapalpa statt.

Nordamerika geographischer Begriff für den Nordteil des Kontinents bis zum Isthmus von Tehuantepec in Mexiko.

Obsidian natürliches vulkanisches Glas, scharf splitternd mit muscheligem Bruch.

Ocote (nahuatl *ocotl*) kleine Kiefernholzstücke zum Feuermachen oder als Fackel, auch bei Brandopfern, verwendet.

Opferkisten niedrige, gang- oder schachtförmige Kammern für die Niederlegung von Opfergaben, häufig bei Mayastelen oder an markanten Punkten von Tempelpyramiden eingelassen.

Palma willkürliche Bezeichnung für dreikantig-prismatisch, ähnlich Palmblättern geformte Steinskulpturen, deren Vorderteil rundplastisch bearbeitet ist und Menschen, Tiere oder gefaltete Hände darstellt und die mit dem rituellen Ballspiel in Zusammenhang standen (➔ Hacha, ➔ Joch).

Patolli Spiel auf einem kreuzförmigen Spielfeld (mit Bohnen oder Rohrstückchen als Spielsteinen).

Petén Departement im Norden Guatemalas, archäologisch Teillandschaft der Halbinsel Yukatan zwischen der nördlichsten Bergkette des Berglandes von Guatemala und ungefähr dem 18. Breitengrad.

Popol Vuh »Buch des Rates«, das die Überlieferungen der Quiché-Maya in deren Sprache, aber in lateinischer Schrift enthält; vermutlich um 1530 zum erstenmal niedergeschrieben und, von Abbé Brasseur de Bourbourg aus einer späteren Quiché-Handschrift übersetzt, 1861 zum erstenmal veröffentlicht.

Principal (spanisch, eigentlich: *señor principal*) kolonialzeitliche Bezeichnung für Angehörige des indianischen höheren Adels.

Pulque (Herkunft des Wortes ungeklärt, nahuatl *octli*) leicht berauschendes Getränk aus dem vergorenen Saft verschiedener Agavenarten (➔ Maguey). Pulque spielte im Ritual der präkolumbischen Völker eine bedeutende Rolle, im täglichen Leben war der Genuß durch Gebote eingeschränkt.

Puuc (yukatekisches Maya *pu'uk*, »Hügelkette«) gebirgige Gegend in Yukatan, Bezeichnung für einen dort beheimateten end-klassischen Baustil der Maya.

Pyrit Eisendisulfid (FeS_2), im Alten Mexiko zur Herstellung von Spiegeln und Mosaiken verwendet.

Quechquemitl (nahuatl) ponchoartiger, kurzer Überwurf der Frauentracht.

Quetzal (nahuatl *quetzalli*) zoologisch Pharomarcus mocinno, ein außerordentlich schöner Vogel mit vier glänzenden grünen, etwa ein Meter langen Schwanzfedern; in den tropischen Bergwäldern beheimatet.

Río-Bec-Stil spätklassischer Mayastil im südlichen Teil der Halbinsel Yukatan, benannt nach dem Fundort Río Bec im mexikanischen Bundesstaat Campeche. Merkmal: Tempeltürme mit Scheintreppen und Tempelgebäuden ohne Innenraum.

Rundpyramide vor allem seit dem End-Klassikum häufig anzutreffender Typ von Pyramiden, bestehend aus einem kreisrunden Baukörper, dem mit der Längsseite ein rechteckiger Vor-

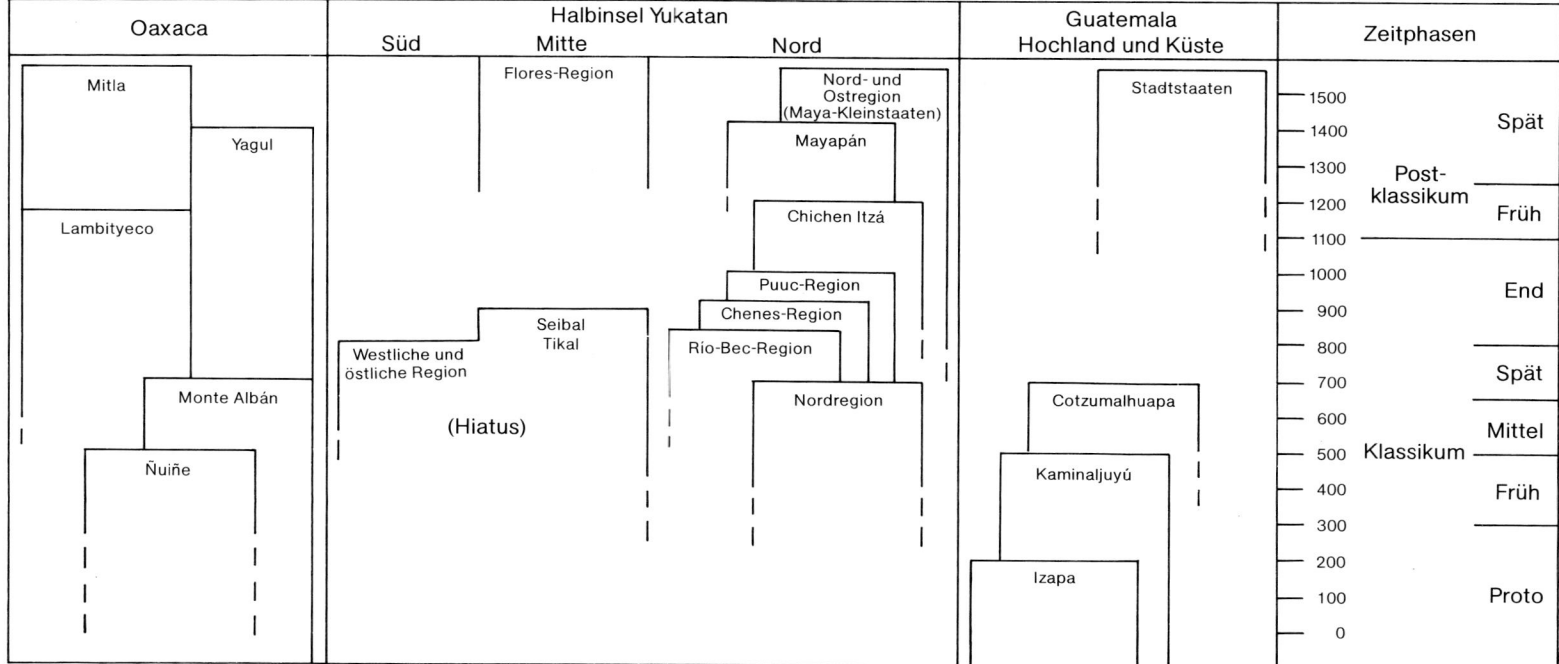

bau angefügt ist, zu dem auf der anderen Längsseite eine Treppe hinaufführt. Rundpyramiden und niedrige Plattformen mit einem solchen Grundriß werden im allgemeinen mit dem Windgott Ehecatl, einer Erscheinungsform des Quetzalcoatl, in Verbindung gebracht. Der behauptete Ursprung dieser Bauform an der Golfküste ist unbewiesen (→ Yacata).

Sacbe (yukatekisches Maya *sak be*, Plural *sak be-oob*, »weiße Straße«) Bezeichnung der dammwegartigen Straßen der Maya innerhalb und zwischen Zeremonialzentren und Großsiedlungen. Sie dienten als Transport- und Prozessionswege.

Schädeldeformation künstliche Verformung des Kopfes im Schädelbereich zur Erlangung eines Schönheitsideals. Die langgezogene Kopfform der klassischen Maya wurde, neben anderen Verfahren, dadurch erzielt, daß Kindern im Säuglingsalter ein Brett durch Verschnürung an den Kopf gepreßt wurde.

Schamanismus religiöser Vorstellungskomplex, demzufolge besonders berufene Menschen mittels bestimmter Praktiken mit dem Jenseits in Verbindung treten können.

Sekundärbestattung (Zweitbestattung) Begriff mit unterschiedlicher Bedeutung:
1. Bestattung in einer Grabstätte, die schon früher benutzt wurde.
2. Bestattung der Skelettknochen eines Toten, nachdem diese entfleischt sind. Eine solche Skelettbestattung war in verschiedenen mesoamerikanischen Kulturen gebräuchlich.

Speerschleuder (nahuatl *atlatl*) Wurfgerät für Wurfpfeile aus einem kurzen, abgeflachten Holzstab mit einer Rinne für den Schaft und einen Zapfen zum Ansetzen des Geschoßendes bestehend.

Stele freistehende große Platte oder Pfeiler aus Stein, glatt oder mit Reliefs und Inschriften, oft in Verbindung mit niedrigem Steinaltar.

Stuck vorwiegend aus gebranntem Kalk (Rohmaterial: Kalkstein oder Muschelschalen) bestehende Masse, mit der die Außen- und Innenwände der Gebäude und die Höfe verkleidet wurden. Die Verkleidung mußte von Zeit zu Zeit erneuert werden, so daß heute noch vielfach mehrere Stuckschichten übereinander festgestellt werden können. Die immer wieder erfor-

Für die Zeittafel gelten drei Einschränkungen. Erstens läßt sich das kulturelle Muster eines so komplexen Raumes wie Mesoamerika nicht mit einigen wenigen raum-zeitlichen Koordinaten einigermaßen adäquat abbilden. Zweitens stellen die nach Regionen oder ihren dominierenden Orten benannten kulturellen Komplexe grobe Vereinfachungen dar, bei denen vieles eigentlich unzulässig reduziert oder überhaupt unterdrückt werden mußte. Und drittens ist die Zeitbestimmung für viele kulturelle Komplexe und Einzelheiten Mesoamerikas noch keineswegs befriedigend geklärt. Zur Erläuterung der letzteren Einschränkung muß auf die drei für die Chronologie des Alten Mexiko maßgebenden Datierungsverfahren hingewiesen werden:

Für alle Zeitabschnitte verwendbar ist die Radiokarbondatierung, die auf der Messung des Anteils beruht, mit dem das strahlende Kohlenstoffisotop mit der Massenzahl 14 im Gesamtgehalt an Kohlenstoff vertreten ist, der sich in den Überresten eines Lebewesens befindet. Die Abnahme des Isotopengehalts erfolgt gleichmäßig und wird durch die Halbwertzeit ausgedrückt. Sie wird für ^{14}C unterschiedlich, mit 5568 Jahren oder (neuer) mit 5730 Jahren, angegeben. Entsprechend variieren auch die Zeitberechnungen aus einer Probe mit gleichem ^{14}C-Anteil. Eine Radiokarbonmessung führt nicht zu einer präzisen Jahreszahl, sondern einer Zeitspanne, innerhalb der das gesuchte Datum mit einer vertretbaren Wahrscheinlichkeit liegt. Ein zusätzliches Problem kommt daher, daß der ^{14}C-Gehalt in der Atmosphäre, aus der die Lebewesen den Kohlenstoff als CO_2 bezogen haben, nicht immer konstakt war. Die Verzerrung wurde durch die absolut genaue Baumringdatierung festgestellt und führte zu zwei Korrekturtabellen. Die eine wird nach ihrem Autor Suess, die andere nach dem Museum Applied Science Center for Archaeology (MASCA) der University of Pennsylvania bezeichnet. Letztere verwendet die neuere und exaktere Halbwertzeit von

5730 Jahren. Wegen der Schwankungen der Korrekturkurve beträgt die Spielbreite der Radiokarbondatierung zu bestimmten Zeiten ein Mehrfaches der erwähnten statistischen Unsicherheit der unkorrigierten Messungen. In der Tabelle und den Textbeiträgen wurden für die Zeit nach etwa 3000 v. Chr. die korrigierten, »wahren« Jahre angegeben. Eine Reihe der in der Tabelle eingetragenen Kulturen ist allerdings noch immer nur indirekt und deshalb sehr ungefähr zu datieren.

Das zweite Datierungsverfahren ist direkt nur für die klassische Mayakultur anwendbar und beruht auf Angaben in der »Langen Rechnung«, die sich auf zahlreichen Steinmonumenten findet. Die hier angewendete Umrechnungsformel der »Goodman-Martínez-Hernández-Thompson-Korrelation« setzt den (fiktiven) Nullpunkt der Maya-Tageszählung mit dem 6. September 3114 v. Chr. des Julianischen Kalenders gleich. Die Umrechnung ist auf den Tag genau.

Einen dritten Weg für Datierungen bieten die in den indianischen und spanischen Berichten des 16. Jahrhunderts enthaltenen Jahreszahlen für die vorspanische Zeit Zentralmexikos. Mit wachsender Zeittiefe werden diese Daten jedoch zunehmend unzuverlässig. Grund dafür ist erstens das System der Jahresnamen, die nach einem Zyklus von 52 Jahren immer wiederkehren. Eine weitere Fehlerquelle liegt in der mündlichen und bilderschriftlichen Übermittlung der historischen Berichte.

Die in der Tabelle und den Textbeiträgen verwendete Phasengliederung ist lediglich als Hilfsmittel zur Bezeichnung von abgrenzbaren Zeitabschnitten zu verstehen. Die Bildung der Begriffe mit dem Wort »Klassikum« beinhaltet keine Bewertung der jeweiligen Kulturen. Die von nordamerikanischen Archäologen Anfang der siebziger Jahre vorgeschlagene »neutrale« Terminologie ist jedoch noch nicht allgemein und für alle Regionen anerkannt, so daß sie hier nicht verwendet wurde.

derliche Erneuerung des Stucks vor allem in den Zeremonialbezirken hat im Hochland vielleicht schon in der Teotihuacán-Zeit zu einer bedenklichen Entwaldung geführt. Vor allem in Oaxaca und im Mayagebiet wurden aus feinem Stuck Reliefs geschnitten oder geformt.

Subjeto *sujeto* (spanisch) kolonialzeitliche Bezeichnung für politisch untergeordnete Orte, die von einer → *cabecera* abhängig waren.

Südamerika geographischer Begriff für den Südteil des Kontinents bis zur Artratosenke und zum Golf von Uraba in Kolumbien.

Tageszeichen Reihe von 20 Tieren, Pflanzen und Naturerscheinungen, die (kombiniert mit den Ziffern von 1 bis 13) die Benennungen der Tage des → *tonalpohualli* bildeten.

	Nahuatl	Bedeutung des Nahuatl	Maya
1	cipactli	Kaiman	imix
2	eecatl	Wind	ik
3	calli	Haus	akbal
4	cuetzpalin	Eidechse	kan
5	coatl	Schlange	chicchan
6	miquiztli	Tod	cimi
7	mazatl	Hirsch	manik
8	tochtli	Kaninchen	lamat
9	atl	Wasser	muluc
10	itzcuintli	Hund	oc
11	ozomatli	Affe	chuen
12	malinalli	Gras	eb
13	acatl	Binsenrohr	ben
14	ocelotl	Jaguar	ix
15	cuauhtli	Adler	men
16	cozcacuauhtli	Geier	cib
17	tecpatl	Feuersteinmesser	caban
18	olin	Bewegung	etznab
19	quiahuitl	Regen	cauac
20	xochitl	Blume	ahau

Tecomate (nahuatl *tecomatl*) kugeliges Tongefäß mit verengter Mündung ohne Hals.

Telpochcalli (nahuatl »Jungmännerhaus«) allgemeine Schulen, in denen die Jugendlichen für den Kriegsdienst ausgebildet wurden.

Temalacatl (nahuatl) runder Stein, auf dem das Gladiatorenopfer vollzogen wurde.

Temascal (nahuatl *temazcalli*) gemauertes Schwitzbad, welches auch für Reinigungsrituale verwendet wurde, in vielen Ruinenstädten zu finden.

Teocalli (nahuatl »Gotteshaus«) Tempel.

Teuctli (nahuatl, auch *tecutli* und *tecuhtli* geschrieben, Plural *teteuctin*, »Herr«) Adelsrang und Bestandteil zahlreicher Götternamen und Titel.

Tezontle (nahuatl *tezontli*) poröses vulkanisches Gestein (Lava), in präkolumbischen Zeiten zum Bau von Tempelpyramiden und Palästen verwendet.

Thermolumineszenzverfahren Datierungsmethode zur Altersbestimmung von Keramik.

Tlachtli (nahuatl) Ballspielplatz.

Tlalocan (nahuatl) das Paradies des Tlaloc, die Gefilde der ewigen Ruhe, wohin diejenigen kamen, die ertrunken oder an Krankheiten, die mit Wasser zusammenhängen, gestorben waren.

Tonalpohualli (nahuatl) mesoamerikanischer Kalenderzyklus von 260 Tagen Dauer, hauptsächlich für Wahrsagerei benutzt.

Tortilla (spanisch, nahuatl *tlaxcalli*) dünne Maisfladen, über dem Feuer auf einer Tonplatte (→ Comal) ohne Fett gebacken, Hauptnahrungsmittel.

Totemismus Vorstellung, daß eine Gruppe von Personen mit einer bestimmten Tier- oder Pflanzenart tatsächlich verwandt ist, daß diese Tiere den Menschen Freund und Helfer sind. Dieser Verbindung wird durch besondere Handlungen Rechnung getragen.

Tun (yukatekisches Maya »Stein«) Bezeichnung für die kalendarische Einheit der Maya mit 360 Tagen.

Tzompantli (nahuatl »Schädelgerüst«) Bauwerk des Tempelbezirkes, auf dem die Schädel geopferter Menschen auf Stangen befestigt und zur Schau gestellt wurden. Die Wände des steinernen Unterbaues waren mit Reihen von skulptierten Totenköpfen dekoriert.

Uinal (yukatekisches Maya) Zeitabschnitt des Mayakalenders von 20 *kin* oder Tagen.

Vigesimalsystem Zählsystem, bei dem jede höhere Einheit zwanzigmal die nächstniedrige ist.

Voluten Windungen oder spiralförmige Gebilde in der Ornamentik.

Votivaxt Steinskulpturen in Axtform, mit Tier- oder Menschenreliefs oder glatt poliert als Opfergaben.

Xihuitl (nahuatl) Sonnenjahr mit 365 Tagen ohne regelmäßige Schaltung.

Yácata (taraskisch) charakteristische, postklassische Pyramidenform in Michoacán: Kombination einer rechtwinkligen und eines runden, leicht geneigten und gestuften Baukörpers. Auf der Rundstruktur stand ein Rundtempel aus vergänglichem Material.

Yugo → Joch

Zeremonialzentrum Komplex von Bauwerken, der sich von den Wohnsiedlungen dadurch unterscheidet, daß er ganz oder hauptsächlich aus Sakralbauten (Pyramiden mit Tempeln, palastartigen Bauten, Ballspielplätzen) bestand und von der Bevölkerung nur anläßlich religiöser Zeremonien besucht wurde. Dauernde Bewohner waren nur Priester und Herrscher samt Gefolge.

Zoomorph (griechisch »tiergestaltig«) Bezeichnung für tiergestaltige Objekte, insbesondere große Steinskulpturen der klassischen Maya.

Zungentrommel hölzernes Musikinstrument in Gestalt eines ausgehöhlten Zylinders. Auf der Seitenwand Einschnitte, durch die zwei lange, einander gegenüberliegende Zungen entstehen, die an je einer Schmalseite Verbindung mit der Wandung des Zylinders haben. Sie werden durch Anschlagen am freien Ende in tönende Schwingungen gebracht.

Genealogie der Herrscher von Tenochtitlán, Tetzcoco und Tlatelolco

Herrscher von Tenochtitlán — Cihuacoatl von Tenochtitlán — Herrscher von Tlatelolco — Herrscher von Tetzcoco

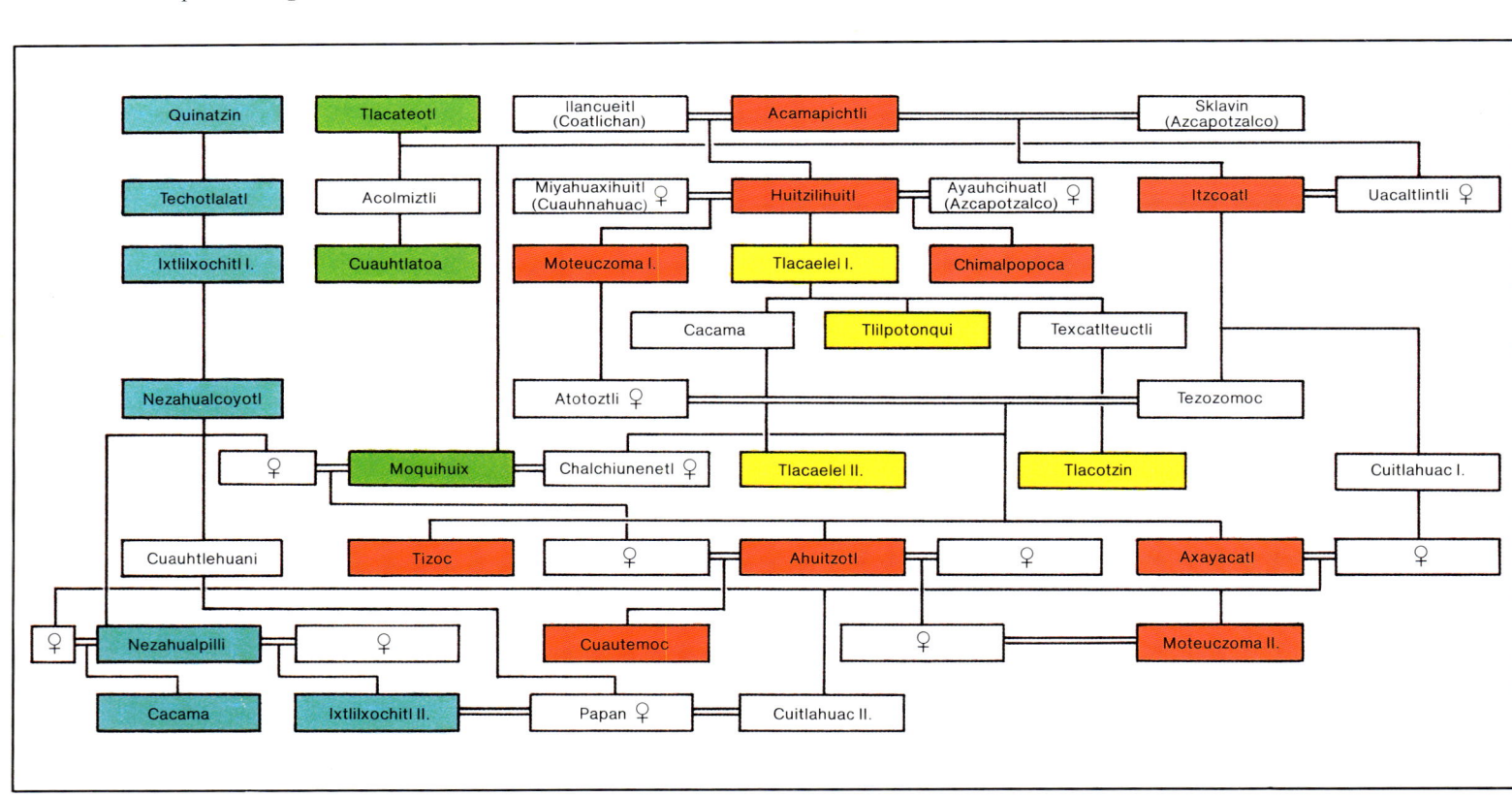

Sammlungen mesoamerikanischer Kunst

Belgien
BRÜSSEL Musées Royaux d'Art et d'Histoire

Dänemark
KOPENHAGEN Nationalmuseet

Costa Rica
SAN JOSÉ Museo Nacional

Bundesrepublik Deutschland
BERLIN Staatliche Museen Preußischer Kulturbesitz, Museum für Völkerkunde
BREMEN Übersee-Museum
FRANKFURT Städtisches Museum für Völkerkunde
FREIBURG Museum für Völkerkunde
HAMBURG Hamburgisches Museum für Völkerkunde
HANNOVER Völkerkunde-Abteilung des Niedersächsischen Landesmuseums
KÖLN Rautenstrauch-Joest-Museum für Völkerkunde
MANNHEIM Völkerkundliche Sammlungen im Städtischen Reiss-Museum
MÜNCHEN Museum für Völkerkunde
ST. AUGUSTIN Haus der Völker und Kulturen
STUTTGART Linden Museum

Deutsche Demokratische Republik
LEIPZIG Museum für Völkerkunde

El Salvador
SAN SALVADOR Museo Nacional David J. Guzmán

England
LONDON British Museum, Museum of Mankind
OXFORD Pitt Rivers Museum

Frankreich
PARIS Musée de l'Homme

Guatemala
GUATEMALA CITY Museo Arquelógico
Museo Nacional de Arquelogía y Etnología
Museo Popol Vuh

Holland
LEIDEN Rijksmuseum voor Volkskunde

Italien
FLORENZ Museo de Antropologia
ROM Museo Nazionale Preistorico ed Etnografico Luigi Pigorini

Kanada
MONTREAL McGill University, Ethnological Museum
TORONTO Royal Ontario Museum

Österreich
WIEN Museum für Völkerkunde

Mexiko
AJICIC (JALISCO) Museo de Arqueología
CAMPECHE (CAMPECHE) Museo Regional de Antropología,
Casa del Teniente de Rey
CANCÚN (QUINTANA ROO) Museo de Arqueología
CIUDAD GUZMÁN (JALISCO) Museo de Arqueología
CIUDAD MADERO (TAMANLIPAS) Museo de la Cultura Huaxteca
COLIMA (COLIMA) Museo de la Universidad
COMPOSTELA (NAYARIT) Museo de Arqueología
CUERNAVACA (MORELOS) Museo Regional de Antropología
GUADALAJARA (JALISCO) Museo Arqueologico
HECELCHAKÁN (CAMPECHE) Museo de Arqueología
JALAPA (VERACRUZ) Museo de la Universidad
MÉRIDA (YUCATAN) Museo Regional de Antropología
MEXIKO-STADT Museo Nacional de Antropología, Museo Anahuacalli Diego Rivera
MORELIA (MICHOACÁN) Museo Regional de Antropología,
Museo Michoacano
OAXACA (OAXACA) Museo Regional, Museo Rufino Tamayo
PUEBLA (PUEBLA) Museo Regional de Antropología
QUERÉTARO (QUERÉTARO) Museo Regional de Antropología
SANTIAGO TUXTLA (VERACRUZ) Museo Tuxteco
TAMPICO ALTO (VERACRUZ) Museo de Arqueología
TEHUACÁN (PUEBLA) Museo de Arqueología
TENANGO DE ARISTA (MEXIKO) Museo del Estado de México
TEPIC (NAYARIT) Museo Regional
TUXPIC (VERACRUZ) Museo de Arqueología
TUXTLA GUTIÉRREZ (CHIAPAS) Museo del Estado
VILLAHERMOSA (TABASCO) Museo de Tabasco, Parque Museo de La Venta

Schweiz
BASEL Museum für Völkerkunde
ZÜRICH Museum für Völkerkunde der Universität,
Museum Rietberg

Spanien
MADRID Museo de Américas

Schweden
GÖTEBORG Etnografiska Museum
STOCKHOLM Etnografiska Museet

Ungarn
BUDAPEST Szépmüvészeti Múseum

Tschechoslowakei
PRAG Náprstkovo Muzeum

UdSSR
LENINGRAD Anthropologisch-Ethnographisches Museum der Akademie der Wissenschaften der UdSSR

USA
ALBUQUERQUE (NEW MEXICO) Maxwell Museum of Anthropology
BERKELEY (CALIFORNIA) Robert H. Lowie Museum of Anthropology
BOSTON (MASSACHUSETTS) Peabody Museum of Archaeology and Ethnology
CHICAGO (ILLINOIS) Field Museum of Natural History, Institute of Art
CINCINNATTI (OHIO) Art Museum
CLEVELAND (OHIO) Art Museum
DENVER (COLORADO) Art Museum
DRAGOON (ARIZONA) Amerind Foundation
FLAGSTAFF (ARIZONA) Museum of Northern Arizona,
FORT WORTH (TEXAS) Kimbell Art Museum
LOS ANGELES (CALIFORNIA) Natural History Museum of Los Angeles County, Southwest Museum
NEW YORK Museum of the American Indian (Heye Foundation),
Museum of Primitive Art,
Metropolitan Museum of Art,
American Museum of Natural History,
Brooklyn Museum
PALO ALTO (CALIFORNIA) Standord University Museum
PHILADELPHIA (PENNSYLVANIA) The University Museum
PHOENIX (ARIZONA) Heard Museum of Anthropology and Primitive Art
PRINCETON (NEW YORK) University Art Museum
ROCKFORD (ILLINOIS) The Time Museum
SAINT LOUIS (MISSOURI) The Saint Louis Art Museum
SALT LAKE CITY (UTAH) Anthropology Museum, Museum of Natural History
SAN DIEGO (CALIFORNIA) Museum of Man
SAN FRACISCO (CALIFORNIA) M.H. de Young Memorial Museum
TUCSON (ARIZONA) Arizona State Museum
TULSA (OKLAHOMA) Thomas Gilcrease Institute of American History and Art
UTICA (NEW YORK) Munson-Williams-Proctor Institute
WASHINGTON Dumbarton Oaks Research Library and Collection,
Smithsonian Institution,
National Museum of Natural History

Literaturhinweise

ADAMS, R. W. E., Prehistoric Mesoamerica, Boston 1977

ALCINA-FRANCH, J., Die Kunst des Alten Amerika, Freiburg 1979

ALVARADO, P. DE, Cartas o relaciones, Toledo 1525 (deutsche Übersetzung von F. Termer, Hamburg 1948)

ANDREWS, G., Maya Cities, Placemaking and Urbanization, Norman 1975

ANTON, F., Alt-Mexiko und seine Kunst, Leipzig 1965

– Kunst der Maya, Leipzig 1968

AVENI, A. F., Skywatchers of Ancient Mexico, Austin 1980

BENSON, E. P. (Hrsg.), Mesoamerican Sites and World-Views, Dumbarton-Oaks-Conference 1976, Washington 1981

BERNAL, I., The Olmec World, Berkeley – Los Angeles 1969

– A History of Mexican Archaeology, London 1980

BIEDERMANN, H., Alt-Mexikos heilige Bücher, Graz 1971

BIERHORST, J., Cantares Mexicanos, Songs of the Atzecs, Stanford 1985

BLANTON, R. E., Kowalewski, S. A., Feinmann, G. und Appel, J., Ancient Mesoamerica, A Comparison of Change in Three Regions, London 1981

BOONE, E. H., The Codex Magliabechiano and the Lost Prototype of the Magliabechiano Group, 2 Bde., Berkeley (Cal.) 1983

BOONE, E. H. (Hrsg.), Ritual Human Sacrifice in Mesoamerica, Dombarton-Oaks-Conference 1979, Washington 1984

BURLAND, C. A., Magic Books from Mexico, London 1953

– Völker der Sonne, Bergisch Gladbach 1977

– Montezuma, Herrscher der Azteken, 1467-1520, Würzburg o. J.

CABRERA CASTRO, R., RODRIGUEZ GARCIA, I. und MORELOS GARCIA, N., Teotihuacán 80-82: primeros resultados, INAH, Mexiko 1982

CARMACK, R. M., The Quiché Mayas of Utatlan, Norman 1981

CARRASCO, P. und BRODA, J. (Hrsg.), Economía politica en el Mexico pre-hispanico, Mexiko 1978

CASO, A., The Azetcs, People of the Sun, Oklahoma 1958

– Reyes y reinos de la Mixteca, Mexiko-Stadt 1977

CERAM, C. W., Der erste Amerikaner, Hamburg 1972

COE, M. D., Die Maya, Bergisch Gladbach 1968

– The Maya Scribe and his World, New York 1973

– Olmec Jaguars and Olmec Kings, in: The Cult of the Feline, Washington 1972

– Lords of the Underworld, Princeton 1978

COE, W. R., Tikal, A Handbook of the Ancient Maya Ruins, Philadelphia 1967

COE, W. R. und HAVILAND, W. A., Introduction to the Archaeology of Tikal, Philadelphia 1982

CONRAD, G. W. und DEMAREST, A. A., Religion and Empire, The Dynamics of Aztec and Inca Expansionism, Cambridge (Mass.) 1984

DAVIES, N., Die Azteken, Meister der Staatskunst, Düsseldorf 1974

– Bevor Kolumbus kam, Düsseldorf 1976

– The Toltecs until the Fall of Tula, Norman 1977

– The Toltec Heritage, From the Fall of Tula to the Rise of Tenochtitlán, Norman 1980

– Die versunkenen Königreiche Mexikos, Düsseldorf 1983

DEUEL, L., Kulturen vor Kolumbus, München 1975

DÍAZ DEL CASTILLO, B., Verdadera historia de la conquista de la Nueva España, Erstdruck Madrid 1632; Wahrhafte Geschichte der Entdeckung und Eroberung von Neuspanien (deutsche Übersetzung), Stuttgart 1971

DIGBY, A., Maya Jades, London 1964

DIPESO, CH. C., Casas Grandes, A Fallen Trading Center of the Gran Chichimeca, 8 Bde., Dragoon 1974

DYCKERHOFF, U. und PREM, H. J., Der vorspanische Landbesitz in Zentralmexiko, in: Zeitschrift für Ethnologie Bd. 103, Heft 2: 187-328, Braunschweig 1978

FLANNERY K. V. (Hrsg.), The Early Mesoamerican Village, New York-London 1976

FLANNERY, K. V. und BLANTON, R. E. (Hrsg.), Prehistory and Human Ecology of the Valley of Oaxaca, 7 Bde., Ann Arbor 1973-1982

FLANNERY, K. V. und MARCUS, J. (Hrsg.), The Cloud People, Divergent Evolution of the Zapotec and Mixtec Civilizations, London-New York 1983

FUENTE, B. DE LA, Los hombres de piedra, escultura olmeca, Mexiko-Stadt 1984

FURST, J. L. und P. T., Mexiko, München 1981

Garibay, K., A. M., Historia de la literatura Nahuatl, 3 Bde., Mexiko 1971

GESCHICHTE DER AZTEKEN, Codex Aubin und verwandte Dokumente, Berlin 1985

GLANZ UND UNTERGANG DES ALTEN MEXIKO. Die Azteken und ihre Vorläufer, Ausstellungskatalog Hildesheim 1986, Mainz 1986

GRAHAM, I., Archaeological Explorations in El Petén, Guatemala, New Orleans 1967

GRAHAM, J. A., Ancient Mesoamerica, Palo Alto (Cal.) 1981

GROTH KIMBALL, I., Maya Terrakotten, Tübingen 1960

GUILLEMÍN, J. F., Iximché, Guatemala 1965

HABERLAND, W., Die Kulturen Meso- und Zentralamerikas, Frankfurt am Main 1969

– Gold in Alt-Amerika, Eine Einführung in die »Goldkammer« des Hamburgischen Museums für Völkerkunde, Hamburg o. J.

– Moctezuma II. (Montezuma), in: Enzyklopädie »Die Großen der Weltgeschichte«, Bd. IV, Zürich 1973

HAGEN, V. VON, Auf der Suche nach den Maya, Reinbek 1981

HAMMOND, N., Ancient Maya Civilization, Cambridge (Mass.) 1982

HANDBOOK OF MIDDLE AMERICAN INDIANS, R. WAUCHOPE (Hrsg.), 15 Bde., Austin 1964-1975

HARRISON, P. D. und TURNER, B. L. (Hrsg.), Pre-Hispanic Maya Agriculture, Albuquerque 1978

HEINE, K., Studien zur jungquartären Glazialmorphologie mexikanischer Vulkane – mit einem Ausblick auf die Klimaentwicklung, Wiesbaden 1975

HELFRICH, K., Menschenopfer und Tötungsrituale im Kult der Maya, Berlin 1973

HELLMUTH, N. M., The Escuintla Hoards: Teotihuacan Art in Guatemala, Guatemala-Stadt 1975

HOHMANN, H. und VOGRIN, A., Die Architektur von Copán, Graz 1969

HUMBOLDT, A. VON, Pittoreske Ansichten der Cordilleren und Monumente amerikanischer Völker, Tübingen 1810

IVANOFF, P., Maya, Wiesbaden 1978

KELLEY, D. H., Deciphering the Maya Script, Austin 1976

KLINK, H.-J., Die natürliche Vegetation und ihre räumliche Ordnung im Puebla-Tlaxcala-Gebiet, Erdkunde Bd. 27, S. 213-22, 1973

KNOROZOV, J., Maya Hieroglyphic Codices, Albany 1982

KÖHLER, U., Olmeken und Jaguare, Zur Deutung von Mischwesen in der präklassischen Kunst Mesoamerikas, in: Anthropos 80, S. 15-52, 1985

KRICKEBERG, W., Altmexikanische Kulturen, Berlin 1956

KUBLER, G., The Iconography of the Art of Teotihuacan, Studies in Pre-Columbian Art and Archaeology, Washington 1967

– The Art and Architecture of Ancient America, New York 1984

KUGLER, F., Handbuch der Kunstgeschichte, Stuttgart 1842

LANCZKOWSKI, G., Götter und Menschen im Alten Mexiko, Olten 1884

– Aztekische Sprache und Überlieferung, Berlin 1970

LANGE, F. W. und SLONE, D. Z. (Hrsg.), The Archaeology of Lower Central America, Albuquerque 1984

LAUER, W., Klimawandel und Menschheitsgeschichte auf dem mexikanischen Hochland, Wiesbaden 1981

LEÓN-PORTILLA, M., Rückkehr der Götter. Die Aufzeichnungen der Azteken über den Untergang ihres Reiches, Köln 1962

– Trece poetas del mundo azteca, Mexiko-Stadt 1967

– Native Mesoamerican Spirituality, London 1980

– Los antiguos Mexicanos a través de sus crónicas y cantares, Mexiko-Stadt 1983

LEYENAAR, T. J. J., Ulama. The Perpetuation in Mexico of the Pre-Spanish Ball Game Ullamaliztli, Leiden 1978

MARCUS, J., The Origins of Early Mesoamerican Writing, in: Annual Review of Anthropology 5, Palo Alto (Cal.) 1976

MICHELS, J. W. (Hrsg.), Settlement Pattern Excavations at Kaminaljuyu, Guatemala, University of Pennsylvania 1979

MILLER, A. G., The Mural Painting of Teotihuacán, Washington 1973

– Highland-Lowland Interaction in Mesoamerica: Interdisciplinary Approaches, Washington 1983

MILLON, R., Teotihuacán: Completion of Map of Giant Ancient City in the Valley of Mexico, in: Science, vol. 170, no. 3962, Washington 1970

– Urbanization at Teotihuacán, Mexiko-Stadt, Austin 1973

NICHOLSON, H. B. (Hrsg.), Origins of Religious Art and Iconography in Preclassic Mesoamerica, Los Angeles 1976

NOWOTNY, K. A., Mexikanische Kostbarkeiten aus Kunstkammern der Renaissance im Museum für Völkerkunde Wien und in der Nationalbibliothek, Wien 1960

– Tlacuilolli, die mexikanischen Bilderhandschriften, Berlin 1961

NUÑO, R. B., The Art in the Great Temple, Mexiko 1981

PARSONS, J. R., Prehistoric Settlement Patterns in the Texcoco Region, Mexiko-Stadt, Ann Arbor 1971

PARSONS, J. R., Brumfiel, E., Parsons M. H. und Wilson, D. J., Prehispanic Settlement Patterns in the Southern Valley of Mexico, The Chalco-Xochimilco Region, Ann Arbor 1982

PASZTORY, E. (Hrsg.), Middle Classic Mesoamerica: a. d. 400-700, NEW YORK 1983

– Aztec Sculpture, New York 1983

POPOL VUH, Das Buch des Rates, Düsseldorf 1980

PREM, H. J., Das Chronologieproblem in der autochthonen Tradition Zentralmexikos, in: Zeitschrift für Ethnologie Bd. 108, Heft 1, Braunschweig 1983

PROSKOURIAKOFF, T., An Album of Maya Architecture, Washington 1946

– A Study of Classic Maya Sculpture, Washington 1950

– Varieties of Classic Central Veracruz Sculpture, Washington 1954

PULESTON, D. E., The Settlement Survey of Tikal, Tikal Report No. 13, Philadelphia 1983

QUEZADA, N., Amor y magia amorosa entre los Aztecas, Mexiko-Stadt 1975

RIESE, B., Geschichte der Maya, Stuttgart 1972

RUPPERT, K., Thompson, J. E. S. und Proskouriakoff, T., Bonampak, Chiapas, Mexiko-Stadt, Washington 1955

SABLOFF, J. A. und RATHJE, W. L. (Hrsg.), The Rise of a Maya Merchant Class, in: Scientific American, Bd. 233, Heft 4, New York 1975

SAHAGÚN, FRAY B. DE, Historia de las cosas de Nueva España, 4 Bde., Mexiko-Stadt 1956

– Sie suchen nach Gold wie Schweine. Die Eroberung von Mexiko-Tenochtitlán aus indianischer Sicht, Hrsg. Karl Braun, Tübingen 1982

SANDERS, W. T., PARSONS, J. R. und SANTLEY R. S., The Basin of Mexico, Ecological Processes in the Evolution of a Civilization, 2 Bde., New York 1979

SCHULER-SCHÖMIG, I. VON, Werke indianischer Goldschmiedekunst, Berlin 1972

SÉJOURNÉ, L., Arquitectura y pintura en Teotihuacán, Mexiko-Stadt 1966

SELER, E. G., Gesammelte Abhandlungen zur Amerikanischen Sprach- und Altertumskunde, 4 Bde., Berlin 1902-1923; Nachdruck Graz 1960

SELER-SACHS, C., Frauenleben im Reiche der Azteken, Berlin 1984

– Sind doch die Götter auch gestorben. Das Religionsgespräch der Franziskaner mit den Azteken von 1524, Gütersloh 1981

SMITH, M. E., Picture Writing from Ancient Southern Mexico, Oklahoma 1973

SMITH, V. G., Izapa Relief Carving, Form Content, Rules for Design and Role in Mesoamerican Art History and Archaeology, Washington 1984

SOUSTELLE, J., So lebten die Azteken am Vorabend der spanischen Eroberung, Stuttgart 1956

– Die Olmeken, Ursprünge der mexikanischen Hochkulturen, Zürich-Freiburg 1980

SPORES, R., The Mixtecs in Ancient and Colonial Times, Norman 1984

STEPHENS, J. L., Incidents of Travel in Central America, Chiapas and Yucatan, New York 1841; zahlreiche Neuauflagen

– Incidents of Travel in Yucatan, New York 1843; zahlreiche Neuauflagen

– In den Städten der Maya: Reisen und Entdeckungen in Mittelamerika und Mexiko 1839-1842, Köln 1980

STIERLIN, H., Maya – Guatemala, Honduras, Yukatan, München 1966

– Die Kunst der Azteken, Stuttgart 1982

– Die Kunst der Maya, Stuttgart 1983

STONE, D., Pre-Columbian Man Finds Central America. The Archaeological Bridge, Massachusetts 1972

TERMER, F., Quauhtemallan und Cuzcatlan. Der erste und zweite Bericht des Pedro de Alvarado über die Eroberung von Guatemala und El Salvador im Jahre 1524, Hamburg 1948

TEZOZÓMOC, F. A., Crónica mexicana, Mexiko-Stadt 1980

THOMPSON, J. E. S., Die Maya – Aufstieg und Niedergang einer Indianerkultur, München 1968

– Maya Hieroglyphic Writing, Norman 1978

TOZZER, A. M., Landas Relacion de las cosas de Yucatán, Cambridge (Mass.) 1941

TRIK, H. und KAMPEN, M. E., The Graffiti of Tikal, Tikal Report No. 31, PENNSYLVANIA 1983

TROIKE, N. P., The Interpretation of Postures and Gestures in the Mixtec Codices, in: Dumbarton Oaks Conference 1977, Washington 1982

WALDECK, F. DE, Voyage pittoresque et archéologique dans la Province de Yucatán, Paris 1838

WALLACE, D. T. und CARMACK, R. M. (Hrsg.), Archaeology and Ethnohistory of the Central Quiché, New York o. J.

WEIGAND, P. C., The Mines and Mining Techniques of the Chalchihuites Culture, in: American Antiquity 33

WEYL, R. u. a., Geologie des Hochbeckens von Puebla-Tlaxcala und seiner Umgebung. Das Mexiko-Projekt der Deutschen Forschungsgesellschaft, Bd. 11, Wiesbaden 1977

WILHELMY, H. Welt und Umwelt der Maya, München 1981

WILLEY, G. R. (Hrsg.), Das Alte Amerika, Propyläen Kunstgeschichte, Bd. 18, Berlin 1974

WINNING, H. V., Anecdotal Sculpture of Ancient West Mexico, Los Angeles 1972

– The Old Fire God and his Symbolism at Teotihuacán, Berlin 1977

ZANTWIJK, R. V., The Aztek Arrangement. The Social History of Pre-Spanish Mexico, Norman 1985

Quellennachweis für die Zitate

BACAB-RITUAL, Übersetzung von Berthold Riese nach Ramón Arsapolo, 1984

BENAVENTE O MOTOLONÍA, FRAY TORIBIO DE, Memoriales o libro de las cosas de la Nueva España y de los naturales de ella, Mexiko-Stadt 1971

CASTILLO, CRISTOBAL DEL, Fragmentas de la obra general sobre historia de los mexicanos, Florenz 1908

CODEX AUBIN, Reproduktion des Originals von 1576, Mexiko-Stadt 1902, Nachdruck 1979

CODEX MENDOZA, hrsg. und übersetzt von James Cooper Clark, London 1938

CÓDICE FLORENTINO, Faksimile-Ausgabe, Florenz 1980

CÓDICE MATRITENSE DEL REAL PALACIO (atzekische Texte der Informanten Sahagúns) Faksimile-Ausgabe, Madrid 1906

CÓDICE MATRITENSE DE LA REAL ACADEMIA DE LA HISTORIA (atzekische Texte der Informanten Sahagúns), Faksimile-Ausgabe, Madrid 1907

DURÁN, FRAY DIEGO, Historia de Nueva España e Islas de Tierra Firme, Mexiko-Stadt 1967

PAXBOLON-AKTEN, Übersetzung von Berthold Riese

POPOL VUH, Übersetzung von Leonhard Schultze-Jena, Leipzig 1944 (260, 262), nach Schultze-Jena neu übersetzt von Berthold Riese (164, 181)

PORTILLA, MIGUEL-LEÓN, Los antiguos Mexicanos a través de sus crónicas y cantares, Mexiko-Stadt 1983

RABINAL ACHI, nach Erwin Walter Palm und Charles Etienne Brasseur de Bourbourg neu übersetzt von Berthold Riese

SAHAGÚN, FRAY BERNARDINO DE, Historia general de las cosas de Nueva España, Mexiko-Stadt 1956, Nachdruck 1975

TEZOZOMOC, F. ALVARADO, Crónica mexicáyotl, Mexiko-Stadt 1949, Nachdruck 1975

Register

Abbildungsnachweis

Akademische Druck- und Verlagsanstalt, Graz 206, 207 (Matricula de Tri-butos, originalgetreue Faksimile-Ausgabe, Graz 1980), 254, 255 (Codex Vaticanus 3773, orginialgetreue Faksimile-Ausgabe, Graz 1972), 239, 243 (Codex Borbonicus, originalgetreue Faksimile-Ausgabe, Graz 1974), 378, 379, 380, 381 (Codex Dresdensis, originalgetreue Faksimile-Ausgabe, Graz 1976), 242, 275 (Codex Borgia, originalgetreue Faksimile-Ausgabe, Graz 1976), 210, 223 (Codex Ixtlilxochitl, originalgetreue Faksimile-Aus-gabe, Graz 1976), 190, 195 (Codex Vindibonensis Mexicanus 1, originalge-treue Faksimile-Ausgabe, Graz 1974), 193, 196, 197, 198/199, 257, 398, Ferdinand Anton, München 12, Dr. Georg Baer, Basel 48, Bodleian Libra-ry, Oxford 194, 205, 219, 233, British Museum, London 154, 256, 262, Deutsche Staatsbibliothek, Berlin DDR 210 u, Archiv Dyckerhoff & Prem, Göttingen 7 u, 10 o, 42 u, 61, 66 o, 68, 69, 70 o, 78, 79, 90, 94, 96, 97, 107, 110, 112, 113, 152, 182, 225 l, r, 241 u, 282, 293 o, m, u,, 294 o, u, 295, 296, 301 u, 306 l, r, 307, 308 u, 311, 350, 358 u, 359 o, m, Dr. Roger Franz, Mün-chen 387, 390 u, 391, Andreas M. Groß, München 43, 47 l, m, 183, 185, 228, 229, 241 o, 351, 370, 387, 392, Dr. Wolfgang Haberland, Ahrens-burg 39 r, l, 41 m, ul, r, 42 o, 396 l, r, Rollout Photograph © Justin Kerr 1978, New York 178/179/180, 328/329/330, Schutzumschlag (Rückseite), Prof. Dr. Wilhelm Lauer, Bonn 24 l, r, 25 l, r, 41 o, Meridith D. Paxton, The Liverpool Museum 247, 259, Musée de l'Homme, Paris 236, Museo de América, Madrid 211, Museum für Völkerkunde, Basel 175, 253 l, r, Mu-seum für Völkerkunde, Staatliche Museen Preußischer Kulturbesitz, Ber-lin (West) 45, 157, 224 l, r, 348, 384, 394, 395, Hans Paztelt/Leica, Mün-chen 7 o, 11 m, u, 14, 15, 20/21, 86/87, 98/99, 103, 104/105, 106, 160/161, 163, 276 u, 284, 297, 388/389, Dr. Werner Rockstroh 9 u, 54 l, 60 l, r, 95, 158, 159, 162, 184 o, u, 189, 349 u, 383, Anton Schnell, Germering 8 u, 116 o, u, 117, 130 r, Hans-Joerg Soldan, Mannheim 397, Eberhard Thiem, Lotos Film, Kaufbeuren Schutzumschlag (Vorderseite), Vorsatz, Fronti-spiz, 8 o, m, 9 o, m, 10 m, u, 11 o, 16/17, 28, 31, 32/33, 35, 36, 44, 47 r, 49 o, m, u, 51, 52, 53 ol, or, m, ul, ur, 54 r, 55, 56/57, 58, 59, 62/63, 66 u, 67, 70, 71, 72/73, 74, 75 ol, or, m, ul, ur, 77 u, 80/81, 80 u, 81 u, 82, 83, 84, 85, 88, 89, 91, 92, 93 o, u, 100, 100 l, m, r, 109, 111, 114, 118, 119, 120/121, 122, 123, 124, 125, 126, 127, 128 l, r, 129, 130 l, 131, 132, 133 o, u, 154, 138/139, 140/141, 142, 143, 144, 145 o, m, u, 146, 147 l, r, 148, 149 l, r, 150, 151, 153, 165, 166, 167, 168, 169, 170, 171, 172, 173 ol, or, m, ul, ur, 174, 176 o, u, 186, 187, 188, 189 u, 200, 203, 208, 212, 213 l, or, ur, 215, 217 l, r, 218, 220, 221, 222, 223 u, 227, 230/231, 234 l, r, 235, 240, 244/245, 246 l, r, 248, 249, 250, 251, 260, 261, 263, 265, 267, 268, 269 o, ml, mr, u, 270/271, 272, 273, 274/275, 276 o, 277, 278 o, u, 279 o, ul, ur, 281, 285, 286/287, 289, 291, 292, 298, 299, 300 l, r, 301 o, 302/303, 304, 305, 308 o, 309, 310 o, m, u, 312, 314, 315, 316, 317, 318 o, u, 319 o, u, 320, 321 ol, or, m, ul, ur, 322, 323 o, u, 325, 326, 327, 332, 333, 334, 335, 336, 337, 338, 339, 340 l, r, 341 o, u, 342, 343, 344 o, u, 345, 346, 349 o, 352 ol, ul, r, 353 o, u, 354, 355, 356 o, u, 357, 359 u, 360, 361 o, m, u, 363 o, 364 o, ml, mr, u, 365 o, ul, ur, 366, 367, 368 l, r, 369, 372, 373 o, ul, ur, 376, 377 o, m, u, 382, 393 o, u, Hasso von Winning, Hollywood (Cal.) 7 m, 64, 65, 117 o, u, 358 o, Würt-tembergisches Landesmuseum Stuttgart 209.

Quellennachweis der Karten, Pläne und Tabellen

Richard E. Blanton, Monte Albán, Settlement patterns at the ancient Za-potec capital. Studies in Archaelogy, Academic Press, New York 1978 (288). William R. Coe, Tikal, a handbook of the ancient Maya ruins, University Museum, Philadelphia 1970 (162). Paul Gendrop, Cuadro Comparativo, in: Cuadernos de Arquitectura Mesoamericana 2. Facultad de Arquitec-tura, UNAM, Mexiko-Stadt 1984 (308). Merle Greene Robertson, The Sculpture of Palenque, Bd. II, 1985 (300). Hasso Hohmann und Annegrete Vogrin, Die Architektur von Copán, Graz 1984 (184). Prof. Dr. Wilhelm Lauer, Bonn (18, 19, 23, 27, 404/405). Arthur G. Miller, The Mural Pain-ting of Teotihuacán. Dumbarton Oaks. Washington 1973 (290). René Millon, R. Bruce Drewitt, George L. Cowgill, The Teotihuacán Map, Teil 2, University of Texas Press, Austin 1973 (136/137). H. E. D. Pollock, The Puuc, Cambridge 1980 (186). Prof. Dr. Hanns J. Prem, Göttingen (91, 202, 216, 412/413, 414). Karl Ruppert, Chichen Itzá, Carnegie Institution of Washington Publications 595, Washington 1952 (102). Prof. Dr. Bodo Spranz, Freiburg i. Br. (30). Dr. Werner Rockstroh (404/405). El Templo Mayor de Tenochtitlán, planos, cartes y perspectivas. Eduardo Matos Moc-tezuma (Hrsg.). Instituto Nacional de Antropología e Historia, Mexiko-Stadt 1982 (216 u). Memoria del Proyecto Arqueológico Teotihuacán 80-82. Rubén Cabrera Castro, Ignacio Rodríguez G. und Noel Morelos G. (Hrsg.). Colección Científica 132, Bd. 1, Instituto Nacional de Antropología e Hi-storia, Mexiko-Stadt 1982.